WIENER STUDIEN ZU GESCHICHTE, RECHT UND GESELLSCHAFT

VIENNESE STUDIES IN HISTORY, LAW, AND SOCIETY

Herausgegeben von Nikolaus Benke

BAND/VOL. 8

PETER LANG

Josef Hupka (1875–1944)

Caterina Maria Grasl

Josef Hupka (1875–1944)

Leben und Werk eines zu Unrecht vergessenen Rechtswissenschaftlers

PETER LANG

Bibliografische Information der Deutschen Nationalbibliothek
Die Deutsche Nationalbibliothek verzeichnet diese Publikation in der Deutschen Nationalbibliografie; detaillierte bibliografische Daten sind im Internet über http://dnb.d-nb.de abrufbar.

Gefördert durch ein Dissertationsstipendium
der Heinrich Graf Hardegg'schen Stiftung.

Umschlagabbildung: © Familie Parkinson

ISSN 1432-7422
ISBN 978-3-631-85639-0 (Print)
E-ISBN 978-3-631-87812-5 (E-PDF)
E-ISBN 978-3-631-87813-2 (EPUB)
DOI 10.3726/b19723

Peter Lang – Berlin · Bern · Bruxelles · New York ·
Oxford · Warszawa · Wien

Diese Publikation wurde begutachtet.

www.peterlang.com

Danksagung

Mein wärmster Dank gilt meinem Dissertationsbetreuer, Univ. Prof. Dr. Franz-Stefan Meissel, der mir dieses Thema ans Herz gelegt und mich während der Arbeit an meiner Dissertation ebenso wie während deren Umarbeitung zu diesem Buch in herausragender Weise unterstützt hat.

Ebenso herzlich danke ich meinem Mann Gernot, ohne dessen Verständnis und tatkräftige Unterstützung dieses Projekt nicht möglich gewesen wäre, und meinen Kindern für die Geduld, mit der sie meine Aufmerksamkeit mit diesem Buch geteilt haben.

Mein Dank gilt auch den Nachkommen nach Josef Hupkas Tochter Marie Parkinson, Anthony, Andrew, und Stephen Parkinson, die mir Zugang zu den privaten Fotografien, Briefen und Aufzeichnungen Josef und Hermine Hupkas gewährt und mit großer Geduld meine Fragen beantwortet haben. Weiters danke ich Dr. Klaus Taschwer und MMag. Dr. Michael Wladika für die großzügige Weitergabe von Material, Notizen, Informationen und Bildmaterial.

Besonderen Dank schulde ich auch meinen beiden Gutachtern, Univ. Prof. Dr. Hans-Peter Haferkamp und Univ. Prof. Dr. Dr. h.c. Paul Oberhammer, für die zahlreichen wertvollen Anregungen, Ergänzungen und Verbesserungsvorschläge, und Univ. Prof. Dr. Nikolaus Benke für seine Unterstützung bei der Veröffentlichung dieses Buches. Ebenso danke ich Sandra Ehnert vom Peter Lang Verlag für die stets freundliche, geduldige und kompetente Zusammenarbeit.

Zuletzt möchte ich an dieser Stelle der Heinrich Graf Hardegg'schen Stiftung für die großzügige finanzielle Förderung meines Dissertationsprojektes danken, das diesem Buch zugrunde liegt.

Inhalt

Einleitung

Wer forscht, stellt Fragen. Wer an der Biografie eines weitgehend vergessenen Rechtswissenschaftlers forscht, bekommt mitunter auch Fragen gestellt – von sich selbst und anderen. Die häufigste war wohl jene nach der Rechtfertigung meines Forschungsvorhabens: „Ist Josef Hupka überhaupt wichtig genug für eine Biografie?" Diese Frage hat freilich ihre Berechtigung: Zumindest aus fachlicher Sicht ist nicht jeder vergessene Jurist ein zu Unrecht vergessener. Die Beantwortung muss in letzter Instanz den Leserinnen und Lesern überlassen werden; mein persönlicher Antwortvorschlag ergibt sich aus der Existenz dieses Buches.

Der bisherige Forschungsstand, auf den in den Folgekapiteln noch näher eingegangen werden wird, ist rasch skizziert: Literatur zu Josef Hupka gibt es bis dato kaum; erst in den letzten Jahren hat die Forschung zaghaft begonnen, sich seiner anzunehmen.[1] Es fehlt nicht nur eine detaillierte Biografie, sondern auch ein Werkverzeichnis und eine eingehende Auseinandersetzung mit Hupkas wissenschaftlichen Oeuvre. Ziel der vorliegenden Arbeit ist es, diese Lücke zu schließen. Sie ist das Ergebnis einer Spurensuche, auf juristischem Terrain und bisweilen auch weit darüber hinaus.

Wenngleich Josef Hupkas Name mittlerweile geringen Wiedererkennungswert besitzt, ist er doch nicht gänzlich von der rechtswissenschaftlichen Bühne verschwunden. Wer aufmerksam rezente Werke zum Vollmacht-, Versicherungs- und Wechselrecht liest, findet ihn da und dort noch in den Fußnoten; in der älteren Literatur trifft man ihn sogar noch mit einer Häufigkeit, die anfangs überrascht. Doch auch andernorts hat Hupka Spuren hinterlassen. Man begegnet ihm in den Tagebüchern Arthur Schnitzlers, den Memoiren Bertha Zuckerkandls, dem Werknachlass des Malers und Grafikers Ferdinand Schmutzer, der Gesamtausgabe der Schriften Sigmund Freuds und der Literatur zur „Österreichischen Dreyfusaffäre", dem Mordprozess gegen Philipp Halsmann (1928/29). Als Kunstsammler und Musikliebhaber stand er mit namhaften Künstlern und Kunstkennern seiner Zeit in engem Kontakt; auch bekannte Schriftsteller und Journalisten zählten zu seinem weiten Bekanntenkreis. Darüber hinaus war er nicht nur in der juristischen Fachwelt sondern auch in den Kreisen des Wiener Großbürgertums außerordentlich gut vernetzt. Nicht zuletzt deshalb widmet der erste Teil dieses Buches seinem Privatleben detailliertere Aufmerksamkeit, als dies sonst in wissenschaftlichen Biografien üblich sein mag.

---

1 Siehe im Detail dazu die Vorbemerkung zum ersten Teil dieses Buches sowie Zweiter Teil, Kapitel VI.

Hupkas Bekanntheit auch außerhalb rechtswissenschaftlicher Kreise war jedoch nicht ausschließlich – ja nicht einmal hauptsächlich – seinen Bekanntschaften mit herausragenden Persönlichkeiten der Wiener intellektuellen und künstlerischen Elite geschuldet. Hupka war ein Mann von hoher persönlicher Integrität und bemerkenswerter Zivilcourage. Über Jahrzehnte nahm er immer wieder in Zeitungsartikeln zu aktuellen – auch weit außerhalb seiner unmittelbaren rechtswissenschaftlichen Forschungsgebiete liegenden – Themen Stellung und stand ohne Rücksicht auf persönliche Nachteile für seine Überzeugungen ein. Ein solches Maß an zivilgesellschaftlichem Engagement ist zu jeder Zeit beachtenswert; ganz besonders aber im Hinblick auf das zunehmend radikal antisemitische Klima, das im Österreich der Zwischenkriegszeit herrschte.[2] Sowohl im universitären als auch im außeruniversitären Kontext trat Hupka – obgleich er sich als jüdischstämmiger Konvertit in einer besonders exponierten Lage befand – immer wieder in privaten Aktionen und öffentlichen Stellungnahmen gegen jede Art von Ungerechtigkeit, im Lauf der Jahre aber zunehmend besonders gegen antisemitische Diskriminierung und Gewalt auf. Diesem Aspekt seiner Vita ist der dritte Abschnitt des ersten Teils dieses Buches gewidmet.

Josef Hupka verdient aber keineswegs nur als „Kämpfer gegen den Antisemitismus und Opfer der Shoah"[3] Beachtung. Sein wissenschaftliches Oeuvre ist außerordentlich originell und vielschichtig; auf den Gebieten des Privat- und Handelsrechts erzielte er bahnbrechende Ergebnisse. Seine Arbeiten zu Vollmacht und Stellvertretung prägten die deutsche und österreichische Doktrin und Judikatur; seine versicherungsrechtlichen Arbeiten hatten maßgeblichen Einfluss auf die österreichische Gesetzgebung, und sein Kommentar zu den Genfer Wechselrechtsabkommen hat bis heute nicht an Relevanz verloren. Der zweite Teil dieses Buches gibt daher eine detaillierte Einführung in Josef Hupkas wissenschaftliches Werk. Anhand ausführlicher Zitate werden Hupkas Stil und Methodik dargestellt; darüber hinaus werden die Ergebnisse seiner Forschung im Kontext der zeitgenössischen Literatur erläutert und deren Rezeption durch die neuere Lehre und Rechtsprechung beschrieben.

Ziel dieser Arbeit ist es, nach einer langen Periode des Vergessens sowohl die bewegte Lebensgeschichte Josef Hupkas als auch dessen reichhaltiges wissenschaftliches Werk erneut in den Blickpunkt der rechtswissenschaftlichen Forschung zu rücken.

---

2 Siehe dazu insbesondere Erster Teil, Kapitel I.B und Zweiter Teil Kapitel II.H.

3 *Taschwer*, Kämpfer gegen den Antisemitismus und Opfer der Shoah, in *Koll* (Hrsg), „Säuberungen" an österreichischen Hochschulen 1934–1945 (2017) 459.

Erster Teil: Zur Biografie Josef Hupkas (1875–1944)

Im ersten Abschnitt dieses Buches soll zunächst Josef Hupkas Biografie kurz skizziert werden, wobei die Darstellung im Interesse der Lesbarkeit in Hupkas außeruniversitäres Leben und seine akademische Karriere gegliedert ist. Hupkas Leben ist in der Literatur bis heute nur sehr bruchstückhaft dokumentiert. Zeitgenössische Nachschlagewerke wie etwa *Kürschners Deutscher Gelehrtenkalender* (1926), Salomon Winingers *Große Jüdische National-Biografie* (1926) oder Hermann Degeners *Wer ist's?* (1928) enthalten knappe, teils vermutlich von Hupka selbst verfasste, biografische Skizzen; aus späterer Zeit stammen ein Eintrag in der Österreichischen Nationalbiografie,[4] im Gedenkbuch für die Opfer des Nationalsozialismus an der Universität Wien[5] und, seit 2019, im Lexikon der Österreichischen Provenienzforschung.[6] Erwähnung findet Hupka mitunter in der Literatur zur Universität Wien in der Zwischenkriegszeit und im Nationalsozialismus.[7] Biografische Skizzen Hupkas veröffentlichten in den letzten Jahren

---

4 *NN* [*Demelius*?], Josef Hupka, in ÖAW (Hrsg), ÖBL 1815–1950 III (1961) 13.

5 Online abrufbar unter https://gedenkbuch.univie.ac.at/.

6 *Schölnberger*, Josef Hupka, in Kommission der österreichischen Provenienzforschung (Hrsg). Lexikon der Österreichischen Provenienzforschung (2019) n.pag.

7 Kurze biografische Skizzen finden sich in *Vetricek*, Die Lehrer der rechts- und staatswissenschaftlichen Fakultät, die 1938 entlassen wurden (1980) 69; *Körrer*, Die zwischen 1938 und 1945 verstorbenen Mitglieder des Lehrkörpers an der Universität Wien (1981) 108; *Pakes*, Beiträge zur Geschichte des Lehrkörpers der juridischen Fakultät der Universität Wien zwischen 1918 und 1938 (1981) 105; *Wiesmann*, Die rechts- und staatswissenschaftliche Fakultät der Universität Wien im Nationalsozialismus (2001) 93; kursorische Erwähnung findet Hupka u.a. in *Rathkolb*, Die Rechts- und Staatswissenschaftliche Fakultät der Universität Wien zwischen Antisemitismus, Deutschnationalismus und Nationalsozialismus. 1938, davor und danach, in *Heiß/Mattl/Meissl/Saurer/ Stuhlpfarrer* (Hrsg), Willfährige Wissenschaft. Die Universität Wien 1938—1945 (1989) 197 (212; 214); *Rathkolb*, Überlegungen zum Exodus der „Jurisprudenz“, in *Stadler* (Hrsg), Emigration und Exil österreichischer Wissenschaft 1930–1940 (2004 [1987]), 276 (296); *Reiter-Zatloukal*, Antisemitismus und Juristenstand. Wiener Rechts- und Staatswissenschaftliche Fakultät und Rechtspraxis vom ausgehenden 19. Jahrhundert bis zum „Anschluss“ 1938, in *Rathkolb* (Hrsg), Der lange Schatten des Antisemitismus (2013) 183 (204); eingehender zu Hupkas Rolle in den nationalsozialistischen Studentenunruhen des Jahres 1932 *Erker,* „Jetzt weiß ich ganz, was das ‚Dritte Reich‘ bedeutet – die Herrschaft schrankenloser, feiger Brutalität“: Eine Momentaufnahme der Universität Wien im Oktober 1932, in FS Rathkolb (2015) 177.

Franz-Stefan Meissel und Thomas Olechowski.[8] Der Journalist und Zeithistoriker Klaus Taschwer setzt sich in zwei Artikeln vor allem mit Hupkas öffentlichen Stellungnahmen zu aktuellen Themen und seiner gescheiterten Flucht vor den Nationalsozialisten auseinander.[9] Details zu Hupkas Kunstsammlung finden sich in Sophie Lillies Handbuch der enteigneten Kunstsammlungen Wiens.[10]

I. Hupka privat

Josef Hupkas Privatleben ist naturgemäß in der Literatur und den offiziellen Archivbeständen nur spärlich dokumentiert, einzelne Dokumente finden sich lediglich im Mährischen Landesarchiv. Einige Schlaglichter auf seine Kindheit und Jugend in Znaim werfen Zeitungsberichte aus der Znaimer Regionalpresse. Zu seinem Erwachsenenleben in Wien finden sich bisweilen Hinweise in den Tagebüchern und Memoiren seiner Zeitgenossen und Bekannten.

Der wichtigste Teil der in den folgenden Kapiteln enthaltenen Informationen entstammt den bislang nicht zugänglichen privaten Archiven der Nachfahren Josef Hupkas, insbesondere der Korrespondenz und den Tagebüchern seiner Frau Hermine. Auf der Basis dieses umfangreichen Materials war es möglich, ein – zugegeben lückenhaftes, aber andererseits auch recht detailreiches – Mosaikbild von Hupkas Lebens zu rekonstruieren. In seiner Intimität mag dieses über das in wissenschaftlichen Biografien Übliche hinausgehen; es schien jedoch wichtig, nicht nur den Juristen, sondern darüber hinaus auch den Menschen Josef Hupka hier so weit wie möglich zu wiederauferstehen zu lassen.

---

8 *Meissel*, Römisches Recht und Erinnerungskultur – zum Gedenken an Stephan Brassloff (1875–1943) (2008) 1 (3–4); *Olechowski*, Handels- und Wechselrecht, in *Olechowski/Ehs/Staudigl-Ciechowicz* (Hrsg), Die Wiener Rechts- und Staatswissenschaftliche Fakultät, 1918–1938 (2014) 380 (385–387); *Taschwer* in *Koll* 459; *Taschwer,* „Die Pflicht, das Recht gegen nackte Willkür und Gewalt zu verteidigen“: Zur Erinnerung an den Rechtswissenschaftler Josef Hupka (1875–1944), ein allzu lang vergessener Kämpfer gegen Antisemitismus und anderes Unrecht, Zwischenwelt 2017, 63; *Meissel*, Josef Hupka (1875–1944): Rechtswissenschaftler, Dekan und Citoyen, in FS Kranjc (2019) 299.

9 *Taschwer* in *Koll* 459–489; *Taschwer,* „Die Pflicht, das Recht gegen nackte Willkür und Gewalt zu verteidigen“: Zur Erinnerung an den Rechtswissenschaftler Josef Hupka (1875–1944), ein allzu lang vergessener Kämpfer gegen Antisemitismus und anderes Unrecht, Zwischenwelt 2017, 63

10 *Lillie*, Was einmal war. Handbuch der enteigneten Kunstsammlungen Wiens (2003) 525.

A. Familie, Kindheit und Jugend in Znaim

Josef Hupka wurde am 22. Februar 1875 als erstes Kind und einziger Sohn des Advokaten Ludwig Hupka[11] und seiner Frau Rosa (geborene Weissberger)[12] geboren. Schon 1876 folgte die Schwester Irene,[13] 1877 Elisabeth (genannt Elise),[14] 1879 Adele[15] und 1881 Marie (genannt Mitzi).[16] Ludwig Hupka hatte an der Universität Wien Rechtswissenschaften studiert. Nach seiner Promotion 1870 hatte er sich in Wien niedergelassen und eine Advokaturskanzlei in der Kohlmessergasse 2 im ersten Wiener Gemeindebezirk[17] eröffnet. Am 31. Mai 1874 heiratete er im Wiener Stadttempel Rosa Weissberger. Die drei ältesten Kinder des Paares wurden in Wien geboren. Im Jahr 1878 übersiedelte die Familie nach Znaim, wo sich Ludwig Hupka als mährisch-schlesischer Landesadvokat niederließ. Am 11. Mai 1878 eröffnete er dort – als erster jüdischer Advokat Znaims[18] – eine Kanzlei am Ottokarplatz und avancierte bald zum gefragten Strafverteidiger. Besonders sein „angenehmes, kräftiges Organ“ und seine „klare, leicht faßliche Vortragsweise“, die ihm „die Geschworenen zu aufmerksamen Zuhörern und dankbaren Richtern“ machten, wurden in den detaillierten Prozessberichten der Znaimer Lokalpresse lobend hervorgehoben.[19] Wie zeitgenössische Berichte über Josef Hupkas Lehrtätigkeit belegen, sollte er auf diesem Gebiet vieles von seinem Vater übernehmen.[20]

Als Advokat gehörte Ludwig Hupka zur Znaimer Oberschicht, sodass der öffentliche Aspekt seines Lebens auch in der deutschsprachigen Zeitung Znaims, dem *Znaimer Wochenblatt*, eingehend dokumentiert ist. Die Familie

---

11 Geboren am 11. März 1847 in Sellyei, Baranya, heutiges Ungarn; gestorben am 1. August 1898 in Wien.

12 Geboren am 11. August 1854 in Kolin; gestorben am 23. Oktober 1905 in Wien.

13 Verheiratete Hatschek, gestorben am 7. Februar 1916 in Wien.

14 Verheiratete Lukács (später Lucas), gestorben am 17. September 1962 in Detroit.

15 Verheiratete Gärber, am 17. Juli 1942 in Auschwitz ermordet.

16 Verheiratete Goldmann, am 30. Oktober 1944 in Auschwitz ermordet. Eine fünfte Schwester verstarb 1886 im Alter von bloß zwölf Stunden an „Lebensschwäche“; vgl. Verstorbene, Znaimer Wochenblatt vom 27. Februar 1886, 12.

17 Die Kohlmessergasse wurde während des Zweiten Weltkrieges völlig zerstört und danach nicht wiederaufgebaut. https://www.geschichtewiki.wien.gv.at/Kohlmesser gasse_(1) (abgerufen am 22. Dezember 2019).

18 *Beinhorn*, Juden in Znaim, in *Gold* (Hrsg), Die Juden und Judengemeinden Mährens in Vergangenheit und Gegenwart (1929), n.pag.

19 Vgl. z.B. Schwurgerichts-Verhandlung, Znaimer Wochenblatt vom 18. Februar 1882, 9.

20 Vgl. *Tartaruga*, Führende Köpfe der Wiener juridischen Fakultät, Neues Wiener Journal vom 17. Mai 1928, 16 (17). Eingehender dazu Erster Teil, Kapitel II.A.

wohnte zunächst am Oberen Platz (heute Horny náměstí) 1; 1885 übersiedelte sie in eine Villa in der Wüllersdorfgasse 9 in der Oberen Vorstadt. Das Zensusblatt von 1890 verzeichnet neben den Familienangehörigen noch eine im Haus lebende Köchin, zwei Dienstmädchen, einen Hausdiener und Gärtner sowie eine aus England stammende Erzieherin.[21] Das Leben der Hupkas verlief in ruhigen, geordneten Bahnen; das dramatischste Ereignis, von dem das *Znaimer Wochenblatt* zu berichten weiß, ist ein vom Nachbargrundstück ausgehender Brand, der auf die Villa Hupka übergriff, bei dem aber niemand zu Schaden kam.[22]

Sowohl Ludwig als auch Rosa Hupka nahmen regen Anteil am gesellschaftlichen Leben der Kleinstadt und engagierten sich in zahlreichen wohltätigen Angelegenheiten; das *Znaimer Wochenblatt* verzeichnet kaum einen Spendenaufruf, bei dem die Hupkas nicht zu den ersten und großzügigsten Spendern, bisweilen auch zu den Initiatoren, gehörten.[23] Schon früh hatten sich Josef Hupkas Eltern für die Schaffung eines Kindergartens für sozial Schwache eingesetzt,[24] den die Familie auch während ihrer gesamten Znaimer Zeit – ebenso wie andere wohltätige Vereinigungen – durch Sachspenden[25] und Mitwirkung bei Benefizveranstaltungen[26] unterstützte. Auch

---

21 MLA, AMZ, Abt. Volkszählung, Kart. Nr. 38, 57.

22 Schadenfeuer, Znaimer Wochenblatt vom 12. Februar 1887, 10.

23 Vgl. z.B. Verzeichniß der gesammelten und subscribierten patriotischen Gaben für die verwundeten und kranken Soldaten der Okkupationsarmee und für die Familien der einberufenen Reservisten, Znaimer Wochenblatt vom 14. September 1878, 14 und Znaimer Wochenblatt vom 12. Oktober 1878, 14; Oeffentlicher Dank, Znaimer Wochenblatt vom 1. Jänner 1887, 10; An das wohlthätige Znaim, Znaimer Wochenblatt vom 11. Mai 1889, 10; Oeffentlicher Dank, Znaimer Wochenblatt vom 28. September 1889, 9; Ausweis über die bei dem Gemeinderathe für die durch die Elementar-Ereignisse am 4., 13. und 15. Juni l. J. im Znaimer Landbezirke betroffenen Hilfsbedürftigen eingelaufenen Spenden, Znaimer Wochenblatt vom 23. Juli 1892, 15 (16).

24 Verein zur Errichtung und Erhaltung von Kindergärten und Kinderbewahranstalten in Znaim, Znaimer Wochenblatt vom 22. Jänner 1881, 4, 7–8.

25 Vgl. z.B. Verzeichniß jener Spenden, welche Behufs Veranstaltung einer Christfeier für die unbemittelten Zöglinge der Verwahranstalten dem Vereine zugekommen sind, Znaimer Wochenblatt vom 13. Dezember 1884, 6; Verzeichniß jener Spenden, welche Behufs Veranstaltung einer Christfeier für die unbemittelten Zöglinge der Verwahranstalten dem Damen-Comité zugekommen sind, Znaimer Wochenblatt vom 20. November 1886, 10; Verzeichniß jener Spenden, welche Behufs Veranstaltung einer Christfeier für die unbemittelten Zöglinge der Verwahranstalten dem Damencomité zugekommen sind, Znaimer Wochenblatt vom 26. November 1887, 7; Öffentlicher Dank, Znaimer Wochenblatt vom 28. April 1888, 10.

26 Öffentlicher Dank, Znaimer Wochenblatt vom 28. April 1888, 10; [Ankündigung eines Benefizkonzerts zugunsten des Roten Kreuzes], Znaimer Wochenblatt vom

am Vereinsleben der Stadt nahmen die Hupkas regen Anteil: Rosa Hupka gehörte nicht nur zu den Gründungsmitgliedern des Vereins zur Errichtung und Erhaltung von Kindergärten und Kinder-Bewahrstätten[27] sondern auch zu jenen des Znaimer Zweigvereins des patriotischen Frauenhilfswerks für Mähren.[28] Beide waren Mitglieder des deutschen Schulvereins;[29] Ludwig Hupka gehörte daneben auch dem Znaimer deutschen Verein für Stadt und Land,[30] dem Znaimer Turnverein[31] und dem Anpflanzungs- und Verschönerungsverein[32] an und war ein aktives Mitglied der noch sehr jungen[33] israelitischen Kultusgemeinde, als deren erster Beirat er jahrelang fungierte.[34] 1892 wurde er „in würdiger Anerkennung [seiner] Verdienste um das Blühen und Gedeihen der Cultusgemeinde“ einstimmig zu deren Ehrenmitglied ernannt.[35]

Auch als jovialer Festredner trat Ludwig Hupka immer wieder an die Öffentlichkeit – so etwa bei der Begrüßungsfeier des 99. k.k. Infanterieregimentes, bei der er einen „humoristischen gehaltenen, oft von Beifall unterbrochenen Toast auf die Frauen der Offiziere“ ausbrachte,[36] oder bei der Festkneipe des Znaimer Turnvereins, bei der er besonders die Leistungen

---

16. März 1889, 8. Ludwig Hupkas Auftritt musste allerdings krankheitsbedingt abgesagt werden.

27 Verein zur Errichtung und Erhaltung von Kindergärten und Kinderbewahranstalten in Znaim, Znaimer Wochenblatt vom 22. Jänner 1881, 7.

28 Zweigverein Znaim des patriotischen Frauenhilfsvereines für Mähren, Znaimer Wochenblatt vom 16. Juni 1888, 8.

29 Vgl. z.B. Mitglieder-Verzeichnis der Ortsgruppe Znaim des deutschen Schulvereines, Znaimer Wochenblatt vom 7. April 1888, 9.

30 Jahreshauptversammlung des Znaimer deutschen Vereins für Stadt und Land, Znaimer Wochenblatt vom 22. Juni 1889, 5.

31 Fest-Kneipe, Znaimer Wochenblatt vom 16. Juni 1888, 8.

32 Mitglieder-Verzeichnis des Anpflanzungs- und Verschönerungsvereines, Znaimer Wochenblatt vom 22. März 1890, 9 (10).

33 Die jüdische Kultusgenossenschaft war 1865 ins Leben gerufen worden und zählte damals 28 Mitglieder; 1869 war diese Zahl bereits auf 360 angewachsen, 1901 auf 617. Erst 1860 gestattete es ein Gesetz Juden, in Znaim Grundbesitz zu erwerben; 1876 erlangte der Arzt Emanuel Ullmann – der ein guter Freund Ludwig Hupkas werden sollte – als erster Jude das Znaimer Heimat- und Bürgerrechte; vgl. *Beinhorn* in *Gold* (1929) n.pag.

34 Vgl. z.B. Isr. Cultusgemeinde Znaim, Znaimer Wochenblatt vom 8. Jänner 1887, 6; Israelitische Cultusgemeinde, Znaimer Wochenblatt vom 3. Jänner 1891, 5; Israelitische Cultusgemeinde, Znaimer Wochenblatt vom 6. Jänner 1892, 4.

35 Israelitische Cultusgemeinde, Znaimer Wochenblatt vom 6. Jänner 1892, 4.

36 Begrüßungs-Feier zu Ehren des k.k. Infanterie-Regimentes Nr. 99, Znaimer Wochenblatt vom 11. November 1882, 1 (2).

der Turnerinnen hervorhob.[37] Eine Rede ganz anderer Art hielt er anlässlich der Jahreshauptversammlung des Znaimer deutschen Vereines für Stadt und Land am 16. Juni 1889, die zeitgleich mit einem „Vergnügungsausflug" der Vereinigten Christen unter der Führung Dr. Karl Luegers nach Znaim stattfand: Im Anschluss an seinen Vorredner, den Obmann des Vereins Johann Haase, betonte Hupka, dass es das Ziel der Vereinigten Christen sei, Zwietracht unter den Deutschen Znaims zu streuen. Die Gruppierung um Lueger benütze das Christentum als „Maske für Ihre Zwecke; denn das Christentum ist identisch mit Toleranz, Bildung, und sie predigen Haß, Entzweiung. Sie tummeln das Steckenpferd des Judenhasses, um ganz andere Ziele zu verfolgen."[38]

Hupkas Aufruf zum Zusammenhalt der Deutschen Znaims erntete großen Beifall; die gescheiterte Agitationsfahrt „an dreihundert solcher vereinigter Herren und Damen [...] unter Führung des Dr. Lueger" wurde in der Lokalpresse mit Spott und Hohn bedacht: „Die Herren haben [...] nicht bedacht, daß unsere Znaimer noch unverfälschtere Deutsche sind, als sie, und daß wir Vereinigungen genug haben, um die vereinigten Christen gut entbehren zu können."[39]

Gegen Ende des 19. Jahrhunderts gab es auch in Znaim mitunter antisemitische Übergriffe – so etwa ein Flugblatt judenfeindlichen Inhalts, das einem Znaimer Kaufmann übergeben worden war. Dessen „Rechtsfreund" Ludwig Hupka erstattete daraufhin Anzeige, worauf sich der Urheber wegen Aufreizung zu Feindseligkeiten gegen Nationalitäten, Religionsgenossenschaften, Körperschaften und dergleichen gem. § 302 StG 1852 vor Gericht verantworten musste.[40] Im Großen und Ganzen waren die letzten Jahrzehnte des 19. Jahrhunderts in Znaim aber von einem friedlichen Miteinander der Konfessionen innerhalb der deutschen Bevölkerung geprägt, wozu auch die ausgeprägte Rivalität zwischen Deutschen und Tschechen einen nicht zu unterschätzenden Beitrag leistete.[41] Das herrschende Klima

---

37 Fest-Kneipe, Znaimer Wochenblatt vom 16. Juni 1888, 8.

38 Jahreshauptversammlung des Znaimer deutschen Vereins für Stadt und Land, Znaimer Wochenblatt vom 22. Juni 1889, 5.

39 Die „Vereinigten Christen" in Znaim, Znaimer Wochenblatt vom 22. Juni 1889, 4. Freilich ist gerade in diesem Fall die liberale politische Haltung der veröffentlichenden Zeitung zu beachten, die im Gegensatz zum bisweilen betont antisemitischen, pro-tschechischen Znaimer Botschafter stand; vgl. dazu eingehend *Pavlíčková*, Die Entwicklung des Nationalitätenkonflikts in der Znaimer deutschen Presse 1848–1938 (2011) 78–90.

40 Ein Antisemitenprozeß, Znaimer Wochenblatt vom 12. Juli 1884, 5.

41 Juden wurden allgemein als dem „deutschen Lager" zugehörig gesehen; antisemitische Äußerungen finden sich demnach vor allem im Kontext von Angriffen

bringt die beleidigte Äußerung des angeklagten Antisemiten trefflich auf den Punkt: „Wenn ich einem Tschechen sage: ‚Du bist ein Sch...böhm', oder einem Deutschen: ‚Du deutscher H...', so ist dies alles erlaubt, aber über die Juden etwas zu sagen ist nicht erlaubt!".[42]

Hupka selbst verstand sich – wie die meisten Juden in Tschechien[43] – als Deutscher; eine Überzeugung, die aus seiner Zugehörigkeit zu einer ethnischen und sprachlichen Minorität geboren war und nichts mit der antisemitischen „Deutschtümelei", die er in Wien kennenlernen sollte, zu tun haben wollte. Viel später sollte er einmal erklären, dass er den Begriff „deutsch" in jenem Sinne verstanden haben wollte, „wie ihn Theodor Mommsen [...] in seinem berühmten offenen Brief an Treitschke auch für das Deutschtum energisch in Anspruch genommen hat,"[44] also in bewusster Distanzierung von der in antisemitischen Kreisen üblichen Dichotomie zwischen „deutsch" und „jüdisch".

Die interkonfessionelle Solidarität zwischen Mitbürgern deutscher Muttersprache, die er in Znaim kennengelernt hatte, sollte Hupka sein Leben lang prägen, ebenso wie das soziale Gewissen und die tätige Nächstenliebe, die ihm seine Eltern vorgelebt hatten. In anderer Hinsicht ließ er seine Znaimer Zeit aber völlig hinter sich: Trotz fortdauernder freundschaftlicher Beziehungen zu einzelnen seiner Znaimer Kameraden sollte er die Stadt erst 1936 – zum ersten und letzten Mal – wieder besuchen.[45]

B. Antisemitismus in Wien und Übertritt zum christlichen Glauben

Im Jahr 1892 gab Ludwig Hupka nach Ablauf der gesetzlichen Frist seine Kanzlei in Znaim auf[46] und übersiedelte zurück nach Wien, wo er sich mit seiner Familie in der Bäckerstraße 3 im ersten Wiener Gemeindebezirk niederließ und eine Advokaturskanzlei eröffnete. Für Josef Hupka brachte diese Übersiedelung auch den ersten Kontakt mit dem ubiquitären und

---

tschechisch-nationaler Medien auf die Deutschen bzw. die liberale, deutschsprachige Presse in Znaim; vgl. dazu eingehend *Pavlíčková*, Entwicklung (2011) 183–189.

42 Ein Antisemitenprozeß, Znaimer Wochenblatt vom 12. Juli 1884, 5. Nichtsdestotrotz wurde der Angeklagte freigesprochen; nicht zuletzt, weil er durch pathetische Hinweise auf seine vier Kinder das Mitleid der Geschworenen gewonnen hatte.

43 *Heger*, Das Zusammenleben der deutschen, tschechischen und jüdischen Bevölkerung in der ersten Hälfte des zwanzigsten Jahrhunderts (2013) 28; siehe auch *Pauley*, Eine Geschichte des österreichischen Antisemitismus (1992) 26.

44 *Hupka*, Die Studentenordnung der Universität Wien, Neue Freie Presse vom 23. April 1930, 1; zu Treitschke siehe z.B. *Pauley*, Antisemitismus (1992) 29–30.

45 Brief Hermine Hupka an Elisabeth Kaefer, n.d. (Frühjahr 1936).

46 *NN*, Advokatenübersiedlungen, Juristische Blätter 21 (1892) 333.

gesellschaftlich weitgehend anerkannten Antisemitismus, der in der Hauptstadt schon gegen Ende des neunzehnten Jahrhunderts herrschte. „Antisemitischer Wortschatz gehörte in Wien spätestens mit der Jahrhundertwende zum ‚offiziellen' Ton",[47] resümieren Frank Stern und Barbara Eichinger in ihrem Sammelband zur jüdischen Erfahrung in Wien zwischen 1900 und 1938. Schon vor Beginn des zwanzigsten Jahrhunderts hatte sich der Antisemitismus „zu einem latenten, bisweilen auch offen artikulierten Grundkonsens" entwickelt.[48] Ein Zeitgenosse berichtet: „Der Antisemitismus und die Rohheit, welche die Anhänger desselben gegenüber den Bekennern des mosaischen Glaubens an den Tag legen, erschwert in vielen Fällen dem Jude [sic] nicht nur das bürgerliche Fortkommen, sondern stört auch denselben im friedlichen Genusse der Früchte seiner Arbeit, läßt ihn vielfach selbst in jenen wenigen Augenblicken, die er sich den Freuden stiller Geselligkeit hingeben will, nicht unbehelligt des Weges ziehen."[49]

Gerade an der rechtswissenschaftlichen Fakultät und in den juristischen Berufen, in denen Juden im Vergleich zu ihrem Anteil an der Gesamtbevölkerung deutlich überrepräsentiert waren, stand antisemitische Diskriminierung – oft im Sinne eines „Notwehrantisemitismus"[50] gegen die „Verjudung" dieser Bereiche gerechtfertigt – an der Tagesordnung.[51] Besonders eine Karriere im Staatsdienst war für jüdische Juristen in aller Regel nur nach deren

---

47 *Stern/Eichinger*, Einleitung, in: *Stern/Eichinger* (Hrsg), Wien und die jüdische Erfahrung (2009) xiv.

48 *Albrich*, Vom Antijudaismus zum Antisemitismus in Österreich, in *Reiter-Zatloukal/Enderle-Burcel* (Hrsg), Antisemitismus in Österreich (2018) 37 (38). Eingehend zum antisemitischen Klima im Wien der Jahrhundertwende *Pauley*, Antisemitismus (1992) 27–44.

49 Namensänderungsgesuch von Dr. jur. Gustav Abeles in Arens, zitiert in *Staudacher*, Jüdisch-Protestantische Konvertiten in Wien I (2004) 99.

50 *Reiter-Zatloukal*, „Volksfremde Elemente im Anwaltsberuf". Antisemitismus und Advokatur 1918 bis 1938, in *Reiter-Zatloukal/Enderle-Burcel* (Hrsg), Antisemitismus in Österreich 1933–1938 (2018) 695 (696). Der Begriff ist einem Artikel Ignaz Seipels entnommen; vgl. *Seipel*, Die Kulturpolitik der Christlichsozialen, Reichspost vom 23. September 1920, 1 (2).

51 Siehe dazu eingehend *Reiter-Zatloukal* in *Rathkolb* 184–190 und *Reiter-Zatloukal* in *Reiter-Zatloukal/Enderle-Burcel* 695; vgl. auch z.B. *Zoitl*, „Student kommt von Studieren!" Zur Geschichte der sozialdemokratischen Studentenbewegung in Wien (1992); *Taschwer*, Braun-schwarze Beziehungsgeflechte. Zur Bedeutung antisemitischer Netzwerke im akademischen Milieu der Zwischenkriegszeit und zu ihren Nachwirkungen nach 1938 und 1945, in *Reiter-Zatloukal/Enderle-Burcel* (Hrsg), Antisemitismus in Österreich 1933–1938 (2018) 769 (770–772). Zum Anteil der jüdischen Bevölkerung in juristischen Berufen, siehe auch *Pauley*, Antisemitismus (1992) 45 und 91.

Übertritt zum christlichen Glauben möglich;[52] aber auch die Erlangung eines Lehrstuhls an der Wiener Universität war für Juden mit kaum überwindbaren Schwierigkeiten verbunden.[53] Hupkas Studienzeit und die wenigen Monate, die er als Konzipient seines Vaters verbracht hatte,[54] hatten ihm wohl hinlänglich vor Augen geführt, dass es für einen ambitionierten Juristen in Wien ohne die Taufe kein Fortkommen gab. Am 21. Dezember 1897 trat Josef Hupka aus der Israelitischen Kultusgemeinde aus, um zum römisch-katholischen Glauben zu konvertieren; zehn Tage später wurde er in der Schottenpfarre im ersten Wiener Gemeindebezirk auf den Namen Josef Franz getauft. Sein Taufpate war Franz Regenhart Ritter von Zapory, Großindustrieller und späterer Präsident der Gesellschaft der Musikfreunde.[55]

Allerdings war der Übertritt zum Christentum längst kein hundertprozentiger Schutz gegen antisemitische Angriffe und Benachteiligungen, die im Laufe der Zeit – bedingt durch die wachsende Präsenz jüdischer Konvertiten in den „umkämpften" Gesellschaftsbereichen – anstelle der Religionszugehörigkeit immer öfter an die jüdische Abstammung des Betreffenden anknüpften.[56] 1927 beschrieb Ludwig Hirschfeld in *Was nicht im Baedecker steht* die Situation in der Hauptstadt folgendermaßen: „‚Ist er ein Jud?' – Alle anderen Fragen kommen nachher: Ob der Komponist, der Schriftsteller wirklich Talent hat, ob der berühmte Arzt schon viele Patienten geheilt, der Fußballchampion schon viele Goals geschossen hat. Die primäre Frage lautet: ‚Ist er ein Jud?' Erst wenn sie beantwortet ist, dann stellt man sich zu der Leistung des Schriftstellers, des Universitätsprofessors entsprechend ein."[57] Dennoch war dieser Schritt für Hupkas Karriere zweifellos ein bedeutender: Als Jude wäre seine erste Anstellung bei der Niederösterreichischen Finanzprokuratur vermutlich nicht möglich gewesen; auch seiner universitären Laufbahn – insbesondere

52 *Reiter-Zatloukal* in *Rathkolb* 185.

53 Siehe z.B. *Reiter-Zatloukal* in *Rathkolb* 185–189; *Klausinger*, Academic antisemitism and the Austrian school: Vienna, 1918–1945, Department of Economics working paper 155 (2013) 1 (3). Siehe dazu auch *Ross*, The Philippe Halsmann Affair (1973) 3 und Erster Teil, Kapitel II.C.

54 Siehe Erster Teil, Kapitel II.A.

55 http://data.matricula-online.eu/en/oesterreich/wien/01-unsere-liebe-frau-zu-den-schotten/01-59/?pg=293; *Staudacher*, Konvertiten I (2004) 196 Fn 112; *Gaugusch*, Wer einmal war. Das jüdische Großbürgertum Wiens 1800–1938 I (2011) 340. *Taschwer* in *Koll* (462) spricht irrtümlich von Hupkas Übertritt zum Protestantismus.

56 *Reiter-Zatloukal* in *Rathkolb* 184; *Zoitl*, Student (1992) 38.

57 *Hirschfeld*, Was nicht im Baedecker steht: Wien (1927) 56–57; siehe auch *Beller*, Was nicht im Baedecker steht. Juden und andere Österreicher im Wien der Zwischenkriegszeit, in *Stern/Eichinger* (Hrsg), Wien und die jüdische Erfahrung 1900–1938. Akkulturation – Antisemitismus – Zionismus (2009) 1 (1).

seiner Berufung zum ordentlichen Professor – wären zweifellos weitaus mehr Steine in den Weg gelegt worden.[58]

Seine persönlichen Überzeugungen standen einer solchen Entscheidung zumindest nicht im Wege. Ungeachtet der aktiven Rolle, die Hupkas Vater in der Znaimer Kultusgemeinde eingenommen hatte, war Hupka nicht streng religiös erzogen worden. Seine Einstellung zu organisierter Religion erklärte er seinen Kindern in späteren Jahren einmal anhand eines Briefes, den Abraham Mendelssohn-Bartholdy über hundert Jahre zuvor an seine Tochter Fanny geschrieben hatte: Jede Form von Religion sei „geschichtlich und wie alle Menschensatzungen veränderlich", heißt es darin. Dieser wandelbaren äußeren Form gegenüber stehe die Überzeugung, dass es „in allen Menschen einen ewigen Hang zu allem Guten, Wahren und Rechten gibt und ein Gewissen gibt, welches uns mahnt und leitet, wenn wir uns davon entfernen. [...] Wir, deine Mutter und ich," – schreibt Mendelssohn-Bartholdy – „sind von unseren Eltern im Judentum erzogen worden und haben, ohne diese Form verändern zu müssen, dem Gott in uns und in unserem Gewissen zu folgen gewusst. Wir haben Euch, Dich und Deine Geschwister, im Christentum erzogen, weil es die Glaubensform der meisten gesitteten Menschen ist und nichts enthält, was Euch vom Guten ableitet".[59]

Diese Ansicht entsprach jener, die auch um die Jahrhundertwende in weiten Kreisen des assimilierten Judentums herrschte, und die Hupka wohl auch in seinem Bekanntenkreis vorgelebt wurde. Viele assimilierte Juden sahen es nahezu als Pflicht an, antisemitischen Übergriffen durch weitestmögliche Anpassung an die christliche Gesellschaft – wozu schlussendlich auch der Übertritt zum christlichen Glauben gehörte – vorzubeugen.[60] Begünstigt wurde diese Haltung durch die Tatsache, dass für das jüdische wie auch das christliche Bürgertum Religion eine zunehmend untergeordnete Rolle spielte, während deren früherer Stellenwert von humanistischen Bildungsidealen eingenommen wurde. „Im assimilierten jüdischen Mittelstand war die kulturelle Verschiedenartigkeit durch das Bildungsideal Goethes (einer *Respublica Litterarum*), nicht des Dichters, sondern des Freigeistes, der nichts für organisierte Religionen übrighatte, nivelliert worden. Letzteres war aufklärerisch, humanistisch, universalistisch und bildete den Grundpfeiler einer den Judaismus ersetzenden sekulären Religion."[61] Im Hinblick

---

58 Siehe dazu z.B. *Feichtinger*, Wissenschaft zwischen den Kulturen. Österreichische Hochschullehrer in der Emigration (1933–1945) (2001) 141.

59 Brief Abraham Mendelssohn-Bartholdy an seine Tochter Fanny, 1820; zitiert in Abschiedsbrief Josef Hupkas an seine Kinder, 1941/42 (?).

60 *Feichtinger*, Wissenschaft (2001) 141 und 161; *Pauley*, Antisemitismus (1992) 242–243.

61 *Feichtinger*, Wissenschaft (2001) 141; siehe auch *Pauley*, Antisemitismus (1992) 91–92.

auf diese weltanschauliche Similarität zwischen Juden und Christen war der Übertritt zur Mehrheitsreligion für viele assimilierte Juden kaum mehr als eine Formsache. Besonders unter jüdischen Studierenden der Rechtswissenschaften war es üblich, bereits kurz vor Ablegung der Rigorosen zum christlichen Glauben zu konvertieren – ein Relikt aus der (noch relativ rezenten) Zeit, in der nur christliche Studenten zur Ablegung der Prüfung im Fach Kirchenrecht (und damit zum Abschluss des Studiums) berechtigt waren.[62]

Hupkas religiöse Überzeugungen zum Zeitpunkt seiner Konversion sind nicht überliefert; gegen Ende seines Lebens zeigt er sich als Agnostiker: „Quält euch nicht mit der Sorge um mein Seelenheil", schrieb er 1941 in einem Abschiedsbrief an seine – im christlichen Glauben erzogenen – Kinder. „Gott ist doch nach Eurer Glaubenslehre höchst vollkommen. Er kann daher seine Gunst nicht davon abhängig machen, daß der Mensch an ihn glaubt – das wäre ichhaft, also menschliche Schwäche –, sondern nur davon, daß die menschlichen Gesinnungen und Handlungen mit seinen ethischen Geboten im Einklang stehen. Der Unterschied zwischen Euch und mir ist: Euer Imperativ lautet: ‚Gutes tun um Gottes willen', der meine ‚Gutes tun um des Guten willen'. Die Erfüllung des Euren gibt Euch Trost, Stärke und Glück durch die Hoffnung auf himmlischen Lohn – ich muss mit dem meinen ohne diese Hoffnung fertig werden und mir die Ruhe des Gewissens genügen lassen. Und die muss und wird mir auch in meiner letzten Stunde genügen."[63]

C. Freundeskreis und Familie

Auch außerhalb der Universität bewegte sich der kunst- und kulturinteressierte junge Mann vornehmlich in den sekulären, weltoffenen Kreisen des Wiener Großbürgertums. Seine künstlerischen Interessen hatten zu einer engen Freundschaft mit Josef Meder, bis 1923 Direktor der Albertina, und dem Maler und Grafiker Ferdinand Schmutzer geführt.[64] Auch familiär war Hupka gut vernetzt: Einer seiner Onkel war Josef Carl Löwenberg, Generaldirektor der Wiener Niederlassung der New York-Versicherung, Freimaurer und Freund des Journalisten und bekannten Freimaurers Eugen Lennhoff.[65] Hupkas Schwester Elise heiratete 1895 Alexander Lukács, Josef

---

62 *Reiter-Zatloukal* in *Rathkolb* 184–185.

63 Abschiedsbrief Josef Hupkas an seine Kinder, 1941/42 (?). Wenn Hupka in der vorliegenden Arbeit – besonders im Kontext der antisemitischen Übergriffe der 1920er und 30er und der Verfolgung durch die Nationalsozialisten – immer wieder als „Jude" oder „jüdischstämmig" bezeichnet wird, so geschieht dies stets im Bewusstsein, dass es sich hier nicht um sein Selbstverständnis, sondern um eine Zuschreibung von außen handelt.

64 Siehe dazu auch Erster Teil, Kapitel I.E.

65 Lennhoffs wohl bekannteste Veröffentlichung ist sein Werk über den „Anschluss" Österreichs an Hitlerdeutschland, *The Last Five Hours of Austria* (1938).

Carl Löwenbergs jüngsten Bruder.[66] Irene Hupka heiratete 1898 den erfolgreichen Architekten Arnold Hatschek;[67] rund sieben Jahre später ehelichte Adele Hupka dessen Kollegen Karl Gärber, nachdem sie kurz zuvor zum Protestantismus übergetreten war.[68]

Abbildung 1: Josef Hupka und seine spätere Frau Hermine. Das Bild wurde 1910 auf dem Anwesen der Familie Brüll in Unterach aufgenommen.

---

66 https://www.genteam.at/index.php?option=com_db53&id=301051&limitstart=0&n=hupka&v=elisabeth&view=detail&lang=en (Login erforderlich; abgerufen am 24. Jänner 2020).

67 https://www.genteam.at/index.php?option=com_db53&id=216871&limitstart=0&n=hatschek&v=arnold&view=detail&lang=en (Login erforderlich; abgerufen am 23. Jänner 2020). Zu Arnold Hatschek siehe http://www.architektenlexikon.at/de/210.htm (abgerufen am 21. Jänner 2020).

68 *Staudacher*, „... meldet den Austritt aus dem mosaischen Glauben“: 18000 Austritte aus dem Judentum in Wien, 1868–1914: Namen – Quellen – Daten (2009) 270; *Staudacher*, Konvertiten II (2004) 309. Zu Gärber siehe *Staudacher*, Konvertiten II (2004) 203 und https://deu.archinform.net/arch/64436.htm (abgerufen am 24. Jänner 2020). Im selben Jahr heiratete Marie Hupka Alois Goldmann; vgl. https://www.genteam.at/index.php?option=com_db53&id=301055&limitstart=0&n=hupka&v=marie&view=detail&lang=en (Login erforderlich; abgerufen am 24. Jänner 2020).

Am 10. Dezember 1910 heiratete Josef Hupka Hermine (genannt Minni) Brüll, die jüngere Tochter des heute weitgehend in Vergessenheit geratenen Komponisten und Konzertpianisten Ignaz Brüll.

Brüll war – wie viele Musiker seiner Zeit – jüdischer Herkunft, dabei aber keineswegs religiös. „Er sprach ganz unbefangen und frei vor seinen Kindern über religiöse Fragen und machte kein Hehl aus seiner Abneigung gegen allen dogmatischen Glauben jeder Religion", erinnerte sich seine Schwester.[69] Ebenso wie Hupka kam Hermine also aus einem assimilierten, in religiösen Dingen sehr liberalen Elternhaus. Kurz vor ihrer Heirat – am 19. November 1910[70] – konvertierte sie zum Protestantismus; ihr Taufpate war ihr späterer Ehemann.[71]

Auf welchem Wege Hupka Hermine Brüll kennengelernt hatte, lässt sich nicht eindeutig rekonstruieren. Er selbst liebte Musik[72] und kam aus einer musikalischen Familie; sein Onkel Sigmund Hupka war Konzertpianist, sein Cousin Felix sollte später ein bekannter Dirigent werden. Es mag also diese Leidenschaft gewesen sein, die ihn in Kontakt mit Ignaz Brüll, der eng mit

Abbildung 2: Ignaz Brüll beim Schachspiel in seinem Haus in Unterach (vor 1907)

69 *Schwarz*, Ignaz Brüll und sein Freundeskreis (1927) 95.
70 *Staudacher*, Konvertiten II (2004) 93; *Gaugusch*, Wer einmal war I (2011) 339.
71 *Staudacher*, Konvertiten I (2004) 213.
72 Siehe z.B. Brief Hermine Hupka an Elisabeth Kaefer, n.d. [kurz nach Pfingsten 1936].

Johannes Brahms und Karl Goldmark befreundet war, und in dessen Haus die bekanntesten Musiker seiner Zeit aus und ein gingen, gebracht hatte.[73]

Auch gab es zahlreiche Überschneidungen zwischen Hupkas Freundes- und Bekanntenkreisen und jenem der Familie Brüll: Hermines Schwester Hannah hatte 1906 bei einer Doppelhochzeit (Leopold) Robert Breuer geheiratet, Primararzt am Spital der Israelitischen Kultusgemeinde und Sohn des Arztes und Philosophen Josef Breuer, der gemeinsam mit Sigmund Freud als Begründer der Psychoanalyse gilt[74] und ein langjähriger Freund der Familie Brüll war. Roberts Bruder Hans heiratete bei derselben Gelegenheit Katharina Mautner, eine Tochter des Großindustriellen Isidor Mautner,[75] deren Bruder Stefan ebenso wie Hupka Mitglied der Gesellschaft für vervielfältigende Kunst und ihm daher bekannt war.[76] Darüber hinaus war Hupkas Freund Ferdinand Schmutzer gut mit der Familie Mautner befreundet.[77]

Brülls Nichte Clara Schwarz hatte den Schriftsteller und Übersetzer Paul (von) Sonnenthal, Sohn des Schauspielers und Burgtheaterdirektors Adolf (von) Sonnenthal und der Frauenrechtlerin Berta Pappenheim, geheiratet, dessen Bruder Siegmund Hupka als bedeutenden Sammler grafischer Kunstwerke vermutlich kannte.[78] Claras früh verstorbene Schwester Johanna war mit dem Juristen Julius Gustav Landesberger von Antburg verheiratet gewesen,[79] der ebenso wie Hupka an der Universität Wien lehrte und mit dem Hupka 1913 auf dem Gebiete des Wechselrechts die Schwerter kreuzen sollte.[80]

73 Zum Freundes- und Bekanntenkreis Ignaz Brülls siehe v.a. *Schwarz*, Ignaz Brüll (1927).

74 *Gaugusch*, Wer einmal war I (2011) 339.

75 Zu Isidor Mautner und seiner Familie siehe z.B. http://agso.uni-graz.at/marienthal/biografien/mautner_isidor.htm (abgerufen am 3. März 2020).

76 Siehe Erster Teil, Kapitel I.E. Zur Doppelhochzeit Brüll/Breuer und Mautner/Breuer siehe *Hanreich*, Die Kamera des Grafikers. Ferdinand Schmutzer – Fotografien aus Wien um 1900 (2017) 122.

77 *Hanreich*, Kamera (2017) 122.

78 *Schwarz*, Ignaz Brüll (1927) 111–112; *Gaugusch*, Wer einmal war I (2011) 340. Bertha Pappenheim wiederum ist jene Patientin „Anna O.“, deren Behandlung Breuer und Freud zum wissenschaftlichen Durchbruch verhalf. Zu Adolf von Sonnenthal und Berta Pappenheim siehe auch *Löscher*, „… unter Glas und Rahmen eine vergilbte Urkunde …“ Einige Erinnerungsstücke an Adolf von Sonnenthal im Theatermuseum, in Blimlinger/Schödl (Hrsg), … (k)ein Ende in Sicht. 20 Jahre Kunstrückgabegesetz in Österreich (2018) 323–324; zu Siegmund Sonnenthal siehe Erster Teil, Kapitel III.C.

79 *Schwarz*, Ignaz Brüll (1927) 111–112; *Gaugusch*, Wer einmal war I (2011) 340–341.

80 Siehe dazu Zweiter Teil, Kapitel IV.A.

Abbildung 3: Hermine Hupka (1918)

Auch namhafte Schriftsteller, wie etwa Richard Beer-Hofmann und Hugo von Hofmannsthal, gehörten zum Kreis der Brülls. Ein besonders enger Freund war der Schriftsteller und Präsident des österreichischen PEN-Clubs Felix Salten, von Hermine Hupka liebevoll „Onkel Felix" genannt; dieser war gut mit Arthur Schnitzler bekannt,[81] zu dessen weiten Bekanntenkreis wiederum auch Schmutzer und Hupka gehörten.[82] Schnitzlers Tagebücher erwähnen zahlreiche Treffen mit Hupka, bei denen das Gespräch „von Mazzes bis zu Beethoven-Manuscripten" ging;[83] einmal war er auch zu einem musikalischen Abend mit den Pianisten Severin Eisenberger und Paul

81 Zu Salten und Schnitzler siehe https://schnitzler-tagebuch.acdh.oeaw.ac.at/pages/ft_search.html?searchexpr= salten#_ (abgerufen am 6. Juni 2020).

82 Zu Schmutzer und Hupka siehe auch *Seligmann*, Feuilleton. Ferdinand Schmutzer zum Gedächtnis, Neue Freie Presse vom 18. September 1929, 1 (2). Siehe dazu auch Erster Teil, Kapitel I.E. Zu Schmutzer und Schnitzler siehe https://schnitzler-tagebuch.acdh.oeaw.ac.at/pages/hits.html?searchkey=person_19784#_ (abgerufen am 22. Jänner 2020).

83 Tagebuch Arthur Schnitzlers vom 19. März 1911, https://schnitzler-tagebuch.acdh.oeaw.ac.at/pages/show.html?document=entry__1911-03-19.xml&searchkey=person_16419 (abgerufen am 22. Jänner 2020; siehe auch 1. Juli 1916, 6. September 1916, 14. September 1916, 18. November 1916, 28. April 1917, 9. Dezember 1918, 22. Mai 1919, 20. März 1920, 11. Juli 1923. https://schnitzler-tagebuch.acdh.oeaw.ac.at/pages/hits.html?searchkey=person_16419#_ (abgerufen am 22. Jänner 2020).

Weingarten bei der Familie des Professors zu Gast.[84] Auch andere Schriftsteller und Journalisten – darunter Hermann Bahr, Franz Werfel, Karl Schönherr, Max Kalbeck (der Ehemann von Katharina Mautner-Breuers jüngerer Schwester Marie), und Philipp Menczel – gehörten zum gesellschaftlichen Kreis der Hupkas.

Seinem Interesse für bildende Kunst, insbesondere Druckgrafik, verdankte Hupka auch noch weitere einflussreiche Freunde und Kontakte, darunter neben zahlreichen Künstlern und Kunsthistorikern[85] auch namhafte Kunstsammler: Zum engsten Freundeskreis des Ehepaares Hupka gehörten u.a. der Jurist Karl Bettelheim und dessen Familie, der HNO-Spezialist Oskar Hirsch und dessen Frau Eva, sowie der Industrielle Oscar Löwit-Ladner und dessen Frau Elisabeth.[86] Weitere einschlägige Kontakte knüpfte Hupka auch in der Gesellschaft für vervielfältigende Kunst, der er bereits 1906 beigetreten war, und zu deren mehreren hundert Mitgliedern eine ganze Reihe von Künstlern, Kunsthistorikern, Museumsdirektoren und Kunstsammlern zählten.[87] Wenn eine zeitgenössischen Biografie also davon sprach, „daß sich im Hause dieses ausgezeichneten Professors namhafte Künstler heimisch fühlen", lag wenig Übertriebenes in dieser Behauptung.[88]

Die Hupkas führten ein sehr geselliges Leben. Fast täglich kam Besuch von Freunden oder Verwandten; wenn Hermine alleine in Unterach weilte, konnte sie sicher sein, dass ihr Mann in Wien abends bei Bekannten eingeladen war.[89] Das Ehepaar Hupka wohnte – gemeinsam mit Köchin, Dienstmädchen und später auch Kindermädchen – in einer geräumigen Wohnung in der Edelhofgasse 36 2. Stock Tür 19 im 18. Wiener Gemeindebezirk in unmittelbarer Nähe des Türkenschanzparks. Den Sommer verbrachte Hermine – später gemeinsam mit den Kindern – auf dem Anwesen der Brülls in Unterach am Attersee, dem idyllischen „Berghof",[90] wo Hupka ihr für gewöhnlich einen Monat lang Gesellschaft leistete. Die Freude seiner Frau und Tochter an langen Spaziergängen in der Natur teilte er nur begrenzt: Zumeist

84 Tagebuch Arthur Schnitzler vom 6. September 1916. https://schnitzler-tagebuch.acdh.oeaw.ac.at/pages/show-.html?document=entry__1916-09-06.xml&searchkey=person_16419 (abgerufen am 22. Jänner 2020).

85 Siehe dazu Erster Teil, Kapitel I.E.

86 Siehe z.B. Briefe Hermine Hupka an Elisabeth Kaefer, vom 10. August 1935; 18. August 1935; n.d. [Herbst 1935]; vom 7. November 1936; vom 31. Dezember 1936.

87 Zur Gesellschaft für vervielfältigende Kunst siehe im Detail Erster Teil, Kapitel I.E.

88 *Tartaruga*, Neues Wiener Journal vom 17. Mai 1928, 17.

89 Vgl. etwa Tagebuch Hermine Hupka September 1919 – Oktober 1924, 162.

90 https://www.atterwiki.at/index.php?title=Villen_in_Unterach (abgerufen am 24. Februar 2020).

Abbildung 4: Josef und Hermine Hupka während des Sommerurlaubs in Unterach (1927)

verbrachte er diese Wochen arbeitend oder lesend im Garten, während die Kinder um ihn herum spielten – der Lärm störte seine Konzentration nicht im Mindesten.[91]

Optisch passten der schlanke, nur 1,66 m große Jurist mit der runden Goldrandbrille und dem gepflegten Schnauzbart und die zierliche – 40 Kilogramm schwer auf eine Größe von 1,56 m –, dunkelhaarige Tochter des Komponisten hervorragend zusammen.[92] Charakterlich brachte die Verbindung in mancher Hinsicht den Beweis des viel bemühten Clichés, dass sich Gegensätze anziehen: Hupka selbst war allen Berichten zufolge ein überzeugter Pessimist, der mit seinen düsteren Prognosen leider oft recht behalten sollte; seine Frau hingegen eine unbeirrbare Optimistin, deren Briefe selbst aus den Jahren des Zweiten Weltkriegs Zeugnis von unerschütterlicher Hoffnung auf eine bessere Zukunft und Freude an Musik, Literatur und der Schönheit der Natur geben. Auch war Hupka ein Stadtmensch, der nur seiner Frau zuliebe

91 Vgl. z.B. Brief Hermine Hupka an Elisabeth Kaefer vom 10. und 18. August 1935.
92 Tagebuch Hermine Hupka Februar 1925 – Juni 1928, 40.

jeden Sommer einen Monat in der relativen Abgeschiedenheit von Unterach verbrachte. Hermine hingegen liebte die freie Natur und lange Spaziergänge und kehrte im Herbst nur höchst ungern nach Wien zurück.

Tatsächlich waren die ersten Ehejahre auch nicht uneingeschränkt glücklich – zum einen, weil der heiß ersehnte Nachwuchs zunächst ausblieb, zum anderen, weil Hupka seine Frau kaum an seinem wichtigsten Lebensinhalt – der Rechtswissenschaft – teilhaben ließ.[93] Wie wenig seine fachlichen Interessen Gesprächsthema innerhalb der Familie waren, sieht man auch, wenn sie der gemeinsamen Tochter 1941 in Bezug auf Die Vollmacht erklären muss: „Er schrieb mit 23 Jahren ein Buch (in seinem juridischen Fach), das vor etwa 10 Jahren in's Spanische übersetzt wurde."[94] Die grundlegenden Differenzen in der Lebenseinstellung sollten bis zum Ende bestehen bleiben – „Eigentlich merkwürdig, dass in unserem 20 jährigen Zusammenleben keiner den anderen auf seine Seite gebracht hat", schrieb Hermine Hupka 1936 einer guten Freundin.[95] Dennoch wurde die Ehe über die Jahre eine ausgesprochen glückliche, in der die gemeinsame Liebe zu Literatur, Musik und Kunst und zu den heiß ersehnten Kindern in den Vordergrund trat.[96]

Hupkas Sohn Robert (genannt „Burschi") wurde 1919 – nach neun Ehejahren – geboren; 1924 folgte die Tochter Marie („Mädi"). Die wirtschaftliche Situation der an und für sich wohlhabenden Hupkas war nach der Geburt ihres Erstgeborenen knapp nach Ende des Ersten Weltkrieges eine überaus angespannte: Hermine Hupkas Tagebuch dokumentiert die Schwierigkeit Babynahrung aufzutreiben ebenso wie die liebevolle Rücksichtnahme ihres Mannes, der im November bei neun Grad Innentemperatur im Arbeitszimmer saß, damit die knappen Holzvorräte für das Heizen des Kinderzimmers ausreichten. „Der ganze Jammer der jetzigen Zeit zeigt sich am stärksten in solchen Momenten – dass man Sorge hat, wie man ein 11 Wochen altes Kind ernähren soll."[97]

In den Jahren darauf sollte sich die Lage aber recht rasch erholen; die Briefe und Tagebücher Hermine Hupkas zeichnen das Bild einer sorgenlosen und fröhlichen Kindheit mit jährlichen Schikursen, Schwimm-, Musik- und Schauspielunterricht, großzügigen Weihnachtsgeschenken, und regem Kontakt mit den Cousins und Cousinen mütterlicher und väterlicherseits (besonders den jungen Hatscheks, Gärbers und Breuers) sowie den gleichaltrigen Kindern aus Hupkas weitem Bekanntenkreis.

---

93 Brief Hermine Hupka an Elisabeth Kaefer vom 10. Oktober 1936.
94 Brief Hermine Hupka an Marie Hupka vom 19. November 1941.
95 Brief Hermine Hupka an Elisabeth Kaefer vom 31. Dezember 1936.
96 Brief Hermine Hupka an Elisabeth Kaefer vom 10. Oktober 1936.
97 Tagebuch Hermine Hupka September 1919 – Oktober 1924, 11–12.

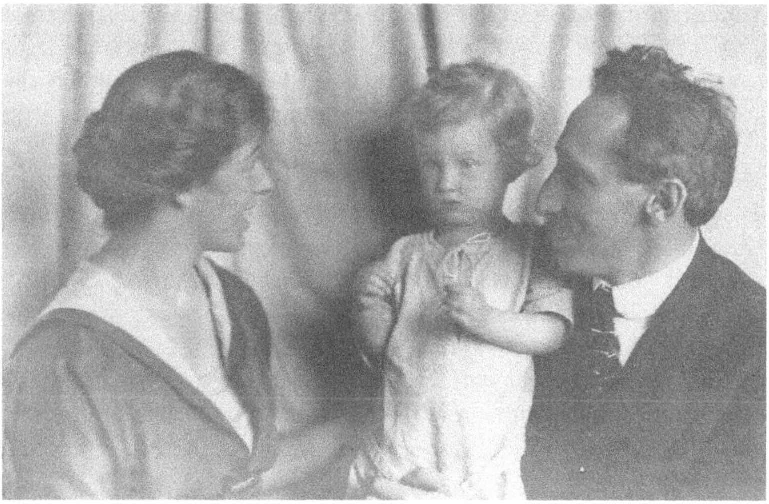

Abbildung 5: Hermine, Robert und Josef Hupka (Mai 1921)

Josef Hupka war seinen Kindern besonders im Baby- und Kleinkindalter ein ausgesprochen liebevoller und fürsorglicher Vater – zum stetigen Leidwesen seiner Frau, die von ihrer Schwester, ihrerseits bereits zweifache Mutter, zu Strenge und Konsequenz in der Kindererziehung gemahnt worden war. „Pepi ist oft weich und inkonsequent",[98] notierte sie verdrossen in ihrem Tagebuch: Schon von Beginn an trug er den kleinen Robert zu viel herum;[99] ebenso tat er es fünf Jahre später mit der wenige Monate alten Tochter.[100] Klein-Robert durfte stundenlang im Arbeitszimmer seines Vaters verbringen und dort mit ihm „Pfeife rauchen" – sein Vater hatte ihm speziell für diesen Zweck ein noch unbenutztes Exemplar geschenkt.[101] Besonders gerne zeigte er dem Kleinen seine Grafik-Sammlung. „Pepi ließ sich, wenn Burschi bettelte [...], von jeder Arbeit wegholen," berichtet Hermine mit einer Mischung aus Stolz und Missbilligung.[102]

Uneingeschränktes Missfallen erregte hingegen die Nachgiebigkeit ihres Mannes, wenn es um die Schlafgewohnheiten des Sohnes ging. Während ihn die Mutter mit konsequenter Strenge und körperlicher Züchtigung davon abbringen wollte, nachts die Eltern zu wecken, bestand Hupka prompt

98 Tagebuch Hermine Hupka September 1919 – Oktober 1924, 224.
99 Tagebuch Hermine Hupka September 1919 – Oktober 1924, 52–53.
100 Tagebuch Hermine Hupka Februar 1925 – Juni 1928, 4.
101 Tagebuch Hermine Hupka September 1919 – Oktober 1924, 113.
102 Tagebuch Hermine Hupka September 1919 – Oktober 1924, 177.

darauf, den zahnenden Kleinen zwischen ihnen beiden im Ehebett schlafen zu lassen. „Pepi liebt diese Schlafgenossenschaft sehr," berichtet Hermine wenig begeistert; sie selbst hoffe aber, diese so rasch wie möglich „wieder abzustellen".[103] Aber auch noch Jahre danach war es Roberts „größtes Glück", wenn sich der Vater zum Einschlafen zu ihm ins Bett legte.[104] Auch für Späße war der Vater stets zu haben – so brachte er Robert nicht nur früh französische Kinderreime[105] und englische Phrasen[106] bei, sondern auch, wie man eine „lange Nase" macht.[107] Besonders unerfreut zeigte sich Hermine, als Vater und Sohn gemeinsam mit dem Schürhaken bewaffnet den bösen Wolf im Schlafzimmer jagten – und dabei die ahnungslose Mutter mit der Jagdwaffe am Kopf trafen.[108]

Auch mit seiner Tochter war Hupka bald „innigst befreundet",[109] sang für sie Kinderlieder, darunter auch ein selbstkomponiertes „mit einer sehr schönen Melodie",[110] spielte stundenlang mit ihr[111] und erfand für sie Geschichten.[112]

Mit Marie – „ein angenehmes Wesen und ein tüchtiger Kerl" – sollte Hupka sein Leben lang „ungemein befreundet" bleiben.[113] Das Verhältnis zu Robert verschlechterte sich allerdings zusehends, nachdem dieser in der Schule nicht, wie vom Vater erhofft, durch akademisches Talent, sondern durch Lausbubenstreiche und schlechte Noten auffiel. Als leuchtendendes Beispiel führte Hupka seinem Sohn oft dessen Klassenkameraden (den späteren Universitätsprofessor und Rechtsanwalt) Fritz Schönherr vor Augen, auf den er „große Stücke" hielt und der Robert durch gemeinsames Lernen vor einer Nachprüfung in Altgriechisch bewahrte.[114] Auch Hupka selbst bemühte sich, dem Sohn bei den Hausaufgaben zu helfen und mit ihm zu lernen. Die väterlichen Ermahnungen und Nachhilfestunden blieben allerdings lange Jahre ohne Erfolg, sodass sich der enttäuschte Vater bisweilen zu „vernichtenden Worten" hinreißen ließ.[115] Roberts einziges Interesse, dem

103 Tagebuch Hermine Hupka September 1919 – Oktober 1924, 135.
104 Tagebuch Hermine Hupka Februar 1925 – Juni 1928, 17.
105 Tagebuch Hermine Hupka September 1919 – Oktober 1924, 154.
106 Tagebuch Hermine Hupka Februar 1925 – Juni 1928, 75.
107 Tagebuch Hermine Hupka September 1919 – Oktober 1924, 90.
108 Tagebuch Hermine Hupka Februar 1925 – Juni 1928, 15.
109 Tagebuch Hermine Hupka September 1919 – Oktober 1924, 84.
110 Tagebuch Hermine Hupka Februar 1925 – Juni 1928, 4 und 48.
111 Tagebuch Hermine Hupka Februar 1925 – Juni 1928, 57.
112 Tagebuch Hermine Hupka Februar 1925 – Juni 1928, 27.
113 Brief Hermine Hupka an Elisabeth Kaefer, n.d. [Herbst 1935].
114 Brief Hermine Hupka an Elisabeth Kaefer, n.d. [Herbst 1935].
115 Brief Hermine Hupka an Elisabeth Kaefer, n.d. [Sommer 1936].

Abbildung 6: Robert Hupka am Plattenspieler (späte 1930er)

er, wie seine Mutter berichtete, mit der „ihm eigenen & vom Vater ererbten Besessenheit“ nachging, galt der Musik.[116] „Pepi sagt mir so oft vor, dass aus ihm nichts werden wird, dass ich es schon bald selber glaube,“ gestand Hermine Hupka einer Freundin.[117] Hupkas Pessimismus war in diesem Punkt allerdings nicht gerechtfertigt: Robert Hupka sollte – leider erst nach dem Tod seiner Eltern – in den USA Karriere als Kameramann machen und mit seinen Fotografien von Michaelangelos Pietà und Portraits des Dirigenten Toscanini Berühmtheit erlangen.

D. Letzte Jahre in Wien und den Niederlanden

Die zweite Hälfte der 1920er und die frühen 1930er waren für Hupka sowohl beruflich als auch privat eine schwierige Zeit. Beruflich hatte Hupka mit antisemitischen Übergriffen und gewalttätigen Studentenunruhen, die an der von deutschnationalen Kräften dominierten Universität Wien in diesen Jahren zur Tagesordnung gehörten, ebenso wie mit fakultätsinternen Auseinandersetzungen zu kämpfen.[118] Auch die politische Lage, zugespitzt durch das Attentat auf Kanzler Dollfuß im Juli 1934, bereitete Hupka zunehmend ernste Sorgen.[119]

---

116 Brief Hermine Hupka an Elisabeth Kaefer, n.d. [kurz nach Pfingsten 1936].
117 Brief Hermine Hupka an Elisabeth Kaefer, n.d. [Herbst 1935].
118 Siehe dazu eingehend Erster Teil, Kapitel II.C.–H.
119 Brief Hermine Hupka an Elisabeth Kaefer vom 10. und 18. August 1935.

Aber auch das Privatleben der Hupkas wurde durch eine Reihe tragischer Ereignisse erschüttert. 1926 starb Hupkas Schwager Alexander Lukács durch Suizid; es war dies nur der erste einer Serie von Todesfällen im engsten Verwandten- und Bekanntenkreis der Hupkas. 1928 verlor er seinen engen Freund Ferdinand Schmutzer. 1931 starb sein Schwager Arnold Hatschek, der Witwer von Hupkas bereits 1916 jung verstorbenen Schwester Irene, im Jahr darauf Hermine Hupkas Mutter, Marie Brüll. 1934 verstarb ein weiter enger Freund Hupkas, Josef Meder.[120] 1936 erlag sein Schwager Robert Breuer einem monatelangen, schweren Leiden, an dem auch die Familie Hupka großen Anteil genommen hatte.[121]

Es ist unter diesen Umständen kaum verwunderlich, dass das gesellschaftliche Leben der Hupkas in diesen Jahren bedeutend ruhiger geworden war. Ein zusätzlicher Grund dafür lag in Hupkas Gesundheitszustand, der sich mit zunehmendem Alter erheblich verschlechterte. Insbesondere machten ihm arthritische Beschwerden langes Gehen unmöglich.[122] Darüber hinaus hatte er gegen Ende seines Lebens mit Herzproblemen zu kämpfen, die wohl erblicher Natur waren – sowohl sein Vater als auch sein Großvater waren mit knapp über fünfzig Jahren an Herzinfarkt gestorben, sein Onkel bereits mit 49 Jahren.[123] Zu einem weitaus größeren Teil lag der Grund dafür aber in der politischen Lage in Österreich, die viele Freunde und Bekannte veranlasst hatte, das Land zu verlassen oder sich zurückzuziehen.

Im Frühsommer des Jahres 1936 unternahmen die Hupkas eine Reise nach Znaim; nach 44 Jahren sollte Josef Hupka zum ersten und letzten Mal die Stadt wiedersehen, in der er seine Kindheit und Jugend verbracht hatte. „Sehr hübsch waren unsere 2 Znaimer Tage, Pepis Jugend stieg aus der Versenkung auf, jeder Platz bot ihm Erinnerungen und er war aufgeschlossen und heiter wie seit langem nicht," berichtete Hermine Hupka einer Freundin. Einer der „ältesten Bekannten von Pepi", „der Sohn eines Spielzeughändlers, der seinen Laden in dem Haus hatte, in das die Eltern Hupka mit dem 3 jährigen Pepi einzogen, als sie von Wien nach Znaim übersiedelten", hatte die Hupkas mit seinem Auto von Wien abgeholt. Er war ein „sehr bedeutender

---

120 Knapp ein Jahr vor seinem Tod hatte Meder seinem „alten Freund Jos. Hupka" noch „in alter treuer Freundschaft" ein Gedicht gewidmet. Darin heißt es „Sei still, mein Herz/ Bleib unverzagt!/ Hoff' auf ein gütlich Enden:/ Was heute schlecht/ Ist morgen recht/ Denn alles kann sich gnädig wenden!" (Gedicht mit handschriftlicher Widmung, Josef Meder an Josef Hupka vom 1. Februar 1933).

121 Zu Robert Breuers letzter Erkrankung und Tod siehe im Detail Brief Hermine Hupka an Elisabeth Kaefer, n.d. [17. Februar 1936].

122 Vgl. z.B. Brief Hermine Hupka an Elisabeth Kaefer vom 14. April 1935.

123 Siehe Todesanzeigen von Ludwig Hupka, Neue Freie Presse vom 3. August 1898, 20; Sigmund Hupka, Neue Freie Presse vom 29. April 1899, 18.

Physiker & Erfinder von in der Medizin für Bestrahlungen & derlei wichtigen Messapparaten geworden & ein ungemein lieber, gütiger, *einfacher* Mensch." Hermine Hupka erwähnt seinen Namen nicht; die Beschreibung und biografischen Daten passen allerdings auf den 1875 in Znaim geborenen Physiker Siegmund Strauß, der sich unter anderem der Erforschung und Entwicklung der Strahlentherapie widmete und den ersten Röntgendosimeter erfunden hatte.[124] Das Haus der Familie Strauß stand 1936 nicht mehr; wohl aber konnte Hupka zu seiner großen Freude im Znaimer Stadtmuseum eine Fotografie davon entdecken, auf der auch das Schild der Kanzlei seines Vaters zu sehen war.[125]

Es waren dies vermutlich die letzten wirklich unbeschwerten Tage, die Hupka verbringen sollte. Schon 1936 blickte er voll düsteren Vorahnungen in die Zukunft; im Gegensatz zu seiner Frau hatte er nicht die Fähigkeit, „die Vorstellung, wie viele Explosionsstellen für einen neuen Weltkrieg es gibt & wie um Vieles grauenvoller er werden würde, als noch vor 20 Jahren", aus seinen Gedanken zu verbannen. „Er ist durch die ganze politische Situation schwer bedrückt, hört im Radio täglich alle ausländischen Nachrichten," klagte Hermine. Dazu kam noch, dass ihm seine Gehbeschwerden immer mehr zu schaffen machten, sodass er „jeden animierenden Versuch, einmal ein bissl in's Freie zu kommen," ablehnte.[126]

Abbildung 7: Josef Hupka am Radio (späte 1930er)

124 *Mühlböck*, Siegmund Strauß, in ÖAW (Hrsg), ÖBL 1815–1950 XIII (2010) 383.
125 Brief Hermine Hupka an Elisabeth Kaefer, n.d. [Frühsommer 1936].
126 Brief Hermine Hupka an Elisabeth Kaefer vom 14. April 1936.

Abbildung 8: Familie Hupka beim gemeinsamen Mittagessen (1938). Das Bild wurde von Robert kurz vor seiner Abreise nach London aufgenommen.

Wie so oft sollte die Geschichte Hupkas Pessimismus rechtfertigen: Knapp zwei Jahre später annektierte Hitlerdeutschland Österreich; die Welt, in der die Hupkas gelebt hatten, war mit einem Schlag zu Ende. Nach der Machtergreifung durch die Nationalsozialisten hatte sich das Ehepaar Hupka vor allem bemüht, ihren damals fast zwanzigjährigen Sohn Robert ins Ausland zu bringen; eine aufgrund der bürokratischen Hürden monatelange und sehr kostspielige Prozedur. Auch waren diese Bestrebungen nicht ohne negativen Konsequenzen für die Hupkas: Im Mai 1938 wurde Hupkas Aktienbesitz bei der Österreichischen Creditanstalt gesperrt; „Hupka will seine Kinder nach England bringen und es besteht der Verdacht, dass er Vermögenswerte in das Ausland verschleppt," hieß es in der Begründung.[127] Schlussendlich gelang es Robert im Winter 1938 Österreich zu verlassen und über London in die USA zu reisen, wohin auch Hermine Hupkas Schwester Hannah und Josef Hupkas Schwester Elise (beide zu diesem Zeitpunkt bereits verwitwet) mit ihren Kindern emigriert waren. Im Jänner 1939 folgte

127 ÖStA, AdR, VVSt, VA 29786, Sicherungsanordnung des Devisenfahndungsamts, Zweigstelle Wien, Nr. E. 768/38. Ar. vom 12. Mai 1938. Siehe auch Erster Teil, Kapitel I.E.

auch die fast fünfzehnjährige Tochter Marie, die bei einer älteren Freundin, der Psychoanalytikerin Ilse Hellmann, in London unterkam.[128]

Die Ausreise ihrer beiden Kinder hatten das Vermögen der Hupkas erheblich geschmälert.[129] Zusätzlich musste auch noch die nach dem Attentat auf den deutschen Legationssekretär Ernst Eduard Rath von sämtlichen Juden geforderte sogenannte „Sühneabgabe" (Verordnung über eine Sühneleistung der Juden deutscher Staatsangehörigkeit, RGBl. I S. 1579 vom 12. November 1938) sowie eine von Hupka geforderte hohe Steuervorauszahlung geleistet werden, was die Hupkas zwang, neben ihrem Aktienbesitz auch Teile ihrer Kunstsammlung – darunter eine überaus wertvolle Mappe mit Federzeichnungen Moritz von Schwinds[130] – zu veräußern.

Schon Ende 1938 wäre Hupka beinahe in die Hände der Nazis gefallen. Seine Tochter Marie Parkinson erinnert sich an die Ereignisse der Reichskristallnacht des 17. November 1938: „Als mein Vater von der Universität nach Hause kam, wurde er [von SS-Männern] gefangen genommen und gezwungen, sich Hunderten anderen Männern, jungen und alten, anzuschließen. Sie alle wurden wie Vieh in eine Schule getrieben, in deren Turnsaal bereits Hunderte andere zusammengepfercht waren. Und dann geschah das Wunder. Ein junger SS-Mann an der Türe erkannte meinen Vater und sagte: ‚Aber Herr Professor, was machen *Sie* hier?' Vater antwortete: ‚Nun ja, ich bin ein dreckiger Jude.' Er wies Vater daraufhin an, hinter der Türe zu warten. Ein paar Minuten später kam er zurück und sagte meinem Vater, dass er heimgehen könne." Parkinson vermutete, dass der junge Mann zu jenen Studierenden gehört hatte, denen Hupka in den Jahren zuvor während Studentenunruhen Zuflucht in seinem Hörsaal gewährt hatte.[131] Seine Zivilcourage und sein unparteiisches Eintreten für Gerechtigkeit ohne Rücksicht auf die politische Gesinnung des Betroffenen, die er auch in der Causa Morgenstern unter Beweis gestellt hatte,[132] hatten ihm das Leben gerettet.

---

128 *Parkinson*, Grandmother's Memoirs (2007) 7–8. Die genaue Verbindung zwischen den beiden jungen Frauen ist unklar. In ihren Memoiren bezeichnet Marie die sechzehn Jahre ältere Ilse als ihre „godmother" – gemeint wohl im Sinne von „Mentorin", nicht „Taufpatin".

129 ÖStA, AdR, VVSt, VA 29785, Vermögensveränderungsanzeige Hermine Hupka vom 5. Dezember 1938; VA 29786, Vermögensveränderungsanzeige Josef Hupka vom 5. Dezember 1938; Brief Josef Hupka an die Vermögensverkehrsstelle vom 22. Dezember 1938.

130 Siehe dazu Erster Teil, Kapitel I.E.

131 *Parkinson*, Grandmother's Memoirs (2007) 6 (meine Übersetzung, Hervorhebung im Original). Siehe auch *Taschwer* in *Koll* 485 Fn 72.

132 Siehe dazu Erster Teil, Kapitel II.F.

Trotz der immer offensichtlicher werdenden Gefahr weigerte sich Hupka zunächst, Österreich zu verlassen. Der Grund darin lag nicht so sehr in seiner Heimatverbundenheit als in dem Umstand, dass er mit der Auswanderung seine Pension verloren und daher von der finanziellen Hilfe anderer abhängig gewesen wäre, was ihm zutiefst widerstrebte.[133] Die Aberkennung seines Ruhegenusses im März 1939 brachte somit nicht nur Negatives mit sich: „Was […] sicher schien und uns hier fesselte, ist zu nichts geworden, und das macht uns frei", schrieb Hermine Hupka einer Freundin.[134] Ein guter Freund der Familie, der selbst über Amsterdam in die USA ausreiste, kontaktierte den Akademischen Unterstützungsfonds (*Academisch Steunfonds*) der Universität Amsterdam, der die Ausreise jüdischer Akademiker in die Niederlande unterstützte und – da deren Aufenthaltsgenehmigung in den Niederlanden zumeist keine Arbeitserlaubnis umfasste – einen finanziellen Beitrag zu deren Unterhalt leistete.[135]

Abbildung 9: Das Wohnhaus der Familie Hupka in der Edelhofgasse im 18. Wiener Gemeindebezirk (späte 1930er). Das Foto wurde von Robert Hupka kurz vor seiner Abreise nach London aufgenommen.

133 *Parkinson*, Grandmother's Memoirs (2007) 8.
134 Brief Hermine Hupka an Mimi Weiss vom 11. Mai 1939.
135 Brief Hermine Hupka an Marie Hupka vom 30. Oktober 1939 (?).

Im Frühling des Jahres 1939 fassten die Hupkas den Entschluss, zunächst nach Holland zu emigrieren, wo ihnen eine einjährige Aufenthaltsbewilligung erteilt worden war. Von dort planten sie ihre Weiterreise in die USA; im März 1939 beantragten sie die erforderlichen Visa. Davor wollten sie ihren Kindern einen Besuch in London abstatten.[136] Die Abreise sollte sich allerdings noch bis zum Sommer verzögern. Noch immer hatten die Hupkas den festen Plan, von Holland aus zumindest besuchsweise nach England zu kommen; zuvor mussten sie allerdings warten, bis ihnen in den Niederlanden ein fester Wohnort zugewiesen wurde. Josef Hupka war bewusst, dass die Zeit drängte; die meisten Freunde der Familie hatten bereits das Land verlassen: „Bekannte trifft man nicht mehr in der 40er [d.h. in der Straßenbahnlinie 40]," berichtete Hermine Hupka einer Freundin in London.[137]

Ende Juli trafen die Hupkas endlich in Zürich ein, wo sie eine „wunderschöne" Woche mit Felix und Ottilie Salten verbrachten: „Ich konnte diese Wunderschönheit, die ungeheure Kontrastwirkung der Menschen, Atmosphäre, erst kaum ertragen. Die Ungeheuerlichkeit des Ganzen stand räumlich distanziert neuerlich vor einem auf. Doch ist mir, als ob ich sie nicht recht fassen konnte. [...] Das Herz tut weh, wenn man an alle denkt, die noch ‚drinnen' sind", berichtete Hermine.[138] Am 4. August flogen die Hupkas von Zürich weiter nach Amsterdam: „Damit beginnt unser eigentliches neues Leben."[139]

Während der Zeit ihres Exils blieben die Hupkas soweit möglich in stetem Kontakt mit ihren Kindern, Verwandten und Freunden, die in verschiedenen Ländern Zuflucht gefunden hatten. Hermine Hupka war eine unermüdliche Briefschreiberin, die mit großem erzählerischem Geschick, unerschütterlichem Humor und ebenso unerschütterlicher Hoffnung auf eine bessere Zukunft ein Bild von ihren letzten Jahren in den Niederlanden zeichnete. Bisweilen nutzte auch ihr Mann die verbliebenen freien Ränder, um einen Gruß dazuzuschreiben; ansonsten überließ er die „Plauschbriefe" aber seiner Frau, während er selbst sich der sachlichen Korrespondenz widmete.[140] Vieles fehlt freilich in den Briefen – einerseits wohl, um die Adressatinnen und Adressaten (vor allem ihre damals erst fünfzehnjährige Tochter Marie) nicht zu beunruhigen, andererseits, um nicht sensible Informationen preiszugeben und damit ihre Helferinnen und Helfer zu gefährden. Viele der Briefe

136 Brief Hermine Hupka an Mimi Weiss vom 11. Mai 1939; zur Dauer der Aufenthaltsbewilligung siehe CV Josef Hupka, n.d. [1939]; zu den Visa Brief Josef Hupka an Familie Hirsch vom 5. Juni 1940.

137 Postkarte Hermine Hupka an Mimi Weiss vom 1. Juli 1939.

138 Postkarte Hermine Hupka an Mimi Weiss vom 4. August 1939.

139 Postkarte Hermine Hupka an Mimi Weiss vom 4. August 1939.

140 Brief Hermine Hupka an Marie Hupka vom 9. Jänner 1941.

sind auch über die Jahre verloren gegangen bzw. aus verschiedenen Gründen nicht zugänglich.[141] Dennoch lässt sich aus den erhaltenen Bruchstücken die Situation der beiden einigermaßen rekonstruieren.

Zunächst schien das „neue Leben“ der Hupkas unter guten Vorzeichen zu stehen. In Amsterdam trafen die Hupkas alte Freunde und Bekannte aus Wien; auch knüpften sie bald zahlreiche neue Kontakte.[142] Josef Hupka machte stets gern Besuche oder lud Leute in ihre Unterkunft ein, was seine Frau oft vor unerwartete Schwierigkeiten stellte: „Eben ist Vater heimgekehrt, sehr befriedigt von seinem Besuch. Er sagt, es sind feine & liebe Menschen & sie werden uns Samstag in 8 Tagen zum Thee besuchen, mit ihrem 8jährigen Buben, den sie nicht allein zu Hause lassen können. Dann sind wir 5 Personen, eine stattliche Zahl für unseren Raum. Vielleicht wird’s dem Buben Spaß machen, unter dem Tisch zu sitzen, da hat er bestimmt am meisten Platz.“[143]

Die finanzielle Lage der Hupkas war, gemessen an der vieler anderer Flüchtlinge, anfangs recht gut. „Durch das Wiener Herz“ war es ihnen gelungen, „in einem Koffer, der überhaupt nicht mehr unter die Augen der Zollbeamten kam“, Bargeld mitzunehmen – „[r]echt reichlich, auch nach der schon in Zürich erfolgten Umwechslung.“ Auch Teile der Hupka’schen Kunstsammlung hatten es bis nach Amsterdam geschafft und konnten nun zu Geld gemacht werden, was sich aufgrund der wirtschaftlichen Lage allerdings als schwierig herausstellte.

Die ursprüngliche Hoffnung, bald nach ihrer Ankunft in den Niederlanden nach London weiterreisen zu können, um ihre Kinder zu besuchen, zerschlug sich auf tragische Weise: Die Hupkas hatten bereits einen Flug für den 9. September 1939 gebucht; am 1. September brach jedoch der Krieg aus, und sämtliche Flüge wurden gestrichen.[144]

Da die finanzielle Unterstützung durch den Akademischen Hilfsverein sich aufgrund der Wirtschaftslage stetig verringerte, waren die Hupkas Ende 1939

141 Dies betrifft insbesondere die Korrespondenz zwischen Robert Hupka und seinen Eltern. Robert Hupka hatte diese Briefe testamentarisch dem Archiv der Gesellschaft für Musikfreunde (in welchem auch der Nachlass seines Großvaters Ignaz Brüll aufbewahrt wird) vermacht. Trotz eingehender Bemühungen seitens des Direktors wurden diese Dokumente allerdings nie an das Archiv weitergegeben. Ich danke dem Direktor des Archivs Prof. Dr. Dr.h.c. Otto Biba für diese Information.

142 Brief Hermine Hupka an Richard Wallach vom 6. Oktober 1939; Brief Hermine Hupka an Marie Hupka vom 30. Oktober 1939.

143 Brief Hermine Hupka an Marie Hupka vom 30. Oktober 1939 (?).

144 *Parkinson*, Grandmother’s Memoirs (2007) 41; siehe auch *Taschwer* in *Koll* 485.

gezwungen, Amsterdam zu verlassen und ein günstigere Quartier zu suchen.[145] Gemeinsam mit ihrer Wiener Bekannten Irene Hellmann, der Mutter von Maries Freundin Ilse und Schwester von Josef Hupkas langjährigem Freund Josef Redlich, fanden sie rasch Zimmer in der Leen de Nieuw Oostende 125 in Voorburg (Südholland), die sie allerdings bald wieder verlassen mussten.[146] Dies war nur die erste einer Reihe von Übersiedlungen, die die nächsten Jahre prägen sollten, wobei „Tante Irene“ stets Quartier in ihrer Nähe bezog.[147] Im Laufe der Jahre sollte sich zwischen Irene Hellmann und den Hupkas, die sich in Wien nur gesellschaftlich gekannt hatten, eine enge Freundschaft entwickeln, die beiden Seiten half, die Jahre im Exil zu überstehen.[148]

Ihr nächstes Quartier lag ganz in der Nähe ihres ersten und hatte den Vorteil eines entzückenden kleinen Gartens, den Hermine in vollen Zügen genoss. Der einzige Wermutstropfen war, dass die beiden Zimmer, die sie gemietet hatten, zu klein waren, als dass man ein Doppelbett hineinstellen hätte können – zum ersten Mal in ihrer Ehe schliefen die Hupkas nun in getrennten Betten.[149] Irene Hellmann wohnte im Stockwerk darunter.[150]

Mit dem Einmarsch der Deutschen in den Niederlanden im Mai 1940 wurde die Lage der Hupkas um einiges prekärer: „Über uns ist nicht mehr zu sagen, als dass wir hier vorläufig noch existieren können, dass aber die Situation in jeder Beziehung ungefestigt ist.“, berichtete Josef Hupka Anfang Juni.[151] Nach dem Einmarsch der Deutschen hatte sich die Situation der Juden in den Niederlanden sukzessive verschlechtert. Schon im Lauf des Jahres 1940 waren erste Repressalien – etwa die Entlassung jüdischer Beamten und Universitätslehrern – implementiert worden; 1941 folgte eine

---

145 Brief Hermine Hupka an Marie Hupka vom 30. Oktober 1939 (?). Hermine Hupkas Brief enthält leider keine genauen Angaben; erwähnt werden „die alte Holländerin aus dem Mittelzimmer“, „die holländische Landschaft aus dem Speisezimmer“ und „die Geige“ – eine Violine von Guarnieri, die (leider in stark beschädigtem Zustand) letztendlich Hupkas Tochter in England erreichte. Siehe dazu auch Erster Teil, Kapitel I.E.

146 Brief Josef Hupka an Marie Hupka vom 26. Februar 1940. Zur Person Irene Hellmanns, Witwe des Wiener Industriellen und Kunstförderers Paul Hellmann, siehe *Taschwer*, Irene und Paul Hellmann. Fast vergessene Förderer der Salzburger Festspiele (n.d.) und *Hellmann*, Irene, mijn grootmoeder: de neergang van een Weens-joodse familie (2015).

147 Briefe Hermine Hupka an Marie Hupka vom April 1941 und 30. August 1942.

148 Brief Hermine Hupka an Marie Hupka vom Juli 1941; *Hellmann*, Irene (2015) 125–129.

149 Brief Hermine Hupka an Marie Hupka vom 5. Mai 1940.

150 Brief Hermine Hupka an Marie Hupka vom 9. Jänner 1941.

151 Brief Josef Hupka an Familie Hirsch vom 5. Juni 1940.

Meldepflicht für sämtliche Juden in den Niederlanden.[152] Schilder mit der Aufschrift „Juden nicht erwünscht“ erschienen an immer mehr öffentlichen Orten; auch wurde Juden unter anderem der Besuch von Kinos verboten. Kurz darauf folgte ein Studienverbot für Juden.[153] Für Unternehmen jüdischer Inhaber wurden „Treuhänder“ oder „Verwalter“ bestellt, die faktisch uneingeschränkte Verfügungsmacht über die betroffenen Unternehmen besaßen.[154]

Im Frühjahr 1941 wurde Juden die Ausübung freier Berufe verboten; bald darauf auch der Besitz von Radiogeräten und der Aufenthalt in Kurorten und Bädern, öffentlichen Parks, Gaststätten und Hotels.[155] Besonders einschneidend war die im August 1941 erlassene Verordnung, die Juden zwang, ihr gesamtes Kapitalvermögen bei der neu gegründeten und unter deutscher Kontrolle stehenden Bank Lippmann, Rosenthal & Co. einzuzahlen; monatlich durfte nur eine bestimmte Summe abgehoben werden, während das übrige Vermögen von der Bank „verwaltet“ wurde. Diese Anordnung kam somit de facto einer Enteignung gleich.[156] Obwohl diese Maßnahmen anfangs nur Juden niederländischer Staatsangehörigkeit betrafen,[157] müssen sie maßgeblich zur Schaffung eines Klimas von Angst und Verunsicherung auch bei jenen beigetragen haben, die auf der Flucht vor Verfolgung aus Österreich oder Deutschland in die Niederlande gekommen waren.

Das Ehepaar Hupka blieb zunächst zuversichtlich, bald das Land verlassen zu können. Noch in Wien hatten sie sogenannte „Quotenvisa“ beantragt, die ihnen die Einreise in die USA ermöglichen sollten. Die Erteilung eines solchen Visums erforderte die Beibringung eines sogenannten Affidavits – einer Bürgschaftserklärung einer in den USA lebenden Person, die sicher stellen sollte, dass die einreisende Person keine Belastung für den amerikanischen Staat darstellte.[158] Oskar und Eva Hirsch, die es bereits in die USA geschafft hatten, hatten die beiden in dieser Angelegenheit tatkräftig unterstützt; allerdings sollte sich Monate später herausstellen, dass das die Affidavits der Hupkas im amerikanischen Konsulat in Rotterdam verloren gegangen waren.[159]

---

152 Im Detail dazu *Happe*, Viele falsche Hoffnungen: Judenverfolgung in den Niederlanden 1940–1944 (2017) 46–53.

153 *Happe*, Hoffnungen (2017) 64–65.

154 *Happe*, Hoffnungen (2017) 66.

155 *Happe*, Hoffnungen (2017) 67–68.

156 *Happe*, Hoffnungen (2017) 68–69.

157 *Happe*, Hoffnungen (2017) 87.

158 *Bauer/Göpfert*, Die Ritchie Boys. Deutsche Emigranten beim US-Geheimdienst[2] (2016) n.pag.

159 Brief Josef Hupka an Familie Hirsch vom 5. Juni 1940.

Aber selbst für den Fall, dass der Antrag ordnungsgemäß bearbeitet worden wäre, hätten die Hupkas kaum Chancen auf eine rasche Weiterreise gehabt: Das namensgebende Wort „Quote" bezog sich nämlich auf die seitens der USA festgelegten Höchstzahlen von Einwanderern pro Herkunftsland. Die Quoten für die von den Nazis okkupierten Ländern waren zu diesem Zeitpunkt bereits um ein Vielfaches überschritten; die Wartezeit betrug daher mehrere Jahre.[160] Obwohl sie im Sommer 1940 planten, einen neuerlichen Antrag zu stellen, gaben sie sich keinerlei Illusionen über dessen baldige Erfolgsaussichten hin: „Unsere Einwanderung in die U.S.A. ist nun ad Kalendas Graecas verschoben, wenn nicht noch ein Wunder geschieht, d.h. eine Berufung uns noch die Möglichkeit verschafft, ausserhalb der Quote rechtzeitig hinüber zu können."[161] Hupka verfolgte die Hoffnung auf einen lebensrettenden Lehrstuhl mit Nachdruck, verfasste zahlreiche englischsprachige Versionen seines Lebenslaufes und bat Freunde, Bekannte und Verwandte, diese an amerikanische Universitäten weiterzuleiten bzw. mit bereits emigrierten Wissenschaftlern aus seinem Bekanntenkreis, wie etwa dem nach Harvard berufenen Ökonomen Joseph Schumpeter, diesbezüglich Kontakt aufzunehmen.[162] Letztendlich sollten sich diese Bemühungen jedoch als erfolglos erweisen.

Die Auswanderung der Juden aus den Niederlanden war zu Beginn das erklärte – wenn auch niemals mit Nachdruck verfolgte – Ziel der deutschen Besatzungsmacht gewesen. Im April 1941 wurde die „Zentralstelle für jüdische Auswanderung" ins Leben gerufen. Ungeachtet ihres Namens lag deren Hauptaufgabe allerdings nicht in der Erleichterung der Emigration von Juden aus den Niederlanden, sondern der Koordination von Verfolgungsmaßnahmen und später Deportationen in diverse Konzentrationslager.[163] Im Gegensatz zur „Zentralstelle" bemühten sich verschiedene Hilfsorganisationen tatsächlich darum, Juden die Emigration zu ermöglichen; im Großen und Ganzen scheiterten diese Bemühungen aber an den zahlreichen bürokratischen Hürden sowohl auf der Seite der deutschen Besatzungsmacht als auch seitens der potentiellen Aufnahmeländer.[164] Das Schicksal der Hupkas steht somit exemplarisch für jenes von tausenden Juden, die zu dieser Zeit vergeblich auf eine Ausreiseerlaubnis aus den Niederlanden hofften.

Kurz vor Ostern 1941 mussten die Hupkas ein weiteres Mal ihr Quartier wechseln und zogen gemeinsam mit Irene Hellmann nach Bilthoven, eine Kleinstadt in der Provinz Utrecht. Bei allen Unannehmlichkeiten sollte sich

160 *Bauer/Göpfert*, Ritchie Boys[2] (2016) n.pag.
161 Brief Josef Hupka an Familie Hirsch vom 5. Juni 1940.
162 Brief Josef Hupka an Familie Hirsch vom 5. Juni 1940.
163 *Happe*, Hoffnungen (2017) 79 und 85.
164 *Happe*, Hoffnungen (2017) 76–77.

der erzwungene Quartierwechsel im Großen und Ganzen als durchaus positiv erweisen: Im Gegensatz zu ihren ersten Vermietern wurden die nächsten Quartiergeber, die Pastorswitwe Frau Schuppert und ihre erwachsenen Kinder, bald gute Freunde und waren rührend um das Wohlergehen der Hupkas bemüht.[165] Im Haus in der Palestrinalaan 12 wohnte auch der Grafiker H.M. Hopma, den Irenes Sohn Bernhard Hellmann gut kannte; es ist daher nicht unwahrscheinlich, dass Hopma – der auch Irene Hellmann bei der Quartiersuche geholfen hatte – den Hupkas dort eine Unterkunft verschaffte.[166] Die Vermieterin der Hupkas gehörte der niederländischen Widerstandsbewegung an, sodass die Hupkas durch sie höchst wertvolle Kontakte knüpfen konnten. Ihr Haus wurde als Treffpunkt für Widerstandskämpfer ebenso wie als Waffenlager verwendet.[167]

Im Mai dieses Jahres stieg neuerlich die Hoffnung, die Niederlande verlassen zu können – „in letzter Zeit wurden 70 Bewilligungen erteilt," schrieb Hermine Hupka einer Freundin, „& da unsere Einreichung im Oktober vorig. Jahres geschah, mag es sein, dass wir auch eines Tages dran kommen." Unterstützung kam von Verwandten Hupkas, die in die USA emigriert waren: „Hanna & Pepi Weissberger sorgen sich schrecklich um uns," berichtete Hermine. „Sie möchten uns schon so gerne in Lissabon oder Bilbao haben, die Schiffplätze sind bezahlt (dafür haben sie die Mittel aufgebracht, natürlich nicht aus Eigenem)." Von dort aus sollte es weiter nach San Domingo gehen, um auf die Einreiseerlaubnis in die USA zu warten.[168] Bis Ende des Jahres 1941 hatten die Hupkas auch die Hoffnung, nach Cuba oder San Dominica – und von dort aus unter Umständen in die USA – auswandern zu können.

Im Hinblick auf diese Pläne ist es nicht verwunderlich, dass Hupka die ersten Jahre in den Niederlanden hauptsächlich damit verbrachte, Fremdsprachen zu lernen.[169] Insbesondere widmete er sich dem Spanischen. Dabei sollte sich sein Werk über die Vollmacht auf unerwartete Weise nützlich erweisen, wie seine Frau schilderte: „Pepi sitzt mir gegenüber und lernt eifrig Spanisch, und zwar von Früh bis Abend & zwar auf originelle Weise. Er schrieb mit 23 Jahren[1)] ein Buch (in seinem juridischen Fach), das vor etwa 10 Jahren ins Spanische übersetzt wurde. (Im Vorwort des Übersetzers ist eine fabelhafte Würdigung dieses Werkes.[2)]) Das ist, nebst einem Langenscheidt-Lehrbuch & einem Wörterbuch, sein Lehrmeister. Peperl

165 Brief Hermine Hupka an Marie Hupka, n.d. [April 1941].

166 *Hellmann*, Irene (2015) 109. Im November 2021 wurden an dieser Adresse zwei „Stolpersteine" zum Gedenken an das Ehepaar Hupka angebracht.

167 *Taschwer* in *Koll* 487.

168 Brief Hermine Hupka an Elisabeth Kaefer vom 7. Mai 1941.

169 Brief Hermine Hupka an Marie Hupka vom 19. November 1941, 21. Dezember 1941 und 25. Jänner 1942.

lernt noch immer ausgezeichnet³⁾ & kann schon eine Menge. Er macht es natürlich methodisch, übersetzt sein eigenes Buch & vergleicht dann Satz für Satz mit dem echten spanischen Kleid." In Hupkas winziger Handschrift findet sich am Ende des Briefes eine „Anmerkung des Zensors" zu den von ihm eingefügten hochgestellten Ziffern: „¹⁾ Etwas übertrieben, als es erschien war er schon 25. ²⁾ Die war *noch* übertriebener! ³⁾ Am übertriebensten!"[170]

Kurz darauf sollten sich die Hoffnungen der Hupkas auf eine baldige Abreise aus Holland endgültig zerschlagen. „Wir können uns die dominikanischen – & Kubavisen auf die Hüte stecken & damit eine neue Mode schaffen, die uns gewiss viele Leute nachmachen werden," schrieb Hermine im Dezember 1941 ungewöhnlich bitter an ihre Tochter:[171] Im Oktober 1941 hatte Himmler endgültig die Ausreise von Juden aus den vom Deutschen Reich kontrollierten Gebieten verboten.[172] Die Hupkas hatten demnach keine andere Wahl, als sich auf einen längeren Aufenthalt in den Niederlanden einzustellen.

In Bilthoven fanden die Hupkas bald Anschluss.[173] Besonders eng befreundet waren sie mit einer niederländischen Germanistik-Studentin namens Hanna (genannt „Hans"), die bald beinahe zum Familienmitglied wurde und viel Zeit mit dem Ehepaar aus Wien verbrachte. Die Einundzwanzigjährige liebte es, mit den Hupkas über „Dinge, die nicht an der Oberfläche liegen" zu diskutieren, mit Hermine ausgedehnte Spaziergänge zu machen oder Josef Hupka zuzuhören, der den beiden Frauen vorlas, „was er gerade in der Hand hat: Aufsätze aus Schopenhauer, Goethe oder Goethe-Brandes, Goethe-Gundolf, Seneca, oder Wilhelm Busch („Kritik des Herzens"), der durchaus in der Reihe stehen kann." Die Freundschaft sollte sich auch in praktischer Hinsicht als höchst nützlich erweisen: Hans erwies den Hupkas immer wieder kleine Gefälligkeiten, die ihnen das Leben erleichterten. Als Juden ab 1942 nur noch zwischen 15 und 17 Uhr einkaufen gehen durften,[174] erledigte Hans zum Beispiel bereitwillig Hermine Hupkas Besorgungen.[175] Auch Irene Hellmann, die ganz in der Nähe in der Gregoriuslaan 9 eine Unterkunft gefunden hatte, war weiterhin eine treue Freundin. Die drei Exilanten trafen sich fast jeden Abend; sonntags war Irene stets auf eine Schüssel Bircher Müsli – die „Haupt-Abendspeis'" der Hupkas „seit zehn Jahren ungefähr" – eingeladen.[176]

---

170 Brief Hermine Hupka an Marie Hupka vom 19. November 1941.
171 Brief Hermine Hupka an Marie Hupka vom 21. Dezember 1941.
172 *Happe*, Hoffnungen (2017) 79.
173 Brief Hermine Hupka an Marie Hupka vom 25. Juli 1942.
174 Siehe dazu auch *Happe*, Hoffnungen (2017) 97.
175 Brief Hermine Hupka an Marie Hupka, n.d. [Juni 1942].
176 Brief Hermina Hupka an Marie Hupka vom 28. September 1941; siehe auch *Hellmann*, Irene (2015) 84–85.

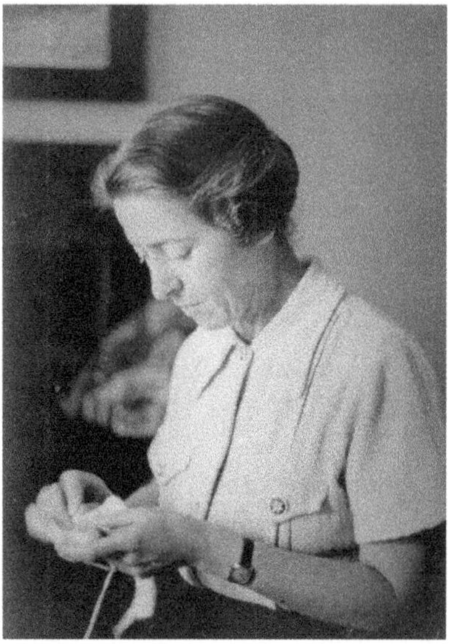

Abbildung 10: Hermine Hupka bei der Handarbeit (späte 1930er)

Hermine Hupkas Briefe zeugen auf humorvolle Weise von der unglaublichen Anpassungsfähigkeit dieser Frau und ihren Bemühungen, ihrem Mann das Leben so angenehm wie möglich zu gestalten. Während sie in Wien stets eine Köchin gehabt hatte, musste sie sich in den Niederlanden der Herausforderung stellen, kochen zu lernen – was sie auch mit Eifer und zunehmender Begeisterung tat. Eingeschränkt wurde ihr Enthusiasmus lediglich durch ihre finanziellen Mittel: „Einmal wöchentlich kriegt der Vater einen köstlichen Braten (Format wie mit dem umgekehrten Opernglas besehen)", schrieb sie voll Stolz an ihre Tochter; an den anderen Tagen mussten sich die Hupkas mit „Suppen und anderen Pantscherln" begnügen.[177] Für sich selbst kreierte die überzeugte Vegetarierin Salate aus Blättern und Kräutern, die sie im Garten pflückte oder auf ihren Spaziergängen sammelte. Selbst ihren ansonsten weniger experimentierfreudigen Gatten konnte sie davon überzeugen: „‚M wie gut,' sagte er neulich, noch nicht wissend, was das ‚M' eigentlich war; aber er konnte nicht mehr zurück."[178] Auch ihrem Mann die Haare zu schneiden beherrschte sie bald zur gegenseitigen Zufriedenheit.[179]

---

177 Brief Hermine Hupka an Marie Hupka vom 22. Mai 1942; siehe zu diesem Thema auch Brief Hermine Hupka an Marie Hupka vom 30. Oktober1939 (?).

178 Brief Hermine Hupka an Marie Hupka, n.d. [Mai 1942].

179 Brief Hermine Hupka an Marie Hupka vom 5. Mai 1940.

Abbildung 11: Das letzte Foto des Ehepaars Hupka, aufgenommen 1942 in den Niederlanden.

Hupkas Anteil an der Hausarbeit war den damaligen Gewohnheiten gemäß gering; immerhin half er seiner Frau aber stets beim Geschirrabwaschen und -trocknen.[180]

Ansonsten verbrachte er seine Zeit zumeist mit Lesen, sofern nicht Korrespondenz zu erledigen war[181] oder sich Besuch angekündigt hatte. Seine Gewohnheit, Bekannte ohne Rücksicht auf die räumlich und finanziell eingeschränkte Lage zu sich nach Hause einzuladen, hatte er beibehalten, wie seine Frau mit gemischten Gefühlen an ihre Tochter schrieb: „Solche Besuche bringen uns viel Anregung & Gemütlichkeit, aber mir auch einige krause Sorgen-Stirnfalten, weil Atzung und Sättigung keine so einfache Angelegenheit sind. Immerhin habe ich das Problem bisher noch zu Vater's Zufriedenheit gelöst & der ist für seine Gäste viel anspruchsvoller als sie selber."[182]

180 Brief Hermine Hupka an Marie Hupka vom 25. Jänner 1942.
181 Siehe z.B. Brief Hermine Hupka an Marie Hupka, n.d. [Mai 1942].
182 Brief Hermine Hupka an Marie Hupka vom 25. Juli 1942.

Im Gegensatz zu Josef Hupka gelang es Hermine auf bewundernswerte Weise, durch alle Enttäuschungen, Einschränkungen und Bedrohungen hindurch ihren Optimismus nicht zu verlieren und nicht in Grübelei zu verfallen. „Ich habe dazu glücklicherweise auch nicht viel Zeit – während [Pepi] nur zu viel Zeit hat. Er liest zwar viel & Schönes, Goethe, Cervantes, & so & hat auch viel Korrespondenz, aber seine ganze Grundeinstellung ist eine andere, auch – leider – sein Gesundheitszustand nicht herrlich, & so leidet er körperlich & seelisch, wenn ich arbeite & guter Dinge bin & nur Gegenwart & Augenblick in mir Platz haben. Ich hoffe nur, dass eines Tages die Tatsachen seinen Pessimismus widerlegen werden; dass wir auch die Kinder wiedersehen werden; denn an dieses Wiedersehen glaubt er für seine Person nicht."[183]

Tatsächlich hatte Hupka bereits im März 1941 einen rührenden Abschiedsbrief an seine Kinder verfasst. „Ich fürchte, dass ich Euch nicht mehr sehen werde und will nicht ohne Abschied von Euch gehen," heißt es darin. „Lebt so glücklich, wie Ihr beide es verdient und schließt die Mutter in Euer Leben ein mit Eurer ganzen Liebe. […] Mir aber, meine Kinder, bewahrt ein liebevolles Andenken." Über seine Frau schreibt er: „Sie hat das Leid dieser letzten Jahre mit engelhafter Ergebung und Sanftmut und mit wunderbarer Heiterkeit und Kraft getragen. Es gibt keine reinere und schönere und stärkere Seele als sie. Was sie *mir* in dieser Zeit gewesen ist, lässt sich überhaupt nicht sagen: Nicht ich habe sie, sondern sie hat mich fortdauernd gestützt und sie hat mir mit ihrer Liebe den traurigen Lebensabend verklärt."[184]

Es war nicht so sehr seine Furcht vor den Nazis, die Hupka die Hoffnung nahm, sondern sein sich stetig verschlechternder Gesundheitszustand. Besonders machten ihm die kalten holländischen Winter – verschlimmert durch den Mangel an Heizmaterial – zu schaffen, die das Ehepaar Hupka auch in ihren Zimmern zwangen, sich in mehrere Schichten Kleidung zu hüllen. Hermine Hupka beschrieb ihrer Tochter die Situation mit dem ihr eigenen Humor: „Der Gasherd steht ganz nahe bei der Türe, die in den Garten führt (Hinterseite des Hauses) & die nur sehr mangelhaft schliesst. Auf meine Beine gingen Kältestrahlen wie beim Anästhesieren trotz etlichen Schichten unter den Trainingshosen (noch die guten alten, vom Skikurs her, bei dem ich mit war) – bis ich sie mir in viele Tage Zeitung einwickelte, mit Spagat- und Gummischnürln festgemacht, ungefähr so wie die ‚Wasserer' bei den Einspännerstandplätzen. Von da aufwärts kamen viele Hüllen nach Zwiebelsystem, Wolljackel & noch eines u.s.w. Mit Fäustlingen

183 Brief Hermine Hupka an Elisabeth Kaefer vom 7. Mai 1941.
184 Abschiedsbrief Josef Hupkas an seine Kinder vom 7. März 1941 (Hervorhebung im Original).

rührte ich die Einbrenn, denn sogar der Kochlöffel war zu kalt zum Halten mit der blossen Hand."[185] Zwar war Frau Schuppert rührend um die beiden bemüht – „die Frau heizt eher bei Pepi, wenn sie ein bisserl Kohle hat, als bei sich, nur, dass er nicht zu sehr friert" – aber dennoch verschlimmerte die Kälte Hupkas Arthritis zusehends,[186] und auch sein Herzleiden machte ihm immer mehr zu schaffen.

Zu Beginn des Jahres 1942 kam es darüber hinaus zu einer weitgehenden Gleichstellung ausländischer bzw. staatenloser (d.h. deutscher und österreichischer) mit niederländischen Juden in Bezug auf die bereits implementierten Verfolgungsmaßnahmen, sodass nun auch die Hupkas unmittelbar davon betroffen waren.[187] Ab Ende April 1942 musste der in Deutschland bereits im Herbst 1941 eingeführte gelbe „Judenstern" getragen werden,[188] ab Mai mussten Juden auch ihre Kunstgegenstände bei Lippmann, Rosenthal & Co. abgeben. Der monatlich behebbare Betrag wurde auf ein Viertel der ursprünglichen Summe gekürzt. Weitere Maßnahmen – darunter ein Fahrradverbot und Ausgangssperren – schränkten die persönliche Bewegungsfreiheit stark ein.[189] Im Juli 1942 wurde schlussendlich die Deportation von 40.000 niederländischen Juden nach Ausschwitz beschlossen.[190] In den darauffolgenden Wochen erhielten zahllose in den Niederlanden niedergelassene Juden die Anordnung, sich zum „Arbeitseinsatz" in Deutschland beim „Zentralkommittee" zu melden. Die Stimmung innerhalb der jüdischen Gemeinschaft war von Angst geprägt; schon damals machten erste Gerüchte die Runde, denen zufolge der eigentliche Bestimmungsort die polnischen Konzentrationslager seien; auch von der Vergasung tausender Menschen dort wurde berichtet.[191]

Schon zu Beginn des Jahres 1942 hatte man begonnen, sämtliche in den Niederlanden lebenden Juden nach Amsterdam und Westerbork umzusiedeln.[192] Im August 1942 waren auch die Hupkas gezwungen, ihr Quartier aufzugeben. „Von uns gibt es zu vermelden, dass wir vor einer Woche in die Stadt übersiedelt sind. Wir wohnen in einer anderen Gegend als vor 3 Jahren, aber auch recht gut.", berichtete Hermine Hupka ihrer Tochter. Irene Hellmann wohnte weiterhin in ihrer Nähe; auch hatten sie in Amsterdam zahlreiche Bekannte und bekamen viel Besuch.[193] Was Hermine nicht beschrieb,

185 Brief Hermine Hupka an Marie Hupka vom 25. Jänner 1942.
186 Brief Hermine Hupka an Mimi Weiss vom 7. Mai 1941.
187 *Happe*, Hoffnungen (2017) 87.
188 *Happe*, Hoffnungen (2017) 94.
189 *Happe*, Hoffnungen (2017) 96–97.
190 *Happe*, Hoffnungen (2017) 98.
191 *Happe*, Hoffnungen (2017) 101.
192 *Happe*, Hoffnungen (2017) 93.
193 Brief Hermine Hupka an Marie Hupka vom 30. August 1942.

waren die Umstände, unter denen diese Zwangsübersiedlungen gewöhnlich stattfanden: Die Betroffenen erhielten ein knappes Schreiben, in dem ihnen mitgeteilt wurde, wann die Übersiedelung stattzufinden hatte. Am angegebenen Tag kam die Polizei in die zu räumende Wohnung und übernahm die Schlüssel. An persönlichen Habseligkeiten durfte nur soviel mitgenommen werden, wie die Betroffenen tragen konnten; eine Liste der mitgenommenen Gegenstände war der Polizei auszuhändigen. Der übrige Besitz durfte weder verkauft noch anderen übergeben werden.[194]

Es ist nicht verwunderlich, dass die Hupkas im Herbst 1942 einen letzten verzweifelten Versuch unternahmen, die Niederlande zu verlassen. Gemeinsam mit Irene Hellmanns Sohn Bernhard – dem besten Freund des Verhaltensforschers Konrad Lorenz[195] – und dessen siebenjährigen Sohn Paul versuchten sie Anfang November 1942, über die Grenze nach Belgien und von dort vermutlich in den noch nicht von den Nationalsozialisten besetzten Teil Frankreichs zu gelangen. Der niederländische Militärpolizist Gerrit von Kasbergen erinnerte sich in seinem Memoiren an den Fluchtversuch:[196] Gegen die enorme Summe von 1.500 Gulden pro Person hatte sich ein Schlepper bereit erklärt, sie über die „grüne Grenze“ nach Belgien zu bringen, wo sie eine Kontaktperson erwarten und weiter nach Frankreich führen würde. Im Grenzgebiet angekommen mussten die Geflohenen nach vergeblichem Warten allerdings erkennen, dass sie ihr Geld einem Betrüger anvertraut hatten. Stattdessen entdeckte sie der niederländische Militärpolizist De Jong, der seinem Freund und Kollegen Kasbergen darüber berichtete. Die beiden Männer waren im niederländischen Widerstand organisiert und waren sich einig, dass sie die vier Menschen nicht den Deutschen ausliefern konnten. Sie über die Grenze zu bringen, wäre möglich gewesen; da aber weder die beiden Polizisten noch die Geflohenen den Weg in den unbesetzten Teil Frankreichs kannten, schien dies ein sinnloses Unterfangen. Zwar waren die Judenverfolgungen in Amsterdam weiterhin in vollem Gange; trotzdem erschien es De Jong und Kasbergen besser für die Hupkas, in Amsterdam unterzutauchen als sich schutzlos im Grenzgebiet aufzuhalten.

Um für den Fall, dass ihn eine deutsche Patrouille begegnete, gewappnet zu sein, legten die Polizisten den Geflohenen Handschellen an, bevor sie sie

---

194 *Happe*, Hoffnungen (2017) 93.

195 *Taschwer*, Irene und Paul Hellmann (n.d.) 5.

196 Die Schilderung folgt, wo nicht anders angegeben, *Dekkers/van Kasbergen*, Oranje marechaussee. „Zonder vrees en zonder blaam“ (1987) 69–81. Eine kurze Zusammenfassung findet sich auch in *Hellmann*, Klein kwaad: het proces-Demjanjuk en de speurtocht naar het verraad van mijn vader (2011) 110–112 und *Hellmann*, Mijn groote verwachtingen. Herinneringen. (2009) 32–34; siehe auch *Taschwer* in *Koll* 460.

zum nahe gelegenen Bauernhof der Familie Sewuster „abführten“, wo sie die Nacht unter De Jongs „Bewachung“ in der Scheune verbringen sollten. Kasbergen hatte vorgehabt, die Scharade von den „verhafteten Flüchtenden“ aufrechtzuerhalten; spontan entschloss er sich aber, die Sewusters in sein Vertrauen zu nehmen – was sich als Glücksgriff herausstellte. Das gastfreundliche Ehepaar holte die vier Menschen in ihre gemütliche Wohnküche und versprach, sie vor den Deutschen versteckt zu halten. Am nächsten Tag berichtet Hupka von den Stunden, die sie im Grenzgebiet gewartet hatten; besonders von der Angst, dass der Mann, der sie dorthin gebracht hatte, sie nicht nur um ihr Geld betrogen hatte, sondern sie auch an die Deutschen ausliefern würde. Einige Male waren Patrouillen an ihnen vorbeigezogen; schließlich hatte der kleine Paul gerade im falschen Moment husten müssen, sodass De Jong auf sie aufmerksam wurde. Hupka beschrieb auch die große Erleichterung, die sie verspürt hatten, als sie herausfanden, dass sie von einem Niederländer entdeckt worden waren.

Wenige Tage später brachte Bernhard Hellmann die Gruppe durch eine waghalsige Tat in Gefahr: Er hatte sich das Fahrrad des Bauern ausgeborgt, um damit ins nächste Dorf zu fahren und einen Brief aufzugeben. Der NSB-Wachmann Jansen hatte das Fahrrad allerdings erkannt und nahm Hellmann seinen Personenausweis ab; diesen könne er sich beim Wachposten abholen, nachdem Jansen Nachforschungen angestellt habe. Nach seiner Rückkehr am Bauernhof verschwieg Hellmann den Zwischenfall, sodass Jansens plötzliches Auftauchen großes Erstaunen bei den Sewusters hervorrief. Sie reagierten jedoch geistesgegenwärtig: Während der Bauer den Wachmann mit Lügengeschichten abspeiste, führten die Kinder die Geflohenen in den Wald.

Bernhard und Paul Hellmann setzten die Flucht auf eigene Faust fort, konnten aber auch nicht nach Belgien gelangen, sondern mussten sich in den Niederlanden verstecken. Paul Hellmann wurde 1943 von den Nationalsozialisten entdeckt und im Konzentrationslager Sobibór ermordet; sein Sohn, der niederländische Schriftsteller Paul Hellmann, überlebte den Krieg bei einer niederländischen Familie, die ihn als ihren Neffen aus Rotterdam ausgab.[197]

Die Hupkas hingegen versteckten sich einige Tage lang in einem aufgelassenen Grab im Wald nahe des Bauernhofes. Als die fünfzehnjährige Tochter der Sewusters, Mietje, Kasbergen am nächsten Abend dorthin führte, findet er die Hupkas in Decken gehüllt im leeren Grab sitzend. Die beiden sind voll Lob für Mietje, die ihnen regelmäßig Essen gebracht hatte, und vertrauen auf Kasbergens Kontakte in Amsterdam. Sie kommen darüber überein, dass die

197 *Taschwer* in *Koll* 487.

Hupkas zunächst nach Tilburg gebracht werden sollten; von dort sollten sie in Begleitung eines Kuriers weiter nach Amsterdam reisen. Kasbergen werde durch seine Kontakte in der Hauptstadt dafür sorgen, dass sie dort falsche Papiere erhielten. Um möglichst nicht noch einmal Jansens Aufmerksamkeit zu erregen, einigt man sich darauf, dass Kasbergen die Hupkas am Morgen des 15. Novembers, eines Sonntags, aus ihrem Versteck holen sollte. Tags davor besucht Kasbergen die Hupkas in ihrem Versteck. An Josef Hupkas Worte bei dieser Gelegenheit erinnert er sich noch Jahrzehnte später: „Junger Mann, ich kenne Sie erst seit Kurzem. Aber ich weiß, dass Sie ein guter Mensch sind. Darum ersuche ich Sie dringend, Ihr eigenes Leben und das anderer Menschen nicht länger für uns aufs Spiel zu setzen. Sie müssen nicht mehr hierherkommen; sorgen Sie lieber dafür, dass Sie und ihre Freunde nicht in die Hände der Deutschen fallen. Wir sind Ihnen aufrichtig dankbar für alles, was Sie für uns getan haben und noch für uns tun wollten. Aber wir wollen Sie nicht länger in Gefahr bringen. Meine Frau und ich haben es lange besprochen, und wir sind vollständig einer Meinung. Es ist nicht nötig, dass Sie uns morgen abholen kommen, weil wir morgen nicht mehr hier sein werden.“[198]

Kasbergen begreift, dass Hupka von Selbstmord spricht, und fragt nach. „Ein befreundeter Doktor in Amsterdam hat uns zwei Kapseln mitgegeben. Sie sind mit einem schnell wirkenden und tödlichen Gift gefüllt. Wenn wir die einnehmen, ist es innerhalb weniger Minuten geschehen.“[199] Kasbergen zögert, da ihm die Ausweglosigkeit der Lage, in der sich die Hupkas befinden, nur allzu klar bewusst ist; dennoch sieht er es als seine Pflicht, sie von diesem Vorhaben abzubringen – was ihm auch, indem er ihnen die Hoffnung auf ein Wiedersehen mit ihren Kindern vor Augen führt, gelingt: Hupka erklärt schlussendlich, dass er die Kapseln, welche er Kasbergen zur Ansicht in die Hand gegeben hatte, nicht zurück haben wolle; er habe ihn und Hermine überzeugt, dass sie für ihre Kinder weiterkämpfen müssten.

Hupka bittet den jungen Mann, das Geld und die Wertgegenstände, die sie auf die Flucht mitgenommen hatten, sowie zwei große Kuverts und zwei Lederbeutel, in denen sich persönliche Gegenstände befänden, für sie aufzubewahren, bis sie sicher in Amsterdam angekommen sind. Falls sie in die Hände der Deutschen fallen sollten, solle er die Sachen als sein Eigentum betrachten. Am nächsten Morgen nehmen die drei Abschied voneinander; gemeinsam mit „Grietje“, einer Bekannten Kasbergens, machen sich die Hupkas auf den Weg nach Amsterdam. Zehn Minuten nach ihrer Abreise kommen die Deutschen auf den Bauernhof der Sewusters; deren

198 *Dekkers/van Kasbergen* (1987) 78 (meine Übersetzung).
199 *Dekkers/van Kasbergen* (1987) 78 (meine Übersetzung).

Beteuerungen, nichts mit Juden zu tun haben zu wollen, schenken sie keinen Glauben. Der Bauer wird verhaftet und drei Wochen lang festgehalten; schlussendlich kommt er aber wieder frei. Wenige Wochen später besucht Kasbergen die Hupkas in ihrem Versteck in der Zuider Amstellaan (heute Rooseveltlaan) 115 in Amsterdam. Hupka ist entsetzt über die Schwierigkeiten, die die Sewusters ihretwegen auf sich nehmen mussten, und versucht Wege zu finden, sie dafür zu entschädigen; mit Mühe kann ihn Kasbergen davon überzeugen, dass dies weder möglich noch notwendig ist.

Kasbergen nützt die Gelegenheit auch, den Hupkas die ihm anvertrauten Gegenstände und Papiere zurückzubringen. Besonders beeindruckt ihn, dass Hupka bei der Übergabe keine Anstände macht, den Inhalt der Behältnisse zu kontrollieren. Hupkas Frage, ob er je in die Beutel geschaut habe, verneint Kasbergen. Darauf leert Hupka deren Inhalt auf den Tisch – Damenringe und Ohrringe mit Diamanten, goldene Herrenringe und drei goldene Taschenuhren. Als Andenken und als Dank für seine Hilfe schenkt er Kasbergen einen Siegelring mit braunem Stein. Das ist das letzte Treffen Kasbergens mit den Hupkas; erst drei Jahre nach dem Krieg sollte er über das Rote Kreuz von ihrem weiteren Schicksal erfahren.

Hermine Hupka erwähnt dieses Intermezzo verständlicherweise mit keinem Wort. Was aber auffällt, ist, dass sie zwischen September 1942 und dem Frühling des Jahres 1943 keine Briefe an ihre Tochter schrieb. Als die Korrespondenz zwischen den beiden wiederbeginnt, sind die Hupkas nach Bilthoven in die Palestrinalaan 12 zurückgekehrt. Hermine beschreibt voll Enthusiasmus den kleinen Garten, der zu ihren zwei Parterre-Zimmern gehörte: „Was häuft sich da an Schönheit, wie viele Unkrauterln (sie schmecken mir im & als Salat) bis zu hohen Blüten, bis zu Duft & Farben. Vater steckt oft seine Nase in die Dolden." Selbst ihren Mann zog es ins Freie: „Vater hat schon eine rotbraune Stirn und ist so viel draussen, wie niemals in Unterach." Der Brief gibt keine Erklärung für den neuerlichen Ortswechsel und enthält kaum Informationen über die Lebensumstände der Hupkas. Unter den Umständen ist anzunehmen, dass ihr Aufenthalt außerhalb Amsterdams ein illegaler und daher klandestiner war; jedoch lebten sie nicht im herkömmlichen Sinne „versteckt", sondern hatten regen Kontakt mit der Außenwelt: „Heute erwarten wir wieder Halbtagsbesuch von einem jungen Freund. Es gibt keinen Tag, an dem nicht liebe Menschen zu uns kommen und sich um uns in wahrer Freundschaft kümmern." Besonders ihre alte Freundin Hans war ein häufiger Gast. Auch Irene Hellmann lebte weiterhin in der Nähe der Hupkas, wenngleich die gegenseitigen Besuche nun auf zwei bis dreimal pro Woche beschränkt waren.[200] Dieser Brief, der

200 Brief Hermine Hupka an Marie Hupka, n.d. [Frühjahr 1943].

anscheinend an Hannah Breuer zur Weiterleitung an Marie gesandt worden war, enthält allerdings ein Postskriptum von Hermines Schwester, das sich als versteckter Hinweis auf das Vorhergegangene interpretieren lässt: „Liebe Marie, ich erhielt heute Nachricht von Hermine, sie sind noch immer in ihrer Sommerfrische, eine Schlechtwetter-Periode haben sie gut überstanden, jetzt zeigt der Barometer auf ruhiges Wetter."[201]

In den darauffolgenden Briefen zeigt Hermine sich weiterhin zuversichtlich, dass sich alles zum Guten wenden würde; selbst ihr Mann war, trotz seines habituellen Pessimismus, „ganz hoffnungsvoll".[202] Lange sollte das „ruhige Wetter" allerdings nicht anhalten. „Es ist ein Jammer, dass er nicht zu dem Genuss der uns so wunderbar beschiedenen Ruhe gelangen kann," klagte Hermine Hupka Anfang 1944 einer Freundin. Im Winter des Jahres 1943 hatte sich Josef Hupkas Gesundheitszustand dramatisch verschlechtert: „Durch viele Wochen quälte er sich mit furchtbarer Atemnot, mit gänzlicher Schlaflosigkeit (gegen die keine Mittel halfen) & war unfähig, etwas zu essen." Der Gemeindearzt war Hermine zufolge nicht in der Lage, die sich stetig verschlimmernden Herzprobleme ihres Mannes adäquat zu behandeln, sodass ein Arzt aus Utrecht gerufen werden musste – ein kostspieliges und riskantes Unterfangen. Der Utrechter Spezialist stellte neben starken Ödemen in Füßen und Beinen auch Wasseransammlungen in Brust- und Bauchraum fest. Die von ihm angeordnete Injektionskur brachte zwar eine rasche Linderung der Symptome, doch kehrten diese nach Nachlassen der Wirkung sofort wieder. „So müssen wir den Utrechter Arzt noch einmal herbitten, denn Pepi fühlt sich furchtbar schwach, hat allerlei Herzzustände. Er liegt meistens zu Bett; wenn's nur halbwegs geht, setzt er sich in den Lehnstuhl. Er ist auch so schrecklich müde, dass er oft nicht einmal lesen kann. Wenn es irgend geht, tut er es, erfreut sich augenblicklich wieder an den Briefen der Familie Mendelssohn, aber mehrerlei & Neues kann er jetzt nicht ‚dermachen'." Besonders belastend war für beide Hupkas Überzeugung, dass er „nach seiner Ansicht und seinem Gefühl ‚den Wettlauf mit dem Krieg nicht gewinnen wird.' Ich hoffe es anders und gebe die Hoffnung und Zuversicht nicht auf."[203]

Nur kurze Zeit später sollte die „wunderbare Ruhe" der Hupkas endgültig zerstört werden. Ende Februar wurde Irene Hellmann verraten und in das Sammellager Westerbork deportiert;[204] am 31. März wurden die Hupkas

201 Brief Hermine Hupka an Marie Hupka, n.d. [Frühjahr 1943], Postskriptum Hannah Breuer.

202 Brief Hermine Hupka an Marie Hupka vom Juli 1943.

203 Brief Hermine Hupka an unbekannte Adressatin vom 26. Februar [1944].

204 https://sobibor.de/de/bernhard-wolfgang-hellmann/ (abgerufen am 3. April 2020); siehe auch *Hellmann*, Irene (2015) 153.

abgeholt und ebenfalls nach Westerbork gebracht. Kurz nach der Verhaftung gelang es Hermine Hupka noch, eine heimliche Postkarte an Greet Hopma zu schreiben: „Wenn nicht noch ein Wunder geschieht – aussichtslos. Wahrscheinlich noch heute Nachmittag W[esterbork]; dann, bald?, Th[eresien] St[adt]. Pepi viele Herzkrämpfe, wenn er nur durchhält. [...] Behalten Euch im Herzen. Und Hanneke! Bin sehr traurig, will Kraft in mir sammeln. Viele Schicksalsgenossen, eine 90jährige, eine Blinde. Gott schütze Euch! M." Darunter steht, in zittrigen Buchstaben, „Letzte Grüße, P."

Tags darauf folgt ein ausführlicherer Brief aus Amersfoort: „Ich kann noch ein Wort schreiben, ein ‚schwarzer' Politie wird es posten," erklärt Hermine. „Von 8 bis 3 im Zug in Amsterdam gesessen, mit 9 Personen im Coupé, 80jähriger Mann mir gegenüber. Pepi wie gerädert und sehr kurz von Atem. Ich hoffe auf Spital in Westerbork, das soll noch immer sehr gut sein. – Wir sind mit verschiedenen sehr hochstehenden, feinen Menschen zusammengetroffen, feine Gesichter. Alle benehmen sich wunderbar, halten Niveau." Es folgt eine lange Liste mit Gebrauchsgegenständen, die sie Greet Hopma ersucht, nach Westerbork zu senden, und die Bitte, dass Hans an Felix Salten schreiben möge; dessen Tochter wiederum solle Marie Hupka vom Schicksal ihrer Eltern verständigen. Bis zuletzt behielt sich Hermine ihren unverwüstlichen Optimismus: „Es sollen ab u. zu gute Nachrichten aus Theresienstadt kommen. Ich halte an Hoffnung und Glaube fest. [unlesbar] Prüfungen bestehen dürfen und alle wiedersehen dürfen, Euch, Ihr Lieben, Teuren, und andere Freunde und die Kinder. Ich baue auf Pepis Zähigkeit, er darf mir nicht entgleiten." In einem Postskriptum heißt es noch: „Wir wissen, dasz nichts mehr für uns geschehen kann, auch nichts vom Freund des Ingenieurs. Der Auftrag für diese ganze Aktion kam direkt aus Berlin. Etwa 200 Menschen sind mit uns bei dem Schub. Wir bleiben dem Freund tief dankbar für das, was er für uns getan, das soll der Ingenieur wissen. – Der Zug fährt weiter, die Sonne scheint. Ich werde trachten, nach Irene zu forschen [...]. Schlusz. Werde kaum mehr schreiben dürfen."[205]

Hermines letzter Brief – geschrieben im Lager Westerbork – war an Frau Schuppert gerichtet: „Wir sind Samstag Abend hier angekommen. Pepi hielt sich tapfer, war aber nur mehr sein eigener Schatten. Er kam sofort ins Krankenhaus. Am nächsten Tag war er sehr viel wohler & sah besser aus, als ich zu hoffen gewagt hätte. Man ist im Krankenhaus für die schwierigen Umstände wirklich gut versorgt. Überhaupt geschieht für einen, was möglich ist, jeder springt einem hilfreich zu & hilft & gibt von dem Wenigen, das er selber hat. [...] Wir reisen morgen Früh ab. Über unser Reiseziel haben wir Gutes gehört. Wenn die Reise für Pepis Zustand nur nicht gar zu lange

205 Brief Hermine Hupka an Greet Hopma vom 1. April 1944 (Abschrift).

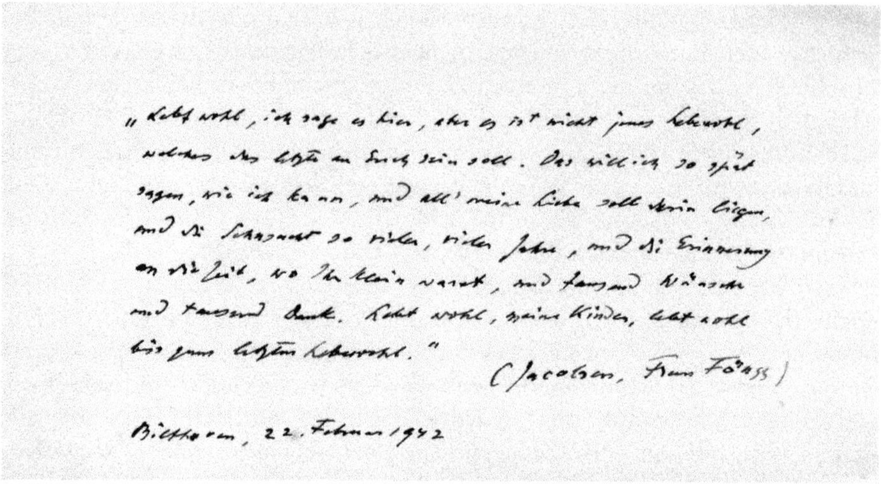
„Lebt wohl, ich sage es hier, aber es ist nicht jenes Lebewohl, welches das letzte an Euch sein soll. Das will ich so spät sagen, wie ich kann, und all' meine Liebe soll darin liegen, und die Sehnsucht so vieler, vieler Jahre, und die Erinnerung an die Zeit, wo Ihr klein waret, und tausend Wünsche und tausend Dank. Lebt wohl, meine Kinder, lebt wohl bis zum letzten Lebewohl."

(Jacobsen, Frau Fönss)

Bilthoven, 22. Februar 1942

Abbildung 12: Zitat aus Jens Peter Jacobsens Novelle „Frau Fönss" in Josef Hupkas Handschrift (Beilage zu Hupkas Abschiedsbrief an seine Kinder, datiert Bilthoven, 22. Februar 1942)

dauert; es werden auf den Kranken in unserem Fall Rücksichten genommen (Krankenwagen)."[206]

Am 5. April wurde das Ehepaar Hupka mit Transport XXIV/5 nach Theresienstadt (Terezín) deportiert, wo Josef Hupka am 23. April 1944 verstarb.[207] Offiziellen Angaben zufolge war er seinem Herzleiden erlegen.[208] Hermine Hupka wurde am 9. Oktober nach Ausschwitz deportiert, wo sie zwei Tage nach ihrer Ankunft – wie bereits am 6. Mai Irene Hellmann[209] – ermordet wurde.[210] Zwei von Hupkas Schwestern, Adele Gärber und Marie

206 Brief Hermine Hupka an J.C. Schuppert-Wolfert vom 4. April 1944.

207 *Taschwer* in *Koll* 487; https://www.holocaust.cz/en/database-of-victims/victim/150332-joseph-hupka/ (abgerufen am 19. März 2019); dort wird der 7. April als Datum angegeben. Von den 289 Deportierten überlebten lediglich 49 den Zweiten Weltkrieg. Für das Datum des Transport siehe Brief Hermine Hupka an J.C. Schuppert-Wolfert vom 4. April 1944.

208 Aufgebote, Amtsblatt zur Wiener Zeitung vom 11. Oktober 1947, 5.

209 *Taschwer*, Paul und Irene Hellmann (n.d.) 5.

210 *Taschwer* in *Koll* 488; https://www.holocaust.cz/en/database-of-victims/victim/150331-hermine-hupka-br-ll/ (abgerufen am 19. März 2019). Von den 1600 Deportierten dieses Transportes überlebten lediglich 43.

Goldmann sowie deren Ehemann Alois, wurden ebenfalls in Auschwitz getötet.[211] Elise Lukács (später Lucas) gelang es, mit ihren Kindern in die USA zu emigrieren; sie verstarb 1962 in Detroit. Auch Hermine Hupkas Schwester Hannah Breuer gelang die Flucht; ihre Tochter Marie Breuer-Kann und deren Ehemann, der Jurist und Historiker Robert A. Kann, konnten mithilfe eines Affidavits von Sigmund Freud in die USA emigrieren.[212]

Josef Hupka war einer von zwei Lehrenden der rechtswissenschaftlichen Fakultät, die in Theresienstadt den Tod fanden; vor ihm war bereits Stephan Brassloff 1943 dort gestorben;[213] er war der einzige Ordinarius der Universität Wien, der in einem Konzentrationslager ums Leben kam.[214]

E. Hupkas Kunstsammlung und deren Schicksal nach 1938

Die Freundschaft mit Schmutzer und Meder hatte in Hupka schon in jungen Jahren die Liebe zur Grafik geweckt, sodass er sich auf diesem Gebiet nicht nur beachtliche Kenntnisse aneignete, sondern im Lauf der Jahre auch eine umfangreiche Sammlung an Radierungen, Kupferstichen und Zeichnungen erwarb.[215] Nach Ignaz Brülls Tod im Herbst des Jahres 1907 erweiterte sich diese Sammlung um Gemälde und andere Kunstgegenstände, die Hermine von ihrem Vater geerbt hatte.[216] Die schlechte wirtschaftliche Lage während des Ersten Weltkriegs und in der Zwischenkriegszeit machte es Hupka zwar unmöglich, seine Sammlertätigkeit im bisherigen Umfang fortzusetzen,[217] dennoch blieben die meisten der zuvor erworbenen Kunstwerke in seinem Besitz; bisweilen mag es auch noch zu kleineren Neuerwerbungen (oder auch Verkäufen) gekommen sein.

---

211 Siehe www.doew.at (abgerufen am 28. April 2019).

212 *Feichtinger*, Wissenschaft (2001) 168.

213 *Meissel*, Erinnerungskultur (2008) 3.

214 *Taschwer* in *Koll* 462 Fn 9.

215 Curriculum vitae Josef Hupka, 1940.

216 1923 schenkte Hupka dem Städtischen Museum Salzburg eine wertvolle Mozartbüste aus dem Nachlass Brülls gegen die Auflage, dass das die Stadtgemeinde Salzburg einen Abguss davon anfertigen lassen müsse, „widrigenfalls sie eine Pönale von 10.000 Goldfranken zu zahlen hätte." (vgl. Theater, Kunst und Musik. Eine wertvolle Mozartbüste für das städtische Museum Salzburg, Salzburger Volksblatt vom 17. April 1923, 3; im Artikel wird fälschlicherweise die Provenienz der Büste als aus dem Nachlass von Ignaz Brülls Witwe stammend angegeben; diese starb allerdings erst 1932.)

217 Curriculum vitae Josef Hupka, 1940; siehe auch Erster Teil, Kapitel I.C.

Abbildung 13: Porträt Josef Hupkas gezeichnet von Wolfgang Born (Juni 1924)

1906 wurde Hupka Mitglied der Gesellschaft für vervielfältigende Kunst.[218] Er wurde im selben Jahr noch in das Kuratorium der Gesellschaft gewählt,[219] 1914 dann in deren Verwaltungsrat, dem er mit kurzen Unterbrechungen bis zur Auflösung der Gesellschaft 1935 angehörte. Neben namhaften Künstlern und Kunsthistorikern waren in diesem Gremium auch bedeutende Sammler, wie etwa Louis Rothschild, August Heymann oder der Großindustrielle und Künstler Stefan Mautner, vertreten.[220] Zweck der Gesellschaft war es, „die künstlerische Graphik in all ihren Formen zu pflegen und zu fördern, insbesondere ihren Mitgliedern hervorragende graphische Arbeiten, und zwar sowohl Originalwerke als auch Reproduktionen in möglichster Vollendung zu bieten." Zu diesem Zweck erwarb die Gesellschaft Originalwerke, Druckplatten und Werknutzungsrechte, gab selbst

218 ÖStA, Akten der Gesellschaft für vervielfältigende Kunst, Verzeichnis der Kuratoren vom 6. Mai 1935.

219 Vereinsnachrichten. Gesellschaft für vervielfältigende Kunst, Neue Freie Presse vom 29. Mai 1906, 9 (10).

220 ÖStA, Akten der Gesellschaft für vervielfältigende Kunst, Verzeichnis der Präsidenten der Gesellschaft, Obmänner und Mitglieder des Verwaltungsrats und Ehrenmitglieder, 1935.

Kunstdrucke, Sammelbände und wissenschaftliche Publikationen heraus, und veranstaltete Ausstellungen grafischer Werke.[221] Jährlich erhielten die Mitglieder einen Originaldruck als „Prämie“ sowie eine Mappe von limitierten Sonderdrucken; darunter waren stets auch Originale bekannter zeitgenössischer Künstler, wie etwa Max Kurzweil (1905), Oswald Roux (1906 und 1917), Käthe Kollwitz (1907), Luigi Kasimir (1908 und 1913), Ludwig Heinrich Jungnickel (1911 und 1919), Albin Egger-Lienz (1915), Oskar Laske (1917 und 1922), Lovis Corinth (1919), Rudolf Junk (1920) oder Norbertine Breßlern-Roth (1929).[222] Für Hupka war dies wohl eine willkommene Gelegenheit, seine Sammlung zu erweitern. Auch Ferdinand Schmutzers Radierung „Die Klostersuppe“ und zumindest eine der zahlreichen Arbeiten von Schmutzers Schüler Franz Hofer, die sich in Hupkas Sammlung befanden,[223] hatte er auf diesem Wege erworben.[224]

Die Gesellschaft zählte in den ersten Jahrzehnten des zwanzigsten Jahrhunderts mehrere hundert Mitglieder und erwirtschaftete durch ihre Publikationstätigkeit durchaus beachtliche Gewinne. Die Wirtschaftskrise der späten 1920er setzte der Gesellschaft allerdings arg zu. 1930 wurde eine Kommission, der neben Hupka Sektionschef a.D. Rudolf Förster-Streffleur und der Rechtsanwalt Alois Schük angehörten, eingesetzt, deren Aufgabe es war, über die finanzielle Lage der Gesellschaft zu wachen.[225] Hupka zog sich bereits im Jahr darauf von dieser zunehmend aussichtslos erscheinenden Aufgabe zurück.[226] Er stand der Gesellschaft aber 1934 noch einmal mit seiner juristischen Expertise zur Verfügung, als es darum ging, die Statuten dahin gehend abzuändern, dass die Auflösung und Liquidierung der Gesellschaft erleichtert wurden.[227] Diese wurde letztendlich am 6. Mai 1935 beschlossen.[228] Im Zuge seiner jahrzehntelangen aktiven Mitgliedschaft hatte

---

221 ÖStA, Akten der Gesellschaft für vervielfältigende Kunst, Satzungen der Gesellschaft für vervielfältigende Kunst.

222 Siehe die *Mitteilungen der Gesellschaft für vervielfältigende Kunst*, online verfügbar über die Universitätsbibliothek Heidelberg, https://www.ub.uni-heidelberg.de/helios/ (abgerufen am 15. Februar 2020).

223 Siehe dazu auch *Lillie*, Was einmal war (2003) 526.

224 Vgl. Mitteilungen der Gesellschaft für vervielfältigende Kunst 1908, Heft 4, 70 (Schmutzer) und 1926, Heft 4, 91 (Hofer).

225 ÖStA, Akten der Gesellschaft für vervielfältigende Kunst, Protokoll der Kuratoriumssitzung vom 3. Juni 1930.

226 ÖStA, Akten der Gesellschaft für vervielfältigende Kunst, Protokoll der Kuratoriumssitzung vom 9. Juni 1931.

227 ÖStA, Akten der Gesellschaft für vervielfältigende Kunst, Protokoll der Kuratoriumssitzung vom 30. November 1934.

228 ÖStA, Akten der Gesellschaft für vervielfältigende Kunst, Protokoll der Kuratoriumssitzung vom 6. Mai 1935.

Josef Hupka die Gelegenheit gehabt, namhafte österreichische Künstler, Galeristen und Kunstsammler persönlich kennenzulernen, von denen manche zu engen persönlichen Freunden der Hupkas wurden.[229]

Der exakte Umfang und Inhalt der Kunstsammlung des Ehepaares Hupka lässt sich heute leider kaum noch rekonstruieren; der hier gebotene Überblick stützt sich vorwiegend auf die Akten des Österreichischen Staatsarchivs sowie die Recherchen der Kunsthistorikerin Sophie Lillie[230] und bezieht sich auf den Zeitpunkt kurz nach dem Anschluss Österreichs an das Deutsche Reich. Aufgrund des § 7 der Verordnung über die Anmeldung des Vermögens von Juden vom 28. April 1938 (Reichsgesetzblatt I S. 414) waren sämtliche den Nürnberger Rassegesetzen zufolge als Juden klassifizierten Personen verpflichtet, in Form eines „Vermögensverzeichnisses“ detaillierte Angaben über ihr Vermögen zu machen. Hupka gab daraufhin im Juli 1938 den Gesamtwert seiner Sammlung mit 3.655 Reichsmark an.[231] Im Jänner des darauffolgenden Jahres beantragte er auf Grundlage einer neuerlichen Schätzung, den Wert auf 1.470 Reichsmark herabzusetzen.[232] Das beiliegende Gutachten umfasst 142 Originalradierungen Ferdinand Schmutzers, darunter Porträts, Landschaften und Genredarstellungen sowie drei Handzeichnungen Schmutzers; darüber hinaus 19 Originalradierungen und 47 Handzeichnungen von Schmutzers früh verstorbenem Schüler Franz Hofer sowie zwei Originalzeichnungen von August von Pettenkofen, wobei aber nicht näher auf Titel oder Sujets der Blätter eingegangen wird.[233]

Genauere Angaben zur Sammlung Hupkas enthält ein Werksverzeichnis Schmutzers aus dem Jahr 1922 sowie der Katalog der Schmutzer-Gedächtnisausstellung des Jahres 1929, bei der Hupka als wichtigster privater Leihgeber vertreten war:

Katalog-Nr. 64:	Die kleine Klostersuppe, 1907, Radierung
Katalog-Nr. 65:	Rudolf von Alt, 1899, Radierung
Katalog-Nr. 67:	Schafherde in Frankreich, um 1903, Radierung
Katalog-Nr. 83:	Getreideschober, 1900, Radierung
Katalog-Nr. 99:	Bildnis Prof. Ludwig Mitteis, Radierung
Katalog-Nr. 100:	Mädchen mit Katze, 1896. Die erste Radierung des Künstlers, Probedruck.

229 Siehe dazu Erster Teil, Kapitel I.C.

230 *Lillie*, Was einmal war (2003) 525–527.

231 ÖStA, AdR, VVSt, VA 29786, Josef Hupka, Vermögensverzeichnis vom 14. Juli 1938.

232 ÖStA, AdR, VVSt, VA 29786, Vermögensverzeichnis Josef Hupka, Brief Josef Hupka an die Vermögensverkehrsstelle vom 17. Jänner 1939.

233 ÖStA, AdR, VVSt, VA 29786, Vermögensverzeichnis Josef Hupka.

Katalog-Nr. 101:	Bettlerherberge in Edam, 1897, Probedruck, Radierung.
Katalog-Nr. 102:	Tagesneuigkeiten, Probedruck, Radierung.
Katalog-Nr. 103:	Entdecktes Geheimnis, 1897, Probedruck, Radierung.
Katalog-Nr. 104:	Entdecktes Geheimnis, 1897, Probedruck, Radierung.
Katalog-Nr. 105:	Der Dom von Antwerpen, um 1910/11, Probedruck, Radierung.
Katalog-Nr. 203:	Bildnis Professor Dr. Josef Hupka, Zeichnung.
Katalog-Nr. 210:	Klostersuppe, 1903, Zeichnung.
Katalog-Nr. 322:	Bildnis Gertrude Barrison, 1907, farbige Radierung.[234]

Abbildung 14: Josef Hupka gezeichnet von seinem Freund Ferdinand Schmutzer (1916)

Eine rezente Monografie über Schmutzer hebt hervor, dass Hupka von fast jeder im Werkverzeichnis des Künstlers aufgelisteten Druckgrafik ein Exemplar besaß.[235]

234 *Lillie*, Was einmal war (2003) 527.
235 *Hanreich*, Kamera (2017) 121.

Über weitere Kunstgegenstände im Besitz Josef Hupkas gibt das Vermögensverzeichnis keinen Aufschluss; Hinweise dazu lassen sich aber vereinzelt in anderen Quellen finden. In Hermine Hupkas Tagebüchern werden Kupferstichportraits von Alphonse-Charles Masson erwähnt, die Hupka mit Vorliebe seinem Sohn zeigte.[236] Darüber hinaus besaß Hupka auch eine Reihe von Radierungen von Goya (die Serien „Tauromaquia“, „Desastres de la Guerra“ und „Capriches“) sowie eine Version von Carl Spitzwegs „Schulkindern im Walde“.[237]

Abbildung 15: Das Wohnzimmer der Familie Hupka (späte 1930er). Das Foto wurde von Robert Hupka kurz vor seiner Abreise nach London als Erinnerung aufgenommen.

Ähnlich unspezifisch ist auch die Aufstellung über Kunstgegenstände im Besitz Hermine Hupkas, in welcher sämtliche Bilder mit knappem Hinweis auf deren Sujet, aber ohne Angabe des Künstlers verzeichnet sind. Der Gesamtbetrag der am 8. Jänner 1939 erfolgten Schätzung beläuft sich auf lediglich 690 Reichsmark.[238] Im Gegensatz dazu verzeichnet eine im

236 Tagebuch Hermine Hupka September 1919 – Oktober 1924, 178.

237 Email von Stephen Parkinson vom 17. September 2019; vgl. auch Brief Robert Hupka an den Central Art Collecting Point München vom 9. März 1948.

238 ÖStA, AdR, VVSt, VA 29785, Vermögensanmeldung Hermine Hupka.

Dezember 1938 abgegebene Aufstellung Kunstgegenstände im Wert von 29.929 Reichsmark.[239] Die enorme Differenz zwischen diesen beiden Werten erklärt sich zum Teil daraus, dass in diesem Betrag noch eine Mappe von Federzeichnungen Moritz von Schwinds (die „Hochzeit des Figaro") enthalten ist, die kurz darauf von der Magistratsabteilung 50 „sichergestellt und in Verwahrung genommen" wurde[240] und auf deren Schicksal weiter unten noch näher eingegangen werden wird. Diese hatte Ludwig van Beethoven gehört; nach dessen Tod am 26. März 1927 gelangte sie in das Eigentum des Künstlers zurück. Hupka hatte die Mappe während des Ersten Weltkrieges um 30.000 Kronen direkt von Schwinds Tochter Marie Baurnfeind erworben.[241] Die übrigen Kunstgegenstände im Besitz Hermine Hupkas waren, ebenso wie die Sammlung ihres Mannes, noch einmal geschätzt und – sehr zum Vorteil der Hupkas, da sich aus dem Wert des Gesamtvermögens die sogenannte „Vermögensabgabe" berechnete – deutlich niedriger bewertet worden.

Das Schicksal der 1939 noch im Besitz der Hupkas befindlichen Kunstgegenstände lässt sich nur schwierig rekonstruieren. Dem Ehepaar Hupka war es gelungen, beim Verlassen Österreichs große Teile ihrer Kunstsammlung mitzunehmen, die sie nach ihrer Ankunft in Holland zu verkaufen versuchten. Besonders hilfreich war dabei eine zufällige Bekanntschaft, die sie im holländischen Exil geknüpft hatten: der (ebenfalls vor den Nationalsozialisten geflohene[242]) Kunsthistoriker Max Jacob Friedländer, „eine große Kanone in Deutschland" und ein „entzückender alter Herr", wie Hermine Hupka an ihre Tochter schrieb. Friedländer verfasste als Freundschaftsdienst unentgeltlich Expertisen zu den Gemälden, die die Hupkas aus Wien mitgebracht hatten, um ihnen den Verkauf zu erleichtern. Leider gibt es keine Hinweise darauf, welche Stücke die Hupkas in Holland verkaufen konnten bzw. durch wen diese erworben wurden; Hermine Hupka erwähnt nur en

239 ÖStA, AdR, VVSt, VA 29785, Schreiben des Leiters der Vermögensverkehrsstelle an das Finanzamt Währing, Döbling vom 23. Dezember 1938.

240 ÖStA, AdR, VVSt, VA 29785, Schreiben des Leiters der Vermögensverkehrsstelle an das Finanzamt Währing, Döbling vom 23. Dezember 1938.

241 https://www.sothebys.com/en/auctions/ecatalogue/2006/19th-century-european-paintings-including-german-austrian-and-central-european-paintings-and-the-scandinavian-sale-l06101/lot.14.html (abgerufen am 6. Juli 2019); zum Kaufpreis siehe BDA, Rest. K. 37/1, Josef Hupka 1, fol. 19 r, Bericht Dr. Zykan vom 22. Dezember 1938; vgl. https://www.wienmuseum.at/fileadmin/user_upload/PDFs/Restitutionsbericht_2004.pdf (abgerufen am 7. Mai 2019) 140, in weiterer Folge zitiert als Restitutionsbericht (2004).

242 *Wendland*, Biographisches Handbuch deutschsprachiger Kunsthistoriker im Exil. Leben und Werk der unter dem Nationalsozialismus verfolgten und vertriebenen Wissenschaftler. Teil 1: A-K (1999) 162.

passant, dass ihr Mann Kontakt mit holländischen Sammlern und Museumsdirektoren aufgenommen habe, die ihn „sehr respektvoll“ behandelten.[243] Auch über den Verbleib der bis 1944 nicht verkauften Kunstwerke ließ sich bis heute nichts mehr in Erfahrung bringen.

Kurz nach Ende des Zweiten Weltkrieges wandte sich Robert Hupka an den Central Art Collecting Point in München, der für die Restituierung enteigneter Kunstwerke zuständig war, um sich nach dem Verbleib der Goya-Grafiken und des Spitzweg-Gemäldes zu erkundigen. Besonders bei Letzterem lag die Vermutung nahe, dass dieses den Weg in ein deutsches Museum gefunden haben könnte, da Spitzweg zu den Lieblingskünstlern Adolf Hitlers zählte.[244] Keines der genannten Kunstwerke konnte allerdings wiedergefunden werden.

Eine Ausnahme bildet lediglich die im Vermögensverzeichnis von Hermine Hupka mit 20.000 Reichsmark geschätzte Schwind-Mappe, deren Schicksal im Restitutionsbericht des Wien-Museums aus dem Jahre 2004 bis ins kleinste Detail dokumentiert ist.[245] Nachdem im Mai 1938 sein Aktienbesitz wegen „Gefahr der Verschleppung von Vermögenswerten ins Ausland“ seiner Verfügung entzogen worden war,[246] sah Hupka sich gezwungen, Teile seiner Sammlung zu veräußern, um seinen Kindern die Ausreise nach England zu ermöglichen. Im November desselben Jahres interessierte sich die Albertina für die Schwind-Zeichnungen; am 30. November besichtigten der kommissarische Leiter der Albertina und ein Beamter der Zentralstelle für Denkmalschutz die Mappe in Hupkas Wohnung.[247]

Die Zentralstelle für Denkmalschutz setzte sich beim Amt des Reichstatthalters für einen raschen Ankauf der Zeichnungen ein und erhielt daraufhin den Auftrag, „Maßnahmen zu treffen“, um den Verkauf der Mappe an einen

243 Brief Hermine Hupka an Marie Hupka, 30. Oktober 1939(?).

244 Brief Robert Hupka an den Central Art Collecting Point München vom 9. März 1948.

245 Siehe dazu Restitutionsbericht (2004) 139–148. Ich danke dem Verfasser des Restitutionsberichts, Herrn MMag. Dr. Michael Wladika vom Wien Museum, für die großzügige Weitergabe seiner Unterlagen, welchen ein großer Teil der hier zitierten Passagen aus Archivmaterial entnommen sind.

246 ÖStA, AdR, VVSt, VA 29786, Sicherungsanordnung des Devisenfahndungsamts, Zweigstelle Wien, Nr. E. 768/38. Ar. vom 12. Mai 1938. In der Begründung heißt es, Hupka habe „tatsächlich mit einem Engländer wegen der Unterbringung bezw. [sic] Erziehung seiner beiden Kinder Besprechungen aufgenommen. Hupka will seine Kinder nach England bringen und es besteht daher der Verdacht, dass er Vermögenswerte in das Ausland verschleppt.“ Der Restitutionsbericht ([2004] 140) erwähnt die Sperre von Hupkas Bankkonto am 12. Mai 1938; darauf finden sich allerdings keine Hinweise in den Akten. Siehe auch Erster Teil, Kapitel I.D.

247 BDA, Rest. K. 37/1, Josef Hupka 1, fol. 27, Bericht betreffend Albertina, Ankauf einer Mappe mit Federzeichnungen von Moritz von Schwind vom 30. November 1938; vgl. Restitutionsbericht 140.

„unerwünschten Erwerber" zu verhindern; allenfalls sei das Werk sicherzustellen.[248] Am 19. Dezember 1938 erging tatsächlich ein diesbezüglicher Sicherstellungsbescheid, da Hupka „mit verschiedenen Personen wegen eines Verkaufes verhandelt hatte, und die Mappe durch dritte Personen ins Ausland verbracht werden könnte".[249] Auf Hupkas ausdrücklichen Wunsch wurde die Mappe von der Bezirksmannschaft Währing der Zentralstelle für Denkmalschutz „zur treuhändigen Verwahrung" übergeben.[250] Tags darauf erfragte der kommissarische Leiter der Albertina bei der Vermögensverkehrsstelle den Betrag, mit dem Hupka den Wert der Mappe angegeben hatte, da dieser als Verhandlungsbasis für den Ankauf dienen sollte.[251] Die Zentralstelle für Denkmalschutz setzte sich beim Amt des Reichsstatthalters mit Nachdruck für den Ankauf des Werkes durch die Albertina ein und regte – da die Albertina selbst in finanziellen Schwierigkeiten steckte – die Gewährung eines Sonderkredites an.[252] Daneben wurde auch angedacht, den Wert der Mappe gegen die Hupka auferlegte „Vermögensabgabe" aufzurechnen.[253] Hupka selbst lehnte diese Vorgehensweise allerdings ab, da er „Bargeld zur Bestreitung seines Lebensunterhalts" und zur Deckung der Kosten, die ihm durch die Auswanderung seiner Kinder erwachsen waren, brauchte.[254]

„Da es sich um ein derartig bedeutendes Viennense handelt, sollte es an Großzügigkeit nicht fehlen", betonte der zuständige Referent des Bundesdenkmalamtes in einem Schreiben an das Amt des Reichsstatthalters und mahnte gleichzeitig zur Eile, da sich „[g]egenwärtig [...] ein Händler aus Stuttgart und eine Sammlung aus dem Altreich um die Erwerbung" bemühten.[255] Letztendlich scheiterte jedoch der Ankauf durch die Albertina.[256]

---

248 BDA, Rest. K. 37/1, Josef Hupka 1, fol. 26 v, Aktenvermerk Seiberl vom 3. Dezember 1938; vgl. Restitutionsbericht 140.

249 ÖStA, AdR, VVSt, VA 29786, Sicherstellungsbescheid vom 19. Dezember 1938; Restitutionsbericht (2004) 140.

250 BDA, Rest. K. 37/1, Josef Hupka 1, fol. 24 r, Bericht Dr. Zykan vom 19. Dezember 1938.

251 ÖStA, AdR, VVSt, VA 29786, Brief des komm. Leiters der Albertina Reichel an die Vermögensverkehrsstelle vom 20. Dezember 1938.

252 BDA, Rest. K. 37/1, Josef Hupka 1, fol. 26 r, Schreiben der Zentralstelle für Denkmalschutz an das Amt des Reichsstatthalters, Abt. III, z.H. Staatssekretär Mühlmann, vom 3. Dezember 1938.

253 BDA, Rest. K. 37/1, Josef Hupka 1, fol. 24 r, Bericht Dr. Zykan vom 19. Dezember 1938.

254 BDA, Rest. K. 37/1, Josef Hupka 1, fol. 19 r, Bericht Dr. Zykan vom 22. Dezember 1938.

255 BDA, Rest. K. 37/1, Josef Hupka 1, fol. 24 r, Bericht Dr. Zykan vom 19. Dezember 1938.

256 Restitutionsbericht (2004) 141.

Der Sicherstellungsbescheid wurde daraufhin dahin gehend abgeändert, dass die „Sicherstellung des Mappenwerkes ‚Die Hochzeit des Figaro' von Moritz Schwind durch Hinterlegung des Werkes in das Depot der Zentralstelle für Denkmalschutz aufgehoben und seine Sicherstellung durch Verwahrung beim Eigentümer Prof. Dr. Josef Hupka" verfügt wurde. Hupka wurde allerdings dazu verpflichtet, „für den Verbleib des Kunstgegenstandes in Wien Sorge zu tragen und zu jeder Veränderung seines Aufbewahrungsortes, insbesondere zur Veräußerung, die Zustimmung der Zentralstelle für Denkmalschutz einzuholen."[257]

Ebenfalls im Jänner 1939 ersuchte der Direktor der Wiener Städtischen Sammlungen den Wiener Bürgermeister, die Mappe – die sich zu diesem Zeitpunkt bereits „in Verwahrung des Historischen Museums der Stadt Wien" befand[258] – um 20.000 Reichsmark erwerben zu dürfen: „Da nun durch die jüdische Abwanderung eine Bewegung in den Kunstbesitz gekommen ist, wie wohl seit der Klosteraufhebung 1782 nicht wieder, ergibt sich die günstige Gelegenheit, dieses für Wien unersetzliche Kulturdokument in festen, öffentlichen Besitz zu bringen." In demselben Schreiben wies er darauf hin, dass Hupka im Vorjahr von Schwinds Wahlheimat München ein Ankaufsangebot in der Höhe von 24.000 erhalten habe.[259]

Letztendlich erklärte sich Hupka bereit, das Angebot der Städtischen Sammlungen anzunehmen. Zunächst standen dem Verkauf allerdings bürokratische Hindernisse entgegen: Gemäß § 14 Abs. 1 der Verordnung über den Einsatz jüdischen Vermögens vom 3. Dezember 1938 waren Juden über Kunstwerke, deren Wert über 1.000 Reichsmark lag, nicht frei verfügungsberechtigt. Im Falle der Schwind-Mappe bediente man sich deswegen eines Kunstgriffs: „die gegenständliche Mappe" sei „nicht als einheitliches Ganzes anzusehen"; „Gegenstand des Ankaufes" seien „somit nur jede einzelne in der Mappe hinterlegte Zeichnung, deren Wert jeweils „zweifellos mit einem unter RM 1.000,-- liegenden Betrag angesetzt werden" müsse. Der Besitzer sei daher gemäß der Verordnung und auch „unbeschadet der nach dem Denkmalschutzgesetz verfügten Sicherstellung frei verfügungsberechtigt". Gleichwohl sei eine „Übernahme bzw. Ausfolgung der Kunstgegenstände an die Städtischen Sammlungen […] aber nur nach vorheriger Aufhebung des

---

257 BDA, Rest. K. 37/1, Josef Hupka 1, fol. 14 v, Bescheid der Magistratsabteilung 50 vom 17. Jänner 1939.

258 Hupka hatte die Zeichnungen am 27. Jänner 1939 einem Vertreter der Städtischen Sammlungen „zur Ansicht" übergeben; vgl. MA 10/187/39, Brief Josef Hupka an den Direktor der Städtischen Sammlungen Wagner vom 4. März 1939.

259 MA 10/187/39, Brief des Direktors der Städtischen Sammlungen Wagner an den Wiener Bürgermeister vom 28. Jänner 1939; siehe auch Restitutionsbericht (2004) 141.

rechtskräftigen Sicherstellungsbescheides“ möglich,[260] die in weiterer Folge offenbar erfolgte.

Die Verhandlungen erwiesen sich anscheinend als langwierig: Am 4. März 1939 erklärte Hupka gegenüber der Direktion, „unter Bezugnahme auf die wiederholten [...] Unterredungen“, dass er „die Preis- und Zahlungsbedingungen für den Verkauf der 30 Handzeichnungen von Moritz von Schwind“ bereits im Jänner „bekanntgegeben habe“; er sei „durch die Verhältnisse gezwungen [...], an diesen Bedingungen unter allen Umständen festzuhalten. Sollten sich jetzt [...] jene Bedingungen nicht erfüllen lassen, dann würde ich bitten, mir die Zeichnungen nunmehr zurückzustellen.“[261] In einem weiteren Brief erklärt er sich bereit, die Mappe für einen Gesamtpreis von 20.000 Reichsmark an die Städtischen Sammlungen zu verkaufen. Dieser Betrag sollte innerhalb von vierzehn Tagen an ihn oder seine Gattin zur Anweisung gebracht werden; andernfalls werde der Vertrag als nicht geschlossen angesehen.[262] Der Kaufpreis wurde in weiterer Folge am 18. März 1939 bar an Hupka ausbezahlt.[263]

Bereits im Juni 1949 nahmen die Erben nach Josef Hupka erstmals mit den Städtischen Sammlungen Kontakt auf, um die Rückgabe der Mappe zu erwirken;[264] dies wurde aber unter der Begründung abgelehnt, dass beim Verkauf „kein Druck“ auf Hupka ausgeübt worden und ihm der Kaufpreis zur freien Verfügung überlassen worden sei.[265] Daraufhin wandten sich die Erben an die Rückstellungskommission[266] beim Landesgericht für Zivilrechtssachen in Wien und machten geltend, dass Hupka aufgrund der nationalsozialistischen Machtübernahme gezwungen gewesen sei, die Mappe „an die Gemeinde Wien unter dem wahren Wert zu veräußern.“[267]

---

260 MA 10/187/39, Brief des Kulturamts der Gaustadt Wien an die Städtischen Sammlungen vom 25. Februar 1939; siehe dazu auch Restitutionsbericht (2004) 141.

261 MA 10/187/39, Brief Josef Hupka an den Direktor der Städtischen Sammlungen Wagner vom 4. März 1939.

262 MA 10/187/39, Brief Josef Hupka an die Direktion der Städtischen Sammlungen vom 9. März 1939.

263 MA 10/187/39, MA 50, Niederschrift vom 18. März 1939; vgl. Restitutionsbericht (2004) 142.

264 MA 10/684/49, Brief RA Dr. Otto Reimer an die Museen der Stadt Wien vom 9. Juni 1949; vgl. Restitutitonsbericht (2004) 142.

265 MA 10/684/49, Brief des Direktors der Städtischen Sammlungen Wagner an RA Dr. Otto Reimer vom 14. Juni 1949; vgl. Restitutionsbericht 142.

266 Zur Tätigkeit der Rückstellungskommissionen siehe insbesondere *Meissel/Olechowski/Gnant*, Untersuchungen zur Praxis der Verfahren vor den Rückstellungskommissionen (2004).

267 MA 10/684/49, Verlassenschaft nach Josef Hupka, vertreten durch die erblichen Kinder, Robert Eduard Hupka, Philadelphia, Marie Ilse Parkinson, geb. Hupka,

Die Rückstellungskommission wies das Begehren der Erben, die Städtischen Sammlungen zur Rückstellung der Mappe zu verurteilen, ab. In der Begründung wurde ausgeführt, dass sich aus den „Aussagen der völlig unbedenklichen Zeugen, die sämtliche hervorragende Vertreter des Kunstlebens Wiens sind [...] und zum Teil, wie der Zeuge Dr. Benesch selbst der politischen Verfolgung des Nationalsozialismus ausgesetzt waren", klar ergäbe, dass der Verkauf auch unabhängig von der Machtübernahme durch die Nationalsozialisten zustande gekommen wäre, da Hupka bereits davor „ein dringliches Interesse" am Verkauf der Mappe gehabt habe. Das Gericht fügte sogar noch hinzu, dass es aufgrund der „Aussagen der sachverständigen Zeugen Dr. Reich, Dr. Wagner und Dr. Benesch" annehmen müsse, dass die Mappe „mit dem Betrag von RM 20.000,-- überbezahlt war."[268] Die Vermögensanmeldung Hupkas sowie seine Korrespondenz mit der Vermögensverkehrsstelle, in der er auf seine prekäre finanzielle Situation hingewiesen hatte, wurden im Verfahren nicht berücksichtigt.[269]

Im Februar 1950 erhoben die Erben Hupkas Beschwerde gegen das Erkenntnis der Rückstellungskommission, wobei sie unrichtige rechtliche Beurteilung, unrichtige Beweiswürdigung und Tatsachenfeststellung sowie Mangelhaftigkeit des Verfahrens geltend machten. Insbesondere wiesen sie darauf hin, dass Hupka sich „durch die Verhältnisse gezwungen" gesehen hatte, „unter allen Umständen" an den vereinbarten Preis- und Zahlungsbedingungen festzuhalten. Darüber hinaus wurde auch nachdrücklich auf das in Direktor Wagners Schreiben erwähnte Angebot von 24.000 Reichsmark hingewiesen. Der Umstand, dass Hupka dieses vor dem Anschluss nicht angenommen habe, weise darauf hin, dass Hupka zum damaligen Zeitpunkt nicht einmal zu diesem Betrag verkauft hätte, wohingegen er danach ein deutlich niedrigeres Angebot annehmen musste: „Aus all diesen Feststellungen ist wohl eindeutig zu ersehen, dass es unabhängig von der nationalsozialistischen Machtübernahme zu diesen Bedingungen keinesfalls zum Abschluss des [...] Kaufes bezüglich der Handzeichnungen [...] gekommen wäre." Auch gehe aus der Schätzung des Kulturamtes lediglich hervor, dass die Blätter einzeln nicht mehr als jeweils 1.000 Reichsmark wert seien; dies ergebe dennoch einen Gesamtpreis von 30.000 Reichsmark. Im Lichte dieser Erwägungen könne nicht einer „Überzahlung" gesprochen werden.[270]

London, vertreten durch RA Dr. Otto Reimer, an die Rückstellungskommission beim LGfZRS Wien, Antrag auf Rückstellung der Zeichnungen „Die Hochzeit des Figaro" vom 19. Juli 1949; vgl. Restitutionsbericht (2004) 142.

268 MA 10/684/49, Erkenntnis der Rückstellungskommission beim LGfZRS Wien vom 13. Dezember 1949, GZ 63 RK 1013/49.

269 Restitutionsbericht (2004) 143.

270 MA 10/684/49, Robert Eduard Hupka, Philadelphia, Marie Ilse Parkinson, geb. Hupka, London, als eingeantwortete Erben nach Prof. Dr. Josef Hupka,

Die Rückstellungsoberkommission beim Oberlandesgericht Wien gab der Beschwerde allerdings keine Folge; am 8. September 1950 bestätigte sie das Erkenntnis der ersten Instanz. In der Begründung wurde dazu ausgeführt, dass Hupka bei seiner Verkaufsentscheidung „vollkommen frei“ gewesen sei. Er habe die Mappe bereits in den Jahren davor mehrmals der Albertina zum Verkauf angeboten; „[d]ie Mappe war also seit zehn Jahren auf dem Kunstmarkte zum Verkauf angeboten, ohne dass sich ein Verkäufer gefunden hat. Wenn sich nun ein Jahr nach der NS-Machtergreifung die Gemeinde Wien [...] entschlossen hat, einen Preis zu bezahlen, der ihr bisher zu hoch war, so liegt in diesem Erwerb keine Entziehungshandlung.“ Die „Zugehörigkeit des Verkäufers zum Judentum“ habe, „wie sich aus dem Magistratsakt ergibt“, „keine Rolle“ gespielt; auch habe sich die „NS-Machtergreifung [...] bei diesem Kaufabschluss keineswegs zum Nachteil des Verkäufers ausgewirkt. Im Gegenteil hat er einen höheren Preis erzielt als vorher.“ Darüber hinaus seien die Federzeichnungen „keineswegs dem Zugriff der NS-Behörden ausgesetzt“ gewesen, da die Städtischen Sammlungen diese im Falle des Scheiterns der Verkaufsverhandlungen Hupka zurückgestellt hätten, sodass er „im Einvernehmen mit dem Denkmalamte frei [darüber] verfügen konnte.“ Die Sicherstellung nach dem Denkmalschutzgesetz „gründet sich aber auf den § 6 des Gesetzes vom 25.9.1923 [...] und hat mit politischer Verfolgung nichts zu tun.“ Den Kaufpreis hatte Hupka – wie auch zu Beginn des erstinstanzlichen Verfahrens von allen Parteien außer Streit gestellt worden war – zur freien Verfügung erhalten. Aus dem Umstand, dass Hupka in den Verhandlungen mit den Städtischen Sammlungen „auf den von ihm gestellten Bedingungen beharrte“, gehe hervor, dass er sich in keiner Zwangslage befunden habe. Ob er tatsächlich jemals ein Angebot über 24.000 Reichsmark für die Mappe erhalten habe, könne die Rückstellungsoberkommission „im Hinblick auf die Beschwerdeäußerung des Magistrates Wien“ nicht als erwiesen annehmen. Darüber hinaus sei es für die Verkaufsentscheidung lediglich „mitbestimmend“ gewesen, dass Hupka infolge der NS-Machtergreifung Geld benötigt habe; dies könne aber ein Rückstellungsbegehren nicht rechtfertigen, „weil der Verkäufer zu diesem Preise auch vor der Machtergreifung schon längst verkaufsbereit war.“ Auch seien die wirtschaftlichen Bedingungen des Kaufvertrages für Hupka günstiger gewesen, als „er vor dem März 1938 hätte erreichen können“.[271]

---

vertreten durch RA Dr. Otto Reimer, an die Rückstellungskommission beim LGfZRS Wien, Beschwerde vom 4. Februar 1950; vgl. Restitutionsbericht (2004) 143–144.

271 MA 10/1683/50, Rückstellungsoberkommission beim OLG Wien, Erkenntnis vom 8. September 1950, Rkb 245/50; vgl. Restitutionsbericht (2004) 144–145.

Auch gegen dieses Erkenntnis erhoben die Erben Beschwerde, wobei sie unrichtige rechtliche Beurteilung geltend machten. Hupka sei erst durch die Machtübernahme der Nationalsozialisten dazu gezwungen worden, die Mappe tatsächlich zu verkaufen; der Verkauf sei somit in unmittelbarem Zusammenhang mit der NS-Machtergreifung gestanden.[272] Auch dieser Beschwerde wurde keine Folge gegeben. In der Begründung wurde ausgeführt, dass Hupka in seinem Schreiben an die Direktion der Städtischen Sammlungen lediglich darauf hingewiesen habe, dass er „durch die Verhältnisse gezwungen" sei, an den Preis- und Zahlungsbedingungen festzuhalten; nicht aber, dass ihn die Verhältnisse zum Verkauf der Mappe zwängen. Diese Schreiben sei daher nicht geeignet, „die Veräußerung mit den durch den Nationalsozialismus geschaffenen Verhältnissen in Zusammenhang zu bringen." Auch „unabhängig von der nationalsozialistischen Machtübernahme" wäre es „zu einem Verkauf der Zeichnungen gekommen, sobald sich bei dem Kaufpreis von RM 20.000,-- ein Käufer gefunden hätte." Weiters führte die Oberste Rückstellungskommission aus, dass die Erzielung eines höheren Verkaufspreises unwahrscheinlich gewesen wäre. Hupka habe bereits vor der Machtübernahme durch die Nationalsozialisten die Absicht gehabt, die Mappe zu verkaufen; durch den Abschluss des Kaufvertrages mit den Städtischen Sammlungen sei er finanziell „nicht schlechter gestellt war, als er es vor dem 13. März 1938 gewesen wäre." Daher reiche der Umstand, dass er aufgrund der Machtergreifung durch die Nationalsozialisten Geld benötigt habe, nicht aus, um einen Entziehungstatbestand anzunehmen. Die Oberste Rückstellungskommission kam zu dem abschließenden Ergebnis, dass es sich „um keinen für den Nationalsozialismus typischen Sachverhalt" handle.[273]

Erst 2004 entschlossen sich Hupkas Erben, die Angelegenheit ein weiteres Mal aufzurollen. Ihr Rechtsanwalt machte gegenüber der Wiener Städtischen Sammlungen geltend, dass es sich beim Verkauf der Mappe um ein im Sinne des Nichtigkeitsgesetzes 1946 zu qualifizierendes Rechtsgeschäft gehandelt habe, sodass die Mappe gemäß dem Beschluss des Wiener Gemeinderates vom 29. April 1999 zu restituieren sei. Er brachte vor, dass die Mappe von sämtlichen involvierten Behörden und Museen „bagatellisiert" worden sei, obwohl offenkundig gewesen sei, dass es sich „um ein Kunstwerk ersten Ranges" handle. Ein Beweis für den engen Zusammenhang des Verkaufs der Mappe mit der NS-Machtübernahme wird darin gesehen, dass Hupka davor

---

272 MA 10/132/50, Robert Eduard Hupka, Philadelphia, Marie Ilse Parkinson, geb. Hupka, London, vertreten durch RA Dr. Otto Reimer, Beschwerde an die Oberste Rückstellungskommission vom 10. Oktober 1950; vgl. Restitutionsbericht (2004) 145.

273 MA 10/132/50, Oberste Rückstellungskommission beim OGH, Erkenntnis vom 18. November 1950, Rkv 464/50; vgl. Restitutionsbericht (2004) 145–146.

nicht zum Verkauf bereit gewesen sei, obwohl ihm seitens der Stadt München 24.000 Reichsmark dafür geboten worden waren. Eben dieses Angebot sei vom Direktor der Städtischen Sammlungen zunächst als tatsächliches, erst im Laufe des Verfahrens dann als fiktives dargestellt worden. Die Rückstellungskommission sei dieser Argumentation einseitig gefolgt. Durch die Sicherstellung der Mappe durch die NS-Behörden sei Hupka drastisch vor Augen geführt worden, welche Konsequenzen die Machtübernahme habe; es sei ihm somit keine andere Möglichkeit als der Verkauf offen gestanden. Letztendlich hätten auch die Städtischen Sammlungen bzw. die sie vertretenden Magistratsabteilungen durch ihre tatsachenwidrigen Aussagen zur Abweisung des ursprünglichen Rückstellungsbegehrens beigetragen. Im Auftrag der Erben bot ihr Rechtsanwalt auch an, den Kaufpreis gegen die Rückstellung der Mappe rückabzuwickeln;[274] dies wurde seitens der Städtischen Sammlungen allerdings abgelehnt, da der Gemeinderatsbeschluss vom 29. April 1999 die Museen der Stadt Wien verpflichtete, bei Vorliegen rückstellungsrelevanter Tatbestände die Objekte unentgeltlich an die ursprünglichen Eigentümer oder deren Rechtsnachfolger rückzuübereignen.[275]

„Moralische Gründe sprechen für eine Restitution“, heißt es in der Anfrage der Städtischen Sammlungen an die Wiener Restitutionskommission. Dagegen spräche allerdings das rechtskräftige Erkenntnis der Obersten Rückstellungskommission, das den Sachverhalt als untypisch für den Nationalsozialismus qualifiziert hatte. In ihrer Sitzung vom 7. September 2004 gelangte die Restitutionskommission einstimmig zu dem Ergebnis, dass die Mappe zu restituieren sei, da die Städtischen Sammlungen „ohne die historischen Ereignisse des Jahres 1938 nicht in den Besitz dieser Mappe gekommen wären.“ Daran ändere auch der Umstand, dass der Kaufpreis Hupka zur freien Verfügung überlassen worden war, nichts, da er diesen aufgrund der NS-Machtergreifung benötigt hatte, um seine Kinder ins Ausland zu bringen.[276]

Die hohen Kosten des Restitutionsverfahrens sowie familiäre Umstände zwangen die Erben Hupkas, die Zeichnungen nach ihrer Rückstellung 2006 versteigern zu lassen.[277] Die auf 100.000 bis 150.000 Britische Pfund geschätzte Mappe erzielte bei Sotheby's in London einen Verkaufserlös von 220.800 Pfund.[278]

---

274 Brief RA Dr. Andreas Nödl an die Museen der Stadt Wien vom 10. Mai 2004; vgl. Restitutionsbericht (2004) 146–147.

275 Restitutionsbericht (2004) 147.

276 Restitutionsbericht (2004) 147–148.

277 Email Stephen Parkinson an die Verfasserin vom 8. August 2019.

278 https://www.sothebys.com/en/auctions/ecatalogue/2006/19th-century-european-paintings-including-german-austrian-and-central-european-paintings-and-the-scandinavian-sale-l06101/lot.14.html.

Weitere Schritte zur Nachverfolgung der Hupka'schen Kunstsammlung wurden bis heute nicht unternommen. In Deutschland sind die Namen von Josef und Hermine Hupka in Anlage II k der Handreichung zur Umsetzung der „Erklärung der Bundesregierung, der Länder und der kommunalen Spitzenverbände zur Auffindung und zur Rückgabe NS-verfolgungsbedingt entzogenen Kulturgutes, insbesondere aus jüdischem Besitz" vom Dezember 1999 vom Februar 2001, überarbeitet im November 2007, angeführt, sodass der Erwerber diesfalls zu weiteren Nachforschungen verpflichtet ist, um auszuschließen, dass es sich um durch die Nationalsozialisten enteignete Kunstwerke handelt: ein gutgläubiger Erwerb von nachweislich aus ihrer Sammlung stammenden Objekten scheidet somit aus.[279] Dennoch ist der Verbleib des Großteils der Kunstgegenstände aus der Sammlung Hupka nach wie vor ungeklärt.

II. Hupkas akademische Laufbahn – ein Überblick

Die Quellenlage zu Josef Hupkas beruflicher Laufbahn ist zwar nicht gänzlich befriedigend, aber deutlich umfassender als jene zu seinem Privatleben. Die Eckpunkte von Hupkas wissenschaftlicher Karriere sind durch die Akten des Universitätsarchivs Wien sowie des Österreichischen Staatsarchivs gut dokumentiert; vervollständigt wird dieses Material durch einzelne Einträge im Archiv der Universität Leipzig und in zeitgenössischen biografischen Lexika.[280] Ergänzt werden diese Bestände ab Mitte der 1920er durch die sehr umfangreiche mediale Berichterstattung über die Ereignisse an der Universität Wien, in der Hupka auch immer wieder namentlich erwähnt wird. Zu einzelnen Themen, wie etwa der Zulassung von Frauen zum Rechtsstudium, der antisemitischen Personalpolitik der Zwischenkriegsjahre, den Studentenunruhen an der Universität Wien sowie der Gleispach'schen Studentenordnung, gibt es zum Teil umfassende Literatur, in der auch Hupka bisweilen Erwähnung findet, wobei auf seine Rolle allerdings nie im Detail eingegangen wird. Eine Lücke ergibt sich dort, wo es um Hupkas Wirken an der rechtswissenschaftlichen Fakultät geht, da die Dekanatsakten in den letzten Kriegsmonaten durch einen Brand zerstört wurden.[281] Auch Teile der Unterlagen zu Hupkas Habilitation sowie sein Personalakt waren davon

279 *Anton*, Guter Glaube im im Internationalen Kunsthandel. Handbuch Kulturgüterschutz und Restitutionsrecht (2010) 622–623 Rz. Die Liste ist im Internet abrufbar unter http:/www.lostart.de/stelle/handreichung.

280 Vgl. z.B. *Klang*, Die geistige Elite Österreichs I, A–K (1936); *Wininger*, Große Jüdische National-Biografie III, Harischon–Lazarus (1928); *Lüdtke*, Kürschners Deutscher Gelehrtenkalender² (1926).

281 Vgl. dazu z.B. *Taschwer* in *Koll* 461.

betroffen. Insgesamt erlaubt das Material allerdings eine durchaus detailreiche Rekonstruktion dieses Aspektes von Hupkas beruflicher Laufbahn, wobei der Schwerpunkt hier auf seiner Lehrtätigkeit und seinen universitären Funktionen liegt. Seine wissenschaftliche Tätigkeit wird im zweiten Teil dieses Buches näher beleuchtet und soll hier deswegen bewusst ausgeklammert bleiben.

A. Studium und akademische Laufbahn

Josef Hupka besuchte von 1884 bis 1892 das deutschsprachige Staatsgymnasium (*Státní reformní reálné gymnázium*) in Znaim, wo er Unterricht in den Pflichtgegenständen Religion, Latein, Griechisch, Deutsch, Geografie und Geschichte, Mathematik, Physik, Naturgeschichte und Philosophische Propädeutik erhielt. Er schloss alle acht Klassen mit Vorzug ab und maturierte am 20. Juni 1892 mit Auszeichnung.[282] Im selben Jahr übersiedelte die Familie zurück nach Wien. Josef Hupka inskribierte an der Universität Wien Rechtswissenschaften, hörte daneben aber auch Vorlesungen zu österreichischer Geschichte und Praktische Philosophie bei Franz Brentano.[283] 1897 schloss er sein Studium mit der Note „Ausgezeichnet" auf alle drei Rigorosen ab;[284] am 25. Juni 1897 promovierte er zum Doktor der Rechtswissenschaften.[285] Im selben Jahr konvertierte er zum Katholizismus – im Hinblick auf den damals in Wien bereits herrschenden Antisemitismus ganz unabhängig von der persönlichen Überzeugung ein notwendiger Schritt auf dem Weg zu einer juristischen Karriere.[286] Nach Abschluss des Studiums trat der junge Jurist als Advokaturskanditat in die Kanzlei seines Vaters ein;[287] schon im März des darauffolgenden Jahres trat er allerdings wieder aus.[288] Nach seiner Rückkehr aus Leipzig nahm er eine Stelle als Konzipient bei der Niederösterreichischen Finanzprokuratur an, die er bis September 1901 innehatte. Von Februar 1902 an war Hupka 1. Sekretär des österreichisch-ungarischen

282 MLA, Z/NG, Bücher Nr. 38–45, 115.

283 UAW, Nationale Josef Hupka 1892.

284 UAW, Jur. Rigorosenprotokolle, J.13.10, Rigorosenprotokoll Josef Hupka 199/1897.

285 UAW, Promotionsprotokolle für das Doktorat der Rechtswissenschaften Bd. 3, M 32.3, Promotionsprotokoll Josef Hupka 1425/1897.

286 Siehe dazu Erster Teil, Kapitel I.B. Zum Problem des Antisemitismus an der Fakultät und unter Wiener Juristen, siehe v.a. *Reiter-Zatloukal* in *Rathkolb.*

287 *NN*, Veränderungen in der Advocaturscandidatenliste, Juristische Blätter 26 (1897) 607.

288 *NN*, Veränderungen in der Advocaturscandidatenliste, Juristische Blätter 27 (1898) 211.

Verbandes privater Versicherungsanstalten.[289] Kurz nach Josef Hupkas Austritt aus seiner Kanzlei, am 1. August 1898, starb Ludwig Hupka im Alter von nur 52 Jahren an einem Herzinfarkt.[290] 1899 übersiedelte Josef Hupka gemeinsam mit seiner Mutter und den noch unverheirateten Schwestern in die Josefstädterstraße 23 im achten Wiener Gemeindebezirk.

Nach seiner Promotion hatte Hupka seine Studien auf dem Gebiet des Römischen Rechts im Seminar von Ludwig Mitteis fortgesetzt. 1899 folgte er Mitteis nach Leipzig, wo er vom Wintersemester 1899/1900 bis zum Wintersemester 1900/01 als Assistent in dessen Seminar tätig war und daneben auch rechtswissenschaftliche Vorlesungen der Professoren Sohm, Hölder, Strohal und Wach sowie historische und philosophische Kollegien bei Lamprecht und Wundt besuchte.[291] Einer – auch von Hupka selbst verbreiteten – Anekdote zufolge war es Mitteis, der Hupka „entdeckte“: Er soll den begabten Studenten einst während einer Vorlesung aus dem Auditorium gerufen und ihm prophezeit haben, dass er zu einer Karriere als Universitätslehrer prädestiniert sei.[292]

In Leipzig entstand auch der größte Teil Hupkas ersten Buches, *Die Vollmacht. Eine civilistische Untersuchung unter besonderer Berücksichtigung des Deutschen Bürgerlichen Gesetzbuches* (1900), das er 1901 als Habilitationsschrift an der Universität Wien vorlegte.[293] Am 4. Juni 1901 beschloss das juristische Professorenkollegium auf der Basis dieses Werkes und der Abhaltung eines Vortrags zur Haftung des *falsus procurator* auf Antrag der Professoren Czylharz und Wlassak einstimmig Hupkas Habilitierung und die Verleihung der venia docendi für römisches Recht.[294] Der Probevortrag hatte auf Antrag Prof. Bernatziks öffentlich unter Einladung der Studierenden der Universität stattgefunden.[295]

---

289 ÖStA, AVA, Unterricht, Allgemeine Reihe, 611.2 Professorenakt Josef Hupka, Curriculum Vitae (1901); UAW, Akten des Akad. Senats, S. 304.537, Personalblatt Josef Hupka.

290 Todesanzeige Ludwig Hupka, Neue Freie Presse vom 3. August 1898, 4.

291 ÖStA, AVA, Unterricht, Allgemeine Reihe, 611.2 Professorenakt Josef Hupka, Curriculum Vitae (1901); Curriculum vitae Josef Hupka [1939]; AUL, Hörerverzeichnisse der Semester Winter 1899/1900, Sommer 1900 und Winter 1900/01.

292 *Tartaruga*, Neues Wiener Journal vom 17. Mai 1928, 16; siehe dazu auch CV Josef Hupka, n.d. [1940]; *Meissel* in FS Kranjc 301; *Olechowski* in *Olechowski/Ehs/Staudigl-Ciechowicz* 385.

293 Siehe dazu eingehend Zweiter Teil, Kapitel I.A.

294 ÖStA, AVA, Unterricht, Allgemeine Reihe, 611.2 Professorenakt Josef Hupka, Auszug aus dem Protokolle der Sitzung des juristischen Professorencollegiums vom 4. Juni 1901, datiert 10. Juni 1901.

295 ÖStA, AVA, Unterricht, Allgemeine Reihe, 611.2 Professorenakt Josef Hupka, Auszug aus dem Protokolle der Sitzung des juristischen Professorencollegiums vom 10. Mai 1901, datiert 10. Juni 1901.

Hupkas Vorschlag zu seinem Lehrprogramm an der Universität Wien spiegelt seine breiten rechtswissenschaftlichen Interessen wieder: Zum einen wolle er „in einem einzigen grösseren Colleg oder in mehreren Sondercollegien“ über „äussere Rechtsgeschichte, Institutionen, Civilprocess“ im römischen Recht vortragen; darüber hinaus wäre er auch bereit ein „Exegeticum über ausgewählte Quellenstellen“ zu halten. Zum anderen wolle er aber auch eine Vorlesung über die Pandekten halten, in der er „im Anschluss an das Dogma des gemeinen Rechts kurze vergleichende Ausblicke auf die gegenwärtige Rechtsentwicklung im deutschen bürgerlichen Gesetzbuch“ bieten wollte.[296]

Tatsächlich hielt Hupka ab dem Sommersemester 1902 ein dreistündiges Repetitorium zu ausgewählten Lehren aus dem Pandektenrecht sowie Romanistische Übungen ab; im Wintersemester statt Letzterem ausgewählte Lehren des deutschen Bürgerlichen Gesetzbuchs. Bereits 1902 beantragte Hupka die Erweiterung seiner venia docendi auf das Handels- und Wechselrecht. Er stützte sein Gesuch auf dieselbe Arbeit, die er bereits als Habilitationsschrift vorgelegt hatte. Am 24. Juni 1902 entschied das Professorenkollegium auf Antrag der Professoren Wlassak und Grünhut einstimmig, Hupkas venia antragsgemäß zu erweitern und beim Unterrichtsministerium die Bestätigung der Erweiterung zu beantragen. [297] Grünhut führte dazu aus, dass „das von Dr. Hupka in dieser Schrift [d.h. *Die Vollmacht*] bearbeitete und wesentlich geförderte Problem für das Handelsrecht von derselben Bedeutung, wie für das Civilrecht überhaupt, viele Schwierigkeiten, die für das Handelsrecht in dieser Frage bestehen, finden bei Dr. Hupka ihre Lösung; er nimmt auch den bei der Pflege des Handelsrechts ganz besonders wichtigen universalen Standpunkt ein und zeigt, dass er im vollen Besitze des zu einer fruchtbringenden Bebauung des Handelsrechts notwendigen Rüstzeuges ist.“ [298]

Darüber hinaus hatte Hupka dem Professorenkollegium auch sein zweites Buch, *Die Haftung des Vertreters ohne Vertretungsmacht*, vorgelegt, „in welchem ganze Theile der speciellen Bearbeitung handels- und wechselrechtlicher Fragen zugewidmet sind.“[299] Ab dem Wintersemester 1902/03 wurde Hupkas Lehrprogramm somit um handelsrechtliche Lehrveranstaltungen

---

296 ÖStA, AVA, Unterricht, Allgemeine Reihe, 611.2 Professorenakt Josef Hupka, Programm der Vorlesungen.

297 ÖStA, AVA, Unterricht, Allgemeine Reihe, 611.2 Professorenakt Josef Hupka, Brief des Dekans an das Unterrichtsministerium vom 27. Juni 1902 und Nr. 18088 vom 27. Mai 1903; siehe auch Brief des Dekans an das Unterrichtsministerium vom 27. Mai 1903.

298 ÖStA, AVA, Unterricht, Allgemeine Reihe, 611.2 Professorenakt Josef Hupka, Nr. 21801, 27. Juni 1902.

299 ÖStA, AVA, Unterricht, Allgemeine Reihe, 611.2 Professorenakt Josef Hupka, Nr. 21801, 27. Juni 1902.

erweitert.[300] Im November 1903 wurde Hupka vom Unterrichtsminister zum Mitglied der judiziellen Staatsprüfungskommission ernannt.[301] Ab dem Wintersemester 1903/04 unterrichtete Hupka österreichisches Versicherungsrecht, mit dem er sich seit dem Abschluss seiner Abhandlung zur *Haftung des Vertreters ohne Vertretungsmacht* (1902) intensiv beschäftigt hatte.[302] Im darauffolgenden Sommersemester hielt er handels- und wechselrechtliche Übungen ab. Beide Lehrveranstaltungen sollten bis zum Ende seiner Tätigkeit an der Universität Wien zu seinem Standardprogramm gehören; in den ersten Jahren seiner Lehrtätigkeit wurden diese aber stets durch rein römischrechtliche Lehrveranstaltungen – römisches Erbrecht (Wintersemester 1904/05, 1905/06 und 1906/07), römischer Zivilprozess (Sommersemester 1905 und 1906, Wintersemester 1906/07), Institutionen des römischen Rechts (Wintersemester 1905/06) – ergänzt.

Im September 1906 wurde Hupka mit Allerhöchster Entschließung zum außerordentlichen Professor für Handels- und Wechselrecht ernannt.[303] In der Begründung dazu heißt es, dass Hupka der einzige Privatdozent an der Universität Wien sei, der befähigt sei, dieses Fach zu unterrichten. Zur Begründung griff man auf das von Grünhut bereits 1902 im Rahmen der Erweiterung der venia legendi abgegebene Urteil über Hupkas Erstlingswerk zurück.[304] Zusätzlich hatte man auch ein Gutachten Professor von Cansteins aus Graz eingeholt, der sich neben der Vollmacht auch über Hupkas

---

300 Die Bekanntgabe an das Ministerium, Hupka eine bis dahin von Grünhut gehaltene Lehrveranstaltung zu übertragen, löste zunächst Protest aus: „Gegen die Übertragung der obligaten Vorlesung über Handels- und Wechselrecht (2 Std.) an den *Privatdozenten* Dr. Hupka (mosaischer Religion) ist zu bemerken, daß Hupka nicht für *Wechsel*recht sondern bloß für Handelsrecht die Erweiterung der venia docendi erhielt, daher er strenge genommen zur Vertretung des Wechselrechts gar nicht befugt ist." In einem Schreiben stellte Grünhut daraufhin richtig, „daß Dr. Hupka für das ganze Gebiet des Handelsrechts (d.h. inclusive Wechselrecht, Seerecht, Versicherungsrecht u.s.w.) die venia legendi erhalten hat, sodaß er *ohneweiteres* ein Kollegium über *Wechselrecht* ankündigen könnte". Vgl. ÖStA, AVA, Unterricht, Allgemeine Reihe, Juridische Lehrkanzeln, Kart. 607, Handels- und Wechselrecht, Nr. 39.116 vom 9. Dezember 1902 und Brief Karl Samuel Grünhut an das Ministerium vom 14. Dezember 1902 (Hervorhebungen im Original). Interessant ist vor allem der irrelevante und zu diesem Zeitpunkt bereits unrichtige Zusatz, dass Hupka mosaischen Glaubens sei.

301 Kleine Chronik. Verleihungen und Ernennungen, Neue Freie Presse vom 11. November 1903, 27.

302 Siehe dazu Zweiter Teil, Kapitel III.

303 Kleine Chronik. Professur für Handels- und Wechselrecht, Neue Freie Presse vom 21. September 1906 (Abendblatt), 1.

304 ÖStA, AVA, Unterricht, Allgemeine Reihe, 611.2 Professorenakt Josef Hupka, Brief des Unterrichtsministers an Kaiser Franz Josef I. vom 1. September 1906.

Abbildung 16: Josef Hupka (um 1910)

Vortrag vor der Wiener juristischen Gesellschaft über Stellvertretung und Vollmacht sowie über seine Monografie zur Haftung des Vertreters ohne Vertretungsmacht äußerte. Cansteins Urteil über diese Schriften war wenig enthusiastisch:[305] „Hervorragende Leistungen, welche für die Wissenschaft Errungenschaften brächten oder doch nur neue Wahrheit aufgedeckt hätten, sind diese Arbeiten nicht; sie sind fleißige, systematische Darstellungen mit dem Streben, die bestehenden Lehren ausführlich darzulegen u. in einzelnen Kontroversen eine bestimmte Stellung zu nehmen und zu verteidigen." Immerhin musste er aber einräumen, dass Hupkas Schriften „von Fleiß und wissenschaftlichem Streben Zeugnis geben" und aufgrund ihrer

305 Es ist nicht auszuschließen, dass sich Canstein in seinem Urteil von der Tatsache leiten ließ, dass Hupka in der *Vollmacht* dessen Vollmachtstheorie angegriffen hatte; immerhin weist er in dem Schreiben aber ausführlich darauf hin: „Meine Auffassung, dass Stellvertretungsbefugnis nicht mit der Vollmacht identifiziert werden dürfe, indem sie entweder mit der Vollmacht oder mit einem Auftrag verbunden, aber auch vom Gesetz ertheilt oder präsumiert werden kann, u. oft auch vom Gericht ertheilt wird, hat er missverstanden und in seiner Polemik gegen mich nicht zum Ausdruck gebracht, indem er gleichzeitig mir ein Missverständnis der Lehre Labands vorwirft, obwol [sic] dessen Lehre nicht missverstanden werden kann." Siehe dazu auch Zweiter Teil, Kapitel I.A.

Klarheit, übersichtlichen Systematik und Vollständigkeit „gute Arbeiten, wenn auch nicht von großer Bedeutung,“ darstellten.[306] Offenbar war man Hupka im Ministerium wohlgesonnen: Lediglich die positiven Passagen des Schreibens – von einem Referenten im Original dick mit rotem Stift unterstrichen – wurden in den Vorschlag zur Ernennung Hupkas aufgenommen. Auch auf die „anerkennenswerte[n] Lehrerfolge“ des Privatdozenten im Zuge seiner fünfjährigen Tätigkeit an der Universität wird in dem Schreiben hingewiesen.[307]

Ab dem Sommersemester 1907 wurde Hupkas Lehrprogramm somit weniger abwechslungsreich: Im Sommersemester hielt Hupka von nun an das Pandekten-Repetitorium, eine Vorlesung zum Handels- und Wechselrecht und die handels- und wechselrechtlichen Übungen, im Wintersemester den zweiten Teil der Vorlesung zum Handels- und Wechselrecht und eine Vorlesung zum österreichischen Privatversicherungsrecht.

Am 11. Juli 1910 hatte das juristische Professorenkollegium einstimmig den Antrag gestellt, dass dem außerordentlichen Professor für Handels- und Wechselrecht als Auszeichnung für seine hervorragenden Leistungen der Titel und Charakter eines ordentlichen Universitätsprofessors verliehen werde, was mit Allerhöchster Entschließung vom 31. Dezember 1910 geschah.[308] In der Begründung des Unterrichtsministeriums heißt es dazu, dass Hupka sich „in sehr verdienstvoller Weise als akademischer Lehrer betätigt“ habe; seine „wissenschaftlichen Leistungen werden von hervorragenden Juristen außerordentlich günstig beurteilt. Schon sein Erstlingswerk über die Vollmacht ist eine Arbeit von bleibender Bedeutung, die gegenwärtig als das Hauptwerk über die Vollmachtslehre gelten kann. Ebenso hat sich Professor Hupka durch die im Laufe des letzten Jahres erschienen Abhandlung über den Begriff des Versicherungsvertrages das Verdienst erworben, ein schwieriges, seit Jahrzehnten streitiges Problem scharfsinnig zu lösen.“[309]

Außerdem wurde ihm – wiederum auf Antrag des Professorenkollegiums – zusätzlich zu seinem Jahresgehalt von 6010 Kronen eine „erhebliche Personalzulage“ in der Höhe von 1500 Kronen gegen „Auferlegung

306 ÖStA, AVA, Unterricht, Allgemeine Reihe, Juridische Lehrkanzeln, Kart. 607, Handels- und Wechselrecht, Brief Raban von Canstein an Leo Ritter Beck von Marmagetta vom 1. Juli 1906.

307 ÖStA, AVA, Unterricht, Allgemeine Reihe, 611.2 Professorenakt Josef Hupka, Brief des Unterrichtsministers an Kaiser Franz Josef I. vom 1. September 1906.

308 ÖStA, AVA, Unterricht, Allgemeine Reihe, 611.2 Professorenakt Josef Hupka, Ah. Entschließung vom 31. Dezember 1910.

309 ÖStA, AVA, Unterricht, Allgemeine Reihe, 611.2 Professorenakt Josef Hupka, Brief Unterrichtsminister Karl Stürgkh an Kaiser Franz Josef I, 10. Dezember 1910.

der Verpflichtung, in jedem 2. Semester romanistische Übungen abzuhalten" gewährt. Das Professorenkollegium hatte dem Ministerium nämlich vor Augen geführt, dass Hupka auf seiner Stelle bei der Niederösterreichischen Finanzprokuratur schon im Jahr 1901 ein um 4490 Kronen höheres Jahreseinkommen erzielt hatte, als er es gegenwärtig als außerordentlicher Professor erhielt, und dass sich dieses, wenn er seine Stelle nicht zugunsten einer universitären Laufbahn aufgegeben hätte, bis zum gegenwärtigen Zeitpunkt noch bedeutend erhöht hätte.[310]

Dementsprechend erweiterte sich Hupkas Lehrverpflichtung ab dem Sommersemester 1912 um die besagten romanistischen Übungen, die er allerdings nur bis zum Sommersemester 1914 abhielt. Mit Ende des Sommersemesters 1915 wurde der Lehrstuhl für Handels- und Wechselrecht, den Carl Samuel Grünhut innegehabt hatte, vakant, da dieser das siebzigste Lebensjahr vollendet und bereits ein zusätzliches Ehrenjahr absolviert hatte.[311] Im Vorfeld hatte man mehrere mögliche Nachfolger erwogen: Grünhut sprach sich zu Anfang sehr positiv über Karl Lehmann aus Göttingen aus, der allerdings aufgrund seines bereits recht fortgeschrittenen Alters nicht in die nähere Auswahl kam. Auch hatte man sich bald darauf geeinigt, einen Österreicher auf den vakanten Lehrstuhl berufen zu wollen. Die Wahl fiel neben Hupka auf Karl Friedrich Adler aus Czernowitz.[312] Grünhut selbst drängte darauf, eine zweite Lehrkanzel für Handelsrecht zu schaffen und beide zu berufen; dies wurde allerdings sowohl vom zur Vorbereitung eingesetzten Komitee als auch vom Professorenkollegium abgelehnt. Auch Grünhuts Antrag, beide Kandidaten *primo loco* vorzuschlagen, fand keine Unterstützung. Das Komitee kam schließlich überein, Hupka *primo loco* (einstimmig) und Adler *secundo loco* (einstimmig mit Stimmenthaltung Hans Sperls) vorzuschlagen.[313] In der Plenarsitzung des Professorenkollegiums brachte Grünhut

---

310 ÖStA, AVA, Unterricht, Allgemeine Reihe, 611.2 Professorenakt Josef Hupka, Referentenerinnerung betreffend Antrag Zl. 37893 ex. 10.

311 ÖStA, AVA, Unterricht, Allgemeine Reihe, Juridische Lehrkanzeln, Kart. 607, Handels- und Wechselrecht, Brief Dekan an das Bundesministerium für Kultus und Unterricht vom 2. Juli 1915.

312 Zur Biografie Adlers und seiner gescheiterten Berufung nach Wien siehe z.B. *Schmetterer*, Am Weg von Czernowitz nach Wien gescheitert. Karl Friedrich Adler, Beiträge zur Rechtsgeschichte Österreichs 2014, 241 (241–242); *Olechowski* in *Olechowski/Ehs/Staudigl-Ciechowicz*, 383–385. Adler selbst war überzeugt. dass sein Scheitern einer Intrige des Zivilrechtsprofessors Josef Schey geschuldet war; vgl. *Schmetterer*, Beiträge zur Rechtsgeschichte Österreichs 2014, 242; *Olechowski* in *Olechowski/Ehs/Staudigl-Ciechowicz*, 383.

313 ÖStA, AVA, Unterricht, Allgemeine Reihe, Juridische Lehrkanzeln, Kart. 607, Handels- und Wechselrecht, Protokoll über die Komitésitzung vom 16. Mai 1915 (Abschrift) und Auszug aus dem Sitzungsprotokoll [des Professorenkollegiums]

noch den Antrag ein, Hupka, Adler, sowie – einem Vorschlag Emil Schrutkas folgend – Gustav Hanausek und Otto Frankl *pari passu* vorzuschlagen; auch dies wurde allerdings abgelehnt. Der Antrag des Komitees, Hupka an erster Stelle zu reihen, wurde einstimmig angenommen; ob und an welcher Stelle man Adler reihen sollte, gab hingegen Anlass zu längerer Debatte. Schlussendlich entschied man sich mit knapper Stimmenmehrheit, Hupka, wie von Moriz Wellspacher beantragt, *primo et unico loco* vorzuschlagen.[314] Mit Allerhöchster Entschließung vom 14. September 1915 folgte Hupka daraufhin seinem Lehrer Carl Samuel Grünhut auf dessen Lehrstuhl für Handels- und Wechselrecht nach. Sein Jahresgehalt erhöhte sich damit auf 8640 Kronen; seine Lehrverpflichtung wurde im bisherigen Umfang bestätigt.[315]

Hupkas Lehrprogramm änderte sich ab diesem Zeitpunkt bis zu seiner Zwangspensionierung 1938 kaum mehr: Im Wintersemester hielt er täglich von 10 bis 11 Uhr im Hörsaal 23 im Hauptgebäude der Universität den ersten Teil der Vorlesung zum österreichischen Handels- und Wechselrecht, dazu auch bis zum Wintersemester 1921/22 österreichisches Privatversicherungsrecht, das er ab 1923 ins Sommersemester verlegte. Im Sommersemester standen zusätzlich der zweite Teil des österreichischen Handels- und Wechselrechts sowie die Handels- und Wechselrechtlichen Übungen auf dem Programm. Ein wenig Abwechslung boten lediglich die Jahre 1926 und 27: 1926 sah eine letzte Reprise des – nun vierstündigen – Pandektenrepetitoriums, 1927 las Hupka einmalig die Grundzüge des Handelsrechts für Hörer der Staatswissenschaften.

Über Hupkas Lehr- und Prüfungstätigkeit berichtet ein Zeitgenosse: „Die Probleme des Versicherungs- und Wechselrechtes erhalten durch seine impulsiv gehaltenen Vorlesungen […] sprudelndes Leben, wie Hupka überhaupt von einer quecksilberartigen Beweglichkeit ist. Er legt auf Details, die ja schließlich doch nur eine Sache des Gedächtnisses sind, wenig Wert. Sein Frageprogramm ist verhältnismäßig klein, und dennoch scheint es nicht leicht, bei ihm zu bestehen, da er aus den Antworten mit sicherem Blick die Begriffslücken erkennt und in der Aufhellung derselben vom Hundertsten ins Tausendste kommt.“[316]

---

vom 15. Juni 1915 (Abschrift). Das Komitee bestand aus den Professoren Grünhut, Schey, Sperl, Voltelini und Wieser.

314 ÖStA, AVA, Unterricht, Allgemeine Reihe, Juridische Lehrkanzeln, Kart. 607, Handels- und Wechselrecht, Auszug aus dem Sitzungsprotokoll [des Professorenkollegiums] vom 15. Juni 1915 (Abschrift). Siehe auch Herrenhausmitglied Hofrat Dr. Grünhut, Neues Wiener Tagblatt vom 6. Juli 1915, 11. Zu Adler siehe auch *Schmetterer*, Beiträge zur Rechtsgeschichte Österreichs 2014, 242.

315 ÖStA, AVA, Unterricht, Allgemeine Reihe, 611.2 Professorenakt Josef Hupka, Referentenerinnerung ad Z. 27711 ex 1915 betreffend die Ah. Entschließung K.Z. 1066.

316 *Tartaruga*, Neues Wiener Journal vom 17. Mai 1928, 17.

Die Ernennung Hupkas zum Ordinarius fiel in turbulente Zeiten. Wenngleich viele Professoren – darunter auch Hupka – freilich zu alt waren an die Front einberufen zu werden, hatte der Erste Weltkrieg den Lehrbetrieb an der Universität Wien keineswegs unberührt gelassen. Bereits 1914 wurde das Hauptgebäude in ein Hilfsspital umgewandelt. Hupkas Vorlesung zum Handelsrecht wurde – gemeinsam mit den Lehrveranstaltungen von rund zehn weiteren Professoren der rechtswissenschaftlichen Fakultät – in den Pathologie-Hörsaal auf dem Gelände des damaligen Allgemeinen Krankenhauses verlegt.[317] Die Studierendenzahlen hatten sich im Vergleich zu den unmittelbaren Vorkriegsjahren nahezu halbiert, da der Großteil der männlichen Studierenden zum Wehrdienst einberufen worden waren.[318]

Während der ersten Kriegsjahre war das Klima unter der Professorenschaft ein ausgesprochen zuversichtliches und patriotisches, von dem sich wohl auch der überzeugte Pazifist Hupka mitreißen ließ:[319] Im Dezember 1915 überreichte eine Deputation „deutscher Hochschullehrer“ den Ministern für Kultus und Unterricht, des Inneren, des Äußeren, dem Handelsminister und dem Ministerpräsidenten eine Erklärung, in der im Hinblick darauf, dass sich „der Krieg einem glücklichen Abschluß“ nähere, gefordert wurde, dass es auch in Friedenszeiten zu einem wirtschaftlichen Zusammenschluss Österreich-Ungarns und des Deutschen Reiches kommen möge, nachdem „sich das innige, verständnisvolle, alle Einzelinteressen den gemeinsamen großen Zielen unterordnende Zusammenwirken“ dieser beiden Großmächte schon während des Krieges sich als „entscheidend und unermeßlich erwiesen“ habe. Unter den 855 Unterzeichnern findet sich auch der Name Hupkas, ebenso wie jene aller ordentlichen und außerordentlichen Professoren und zahlreicher Privatdozenten der Wiener Rechtswissenschaftlichen Fakultät; zu den Initiatoren gehörte der frühere Dekan der Rechtswissenschaftlichen Fakultät Edmund Bernatzik. Gemäß dieser Überzeugung trat Hupka auch im Oktober 1916 – wiederum gemeinsam mit einer Vielzahl weiterer Fakultätsmitglieder – der „Österreichischen Waffenbrüderlichen Vereinigung“ bei, deren Ziel es war, den Zusammenschluss Österreich-Ungarns und Deutschlands voranzutreiben.[320]

---

317 Kleine Chronik. Die Übersiedlung der Universität, Neue Freie Presse vom 2. Oktober 1914, 7; siehe auch *Zoitl*, Student (1992) 106; *Taschwer*, „Ein seltsamer Körper war diese Universität im Krieg“. Über die Alma Mater Rudolphina in den Jahren 1914 bis 1918 – und danach, in *Pfoser/Weigl* (Hrsg), Im Epizentrum des Zusammenbruchs. Wien im Ersten Weltkrieg (2013) 386 (387).

318 *Zoitl*, Student (1992) 105 und 114.

319 Zur Stimmung an den Universitäten siehe u.a. *Zoitl*, Student (1992) 104–109; *Taschwer* in *Pfoser/Weigl* 387.

320 Die Oesterreichische waffenbrüderliche Vereinigung, Neue Freie Presse vom 10. Juni 1916, 8.

Schon früh war es Hupka ein besonderes Anliegen gewesen, die Universität frei von politischen und religiösen Einflüssen zu halten und dem wachsenden Antisemitismus im akademischen Bereich Einhalt zu gebieten: Bereits 1907 hatte er gemeinsam mit einer Vielzahl anderer Hochschullehrer gegen Luegers Rede am deutschen Katholikentag protestiert, in der er, wie die *Neue Freie Presse* berichtete, „die christlichsoziale Eroberung der Universitäten offen als neues Ziel der Klerikalen" proklamiert hatte.[321] Im Mai 1917 nahm Hupka an einer Massenversammlung im Wiener Konzerthaussaal teil, bei der für die Freiheit der Universität von politischem Einfluss und gegen die Vorstöße der Klerikalen auf diesem Gebiet demonstriert wurde.[322] Wie wichtig die Forderung nach politischer, religiöser und weltanschaulicher Neutralität war, und wie wenig sie gerade an der Universität Wien umgesetzt wurde, sollte sich im Lauf der 1920er und frühen 1930er zeigen.[323]

B. Hupka und das „Frauenstudium"

Gleichsam als „Nebenwirkung" des Krieges, während welchem immer mehr Frauen in bisher männlich dominierte Domänen nachrückten, um die an der Front Kämpfenden zu ersetzen, hatte sich auch die Anzahl der weiblichen Studierenden an der Universität Wien deutlich erhöht.[324] Diese Entwicklung hatte auch die Forderung nach Zulassung von Frauen zum Studium der Rechtswissenschaften laut werden lassen. 1916 richteten der Akademische Frauenverein, der Verein erweiterte Frauenbildung und der Bund Österreichischer Frauenvereine gleichlautende Gesuche an die Ministerien für Unterricht und Justiz, die dem Akademischen Senat zur Stellungnahme darüber, ob Frauen zum Studium der Rechtswissenschaften zugelassen werden sollten und ob ihnen durch entsprechende Gesetzgebung die Erlangung der Advokatur, des Notariats und der juristischen Ämter im Verfahren außer Streitsachen eröffnet werden sollte, übermittelt wurden.[325] Das Rektorat wiederum übergab diese einem Ausschuss der Rechtswissenschaftlichen Fakultät, bestehend aus Hofrat Menzel sowie den Professoren Sperl, Jörs und dem damaligen Dekan Voltelini, der sich zunächst nur mit ersten der beiden Fragestellungen auseinanderzusetzen beschloss.

---

321 Protest der Wiener Universität gegen die Rede Luegers, Neue Freie Presse vom 26. November 1907, 2; siehe dazu eingehend *Zoitl*, Student (1992) 90–102.

322 Das Salzburger Hochschulkompromiß. Eine Massenversammlung im Wiener Konzerthause, Neue Freie Presse vom 21. Mai 1917, 4 (5).

323 Siehe Erster Teil, Kapitel II.C.–H.

324 *Zoitl*, Student (1992) 114–115; *Taschwer* in *Pfoser/Weigl* 388.

325 UAW, Akten des Akad. Senats, Z. 1313 aus 1916, Bericht betr. Zulassung von Frauen zum Rechtstudium (Abschrift).

In seinem Bericht an das Rektorat gibt Voltelini unter Bedauern kund, dass dieser Ausschuss – unter Stimmenthaltung Voltelinis – beschlossen habe, der Fakultät die Zulassung von Frauen zum Studium der Rechtswissenschaften als ordentliche Hörerinnen, zur ersten Staatsprüfung, zu den drei Rigorosen und zum Doktorat zu empfehlen. Voltelini selbst sehe sich „nicht in der Lage, sich diesem Beschluss anzuschließen", da das „Rechtsstudium der weiblichen Psyche besonders ferne" läge, da diese „nicht nach den Gesetzen der Logik, sondern nach Stimmungen und Affekten zu urteilen gewohnt ist."[326]

Das Professorenkollegium der Fakultät schloss sich – sehr zum Leidwesen Voltelinis – mit zehn zu vier Stimmen der Meinung des Ausschusses an; der Antrag Bernatziks, Frauen auch zu den anderen beiden Staatsprüfungen zuzulassen, wurde mit sechs gegen acht Stimmen abgelehnt. Bernatzik meldete seinen Antrag daher als Separatvotum an, dem sich auch Hupka und Grünberg anschlossen. Ein weiteres Separatvotum erstatteten die Professoren Wellspacher, Schrutka, Köstler und Schwind, die sich gegen die Zulassung von Frauen aussprachen. Köstler, Schwind und Schrutka hielten den Zeitpunkt der Zulassung für unpassend, um dadurch nicht die an der Front kämpfenden männlichen Studierenden zu benachteiligen; Wellspacher betonte generell, dass „es nicht wünschenswert sei, den Frauen die juristischen Berufe zu öffnen und dass es daher auch verfehlt ist, das juristische Studium der Frauen bis zu einer Stufe zuzulassen, von der aus der Schritt zu den juristischen Berufen auf die Dauer nicht mehr verweigert werden könnte."[327]

Im Separatvotum der Professoren Bernatzik, Grünberg und Hupka wird dagegen daran erinnert, dass die Annahme, dass durch die Zulassung von Frauen zum Jusstudium ihnen automatisch auch die juristischen Berufe geöffnet würden, eine irrige sei: „So wenig als ein Mann durch Ablegung der beiden letzten Staatsprüfungen ein Recht auf eine Anstellung erwirbt, so wenig würden ein solches Recht Frauen erwerben, auch wenn man sie zu diesen Prüfungen zuliesse." Ob es überhaupt wünschenswert sei, diese Berufe Männern vorzubehalten, wie es die Fakultät für nötig erachte, „darüber lässt sich natürlich verschiedener Ansicht sein."[328] Auf der Grundlage

326 UAW, Akten des Akad. Senats, Z. 1313 aus 1916, Brief Dekan Voltelini an das Rektorat vom 22. November 1916.

327 UAW, Akten des Akad. Senats, Z. 1313 aus 1916, Brief Dekan Voltelini an das Rektorat vom 22. November 1916 und Separatvotum Köstler/Schrutka/Schwind/Wellspacher.

328 UAW, Akten des Akad. Senats, Z. 1313 aus 1916, Separatvotum Bernatzik/Grünberg/Hupka.

der Beschlüsse der Fakultät und der beiden Separatvoten fasste der Akademische Senat – etwas überraschend – den Beschluss, „auszusprechen, dass er den gegenwärtigen Zeitpunkt für besonders ungeeignet zur Behandlung der Frage der Zulassung der Frauen zum rechts- und staatswissenschaftlichen Studium halte".[329]

Bernatzik entschloss sich daraufhin zur Eröffnung einer privaten Rechtsakademie für Frauen, die von 1917 bis zur Öffnung des rechtswissenschaftlichen Studiums für Frauen 1919 bestand.[330] Hupka gehörte neben den Professoren Gleispach, Kelsen und Spann dem geschäftsführenden Ausschuss an und unterrichtete Handels- und Wechselrecht.[331] Obwohl seitens der Gründer betont wurde, dass die Errichtung der Rechtsakademie „den Bestrebungen nach Zulassung der Frauen als ordentliche Hörerinnen an den juristischen Fakultäten keinen Abbruch tun kann", wurde dennoch befürchtet, dass die Rechtsakademie seitens des Unterrichtsministeriums und der Universität als Vorwand benutzt werden würde, die Zulassung der Frauen zum Studium der Rechtswissenschaften weiterhin zu verweigern. Mit der Zulassung der Frauen zum ordentlichen Rechtsstudium schloss die Rechtsakademie für Frauen 1919 ihre Tore.[332] Die Berufsaussichten für Frauen im juristischen Bereich blieben hingegen – ganz den Wünschen eines Großteils der Fakultät entsprechend – auch nach Öffnung des Studiums dürftig; 1946 wurde an der Universität Wien erstmals eine juristische venia legendi an eine Frau verliehen, 1947 wurde die erste Richterin Österreichs bestellt.[333] Viele Absolventinnen der Rechts- und Staatswissenschaftlichen Fakultät waren allerdings gezwungen, alternative Betätigungsfelder zu suchen: Als die Hupkas 1928 ein neues Kindermädchen suchten, stellte Hermine Hupka erstaunt fest, dass auch Doktorinnen der Staatswissenschaften unter den Bewerberinnen waren.[334]

C. Hupkas umstrittene Wahl zum Dekan

Für das akademische Jahr 1926/27 wurde Hupka – als Nachfolger Gleispachs – zum Dekan der rechtswissenschaftlichen Fakultät gewählt. Das

329 UAW, Akten des Akad. Senats, Z. 1097 aus 1916/17, Brief des Rektors an das k.k. Ministerium für Kultus und Unterricht vom 23. Dezember 1916 (Konzept).

330 Im Detail siehe dazu *Ehs*, Frauenstudium und Rechtsakademie für Frauen, in *Olechowski/Ehs/Staudigl-Ciechowicz* (Hrsg), Die Wiener Rechts- und Staatswissenschaftliche Fakultät 1918–1938 (2014) 159 (167–169).

331 Rechtsakademie für Frauen. Konstituierung des Komitees, Neue Freie Presse vom 18. November 1917, 11.

332 *Ehs* in *Olechowski/Ehs/Staudigl-Ciechowicz* 168.

333 *Ehs* in *Olechowski/Ehs/Staudigl-Ciechowicz* 171–172.

334 Tagebuch Hermine Hupka Februar 1925 – Juni 1928, 101.

Amt des Dekans wurde damals jährlich aufgrund der Wahl des Professorenkollegiums neu besetzt, wobei üblicherweise – wenn auch mit einigen Ausnahmen, wohl um die Wahl besonders umstrittener Persönlichkeiten, wie etwa Othmar Spann, zu umgehen – der im Dienstalter nachfolgende Professor zum Zug kam.[335]

Die Universität, die sich ab 1919 als „deutsche Lehr- und Forschungsstätte" deklarierte, hatte sich zu diesem Zeitpunkt längst in eine antisemitische „Kampfzone"[336] verwandelt. Bereits nach Ende des Ersten Weltkrieges war die Ernennung jüdischer Wissenschaftler – wobei es hier bereits ganz im Sinne der späteren Nürnberger Rassegesetze auf die Abstammung, nicht auf das Religionsbekenntnis der Betreffenden ankam – auf ordentliche Lehrstühle kaum noch denkbar; auch die Habilitierung war ein zunehmend schwieriges Unterfangen geworden.[337] Die „deutschen" Professoren vor allem der philosophischen und juridischen Fakultät waren in informelle Gruppierungen wie die Deutsche Gemeinschaft, den Deutschen Klub, die „Bärenhöhle" rund um den Paläontologen Othenio Abel und den Kreis um Othmar Spann organisiert.[338] Diese Verbindungen, denen sowohl Deutschnationale als auch Christlichsoziale angehörten, kontrollierten in den zwanziger Jahren nahezu alle Personalentscheidungen und suchten gezielt, die Karrieren

335 *Staudigl-Ciechowicz*, Organisationsrecht, in *Olechowski/Ehs/Staudigl-Ciechowicz* (Hrsg), Die Wiener Rechts- und Staatswissenschaftliche Fakultät, 1918–1938 (2014) 39 (46); zur Wahl Hupkas siehe z.B. auch Von der Universität, Der Tag vom 6. Juli 1926, 13.

336 Der Begriff ist *Taschwer*, Nachrichten von der Kampfzone: Die Universität Wien im Spiegel und unter dem Einfluss der Tageszeitungen, 1920–1933, in *Grandner/König* (Hrsg), Reichweiten und Außensichten: Die Universität Wien als Schnittstelle wissenschaftlicher Entwicklungen und gesellschaftlicher Umbrüche (2015), 99 entnommen.

337 *Feichtinger*, Wissenschaft (2001) 140; *Taschwer* in *Koll* 465–466; *Taschwer*, Geheimsache Bärenhöhle, in *Fritz/Rossolinski-Liebe/Starek* (Hrsg), Alma Mater Antisemitica (2016) 221 (232–239); *Klausinger*, Department of Economics working paper 2013, 5.

338 *Taschwer* in *Reiter-Zatloukal/Enderle-Burcel* 772–778; zur Bärenhöhle im Detail *Taschwer* in *Fritz/Rossolinski-Liebe/Starek* 221–242; zur Deutschen Gemeinschaft im Detail *Huber*, Die Deutsche Gemeinschaft und Österreichs Hochschulen in der Ersten Republik, working paper, Version vom 23. Februar 2020; zu dieser und dem Deutschen Klub siehe *Erker*, Die Universität Wien im Austrofaschismus: Zur politischen Vereinnahmung einer Hochschule – im Vergleich mit der Universität Madrid im Franco-Faschismus (2018) 47–50; zum Deutschen Klub *Erker/Huber/Taschwer*, Von der „Pflegestätte nationalsozialistischer Opposition" zur „äußerst bedrohlichen Nebenregierung". Der Deutsche Klub vor und nach dem „Anschluss", zeitgeschichte 2017, 78; *Huber/Erker/ Taschwer*, Der Deutsche Klub. Austro-Nazis in der Hofburg (2020).

missliebiger – politisch linker oder jüdischstämmiger – Wissenschaftler zu verhindern. Die rechts- und staatswissenschaftliche Fakultät war in besonderem Maße von diesem Gedankengut durchdrungen: „Die wohl augenfälligste ideologische Komponente an der Wiener Universität im allgemeinen und an dieser Fakultät im speziellen war der radikale Antisemitismus rassistischer Prägung," resümiert Oliver Rathkolb.[339] Zwei der bedeutendsten Figuren aus diesem Lager – Wenzeslaus Gleispach[340] und Othmar Spann[341] („der Universitätsprofessor mit dem wahrscheinlich größten indirekten politischen Einfluss"[342]) – hatten Lehrstühle an der rechtswissenschaftlichen Fakultät inne. Beispielhaft für den Einfluss dieser Gruppierungen ist auch, dass um 1920 elf der insgesamt dreiundzwanzig juridischen Lehrkanzeln mit Professoren jüdischer Abstammung besetzt waren; im darauffolgenden Jahrzehnt kam kein einziger hinzu, sieben von ihnen gaben allerdings ihren Lehrstuhl auf.[343]

Auch das studentische Leben war von deutschnationalem Gedankengut und antisemitischer Propaganda – ausgehend zumeist von der Deutschen Studentenschaft sowie einer kleineren, dezidiert nationalsozialistischen Gruppe – dominiert.[344] Seitens des jüdischen bzw. jüdischstämmigen Teils der Universitätslehrerschaft gab es dagegen kaum aktive Gegenwehr: „Auf die Blockade aktiv zu reagieren, bedeutete für assimilierte Juden, daß [sic] von außen aufgezwungene Judenbild zu akzeptieren," analysiert Johannes Feichtinger diese passive Haltung im Angesicht zunehmender antisemitischer Schikanen.[345]

Bereits 1925 hatte sich der Einfluss deutschnationaler Seilschaften unter Studierenden und Professoren – unterstützt durch die rechte Tagespresse – in Form einer „fanatisierten antisemitischen Hetzkampagne" gegen den außerordentlichen Professor für Römisches Recht Stephan Brassloff spürbar

---

339 *Rathkolb* in *Heiß/Mattl/Meissl/Saurer/Stuhlpfarrer* 197.

340 Zu Gleispach siehe im Detail z.B. *Staudigl-Ciechowicz*, Straf- und Strafprozessrecht, in *Olechowski/Ehs/Staudigl-Ciechowicz* (Hrsg), Die Wiener Rechts- und Staatswissenschaftliche Fakultät, 1918–1938 (2014) 420 (426–432).

341 Zu Spann und dem sog. Spann-Kreis siehe im Detail z.B. *Ehs*, Gesellschaftswissenschaft, in *Olechowski/Ehs/ Staudigl-Ciechowicz* (Hrsg), Die Wiener Rechts- und Staatswissenschaftliche Fakultät 1918–1938 (2014) 580 (581–591) und *Taschwer* in *Reiter-Zatloukal/Enderle-Burcel* 777.

342 *Weinzierl*, Wissenschaft und Nationalsozialismus, in *Stadler* (Hrsg), Vertriebene Vernunft. Emigration und Exil österreichischer Wissenschaft II/1 (2004) 57.

343 *Klausinger*, Antisemitismus und die österreichische Schule der Nationalökonomie an der Universität Wien, Zeitgeschichte 2016, 149 (151).

344 *Taschwer* in *Koll* 466–467. Siehe dazu auch Erster Teil, Kapitel II.G. und H.

345 *Feichtinger*, Wissenschaft (2001) 141. Zu Gegenwehrversuchen jüdischer Studierendenvereinigungen siehe *Zoitl*, Student (1992) 41–48.

gemacht.[346] Brassloff, dem in der deutschnationalen Presse vorgeworfen wurde, im Rahmen seiner Vorlesung unangemessene Bemerkungen sexueller Natur gemacht zu haben, sah sich letztendlich gezwungen, eine Disziplinaruntersuchung gegen sich selbst zu beantragen. Die vor allem vom Studenten der Staatswissenschaften Robert Körber, dem „Leiter des Deutschen Kulturamts", an das Rektorat herangetragene Auflistung von zweideutigen Äußerungen, die Brassloff im Rahmen seiner Vorlesung getätigt haben sollte, war so geschickt zusammengestellt, dass die Disziplinarkommission – der auch Hupka angehörte – nicht umhin kam, Brassloff einstimmig schuldig zu sprechen.[347] Das Verfahren endete zwar relativ glimpflich mit einer Rüge; allerdings musste Brassloff seine Lehrtätigkeit für ein Jahr einstellen. Der Skandal hatte darüber hinaus aber weitreichende Folgen für seinen akademischen Werdegang: „Sein Renommee ist durch die Affäre dahin, seine Karriere am Ende," resümiert Meissel.[348]

Hupka war es bis dahin gelungen, (zumindest aktenkundige) Zusammenstöße mit den antisemitischen Cliquen zu vermeiden. Universitätspolitisch hatte er sich bis zu diesem Zeitpunkt kaum hervorgetan. Während seiner Zeit als Senator der Rechtswissenschaftlichen Fakultät im Studienjahr 1925/26 hatte er sich nur ein einziges Mal – im Zusammenhang mit der Zusammenlegung einzelner Stiftungen zugunsten der Universität Wien, mit der ihn der Senat betraut hatte[349] – zu Wort gemeldet.

Hupkas Wahl zum Dekan sollte sich nichtsdestotrotz als höchst kontroversiell herausstellen. Zu Beginn des Wintersemesters brachen Proteste der deutschnationalen Studenten gegen die Ernennung eines Professors jüdischer Abstammung als Dekan aus. In einer Protestschrift an den Akademischen Senat wurde daran erinnert, dass die Deutsche Studentenschaft bereits am Hochschultag 1923 den Antrag gestellt habe, dass Juden nicht mehr in akademische Ämter gewählt werden sollten; eine Forderung, die „von den anwesenden Rektoren und Professoren *auf das wärmste* begrüßt" worden sei. Dies sei „der untrügliche Beweis dafür" gewesen, „daß der Antrag der deutschen Studentenschaft im Sinne des deutschen Kulturfortschrittes" gewesen sei, „daß er eine gerechte und sachliche Forderung" beinhaltet habe „und daß

---

346 *Meissel*, Erinnerungskultur 11. Zur Affäre Brassloff siehe eingehend *Meissel*, Erinnerungskultur 11–16; vgl. auch *Meissel/Wedrac*, Strategien der Anpassung: Römisches Recht im Zeichen des Hakenkreuzes, in *Meissel/ Olechowski/ Reiter-Zatloukal/Schina* (Hrsg), Vertriebenes Recht – Vertreibendes Recht: zur Geschichte der Wiener Rechts- und Staatswissenschaftlichen Fakultät zwischen 1938 und 1945 (2012), 35 (40–42); *Rathkolb* in *Heiß/Mattl/Meissl et al.* 197.

347 UAW, S 185.340 Disziplinarakt Stephan Brassloff.

348 *Meissel*, Erinnerungskultur 14.

349 UAW, Sitzungsprotokolle des Akad. Senats, Prot. IV vom 15. März 1926, III/1.

er eine Lebensnotwendigkeit für die Erhaltung des gesetzmäßig festgelegten *deutschen* Charakters der Universität“ darstelle. Die deutsche Hochschülerschaft wisse, dass die deutsche Hochschullehrerschaft mit ihr „eines Sinnes“ sei und „daß von beiden Seiten eine wahre blutsdeutsche Hochschulgemeinschaft angestrebt“ würde; daher stehe sie angesichts der Wahl Hupkas, „der kein Deutscher ist, sondern ein *Jude*“, „vor einem unerklärlichen Rätsel“. Es müsse „festgestellt werden, daß sowohl durch die Wissenschaft und Geschichte, als auch durch die Gesetzgebung und Rechtsprechung einwandfrei festgestellt wurde, daß die Juden nicht zum deutschen Volke gehören und daher auch keine Deutschen sind.“[350] Aus diesem Grunde sei die Wahl eines Juden zum Dekan mit dem Charakter der Universität Wien als „deutsche“ Hochschule unvereinbar und liefe den Bestimmungen des Friedensvertrags von St. Germain und der österreichischen Bundesverfassung zuwider, da sie das Selbstbestimmungsrecht und das Recht auf Gleichberechtigung (die das Recht auf „selbstverständliche Kulturautonomie“ enthalte) der deutschnationalen Studierenden verletze.

„Die deutsche Studentenschaft stellt daher fest, daß der Ausgang der Dekanswahl an der rechts- und staatswissenschaftlichen Fakultät durch die Wahl des jüdischen Professors Dr. Josef Hupka im schärfsten Widerspruch zu dem Geist des ersten Universitätsgesetzes [das den „deutschen Charakter“ der Universität festlegte] steht, daß dieser Wahlausgang nicht nur die Ergebnisse der Lehre und Forschung unbeachtet läßt, sondern eine *Rechtsverletzung* durch die *rechts-* und *staatswissenschaftliche Fakultät* darstellt, umso mehr an dieser Fakultät noch die Mehrheit der Professoren dem deutschen Volk angehören. Diese Wahl steht ferner nicht nur im schärfsten Widerspruch zu den seinerzeitigen feierlichen Versprechen und Zusagen der akademischen Oberhäupter und

350 In der seitenlangen „rechtlichen“ Begründung dieses Arguments heißt es u.a., dass „derzeit kein staatliche anerkanntes Forum besteht, das einzelnen Juden das Deutschtum zuerkennt, kann sich auch nicht ein einzelner Jude einfach das Recht anmaßen, sich trotz der rassischen Merkmale, trotz des fremden Wesens, trotz der fremden Gesinnung und Gesittung ‚Deutscher‘ zu nennen. Auch muß ausdrücklich festgestellt werden, daß es kein Gesetz gibt, welches dem Juden das Recht ‚Deutscher‘ zu sein, zuerkennt. […] Gerade die Anerkennung der jüdischen Religionsgemeinschaft, die eine völkisch rassische ist, ist gleichbedeutend mit der Anerkennung der jüdischen Volks- und Rassengemeinschaft, der der Jude auch nach Ablegung des jüdischen Glaubens angehört, da die Volkszugehörigkeit nicht so wie die Staatszugehörigkeit gewechselt werden kann. Die Taufe macht lediglich aus dem *mosaischen* Juden einen *katholischen* oder *protestantischen* Juden. Weder von der Kirche noch vom Gesetze wurde jemals die Behauptung aufgestellt, daß der betreffende *Jude* durch den Übertritt zu einer anderen Religion *Deutscher* geworden wäre.“ (Hervorhebungen und Unterstreichungen im Original).

Mitglieder des Lehrkörpers, die der Deutschen Studentenschaft gegenüber am ersten Hochschultag gemacht wurden, sondern droht vor allem die *Hochschulgemeinschaft* zwischen deutscher Professorenschaft und Deutscher Studentenschaft zu zerstören."

Der Akademische Senat wurde aufgerufen, Einspruch gegen die Wahl zu erheben. „Die deutsche Studentenschaft ist sich dessen bewusst, daß auf ihrer Seite nicht nur das Recht und die Wahrheit, nicht nur die wissenschaftlichen Tatsachen und Ergebnisse stehen, sondern vor allem auch die gesamte deutsche Bevölkerung Deutschösterreichs, die diese Wahl als eine schwere Verletzung des Selbstbestimmungsrechtes der deutschen Bevölkerung betrachtet, sollen doch künftighin Tausende von Gesuchen und Bitten der Söhne unserer deutschen Heimat von der Gnade und dem freien Ermessen eines Juden abhängig sein, sollen die deutschen Studenten Prüfungen unter dem Vorsitze eines Juden machen, soll diese wichtige, oft ausschlaggebende Stimme bei dem endgiltigen [sic] Ergebnis der Prüfungen abgegeben werden, sollen *deutsche* Studenten in ihrem *deutschen* Heimatlande von einem *Juden* die Doktorwürde empfangen."[351]

Die Reaktion des Akademischen Senats darauf ließ geraume Zeit auf sich warten – „man mag hoffen, aus der Empfindung heraus, daß es unter der Würde einer akademischen Behörde ist, sich mit einer derartigen Eingabe überhaupt zu befassen,"[352] gab man sich in der Presse optimistisch. Der tatsächliche Grund für die Verzögerung ist aber eher darin zu sehen, dass die erste ordentliche Senatssitzung des Wintersemesters 1926/27 erst für den 19. November anberaumt worden war. Wenzel Gleispach, der von Rektor Hans Molisch – seinerseits ein überzeugter Deutschnationaler –zum Berichterstatter in dieser Angelegenheit eingesetzt worden war, hatte sich sofort klar dafür ausgesprochen, die Eingabe, die „[f]ormell [...] nicht zu beanstanden" sei, „deswegen und wegen eines guten Verhältnisses des Akademischen Senats zur Deutschen Studentenschaft [...] zu beantworten."[353]

Die Verzögerung trug freilich wenig dazu bei, die Wogen zu glätten. Verstärkt wurde die Animosität der „Hakenkreuzler" gegen Hupka auch dadurch, dass er zu Beginn des Semesters (vergeblich) beim Rektor beantragt

351 UAW, Akten des Akad. Senats, Z. 93 aus 1926/27, Eingabe der Deutschen Studentenschaft vom 25. September 1926; siehe auch Was sich deutschnationale Studenten herausnehmen, Der Tag vom 7. Oktober 1926, 6.

352 Was sich deutschnationale Studenten herausnehmen, Der Tag vom 7. Oktober 1926, 6.

353 UAW, Akten des Akad. Senats, Z. 93 aus 1926/27, Brief Wenzel Gleispach an den akademischen Senat vom 18. November 1926.

hatte, die antisemitischen Aushänge in den Schaukästen der Universität entfernen zu lassen, wobei er insbesondere auf die vom „deutschen Kulturamt“ ausgestellten Zeitungsartikel, Karikaturen und Bilder Bezug nahm.[354] In der rechtsradikalen Deutschösterreichischen Tages-Zeitung empörte man sich darüber unter dem Titel „Jüdische Zensur an der Wiener Universität? Der erste Terrorakt des jüdischen Dekans Hupka“. „Durch einen Zufall“ habe die Deutschösterreichische Tages-Zeitung davon erfahren, dass sich Hupka „im Rektorate darüber beschwerte, daß im Anschlagkasten eines völkischen Vereines Bilder von Juden ausgestellt waren. Trotzdem die bestehende Anstaltsordnung das Ausstellen von Bildern *nicht* verbietet, verlangte der Jude die Entfernung der Judenbilder. Es soll eben an der Stätte der *Wissenschaft* nicht nur das *Wort* Jude, sondern auch das Bild des Juden verboten werden. Der Deutsche darf nicht hören und nicht sehen, daß es Juden gibt. Interessant ist, daß das anthropologische Institut von allen Menschensorten Bilder hat, kaum aber einen Juden! In der Hygiene-Ausstellung waren seinerzeit alle Menschenrassen zu sehen, nur keine Juden! Die Ausmerzung der jüdischen Spur verlangt nun der Jude Hupka auch an der Stätte der Wissenschaft! Sie soll eine Stätte für *Blinde* werden – das ist das Ziel des Judentums! Schämt sich der Jude Hupka seiner jüdischen Rasse, oder der hebräischen Sprache? Wenn ja, dann hat er an der deutschen Kulturstätte nichts zu suchen! Und will er ein ‚*Deutscher*‘ sein – wie manche noch immer glauben – dann hat er nicht dauernd die Interessen der Juden zu vertreten! Dazu ist er doch nicht Vertreter der deutschen Professoren!

Wir verfolgen diesen Fall mit größter Aufmerksamkeit! Jüdische Kreise wollen vom Senat das Verbot das Ausstellens von Bildern erzwingen! Wir sind neugierig, ob der Senat dem deutschen Volkstum dient, oder ob er Diener des Judentums ist! Die akademische Jugend Wiens veranstaltet am Sonnabend eine Einspruchskundgebung gegen die Verjudung der Universität! Wir sind stolz auf diese geistig und politisch wehrhafte Jugend! Möge der Freiheitsgeist sie stets erfüllen, um unser Volk von der jüdischen Diktatur zu befreien!“[355]

Am 5. November wurden auch an der Universität Flugzettel verteilt, die zu der angekündigten Protestkundgebung einluden.[356] Darin hieß es: „*Deutsche*

---

354 Die Judenbilder in der Universität, Wiener Morgenzeitung vom 4. November 1926, 3; Das „Selbstbestimmungsrecht“ der Hakenkreuz-Studenten, Wiener Morgenzeitung vom 6. November 1926, 3. Siehe auch *Taschwer* in *Koll* 268.

355 Jüdische Zensur an der Wiener Universität? Deutschösterreichische Tages-Zeitung vom 3. November 1926, 4; siehe auch Die Judenbilder in der Universität, Wiener Morgenzeitung vom 4. November 1926, 3. Siehe auch *Taschwer* in *Koll* 268 und *Taschwer* in *Grandner/König* 121.

356 Das „Selbstbestimmungsrecht“ der Hakenkreuz-Studenten, Wiener Morgenzeitung vom 6. November 1926, 3; siehe auch UAW, Akten des Akad. Senats, Z. 251 aus 1926/27.

Studenten! Eure Führer rufen Euch, um am Samstag, den 6. November 1926, um 12:00 Uhr mittags, in einer *mächtigen Kundgebung* dagegen Einspruch zu erheben, dass durch die rechtswidrige Wahl des jüdischen Professors Hupka der gesetzlich festgelegte deutsche Charakter unserer deutschen Hochschule verletzt wurde! Zeigt durch Euer geschlossenes Auftreten, dass Ihr zu stolz seid, um Unterjochung durch das Judentum *stillschweigend* hinzunehmen! *Seid bereit, wenn der Kampfruf für des deutschen Volkes innere Befreiung von fremder Schmach ertönt!*"[357]

Die Deutschösterreichische Tages-Zeitung berichtete voll Stolz: „Die deutschblütige akademische Jugend erhebt heute in aller Öffentlichkeit entschiedenen Einspruch gegen einen schweren Verstoß gegen den gesetzlich gewährleisteten *deutschen* Charakter der Universität. Ein *Jude* akademischer Würdenträger an der *deutschen* Alma mater – so lautet die deutsche Tragödie! – –

Nicht für materielle Interessen und selbstsüchtige Vorteile tritt die Jugend *ein*, sondern gegen Schmach und Schande *auf*! Alter Ostmärker *Kämpfergeist* erfüllt wieder die jungen Herzen und verbannt den fluchbeladenen Duldersinn des letzten Jahrhunderts! Gebrochen sind Parteischranken und Lebensgegensätze – ein stahlharter Granitblock: Die deutsche *Volksgemeinschaft* wehrt die asiatische Sturmflut gegen unsere letzten geistigen Bollwerke!

Nicht Ruhe und Frieden in Sumpf und Schlamm, sondern Pflicht und Kampf in Not und Schande ist die Parole! Der Kampf um die Idee ist der kategorische Imperativ! In der *Entscheidungsstunde* steht die Jugend auf, sie erkennt den neuen Geisteskrieg und bewehrt sich mit geistigen Waffen um wahrhaft wehrhaft zu sein! Die *Jugend* ringt mit dem toten *Staatsrecht* und will lebendiges *Volksrecht*! Möge sie die deutsche Geistigkeit verstehen und der Zeit entsprechend handeln! Ostmarks Jugend kämpft wieder gegen Geist und Sitte aus dem Osten, für Großdeutschlands innere Reinheit, Einheit und Freiheit! Das ist der Sinn der heutigen Kundgebung, das ist die Sendung der Deutschen Studentenschaft!"[358]

Die angekündigte Kundgebung fand tags darauf auf der Freitreppe der Universität statt, nachdem das Rektorat die Abhaltung derselben in der Aula untersagt hatte. Wiederum wurde – teils unter wüsten Beschimpfungen – gegen die Wahl Hupkas protestiert. Zusätzlich wurden Reden gehalten und eine „Resolution" verabschiedet, in der wieder einmal die Einführung eines Numerus Clausus für jüdische Studierende gefordert und das Rektorat dazu

---

357 Abgedruckt in Vor neuen Krawallen auf der Universität, Der Tag vom 6. November 1926, 5 (Hervorhebungen im Original). Siehe auch *Taschwer* in *Koll* 468–469 und *Taschwer* in *Grandner/König* 121–122.

358 Die kulturelle Bedeutung der heutigen Kundgebung der deutschen Studentenschaft, Deutschösterreichische Tages-Zeitung vom 6. November 1926, 4 (Hervorhebungen im Original).

aufgefordert wurde, die Anzahl jüdischer Studierender und Dozenten an der Universität Wien bekannt zu geben. Einer der Redner war der bereits aus der Causa Brassloff bekannte Robert Körber, der als Leiter des „deutschen Kulturamts" auch für den anstößigen Inhalt der Schaukästen verantwortlich gewesen war.[359] Im Gegenzug erschienen Vertreter der „freiheitlichen Studentenschaft" wenige Tage später im Dekanat, um Hupka zu versichern, dass sie „geschlossen hinter ihm stünde", worüber sich der Dekan Presseberichten zufolge „sehr erfreut zeigte".[360]

Als Reaktion auf die Proteste sprach das juridische Professorenkollegium am 11. November auf Antrag Hans Mayers dem Dekan einstimmig das Vertrauen aus. Mayer hatte ausgeführt, dass Hupka „sowohl als Gelehrter wie als Lehrer und auch als Mensch völlig einwandfrei dastehe". Die von den protestierenden Studierenden vorgebrachten Argumente seien „in keiner Weise geeignet […], bei der Beurteilung eines akademischen Funktionärs das Urteil zu beeinflussen." Eine entsprechende Meldung erschien tags darauf wortgleich auch in zahlreichen Tageszeitungen. In dieser wird betont, dass sich der Vertrauenskundgebung auch jene Professoren angeschlossen hatten, „die politisch den deutschnationalen Studenten nahestehen, da Professor Hupka bei allen Angehörigen der Fakultät die größte Wertschätzung genießt."[361]

Hinter den Kulissen war die Fakultät aber weniger geeint: Am Tag nach der Veröffentlichung erhielt Hupka einen Brief von Alexander Hold-Ferneck, der dem deutschnationalen Lager nahestand und seit 1924 dem Deutschen Klub angehörte.[362] In diesem wurde darauf hingewiesen, dass das

---

359 UAW, Akten des Akad. Senats Z. 253 aus 1926/27, Bericht der Polizeidirektion Wien an das Bundesministerium für Unterricht vom 6. November 1926; siehe z.B. auch Völkische Studentenkundgebung gegen Prof. Hupka, Der Tag vom 7. November 1926, 12.

360 Sympathiekundgebung der freiheitlichen Studentenschaft für Professor Hupka, Neue Freie Presse vom 17. November 1926 (Abendausgabe), 3.

361 Vertrauenskundgebung des Juristischen Professorenkollegiums für Professor Hupka, Neue Freie Presse vom 12. November 1926, 9 (siehe u.a. auch Eine Vertrauenskundgebung des Juristischen Professorenkollegiums für Professor Hupka, Wiener Morgenzeitung vom 12. November 1926, 4, Die abgeblitzten Radaustudenten, Arbeiterzeitung vom 12. November 1926, 5; Vertrauenskundgebung des Professorenkollegiums für Dekan Hupka, Der Tag vom 12. November 1926, 7); siehe auch UAW, Akten des Akad. Senats Z. 282 aus 1926/27, Schreiben Prodekan Gleispach an Rektor Molisch vom 17. November 1926. Mayer sollte seine Unterstützung Hupkas teuer zu stehen kommen: Als er im Jahr darauf Hupka als Dekan nachfolgte, hetzte die *Deutsch-österreichische Tageszeitung* auch gegen ihn; vgl. z.B. *Klausinger*, Department of Economics working paper 2013, 11.

362 *Kniefacz*, Alexander Hold-Ferneck, in 650 plus – Geschichte der Universität Wien (2019), n.pag.; *Staudigl-Ciechowicz/Olechowski*, Völkerrecht, in *Olechowski/*

Professorenkollegium beschlossen hatte, von der Vertrauenskundgebung lediglich den Akademischen Senat, nicht aber die Medien, in Kenntnis zu setzen. Er selbst fühle sich „im vorliegenden Fall persönlich nicht im Mindesten getroffen", da er „gerne an dem Vertrauensvotum teilgenommen habe und dies auch öffentlich zu vertreten bereit sei"; gleichwohl werde er an keiner weiteren Sitzung des Professorenkollegiums teilnehmen, bis geklärt sei, wer das Amtsgeheimnis verletzt habe.[363]

Hupka erstattete in seiner Funktion als Dekan daraufhin Disziplinaranzeige gegen unbekannt. Auf Nachfrage des Disziplinaranwalts Köstler ließ Professor Sperl, der in der fraglichen Sitzung den Vorsitz geführt hatte, allerdings wissen, dass die Teilnehmenden keineswegs zur Geheimhaltung verpflichtet worden waren, sondern dass man lediglich davon Abstand genommen habe, eine offizielle Verständigung an die Presse auszusenden. Von einer Verletzung des Amtsgeheimnisses könne somit keine Rede sein.[364] In einem weiteren Schreiben betont Sperl, dass „der Beschluss des Kollegiums auf Kundgebung des Vertrauens zu dem Dekane Prof. Hupka in keiner Richtung als ein vertraulich gefasster anzusehen war; was doch auch gar keinen Sinn gehabt hätte, denn man spricht niemandem heimlich das Vertrauen aus." Sperl selbst habe vorgehabt, die *Neue Freie Presse* davon in Kenntnis zu setzen, jedoch war ihm augenscheinlich ein anderer Anwesender zuvorgekommen.[365] Dasselbe ging auch aus dem Sitzungsprotokoll hervor.[366] Auf Vorschlag des Disziplinaranwalts wurde die Angelegenheit daher nicht weiterverfolgt.[367] Wenngleich dieses Intermezzo keine direkten negativen Konsequenzen für Hupka hatte, wirft es dennoch ein Schlaglicht auf das an der juridischen Fakultät herrschende Klima.

Ehs/Staudigl-Ciechowicz (Hrsg), Die Wiener Rechts- und Staatswissenschaftliche Fakultät 1918–1938 (2014) 521 (530).

363 UAW, Akten des Akad. Senats, Z. 284 aus 1926/27, Brief Alexander Hold-Ferneck an Josef Hupka vom 13. November 1926.

364 UAW, Akten des Akad. Senats, Z. 284 aus 1926/27, Brief Hans Sperl an Disziplinaranwalt Rudolf Köstler vom 20. November 1926.

365 UAW, Akten des Akad. Senats, Z. 284 aus 1926/27, Brief Hans Sperl an Disziplinaranwalt Rudolf Köstler vom 6. Dezember 1926.

366 UAW, Akten des Akad. Senats, Z. 284 aus 1926/27, Protokoll der Sitzung des juridischen Professorenkollegiums vom 11. November 1926 (Abschrift).

367 UAW, Akten des Akad. Senats, Z. 284 aus 1926/27, Brief Disziplinaranwalt Rudolf Köstler an den stellv. Vorsitzenden der Disziplinarkommission Günther Walker vom 11. Dezember 1926; Protokoll der Sitzung der Disziplinarkommission vom 16. Dezember 1926 und Beschluss der Disziplinarkommission vom 16. Dezember 1926. Eine Kurzdarstellung der Angelegenheit findet sich auch in *Staudigl in Olechowski/Ehs/Staudigl-Ciechowicz*, 89.

In der Zwischenzeit hatte auch der Senat Gelegenheit gefunden, sich mit der Eingabe der Deutschen Studentenschaft zu befassen – ohne freilich politisch Stellung beziehen zu müssen: Die antisemitischen und rassistischen Ausführungen des Protestschreibens wurden kommentarlos hingenommen. Auf Vorschlag des zuständigen Referenten Wenzel Gleispach erklärte sich der Senat lediglich für eine Prüfung der Gesetzmäßigkeit der Wahl Hupkas formell unzuständig. Die Überprüfung eines Beschlusses des Professorenkollegiums einer Fakultät stehe ihm nicht zu, zumal dieser bereits vom Unterrichtsministerium genehmigt worden sei.[368] Das Professorenkollegium der rechts- und staatswissenschaftlichen Fakultät beschloss in seiner Sitzung vom 18. Dezember 1926 daraufhin, öffentlich zu erklären, dass „die Gesetzmäßigkeit der Dekanswahl, die es *nach eigenem Rechte* und in seinem alleinigen Wirkungskreise vollzogen hat, *außer jedem Zweifel* steht."[369]

Die „Hakenkreuzler" unter den Studierenden gaben nicht sofort auf. Im Dezember des Jahres war in den Schaukästen der Aula etwa zu lesen: „Jüdelach, Jüdelach hepp hepp hepp" oder „Die Juden sind die minderwertigste Köterrasse, die aus der Welt ihr Unwesen treibt [...] eine scheußliche Bastardrasse, die größte Promenadenrasse, welche, behaftet mit allen Lastern eines typischen Bastards, überall Fäulnis und Morast verbreitet. [...] Sie wollen ihre Leichen nicht sezieren lassen, weil sonst herauskommen würde, daß ihr Körper Sitz aller Abnormitäten ist und daß ihr Gehirn andere Windungen hat als nichtjüdische Gehirne, weshalb gerade der unsinnige Pazifismus nur in jüdischen Gehirnen geboren wurde."[370]

Auch gegen die Wahl Hupkas wurde dort polemisiert. So hieß es in einer Rede, die in einer „völkischen Versammlung" gegen die Dekanswahl gehalten und danach in der Aula angeschlagen wurde: „Das Volk steht auf, der Sturm bricht los, wer legt die Hände feig in den Schoß? – wir haben zu wählen zwischen Freiheit und Sklaverei! Wir wollen nicht Frieden und Ruhe in Schlamm und Schmutz fremder Beherrschung. Es geht ums Ganze! Die

---

368 UAW, Sitzungsprotokolle des Akad. Senats, Prot. I vom 19. November 1926, III/10.) Z. 93 aus 1926/27; Akten des Akad. Senats, Z. 93 aus 1926/27, Brief des Akad. Senats an die Deutsche Studentenschaft vom 23. November 1926. Abschließend wurde darauf hingewiesen, dass die Beschlüsse der Hochschultage die daran Teilnehmenden Vertreter der Hochschulen „persönlich und moralisch" bänden, ihnen aber keine rechtliche Wirkung zukomme.

369 Die Hakenkreuzler-Eingabe gegen den Dekan Hupka vom Senat abgelehnt, Wiener Morgenzeitung vom 24. Dezember 1926, 3 (Hervorhebungen im Original).

370 (Von akademischer Seite), Eine Kulturschande an der Universität. Die antisemitischen Anschlagtafeln in der Aula, Neue Freie Presse vom 20. Dezember 1926, 6; siehe auch Die akademische Schande, Wiener Morgenzeitung vom 22. Dezember 1926, 3.

Schicksalsfrage ist, ob wir Herren im Lande sein sollen oder Diener der Juden. Deutschland den Deutschen oder Deutschland den Juden. Wir deutsche Studenten entscheiden uns für die Kultur, die Arndt, Goethe und Fichte gegeben haben und nicht für die, die Lasalle, Schnitzler und Korngold uns bringen."[371]

Erst zwei Wochen nachdem in einem Artikel „von akademischer Seite" in der *Neuen Freien Presse* auf diese Missstände hingewiesen worden war, verbot Rektor Molisch die Plakate. Gleichzeitig betonte er aber im Interview mit der *Wiener Sonn- und Montagszeitung*, dass „auch für die Mitglieder des Akademischen Senates *der deutsche Charakter der Universität* ein unantastbares Heiligtum ist und daß nicht im entferntesten daran gedacht wird, die Tätigkeit der national gesinnten Studentenverbände irgendwie einzuschränken."[372] Im Jänner 1927 fasste der Akademische Senat schließlich den Beschluss, dass fortan „[a]lle Anschläge, welche Angriffe gegen die Behörden der Hochschulen, deren Lehrpersonen und Organe sowie gegen andere behördliche Stellen, beleidigende Ausfälle gegenüber den anderen studentischen Gruppen oder Beschimpfungen und Verhöhnungen irgendwelcher Art enthalten oder gegen den deutschen Charakter der Universität gerichtet sind",[373] verboten werden.

D. Hupkas Amtszeit als Dekan

Hupkas Tätigkeit als Dekan lässt sich – da die Dekanatsakten der Rechtswissenschaftliche Fakultät gegen Ende des Zweiten Weltkrieges zerstört wurden – lediglich aus den Protokollen des Akademischen Senats, dem er als Dekan angehörte, rekonstruieren, weshalb über sein Wirken an der

371 (Von akademischer Seite), Eine Kulturschande an der Universität. Die antisemitischen Anschlagtafeln in der Aula, Neue Freie Presse vom 20. Dezember 1926 (Abendausgabe), 6.

372 Nicht hetzen, sondern studieren! Entfernung der antisemitischen Anschlagtafeln aus der Wiener Universität, Wiener Sonn- und Montagszeitung vom 27. Dezember 1926, 5 (Hervorhebung im Original). Siehe auch *Taschwer* in *Koll* 471. Entsprechend wenig Beachtung fand das Verbot: Im Jänner erstatteten die Führer der deutschdemokratischen Studenten im Rektorat Disziplinaranzeige wegen der Aushänge, die ihrer Auffassung gegen § 302 StG verstießen, indem sie zu Gewalt gegen eine Religionsgemeinschaft bzw. Volksgruppe aufriefen. Ihr Ziel war es, den Rektor an „betreffend alsbaldiger Abhilfe" gegen diese Beschimpfungen zu erinnern; man versicherte daraufhin, der Akademische Senat werde sich der Angelegenheit in seiner nächsten Sitzung annehmen; vgl. Die Schimpfplakate in der Aula der Wiener Universität. Disziplinaranzeige an den Rektor, Neues Wiener Journal vom 9. Jänner 1927, 4.

373 UAW, Sitzungsprotokolle des Akad. Senats, Prot. III vom 27. Jänner 1927, III/4.) Z. 319, 283 u. 433 aus 1926/27.

rechtswissenschaftlichen Fakultät wenig gesagt werden kann. Auf gesamtuniversitärer Ebene scheint Hupkas Amtszeit – in scharfem Kontrast zu ihrem turbulenten Beginn – zu Anfang recht ruhig verlaufen zu sein; vermutlich wohl auch, weil sich Hupka bewusst aus allen kontroversiellen Themen heraushielt. Wortmeldungen seinerseits verzeichnen die Protokolle des Akademischen Senats zunächst kaum; vereinzelt griff man allerdings seitens des Senats auf seine fachliche Expertise zurück. So wurde er im November 1926 vom Senat als Fachmann für Versicherungsrecht herangezogen. Eine private Versicherungsgesellschaft war an die Universität herangetreten und hatte ein Angebot für eine allgemeine Unfallversicherung für Studierende übermittelt. Hupka, dem man dieses Schreiben zur Stellungnahme übermittelt hatte, wies darauf hin, dass eine Pflichtversicherung für Studierende nur per Gesetz eingeführt werden könne. Es gehe daher weniger um die Beurteilung der angebotenen Versicherungsbedingungen denn um die Frage, ob der allgemeine Bedarf an einer solchen Versicherung überhaupt bestehe.[374] Die Frage wurde daraufhin einer Kommission zur Beratung zugewiesen, die sich letztendlich dagegen aussprach.[375]

Aus 1926 verzeichnen die Protokolle des Akademischen Senats lediglich einen einzigen Antrag Hupkas: So beantragte er die Gleichstellung reichs- und auslandsdeutscher Studierender (d.h. solcher aus den ehemaligen Kronländern) mit Inländern in Bezug auf Studiengebühren und Kollegiengelder, die nach hitziger Diskussion tatsächlich – bezeichnender Weise mit Ausnahme Studierender aus Galizien und der Bukowina – beschlossen wurde, sofern sich diese über ihre Nationalität ausweisen konnten.[376]

Auch das Jahr 1927 begann wenig ereignisreich. Schon im Vorjahr hatte der Akademische Senat im Rahmen der immer lauter werdenden Forderungen nach mehr Autonomie für die Universitäten[377] Hupka und den damaligen Dekan der Rechtswissenschaftlichen Fakultät Gleispach beauftragt, die Eidesformel des Bundesministeriums für Unterricht dahin gehend umzuformulieren, dass darin die Interessen der Hochschule deutlicher zum Ausdruck kämen. Der neue Wortlaut wurde vom Akademischen Senat im Jänner

---

374 UAW, Sitzungsprotokolle des Akad. Senats, Prot. I vom 19. November 1926, I/19.) Z. 165 aus 1926/27.

375 UAW, Sitzungsprotokolle des Akad. Senats, Prot. II vom 18. Dezember 1926, III/5.) Z. 165 aus 1926/27.

376 UAW, Sitzungsprotokolle des Akad. Senats, Prot. II vom 18. Dezember 1926, I/4.) Z. 416 aus 1926/27; siehe auch Prot. III vom 28. Jänner 1927, III/2.) Z. 416 aus 1926/27. Eingehend zu dieser Debatte *Höflechner*, Die Baumeister des künftigen Glücks. Fragment einer Geschichte des Hochschulwesens in Österreich vom Ausgang des 19. Jahrhunderts bis in das Jahr 1938 (1988) 305–310.

377 *Höflechner*, Baumeister (1988) 267.

1927 genehmigt.[378] In derselben Sitzung beantragte Hupka höchst diplomatisch, Spanns Vorlesung zur „Geschichte und Kritik des Sozialismus“ in die Gruppe II der Vorlesungen für alle Hörer aufzunehmen.[379] Auch über die Arbeitsabläufe im Dekanat machte sich Hupka Gedanken: So schlug er vor, den Matrikelschein durch einen Eintrag im Meldungsbuch des Studierenden zu ersetzen, um das Dekanatspersonal zu entlasten.[380] Die Kommission der Prodekane, die sich mit diesem Vorschlag befasste, empfahl allerdings, beim bisherigen Vorgang zu bleiben.[381]

Für Aufregung sorgte von 1927 an die Habilitation des jüdischen Physikers Otto Halpern, die im nachfolgenden Kapitel eingehender behandelt werden wird; davon abgesehen verlief aber auch das letzte Jahr von Hupkas Mitgliedschaft im Akademischen Senat ruhig. Seine Amtszeit als Dekan endete durchaus konziliant im Rahmen einer außerordentlichen Senatssitzung, die sich mit den Studentenunruhen, die – provoziert von einer Gruppe nationalsozialistischer Studierender – am 10. und 13. Juni 1927 ereignet

378 UAW, Sitzungsprotokolle des Akad. Senats, Prot. II vom 28. Jänner 1927, I/3.) Z. 995 aus 1925/26. Die Formel lautete nun: „Sie werden bei Ihrer Ehre und Ihrem Gewissen einen Eid schwören, der österreichischen Republik treu und gehorsam zu sein und deren Gesetze unverbrüchlich zu beobachten. Sie werden ferner schwören, sich mit voller Kraft und all Ihrem Eifer Ihrem Lehramte zu widmen, die mit Ihrer lehramtlichen Stellung verbundenen Pflichten gewissenhaft, unparteiisch und uneigennützig zu erfüllen, insbesondere jederzeit auf die Wahrung der öffentlichen Interessen bedacht zu sein, das Beste der Hochschule und ihrer Hörer im Auge zu behalten, sowie alles zu vermeiden und nach Kräften hintanzuhalten, was den öffentlichen Interessen *oder dem Wohle und Ansehen der Hochschule* abträglich sein oder den geordneten Gang des Lehramtes beeinträchtigen könnte. Sie werden weiters schwören, den dienstlichen Anordnungen Ihrer vorgesetzten Behörden Gehorsam zu leisten, bei deren Durchführung die Ihnen anvertrauten Interessen der Hochschule und des Lehramtes nach bestem Wissen und Können wahrzunehmen, das Dienstgeheimnis treu zu bewahren und bei Ihrem Verhalten in und ausser Dienst die Ihnen durch das Gesetz *und die Interessen der Hochschule* auferlegten Pflichten auf das genaueste zu beobachten. Auch werden Sie schwören, dass Sie einer ausländischen, politische Zwecke verfolgenden Gesellschaft weder gegenwärtig angehören noch einer solchen angehören werden.
Was mir soeben vorgehalten wurde und was ich in allem recht und deutlich verstanden habe, dem soll und will ich getreu nachkommen. Dies bekräftige ich durch meinen Eid.“ (Hervorhebung der Ergänzungen im Original).

379 UAW, Sitzungsprotokolle des Akad. Senats, Prot. II vom 28. Jänner 1927, III/3.) Z. 43 aus 1926/27.

380 UAW, Sitzungsprotokolle des Akad. Senats, Prot. I/11.

381 UAW, Akten des Akad. Senats, Z. 727 und 898 aus 1926/27, Protokoll der Kommissionssitzung vom 11. Mai 1927.

hatten, befasste. Zur Wiederherstellung der Ruhe an der Universität waren auf Weisung des niederösterreichischen Landeshauptmannes Seitz Polizisten in das Hauptgebäude eingedrungen, was seitens der Mehrheit des Akademischen Senats als Verletzung der Autonomie der Universität aufgefasst wurde. Mehrere Senatsmitglieder drängten darauf, schnellstmöglich einen Protest gegen die Vorgangsweise des Landeshauptmannes zu veröffentlichen, „weil dies die Würde der Universität erheische“. Hupka schlug hingegen vor, zunächst das Gutachten eines Verwaltungsrechtslehrers über die Zulässigkeit der getroffenen Verfügungen einzuholen. Nachdem er Prodekan Gleispach und Rektor Molisch von seiner Meinung überzeugt hatte, schlossen sich auch die übrigen Senatsmitglieder an. Der Senat beschloss daraufhin, eine Kommission zur Prüfung der Vorfälle einzusetzen und Gutachten der Professoren Merkl und Voltelini einzufordern.[382]

Im Februar 1928 schlug er – nun als Prodekan der rechtswissenschaftlichen Fakultät – die Abschaffung der Anfangs- und Endtesturen vor, da diese sich zur reinen Formsache entwickelt hatten;[383] im Frühjahr desselben Jahres regte er eine Debatte über die Beiträge und Leistungen der Krankenversicherung für Professoren an.[384] Seine letzte Wortmeldung im Akademischen Senat hinterließ im wörtlichen Sinne bleibende Spuren an der Universität Wien: Nach Fertigstellung der Büste Ungers schlug er vor, diese nach Möglichkeit in der Nähe des Glaser-Denkmals zu platzieren, „da die beiden wissenschaftlich nicht zu trennen sind“.[385] Dies geschah auch tatsächlich – noch immer stehen die beiden Denkmäler einander im Arkadenhof der Universität schräg gegenüber.

E. Die Habilitation Otto Halperns

Die Kontroverse um die Habilitation des Physikers Otto Halpern, die im Mai 1927 – also knapp ein Monat vor Ende Hupkas Amtszeit als Dekan – begann, gehört zweifellos zu den bemerkenswertesten und bestdokumentierten Ereignissen seiner Dekanschaft. Die Angelegenheit gehört zu den vielen antisemitischen Zwischenspielen, die die Universität Wien damals erlebte. Halpern, der sich schon in jungen Jahren als brillanter Physiker erwiesen

382 UAW, Sitzungsprotokolle des Akad. Senats, Prot. VI vom 14. Juni 1927 (außerordentliche Sitzung). Siehe dazu auch *Höflechner*, Baumeister (1988) 270.

383 UAW, Sitzungsprotokolle des Akad. Senats, Prot. III vom 10. Februar 1928, I/16.) Z, 732 aus 1927/28.

384 UAW, Sitzungsprotokolle des Akad. Senats, Prot. IV vom 19. März 1928, V/3.) Z. 849 aus 1927/28 und Prot. V vom 25. Mai 1928, I/8.) Z, 849 aus 1927/28.

385 UAW, Sitzungsprotokolle des Akad. Senats, Prot. V vom 25. Mai 1928, III/1.) Z. 68 aus 1927/28.

hatte, war jüdischer Herkunft; die Mitglieder der „Bärenhöhle“ setzten daher alles daran, seine weitere universitäre Karriere zu verhindern. Schon bei der Besetzung der Habilitationskommission zeigt sich der Einfluss dieser Gruppierung: Sowohl der Historiker Carl Patsch, der als Vorsitzender fungierte, als auch der von ihm nominierte Heinrich Srbik waren Mitglieder der „Bärenhöhle“; als Vertreter der Dozenten wurde der Paläontologe Kurt Ehrenberg, Assistent und Schwiegersohn Othenio Abels, entsandt.[386] Auf wissenschaftlicher Ebene war Halperns Eignung unanfechtbar, weshalb man versuchte, ihn menschlich zu diskreditieren und dadurch seine Habilitation zu verhindern. Neben seiner angeblichen „Unverträglichkeit“ seinen Kollegen gegenüber machte man ihm zum Vorwurf, dass er zu Beginn seiner Tätigkeit als Universitätsassistent einmal den Institutsschlüssel verloren und darüber dem Institutsvorstand – just jenem Professor Thirring, der ihn nun habilitieren wollte und der dem damaligen Vorfall keinerlei Bedeutung beimaß – nicht ordnungsgemäß Meldung erstattet habe. Bei der zweiten Kommissionssitzung stimmten demzufolge Ehrenberg und Srbik bei der Frage nach der persönlichen Eignung Halperns gegen den Habilitationswerber, drei weitere enthielten sich ihrer Stimme. Bei der nachfolgenden Sitzung des Professorenkollegiums schloss man sich der antisemitischen Minderheit innerhalb der Kommission an: Von insgesamt 50 Mitgliedern stimmten 27 gegen Halpern, sechs enthielten sich ihrer Stimme. Erfolglose Proteste seitens des Habilitationswerbers und zahlreicher Physiker, insbesondere seines Vorgesetzten Hans Thirring (ebenso wie Hupka führendes Mitglied der Liga für Menschenrechte und mit diesem von daher gut bekannt), folgten.[387]

Halpern erhob Vorstellung gegen das ablehnende Votum beim Akademischen Senat, der sich im Mai 1927 erstmals mit der Angelegenheit befasste. Nach dem Bericht des Kommissionsvorsitzenden Patsch wurde die Causa Halpern einer vom Senat eingesetzten Kommission – bestehend aus Karl Luick (ein bekannter Antisemit und Mitglied des Deutschen Klubs),[388] Franz Wilke (der ebenso dem deutschnationalen Lager nahestand und bereits früh mit dem Nationalsozialismus sympathisierte),[389] Gleispach, sowie den vier Prodekanen

386 *Taschwer*, Der verlorene Schlüssel des Otto Halpern, Der Standard vom 31. Oktober 2012, n.pag.; *Taschwer* in *Fritz/Rossolinski-Liebe/Starek* 232; *Höflechner*, Baumeister (1988) 138 Fn 89.

387 *Taschwer*, Der Standard vom 31. Oktober 2012, n.pag.; zu Thirrings Mitgliedschaft in der Liga siehe *Körner*, „Mit gebundenen Händen, aber noch nicht sprachlos...“ Die Ö.L.f.M. im „autoritärem Ständestaat“ der Jahre 1934–1938. Das Menschenrecht. Offizielles Organ der Österreichischen Liga für Menschenrechte 1977a, 2 (4) und *Höflechner*, Baumeister (1988) 138 Fn 89.

388 *Kniefacz*, Franz Luick, in 650 plus – Geschichte der Universität Wien (2019) n.pag.

389 *Pfefferle/Pfefferle*, Glimpflich entnazifiziert: die Professorenschaft der Universität Wien von 1944 in den Nachkriegsjahren (2014) 257–258.

Franz Zehentbauer (seinerseits Mitglied einer katholisch korporierten Hochschulverbindung und in späteren Jahren NS-Sympathisant), Rudolf Maresch (der politisch schwer einzuordnen ist, deutschnationalem Gedankengut aber nicht abgeneigt gewesen zu sein scheint),[390] Hupka und Patsch zur Vorberatung zugewiesen. Hupkas Antrag, auch den Verwaltungsrechtprofessor Adolf Julius Merkl (dem in seinem Rückberufungsantrag nach Ende des Zweiten Weltkrieges eine „selten saubere, konsequente und mutige Abgrenzung zum Nationalsozialismus" konstatiert werden sollte)[391] zuzuziehen, wurde abgelehnt.[392]

Am 13. Dezember 1927 erstattete Gleispach im Rahmen einer Sondersitzung Bericht an den Akademischen Senat: Man sei mehrheitlich übereingekommen, die ablehnende Entscheidung des philologischen Professorenkollegiums aufrechtzuerhalten. Hupka hatte als einziges Kommissionsmitglied dagegen gestimmt und verlas seine bereits in den Kommissionssitzungen angekündigten Sondervoten. Seinem Antrag, die Minoritätenvoten der Professoren Thirring, Jaeger, Stefan Meyer, Ehrenhaft, Wegscheider und Oppenheim sowie die späteren Eingaben Thirrings zu verlesen, wurde erst nach einiger Diskussion stattgegeben. Letztendlich blieben seine Bemühungen aber erfolglos; der Akademische Senat schloss sich der Mehrheit der Kommission an und entschied sich, die Vorstellung Halperns zu verwerfen. In einem letzten Anlauf legte Hupka dagegen Protest ein, dass sich Abel und Patsch nicht wie ihr Professorenkollege Wettstein ihrer Stimme enthalten hatten, obwohl es um eine Entscheidung ihrer Fakultät gegangen sei – und zog sich damit prompt den Zorn Abels zu: Dieser müsse „entschiedenen Protest gegen jeden Versuch einlegen, der dahin gehe, die Mitglieder einer Fakultät mundtot zu machen."[393]

Hupkas Weigerung, sich der Ablehnung Halperns anzuschließen, führte „zu schweren Differenzen" zwischen ihm und Gleispach[394] und hatte auch ein auf persönlicher Ebene ausgetragenes Nachspiel. Diese Kontroverse ist in den Akten des Akademischen Senats dokumentiert. In einer Eingabe an den Akademischen Senat vom 7. Februar 1928 führt Hupka aus, dass er in der Sitzung vom 13. Dezember 1927 in rechtlicher und sachlicher Hinsicht mehrere Einwendungen erhoben habe, die Gleispach samt und sonders mit

390 *Kniefacz*, Rudolf Maresch, in 650 plus – Geschichte der Universität Wien (2019) n.pag.

391 *Pfefferle/Pfefferle*, Glimpflich entnazifiziert (2014) 66.

392 UAW, Sitzungsprotokolle des Akad. Senats, Prot. V vom 31. Mai 1927, I/5.) Z. 800 aus 1926/27.

393 UAW, Sitzungsprotokolle des Akad. Senats, Abschrift des Beratungsprotokolls, Beilage zu Prot. II vom 13. Dezember 1927.

394 *Höflechner*, Baumeister (1988) 138 Fn 89.

Hinweis auf einen sachlich völlig gleichgültigen Irrtum Hupkas zu entkräften suchte, indem er kurz erklärte, dass es sich mit Hupkas übrigen Ausführungen ebenso verhalte. „Da die Debatte bereits geschlossen war, übrigens eine weitere Auseinandersetzung bei der herrschenden Einstellung mir als nutzlos erschien, habe ich es unterlassen, in der Sitzung auf diese Pauschal-Abfertigung zu replizieren," erklärt Hupka. Dies wolle er nun nachholen. Darauf folgt eine detaillierte und sachliche Auseinandersetzung mit den gegen Halpern erhobenen Vorwürfen, die Hupka anhand der Sitzungsprotokolle der Kommissionssitzung und Aussagen von Halperns Vorgesetztem und Kollegen zu entkräften sucht. Auch verweist er darauf, dass Gleispach in seiner Funktion als Berichterstatter die Aussagen insbesondere Thirrings nicht entsprechend gewürdigt habe.

Gleispach fühlte sich persönlich angegriffen und reagierte empört: Es sei „ungewöhnlich", dass „eine Aussprache im Akademischen Senat, die ordnungsgemäß abgeschlossen ist, in dieser Weise einen Anhang erfährt". Hupka sei in der Sondersitzung „reichlich zum Wort gekommen, sogar zu Zeiten, in denen der Berichterstatter [scil. Gleispach selbst] das Wort hatte, den er also wiederholt unterbrochen hat." Da es nicht angehe, dass der Akt des Akademischen Senats mit solchen Vorwürfen abschließe, wie Hupka sie gegen ihn erhoben habe, ersuche er den Senat, den Sachverhalt prüfen zu lassen. Danach folgt eine detailreiche und in sehr zynischem Ton gehaltene Auseinandersetzung mit Hupkas Einwänden, die Gleispach größtenteils für „ganz überflüssig" hält und die er anhand der protokollierten Äußerungen der bekannt antisemitischen Kommissionsmitglieder zu widerlegen sucht. In einem Nachsatz rügt er, dass die zahlreichen Bleistiftzeichen und Unterstreichungen, die der Bericht nun nach Hupkas Durchsicht aufweise, nicht von ihm (d.h. Gleispach) stammen. Abschließend forderte er den Akademischen Senat dazu auf, ihm im Wege der Abstimmung zu bestätigen, dass er die Rolle des Berichterstatters einwandfrei ausgeführt habe.[395]

Hupka replizierte darauf knapp: Er sehe keine Notwendigkeit, seine Ausführungen zum Gegenstand einer neuerlichen Erörterung im Akademischen Senat zu machen. Falls eine solche dennoch gewünscht werde, sollen diese seines Erachtens „einzig und allein den rein objektiven Zweck verfolgen, [seine] ganz konkreten Feststellungen auf ihre Richtigkeit zu prüfen." Ein förmliches Vertrauensvotum zugunsten Gleispachs lehne er ab, weil „es das unantastbare Recht eines jeden Mitglieds einer öffentlichen Kommission ist und bleiben muss, an dem Verfahren, den Beschlüssen und Berichten einer Kommission sachliche Kritik zu üben." Dieses Recht werde aber gefährdet,

395 UAW, Akten des Akad. Senats, Z. 800 aus 1927/28, Brief Wenzeslaus Gleispach an Rektor Peham vom 14. März 1928.

wenn „die Stellungnahme des Kollegiums zu einer solchen Kritik durch das Aufwerfen der Vertrauensfrage – sei es für den Kritisierten, sei es für den Kritisierenden – über den Bereich der rein sachlichen Diskussion hinaus auf das persönliche Gebiet gelenkt werden könnte."[396] Der Akademische Senat weigerte sich allerdings, den Schiedsrichter zwischen den beiden zu spielen: Auf Vorschlag einer vorbereitenden Kommission, die der Rektor im Umlaufwege eingesetzt hatte, entschied der Senat, auf Hupkas Schreiben nicht mehr einzugehen, da die Angelegenheit der Habilitation Halperns bereits vollständig erledigt schiene. Dadurch erübrigte sich auch ein Eingehen auf die Replik Gleispachs und auf Hupkas zweite Zuschrift.[397] Gleispach wurde dadurch zwar die persönliche Genugtuung eines Vertrauensvotums des Akademischen Senats versagt; für die Gegner Halperns war der Ausgang dieser Querele dennoch ein positiver: Hupkas sorgfältig ausgearbeitete und penibel belegte Einwendungen und Ergänzungen zugunsten Otto Halperns wurden auf Beschluss des Senats unberücksichtigt zu den Akten gelegt.

Halpern hatte nach Ablehnung seines Habilitationsgesuchs unter anderem verlangt, dass ihm die Gründe hierfür bekannt gegeben werden. In derselben Senatssitzung stellte Wettstein daraufhin den Antrag, die Habilitationsnorm (StGBl Nr 415 aus 1920) dahin gehend abzuändern, dass bei Ablehnung eines Habilitationswerbers aus persönlichen Gründen diesem die Gründe nicht mehr bekannt gegeben werden müssen. Wenig überraschend nahm der Akademischen Senat auch diesen Antrag an.[398]

Als Halpern im Jahr darauf den ablehnenden Beschluss des Senats vor dem Verwaltungsgerichtshof anfocht, gab ihm dieser recht und verwies die Angelegenheit zurück an die Universität, an der sich die Stimmung gegen Halpern aber längst verhärtet hatte. Der Akademische Senat – dem Hupka zu dieser Zeit nicht mehr angehörte – hielt die Ablehnung des Habilitationsgesuchs aufrecht. Nach jahrelangem Hin und Her gab der Verwaltungsgerichtshof letztendlich der Universität – vertreten von „Bärenhöhle"-Mitglied Richard Meister, dem Rektor Abel dafür ausdrücklich seinen Dank aussprach – recht.[399] Halpern hatte bereits 1928 Wien verlassen; nachdem es

396 UAW, Akten des Akad. Senats, Z. 800 aus 1927/28, Brief Josef Hupka an Rektor Peham vom 27. März 1928.

397 UAW, Sitzungsprotokolle des Akad. Senats, Prot. V vom 25. Mai 1927, I/11.) TZ. 800 aus 1926/27.

398 UAW, Sitzungsprotokolle des Akad. Senats, Prot. II vom 13. Dezember 1927, IV/ 1. Z. 471 aus 1927/28. Siehe auch *Höflechner*, Baumeister (1988) 138 Fn 89.

399 *Taschwer*, Der Standard vom 31. Oktober 2012, n.pag.; *Taschwer* in *Fritz/ Rossolinski-Liebe/Starek* 233; *Höflechner*, Baumeister (1988) 138 Fn 89. Zu Richard Meister siehe insbesondere *Feichtinger*, Richard Meister. Ein dienstbarer Hochschulprofessor in vier Regimen, in *Ash/Ehmer* (Hrsg) Universität – Politik – Gesellschaft – Wirtschaft (2015) 169 (173–176).

ihm ein Rockefeller Stipendium ermöglicht hatte, zwei Jahre bei Werner Heisenberg zu studieren, wurde ihm 1930 eine Stelle in den USA angeboten, wo er als Physiker – unter anderem auch im Dienste der amerikanischen Armee – Karriere machte. Eine Würdigung der Verdienste Halperns in Österreich ließ allerdings lange auf sich warten, da seine Feinde – darunter auch Richard Meister – auch nach 1945 in Amt und Würden blieben. Erst 1983 erschien ein lobender Nachruf auf den im Vorjahr verstorbenen Physiker; beinahe 30 Jahre danach widmete ihm Klaus Taschwer einen Artikel in der Tageszeitung *Der Standard*.[400]

F. Thiede, Morgenstern und das Disziplinarverfahren gegen Hupka

Die Habilitation Otto Halperns war bei weitem kein Einzelfall; nicht immer waren Streitigkeiten um Habilitationsverfahren aber antisemitisch motiviert.[401] Fast zeitgleich zur Habilitation Halperns war Josef Hupka in zwei weitere höchst umstrittene Habilitationsverfahren – jene der Ökonomen Oskar Morgenstern und Klaus Thiede – verwickelt, zwischen deren Lehrern Hans Mayer und Othmar Spann ein langjähriger und erbitterter Konflikt herrschte.[402] Mayers Assistent Morgenstern (ironischerweise ein früherer Schüler Spanns[403]) hatte im Frühjahr 1928 seine Habilitationsschrift zur Wirtschaftsprognose vorgelegt; am 24. Mai erstatteten die Professoren Mayer und Degenfeld-Schonburg dem Professorenkollegium ihre Gutachten und beantragten die Zulassung Morgensterns zum Habilitationskolloquium. Spann erklärte daraufhin, sich des Urteils und der Antragstellung zu enthalten, „da er dem Habilitationswerber nicht schaden wolle." Trotz mehrmaliger Aufforderung des Dekans weigerte er sich, seine Äußerung näher zu begründen. Das Professorenkollegium beschloss daraufhin einstimmig unter Stimmenthaltung Spanns, die Anträge der beiden Referenten anzunehmen.

---

400 *Taschwer*, Der Standard vom 31. Oktober 2012, n.pag.

401 Interessant ist allerdings, in welchem Ausmaß auch hier antisemitische Stimmung an der Universität instrumentalisiert wurde, um einen Habilitationswerber zu diskreditieren und seine weitere Karriere zu behindern: So hatten Gegner Morgensterns das Gerücht in Umlauf gebracht, dieser sei Jude und Freimaurer. Der überzeugte Deutschnationale Morgenstern, der ebenso wie Spann dem Deutschen Klub angehörte, wies dies entschieden zurück und bot an, den Nachweis über seine „rein arische" Herkunft anzutreten; vgl. *Klausinger*, Zeitgeschichte 2016, 156–157; *Klausinger*, Department of Economics working paper 2013, 11–12.

402 Siehe dazu eingehend *Klausinger*, Zeitgeschichte 2016, 151–157; *Klausinger*, Hans Mayer, Last Knight of the Austrian School, Vienna Branch, History of Political Economy 2015, 271 (279–282); *Klausinger*, Department of Economics working paper 2013, 11.

403 Im Detail dazu *Klausinger*, History of Political Economy 2015, 281–282 und *Klausinger*, Department of Economics working paper 2013, 7–11.

Im Juni stellte Spann überraschend den Antrag, die Habilitierung Morgensterns noch einmal auf die Tagesordnung der nächsten Kollegiumssitzung am 16. Juni zu setzen. Der Dekan wies ihn zu Beginn der Sitzung ausdrücklich darauf hin, dass der Beschluss des Kollegiums, Morgenstern zum Kolloquium zuzulassen, bereits rechtskräftig geworden war und dass Spann in der letzten Sitzung seiner Pflicht, sich zur Habilitationsschrift zu äußern, ohne Angabe von Gründen nicht nachgekommen war. Trotzdem wolle ihm der Dekan die Möglichkeit geben, seine Einwände nun doch noch vorzutragen. Sperl betonte dazu, dass Spann die Abhaltung des Kolloquiums zwar nicht mehr verhindern könne, seine Einwände aber bei der Schlussabstimmung Berücksichtigung finden könnten. Obwohl Hupka sich in der nachfolgenden Debatte gegen die Anhörung Spanns aussprach und auf die Unzulässigkeit und Geschäftsordnungswidrigkeit dieses Begehrens hinwies, stimmte das Kollegium auf Antrag Gleispachs mit Stimmenmehrheit dafür, Spann doch die Gelegenheit zur Äußerung zu geben.

Hupka, der wohl voraussehen konnte, welche Schwierigkeiten dem hochqualifizierten Habilitationswerber daraus erwachsen konnten, erklärte daraufhin, dass es der Geschäftsordnung zuwiderlaufe, wenn Spanns Äußerungen – die ja nach Fassung eines rechtskräftigen Beschlusses des Kollegiums erstattet wurden – als „Gutachten“ dem Ministerium vorgelegt würden. Nach längerer Debatte entschloss sich das Kollegium allerdings dafür, dies dem Ermessen des Dekans zu überlassen, der Spanns Gutachten gemeinsam mit jenen Degenfeld-Schonburgs und Mayers an das Unterrichtsministerium weitergab.[404]

Das höchst negative Gutachten Spanns, in welchem er Morgenstern vorwarf, relevante Literatur nicht gekannt bzw. ohne Angabe der Quellen verwendet zu haben, zeitigte seine Wirkung; die Habilitation Morgensterns blieb monatelang unbestätigt, obwohl das Dekanat im Dezember 1928 beim Ministerium urgierte, da es sich bei Morgenstern um eine „im Ausland hervorragend anerkannte Persönlichkeit“ handle. Im März 1929 erstattete Degenfeld-Schonburg eine detaillierte Stellungnahme zum Separatvotum Spanns, in der er die von Spann implizierten Plagiatsvorwürfe energisch zurückwies, worauf das Ministerium die Habilitation Morgensterns nun endlich bestätigte.[405]

Im Gegensatz zur Habilitation Morgensterns, die Spann mit allen Mitteln zu verhindern gesucht hatte, war ihm jene Klaus Thiedes ein besonderes

---

404 ÖStA, AVA, Unterricht, Allgemeine Reihe, 612.18 Professorenakt Oskar Morgenstern, Auszüge aus den Sitzungsprotokollen betreffend die Habilitation des Dr. Morgenstern.

405 *Huber*, Oskar Morgenstern, in 650 plus – Geschichte der Universität Wien (2019) n.pag.

Anliegen. Der ebenso wie Morgenstern aus Preußen stammende Thiede hatte 1923 bei Spann promoviert; 1928 schlug Spann ihn zur Habilitation vor. Die Gutachten über Thiedes Habilitationsschrift waren aber keineswegs einhellig positiv; besonders Srbik und Degenfeld-Schonburg äußerten gröbere Zweifel an der wissenschaftlichen Qualifikation des Habilitationswerbers. Nach Abhaltung des Habilitationskolloquiums entschloss sich das Professorenkollegium in derselben Sitzung, in der Spann seine Vorbehalte gegen Morgenstern vorgetragen hatte, dennoch mehrheitlich, die Habilitation Thiedes dem Unterrichtsministerium zur Bestätigung vorzulegen. Hupka meldete daraufhin ein Separatvotum an, welches er am 18. Juni an das Ministerium übermittelte. Darin schließt er sich nicht nur den Vorbehalten der Gutachter, vor allem Srbik, betreffend die Habilitationsschrift Thiedes an, sondern hebt auch hervor, dass seine Äußerungen im Zuge des Kolloquiums „vollends eine Probe seltener Unwissenheit auf dem Gebiet des Habilitationsfaches" gegeben haben: „Wenn jemand die Fragen nach dem Ursprung des Wechsels, des Pfandbriefs, der Aktiengesellschaft dahin beantwortet, dass alle diese Institute aus dem – römischen Rechte stammen, so beweist er, dass er nicht die Eignung besitzt, an irgend einer Schule geschweige denn an einer Universität, Wirtschaftsgeschichte zu lehren." Neben Mayer schlossen sich auch Woess und Goldmann Hupkas Meinung an.[406] Auch diese Intervention zeigte Wirkung – ebenso wie die Habilitation Morgensterns wurde jene Thiedes vom Ministerium nicht bestätigt.

Und auch zu dieser Angelegenheit findet sich ein neuerliches Gutachten Degenfeld-Schonburgs in den Akten, das vom 24. März 1929 datiert ist und das dieser wohl erstattet haben mochte, um die Reaktion gegen die nunmehr bestätigte Habilitation Morgensterns an der Fakultät etwas einzudämmen. In diesem Schriftstück hebt er zwar noch einmal hervor, dass er das Buch Thiedes „als Befähigungsnachweis für Wirtschaftsgeschichte [...] nicht ganz ohne Bedenken als genügend erklären" könne. Im Hinblick auf die Schwächen der Habilitationsschrift müsse „den übrigen Habilitationsakten eine erhebliche Bedeutung zukommen". Degenfeld-Schonburg könne sich nur daran erinnern, dass Thiede von römischrechtlichen Einflüssen auf das Aktienwesen gesprochen habe. Sicher sei allerdings, dass die Antworten Thiedes „verschieden aufgefasst und bewertet wurden." Es dürfe nach zehn Monaten aber nicht mehr möglich sein, festzustellen, „welche Auffassung der Vorgänge die richtige ist." Er müsse allerdings hervorheben, dass „im Uebrigen Thiede's Antworten entsprechend waren und dass die Probevorlesung einen

406 UAW, Akten des Akad. Senats, Z. 761 aus 1928, Separatvotum Hupka/Mayer/Woess/Goldmann, 18. Juni 1928. Siehe auch ÖStA, AVA, Unterricht, Allgemeine Reihe, 614.24 Professorenakt Klaus Thiede.

guten Eindruck machte.“ Bedenken gegen die Habilitation Thiedes seien daher „nicht ganz unbegründet“, reichten aber nicht aus, um den Beschluss des Professorenkollegiums zu revidieren.[407]

Das Ministerium beschloss daraufhin, auch die Habilitation Thiedes zu bestätigen. In der Begründung dazu wird – offenbar unter Bezugnahme auf ein Schreiben der Fakultät – ausgeführt, dass „[i]n Erwägung der ganzen Vorgeschichte des Habilitationsverfahrens, insbesondere des Zusammenhanges der im Laufe der Begebenheiten zwischen dem inzwischen bewilligten Habilitationsgesuche Morgensterns und jenem Thiedes entstanden ist, ferner in Erwägung der bekannten, das gedeihliche Funktionieren der Fakultät vielfach erschwerenden, Spannung zwischen den beiden Gelehrten, die als Lehrer Thiedes bzw. Morgensterns zu betrachten sind, [...] wird auch die Genehmigung des Habilitationsbeschlusses pto. Thiede beantragt“, da durch eine „differenzierende Behandlung der beiden angefochtenen Habilitationen“ die Situation „in unerwünschter Weise verschärft werden könnte“.[408]

Hupka war sich bewusst, dass ihm im Lichte dieser Ausführungen der Vorwurf gemacht werden könnte, er habe sein Separatvotum mehr aus fakultätspolitischem Kalkül denn aus wissenschaftlicher Überzeugung abgegeben; immerhin hatte Mayer ihn während des holprigen Beginns seiner Dekanschaft unterstützt, sodass man Hupka unterstellen konnte, er schulde ihm nun seinerseits einen Gefallen. Nachdem er in den vergangenen Jahren bereits mehrmals die Schwerter mit Gleispach und Spann, den einflussreichsten Vertretern des mächtigen deutschnationalen Lagers, gekreuzt hatte, musste ihm also daran gelegen sein, seine Position an der Fakultät zu stärken und etwaigen Vorwürfen zuvorzukommen. Um dies zu erreichen, wählte er einen ungewöhnlichen, aber in seiner Subtilität äußerst erfolgreichen Weg: Am 25. März richtete er ein Schreiben an den Dekan der juridischen Fakultät, Rudolf Köstler. Er führte aus, dass Degenfeld-Schonburg in seinem Gutachten „jene *Tatsachen*“, auf denen Hupkas Sondervotum beruhte, „in *Abrede* gestellt“ habe. Da „es in einer Sache von der Art der vorliegenden einen entschuldbaren Irrtum nicht giebt [sic]“, müsse er darin „den Vorwurf einer zum mindesten fahrlässigen Täuschung des Unterrichtsministeriums erblicken“. Es sei dies „ein Vorwurf, der geeignet ist, [ihn] auf das schwerste zu diskreditieren“, weshalb er um die Einleitung eines Disziplinarverfahrens gegen sich selbst ersuche.[409]

---

407 UAW, Akten des Akad. Senats, Z. 400 aus 1929, Gutachten betr. Habilitation d. Klaus Thiede (Abschrift).

408 ÖStA, AVA, Unterricht, Allgemeine Reihe, 614.24 Professorenakt Klaus Thiede, GZ. 13230/29.

409 UAW, Akten des Akad. Senats, Z. 400 aus 1929, Brief Josef Hupka an Dekan Rudolf Köstler, 25. März 1929 (Hervorhebungen im Original).

In der Sitzung der Disziplinarkommission stellte Gleispach, der in diesem akademischen Jahr die Funktion des Disziplinaranwalts innehatte, nach eingehender Schilderung des Sachverhaltes den Antrag, „die Anzeige mangels jeder Unterlage für ein disziplinäres Einschreiten zurückzulegen". Die Kommission – bestehend aus den Professoren Zehentbauer, Hold, Maresch, und Much, mit Mayer und Walker als Standesvertreter und Sperl als Vorsitzendem – nahm den Antrag einstimmig an.[410] Es stand somit offiziell fest, dass Hupka weder einem Irrtum erlegen noch sich einer Täuschung schuldig gemacht hatte – in Ermangelung weiterer Möglichkeiten musste seine Kritik an Thiedes Leistungen also begründet gewesen sein. Auf höchst geschickte Weise hatte er durch die Selbstanzeige dafür gesorgt, dass sämtlichen Vorwürfen, die Spann und dessen Anhänger gegen ihn erheben konnten, bereits im Vorfeld der Boden entzogen worden war – und dies auf ausdrücklichen Antrag seines Widersachers Gleispach und aufgrund des Votums einer überwiegend deutschnational eingestellten Kommission.

G. Die Gleispach'sche Studentenordnung

Zum besseren Verständnis muss hier eingangs die historische Entwicklung der Studierendenvertretung an der Universität Wien kurz skizziert werden, deren Geschichte mit dem Ende der Habsburgermonarchie beginnt.[411] 1918 wurden erstmals Forderungen laut, dass demokratisch gewählte Vertreter der Studierenden an gewissen Entscheidungen im universitären Bereich ein Mitspracherecht eingeräumt werden solle.[412] Nachdem ein 1918 gegründeter „interfraktionaler Hochschulausschuss" nach wenigen Monaten trotz Unterstützung seitens der Universitätsbehörden gescheitert war, gewannen die bürgerlichen – deutschnationalen, katholischen und

410 UAW, Akten des Akad. Senats, Z. 400 aus 1929, Protokoll aufgenommen anlässlich der Sitzung der Disziplinarkammer für Professoren, Privatdozenten, Assistenten und wissenschaftliche Hilfskräfte der Universität Wien vom 21. Juni 1929. Eine kurze Erwähnung des Verfahrens – allerdings ohne Kontextualisierung – findet sich auch in *Staudigl-Ciechowicz* in *Olechowski/Ehs/Staudigl-Ciechowicz* 90 und *Staudigl-Ciechowicz*, Das Dienst-, Habilitations-, und Disziplinarrecht der Universität Wien 1848–1938 (2017) 183–184. Zu Ablauf und rechtlichen Grundlagen der Disziplinarverfahren an der Universität Wien siehe *Staudigl-Ciechowicz*, Zur Disziplinargerichtsbarkeit an der Universität Wien 1848–1938, Beiträge zur Rechtsgeschichte Österreichs 2016, 301.

411 Die folgende Kurzdarstellung basiert weitgehend auf *Lichtenberger-Fenz*, „... deutscher Abstammung und Muttersprache": Österreichische Hochschulpolitik in der Ersten Republik (1990) 6–75; zur Gleispach'schen Studentenordnung siehe z.B. auch *Taschwer* in *Grandner/König* 122–124.

412 *Höflechner*, Baumeister (1988) 126; *Lichtenberger-Fenz*, „... deutscher Abstammung" (1990) 6–9.

deutschfreiheitlichen – Studentengruppen an Einfluss, indem sie sich zur „deutschbürgerlichen Studentenschaft“ zusammenschlossen.[413] Diese Gruppierung forderte bereits von allem Anfang an die bevorzugte Behandlung deutschstämmiger Studierender und Lehrer; ihr Hauptanliegen war nicht die Teilhabe der Studierenden an der universitären Verwaltung, sondern die Erhaltung des „deutschen Charakters“ der Universität.[414] Antisemitismus stand bei diesen Bestrebungen „sowohl als Integrations- als auch als ausgrenzende Ideologie hoch im Kurs.“[415]

Der Akademische Senat beschloss daraufhin, der Studierendenvertretung tatsächlich ein Mitspracherecht in ausgewählten Bereichen zuzuerkennen, beschränkte die Mitgliedschaft in einem studentischen Vertretungskörper ausdrücklich auf „Deutschösterreicher deutscher Nationalität“. Den Studierenden mosaischen Bekenntnisses wurde das „Recht“ zuerkannt, sich zur „jüdischen Nation“ zu bekennen.[416] Das Ziel dieses Beschlusses war es freilich nicht gewesen, die Stellung der jüdischen Studierenden dadurch zu stärken, dass man ihnen die Möglichkeit der Schaffung einer eigenen Studierendenvertretung ermöglichte; vielmehr legte man dadurch den Grundstein für den Ausschluss jüdischer Studierender aus der „deutschen“ Studierendennation.[417]

Die Zugehörigkeit zu einer Studentennation ergab sich aus der „Volkszugehörigkeit“ des jeweiligen Studierenden.[418] Dieser – quasi als Gegenstück zum im österreichungarischen Vielvölkerstaat nicht besonders aussagekräftigen Begriff der „Staatsbürgerschaft“ entstandene – Begriff war bereits im Zuge des Konflikts zwischen der deutschen und tschechischen Bevölkerung der Sudetenländer entstanden und setzte sich zunächst sowohl aus objektiven (Sprache und Sitte) als auch subjektiven (Bekenntnis zu einer bestimmten Volksgruppe) Kriterien zusammen, wobei bis 1905 in Praxis und Rechtsprechung die subjektive Komponente überwog.[419] Durch das Mährische Ausgleichsgesetz trat die objektive Komponente, die die Überprüfbarkeit der

---

413 *Höflechner*, Baumeister (1988) 283; *Lichtenberger-Fenz*, „... deutscher Abstammung“ (1990) 8. Zum interfraktionalen Hochschulausschuss siehe im Detail *Zoitl*, Student (1992) 152–154; zum Zusammenschluss der deutschen Studentengruppen siehe *Zoitl*, Student (1992) 160–165.

414 *Höflechner*, Baumeister (1988) 278; *Lichtenberger-Fenz*, „... deutscher Abstammung“ (1990) 8–9.

415 *Zoitl*, Student (1992) 34.

416 *Lichtenberger-Fenz*, „... deutscher Abstammung“ (1990) 9.

417 *Lichtenberger-Fenz*, „... deutscher Abstammung“ (1990) 31.

418 *Höflechner*, Baumeister (1988) 284, *Lichtenberger-Fenz*, „... deutscher Abstammung“ (1990) 29.

419 *Lichtenberger-Fenz*, „... deutscher Abstammung“ (1990) 29.

persönlichen Zuordnung garantieren sollte, in den Vordergrund; als bestimmendes Element galt von nun an die Beherrschung der Sprache. Erst in der Ersten Republik wurde zunehmend – ausgehend vom universitären Bereich – dem Begriff der „Volkszugehörigkeit" das Rasseprinzip zugrunde gelegt; der Begriff der „Volkszugehörigkeit" wurde durch jenen der „Nationalität" ersetzt.[420] Richtungsweisend war in dieser Hinsicht das Urteil Z. 2973/ v.G.H. ex 1921 des Österreichischen Verwaltungsgerichtshofes vom 9. Juni 1921, das endgültig „Sprache" und „Rasse" als maßgebliche Kriterien der Volkszugehörigkeit festlegte und diese damit der Disposition des Einzelnen völlig entzog.[421]

Die Beschlüsse des Akademischen Senats wurden vom Unterrichtsministerium unter dem Sozialdemokraten Otto Glöckel zunächst nicht anerkannt; stattdessen wurde die Schaffung einer „aus der Gesamtheit der Studierenden hervorgegangenen Interessensvertretung" gefordert. Besonders die Idee einer „jüdischen Nation" stieß auf Kritik, obwohl eine solche auch von Teilen der jüdischen Studierenden gefordert worden war, während andere diese mit Nachdruck ablehnten.[422] Die Frage war insofern eine völlig neue und politisch höchst brisante, als auch außerhalb der Universitäten in manchen Kreisen der Ruf nach der Anerkennung einer „jüdischen Nation" mit eigener Interessensvertretung innerhalb des österreichischen Staates laut geworden war, während insbesondere das assimilierte jüdische Bürgertum solche Vorstellungen und Forderungen als traditionell antisemitisches Gedankengut ablehnte.[423] Dazu kommt noch, dass bis dahin die Frage nach der Existenz einer eigenständigen „jüdischen Nation" in der österreichisch-ungarischen Rechtsprechung stets verneint worden war.[424] Gerade antisemitisch-deutschnationale Kreise begrüßten derartige Tendenzen allerdings, da sie die politisch höchst opportune Vorstellung einer fremden, „jüdischen Minderheit", die der „deutschen Mehrheit" gegenüberstand und von dieser scharf abgegrenzt werden konnte, förderte.[425]

---

420 *Zoitl*, Student (1992) 283–290; *Lichtenberger-Fenz*, „... deutscher Abstammung" (1990) 30.

421 *Höflechner*, Baumeister (1988) 318.

422 *Lichtenberger-Fenz*, „... deutscher Abstammung" (1990) 10–11; *Marcus*, Austria's Pre-War Brown vs. Board of Education, Fordham Urban Law Journal 2004, 125–126.

423 *Höflechner*, Baumeister (1988) 285; *Lichtenberger-Fenz*, „... deutscher Abstammung" (1990) 32; *Albrich* in *Reiter-Zatloukal/Enderle-Burcel* 54; *Pauley*, Antisemitismus (1992) 242. Zu den stark divergierenden Ansichten innerhalb der jüdischen Bevölkerung siehe auch *Pauley*, Antisemitismus (1992) 221–230.

424 *Lichtenberger-Fenz*, „... deutscher Abstammung" (1990) 32.

425 *Lichtenberger-Fenz*, „... deutscher Abstammung" (1990) 32–33; *Albrich* in *Reiter-Zatloukal/Enderle-Burcel* 54.

In den folgenden Jahren konnte die Deutsche Studentenschaft – nicht zuletzt durch Anschluss an die reichsdeutsche Deutsche Studentenschaft[426] – ihre Stellung an der Universität festigen, wenngleich sie an der Universität Wien (im Gegensatz zu zahlreichen anderen Österreichischen Hochschulen) noch nicht als alleinige Vertretung der „deutschen" Studierenden anerkannt war. Tatsächlich genoss sie aber bereits viele der Vorrechte, die eine solche Anerkennung offiziell mit sich brachte;[427] ihre Hauptforderung bestand schon zu Beginn der 1920er in der Einführung eines Numerus Clausus für nicht-deutsche, insbesondere jüdische Studierende und Lehrende.[428]

Bereits 1924 war von verschiedenen Seiten die Forderung nach der Schaffung eines Studentenrechts zur Regelung der Stellung der studentischen Interessensvertretungen laut geworden, die allerdings bis 1929 nicht realisiert wurden.[429] Besonders die Deutsche Studentenschaft, die sich auf diese Weise als einzige Standesvertretung der Studierenden „deutscher Abstammung und Muttersprache" etablieren wollte, sowie einige deutschnational eingestellte Professoren – allen voran Gleispach und Sperl – hatten diese Bemühungen vorangetrieben.[430] Beide hatten – ebenso wie die Deutsche Hochschülerschaft – Entwürfe ausgearbeitet, die die Einteilung der Studierenden in „Nationen" vorsahen. Im Gegensatz zu Sperl, der daneben auch andere Organisationsprinzipien anerkannt sehen wollte, sah Gleispachs Entwurf die „nationale" Einteilung als die einzig zulässige vor.[431]

Schon 1928 war ein Arbeitsausschuss zur Schaffung eines Studentenrechts ins Leben gerufen worden, der aus den Professoren Sperl, Gleispach, Wettstein, Hugelmann, Schaffer und Luick sowie Vertretern der Deutschen Studentenschaft bestand.[432] Im Studienjahr 1929/30 – für das Gleispach zum Rektor gewählt worden war – fasste dieser den Beschluss, möglichst rasch

---

426 *Lichtenberger-Fenz*, „... deutscher Abstammung" (1990) 35–39.

427 *Lichtenberger-Fenz*, „... deutscher Abstammung" (1990) 46.

428 *Höflechner*, Baumeister (1988) 338–344; *Pauley*, Antisemitismus (1992) 92–95; *Lichtenberger-Fenz*, „... deutscher Abstammung" (1990) 49–50; zum Numerus Clausus auch *Taschwer* in *Grandner/König* 110; *Zoitl*, Student (1992) 201–202; *Reiter-Zatloukal* in *Reiter-Zatloukal/Enderle-Burcel* 696 und *Lichtenberger-Fenz*, Österreichs Universitäten und Hochschulen – Opfer oder Wegbereiter der nationalsozialistischen Gewaltherrschaft, in *Heiß/Mattl/Meissl/Saurer/Stuhlpfarrer* (Hrsg), Willfährige Wissenschaft. Die Universität Wien 1938–1945 (1989) 3 (6–7). Ein entsprechender Entwurf, den bezeichnender Weise Gleispach ausgearbeitet hatte, wurde allerdings vom Unterrichtsministerium abgelehnt.

429 Im Detail dazu siehe *Lichtenberger-Fenz*, „... deutscher Abstammung" (1990) 54–84.

430 *Lichtenberger-Fenz*, „... deutscher Abstammung" (1990) 75–83.

431 *Lichtenberger-Fenz*, „... deutscher Abstammung" (1990) 79–80.

432 *Lichtenberger-Fenz*, „... deutscher Abstammung" (1990) 77.

ein sowohl für die Deutsche Studentenschaft als auch für die Regierung, die die Entwicklungen an den Universitäten mit Besorgnis beobachtete, akzeptables Studentenrecht zu schaffen. Als Ausgangspunkt hierfür sollte der Entwurf Gleispachs dienen.[433]

Nach Genehmigung durch das Unterrichtsministerium wurde eine leicht abgeänderte Fassung[434] des ursprünglichen Entwurfs am 8. April 1930 in Kraft gesetzt. Diese sah in ihren wichtigsten Punkten folgendes vor: Alle ordentlichen Studierenden „gleicher Abstammung und Muttersprache" wurden als eine „Studentennation" angesehen, sofern ihre Anzahl zumindest ein Prozent der Gesamtzahl der Studierenden ausmacht; Studierende „gemischter Abstammung" gehörten der „gemischten Studentennation" an. Jede dieser „Nationen" hatte das Recht, eine Vertretung zu wählen, der unter bestimmten Bedingungen die Anerkennung durch den Akademischen Senat zugesichert wurde. Die Zugehörigkeit zu einer Studentennation ergab sich aus der bei der Inskription angegebenen Volkszugehörigkeit und Muttersprache, wobei die ausgewählte Studentennation gegen die Zugehörigkeit eines Studierenden Einspruch erheben konnte. Über diesen Einspruch entschied ein Schiedsgericht, dem drei vom Senat bestellte Hochschullehrer, ein Vertreter der betreffenden Studentennation und allenfalls ein Vertreter einer weiteren Studentennation angehörten; die Entscheidung war unanfechtbar.[435] Jüdischen Studierenden war somit der Beitritt zur „deutschen" Studentennation effektiv verwehrt; ihnen blieb entweder der Beitritt zur „gemischten" Nation oder die Schaffung einer „jüdischen" Studentennation.

Die tatsächliche Mitwirkung der Studierendenvertreter an universitären Entscheidungen war auf wenige Bereiche beschränkt; auch konnte die Anerkennung einer Vertretung vom Senat jederzeit aufgehoben werden, wobei unter anderem Aktivitäten, die „den deutschen Charakter der Hochschule beeinträchtigen" als Begründung aufgeführt wurde.[436] Es wurde somit deutlich, dass das eigentliche Ziel der Studentenordnung nicht die studentische Selbstverwaltung sondern die Sicherung der Hegemonie der Deutschen Studentenschaft, die nun offiziell als einzige Interessensvertretung der Studierenden „deutscher Abstammung und Muttersprache" etabliert war, zu festigen.

Hupka war an den Beratungen und der Beschlussfassung über die Studentenordnung naturgemäß nicht beteiligt gewesen; seine Amtszeit im Akademischen Senat hatte bereits zwei Jahre zuvor geendet. Andernfalls wäre es wohl unvorstellbar gewesen, dass er einer solchen Maßnahme zugestimmt

433 *Lichtenberger-Fenz*, „... deutscher Abstammung" (1990) 85.
434 Siehe dazu im Detail *Lichtenberger-Fenz*, „... deutscher Abstammung" (1990) 87–90.
435 *Lichtenberger-Fenz*, „... deutscher Abstammung" (1990) 92.
436 *Lichtenberger-Fenz*, „... deutscher Abstammung" (1990) 92.

hätte – ebenso unvorstellbar wie die Vorstellung, dass seine Einwände Gleispach oder den Akademischen Senat im mindesten von seinen Plänen abgebracht hätte. Hupka war sich seiner Machtlosigkeit wohl bewusst. Spätestens die Habilitation Halperns hatte ihm vor Augen geführt, wie wenig Aufmerksamkeit der Senat missliebigen Eingaben Außenstehender schenkte; eine schriftliche Stellungnahme seinerseits wäre bestenfalls zu den Akten gelegt worden, ohne den geringsten Eindruck zu hinterlassen. Auf dienstlichem Wege waren ihm also die Hände gebunden; auf gerichtlichem Wege fehlte ihm die Legitimation zur Anfechtung der Studierendenordnung, da er als Lehrender ja nicht direkt davon betroffen war.

Gleichwohl konnte er die neue Studentenordnung nicht einfach schweigend hinnehmen. Zum Teil mag seine Motivation eine rein persönliche gewesen sein: Immerhin hatte der Senat gerade jene Gruppierung, die in den letzten Jahren immer wieder gegen Hupka gehetzt und polemisiert hatte, in eine beispiellose Machtposition gehievt. Weitaus wichtiger war aber wohl, in welchem Maß die neue Studentenordnung Hupkas persönlichen Überzeugungen zuwiderlief. Die Vorstellung von „Deutschtum", die das Regelwerk prägte, war das genaue Gegenteil von der, mit der Hupka in Znaim aufgewachsen war; anstelle der von Ludwig Hupka einst gefeierten Ideale von „Toleranz" und „Bildung" wurden nun auch an der Universität von offizieller Seite „Haß" und „Entzweiung" propagiert. Hupkas ausgeprägter Gerechtigkeitssinn musste gegen das neu geschaffene System revoltieren. Auch war ihm wohl bewusst, dass die Studentenordnung weite Teile der jüdischen Studentenschaft in dieselbe Position drängten, in der er sich in den letzten Jahren mit zunehmender Häufigkeit befunden hatte: Ihm, der als Deutscher in Znaim aufgewachsen war, wurde diese Selbstzuschreibung immer öfter und vehementer aberkannt; ebenso wie sie jetzt den jüdischen Studierenden aberkannt werden sollte.

Zum ersten und einzigen Mal in seiner Karriere entschloss er sich daher dazu, sich in der Öffentlichkeit kritisch gegenüber der Universität zu äußern und wandte sich – wie schon so oft zuvor, allerdings immer in außeruniversitären Dingen[437] – an die Leserschaft der *Neuen Freien Presse*, die ihm dafür die Titelseite der Ausgabe vom 23. April 1930 zur Verfügung stellte.[438] Dabei war ihm freilich bewusst, dass seine Kritik bei den Verantwortlichen keinen Eindruck machen würde; seine vordergründige Motivation für diesen Schritt war, dass er dem „Eindrucke wehren" wolle, dass „die Rechtsauffassung, die der neuen akademischen Ordnung zugrunde liegt, auch von allen

437 Siehe dazu Erster Teil, Kapitel III.

438 Eine Kurzzusammenfassung von *Hupkas* Artikel findet sich auch bei *Taschwer* in *Grandner/König* 123.

Rechtslehrern geteilt werde."[439] Vor allem gelang es ihm aber auf diesem Wege, durch seine fachliche Kritik denjenigen, die zum Kampf gegen die Studentenordnung besser positioniert waren, das nötige Rüstzeug zur Verfügung zu stellen.

In gewohnt sachlicher und klar strukturierter Weise präsentiert Hupka „einige – allerdings wesentliche – Feststellungen" zur neuen Studentenordnung. Im Wesentlichen sind dies vier Kritikpunkte: Zum Ersten, dass diese erstmals die „Volkszugehörigkeit" bzw. „Abstammung", „dieses physische und bekanntlich recht problematische Merkmal", zum „*juristischen Prinzip* einer neuartigen *öffentlich-rechtlichen* Gliederung der Studentenschaft" erhebe; zum Zweiten den Charakter der „Studentennationen" als „Zwangsgemeinschaften in einem doppelten Sinn": im „negativen", da ein Student von der Zugehörigkeit zu der Nation seines persönlichen Bekenntnisses aufgrund der unanfechtbaren Entscheidung eines Schiedsgerichts ausgeschlossen werden könne; und im „positiven" Sinne, weil auch jene Studierende, „die an der Hochschule keine anderen als Bildungsinteressen verfolgen" sowie jene, „die unter Nationalität etwas anderes verstehen als die völkisch eingestellten Kreise", es hinnehmen müssten, dass ihre Interessen „durch die Funktionäre einer völkisch politisierten Studentenorganisation vertreten werden." Darüber hinaus unterstreicht er den Unterschied zwischen der Deutschen Studentenschaft, die als „private Studentenvereinigung, um ihr ‚die schon lange erstrebte Stellung auf akademischem Boden zu schaffen', unmittelbar und ohne weiteres als Studentennation übernommen und anerkannt wird", und jenen anderen Studentennationen, die sich nun erst zu formieren hätten.

Den dritten Kritikpunkt widmet er der faktischen Ungleichheit der Rechte und Pflichten der übrigen Studentennationen im Vergleich mit jenen der deutschen. In Punkt drei der Studentenordnung werde den „anerkannten Vertretern der Studentennationen" nämlich gestattet, „mit Deutschen Studentenschaften an anderen Hochschulen des Inlandes und des Auslandes in Verbindung zu treten und sich mit ihnen zu einem größeren Verband zusammenzuschließen." Der Kern der Angelegenheit ist hier freilich, wie Hupka aufzeigt, das Wort „deutsch": „wenn die[se] Vokabel [...] in der Studentenordnung dem in der ganzen Welt üblichen Nationalitätsbegriffe entsprechen würde", läge in dieser Bestimmung keinerlei Problem; da sie aber „durchwegs im spezifisch völkischen Sinne" gebraucht werde, ergibt sich aus dieser Bestimmung, dass sämtlichen anderen Studentennationen keinerlei Koalitionsrecht mit gleichartigen Verbindungen eingeräumt ist. Auch seien die Pflichten der Studentennationen keineswegs gleich ausgestaltet; ganz im

439 *Hupka*, Die Studentenordnung der Universität Wien, Neue Freie Presse vom 23. April 1930, 1(2).

Gegenteil enthalte die neue Studentenordnung geradezu eine Ermächtigung zu antisemitisch und deutschnational motivierter Hetze. Unter Punkt 5 verbietet die Studentenordnung nämlich „Bestrebungen, die den deutschen Charakter der Hochschule beeinträchtigen“. Dem „Unbefangenen“, meint Hupka, müsse ein solches Verbot völlig überflüssig erscheinen, „weil in dem neuen, national einheitlichen Oesterreich noch weniger, als dies in dem alten Staate der Fall war, irgendein Mensch daran denkt, den rein deutschen Charakter unserer Universität zu trüben.“ Im „völkischen Sinne“ verstanden bedeute diese Bestimmung allerdings, dass sämtliche übrigen Studentennationen „alle jene ‚rassenkundlichen‘ Bestrebungen in Wort und Schrift und Bild untersagt sind [...], welche auf der Gegenseite bekanntlich mit besonderer Vorliebe und Intensität gepflegt werden und, da sie hier nicht unter das richtig verstandene Verbot fallen, auch weiter gepflegt werden können.“

Punkt vier bezieht sich auf das Schiedsgericht, das in Streitfällen über die Zugehörigkeit einzelner Studierender zu einer bestimmten Studentennation zu entscheiden hatte. Hupka hebt hervor, dass die Studentenordnung zwar die Schaffung eines solchen vorsieht, aber keinerlei Bestimmungen betreffend die Kognition dieses Gerichtes beziehungsweise die „materiellen Grundlagen“ oder „wissenschaftlichen Grundsätze“, auf denen die Entscheidung gefällt werden solle, beinhaltet. Es handle sich daher um eine reine Ermessensentscheidung, die in jedem einzelnen Fall von völlig willkürlichen Kriterien geleitet werden könne.

Es handle sich bei seinen Ausführungen, so Hupka, um „reine Feststellungen“; „[a]n diese Feststellungen im einzelnen oder im ganzen eine sachliche Kritik anzuknüpfen, unterlasse ich.“ Auch ob eine so ausgestaltete Änderung der Universitätsverfassung mit den „eigentlichen Interessen und Aufgaben einer Hochschule“ in Einklang zu bringen sei und ob sie „geeignet ist, an der Universität den Frieden herzustellen“, wolle er nicht beurteilen. Allerdings hoffe er, dass einer derjenigen, „die der jetzt herrschenden Gruppe nahestehen“, für die „*völlige Entpolitisierung*“ der Universität eintreten möge: „Ein offenes akademisches Glaubensbekenntnis von *dieser* Seite wäre allerdings ein wahrer Segen.“

Den zweiten Teil seines Artikels widmet Hupka der Frage der Verfassungskonformität der neu erlassenen Studentenordnung. Hupka erinnerte daran, dass gemäß Art. 18 der österreichischen Bundesverfassung Gesetze nur auf der Grundlage der Verfassung und Verordnungen nur aufgrund eines Gesetzes erlassen werden dürfen. Dass es sich bei der Studentenordnung um eine generelle, von einer Verwaltungsbehörde im Rahmen ihres gesetzlichen Aufgabenkreises erlassene Regelung und somit um eine Rechtsverordnung handle, stehe außer Zweifel; deren gesetzliche Grundlage sei allerdings fraglich. Eine solche könne lediglich in jenen Gesetzen, die die Verfassung der Universitäten regeln, gefunden werden, also in den Gesetzen vom 27. April

1873 und vom 20. Juli 1922 über die Verfassung der Universitäten und in der Allgemeinen Studienordnung vom 1. Oktober 1850. Tatsächlich beriefen sich die universitären Behörden auf ihr „Recht der Aufsicht und Disziplin", allerdings ohne konkrete Gesetzesstellen anzugeben. Hupka zeigt, dass die einschlägigen Normen – § 19 Abs. 3 und 6 des Organisationsgesetzes i.d.F. vom 20. Juli 1922 sowie § 20 der Disziplinarordnung – keineswegs eine ausreichende Gesetzesgrundlage für die Erlassung einer so weitreichenden Verordnung boten, wie sie die Gleispach'sche Studentenordnung darstellte, sondern lediglich den Senat ermächtigten, unter durch Verordnungen des Unterrichtsministeriums näher ausgestalteten Rahmenbedingungen die Aufsicht und Disziplinargewalt über Lehrende und Studierende auszuüben. Die Auffassung, dass jene Normen über die Aufsichts- und Disziplinargewalt eine geeignete Rechtsgrundlage für „die selbständige Schaffung und Regelung von Verhältnissen, die zwar unter Umständen zu einer Berührung mit jener Gewalt führen können, aber gegenständlich und wesentlich mit ihr gewiß nichts zu tun haben," sei „unhaltbar". In Ermangelung einer anderen Rechtsgrundlage sei es daher „offenbar, daß die *Studentenordnung der verfassungsmäßigen Rechtsgrundlage ermangelt.*"[440]

Hupkas Artikel war keineswegs der erste, der sich mit der neuen Studentenordnung befasst hatte; schon am 10. April hatte die *Neue Freie Presse* in ihrem Leitartikel Bedenken über diese geäußert.[441] Auch weite Kreise der linken und liberal Zeitungen kritisierten die neue Regelung, während es seitens der rechten Presse Lob für diesen Vorstoß Gleispachs gab.[442] Hupkas Text ist allerdings die erste kritische Stellungnahme aus den Reihen der Lehrenden an der Wiener Universität. Tags darauf veröffentlichte die *Neue Freie Presse* ein „Dankschreiben der deutschdemokratischen Hochschülervereinigung": das „ergebenst unterzeichnete Präsidium" der Vereinigung drücke Hupka seinen „herzlichsten Dank" und seine „aufrichtige Zustimmung aus": „Es war uns eine große Freude und Genugtuung, daß sich endlich ein Hochschullehrer – bis heute der einzige – gefunden hat, der es wagt, öffentlich zu der vielerörterten Frage des Studentenrechtes den demokratischen Standpunkt zu verteidigen."[443]

Noch wichtiger ist aber Hupkas Verdienst, die Verfassungswidrigkeit des Gleispach'schen Regelwerks klar aufgezeigt und damit die Grundlagen

440 *Hupka*, Neue Freie Presse vom 23. April 1930, 1–2.

441 Studentennationen an der Wiener Universität. Eine bedenkliche Verfügung des akademischen Senats, Neue Freie Presse vom 10. April 1930, 1.

442 Im Detail dazu *Lichtenberger-Fenz*, „... deutscher Abstammung" (1990) 99–101.

443 Der Artikel des Professors Dr. Hupka über die Studentenordnung. Ein Dankschreiben der deutschdemokratischen Hochschülervereinigung, Neue Freie Presse vom 24. April 1930, 4.

für dessen Aufhebung geschaffen zu haben. Diese erfolgte im Rahmen eines Gerichtsverfahrens, dass Gleispach wegen Ehrenbeleidigung gegen den Journalisten und Chefredakteur der *Wiener Sonn- und Montagszeitung*, Ernst Klebinder, angestrengt hatte. Am 19. Mai 1930 war in diesem Blatt unter dem Titel „Seine Magnifizenz der Rektor. Der Wiener Universitätsskandal" ein anonymer Artikel gegen die Studentenordnung erschienen. Klebinder übernahm die Verantwortung dafür und beantragte vor Gericht, die Studentenordnung durch den Verfassungsgerichtshof prüfen zu lassen, um den Wahrheitsbeweis einer der zentralen Behauptungen des Artikels – dass diese gegen die österreichische Verfassung verstieße – antreten zu können. Das Gericht gab Klebinders Antrag statt.[444]

Die Argumentation der Verteidigung stützte sich weitgehend – stellenweise sogar wörtlich – auf die Argumente, die Hupka in der *Neuen Freien Presse* vorgebracht hatte. Gleispach verfasste dazu im Auftrag des Akademischen Senats eine umfangreiche Gegenäußerung;[445] es gelang ihm aber schlussendlich nicht, Hupkas Argumente zu entkräften. Der Verfassungsgerichtshof hob die Studentenordnung aus formellen Gründen auf, da eine gesetzliche Grundlage zu ihrer Erlassung fehlte. Er pflichtete Hupkas Bezeichnung der Studentennationen als „Zwangsorganisationen" bei und führte aus, dass solche nur durch Gesetz geschaffen werden könnten. Auch die Bestimmungen über das Schiedsgericht seien gesetzwidrig. Gleichzeitig sprach er aber aus, dass die Gliederung der Studierenden in „Nationen" nicht, wie die Verteidigung ausgeführt hatte, dem Gleichheitsgrundsatz des österreichischen Verfassungsrechts widersprach.[446] In ihrem Bericht über die Aufhebung der Studentenordnung erinnerte die *Neue Freie Presse* noch einmal an Hupkas Artikel, „der eine warmherzige Mahnung an das Gewissen der österreichischen Juristenwelt darstellte" und „auf die Unzulänglichkeit der juristischen Basis des Studentenrechtes aufmerksam gemacht" hatte.[447] Der Sieg, die die Gegner der Studentenordnung mit Hupkas Hilfe errungen hatten, verblasst im Hinblick auf die Tatsache, der den Verfechtern des völkischen Prinzips an den Hochschulen zuteil geworden war: In seiner meritorischen Beurteilung

444 *Lichtenberger-Fenz*, „... deutscher Abstammung" (1990) 114–115; *Höflechner*, Baumeister (1988) 384.

445 UAW, Sitzungsprotokolle des Akad. Senats, Prot. V vom 11. April 1931. Für eine Kurzzusammenfassung siehe *Lichtenberger-Fenz*, „... deutscher Abstammung" (1990) 116–119 und *Höflechner*, Baumeister (1988) 387.

446 *Lichtenberger-Fenz*, „... deutscher Abstammung" (1990) 127–130; *Pauley*, Antisemitismus (1992) 126. Zur internen Debatte der Verfassungsrichter siehe ausführlich *Marcus*, Fordham Urban Law Journal 2004, 110–117.

447 Die aufgehobene Studentenordnung der Universität Wien, Neue Freie Presse vom 24. Juni 1931, 2.

des Falles hatte der Gerichtshof ausgesprochen, dass die Gliederung der Studierenden in Nationen nicht dem Gleichheitsgrundsatz der österreichischen Bundesverfassung widerspreche – eine klare Absage an die rechtliche und faktische Gleichheit, die der Staatsvertrag von St. Germain allen Staatsbürgern unabhängig von deren Rasse, Religion und Sprache garantiert hatte.[448] Bereits am 31. Juli 1931 brachte Unterrichtsminister Emmerich Czermak einen Antrag zur Ausarbeitung einer Regierungsvorlage für eine Studentenordnung auf „volksbürgerlicher Grundlage" ein.[449] Nach hitziger Debatte im Nationalrat sollte dieser aber letztendlich am Widerstand der Sozialdemokraten – insbesondere Otto Glöckel und Karl Leuthner – scheitern.[450]

H. Hupkas Kampf gegen die „Hakenkreuzler"

Die Veröffentlichung des Erkenntnisses des Verfassungsgerichtshofs am 23. Juni 1931 hatte die schwersten Studentenunruhen der Ersten Republik zur Folge.[451] Mitglieder der Deutschen Studentenschaft – die seit den Hochschülerschaftswahlen vom 20. Februar 1931 nationalsozialistisch dominiert war[452] – verprügelten jüdische und sozialistische Studierende, brachten antisemitische Plakate an und störten die Vorlesungen missliebiger Professoren, darunter auch jene Hupkas, der – als einer der wenigen betroffenen Professoren – dagegen vehementen Protest einlegte.[453] „Er hat gestern schön ausgesehen, dieser akademische Boden. Uebersäht mit zerrissenen Büchern und zerfetzten Schriften, mit zerbeulten Hüten und mit Damentaschen, die ihren Besitzerinnen entrissen worden waren. Hier und dort breiteten sich kleinere und größere Blutlachen aus und Staubwolken wirbelten über den Köpfen der Kämpfenden empor. Drinnen in der Aula prügelten sich die Studenten. Genauer gesagt: Der Verfassungsgerichtshof hatte ‚provoziert' und das hatte zur Folge, daß harmlose Jünglinge und Mädchen aus den Vorlesungen herausgeholt und über die Rampe auf die Straße geworfen wurden,"[454] berichtete die *Neue Freie Presse*.

---

448 *Wiederin*, Jüdische Bevölkerung und verfassungsrechtliche Lage 1918 bis 1938, in *Reiter-Zatloukal/Enderle-Burcel* (Hrsg), Antisemitismus in Österreich 1933–1938 (2018) 106.

449 *Pauley*, Antisemitismus (1992) 127; *Lichtenberger-Fenz*, „... deutscher Abstammung" (1990) 130.

450 *Marcus*, Fordham Urban Law Journal 2004, 126–131.

451 *Pauley*, Antisemitismus (1992) 125–127; *Lichtenberger-Fenz*, „... deutscher Abstammung" (1990) 131.

452 *Höflechner*, Baumeister (1988) 386.

453 „Juden hinaus!" – In fünf Minuten fünfzehn Studenten blutig geschlagen, Der Tag vom 24. Juni 1931, 3.

454 Kleine Chronik. Der akademische Boden, Neue Freie Presse vom 24. Juni 1931, 6.

Der Jusstudent Peter Berns, der aus Düsseldorf nach Wien gekommen war und als erster Sprecher der Deutschen Studentenschaft fungierte, hetzte: „Das Studentenrecht ist gefallen! Ungeheure Empörung herrscht unter den deutschen Hörern. Wir wollen dieser Empörung in würdiger Form Ausdruck verleihen und gleichzeitig beweisen, daß wir hinter dem Schöpfer der Studentenordnung, Prorektor *Gleispach*, und hinter dem derzeitigen Rektor Professor *Uebersberger* stehen, [...]. Wir können aber jetzt diejenigen, die all die Jahre hindurch mit Gift und Geifer die Deutsche Studentenschaft und das Studentenrecht besudelt haben, *nicht an einer Universität dulden*, die trotz allen Sprüchen des Verfassungsgerichtshofes eine deutsche Lehr- und Forschungsstätte ist und bleiben wird. *Wir werden die Zugänge zur Universität besetzen und nicht dulden, daß Juden die Hochschule betreten.*" Prorektor Gleispach beschwichtigte und versicherte der Deutschen Studentenschaft seine fortdauernde Unterstützung; Rektor Uebersberger verhängte bis auf weiteres eine Sperre der Universität und ihrer Nebengebäude.[455]

Hupka bekam den Zorn der Deutschen Studentenschaft auch persönlich zu spüren: Zum Schutz seiner jüdischen Hörer hatte er an diesem Tag seine Vorlesung mit Bewilligung des Dekans Gustav Walker in das große Professorenzimmer im Dekanat verlegt und die Türen, die zu den Dekanatsräumen führten, von innen versperrt. Berns versuchte daraufhin gemeinsam mit anderen Studenten, die Türen niederzubrechen. Als sich der Dekan daraufhin persönlich den Randalierern entgegenstellte, schrie ihn Berns an, er werde die Türe einschlagen, wenn der Dekan sie nicht sofort öffne. Dieser Aufforderung kam Walker naturgemäß nicht nach; allerdings hatte die Episode auch kaum disziplinarische Konsequenzen für Berns. Vielmehr durfte er in seiner Funktion als erster Sprecher der Deutschen Studentenschaft weiterhin Aufrufe verfassen und in der Aula affichieren – wie etwa einen Aufruf zu einem Fackelzug zu Ehren von Rektor Uebersberger und Rektor Gleispach.[456]

Studentenunruhen waren an sich im Österreich der Zwischenkriegszeit keine Seltenheit.[457] Die schon zu Ende des neunzehnten Jahrhunderts

455 Kleine Chronik. Der akademische Boden, Neue Freie Presse vom 24. Juli 1931, 7 (Hervorhebungen im Original).

456 UAW, Akten des Akad. Senats, Z. 258 aus 1932/33, Brief Josef Hupka an Rektor Othenio Abel vom 2. November 1932; siehe auch Exzesse an der Wiener Universität. Um das Studentenrecht, Prager Tagblatt vom 24. Juni 1931, 1 und *Zoitl*, Student (1992) 450.

457 Siehe dazu im Detail Taschwer in *Grandner/König* 99–1261; auch z.B. *Pauley*, Antisemitismus (1992) 96–99 und 121–125; *Höflechner*, Baumeister (1988) 334–430, *Erker*, Universität Wien (2018) 39–45 und *Zoitl*, Student (1992) 290–294, 320–328, 369–378, 421–434.

herrschende antisemitische Stimmung an den Universitäten[458] war durch den verlorenen Krieg und den Zerfall der Habsburgermonarchie noch verstärkt worden. Besonders der Zustrom jüdischer Studierender aus dem Osten der ehemaligen Monarchie hatte bereits direkt nach dem Ersten Weltkrieg für Unruhen gesorgt; verschärft wurde die Situation an der Universität auch durch den Massenandrang der Heimkehrer, die ihr unterbrochenes Studium nun raschestmöglich abschließen wollten, und durch die ökonomisch generell prekäre Lage dieser Jahre.[459]

1920 trat der junge Engelbert Dollfuß als Vertreter der katholischen Fraktion der Deutschen Studentenschaft mit der Forderung nach einem Numerus Clausus an die Öffentlichkeit;[460] diese Forderung sollte in den darauffolgenden Jahren mit immer größerer Intensität wiederholt werden – auch von offizieller Seite. 1922/23 sprach etwa der damals amtierende Rektor Karl Diener von der „fortschreitenden Levantisierung Wiens", der „wenigstens an den Hochschulen Einhalt geboten werden" müsse.[461] Im selben Studienjahr traten auch erstmals die als „Hakenkreuzler" bekannten Gruppen nationalsozialistischer Studenten auf den Plan, die besonders im November 1923 für heftige antisemitische Ausschreitungen verantwortlich waren.[462] Auch in den darauffolgenden Jahren kam es immer wieder zu Eskalationen studentischer Gewalt, wobei neben den unten näher beleuchteten Ereignissen vor allem die heftigen Studentenunruhen im Mai 1925 und Juni 1927 Erwähnung verdienen.[463] Bei Letzterem kam es sogar zu einem Einschreiten der Polizei, was wiederum – wie oben bereits berichtet – höchste Empörung unter den Mitgliedern des Akademischen Senats hervorrief: Bis dahin hatte die Universität als autonome Zone gegolten, die lediglich der Disziplinargewalt des Rektors und Akademischen Senats unterstand.[464]

---

458 Siehe dazu eingehend z.B. *Pauley*, Antisemitismus (1992) 30–35.

459 *Zoitl*, Student (1992) 184, 197–207; *Höflechner*, Baumeister (1988) 302; *Taschwer* in *Pfoser/Weigl* 388–389 und 392; *Taschwer* in *Grandner/König* 108–109; *Pauley*, Antisemitismus (1992) 89–90.

460 „Fremdländer"-Frage in der Wiener Universität, Reichspost vom 24. September 1920, 5; siehe auch *Taschwer* in *Grandner/König* 108, *Erker*, Universität Wien (2018) 42 und *Erker*, Studierende der Universität Wien und ihr Antisemitismus in der Zwischenkriegszeit, in *Reiter-Zatloukal/Enderle-Burcel* (Hrsg), Antisemitismus in Österreich 1933–1938 (2018) 758 (788).

461 *Diener*, Das Memorandum der deutschen Studentenschaft, Reichspost vom 10. Dezember 1922, 1; siehe auch z.B. *Taschwer* in *Grandner/König* 109; *Erker* in *Reiter-Zatloukal/Enderle-Burcel* 788 und *Klausinger*, Zeitgeschichte 2016, 151.

462 *Taschwer* in *Grandner/König* 110; im Detail dazu *Zoitl*, Student (1992) 369–378.

463 Siehe dazu im Detail *Taschwer* in *Grandner/König* 111.

464 Siehe dazu Erster Teil, Kapitel II.D.

Hupka, der durch seine Stellung als ehemaliger Dekan, seine jüdischen Wurzeln und seine geradlinige Haltung gegen den antisemitischen Terror der Deutschen Studentenschaft besonders exponiert war, war nicht selten das Opfer antisemitischer Angriffe. Die Proteste gegen die Wahl Hupkas zum Dekan wurden bereits im vorhergehenden Kapitel behandelt. Aber auch danach war Hupka immer wieder das Ziel von Angriffen der „Hakenkreuzler". Am 30. Juni 1929 protestierten deutschnationale Studierende in der Aula der Universität gegen Rektor Innitzer, der um Deeskalation und den Schutz der jüdischen und sozialdemokratischen Studierenden bemüht war und im konkreten Fall Disziplinarmaßnahmen gegen drei nationalistische Studenten verhängt hatte. Einmal mehr sah sich die Polizei – allen ungeschrieben Gesetzen über die Hochschulautonomie zum Trotz – gezwungen, zu Innitzers Schutz in die Geschehnisse einzugreifen.[465] Der Protest breitete sich rasch über das gesamte Universitätsgebäude aus; es kam zu Angriffen auf andere Studenten, Vorlesungen wurden gestört und einzelne Professoren, darunter auch Hupka, unter Pfui-Rufen gezwungen, die Universität zu verlassen.[466]

Im Oktober desselben Jahres rief ein Flugblatt die „deutschen Studenten" zum Boykott der Lehrveranstaltungen von insgesamt 191 Professorinnen und Professoren auf, die *„jüdischer Volkszugehörigkeit oder jüdischer Abstammung"* waren. Neben Hupka standen darauf unter anderem auch Stephan Brassloff, Hans Kelsen (zusätzlich als „Marxist" gekennzeichnet), Elise Richter, Sigmund Freud und Julius Tandler. Die Studierenden wurden aufgerufen, „an der Befreiung unserer höchsten Kulturstätten vom fremdrassigen Judentum mitzuarbeiten" und anstelle der Genannten „den deutschen Lehrer zu hören, dem Heimat, Volk, Rasse, Vaterland und Deutschtum heilige Begriffe und für den Heimatschutz und Heimatliebe, Vaterlandssinn und Vaterlandsverteidigung ewige und sittliche Werte und angeborene Pflichten eines deutschen Kulturmenschen sind."[467]

---

465 *Taschwer* in *Grandner/König* 112. *Taschwer* berichtet, dass dies das erste Eingreifen der Polizei in Studentenunruhen war. Die Sitzungsprotokolle des Akademischen Senats für das Jahr 1927 belegen allerdings, dass bereits damals Polizisten Universitätsgebäude betreten hatten, wogegen der Senat bei Landeshauptmann Seitz schriftlichen Protest einlegte; vgl. UAW, Sitzungsprotokolle des Akad. Senats, Prot. VI vom 14. Juni 1927 (außerordentliche Sitzung). Siehe dazu auch *Höflechner*, Baumeister (1988) 270. Siehe dazu auch Erster Teil, Kapitel II.D.

466 Hakenkreuzlerkrawalle an der Universität, Salzburger Wacht vom 21. Juni 1929, 2.

467 Der Text des Flugblattes ist abgedruckt in Rasse und Wissenschaft. Die fortschreitende Verjudung unserer Universität, Deutschösterreichische Tages-Zeitung vom 13. Oktober 1929, 5 (Hervorhebung im Original); siehe auch *Lichtenberger-Fenz*, „... deutscher Abstammung" (1990) 84 und *Taschwer* in *Grandner/König* 113–114.

Abbildung 17: Josef Hupka (n.d., vermutlich 1930er)

Im Februar 1931 wurde im Rahmen heftiger Studentenunruhen[468] die Vorlesung Hupkas von deutschnationalen Studierenden gestört, die „die Entfernung der jüdischen und sozialistischen Hörer“ verlangten.[469] Heftigere Unruhen ereigneten sich auch im Mai 1932, sodass Rektor Rudolf Maresch erneut eine Sperre der Universität verfügte. Auch dieses Mal wurde die Vorlesung Hupkas unterbrochen. Dieser hatte aber anscheinend bereits eine gewisse Routine bei derlei Vorkommnissen entwickelt: Einem Zeitungsbericht zufolge wies er die Ruhestörer „sehr eindringlich zurück“, bezeichnete „ihr Vorgehen als Hausfriedensbruch“ und setzte danach seine Vorlesung ruhig fort.[470]

Besonders heftige Unruhen gab es auch im Oktober 1932, als „hakenkreuzlerische“ Studierende die Ereignisse des „Simmeringer Blutsonntags“ vom 16. Oktober als Vorwand für eine „Racheaktion“ zugunsten der beiden

468 Siehe dazu *Taschwer* in *Grandner/König* 115.

469 Unruhen an den Hochschulen, Kleine Volkszeitung vom 3. Februar 1931, 3; siehe auch Unruhen an den Wiener Hochschulen, Reichspost vom 3. Februar 1931, 7.

470 Neue Prügeleien in Wien. Sperrung der Universität, Neue Freie Presse vom 31. Mai 1932, 4. Siehe auch Große Judenkrawalle in Wien. An den Hochschulen und in der Judengasse, Grazer Tagblatt vom 31. Mai 1932, 2; Kämpfe zwischen Nationalsozialisten und Sozialdemokraten an den Wiener Hochschulen, Illustrierte Kronen Zeitung vom 31. Mai 1932, 8; Die Universität geschlossen. Neuerliche Studentenkrawalle an drei Wiener Hochschulen, Neues Wiener Journal vom 31. Mai 1932, 5; Zusammenstöße an den Wiener Hochschulen, Wiener Zeitung vom 31. Mai 1932, 5.

getöteten nationalsozialistischen Attentäter nahmen.[471] Zwischen 17. und 26. Oktober spielten sich an den Wiener Universitäten Szenen nahezu unvorstellbarer Brutalität ab.[472] Protokolliert werden diese durch ein Aktenkonvolut, das sich im Archiv der Universität Wien befindet und dessen Existenz allein Josef Hupka zu verdanken ist.[473] In mühevoller privater Arbeit nahm er mit rund vierzig der Betroffenen und Zeugen Protokolle auf, von denen aus Platzgründen nur einige wenige exemplarisch hier zitiert werden können, um ein Bild der Ereignisse zu bieten: „Ich wurde von meinem Kollegen getrennt und im selben Augenblick stürzte sich eine Horde, mit Stahlruten, Totschlägern, Gummiknütteln, eisernen Schlagringen, Stöcken etc. bewaffnet, auf mich. Ich wurde abwechselnd von jedem der ‚Helden' geprügelt, durch den Arkadengang gehetzt. Meine Hilferufe wurden beantwortet mit ‚Der Jud g'hört erstochen. Habt's keine Rücksicht mit ihm. Rache für Simmering.'" Die Taktik der „Hakenkreuzler" blieb immer dieselbe: „Plötzlich hörte ich jemanden von rückwärts mir laut zurufen: ‚Mein Herr, sind Sie Arier?' Ich drehte mich um, gab aber keine Antwort sondern ging weiter. Unmittelbar darauf erhielt ich einen Schlag auf den Kopf. Ich wandte mich um und sah, dass der ganze Trupp auf mich losstürmte, so dass jeder Widerstand von vornherein zwecklos war. Ich lief nun auf den Gang der philosophischen Fakultät; da stürmten aus allen Türen des Ganges weitere Verfolger nach, so dass sich ihre Anzahl auf 20 bis 30 erhöhte. An der Stiege holten mich einige ein; ich erhielt einen Stoss, so dass ich der Länge nach hinfiel. Darauf schlugen die Verfolger auf meinen Kopf ein; ob mit den Fäusten, Füssen oder mit Gegenständen konnte ich nicht unterscheiden."[474]

Auch weibliche Studierende und „Arier" blieben von den Angriffen der „Hakenkreuzler" nicht verschon, sofern sie sich versehentlich in deren Nähe begaben: „Mittwoch, den 26. Oktober 1932 begab ich mich gegen ½ 12 Uhr auf das philosophische Dekanat, um zwei kunstgeschichtliche Vorlesungen zu belegen. In meiner Gesellschaft befand sich der Wiener praktische Arzt Dr. Hans Siegenfeld, der – ich erwähne dies nur, um das Groteske der nachfolgend beschriebenen Ereignisse zu beleuchten – einer rein arischen altösterreichischen Familie entstammt. Wir trugen keinerlei Parteiabzeichen. […] ehe wir uns noch der gefährlichen Situation, in der wir uns befinden, bewusst

471 *Erker* in FS Rathkolb (2015) 181; *Taschwer* in *Grandner/König* 116.

472 Siehe dazu *Erker* in FS Rathkolb 182–189; *Erker*, Universität Wien (2018) 35–38 und 63–64 und *Taschwer* in *Grandner/König* 116–117.

473 UAW, Akten des Akad. Senats, Sonderkonvolut 185.513. Ausführlich zu diesen Protokollen *Erker* in FS Rathkolb 178–189.

474 UAW, Akten des Akad. Senats, Sonderkonvolut 185.513, Protokoll Georg Geyerhahn zu den Vorfällen am 17. Oktober 1932.

werden, ertönen wüste Pfuirufe, ich sehe Aktentaschen, Gummiknüttel und Stöcke auf meinen Begleiter herabsausen und fühle selbst dumpfe Schläge auf Schultern und Arme. Meine Handtasche ist plötzlich verschwunden, Kappe und Schleier werden mir vom Kopf gerissen. Ich sehe ringsumher verzerrte brutale Gesichter und wiederhole wie unter einem Zwang immer nur die Worte: ‚Bitte, nicht schlagen, nicht schlagen!' Da bricht mein Begleiter blutüberströmt zusammen, man haut weiter in der rohesten Weise auf ihn ein, aber auch auf mich, und ich schreie einem der johlenden ‚Edelmenschen' ins Gesicht: ‚Es ist eine Schande, eine Frau zu schlagen!'. Grinsend sagt einer mit Hitlerhemd und Hakenkreuz: ‚Warum haben Sie auch provoziert?' […] Jetzt weiss ich ganz, was das ‚Dritte Reich' bedeutet – die Herrschaft schrankenloser, feiger Brutalität."[475]

Ein amerikanischer Gasthörer fand sich ebenfalls von einem nationalsozialistischen Prügeltrupp bedroht, wurde aber rechtzeitig von einem Universitätsangestellten im philosophischen Dekanat in Sicherheit gebracht: „I told the man who has charge of registration that such savagery could not exist in a civilized country. He smiled, shook his head, and said ‚it's nothing'. I quickly left the university, and stood on the outside besides a policeman; and together we watched battered and bloodstained boys, one by one emerge from the university – the citadel of culture."[476]

Seitens der „arischen" Universitätsmitglieder und Kommilitonen war kaum Hilfe zu erwarten: „Montag, d.17.Oktober 1932 um ½ 11 h v.m. stürzten einige Hakenkreuzler in das Kathederzimmer des englischen Seminars, wo ich schon seit 8 h arbeitete, fielen über mich her und schlugen mit Stahlruten auf meinen Kopf los, nicht achtend meiner Invalidität, auf die ich sie schreiend aufmerksam machte. […] Der Überfall geschah in Anwesenheit des Herrn Dr. Führer und 15 bis 20 Seminarkollegen, die nichts unternahmen, um die Misshandlung zu verhindern. Man schlug so lange auf mich ein, bis ich bewusstlos war."[477] Ein anderer Student berichtet: „Bemerken

---

475 UAW, Akten des Akad. Senats, Sonderkonvolut 185.513, Protokoll Carola Koblitz zu den Vorfällen am 26. Oktober 1932; siehe zu diesem Protokoll auch *Erker* in FS Rathkolb 187–188.

476 UAW, Akten des Akad. Senats, Sonderkonvolut 185.513, Brief J. Zizmor an Josef Hupka, 6. November 19326. November 1932. Die Angriffe auf amerikanische Studierende hatten zur Folge, dass auch das Unterrichtsministerium und Kanzler Dollfuß mit den Zwischenfällen an der Universität befasst wurden. Letztendlich war Rektor Abel gezwungen, sich persönlich beim amerikanischen Botschafter wegen der Verletzung der Gastfreundschaft gegenüber den amerikanischen Studierenden zu entschuldigen; vgl. *Taschwer* in *Grandner/König* 117.

477 UAW, Akten des Akad. Senats, Sonderkonvolut 185.513, Protokoll Hersch Weinstein zu den Vorfällen am 17. Oktober 1932.

möchte ich noch, dass die Wache, die vor dem Tore postiert war, mich gar nicht geschützt hat, sondern, nachdem ich schon bei der Postenkette gewesen war, mich wieder hineinschleppen liess und ruhig zusah, wie ich im Tore geprügelt wurde."[478]

Jedem der Protokolle ist Name, Adresse und Studienrichtung des bzw. der Studierenden vorangestellt, um Kontaktaufnahme und Überprüfung der Angaben zu erleichtern. Am 28. November sandte Hupka die gesammelten und mit seiner Unterschrift gegengezeichneten Protokolle an das Rektorat und bat um Behandlung der Vorfälle im Akademischen Senat. Hupka wusste aus seiner Zeit als Mitglied dieses Gremiums, dass er bei aller berechtigter Empörung diplomatisch vorgehen musste. Nach den Studentenunruhen im Februar 1927 hatte Julius Tandler ein Schreiben an den Dekan der medizinischen Fakultät gerichtet, das dieser an den Senat weitergeleitet hatte. Darin hieß es unter anderem: „Die Nutzlosigkeit bisheriger Anzeigen enthebt mich der Mühe, die letzten Skandale offiziell den akademischen Behörden zur Anzeige zu bringen [...] Ich habe bei dieser Gelegenheit auch zwei der Haupthetzer angeführt und zweifle nicht daran, dass allen nichts geschehen wird." Der Senat hatte daraufhin den Beschluss gefasst, „gegen den unbegründeten Vorwurf der nicht unparteiischen Ausübung der dem Akademischen Senate gesetzlich zustehenden Disziplinargewalt entschiedenste Verwahrung einzulegen" und „angesichts des ungehörigen Tones des Schreibens zur Tagesordnung überzugehen."[479]

Die Stimmung im Akademischen Senat hatte sich seit damals – wenn überhaupt – lediglich zugunsten der Randalierer verändert. Rektor der Universität war im Studienjahr 1932/1933 der bekennende Antisemit Othenio Abel, der kurz nach seinem Amtsantritt im Interview mit der *Deutschösterreichischen Tages-Zeitung* versichert hatte, dass mit ihm „ein durch und durch nationaler Professor die Leitung unserer deutschen Hochschule übernehmen" werde, der „es als seine erste Pflicht ansieht, deutschen Studenten in ihrem Kampfe um die Reinerhaltung unserer Wiener Universität treu zur Seite zu stehen".[480] Beweggrund für das Interview war die Behauptung der *Arbeiterzeitung* gewesen, dass Abel selbst mit einer Jüdin verheiratet sei; er sah es daher für notwendig an, öffentlich festzuhalten, „daß selbstverständlich sowohl meine Frau wie ich rein arischer Abstammung sind" und

---

478 UAW, Akten des Akad. Senats, Sonderkonvolut 185.513, Protokoll Siegfried Klinger zu den Vorfällen am 26. Oktober 1932.

479 UAW, Sitzungsprotokolle des Akad. Senats, Prot. IV vom 18. März 1927, I/21.) Z. 565 aus 1926/27.

480 Wie man den nationalen Rektor verleumdet! Deutschösterreichische Tages-Zeitung vom 29. Juni 1932, 6; siehe auch *Taschwer* in *Grandner/König* 115.

hatte sich daher mit der Bitte um Veröffentlichung dieses Umstandes an die *Deutschösterreichische Tages-Zeitung* gewandt.[481]

Auf Mitgefühl für die attackierten jüdischen Studierenden war angesichts der Gesinnung des Rektors kaum zu hoffen, weshalb Hupka eine andere Strategie einschlug: „Ich bitte Eure Magnifizenz, das hier vorgelegte Material einer eingehenden persönlichen Durchsicht zu unterziehen und ihm im Akademischen Senat die ernste Beachtung zu verschaffen, die es *im Interesse der Ehre und des kulturellen Ansehens unserer Hochschule* verdient. Die Legitimation zu dieser Bitte schöpfe ich aus dem Recht und aus der Pflicht jedes akademischen Lehrers, auch als einzelner das Wesen und die Würde der Universität gegen alle Angriffe zu verteidigen, von welcher Seite auch immer sie kommen mögen."

Trotz aller gebotener Vorsicht findet Hupka klare Worte: Rektor Abel selbst habe betont, „dass die einzige Aufgabe der Hochschulen darin besteht, der Wissenschaft und ihrer Lehre zu dienen", wofür ihm „alle wahrhaft akademisch Gesinnten" dankbar seien. Dies entspreche aber nicht „der Auffassung derer, die seit einer Reihe von Jahren die politische Agitation auf den Boden der Hochschulen verpflanzt haben, und auch nicht der Auffassung derjenigen, die durch die fortgesetzte Duldung dieser Agitation an deren tiefbeschämenden Folgen mit schuld sind." Das übermittelte Material böte hinreichend Material, „um ein abschließendes Urteil zu begründen über den Charakter der seit Jahren immer wiederkehrenden brutalen Ueberfälle, die mit den Studentenschlägereien früherer Zeiten nichts gemein haben, zugleich aber auch über die Unhaltbarkeit eines Systems, das derartige Orgien der Roheit und ihre ständige Wiederholung nicht zu verhindern mag."[482]

In der darauffolgenden Senatssitzung zeigte sich Abel wenig erfreut über die Zuschrift Hupkas, kam aber nicht umhin, sie zu erwähnen: Hupka habe, wie er betonte, „privat Erhebungen gepflogen" und die schriftlichen Angaben der verletzten Studierenden dem Rektorat übermittelt. Diese deckten sich größtenteils mit jenen Berichten, die das Rektorat bereits von offizieller Seite erhalten habe, und lieferten „nur wenige Anhaltspunkte zur Ermittlung der

481 Wie man den nationalen Rektor verleumdet! Deutschösterreichische Tages-Zeitung vom 29. Juni 1932, 6; Hakenkreuzlerdrohungen gegen einen Dekan der Universität, Arbeiterzeitung vom 26. Juni 1932, 7. „Man nehme es endlich einmal zur Kenntnis, die Unterschiebung, jüdischer Abstammung zu sein, ist für einen deutschen Menschen eine unerhörte Beleidigung, und man greift sich nur an den Kopf und wundert sich, dass es in einem deutschen Staate niemanden gibt, der den obersten akademischen Würdenträger einer der größten Universitäten im deutschen Sprachgebiet vor diesen niederträchtigen Lügen und Verleumdungen dieses jüdischen Gesindels schützt," empörte sich die Deutschösterreichische Tageszeitung voll Mitgefühl.

482 UAW, Akten des Akad. Senats, Sonderkonvolut 185.513, Brief Josef Hupka an Rektor Othenio Abel vom 28. November 1932 (meine Hervorhebung).

Täter"[483] – obwohl etliche von ihnen in den Protokollen namentlich genannt wurden. Ein ähnliches Urteil fällte 1936 auch Rektor Oswald Menghin, als einige der Betroffenen noch einmal an ihn herangetreten waren, um auf die Verfolgung der Täter zu drängen.[484] Gegen einen Teil der Erwähnten wurden seitens des Rektorats *nolens volens* Disziplinaruntersuchungen eingeleitet; zu einer Verurteilung kam es in keinem einzigen Fall.[485]

Gegen einen der Genannten, den bereits zu Beginn dieses Kapitels erwähnten Sprecher der Deutschen Studentenschaft Peter Berns, erstattete Hupka selbst Disziplinaranzeige. Das Verfahren soll hier als Beispiel für die Machenschaften der deutschnationalen Seilschaften und die Hilflosigkeit ihrer Gegner angeführt werden; es steht exemplarisch für eine lange Reihe ähnlicher Verfahren. Die Sache war an sich – gemessen an den Vorfällen der vorhergehenden Tage – eine relativ unbedeutende: Am 27. Oktober hatte Hupka beobachtet, wie Berns dem Pedell Johann Fessl, der ihn beim Betreten des Gebäudes nach seiner Legitimation fragte, zunächst verbal bedrohte und ihm dann „mit dem Arm einen so heftigen Stoß versetzte, dass der Angegriffene zur Seite taumelte."[486]

Hupka erstatte darauf Anzeige gegen Berns wegen der „tätlichen Beleidigung" Fessls. Berns verantwortete sich dahin gehend, dass Fessl verlangt habe, Berns' Legitimation zu sehen, obwohl er ihn als Hilfsbibliothekar des Instituts bereits kannte; Berns habe sich lediglich freigemacht, weil Fessl ihn am Arm festgehalten habe. Darüber hinaus gab er an, dass Hupka lediglich die letzten Minuten einer Auseinandersetzung miterlebt habe, die zwischen Berns und Fessl daraus entstanden war, dass Fessl anderen Institutsmitgliedern die für diese von Berns hinterlegten Passierscheine nicht ausgefolgt habe.[487]

Da auch die Aussagen anderer Zeugen Berns belasteten und er außerdem angegeben hatte, ohne Erlaubnis Studierende – die nach den Vorgängen der vergangenen Tage die Universität nur mit Passierschein betreten durften – mit einem ihm nicht zugewiesenen Schlüssel in das Gebäude gelassen zu haben, wurde eine Disziplinaruntersuchung eingeleitet.[488] Berns war Hupka

483 UAW, Sitzungsprotokolle des Akad. Senats, Prot. II vom 6. Dezember 1932, II/2.

484 UAW, Akten des Akad. Senats, Sonderkonvolut 185.513, Brief Rektor Oswald Menghin an Disziplinaranwalt Rudolf Köstler vom 27. Jänner 1936.

485 *Erker* in FS Rathkolb 189.

486 UAW, Akten des Akad. Senats, Z. 258 aus 1932/33, Protokoll Josef Hupka vom 27. Oktober 1932.

487 UAW, Akten des Akad. Senats, Z. 258 aus 1932/33, Protokoll Peter Berns vom 27. Oktober 1932.

488 UAW, Akten des Akad. Senats, Z. 258 aus 1932/33, Brief Rektor Othenio Abel an Peter Berns vom 28. Oktober 1932.

als Unruhestifter bereits bekannt,[489] seine Rolle in den Zwischenfällen der vorhergehenden Woche sollte er aber erst im Zuge seiner Protokollsammlung erkennen. So hatte Berns, der von etlichen der Betroffenen namentlich genannt wurde, zu Beginn der Unruhen am 17. Oktober mit Hinweis auf seine Eigenschaft als Bibliothekar jüdische Studierende zum Verlassen der Universitätsräumlichkeiten aufgefordert. Als einer der Aufgeforderten, Ernst Grünwald, sich weigerte, Berns Weisung Folge zu leisten, hatte Berns zwei der randalierenden Studierenden herbeigerufen, die den Betreffenden gewaltsam entfernten und einer Horde prügelnder Kameraden auslieferten.[490] Ein anderer Studierender, Georg Lemberger, der Berns Aufforderung als gut gemeinte Warnung (miss)verstanden hatte, wurde von zwei „arischen" Kollegen vorgeblich zu seinem Schutz bis vor die Institutstür begleitet und dort von den Wartenden zusammengeschlagen.[491] Die ebenfalls anwesende Dr. Elisabeth Schilder erhielt von Berns ebenso wie Lemberger freies Geleit zugesichert; da er die zu ihrer Eskorte erkorenen „Hakenkreuzler" ins Institut geschickt hatte, um Grünberg zu holen, begleitete er sie sogar selbst bis zum Ausgang, sodass sie die Universität tatsächlich unbehelligt verlassen konnte.[492] Hupka weist darauf hin, dass Berns als Institutsmitglied die Pflicht gehabt hätte, die jüdischen Studierenden zu beschützen, indem er die Institutstür gegen die Hakenkreuzler geschlossen hätte; keinesfalls hätte er die jüdischen Studierenden zum Verlassen des Gebäudes auffordern und damit ungeschützt den „Hakenkreuzlern" ausliefern dürfen.

Darüber hinaus brachte Hupka dem Rektor auch den Vorfall im Dekanat, der sich am 23. Juni des Vorjahres ereignet hatte, zur Kenntnis. Er wies darauf hin, dass solche Vorfälle unter anderen Umständen zumindest disziplinarrechtliche Konsequenzen, wenn nicht eine Anzeige bei der Staatsanwaltschaft zur Folge gehabt hätten. Stattdessen hatte Berns im Semester darauf sogar eine Stelle als Hilfsbibliothekar am Institut für politische Ökonomie erhalten, obwohl sowohl Hupka als auch Walker gegen seine Anstellung protestiert hatten. Hupka schloss sein Schreiben an den Rektor ungewohnt emotional: „Es ist höchste Zeit, dass durch das jetzt eingeleitete

---

489 UAW, Akten des Akad. Senats, Z. 258 aus 1932/33, Protokoll Peter Berns vom 27. Oktober 1932. Berns gibt an, dass Hupka über ihn zum Pedell gesagt habe: „Den kennen wir schon. [...] Der ist jener Herr, der die Dekanatstüre eintreten wollte und dem Dekan ein Ultimatum von 10 Minuten gestellt hat."

490 UAW, Akten des Akad. Senats, Sonderkonvolut 185.513, Protokoll Ernst Grünwald zu den Vorfällen am 17. Oktober 1932.

491 UAW, Akten des Akad. Senats, Sonderkonvolut 185.513, Protokoll Georg Lemberger zu den Vorfällen am 17. Oktober 1932.

492 Siehe dazu auch UAW, Akten des Akad. Senats, Sonderkonvolut 185.513, Protokoll Elisabeth Schilder zu den Vorfällen am 17. Oktober 1932.

Disziplinarverfahren Herr Berns und mit ihm ein Zustand beseitigt wird, den viele, wenn auch leider nicht alle Mitglieder meiner Fakultät als das empfinden, was es ist: eine Schande für die Universität."[493]

Hupka hatte aber unterschätzt, welch mächtige Verbündete Berns hatte. Am 4. November – also nur zwei Tage nach Hupkas Brief – langte ein weiteres Schreiben im Rektorat ein: Othmar Spann erstattete Disziplinaranzeige – gegen Johann Fessl, weil er die von Berns hinterlegten Passierscheine nicht ordnungsgemäß ausgefolgt hatte. „Bei dieser Gelegenheit" äußerte er sich auch zur Disziplinaranzeige gegen seinen Protegé Peter Berns: Dieser habe den Schlüssel rechtmäßig besessen und lediglich jene Studierende in das Gebäude gelassen, deren Passierscheine Fessl nicht ausgefolgt hatte. In der Äußerung Berns' konnte er keine Drohung erblicken; außerdem war diese insofern nicht beachtlich, als sich Fessl bereits davor eines Pflichtversäumnisses schuldig gemacht hatte. Abschließend hob er hervor, dass Berns und alle von Spann vernommenen Zeugen leugnen, dass Berns einen Schlag gegen Fessl geführt habe. Dagegen „verdient es [s]einen Erachtens eine Missbilligung, dass der Pedell FESSL [...] den seit einem Jahre diensttuenden Bibliothekar BERNS kennen musste, eine Legitimation verlangte." Abschließend betonte Spann noch, dass er Berns stets als „Mann strengster Pflichterfüllung" gekannt habe, der sich „anderen Studenten und Parteien gegenüber stets korrekt benommen hat" und bot an, sich über den Charakter Berns' als Zeuge einvernehmen zu lassen.[494]

Berns beteuerte seinerseits, während der Unruhen nach bestem Wissen und Gewissen zum Schutz der jüdischen Studierenden gehandelt zu haben und hob hervor, dass er eine der Betroffenen sogar persönlich „unter Einsatz [s]einer persönlichen Sicherheit und [s]eines moralischen Ansehens als ‚Judenschützer'" durch die Aula geleitet habe.[495] Die Umstände, die diesen persönlichen Einsatz nötig gemacht hatten, erwähnte er freilich nicht.

Spann war sich offenbar aber bewusst, dass Hupkas Vorwürfe dazu angetan waren, Berns in gröbere Schwierigkeiten zu bringen und ging daher zum Gegenangriff über. Am 1. Dezember wiederholte er sein Angebot, als Berns Charakterzeuge zu fungieren, in Form einer dringenden Bitte an den Rektor, da er glaube, „als Vorgesetzter des Bibliothekars BERNS wesentliche

493 UAW, Akten des Akad. Senats, Z. 258 aus 1932/33, Brief Josef Hupka an Rektor Othenio Abel vom 2. November 1932.

494 UAW, Akten des Akad. Senats, Z. 258 aus 1932/33, Brief Othmar Spann an Rektor Othenio Abel vom 4. November 1932.

495 UAW, Akten des Akad. Senats, Z. 258 aus 1932/33, Protokoll Peter Berns vom 17. November 1932. Siehe dazu auch Siehe dazu auch UAW, Akten des Akad. Senats, Sonderkonvolut 185.513, Protokoll Elisabeth Schilder zu den Vorfällen am 17. Oktober 1932.

Aussagen machen zu können";[496] diesem Ansuchen kam der Rektor auch nach. De facto wiederholte Spann allerdings nur das, was Berns schon in knapper Form zu Protokoll gegeben hatte.

Spanns Aussage ist ein beredtes Plädoyer für die Unschuld seines Protegés, gespickt mit unterschwelligen Angriffen gegen dessen Ankläger. Er müsse vorausschicken, dass er sich in einen solchen „untergeordneten Konflikt" wie jenem zwischen Berns und Fessl gar nicht kümmern würde, „wenn nicht feststünde, daß diese Angelegenheit lediglich auf die Intervention des Herrn Pf. Hupka weiter verfolgt wurde." Die Disziplinaruntersuchung sei überhaupt nur geführt worden, weil Hupka im Hinblick auf die versuchte Stürmung des Dekanats mit einer Anzeige bei der Staatsanwaltschaft gedroht habe. Berns sei damals aber bereits mit einer nicht eingetragenen Rüge bestraft worden; die Angelegenheit sei daher als *res iudicata* zu betrachten. Auch die Staatsanwaltschaft würde daher „zum Ergebnis der Einstellung des Verfahrens kommen". Ohne die Schuld Berns auch nur zu thematisieren war der schwerste der erhobenen Vorwürfe somit entkräftet; die Disziplinarkommission sollte Spanns Argumentation in diesem Fall dankbar aufgreifen.

In der Angelegenheit der „sogenannten Judenkrawalle" habe sich Berns Spann zufolge „*sehr gut* benommen", „seine Absichten waren gut und richtig, mag er auch in der Durchführung eine Ungeschicklichkeit begangen haben." Besonders die Tatsache, dass er eine der Hörerinnen bis zum Ausgang begleitete, zeuge von seinen „guten Absichten" und würde, wie Spann auf über zwei Seiten ausführt, eine „eigene Belobung [sic]" verdienen; Spann bot sogar an, als sein direkter Vorgesetzter „ihm dieses Lob in amtlicher Eigenschaft ausdrücklich auszusprechen." „Von besonderer Wichtigkeit" sei, dass Hupkas Eindruck von Berns ein unrichtiger sei; Hupka habe sich „in der begreiflichen Absicht, Schuldige zu ermitteln, *an den Unrechten* gewandt." Berns habe sich seit dem Vorfall im Dekanat grundlegend gewandelt und stehe mit seinen früheren Genossen nun „in Gegensatz und Spannung". Dies belege vor allem die von Spann zum wiederholten Male referierte Tatsache, dass er eine jüdische Hörerin durch die Aula begleitet habe – obwohl er dadurch den „Vorwurf [sic!] eines ‚Judenschützers' auf sich nehmen musste."[497]

Die neben dem Dekan der juridischen Fakultät Friedrich Woess, aus den bekannt deutschnationalen Professoren Zehentbauer und Uebersberger zusammengesetzte Disziplinarkommission folgte Spanns Argumenten in

496 UAW, Akten des Akad. Senats, Z. 258 aus 1932/33, Brief Othmar Spann an Rektor Othenio Abel vom 1. Dezember 1932.

497 UAW, Akten des Akad. Senats, Z. 258 aus 1932/33, Protokoll Othmar Spann vom 2. Dezember 1932.

allen wichtigen Punkten und sah in Berns Handlungen großteils bestenfalls „Ungehörigkeiten“, die disziplinarrechtlich ohne Konsequenzen blieben. Die Angelegenheit vom Juni 1931 sei, wie Spann ausgeführt hatte, als *res iudicata* anzusehen. Berns Vorgehen während der rezenten Studentenkrawalle könne die Kommission zwar „nicht als die in einem solchen Falle richtige Handlungsweise“ ansehen; man könne darin aber auch „kein Disziplinarvergehen erblicken“. Allein in der Tatsache, dass er sich gegenüber Fessl geweigert hatte, seine Legitimation vorzuweisen und eine „Abwehrbewegung“ ausgeführt hatte, „die als Stoß aufgefasst werden konnte“, habe er ein Disziplinarvergehen begangen. Die Strafe dafür war erneut eine nichtöffentliche Rüge des Dekans.[498] Spanns Disziplinaranzeige gegen Fessl – die in jedem Fall nicht mehr gewesen war als ein Vorwand, in das Verfahren gegen Berns einzugreifen – wurde fallengelassen.[499]

Der reformierte „Judenschützer“ Berns promovierte 1934 zum Doktor der Staatswissenschaften; kurz darauf wurde er aufgrund seiner Beteiligung am nationalsozialistischen Juliputsch aus Österreich ausgewiesen. In seiner Heimat Deutschland machte er Karriere in der NSDAP: Nach seiner Rückkehr wurde er zunächst Kreisleiter von Düsseldorf-Mettmann, ab 1936 Reichstagsabgeordneter. 1939 wurde er in den Stab von Hitlers Stellvertreter Rudolf Heß einberufen. Berns starb 1941 an der Ostfront.[500]

Die Anzeige gegen Peter Berns war Hupkas letzter Versuch gewesen, den deutschnationalen Kräften auf offiziellem Wege entgegenzutreten; das Ende der Hochschulkrawalle war letztendlich nicht Bemühungen seitens der Universität zu verdanken, sondern war Resultat der gesamtpolitischen Lage. Im März und Mai 1933 – knapp nach der Ausschaltung des Parlaments seitens der Regierung Dollfuß – kam es einem letzten Aufflackern des antisemitischen Terrors unter der Studentenschaft. Dies führte zu einer Verwarnung des Rektors seitens des Ministerrats und der Androhung, bei erneuten Krawallen ungeachtet der Forderung nach Autonomie seitens der Universität den Unruhen mit polizeilichen Mitteln Einhalt zu gebieten, was auch tatsächlich geschah.[501] Im September 1933 wurde die Deutsche Studentenschaft

---

498 Siehe dazu auch UAW, Sitzungsprotokolle des Akad. Senats, Prot. II vom 6. Dezember 1932, III/25. Weiters heißt es dort: „Dekan Prof. Srbik führt im Zusammenhang mit dieser Angelegenheit aus, dass es selbstverständlich Pflicht aller Funktionäre eines Instituts, Seminares u. dgl. sei, den im Institute anwesenden Studierenden ohne Unterschied der Partei bei Unruhen entsprechenden Schutz zu gewähren (Asylrecht).“

499 UAW, Akten des Akad. Senats, Z. 258 aus 1932/33, Verhandlungsschrift über die Sitzung der Disziplinarkommission für Studierende am 5. Dezember 1932.

500 *Degen/Schotten*, Velbert. Geschichte Dreier Städte (2009) 359.

501 *Erker* in *Reiter-Zatloukal/Enderle-Burcel* 791–794.

durch einen Erlass des Unterrichtsministers aufgelöst. Im Ständestaat wurden die Studierenden durch staatlich bestellte „Sachwalter" vertreten;[502] auch das Disziplinarrecht wurde wesentlich verschärft.[503] Hauptziel dieser Maßnahmen war freilich nicht der Schutz der jüdischen Studierenden, sondern die Absicherung des Dollfuß-Regimes gegen den wachsenden Einfluss der Nationalsozialisten.[504] Positiver Nebeneffekt dieses Verlustes an Demokratie in der studentischen Selbstverwaltung war aber immerhin die Wiederherstellung eines einigermaßen geregelten universitären Lehrbetriebes. Auch von der autoritären Personalpolitik des Ständestaates, die sich politisch missliebiger Lehrender durch vorzeitige Pensionierung entledigte, konnte Hupka – im Gegensatz zu vielen anderen Universitätslehrern jüdischer Abstammung[505] – indirekt profitieren: Sein jahrelanger Gegner Gleispach wurde aufgrund seiner bekannt antisemitischen und nationalsozialistischen Haltung in den dauernden Ruhestand versetzt.[506] Der Antisemitismus, der so lange ein Charaktermerkmal der „deutschen" Universität Wien gewesen war, schwelte dessen ungeachtet unter der Oberfläche weiter und sollte die rasche „Arisierung" dieser Hochschule maßgeblich begünstigen.[507] Es vollzog sich somit lediglich eine Wandlung „vom gewaltsamen zum latenten Antisemitismus".[508] Immerhin ermöglichte die relative Ruhe der darauffolgenden Jahren

502 *Posch/Ingrisch/Dressel*, „Anschluß" und Ausschluss 1938. Vertriebene und verbliebene Studierende an der Universität Wien (2008) 67; siehe dazu im Detail *Lichtenberger-Fenz* in *Heiß/Mattl/Meissl et al.* 9–11 und *Erker* in *Reiter-Zatloukal/Enderle-Burcel* 795.

503 *Erker* in *Reiter-Zatloukal/Enderle-Burcel* 795–797.

504 *Erker* in *Reiter-Zatloukal/Enderle-Burcel* 794–795.

505 Siehe dazu im Detail *Erker/Taschwer*, „Eine wirklich befriedigende Lösung der Judenfrage!". Antisemitische Personalpolitik an der Universität Wien vor und nach 1933, in *Reiter-Zatloukal/Enderle-Burcel* (Hrsg), Antisemitismus in Österreich 1933–1938 (2018) 751 (759–762); vgl. auch *Koll*, „Die Vernichtung der jüdischen Lehr- und Lerntätigkeit". Antisemitismus an den wissenschaftlichen Hochschulen in Wien bis zum „Anschluss" Österreichs, in *Reiter-Zatloukal/Enderle-Burcel* (Hrsg), Antisemitismus in Österreich 1933–1938 (2018) 823 (831).

506 Siehe dazu im Detail *Staudigl-Ciechowicz*, Zum rechtlichen Rahmen für die Personalpolitik an den österreichischen Universitäten im Austrofaschismus, in *Reiter-Zatloukal/Enderle-Burcel* (Hrsg), Antisemitismus in Österreich 1933–1938 (2018) 731 (732–735).

507 *Erker* in *Reiter-Zatloukal/Enderle-Burcel* 797–801.

508 *Koll* in *Reiter-Zatloukal/Enderle-Burcel* 826 und 842–843; zur Situation der jüdischen Studierenden *Koll* in *Reiter-Zatloukal/Enderle-Burcel* 832–839. Vereinzelt kam es aber auch während der Ära des Austrofaschismus noch zu gewaltsamen Ausschreitungen gegen jüdische Hörerinnen und Hörer, vgl. *Koll* in *Reiter-Zatloukal/ Enderle-Burcel* 727–728.

Hupka, sich wieder vermehrt seinen wissenschaftlichen Arbeiten zum Wechselrecht widmen.[509]

Hupkas Tätigkeit an der Universität Wien fand mit dem „Anschluss" Österreichs ein jähes Ende.[510] Im April 1938 wurde er – ebenso wie sein Widersacher Spann, wenngleich aus anderen Gründen[511] – zwangsweise in den Ruhestand versetzt. Im März 1939 wurde ihm – wie auch allen übrigen zwangspensionierten Professoren jüdischer Abstammung – der Ruhegenuss im Rahmen von „Maßnahmen auf Grund der Verordnung zur Neuordnung des österreichischen Berufsbeamtentums" aberkannt.[512]

Im Mai 1945 richtete das Dekanat der rechtswissenschaftlichen Fakultät einen Antrag betreffend seine Wiedereinsetzung, da man annahm, dass er nach England oder die USA emigriert sei;[513] de facto war Hupka zu diesem Zeitpunkt aber bereits ein Jahr lang tot.

Hupkas Lehrstuhlnachfolger wurde kurz nach dessen Ausscheiden – offenbar ohne formelles Berufungsverfahren[514] – der außerordentliche Professor für Handelsrecht an der Hochschule für Welthandel in Wien Heinrich Demelius, der sich 1920 unter Moriz Wellspacher für Zivilrecht habilitiert hatte[515] und dessen „aufrechte nationale Gesinnung [...] allgemein bekannt"

509 Siehe Zweiter Teil, Kapitel IV. Freilich konnte dieser Schritt der deutschnationalen bzw. nationalsozialen Dominanz an der Universität kein Ende bereiten; für einige Jahre waren lediglich allzu offene Manifestationen unterbunden und somit zumindest oberflächlich die Ruhe wiederhergestellt; vgl. *Lichtenberger-Fenz* in *Heiß/ Mattl/Meissl et al.* 11.

510 UAW, Akten des Akad. Senats, Z. 961 aus 1937/38, Brief des Bundesministeriums für Unterricht an das Rektorat vom 22. April 1938 (BMU-Zl 10606/I-1c); vgl. auch *Rathkolb* in *Heiß/Mattl/Meissl et al.* 229 Fn 51.

511 Spann wurde „wegen seines Lavierens bestimmten autoritären Standpunkten des Ständestaates, des deutschen Nationalsozialismus und der sudetendeutschen Bewegung" in den Ruhestand versetzt; vgl. *Feichtinger*, Wissenschaft (2001) 197. Siehe u.a. auch *Rathkolb* in *Heiß/Mattl/Meissl et al.* 222–223 und *Klausinger*, Zeitgeschichte 2016, 158.

512 UAW, Akten des Akad. Senats, Z. 792 aus 1939, Schreiben des Ministers für innere und kulturelle Angelegenheiten an den Oberfinanzpräsidenten (Pensionsstelle) vom 29. März 1939. Siehe auch *Göppinger*, Juristen jüdischer Abstammung im „Dritten Reich": Entrechtung und Verfolgung[2] (1990) 248.

513 UAW, Akten des Akad. Senats, Z. 246 aus 1945, Brief des Dekans Degenfeld-Schonburg an den Staatssekretär für Volksausklärung, Unterricht und Erziehung und Kultusangelegenheiten vom 22. Mai 1945 (Konzept).

514 *Rathkolb* in *Heiß/Mattl/Meissl et al.* 212. Der Bestand ÖStA, AVA, Unterricht, Allgemeine Reihe, Juridische Lehrkanzeln, Kart. 607 enthält keine Akten zu Demelius; diese wurden offenbar 1948 entnommen und nicht retourniert.

515 *Schwind*, Bericht über das Studienjahr 1919/20, in Die feierliche Inauguration des Rektors der Wiener Universität für das Studienjahr 1920/21 (1920), 5 (21 Fn 2).

war.[516] Dieser war von 1940 an Blockwart der Ortsgruppe Hietzing; am 1. Jänner 1941 trat er – nach eigenen Angaben aus Dankbarkeit für die Erlangung der Professur[517] – in die NSDAP ein.[518] 1942 wurde Demelius darüber hinaus zum Richter am Oberlandesgericht Wien ernannt.[519] Im September 1945 wurde Demelius zunächst für „politisch tragbar" erklärt, da er sich nicht aktiv für die NSDAP betätigt hatte.[520] Erst eine Zuschrift seiner Schwägerin Elisabeth Demelius, die ihn als den „grössten und unbeirrbarsten Nazi" unter allen ihr bekannten Akademikern bezeichnete und betonte, dass für ihren Schwager „der Nationalsozialismus keine Verirrung, sondern eine Herzensangelegenheit" gewesen sei, veranlasste das Ministerium zu einer neuerlichen Untersuchung.[521] Aufgrund dieser wurde Demelius vom April 1946 bis September 1947 seiner Lehrtätigkeit enthoben. Im August 1945 kam die Untersuchungskommission erneut zu dem Ergebnis, dass Demelius' Tätigkeit als Hochschullehrer nichts entgegenstand,[522] worauf er als „minderbelasteter Nationalsozialist" zum außerordentlichen Professor ernannt wurde. Im September 1948 erfolgte die neuerliche Ernennung zum ordentlichen Professor.[523]

516 ÖStA, AdR, Unterricht, PA 20/08 und 15/05, Personalakt Heinrich Demelius, Brief des kommissarischen Dekans der rechts- und staatswissenschaftlichen Fakultät Schönbauer an das Ministerium für innere und kulturelle Angelegenheiten vom 15. Juli 1938 (Abschrift).

517 ÖStA, AdR, Unterricht, PA 20/08 und 15/05, Personalakt Heinrich Demelius, Erkenntnis der Überprüfungskommission beim Bundesministerium für Unterricht vom 25. August 1947.

518 ÖStA, AdR, Unterricht, PA 20/08 und 15/05, Personalakt Heinrich Demelius, Personenstandesblatt vom 22. Juli 1945.

519 ÖStA, AdR, Unterricht, PA 20/08 und 15/05, Personalakt Heinrich Demelius, Brief des Reichsministers für Justiz an Heinrich Demelius vom 31. Oktober 1942 (Durchschlag).

520 ÖStA, AdR, Unterricht, PA 20/08 und 15/05, Personalakt Heinrich Demelius, Erkenntnis der Überprüfungskommission beim Bundesministerium für Unterricht vom 15. September 1945; siehe auch Beurteilungsblatt über Heinrich Demelius vom 10. September 1948.

521 ÖStA, AdR, Unterricht, PA 20/08 und 15/05, Personalakt Heinrich Demelius, Brief Elisabeth Demelius an das Ministerium für Unterricht, 5. Oktober 1945 (mit amtlichen Anmerkungen in Bleistift).

522 ÖStA, AdR, Unterricht, PA 20/08 und 15/05, Personalakt Heinrich Demelius, Erkenntnis der Überprüfungskommission beim Bundesministerium für Unterricht vom 25. August 1947.

523 ÖStA, AdR, Unterricht, PA 20/08 und 15/05, Personalakt Heinrich Demelius, Beurteilungsblatt über Heinrich Demelius vom 10. September 1948.

Demelius fungierte 1952/53 und 1961/62 als Dekan der rechts- und staatswissenschaftlichen Fakultät.[524] 1965 sollte ihm auf Antrag des Rektorats aufgrund seiner „besonderen Verdienste um die Universitätsverwaltung“, die er sich als zweifacher Dekan, Mitglied der Archivkommission und Vorsitzender der Kommission für Universitätsstiftungen erworben hatte, das Große Silberne Ehrenzeichen für Verdienste um die Republik Österreich verliehen werden.[525] Demelius lehnte dieses allerdings – vermutlich im Wissen um seine nicht ganz unproblematische Vergangenheit – ab.[526] Als Lehrstuhlnachfolger Hupkas war Demelius einer derjenigen, die sich ganz bewusst für das Vergessen des akademischen Andenkens seines Vorgängers einsetzten.[527]

III. Der „öffentliche Intellektuelle“

„Seiner Impetuosität ist wohl auch so mancher Kampf zuzuschreiben, den Hupka [...] aus idealen Gründen in der Öffentlichkeit führte“,[528] heißt es in einer biografischen Skizze aus dem Jahr 1928. Während sich Hupkas Publikationen bis zu Beginn der 1920er ausschließlich mit rechtswissenschaftlichen Themen beschäftigten, beginnt er ab 1922, mit Äußerungen zu gesellschaftspolitisch relevanten Themen an die Öffentlichkeit zu treten. Bis auf wenige Ausnahmen ist seine Plattform für diese Interventionen die politisch dem liberalen Lager zugeordnete[529] *Neue Freie Presse*, die ihm bereits in den Jahren davor als Forum für eine wechselrechtliche Kontroverse mit seinem Kollegen Landesberger gedient hatte.[530] In den folgenden Unterkapiteln soll auf einige der Fragestellungen, mit denen sich Hupka beschäftigte, näher eingegangen werden; auf Hupkas Artikel gegen die Gleispach'sche Studentenordnung, der bereits im Ersten Teil, Kapitel II.G., ausführlich behandelt wurde, soll hier nur kurz hingewiesen werden.

---

524 ÖStA, AdR, Unterricht, PA 20/08 und 15/05, Personalakt Heinrich Demelius, Antrag auf Verleihung des Großen Silbernen Ehrenzeichens für Verdienste um die Republik Österreich, n.d. Zu Demelius' Karriere siehe auch *Taschwer* in *Koll* 482–483.

525 ÖStA, AdR, Unterricht, PA 20/08 und 15/05, Personalakt Heinrich Demelius, Antrag auf Verleihung des Großen Silbernen Ehrenzeichens für Verdienste um die Republik Österreich, n.d.

526 ÖStA, AdR, Unterricht, PA 20/08 und 15/05, Personalakt Heinrich Demelius, Brief Heinrich Demelius an Sektionschef Franz Hoyer vom 20. September 1965.

527 Siehe dazu Zweiter Teil, Kapitel VI.

528 *Tartaruga*, Neues Wiener Journal vom 17. Mai 1928, 17.

529 *Hofinger*,...„(...) man spricht nicht gerne vom Prozess, es sind noch zu viele Fremde da.“ Die Halsmann-Affäre in Innsbruck 1928–1991, in *Gehler/Sickinger* (Hrsg), Politische Affären und Skandale in Österreich. Von Mayerling bis Waldheim (1995) 194 [hier 1–35] (10).

530 Siehe dazu Zweiter Teil, Kapitel IV.A.

Abbildung 18: Josef Hupka an seinem Schreibtisch (späte 1930er).

Hupkas persönlicher „Kampf ums Recht“[531] beschränkte sich allerdings nicht auf die hier ausführlicher behandelten Themengebiete. Immer wieder trifft man ihn auch als Unterzeichner von Petitionen, die politische und gesellschaftliche Missstände aufgriffen und zu beseitigen suchten. Vielbeachtet wurde in der bisherigen Forschung die Tatsache, dass er als einziger Professor der rechtswissenschaftlichen Fakultät einen Aufruf unterzeichnete, in dem „aus Gründen der Menschlichkeit, der Gerechtigkeit und der Vernunft“ die Aufhebung der Strafbarkeit konsensueller homosexueller Beziehungen unter erwachsenen Männern gefordert wurde.[532] Dieser – in der einschlägigen Literatur gemeinhin nach ihrem Urheber, dem Wiener Rechtsanwalt Otto Ekstein, als „Ekstein-Petition“ bekannte – Appell stand in engem Zusammenhang mit der Österreichischen Liga für Menschenrechte.[533] Unter den Unterzeichnern finden sich führende Mitglieder der Liga, darunter neben Hupka Rosa Mayreder, Ernst Lothar, Hans Tietze, Hans Thirring und der

531 Siehe Erster Teil, Kapitel III.A.

532 Siehe dazu z.B. *Olechowski* in *Olechowski/Ehs/Staudigl-Ciechowicz*, 387 und *Taschwer* in *Koll* 480.

533 Siehe dazu eingehend *Treiblmayr*, „... mit dem heutigen Begriffe der Menschenrechte unvereinbar.“ Zum Engagement der Österreichischen Liga für Menschenrechte für Homosexuelle. Mitteilungen der Magnus-Hirschfeld-Gesellschaft 2016, 51–52.

Präsident der Liga, Adolf Vetter.[534] Daneben unterschrieben die Petition aber auch eine ganze Reihe berühmter Persönlichkeiten des öffentlichen Lebens, darunter neben Luigi Kasimir, Moritz Schlick, Franz Werfel und Stefan Zweig – und auch von Personen, die bereits in den vorhergehenden Kapiteln als Freunde und Mitstreiter Hupkas in unterschiedlichsten Angelegenheiten auftraten, wie etwa Sigmund Freud, Richard Pressburger, Arthur Schnitzler und Jakob Wassermann.[535]

1913 schloss sich Hupka – wiederum als einziger Jurist – einer Gruppe von Schriftstellern und Künstlern an, deren Ziel es war, „Möglichkeiten zu schaffen, um Bühnenwerken, die die Theaterzensur heute aus politischen und anderen Gründen von der öffentlichen Aufführung ausschließen zu müssen glaubt, die Aufführung vor einem Publikum zu ermöglichen, das seinem Aufbau und seiner Zusammensetzung nach das staatliche Aufsichtsrecht im konkreten Falle völlig überflüssig und unhaltbar macht." Als erstes Theaterstück sollte auf dieser privaten „freien Bühne" Wedekinds *Büchse der Pandora* aufgeführt werden. Zu den Mitgliedern dieser Vereinigung gehörten namhafte Persönlichkeiten wie etwa Peter Altenberg, Sigmund Freud, Egon Friedell, Josef Hoffmann, Hugo von Hofmannsthal, Luigi Kasimir, Gustav Klimt, Kolo Moser, Felix Salten, Ferdinand Schmutzer, Arthur Schnitzler, Karl Schönherr, Julius Tandler, Jakob Wassermann, Anton Wildgans, Berta Zuckerkandl und Stefan Zweig.[536]

Andere Anliegen, mit denen sich Hupka befasste, sind aus heutiger Sicht weniger spektakulär, wenn auch nicht weniger wichtig. Hupka war zeitlebens ein überzeugter Pazifist, der während des Ersten Weltkriegs verzweifelt über die „sinnlose Weiterschlächterei" und die „Lügen hüben und drüben" klagte.[537] Schon 1910 hatte er eine von Bertha von Suttner initiierte Petition gegen den damals zu drohen scheinenden Krieg mit Italien unterschrieben.[538] Vier Jahre später gehörte er – ebenso wie seine Professorenkollegen Bernatzik, Czyhlarz, Hold-Ferneck und Lammasch – dem Ehrenkomitee des 21.

---

534 *Treiblmayr*, The Austrian League for Human Rights and its International Relations (1926–1938), in *Treiblmayr/Schmale* (Hrsg), Human Rights Leagues in Europe (1898–2016) (2017) 223 (242).

535 Ein Apell an den Strafrechtsausschuß, Arbeiterzeitung vom 16. Mai 1930, 2. Zu Pressburger siehe insbesondere Erster Teil, Kapitel III.D.

536 Theater, Kunst und Literatur. Zensurfreie Aufführungen, Neues Wiener Tagblatt vom 14. Jänner 1913, 12 (12–13).

537 Tagebuch Arthur Schnitzler, 1. Juli 1916. https://schnitzler-tagebuch.acdh.oeaw.ac.at/pages/show.html?document=entry__1916-07-01.xml&searchkey=person_16419 (abgerufen am 22. Jänner 2020).

538 Unsere südlichen Verbündeten und wir, Neue Freie Presse vom 26. Juni 1910, 8.

Weltfriedenskongresses, der im September 1914 in Wien stattfinden hätte sollen, an.[539]

Seit deren Gründung 1926 war Hupka Mitglied der Österreichischen Liga für Menschenrechte. Diese war in Anlehnung an die französische Ligue française pour la Défense des Droits de l'Homme et du Citoyen und die Deutsche Liga für Menschenrechte entstanden und eng mit den Freimaurern verbunden,[540] denen Hupka – im Gegensatz zu etlichen Mitgliedern seines Verwandten- und Bekanntenkreises, darunter Josef Carl Löwenberg, Ignaz Brüll, Hermann Bahr, Oskar Löwit-Ladner und Felix Salten[541] – jedoch nicht angehörte. Bis 1934 war er Mitglied des Beirats der Liga, dessen primäre Funktion es war, das öffentliche Ansehen dieser Verbindung zu stärken. Weitere Beiratsmitglieder waren zwischen 1926 und 1930 der Autor Wilhelm Börner, der Jurist Karl Brockhausen, der Autor Franz Theodor Csokor, der Maler Robert Eigenberger, der Jurist und Anthropologe Emil Goldmann, der Arzt Viktor Hammerschlag, der Burgtheaterschauspieler und Filmdirektor Albert Heine, der Rechtsanwalt Franz Kober, die Malerin und Autorin Rosa Mayreder, und die Romanistin Elise Richter; ab 1930 bestand der Beirat nur noch aus Csokor, Eigenberger, Hupka, Mayreder, und dem Autor Kurt Reichl.[542] 1934 trat der Sozialdemokrat Adolf Vetter gemeinsam mit dem gesamten Vorstand zurück. An seine Stelle trat der Christlichsoziale August Maria Kemetter, dessen erste Aufgabe es war, einen „politisch unbelasteten" Ligavorstand zusammenzustellen, um den Fortbestand der Liga im Austrofaschismus abzusichern. Hupka wurde – ebenso wie Thirring – in den neuen Vorstand gewählt; diesem gehörte er bis zur Selbstauflösung der Liga im Jahr 1938 an.[543]

Auch setzte er sich etwa über Jahrzehnte hinweg kontinuierlich für eine Reform des österreichischen Wahlrechts ein. Bereits 1906 gehört er zu den Unterzeichnern einer Petition der „deutschen Universitätsprofessoren" an das Herrenhaus; 1928 trat er – gemeinsam mit einer Vielzahl namhafter

---

539 Der Weltfriedenskongreß in Wien. Eine vorbereitende Komiteesitzung, Neues Wiener Tagblatt vom 23. Mai 1914, 13 (14). Das Stattfinden des Kongresses wurde durch den Ausbruch des Ersten Weltkrieges vereitelt.

540 *Schmale/Treiblmayr* Human Rights Leagues and Civil Society (1898–ca. 1970s), Historische Mitteilungen 2015, 186 (193).

541 *Kodek*, Unsere Bausteine sind die Menschen. Die Mitglieder der Wiener Freimaurerlogen (1869–1938) (2009) 219, 55, 26, 221, 297.

542 *Körner*, Präsident Dr. Adolf Vetter (1926–1934) und die Arbeit der Ö.L.f.M. in der Ersten Republik. Das Menschenrecht. Offizielles Organ der Österreichischen Liga für Menschenrechte 1977, 2 (2); *Treiblmayr* in *Treiblmayr/Schmale* 233–234.

543 *Körner*, Das Menschenrecht 1977a, 3; *Treiblmayr* in *Treiblmayr/Schmale* 233.

Akademiker und Juristen – dem neu gegründeten Verein „Wahlreform“ bei, der die Aufhebung der gebundenen Liste verlangte. Neben Hupka finden sich auch Karl Brockhausen, Alexander Hold-Ferneck, Hans Kelsen, Heinrich Klang, Ludwig Mises und Richard Pressburger auf der Mitgliederliste.[544]

Bei allem Interesse für das Funktionieren des politischen Systems nahm Hupka allerdings nur in sehr seltenen Fällen unmittelbaren Anteil am politischen Geschehen. Eine Ausnahme bildete seine Mitgliedschaft in der 1918 von namhaften Vertretern des österreichischen Bürgertums auf Initiative des Rechtsanwalts Gustav Stolper gegründeten bürgerlich-demokratischen Partei, die aus der schon während des Ersten Weltkrieges ins Leben gerufenen Österreichischen Politischen Gesellschaft hervorgegangen war.[545] Zu den führenden Persönlichkeiten innerhalb der Partei gehörten Personen, mit denen Hupka beruflich oder privat in Kontakt stand, darunter unter anderem Franz Klein, Karl Brockhausen und Edmund Bernatzik.[546]

Diese dem liberalen Lager angehörige Gruppierung verstand sich als Vertretung des Bürgertums, der Mittelschicht und der Arbeiterschaft (das Wort „bürgerlich“ sollte im Sinne des französischen „citoyen“ verstanden werden und sich auf die Gesamtheit der Staatsbürger beziehen[547]) und trat für eine sozial gerechte, am Gemeinwohl orientierte Politik ein. 1919 war die bürgerlich-demokratische Partei die stärkste Partei des bürgerlich-fortschrittlich-demokratischen Lagers;[548] bei den Nationalratswahlen erhielt sie jedoch lediglich ein Mandat. In den folgenden Jahren sollte sie rasch völlig an politischer Bedeutung verlieren.[549]

Einen kurzen Überblick über ihr Programm gibt ein u.a. von Hupka unterzeichneter Aufruf der Partei, der 1919 in der *Neuen Freien Presse* erschien. Dieser wandte sich an „alle deutschen Männer und Frauen“ mit dem Appell, „sich rückhaltlos zur neuen Staatsform [zu] bekennen“. Diese müsse „auf dem Willen und der vollen Gleichberechtigung des gesamten Volkes,

---

544 Gegen die gebundene Liste. Ein Aufruf zur Gründung eines Vereines „Wahlreform“, Neue Freie Presse vom 23. Jänner 1928, 4. Zu Pressburger siehe insbesondere Erster Teil, Kapitel III.D.

545 https://www.oeaw.ac.at/cmc/kds/parteien_overview.php?list=B%FCrgerlich-demokratische+Partei&dat=1 (abgerufen am 17. Jänner 2020).

546 *Hawlik*, Die politischen Parteien Deutschösterreichs bei der Wahl zur konstituierenden Nationalversammlung 1919 II (1971) 521–536.

547 *Bader-Zaar*, Die politische Partizipation der bürgerlich-liberalen Frauenbewegung in Österreich 1918–1934, Österreichische Zeitschrift für Geschichtswissenschaften 2015, 93 (99); siehe dazu vor allem *Hawlik*, Parteien II (1971) 496.

548 *Bader-Zaar*, Österreichische Zeitschrift für Geschichtswissenschaften 2015, 99.

549 https://www.oeaw.ac.at/cmc/kds/parteien_overview.php?list=B%FCrgerlich-demokratische+Partei&dat=1 (abgerufen am 17. Jänner 2020).

Männer und Frauen, beruhen. Wir treten für die volle staatsbürgerliche und rechtliche Gleichstellung der Frauen ein, verwerfen aber Klassenkampf und einseitige Klassenvorherrschaft, also jede Beherrschung der Mehrheit durch eine Minderheit. Bürger und Bauern, Arbeiter und Angestellte beiderlei Geschlechtes sollen in gleicher Weise an Aufbau und Leitung des Staates, seiner Länder und Gemeinden teilhaben; ein Verhältniswahlrecht soll das Vergewaltigen von Minderheiten hindern; wir verabscheuen sowohl Militär wie Zivildiktatur.“

Das Manifest forderte unter anderem Bodenreform und eine soziale Steuerpolitik, die „ungesunde Besitz- und Einkommensunterschiede“ ausgleichen sollte; die Zerschlagung und Verstaatlichung von Privatmonopolen; die Einführung des Acht-Stunden-Tages; gleichen Lohn bei gleicher Arbeit für Frauen und Männer; sozialstaatliche Maßnahmen zur Unterstützung der heimkehrenden Krieger und Arbeitslosen; allgemeinen Zugang zu Bildung und Kultur, wobei sämtliche Bildungseinrichtungen frei von politischem und religiösem Einfluss sein sollten; sowie eine Reform des Ehe- und Erbrechts. Abschließend hieß es noch: „Uns allen gemeinsam ist die Liebe zur deutschen Nation; aber deutschen Geist betätigen wir [...] nicht durch Haß gegen andere, sondern durch selbstlose Hingabe an das eigene Volk.“[550] Hupka hing selbst zeitlebens dem liberalen Lager an;[551] er gehörte aber weder zu den Initiatoren der Partei, noch kandidierte er jemals für ein politisches Amt.[552] Die Anliegen, für die die bürgerlich-demokratische Partei stand, sind exemplarisch für jene, für die er jahrzehntelang immer wieder öffentlich eintrat. Besonders die Freiheit der Bildungseinrichtungen von religiösen und politischen Einflüssen sowie die Gleichstellung von Frauen und Männern waren Anliegen, für die sich Hupka auch im universitären Bereich wiederholt einsetzte.[553]

Hupkas zivilgesellschaftliches Engagement lässt sich v.a. durch die Berichterstattung der Tagespresse dokumentieren, wobei hier sowohl auf Berichte über Hupka als auch auf von Ihm selbst verfasste Artikel Bezug genommen wird. Eine wichtige Ergänzung waren auch in diesem Bereich die Briefe Hermine Hupkas. Einzelne Briefe Hupkas befinden sich auch in den Beständen der National Library of Israel. In geringem Umfang findet sich Material zu Josef Hupkas außeruniversitäter Tätigkeit auch im Archiv der Albertina Wien und im Archiv der Österreichischen Liga für Menschenrechte.

550 Bürgerlich-demokratische Partei, Neue Freie Presse vom 4. Dezember 1918, 2.

551 *Höflechner*, Baumeister (1988) 270 und 367 bezeichnet Hupka aufgrund seiner Rolle in den Studentenunruhen als Sozialisten; dem kann allerdings nicht beigepflichtet werden.

552 *Hawlik*, Parteien II (1971) 521–536.

553 Siehe Erster Teil, Kapitel II.B., G. und H.

A. Jhering und das „Rote Wien“

Hupkas Laufbahn als „öffentlicher Intellektueller“ beginnt ganz unscheinbar mit einem empörten Leserbrief, der im November 1919 unter dem Titel „Die Wohnungsanforderungen durch die Gemeinde“ im *Neuen Wiener Tagblatt* veröffentlicht wurde. Der polemische Ton des Schreibens bietet einen bemerkenswerten Kontrast zu Hupkas späteren Wortmeldungen, die geprägt sind von klarer und stringenter Argumentation und logisch durchstrukturierter Darstellung; bisweilen mit einem Hauch feiner Ironie oder einem subtilen Appell an die Emotionen des Lesers, der aber – selbst am Geschmack einer moderneren Leserschaft als der intendierten gemessen – nie ins offen oder gar übertrieben Pathetische abgleitet.

In seiner Zuschrift nimmt Hupka vehement Stellung gegen das seitens der Gemeinde Wien beanspruchte „uneingeschränkte“ und „gesetzliche“ Recht, unter Beihilfe der Arbeiterräte jederzeit Wohnungen zu besichtigen und diese ganz oder zum Teil zur Verfügung der Gemeinde „anzufordern“.[554] Man wisse nicht, schreibt Hupka, worüber man in dieser Angelegenheit mehr staunen solle: „über die Beharrlichkeit, mit der da versucht wird, das Recht auf den Kopf zu stellen, oder über die Gleichgültigkeit, mit der sich das Gros des Bürgertums diese Versuche gefallen läßt.“ In weiterer Folge stellte Hupka kurz die Verfassungswidrigkeit der Wohnungsanforderungen durch die Gemeinde dar – zum einen, weil hier ohne gesetzliche Grundlage in das Haus- und Eigentumsrecht der Betroffenen eingegriffen wurde, zum anderen, weil noch zusätzlich die Arbeiterräte, die als lediglich politische Körperschaften keinerlei offizielle Rolle in der öffentlichen Verwaltung übernehmen dürften, daran mitwirkten.[555]

Kritik an den Vorgängen der Wiener Stadtregierung enthielt auch ein weiterer Leserbrief, der zwei Jahre später unter der Überschrift „Ein Kampf ums Recht“ in der *Neuen Freien Presse* abgedruckt wurde.[556] Stilistisch ist auch dieses Schreiben noch durchwegs weit emotionaler und bisweilen zynischer gehalten, als dies bei späteren Texten Hupkas der Fall ist. Der Beginn des Briefes ist gleichsam ein Manifest, in dem er die Motivation dieses – aber auch vieler weiterer ähnlicher – Schrittes an die Öffentlichkeit darlegt, und

554 Mit dieser Vorgangsweise sollte der Wohnungsnot entgegengewirkt werden, die unmittelbar nach dem Krieg herrschte und vor allem sozial schwächere Schichten betraf. Die Gemeinde Wien stützte diese – letztendlich erfolglose – Praxis auf eine Vollzugsanweisung des Staatsrates vom 13. November 1918. Vgl. *Seliger/Ucakar*, Wien. Politische Geschichte II (1985) 1070.

555 *Hupka*, Die Wohnungsanforderungen durch die Gemeinde, Neues Wiener Tagblatt vom 28. November 1919, 5.

556 *Hupka*, Ein Kampf ums Recht, Neue Freie Presse vom 8. Februar 1922, 6.

verdient deshalb hier zitiert zu werden: „Es scheint, daß Jherings ‚Kampf ums Recht‘, die einst meistgelesene kleine Schrift aus des Meisters Wiener Zeit, heute völlig in Vergessenheit geraten ist. Und gerade dem Wiener von heute wäre ihre Lektüre dringend zu empfehlen. Sie würde manchen aus der trägen Indolenz gegen die großen und kleinen Rechtsbrüche, deren Opfer wir jetzt alle Tage sind, aufrütteln zu dem Bewußtsein, daß jeder einzelne die sittliche und soziale Pflicht hat, unbekümmert um persönliche Nachteile und Beschwerlichkeiten das Recht und in ihm das Recht [sic] gegen nackte Willkür und Gewalt zu verteidigen.“ Wie bereits 1919 betont Huka die Verpflichtung des Rechtskundigen, angesichts des Schweigens der breiten Masse der Bürger an die Öffentlichkeit zu treten, um auf Missstände hinzuweisen und auf deren Beendigung hinzuwirken. Seine Bereitschaft, das Recht gegen „nackte Willkür und Gewalt zu verteidigen“, sollte Hupka in den darauffolgenden Jahren noch in vielfältiger Weise unter Beweis stellen.[557]

Was im konkreten Fall auf diese Deklaration folgt, ist allerdings weitaus weniger spektakulär, als nach der idealistischen Einleitung vielleicht vermutet: Hupka berichtet, dass er sich in einem Schreiben an das Gaswerk geweigert habe, die geforderte Vorauszahlung für den Gasbezug zu leisten, da diese „in Wahrheit nichts anderes als ein bis zur Beendigung des Gasbezuges zu gewährendes unverzinsliches Darlehen“ sei. Für ein solches sei „im Rahmen eines Gaslieferungsvertrages kein Raum“; auch dürfe es nicht vom Gaswerk „einseitig diktiert und gefordert werden.“ Angesichts der Monopolstellung des Gaswerkes und der mit der Forderung einhergehenden Drohung der Beendigung der Gas- und Stromlieferungen widerspreche eine solche Forderung den guten Sitten, „von deren Herrschaft auch die Verträge der Gemeinde Wien nicht ausgenommen sind“.[558]

Es war vermutlich gerade die letztzitierte Feststellung, die den Nerv der sozialdemokratischen *Arbeiterzeitung* an empfindlicher Stelle traf und sie zu einer umfangreichen Rechtfertigung der Vorgangsweise der Gaswerke in drei langen, prominent platzierten Artikeln bewog. Weitestgehend beschränkt sich der erste der genannten Artikel unter dem Titel „Kein Kampf ums Recht“ darauf, aus dem kaum bestreitbaren Gegensatz der pathetisch evozierten Jhering'schen Ideale und der erbosten Beschwerdeschrift an das Gaswerk humoristisches Kapital zu schlagen. „Und so ist nun auch der Herr Professor Hupka ‚aus der trägen Indolenz aufgerüttelt worden‘ und will den Kampf ‚gegen die großen und kleinen Rechtsbrüche‘ in dem besagten Bewusstsein führen. Also hat er – an die Direktion der städtischen Gaswerke ein Schreiben

557 Siehe die folgenden Abschnitte von Kapitel III. sowie Erster Teil, Kapitel II. G. und H.

558 *Hupka*, Neue Freie Presse vom 8. Februar 1922, 6.

gerichtet“, witzelt der Verfasser. Obwohl Hupka als „guter Jurist und trefflicher Lehrer“ gelte, sei sein Urteil über die Vorauszahlung aus der Sicht der *Arbeiterzeitung* „ganz unhaltbar“; auf die bisweilen ungewöhnliche rechtliche Argumentation der *Arbeiterzeitung*, die dieser Einschätzung zugrunde liegt, kann hier aus Platzgründen nicht näher eingegangen werden. Den politischen Hintergrund für die Entrüstung der *Arbeiterzeitung* macht der Abschluss noch einmal deutlich: Hupka werde nach einiger Reflexion selbst zu der Überzeugung kommen, dass seine rechtliche Argumentation verfehlt sei. „Denn daß bei dem ‚Kampfe ums Recht‘ etwa auch eine innere Wut des aufrechten Bürgers über die Verwaltung der Gemeinde, die sozialdemokratisch ist, mitgewirkt haben könnte, wollen wir keineswegs annehmen.“[559]

Tags darauf musste die *Arbeiterzeitung* einräumen, dass Hupkas juristische Argumentation doch nicht so verfehlt gewesen sei, da auch die Kammer der Gewerbetreibenden Niederösterreichs bereits 1921 unter Berufung auf die Sittenwidrigkeit der geforderten Vorauszahlungen Klage gegen die Gaswerke erhoben hatte. Diese war in erster Instanz allerdings abgewiesen worden; das Gericht hatte dies dahin gehend begründet, dass das Gaswerk durch einen Gemeinderatsbeschluss zur einseitigen Abänderung der Verträge ermächtigt worden war. Die Forderung einer Vorauszahlung sei darüber hinaus in diesem besonderen Fall nicht sittenwidrig, da das Gaswerk selbst verpflichtet sei, seine Kohlelieferungen im Voraus zu bezahlen, wofür dessen Eigenmittel aber nicht ausreichten; die Vorauszahlung durch dessen Kunden sei demnach eine Voraussetzung für das wirtschaftliche Bestehen des Gaswerks. Dennoch mokierte sich die *Arbeiterzeitung* darüber, dass Hupka nicht der erste gewesen sei, der diese Argumente ins Treffen geführt habe; darüber hinaus wurde hämisch darauf hingewiesen, dass diese vor Gericht keinen Bestand gehabt hatten.[560] Nicht erwähnt wurde freilich, dass das Gericht Hupkas Argumentation betreffend die Rechtsnatur der Vorauszahlungen als dem Verbraucher aufgezwungenes unverzinsliches Darlehen weitgehend übernommen hatte, lediglich aber mit Hinweis auf die momentane wirtschaftliche Notlage des Gaswerks die Sittenwidrigkeit dieses Vorgehens im konkreten Fall verneint hatte.[561]

Hupka bemühte sich in einer ausführlichen und weitgehend nüchternsachlich gehaltenen Replik, seine Argumentation genauer darzulegen und die – augenscheinlich absichtlichen – Missverständnisse der Arbeiterzeitung auszuräumen,[562] was einen dritten Spottartikel – diesmal unter dem Titel

559 Kein Kampf ums Recht, Arbeiterzeitung vom 10. Februar 1922, 1 (1–2).
560 Die Vorauszahlung und die guten Sitten, Arbeiterzeitung vom 11. Februar 1922, 1 (1–2).
561 *Hupka*, Die Vorauszahlungen für Gas- und Stromlieferung, Neue Freie Presse vom 12. Februar 1922, 10 (11).
562 *Hupka*, Neue Freie Presse vom 12. Februar 1922, 10–11.

„Die Vorauszahlung und der Kampf ums Recht“ – zur Folge hatte. In einem Nachsatz wird darauf hingewiesen, dass am Tage der Veröffentlichung die Klage der Kammer der Gewerbetreibenden Niederösterreichs in zweiter Instanz abgewiesen worden war.[563]

B. Die Genussscheine der Donaudampfschifffahrtsgesellschaft

Es mag wohl dem nicht uneingeschränkten Erfolg dieser ersten beiden Vorstöße geschuldet sein, dass Hupka sich erst zwei Jahre später öffentlich zu Wort meldete, obwohl die Problematik der Genussscheine der Donaudampfschifffahrtsgesellschaft (D.D.S.G.) bereits in das Jahr 1922 zurückreichte. Ob Hupka selbst direkt von dieser Kontroverse betroffen war, lässt sich zum gegenwärtigen Zeitpunkt nicht mehr feststellen; die Vermutung liegt aber nahe. Seine Rolle in der unter großem Interesse der Öffentlichkeit geführten Auseinandersetzung zwischen der D.D.S.G. und den Besitzern der Genussscheine war dessen ungeachtet aber von derartiger Bedeutung, dass aus damaliger Sicht kein Zweifel herrschte, dass „die ganze Angelegenheit unvergänglich mit dem Namen des Professors Hupka verbunden“ bleiben werde.[564]

Die Geschichte der besagten Genussscheine selbst begann ein halbes Jahrhundert vor den hier skizzierten Ereignissen; sie waren 1874 entstanden, als die D.D.S.G. die in Liquidation befindliche Vereinigte Ungarische Dampfschiffahrts-Gesellschaft gekauft hatte. Im Zuge der Übernahme hatte sie sich verpflichtet, den ehemaligen Aktionären der ungarischen Gesellschaft jährlich gemeinsam ein Zehntel eines sechs Prozent des jeweiligen Aktienkapitals übersteigenden Gewinnverteilungsbetrags auszubezahlen. Dieses Recht wurde in 25.000 sogenannten Genussscheinen verbrieft, die als Inhaberpapiere im Austausch gegen die 25.000 Aktien der ungarischen Gesellschaft an deren frühere Aktionäre ausgegeben wurden. In den darauffolgenden Jahren entfiel auf diese Genussscheine allerdings kaum je ein Gewinnanteil; erst 1920 kam es aufgrund der fortschreitenden Geldentwertung dazu, dass die Dividenden der D.D.S.G. die Sechs-Prozent-Grenze kontinuierlich überschritten und somit den Inhabern der Genussscheine tatsächlich eine jährlich steigende Geldsumme ausbezahlt werden musste.

Bereits 1922 bestritt die D.D.S.G. öffentlich die Rechtmäßigkeit dieser Entwicklung mit Hinweis darauf, dass der ursprüngliche Sinn der Bestimmung gewesen sei, sicherzustellen, dass nur im Falle außerordentlich hoher

563 Die Vorauszahlung und der Kampf ums Recht, Arbeiterzeitung vom 14. Februar 1922, 2.

564 Der Vergleich über die Genußscheine der Donau-Dampfschiffahrtsgesellschaft, Neue Freie Presse vom 13. August 1924 (Abendausgabe), 3.

Gewinnverteilungsbeträge auch ein Teil desselben an die Genussscheinbesitzer fiel. Im Jahr darauf fasste die Verwaltung der D.D.S.G. den Entschluss, durch eine Kapitalerhöhung und Aufwertung der im Umlauf befindlichen Aktien den ursprünglichen, für die Genussscheinbesitzer sehr unvorteilhaften, Zustand wiederherzustellen, indem sie der Berechnung das „künstlich auf das 238fache hinaufgeschraubte Aktienkapital" zugrunde legte.[565] Im Zuge des Jahres 1923 legten die Genussscheinbesitzer wiederholt Protest gegen diese Vorgehensweise ein und drohten der D.D.S.G. letztendlich mit einer Klage vor dem Handelsgericht in Wien. Am 22. November 1923 berief Hupka eine Versammlung sämtlicher Genussscheinbesitzer ein, in der er den Vorschlag machte, den Generalversammlungsbeschluss reassumieren zu lassen und die Genussscheine zu einem ihrem Ertragswert angemessenen Betrag einzulösen. Auch weitere Redner sprachen zur rechtlichen Unhaltbarkeit des Vorgehens der Gesellschaft.[566] Abschließend wurden drei Vertrauensmänner – darunter auch Hupka – gewählt, die die Verhandlungen mit der D.D.S.G. führen sollten.[567]

In einem ausführlichen Beitrag im – vom Gründer der bürgerlich-demokratischen Partei Gustav Stolper herausgegebenen – *Österreichischen Volkswirt* widmete sich Hupka der Frage, ob eine solche Vorgangsweise zulässig und der Beschluss betreffend die Kapitalerhöhung somit den Genussscheinbesitzern gegenüber wirksam sei. Insbesondere ging er hierbei auf die Argumente, die zugunsten der D.D.S.G. von Sektionschef a.D. Schreiber und Rechtsanwalt Edmund Benedikt als Reaktion auf Hupkas Rede im *Neuen Wiener Tagblatt* vorgebracht worden waren. Diese argumentierten insbesondere, dass die Gewinnbeteiligung der Genussscheinbesitzer gleichartig jener der Aktienbesitzer sei, da die an die Genussscheinbesitzer auszuzahlende Summe nicht – wie im Fall einer Rente – ziffernmäßig bestimmt, sondern in Prozentpunkten der Dividende angegeben wurde.[568] Die Genussscheine seien demnach keineswegs als Obligationen anzusehen.[569] Daraus folge, dass zwischen diesen beiden Gruppen eine Rechtsgemeinschaft bestehe und

565 *Hupka*, Die Genussscheine der Donau-Dampf-Schiffahrts-Gesellschaft: Genussobligation und Geldentwertung, Österreichischer Volkswirt 1924, 980 (980–981).

566 Eine Versammlung der Besitzer der Donaudampfschiffahrts-Genußscheine, Die Börse vom 22. November 1923, 14.

567 Die Versammlung der Genußscheinbesitzer der Donau-Dampfschiffahrts-Gesellschaft, Neues Wiener Tagblatt vom 22. November 1923, 12.

568 Die Versammlung der Genußscheinbesitzer der Donau-Dampfschiffahrts-Gesellschaft, Neues Wiener Tagblatt vom 23. November 1923, 13.

569 *Benedikt*, Noch einmal die Genußscheine der Donau-Dampfschiffahrt-Gesellschaft, Neues Wiener Tagblatt vom 11. Dezember 1923, 11.

dass beide denselben gesellschaftsrechtlichen Vorschriften unterlägen. Dem Prinzip der Bilanzwahrheit sei es geschuldet, dass die D.D.S.G. durch korrigierende Maßnahmen den Zustand, der vor der Geldentwertung geherrscht hatte, wiederherstelle. Die Vertreter der D.D.S.G. beriefen sich hierbei auch auf ein Gutachten des Obersten Gerichtshofes (SZ IV/154 vom 7. Juni 1922). Der Oberste Gerichtshof hatte darin Grundsätze entwickelt, um der Geldentwertung bei gesellschaftlichen Anteilsrechten, deren Umfang von der Höhe des Gesellschaftsvermögens abhängt, Rechnung zu tragen. Insbesondere verbat das Gutachten den Vergleich von Bewertungen in „guten Kronen“ mit späteren in Kronen von niedrigerem Wert. Dieses sei dahin gehend auszulegen, dass die Gesellschaft berechtigt bzw. verpflichtet sei, einen Ausgleich zwischen den in „guten Kronen“ ausgewiesenen Aktienwert und der in „niedrigen“ Kronen ausgedrückten Dividende, auf deren Grundlage der Gewinn der Genussscheinbesitzer berechnet wurde, zu schaffen. Durch die Aufwertung der Aktien sei dies geschehen.[570] Das Recht dazu gebe der Gesellschaft die auf den Genussscheinen aufgedruckte Bestimmung, die ausdrücklich auf einen Prozentsatz des „jeweiligen Aktienkapitals“ abstelle.[571]

In seiner klaren, übersichtlich strukturierten Analyse setzt Hupka eingangs überzeugend auseinander, dass die Genussscheine, obgleich sie auf der Basis eines Kaufvertrages geschaffen wurden, nach den für Verkehrspapiere geltenden Grundsätzen zu beurteilen sind. Die wechselseitigen Rechte der Genussscheinbesitzer und der D.D.S.G. erwachsen demnach nicht direkt aus den Bestimmungen des Kaufvertrages, sondern ausschließlich aus dem „Erklärungsinhalt der Urkunde“, also im konkreten Fall aus den auf jedem Genussschein aufgedruckten Vertragsbedingungen.[572] Obwohl diese Bestimmungen auf sechs Prozent des „jeweiligen Aktienkapitals“ abstellten, dürfe man nicht annehmen, dass in dieser Phrase eine Ermächtigung der Gesellschaft zu willkürlichen künstlichen Kapitalerhöhungen zu erblicken sei, da eine solche Möglichkeit im Zeitpunkt des Vertragsschlusses von keiner der Parteien gewollt oder ins Auge gefasst worden sei.[573]

In der Folge widmet er sich der Frage, welcher Rechtsnatur das zwischen den Aktionären der Gesellschaft und den Genussscheinbesitzern bzw. zwischen Letzteren und der Gesellschaft selbst bestehende Verhältnis ist. Er weist darauf hin, dass keinerlei schuldrechtliche Beziehung zwischen den Aktionären der D.D.S.G. und den Genussscheinbesitzern bestehe, sondern lediglich zwischen Letzteren und der Gesellschaft selbst. Wohl existiere

570 Die Versammlung der Genußscheinbesitzer der Donau-Dampfschiffahrts-Gesellschaft, Neues Wiener Tagblatt vom 23. November 1923, 13.

571 *Benedikt*, Neues Wiener Tagblatt vom 11. Dezember 1923, 11.

572 *Hupka*, Österreichischer Volkswirt 1924, 982.

573 *Hupka*, Österreichischer Volkswirt 1924, 982.

aufgrund der Berechnungsformel für die an die Genussscheinbesitzer auszuzahlende Summe ein *sachlicher* Zusammenhang zwischen dieser und der an die Aktionäre ausgeschütteten Dividende; *rechtlich* sei es für die Aktionäre allerdings nicht von Bedeutung, nach welchen Prinzipien eine von der Gesellschaft zu leistende jährliche Zahlung berechnet wird. Aus Hupkas Sicht könne diese Zahlung rechtlich durchaus als Rente qualifiziert werden, deren einzige Besonderheit darin bestünde, dass die Höhe nicht ziffernmäßig sondern in Prozent eines Anteils der Superdividende festgesetzt wurde.[574] Das von der Gesellschaft vorgebrachte Argument, aus rechtlichen Gründen einen Ausgleich zwischen den Aktionären und Genussscheinbesitzern schaffen zu müssen, entbehre demnach jeglicher Grundlage.

Darüber hinaus argumentiert Hupka einleuchtend, dass sich die Rechtsstellung der Genussscheinbesitzer grundlegend von jener eines Aktionärs unterscheide, da ihnen ausdrücklich jede Partizipation in den Entscheidungen der Gesellschaft verwehrt ist und sie auch über keinerlei Kontrollrechte verfügen; daher seien sie auch nicht den einschlägigen Gesetzesbestimmungen unterworfen. Umgekehrt seien die aus den Genussscheinen erwachsenden Rechte aber auch nicht der Disposition der Generalversammlung der D.D.S.G. unterworfen.[575]

In weiterer Folge legt Hupka auch aus wirtschaftlicher Sicht anschaulich dar, dass die deutliche Veränderung im Verhältnis des Wertes der D.D.S.G.-Aktien im Vergleich zu den Genussscheinen auch daraus resultiert sei, dass die D.D.S.G. in den vergangenen Jahren mehrmals ihr Kapital und damit die Gesamtzahl der ausgegebenen Aktien deutlich erhöht habe, während die Anzahl der Genussscheine gleich geblieben war. Naturgemäß musste sich dadurch der auf jede Aktie entfallende Anteil der Dividende verringern, sodass der Ertrag der einzelnen Aktie stetig geringer wurde und sich dadurch jenem eines Genussscheines annäherte. Daraus folge aber auch, dass der Beschluss der D.D.S.G. nicht durch die Notwendigkeit des Schutzes der eigenen Aktionäre gerechtfertigt werden könne, da diese aufgrund der hohen Anzahl ausgegebener Akten von diesem Schritt nur minimal profitieren würden.[576] An der jetzt durchgeführten Umwertung zweier Passivposten in der Bilanz der Gesellschaft können die Aktionäre ebenfalls keinerlei wirtschaftliches Interesse haben, da dies weder die Gewinnquote noch den bilanzmäßigen Reingewinn erhöhe.[577]

574 *Hupka*, Österreichischer Volkswirt 1924, 982.
575 *Hupka*, Österreichischer Volkswirt 1924, 982–983.
576 *Hupka*, Österreichischer Volkswirt 1924, 984.
577 *Hupka*, Österreichischer Volkswirt 1924, 985.

Abschließend betont Hupka nachdrücklich, dass es sich bei den Genussscheinen um „nichts anderes [handelt] als *Schuldverschreibungen*, die *aus einem Verkehrsgeschäfte* hervorgegangen sind und deren *einzigen Inhalt die einseitige Verpflichtung der Donau-Dampf-Schiffahrts-Gesellschaft zu einer wiederkehrenden Geldleistung bildet.*“ Die einzige Besonderheit bestehe darin, dass die geschuldete Leistung „nicht unbedingt und fest bestimmt“, sondern von der Höhe der Dividende abhängig sei.[578] Die Anwendbarkeit des Bilanzgutachtens des Obersten Gerichtshofes verneint Hupka mit Verweis auf die spezifische Rechtsnatur der Genussscheine entschieden.

Hupka kommt aufgrund der oben skizzierten Argumente zu dem Schluss, dass die von der D.D.S.G. behaupteten Rechte einer „Korrektur“ der Auszahlungsverhältnisse weder aufgrund „vereins- oder schuldrechtliche[n] Gemeinschaftsverhältnisse zwischen Genußscheinbesitzern und Aktionären“ bestünden noch aus einem „Assoziationsverhältnisse“ der Genussscheinbesitzer zur D.D.S.G. ableiten ließen.[579] In weiterer Folge widmet er sich der Frage, ob die D.D.S.G. aufgrund allgemeiner Grundsätze oder besonderer gesetzlicher Bestimmungen berechtigt sei, die Auswirkungen der Geldentwertung auf die Genussscheine durch eine Änderung der Berechnungsgrundlage zu beseitigen. Die D.D.S.G. stützte sich dabei auf das Argument, dass die Veränderung der wirtschaftlichen Situation, die der damaligen Vereinbarung zugrunde gelegen sei, dazu geführt habe, dass das Motiv der Vereinbarung, die Genussscheinbesitzer nur bei der Ausschüttung außergewöhnlich hoher Gewinne an diesen partizipieren zu lassen, zunichte gemacht worden sei.[580] Hupka entkräftet diese Argumentation mit dem Hinweis, dass Rechtsgeschäfte stets nach ihrem Inhalt, nicht aber nach zugrunde liegenden wirtschaftlichen Motiven, die nicht zum Vertragsinhalt gemacht wurden, auszulegen seien. Auch weist er nachdrücklich darauf hin, dass aufgrund gesetzlicher Vorschriften alle Verbindlichkeiten in Kronen gemäß ihrem Nennwert zu erfüllen seien, was auch auf die Genussscheinobligation zutreffe – zumal die D.D.S.G. in den für sie günstigen Fällen diesen Grundsatz nie infrage gestellt habe.[581] Schlussendlich kommt Hupka noch auf das Argument der Billigkeit zu sprechen, das seitens der Vertreter der D.D.S.G. wiederholt ins Treffen geführt wurde: es sei unbillig, dass die Genussscheinbesitzer, die „für das Unternehmen nichts geleistet haben“, ebenso viel oder in Zukunft möglicherweise mehr erhielten als die Aktionäre.

578 *Hupka*, Österreichischer Volkswirt 1924, 1015 (Hervorhebung im Original).
579 *Hupka*, Österreichischer Volkswirt 1924, 1016.
580 Siehe dazu insbesondere *Benedikt*, Neues Wiener Tagblatt vom 11. Dezember 1923, 11.
581 *Hupka*, Österreichischer Volkswirt 1924, 1017.

Dem stellt Hupka gegenüber, dass dieser Zustand zum einen trotz aller scheinbaren Unbilligkeit nicht anfechtbar sei, da er „auf dem Boden des Rechtes erwachsen“ sei, zumal auch keine grundlose Bereicherung der Genussscheinbesitzer auf Kosten der Aktionäre stattfinde. Vielmehr sei es eine unvermeidbare Konsequenz der Geldentwertung, dass diese unbillige Folgen für zumindest eine Partei eines Schuldverhältnisses – üblicherweise den Gläubiger, in diesem Falle ausnahmsweise den Schuldner – nach sich ziehe. Diesen negativen Folgen könne man aber – wie auch der Oberste Gerichtshof bereits ausgeführt habe – nicht durch Billigkeitsentscheidungen im Einzelfall entgegentreten, sondern lediglich durch entsprechende gesetzliche Maßnahmen: dies „würde auch das allgemeine Unglück der Geldentwertung nicht mildern, sondern durch ein anderes noch größeres Unglück verstärken: das Chaos der Rechtsunsicherheit.“[582]

Kurz nach Veröffentlichung dieses Artikels stellte Hupka bei einer neuerlichen Versammlung der Genussscheinbesitzer den Antrag, eine Feststellungsklage gegen die D.D.S.G. auf Unwirksamerklärung des Generalversammlungsbeschlusses über die Aufwertung der Aktien einzubringen. Parallel dazu wurden die schon in den vorhergehenden Monaten begonnen Verhandlungen mit der D.D.S.G. weitergeführt, die Genussscheine (deren Wert Hupka auf 97 Prozent des Werts einer Aktie schätzte) im Verhältnis 1:1 gegen Aktien einzutauschen. Hupkas Antrag wurde mit 11.000 gegen 3.500 Stimmen angenommen.[583] Im Juli 1924 endete der Prozess in einem Vergleich, in dem die D.D.S.G. anbot, die Genussscheine im Verhältnis 10:7 gegen Aktien einzutauschen. In einem Brief an die *Neue Freie Presse* nahm Hupka kurz dazu Stellung: Das Angebot sei, im Vergleich zu der vorangehenden Haltung der D.D.S.G., kein schlechtes. Die Zustimmung der Mehrheit der Genusscheinbesitzer zu diesem Vorschlag sei aber nicht nur deswegen gesichert, sondern vor allem dadurch, dass die Vertreter der D.D.S.G. „in letzter Stunde“ den Besitzer des Großteils der Genussscheine ausfindig gemacht und auf diesen direkt – also unter Umgehung des gemeinsamen Vertreters der Genussscheinbesitzer – eingewirkt hätten.[584]

Hupka legte seine Bedenken gegen diese Vorgehensweise auch bei der kurz darauf stattfindenden Versammlung der Genussscheinbesitzer dar und forderte „zur ernstesten Kritik und zu eindringlichem Protest“ gegen dieses Vorgehen auf, „aus prinzipiellen Gründen, im Namen des Rechts und

582 *Hupka*, Österreichischer Volkswirt 1924, 1017.

583 Die Genußscheine der Donau-Dampfschiffahrts-Gesellschaft, Der Tag vom 22. Mai 1924, 9.

584 Der Ausgleich der Donau-Dampfschiffahrtsgesellschaft mit den Genußscheinbesitzern, Neue Freie Presse vom 25. Juli 1924, 10.

der guten Sitten“. Was hier geschehen sei, werde „zwar vom Gesetze nicht expressis verbis verboten“, sei „aber [...] trotzdem nicht nur ungehörig, sondern auch rechtswidrig“, da es „an das Postulat der korrekten Bildung des Verbandswillens in der Gemeinschaft“ rühre. Er stellte daher den Antrag, die Stimmen des durch die D.D.S.G. direkt beeinflussten Genussscheinbesitzers nicht zu zählen und den Vergleich abzulehnen. Stattdessen solle man den Kurator der Genussscheinbesitzer zum Abschluss eines Vergleichs im Verhältnis 8:10 ermächtigen. Großen Beifall erhielt Hupkas Bitte an das Gericht, die Vorgänge betreffend die Beeinflussung des Hauptgläubigers „als ein Tatsachenmaterial für die Revision des Kuratorengesetzes und des Gemeinschaftsrechtes überhaupt in der Richtung eines wirksamen Schutzes der Minoritäten gegen Verfälschungen des Gemeinschaftswillens zur Kenntnis zu bringen.“[585] Ungeachtet Hupkas Protests nahm die Versammlung den Vergleich allerdings mit Stimmenmehrheit an;[586] auch eine Änderung der Gesetzeslage im von Hupka angeregten Sinne lässt sich nicht belegen. Vereinzelt wird Hupkas Artikel allerdings im Rahmen der zeitgenössischen juristischen Literatur zur Geldentwertung zitiert.[587]

C. Die „Albertina“-Frage

Vermutlich war es Hupkas Mitgliedschaft in der Gesellschaft für vervielfältigende Kunst und sein enger Kontakt zu Meder und Schmutzer, die Mitte der 1920er sein Interesse für die Vorgänge an der Wiener Albertina entfachten. Diese bedeutende grafische Sammlung war aus den privaten Beständen Herzogs Albert von Sachsen-Teschen hervorgegangen. 1919 ging dieser umfangreiche Bestand, der rund 14.000 Zeichnungen und rund 200.000 druckgrafische Blätter umfasste, aufgrund des Habsburgergesetzes vom Besitz der Erben Erzherzog Alberts in jenen der Republik Österreich über; 1920 wurde die Sammlung der Albertina mit den Kupferstichbeständen der Kaiserlichen Hofbibliothek – nun ebenfalls in Staatsbesitz – zusammengelegt.[588] Die Dubletten innerhalb der neu entstandenen Sammlung sollten in weiterer Folge gewinnbringend veräußert werden, um den Ankauf neuer Werke zu ermöglichen. Dieses bereits unter Josef Meder, der von 1905 bis 1923

585 Der Vergleich über die Genußscheine der Donau-Dampfschiffahrtsgesellschaft, Neue Freie Presse vom 13. August 1924 (Abendausgabe), 3.

586 Das Übereinkommen mit den Besitzern der Donau-Dampfschiff-Genußscheine, Der Tag vom 14. August 1924, 9.

587 Vgl. *Pollak*, Über Aufwertung, Juristische Blätter 1924, 214 (215).

588 https://www.albertina.at/forschung/zeichnung-druckgrafik/geschichte/ (abgerufen am 28. Mai 2019); *Dossi*, Albertina. Sammlungsgeschichte und Meisterwerke (1998) 42.

Direktor der Albertina war, begonnene Projekt sollte von seinem Nachfolger Alfred Stix in nicht unumstrittener Weise fortgesetzt werden.[589] Nachdem bereits in den Jahren davor wiederholt in der Presse kritische Stimmen laut geworden waren – 1924 hatte es sogar eine diesbezügliche Anfrage des Ministeriums für Kunst und Unterricht an die Albertina gegeben, die die Weisung enthielt, künftig das Ministerium vorab über alle Transaktionen zu informieren[590] – nahm im Juni 1925 auch Josef Hupka öffentlich dazu Stellung.

Hupka besaß umfassende Kenntnisse auf diesem Gebiet der bildenden Künste, die auch in seine Äußerung zu den Dublettenverkäufen einflossen. Darüber hinaus war er – im Gegensatz zu manch anderem Kritiker – über die Vorgänge an der Albertina aus erster Hand informiert. Zur Überwachung dieser Transaktionen war nämlich eine Kommission eingesetzt worden, die neben ihrem Vorsitzenden aus „drei graphischen Künstlern und drei Kunstgelehrten“ bestand.[591] Einer der darin vertretenen Künstler war Hupkas Freund Ferdinand Schmutzer; den Vorsitz der Kommission hatte Meder inne, der sich allerdings – angeblich aufgrund von Spannungen zwischen ihm und Stix – zumeist vertreten ließ.[592] Vier weitere Kommissionsmitglieder – die Künstler Alfred Cossmann und Rudolf Junk sowie die Kunsthistoriker Fortunatus Schubert-Soldern und Arpad Weixlgärtner – waren ebenso wie Hupka langjährige Mitglieder des Kuratoriums der Gesellschaft für vervielfältigende Kunst[593] und gehörten großteils auch gemeinsam mit ihm deren zwölfköpfigen Verwaltungsrat an.[594]

---

589 *Krasa*, Josef Meder, in ÖAW (Hrsg), ÖBL 1815–1950 VI (1974) 183.

590 AAW, 1924 3-468/24, Brief des Ministeriums für Kunst und Unterricht an die Leitung der Albertina vom 2. Juni 1924.

591 *Hupka*, Die „Albertina“-Frage (1925) 11; *Dossi*, Albertina (1998) 42–43. Genauere Informationen zur Kontroverse um die Dublettenverkäufe fehlen in *Dossis* Werk.

592 AAW, Z. 2/1925, Brief Josef Meder an die Leitung der Albertina vom 22. Dezember 1924. Siehe dazu auch *Olechowski* in *Olechowski/Ehs/Staudigl-Ciechowicz* 387. *Olechowski* geht irrtümlich davon aus, dass Hupka selbst Vorsitzender bzw. Mitglied der Kommission war.

593 ÖStA, Akten der Gesellschaft für vervielfältigende Kunst, Verzeichnis der Kuratoren vom 6. Mai 1935. Das sechste Mitglied war der Kunsthistoriker Franz Martin Haberditzl. Den Vorsitz der Kommission führte in Vertretung Meders der bekannte Großindustrielle und Kunstsammler Hermann Eissler. Zur Zusammensetzung der Kommission siehe auch *Karpfen*, Die Doublettenverkäufe der Albertina, Der Tag vom 29. April 1925, 5.

594 ÖStA, Akten der Gesellschaft für vervielfältigende Kunst, Verzeichnis der Präsidenten der Gesellschaft, Obmänner und Mitglieder des Verwaltungsrats und Ehrenmitglieder, 1935.

Hupka griff in seiner Stellungnahme, die zuerst im Feuilleton der *Neuen Freien Presse* vom 9. und 10. Juni 1925 und danach als Separatabdruck erschien, in gewohnt übersichtlicher Weise im Wesentlichen drei Fragen auf: jene nach dem Ort der Versteigerungen des Dublettenmaterials, nach der Notwendigkeit des Verkaufs der Dubletten generell, und nach der konkret von Stix gewählten Vorgangsweise. Zu Ersterer muss vorausgeschickt werden, dass der Großteil der Albertina-Dubletten nicht in Wien, sondern beim Auktionshaus Boerner in Leipzig versteigert worden war, was damit begründet wurde, dass in Wien die wirtschaftliche Lage schlecht und der Markt für Grafik klein sei, während Leipzig der wichtigste internationale Markt für Grafik sei. Hupka setzte diesen Argumenten zwar entgegen, dass die von der Albertina abgestoßenen Blätter von so herausragender Qualität waren, dass ernsthafte Sammler dafür an jeden beliebigen Ort gekommen wären, hielt diese Kontroverse allerdings für relativ unwesentlich.[595]

Auch der Frage, ob die Dublettenverkäufe generell gerechtfertigt waren, handelt er rasch ab: „Das tun alle öffentlichen Sammlungen, die über entbehrliches Material verfügen, und dagegen ist nicht nur nichts einzuwenden, sondern es ist im Gegenteil wünschenswert und bis zu einem gewissen Grade sogar notwendig."[596] Die bisweilen kritisierte Tatsache, dass mit dem Erlös der Verkäufe zum Teil die Werke zeitgenössischer Künstler angekauft wurden, verteidigt Hupka entschieden, denn „eine kunsthistorische Sammlung vom Charakter der ‚Albertina' hat gewiss auch die Aufgabe, die neueren und selbst die neuesten Entwicklungen auf dem Gebiete der graphischen Künste widerzuspiegeln".[597]

Die Vorgangsweise, die Stix zu diesem Zweck gewählt hatte, kritisiert Hupka allerdings auf das Heftigste: Im Gegensatz zu Meder, der eine methodische Vereinigung der beiden Sammlungen angestrebt habe, im Zuge derer einzelne entbehrliche Blätter ausgesondert werden sollten, sei Stix überstürzt und ohne erkennbare Methode vorgegangen.[598] Darüber hinaus seien aus bloß wirtschaftlichen Erwägungen große Mengen überaus wertvoller Blätter veräußert worden, was einen großen Verlust für die Sammlung der Albertina darstelle. Die Zustimmung der Kommission sei vor einer wichtigen Auktion zu einem Zeitpunkt eingeholt worden, zu dem zwei ihrer Mitglieder

595 *Hupka*, „Albertina"-Frage (1925) 2–4. *Olechowski* (in *Olechowski/Ehs/Staudigl-Ciechowicz* 387) geht irrtümlich davon aus, dass Hupka die Wahl des Auktionshauses befürwortete, da er zu Beginn seines Artikels die Argumentation zugunsten Leipzigs referiert. Im darauffolgenden Teil des Aufsatzes werden diese allerdings vom Verfasser entkräftet.

596 *Hupka*, „Albertina"-Frage (1925) 4.

597 *Hupka*, „Albertina"-Frage (1925) 4.

598 *Hupka*, „Albertina"-Frage (1925) 7–10.

längerfristig verhindert waren; auch sei den verbleibenden Kommissionsmitgliedern ein viel zu kurzer Zeitraum zur Sichtung des umfangreichen Materials anberaumt worden, sodass – auch bei der von Hupka sehr betonten großen Umsicht und Sorgfalt, die die Kommissionsmitglieder an den Tag gelegt haben – Fehler unvermeidbar gewesen seien.[599] Darüber hinaus sei der wohlbegründete nachträgliche Protest eines der beiden übergangenen Kommissionsmitglieder schlichtweg ignoriert worden, weil man sich dem Auktionshaus gegenüber gebunden fühlte und die fraglichen Blätter nicht zurückziehen wollte.[600] Anhand mehrerer Beispiele hebt Hupka hervor, dass sich Stix bei den Dublettenverkäufen bisweilen mehr von den Interessen des Leipziger Auktionshauses als von jenen der Albertina leiten ließ.

Diese Vorwürfe lassen sich zum Teil auch aus dem Archivmaterial der Albertina belegen. So findet sich dort unter anderem ein Brief einiger Kommissionsmitglieder an die Leitung der Albertina, in welchem dagegen protestiert wird, dass die Auswahl der in einer bestimmten Auktion versteigerten Blätter auf einer Absprache zwischen Stix und dem Auktionshaus beruhte, in welche die Kommission nicht miteinbezogen worden war. „Obwohl die Unterzeichneten grundsätzlich die [sic] Reduktion des Umfanges der Doubletten-Abgabe zustimmen, erklären sie, dass durch das Vorgehen eine Schädigung des österreichischen Kunstbesitzes insofern vorliegt, als die Auswahl der zurückzubehaltenden Blätter nich rso [sic] sehr zum Vorteile der Sammlung, als der versteigernden Firma erfolgte."[601]

Zeitgleich mit Hupka hatte Siegmund Sonnenthal – der Bruder des Ehemannes von Hermine Hupkas Cousine Clara und ein bedeutender Kunstsammler – eine Broschüre veröffentlicht, in der die Vorgänge rund um die Dublettenverkäufe aufs Schärfste kritisiert werden. Sonnenthals Argumente decken sich weitgehend mit jenen Hupkas.[602] Schon im April 1925 hatte das Ministerium unter dem Druck der öffentlichen Kritik die Kommission durch einen aus zwei Künstlern sowie zwei Fachleuten bestehenden Beirat ersetzt, dessen einstimmige Zustimmung unabdingbare Voraussetzung für den Verkauf weiterer grafischer Werke war.[603]

---

599 *Hupka*, „Albertina"-Frage (1925) 11–12.

600 *Hupka*, „Albertina"-Frage (1925) 13.

601 AAW, Z. 126/1925, Brief der Kommissionsmitglieder Cossmann, Junk, Schubert-Soldern und Schmutzer an die Leitung der Albertina vom 30. März 1925.

602 Siehe dazu auch Die Dublettenverkäufe der „Albertina". Kontrolle der Direktion durch die Dubletten-Komission, Neue Freie Presse vom 25. Juni 1925, 3; siehe auch *Sonnenthal*, Verkäufe und Ankäufe der „Albertina", Neue Freie Presse vom 21. April 1925 (Abendblatt), 4.

603 AAW, Erlass des Bundesministeriums für Kultur und Unterricht vom 6. April 1925.

Am 23. Juni 1925 verfassten fünf der ehemaligen Kommissionsmitglieder einen Brief an das Ministerium, der zwei Tage später auch in der *Neuen Freien Presse* veröffentlicht wurde. In diesem forderten sie die nochmalige Prüfung aller bisher erfolgten Dublettenverkäufe. Dieser Prüfung sollten neben dem Beirat auch Meder, Dominik Artaria als Vertreter des österreichischen Kunsthandels, Sonnenthal und Hupka beigezogen werden. Darüber hinaus betonte der Beirat auch, dass, „um jede Möglichkeit einer etwaigen Uebereilung auszuschliessen“, von nun an nur noch Verkaufsvorschläge geprüft werden sollten, die von der Direktion „in sorgfältig abzufassenden Verzeichnissen, in denen auch die neueste Fachliteratur anzugeben ist, jedem einzelnen Mitglied des Beirates im vorhinein bekannt gemacht worden sind.“ Zur Prüfung dieser Verzeichnisse solle dem Beirat fortan „eine jeweils von ihm selbst als notwendig bezeichnete Frist zur Verfügung stehen.“[604] Das Schreiben greift somit also sämtliche Kritikpunkte auf, die auch Hupka in seiner Broschüre geäußert hatte. Unterzeichnet hatten den Brief mit Cossmann, Junk, Schmutzer, Schubert-Soldern und Weixlgärtner wohl nicht zufällig gerade jene ehemaligen Kommissionsmitglieder, mit denen Hupka persönlich bekannt war.[605]

Das Unterrichtsministerium reagierte auf diese Forderung nur sehr zögerlich. Hupka wandte sich daraufhin an seinen Kollegen Ernst Schönbauer, außerordentlicher Professor für römisches Recht an der Universität Wien und parteiloser Abgeordneter zum Nationalrat. Auf Hupkas Initiative brachte Schönbauer im Juli und November 1925 Interpellationen an den Unterrichtsminister ein, in denen er eine Überprüfung der Dublettenverkäufe forderte.[606] Im Dezember 1925 erklärte sich Unterrichtsminister Schneider endlich bereit, diese durch eine unabhängige Kommission durchführen zu lassen;[607] allerdings hatte Stix es erreicht, dass nicht die ursprünglich vorgeschlagenen Beiratsmitglieder, sondern ein vom Minister ausgewähltes Expertengremium in dieser Angelegenheit tätig wurde.[608] In einem Schreiben

604 AAW, Z. 286/1925, Brief des Beirats an das Ministerium für Unterricht vom 23. Juni 1925. Siehe auch Die Dublettenverkäufe der „Albertina“. Kontrolle der Direktion durch die Dubletten-Komission, Neue Freie Presse vom 25. Juni 1925, 3.

605 Zur persönlichen Bekanntschaft Hupkas mit den Genannten siehe auch NLI, Brief Josef Hupka an [Ernst Schönbauer] vom 26. Februar 1926. (Der Adressat des Briefes ist nicht namentlich genannt, ergibt sich aber aus dem Kontext.)

606 Zur Interpellation siehe Eine Interpellation über die Verkäufe in der „Albertina“, Neue Freie Presse vom 3. Juli 1925 (Abendausgabe), 3 und *Karpfen*, Der Streit um die Albertina, Der Tag vom 6. November 1925, 4; zu Hupkas Rolle siehe NLI, Brief Josef Hupka an [Ernst Schönbauer] vom 26. Februar 1926.

607 *Karpfen*, Der Streit um die Albertina, Der Tag vom 18. Dezember 1925, 4.

608 NLI, Brief Josef Hupka an [Ernst Schönbauer] vom 26. Februar 1926.

an Schönbauer verleiht Hupka seinem Befremden über diese Entscheidung Ausdruck und beharrt darauf, dass die fachkundigen Mitglieder des Beirats nachträglich zu Mitgliedern der Prüfungskommission ernannt werden müssten, da sie als einzige die notwendige Kenntnis über die Vorgänge an der Albertina hätten. Ansonsten „müsste wohl doch die Einleitung einer parlamentarischen Enquete betrieben werden“ damit „dieser Skandal, der *grösste* jemals dagewesene auf diesem Gebiet, nicht *noch* grösser werde.“[609]

Die Drohung hatte offenbar Erfolg: Cossmann, Junk, Schmutzer, Schubert-Soldern und Weixlgärtner wurden nachträglich zu Mitgliedern der Prüfungskommission bestellt. Im Juni 1926 lag endlich auch das Ergebnis der Prüfung vor: Die Neuerwerbungen seien als „eine wesentliche Bereicherung“ der Sammlung zu bezeichnen; auch an der finanziellen Gebarung der Direktion sei nichts auszusetzen. Bemängelt wurde aber, dass „der Bestimmung und Auswahl der Doubletten seitens der Direktion nicht immer die erforderliche Sorgfalt zugewendet wurde.“ „Nicht richtig“ waren insbesondere die von Hupka schärfstens kritisierte „Planung und tatsächliche Durchführung der Doubletten-Transaktion 1925“, mit der, wie Hupka gezeigt hatte, „das Maß dessen überschritten [worden war], was mit dem vorhandenen Apparat in Ordnung bewältigt werden konnte.“ In Zukunft würde das Hauptaugenmerk auf der Wiederherstellung der durch die hastigen Dublettenverkäufe stark beeinträchtigten Ordnung der Albertina-Bestände und dem „organischen Ausbau der Sammlung“ liegen.[610] Die Albertina war somit vor weiteren überstürzten Verkäufen bewahrt; noch Jahre später erinnert sich das *Neue Wiener Journal* an Hupkas „Aktion“ als „vollen Erfolg“.[611]

D. Der Fall Halsmann

Hupkas Bemühungen zugunsten des Angeklagten im Mordprozess gegen Philipp Halsmann sind wohl eines der deutlichsten Beispiele für das herausragende soziale Engagement und die beispiellose Zivilcourage dieses Mannes. Der Prozess, der schon damals als „Österreichische Dreyfus-Affäre“ apostrophiert wurde, gehört zu den berühmtesten Justizskandalen der ersten Republik und muss zum besseren Verständnis des Folgenden hier kurz skizziert werden.[612]

---

609 NLI, Brief Josef Hupka an [Ernst Schönbauer] vom 26. Februar 1926 (Hervorhebungen im Original).

610 Das Ergebnis der Untersuchung bei der Albertina, Neues Wiener Journal vom 2. Juni 1926, 5. Siehe auch Die Abstoßungen und Neuerwerbungen der „Albertina“, Reichspost vom 2. Juni 1926, 7 und Einerseits – anderseits oder der Bericht der Albertina-Überprüfungskommission, Tag vom 2. Juni 1926, 8.

611 *Tartaruga*, Neues Wiener Journal vom 17. Mai 1928, 17.

612 Ausführliche und faktisch akkurate Darstellungen des Prozesses finden sich u.a. in *Pollack*, Anklage Vatermord: der Fall Phillipp Halsmann (2002) 7–15

Der lettische Student Philipp Halsmann, der mit seiner Familie einige Wochen in den Tiroler Bergen verbracht hatte, wurde beschuldigt, seinen während einer Bergtour ums Leben gekommenen Vater, den Rigaer Zahnarzt Morduch Max Halsmann, ermordet zu haben. In einem Indizienprozess im November/Dezember 1928 wurde Philipp Halsmann zunächst schuldig gesprochen;[613] in weiterer Folge wurde das Urteil aber aufgrund formaler Mängel vom Obersten Gerichtshof aufgehoben und an das Landesgericht Innsbruck als Geschworenengericht zur nochmaligen Verhandlung zurückverwiesen.[614]

Der zweite Halsmann-Prozess entwickelte sich rasch zum Politikum. Die Tatsache, dass Familie Halsmann jüdischen Bekenntnisses war, rückte bald in den Mittelpunkt des Interesses besonders derjenigen, die an die Schuld Halsmanns glaubten oder ihn zumindest für die Tat verurteilt sehen wollten. Schon während des ersten Prozesses hatte es antisemitische Zwischenfälle gegeben, die Zweifel an der Unvoreingenommenheit der Geschworenen nahelegten und die Verteidigung veranlassten, im Rahmen der ersten Nichtigkeitsbeschwerde auch eine Delegierung nach Wien anzuregen.[615] Im Zuge des zweiten Prozesses eskalierte die Situation zusehends: Unterstützer Halsmanns wurden bezichtigt, einer Verschwörung des „Weltjudentums“ anzugehören; antisemitische Organisationen – allen voran die NSDAP – hetzten gegen den Angeklagten und seinen Verteidiger im ersten Prozess, den (ebenfalls jüdischen) Wiener Staranwalt Richard Pressburger;[616] Flugblätter und

---

und *Pessler*, Ein Bild des Prozesses, in Österreichische Liga für Menschenrechte (Hrsg), Der Fall Philipp Halsmann (1931) 12–15. Eine detaillierte Darstellung des Prozesses einschließlich seines Nachspiels und der Rolle Josef Hupkas findet sich in *Grasl*, The Halsmann Tragedy (1928/29) and the Vienna Law Faculty, University of Vienna Law Review 2020, 1–45.

613 TLA 6 Vr 1380/28; Urteil des Landesgerichts Innsbruck vom 16. Dezember 1928 (Abschrift).

614 TLA 6 Vr 1380/28; OGH 4 Os 18/29/7 (Abschrift von Abschrift).

615 TLA 6 Vr 1380/28; Gegenäußerung der StA Innsbruck zur Nichtigkeitsbeschwerde vom 4. Jänner 1929 (Die 1. Nichtigkeitsbeschwerde selbst liegt dem Akt nicht bei.)

616 Richard Pressburger (1862–1938) galt als einer der fähigsten Strafverteidiger seiner Zeit. Zu seinen bekanntesten Fällen gehören neben dem Halsmann-Prozess die Mordprozesse gegen Hoflehner (1910) und Pruscha (1925), aber auch politische Prozesse wie etwa der Hochverratsprozess gegen den ehemaligen Kriegsminister Auffenberg (1915), die Prozesse gegen die Attentäter Sieczynski (1908), Njegus (1912), Carniciu (1925), und Aziz Cami (1931), und jener gegen den Schutzbundführer Major Eiffler (1935). Daneben hatte Pressburger auch eine zivilrechtliche Praxis, war Syndikus des „Verbands österreichischer Theaterdirektoren“ und Mitglied des Ausschusses des Raimundtheaters, und engagierte sich in Aufsätzen und Vorträgen für die Abschaffung der Todesstrafe; vgl. *Ströher*,

Plakate gegen den Angeklagten tauchten auf;[617] der Innsbrucker Servitenpater Anselm Wimmer predigte vor rund 800 Gläubigen gegen Menschen „mit totem Gewissen“, wie es der Vatermörder Philipp Halsmann einer sei;[618] Staatsanwaltschaft, Verteidigung und die Familie des Angeklagten wurden mit Drohbriefen überhäuft.[619] Das Interesse der Medien war enorm, wobei vor allem die Tiroler Regionalzeitschriften Stimmung gegen den Angeklagten machten.[620] Im Gegensatz dazu standen beinahe alle Wiener Zeitungen – allen voran die *Neue Freie Presse* – auf der Seite Philipp Halsmanns, sodass sich die mediale Berichterstattung zu einem regelrechten Zeitungskrieg zwischen Innsbruck und Wien zuspitzte.[621]

Der zweite Prozess endete wiederum in einem aus objektiver Sicht kaum zu rechtfertigenden Schuldspruch; Halsmann wurde wegen Totschlags zu vier Jahren schweren Kerker verurteilt. Auch gegen das zweite Urteil erhob die Verteidigung Nichtigkeitsbeschwerde, die vom Obersten Gerichtshof diesmal aber verworfen wurde. In weiterer Folge setzten intensive Bemühungen ein, einen Freispruch durch Wiederaufnahme des Verfahrens oder zumindest eine Begnadigung Philipp Halsmanns zu erwirken. Bedeutende Persönlichkeiten nahmen öffentlich zugunsten Halsmanns Stellung; im Justizministerium langten unzählige Gnadengesuche aus dem In- und Ausland ein.[622]

Letztendlich wurde Philipp Halsmann von Bundespräsident Miklas begnadigt und daraufhin sofort des Landes verwiesen. Er ging zunächst nach Paris, wo er unter dem Namen Philippe Halsman eine höchst erfolgreiche Karriere als Fotograf einschlug; während des zweiten Weltkriegs floh

---

Richard Pressburger, in ÖAW (Hrsg), ÖBL 1815–1950 VIII (1981) 268. Siehe auch *Pollack*, Anklage (2002) 87–88.

617 *Haider*, Der Fall Philipp Halsmann. Vom Justizskandal zum Fernsehgeheimnis, Das Jüdische Echo 1990, 76; *Hofinger* in *Gehler/Sickinger* 13; *Pollack*, Anklage (2002) 225. Siehe auch TLA St3972/28, 2. Nichtigkeitsbeschwerde, eingelangt am 6. November 1929, n.pag., 31. Bogen.

618 *Pollack*, Anklage (2002) 199; *Pessler* in *ÖLfM* 75–76. Siehe auch TLA St3972/28, 2. Nichtigkeitsbeschwerde, eingelangt am 6. November 1929, n.pag., 31.–32. Bogen.

619 Eine kleine Auswahl dieser Briefe befindet sich im Akt der Innsbrucker Staatsanwaltschaft, TLA St3972/28. Siehe auch *Pollack*, Anklage (2002) 119.

620 Siehe insbesondere Absturz oder Mord?, Innsbrucker Nachrichten vom 13. September 1928, 6 und Der geheimnisvolle Todesfall im Zillertal, Innsbrucker Nachrichten vom 14. September 1928, 5; Der Vater vom eigenen Sohn erschlagen, Allgemeiner Tiroler Anzeiger vom 20. September 1928, 4.

621 Siehe dazu eingehend *Hofinger* in *Gehler/Sickinger*.

622 ÖStA, AVA, Justiz, Kart. 3402, Zl. 34417/1931 VI Akt Halsmann; *Pollack*, Anklage (2002) 279–280.

er vor den Nationalsozialisten in die USA. Berühmtheit erlangte er vor allem für seine eigenwilligen Portraits von Stars und Persönlichkeiten des öffentlichen Lebens, darunter Marilyn Monroe, Richard Nixon, Salvador Dali und Albert Einstein.[623]

Auch in akademischen Kreisen erregte der Prozess einiges Aufsehen. Schon während des ersten Prozesses hatten vier Professoren der Universität Innsbruck – Theodor Erismann, Alfred Kastil, Ferdinand Kogler, und Theodor Rittler – öffentlich die Meinung vertreten, dass Philipp Halsmann unschuldig sei und die Verteidigung durch Gutachten, Experimente zum Tathergang und Zuschriften an Gericht und Staatsanwaltschaft zu unterstützen versucht.[624] Aber auch über Innsbruck hinaus erregte der Fall das Interesse der Wissenschaft, wobei vor allem das im zweiten Prozess erstattete medizinische Gutachten der Professoren Meixner und Werkgartner und das psychiatrische Fakultätsgutachten[625] der Innsbrucker Medizinischen Fakultät im Brennpunkt der Kritik standen. Die große Anzahl einschlägiger Publikationen, die in den frühen Dreißigerjahren in Österreich und Deutschland zum Halsmann-Prozess erschienen, bieten ein eindrucksvolles Zeugnis der Intensität, mit der man sich damals mit dieser Thematik beschäftigte.[626]

Dass Hupka genauestens über die Ereignisse in Innsbruck Bescheid wusste, ist im Hinblick auf das große mediale Interesse kaum verwunderlich: Der detaillierten und teilweise recht tendenziösen Berichterstattung hätte sich auch ein weniger aufmerksamer Zeitungsleser, als Hupka es allem Anschein nach war, nicht entziehen können. Von Bedeutung ist sicherlich auch, dass gerade die von Hupka so sehr geschätzte *Neue Freie Presse* im Zuge der Ereignisse zum Sprachrohr der Unterstützer Halsmanns avancierte.[627] Darüber hinaus erinnert sich Ernst Ruzickas Sohn Martin Ross, dass der Prozess gerade in jenen Kreisen der des assimilierten jüdischen Großbürgertums, in denen die Hupkas verkehrten, rasch zum Tagesthema Nummer eins wurde.[628]

---

623 *Haider*, Das Jüdische Echo 1990, 77.

624 TLA St3972/28, Nachtrag zur Nichtigkeitsbeschwerde, n.d., eingelangt am 27. Dezember 1928; *Marbe*, Der Strafprozeß gegen Philipp Halsmann: aktenmäßige Darstellung und kriminalpsychologische Würdigung (1932) 101–107; *Pollack*, Anklage (2002) 120.

625 Das Gutachten ist im Volltext in *Gutmann*, Das Fakultätsgutachten im Fall Halsmann (Möglichkeit und Wahrscheinlichkeit): eine Kritik (1931) 10–26 abgedruckt.

626 Eine Auflistung von über zwanzig Publikationen findet sich in *Marbe*, Strafprozeß (1932) 5–6.

627 *Haider*, Österreichs Dreyfusaffäre: Der Fall Philipp Halsmann, in *Kainz* (Hrsg), Ein Stück Österreich: 150 Jahre „Die Presse“ 122 (123); *Hofinger* in *Gehler/Sickinger* 10 und 21.

628 *Ross*, The Philippe Halsmann Affair (1973) 16–17.

Wie genau es nun aber dazu kam, dass Hupka sich in der Causa Halsmann engagierte, lässt sich auf der Basis des vorhandenen Archivmaterials nicht restlos klären; wohl drängt sich aber eine Reihe plausibler Vermutungen auf. Wie auch sein Vorstoß gegen die ungerechtfertigte „Interpolationenjagd“ in der Digestenforschung zeigen wird,[629] war er ein Mann, der jede Art methodischer Schlamperei, jedes Verbiegen von Fakten zur Stützung einer wackeligen These, jede Abkürzung auf dem Weg zur Wahrheit, aufs Schärfste ablehnte – und derartige Schlampereien hatte es im Halsmann-Prozess nicht wenige gegeben: Nicht nur, dass dem Angeklagten die Ergebnisse des Untersuchungsverfahren verheimlicht und der Kontakt zu seinem Verteidiger verwehrt worden war, was freilich gerade im ersten Prozess fatale Folgen für die Strategie der Verteidigung hatte;[630] auch wichtige Beweismittel waren verloren gegangen oder zerstört worden;[631] Spuren waren nicht verfolgt worden; und die medizinischen Gutachten waren stellenweise so uneindeutig, dass der Oberste Gerichtshof auf eben dieser Basis das erste Urteil aufhob.[632] All diese – gerade in der *Neuen Freien Presse* anschaulich dokumentierten – Verfahrensmängel mögen an sich schon die irritierte Aufmerksamkeit eines engagierten Juristen auf sich gezogen haben. Dazu kam noch die eklatante Ungerechtigkeit, mit der der junge Mann im Gerichtssaal ebenso wie in den Medien behandelt wurde. Dies allein mag wohl schon ausreichend gewesen sein, um einen Mann von solch ausgeprägtem Gerechtigkeitsempfinden, wie Hupka es war, zu empörtem Handeln aufzurufen.

Darüber hinaus gab es aber auch noch andere Berührungspunkte. Richard Pressburger war ebenso wie Hupka Mitglied der Wiener Juristischen Gesellschaft und ihm daher zumindest aus diesem Grund bekannt.[633] Theodor Rittler, einer von Halsmanns bedeutendsten Innsbrucker Unterstützern, hatte zeitgleich mit Hupka bei Mitteis in Wien studiert.[634] Es ist also nicht von der Hand zu weisen, dass sich auch diese beiden Männer kannten und noch immer mit einander in Kontakt standen, wenngleich keine Belege für diese Annahme erhalten geblieben sind.[635] Darüber hinaus hatte sich auch

629 Siehe Zweiter Teil, Kapitel II.B.

630 *Pessler* in *ÖLfM* 36–38.

631 *Pollack*, Anklage (2002) 24; *Pessler* in *ÖLfM* 18–20 und 72.

632 TLA 6 Vr 1380/28; OGH 4 Os 18/29/7 (Abschrift von Abschrift). Siehe auch *Pollack*, Anklage (2002) 156.

633 *Reiter-Zatloukal/Schölnberger*, „Rechtsverstand und juristisches Gewissen.“ 150 Jahre Wiener Juristische Gesellschaft, in FS 150 Jahre Wiener Juristische Gesellschaft (2017) 1 (13).

634 *Vierhaus*, Deutsche Biografische Enzyklopädie VIII (2007) 453.

635 Der Nachlass Rittlers ist bis dato nicht öffentlich zugänglich. Entsprechende Anfragen an seine Enkelin wurden leider nicht beantwortet.

die Österreichische Liga für Menschenrechte, deren Mitglied Hupka war, schon vor ihrem ersten öffentlichen Protest nach Abweisung der zweiten Nichtigkeitsbeschwerde hinter den Kulissen für Halsmann engagiert.[636] Leider lässt sich nicht rekonstruieren, ob Hupka das Interesse der Liga auf den Prozess gelenkt hatte, oder umgekehrt das Engagement der Liga Hupka zum Handeln bewog;[637] denkbar ist jedenfalls beides. Als gesichert kann dagegen angesehen werden, dass Hupkas Bemühungen weit über jene der Liga hinausgingen.

Schon während des zweiten Prozesses hatte er mehrere Wochen in Innsbruck verbracht und bei dieser Gelegenheit wohl Kontakte zu Halsmann und seinen Verteidigern geknüpft.[638] Nach dem Scheitern der zweiten Nichtigkeitsbeschwerde zielten die Bemühungen seiner Unterstützer zunächst darauf ab, Halsmanns Freilassung aus der Haft zu erwirken. Um dies zu erreichen, entschied sich Hupka zu einem ungewöhnlichen Schritt: Wie auch Philipp Halsmanns Schwester Liouba hatte er zweifellos erkannt, dass innerhalb Österreichs wenig Unterstützung für Halsmann zu erwarten war. Während Liouba Halsmann durch ganz Europa reiste, um namhafte Persönlichkeiten für die Sache ihres Bruders zu gewinnen, wandte sich Hupka an die Journalistin, Übersetzerin und Salonière Berta Zuckerkandl, deren Schwester mit dem Bruder des französischen Premierministers Clemenceau verheiratet war und die ausgezeichnete Kontakte zur regierenden Elite Frankreichs hatte. In einem Brief an ihre Schwester schildert Zuckerkandl den Besuch des ihr bis dahin völlig unbekannten „Professor H.“, der bei ihr vorgesprochen hatte, um durch sie Unterstützung für Halsmann in Frankreich zu erwirken; die Schilderung des Prozesses, die sie ihrer Schwester zukommen lässt, ist ebenso faktisch ungenau wie menschlich rührend.[639]

Tatsächlich plante Bundeskanzler Schober kurz darauf eine Reise nach Paris und hatte – wie es die österreichische Regierung in diesen Tagen des

---

636 *Treiblmayr* in *Treiblmayr/Schmale* 242.

637 Die noch vorhandenen Reste des Archivs der Liga für Menschenrecht befinden sich zurzeit im QWien und sollen in den nächsten Jahren der Öffentlichkeit zugänglich gemacht werden. Leider ist der Großteil der Archivbestände aus den Jahren vor 1945 zerstört worden oder verloren gegangen (vgl. *Schmale/Treiblmayr*, Historische Mitteilungen 2015, 191). Ich danke Dr. Treiblmayr und Mag. Tretzmüller für Ihre Unterstützung bei der – letztendlich vergeblichen – Suche nach Hinweisen auf Hupkas persönlichen Beitrag zum Engagement der Liga zugunsten Halsmanns in diesen Beständen.

638 Persönliche Erinnerung der Tochter Hupkas, Marie Parkinson. Email von Andrew Parkinson an Klaus Taschwer, n.d. (persönliche Mitteilung von Klaus Taschwer).

639 Siehe dazu auch *Pollack*, Anklage (2002) 277–278.

Öfteren tat – Zuckerkandl gebeten, ihn zu begleiten und ihre französischen Kontakte zum Wohle Österreichs einzusetzen.[640] Während ihres Aufenthaltes in Paris kam es zu einem Treffen zwischen Schober und dem ehemaligen Premierminister Painlevé, der nicht nur zum engsten Freundeskreis Zuckerkandls gehörte, sondern auch schon in der Dreyfus-Affäre für den Angeklagten eingetreten war. Im Anschluss an das französisch-österreichische Treffen übergab Painlevé Zuckerkandl einen Brief an Schober mit der Bitte, dafür zu sorgen, dass dieser ihn auf direktem Wege erreiche und nicht in die Hände seiner Sekretäre fiele. In diesem Schreiben erinnerte er Schober daran, dass dieser dem französischen Politiker sein Ehrenwort gegeben hatte, sich für die Rettung Philipp Halsmanns einzusetzen. Ob Painlevés Unterstützung nur Hupkas Initiative geschuldet war, ist freilich fraglich: Kurz vor Schobers Besuch hatte auch Liouba Halsmann eine Unterredung mit dem ehemaligen französischen Premierminister gehabt, in welcher er ihr seine Unterstützung für ihren Bruder zugesichert hatte.[641] Auch die Ligue française pour la Défense des Droits de l'Homme et du Citoyen – die Mutterorganisation der Österreichischen Liga, die ihre Aktionen zur Unterstützung Halsmanns mit ihrer österreichischen Tochterorganisation koordinierte[642] – hatte Schober anlässlich seines Besuches ein an den Bundespräsidenten gerichtetes Gnadengesuch überreicht.[643]

Zuckerkandl überbrachte Schober das Schreiben – das sie zuvor gelesen hatte – persönlich.[644] In einem Brief an ihre Schwester schildert sie dessen Reaktion: Er sei bestürzt gewesen, so eindringlich an sein – wohl etwas übereilt gegebenes – Ehrenwort erinnert zu werden und habe gesagt, dass er, falls das Urteil gegen Philipp Halsmann bereits unterschrieben sei, nichts mehr unternehmen könne. Um sein Wort zu halten, habe er daraufhin mit

640 *Zuckerkandl*, Österreich Intim. Erinnerungen 1892 bis 1942 (2013), Brief Berta Zuckerkandl an Mme. Paul Clemenceau, 1929; siehe dazu auch *Taschwer* in *Koll* 478.

641 *Emanuel*, Philippe Halsman. A Personal Story. In Touch, the Newsletter of the American Friends of the Jewish Museum Hohenems 2008, 8 (11).

642 *Treiblmayr* in *Treiblmayr/Schmale* 242.

643 ÖStA, AVA, Justiz, Kart. 3402, Zl. 34417/1931 VI Akt Halsmann, Gnadengesuch der französischen Liga für Menschenrechte vom 18. Februar 1930. Das Gnadengesuch wurde im Mai 1930 vom Bundeskanzleramt an den Bundespräsidenten und an das Justizministerium zur Stellungnahme weitergeleitet. Letzteres teilte mit, dass lediglich der Verurteilte, dessen Verteidiger, Ehegatte und nahe Angehörige zur Stellung eines Gnadengesuches legitimiert seien und dass deshalb keine Verfügung zu treffen sei, zumal auch ein Gnadengesuch der Mutter und Schwester Halsmanns sich gerade in Bearbeitung befinde.

644 *Zuckerkandl*, Österreich Intim (2013), Brief Berta Zuckerkandl an Kunwald, 1930–31.

Justizminister Slama telefoniert und danach erklärt, dieser habe das „Urteil“ noch nicht unterschrieben; Schober habe daraufhin mit Slamas Einverständnis erwirkt, dass die Angelegenheit nicht dem zuständigen Minister sondern dem Bundespräsidenten vorgelegt werde. Miklas werde dafür sorgen, dass Halsmann freikommen werde. „Zwei Jahre bereits kämpften Männer von hohem geistigen Rang, allen voran Professor H., für die Ehre und das Leben eines Unschuldigen. Ich bin froh, Briefträger eines Schicksals gewesen zu sein.“, resümiert Zuckerkandl.[645]

Die Schilderung ist ebenso interpretationsbedürftig wie Zuckerkandls Darstellung des Prozesses: So war es wohl kein Urteil, das auf die Unterschrift des Justizministers wartete, sondern die Entscheidung über eines der zahlreichen Gnadengesuche, die in diesen Monaten im Justizministerium eintrafen;[646] naheliegender Weise wohl jenes, das Liouba und Ita Halsmann kurz davor an den Bundespräsidenten gerichtet hatten, da Philipp Halsmann in der Haft an Tuberkulose erkrankt war. Tatsächlich fällt auf, dass dieses Gesuch als einziges dem Justizminister Anlass zu eingehender Auseinandersetzung gab, wobei dies anscheinend nicht aufgrund des nahen verwandtschaftlichen Verhältnisses zwischen Antragstellerinnen und Verurteiltem, sondern aufgrund einer Anfrage aus dem Bundeskanzleramt geschah.

Im Akt Halsmann befindet sich eine an die Präsidentschaftskanzlei gerichtete und vom deutschnationalen Justizminister Slama unterfertigte ausführliche Gegendarstellung zu den im Schreiben der Ita und Liouba Halsmann enthaltenen Schilderungen: Der Anstaltsarzt der Gefangenenanstalt Stein, wo Philipp Halsmann seine Freiheitsstrafe verbüßte, habe keine Anzeichen für Tuberkulose feststellen können. Nach einer für Halsmann wenig günstigen Zusammenfassung der beiden Prozesse wird betont, dass die Hauptverhandlung „mit peinlichster Objektivität“ durchgeführt worden sei; es läge „nicht der geringste Anhaltspunkt für die Annahme vor, dass die Geschwornen [sic] bei der Fällung ihres Wahrspruches der Stimme der Abneigung gegen den Angeklagten Gehör gegeben“ hätten; daher „können ernstliche Bedenken gegen die Richtigkeit des Schuldspruchs nicht bestehen“. Philipp Halsmann sei daher „nicht schlechter, aber auch nicht besser zu behandeln als jeder andere Rechtsbrecher“. Erst nach Verbüßung der Hälfte seiner Haftstrafe könne „seine Einbeziehung in die periodischen Gnadengesuche in Erwägung gezogen werden.“ Als frühestmöglicher Termin sei daher September 1930 in Betracht zu ziehen.[647]

---

645 *Zuckerkandl*, Österreich Intim (2013), Brief Berta Zuckerkandl an Mme. Paul Clemenceau, 1930–31.

646 *Haider*, Das Jüdische Echo 1990, 79.

647 ÖStA, AVA, Justiz, Kart. 3402, Zl. 34417/1931 VI Akt Halsmann, Slama an Präsidentschaftskanzlei vom 13. Juni 1930; siehe auch *Haider*, Das Jüdische

Hupka setzte inzwischen seine Bemühungen, Halsmanns Begnadigung zu erwirken, fort. Unterstützung erhoffte er sich unter anderem von seinem Freund Karl Hirsch, der Sektionsrat im Bundeskanzleramt war. In einem Brief geht er kurz auf seine Motivation ein: „Ihnen, verehrter Freund, der Sie mich seit mehr als dreissig Jahren kennen, brauche ich nicht zu versichern, dass ich an dieser traurigen Angelegenheit weder ein privates noch ein ‚politisches' sondern das einzig menschliche Interesse habe, einem zweifellos unschuldig Verurteilten zu helfen, damit er nicht phisisch [sic] und psychisch zugrunde geht, bevor es gelingt, seine Unschuld vor der Welt zu beweisen."[648] Hupka wies Hirsch insbesondere auf Halsmanns Briefe aus der Haft an eine Freundin hin, die 1930 im Druck erschienen waren. Diese fand Hupka zwar „recht peinlich, besonders durch die geradezu exhibitionistische Vollständigkeit";[649] gleichwohl erschienen sie ihm „in ihrer Gesamtheit als ein lückenloser und zwingender Unschuldsbeweis": „Stünden die Hüter des Strafrechtes auf der Höhe der psychologischen Wissenschaft, dann wäre dieses erschütternde ‚Monument humain' eine besonders qualifizierte ‚neue Tatsache', die zur Wiederaufnahme und zur Freisprechung führen müsste. Aber von solchen Auffassungen sind wir leider noch sehr weit entfernt," schrieb er an Hirsch. Sigmund Freud, dem Hupka das Buch übersandt hatte, habe sich Hupkas Einschätzung angeschlossen: „Ich habe, während ich den Prozess gegen Ph.H. verfolgte, niemals an seiner Schuldlosigkeit gezweifelt. Die Lektüre hat mich also nichts Neues gelehrt. Ich sehe ohne Ueberraschung, dass nicht ein Satz den Vatermörder verrät, nicht eine Zeile der Vorstellung widerspricht, die man sich von dem unschuldig in so schrecklichen Verdacht geratenen gemacht hat. […] Natürlich bitte ich sich dieses Urteiles ohne Einschränkung zu bedienen."[650]

Auch seinen langjährigen Bekannten Josef Redlich,[651] der mit Bundeskanzler Schober befreundet war, konnte Hupka als Unterstützer in der Causa Halsmann gewinnen. Als der Journalist Ernst Klebinder,[652] mit dem Hupka

---

Echo 1990, 76. Am Ende des Schreibens findet sich der Hinweis, dass die Darstellung des Prozesses nur auf den Angaben der Staatsanwaltschaft beruhe. Von einer Herbeischaffung der Akten habe man Abstand genommen, um öffentliches Aufsehen zu vermeiden.

648 ÖStA, AdR, Bundeskanzleramt, Korr. 2.451/1930, Brief Josef Hupka an Karl Hirsch vom 2. September 1930.

649 Man hatte bewusst Auslassungen vermieden, um nicht den Eindruck zu erwecken, verdächtige Äußerungen des jungen Mannes unterdrücken zu wollen.

650 ÖStA, AdR, Bundeskanzleramt, Korr. 2.451/1930, Brief Josef Hupka an Karl Hirsch vom 2. September 1930.

651 Zu Redlich siehe auch Zweiter Teil, Kapitel III.C.

652 Zu Klebinder siehe auch Erster Teil, Kapitel II.G.

offenbar in Kontakt stand, aus verlässlicher Quelle in Erfahrung gebracht hatte, dass sich Ignaz Seipel vehement gegen die Begnadigung Halsmanns ausgesprochen habe,[653] wandte sich Hupka – der zu diesem Zeitpunkt noch mit seiner Familie in Unterach weilte – Hilfe suchend an Redlich: „erledigung bewusster angelegenheit von einflussreichster politischer seite schwer gefährdet erbitte womöglich neuerlichen eventuell telegrafischen appell“, heißt es in einem Telegramm vom 11. September 1930.[654] Redlich leitete Hupkas Telegramm umgehend an den Bundeskanzler weiter: Ob der Inhalt der Wahrheit entspreche, könne er nicht beurteilen; er sei aber „überzeugt, dass es ein schweres Unrecht wäre, in einem solchen Falle ‚politische‘ – d.h. parteimässige Einflussnahme noch mehr wirksam sein zu lassen, als ihr das ohnehin bisher gestattet war.“[655]

Hupka ließ es aber keineswegs dabei bewenden, durch Dritte Einfluss auf die Angelegenheit zu nehmen, sondern wandte sich auch persönlich an die Präsidentschaftskanzlei: „In den letzten Septembertagen wurde beim Kabinettsdirektor von verschiedenen Seiten und zwar von Professor Dr. Hupka der juridischen Fakultät der Universität und von Regierungsrat Klebinder der Sonn- und Montagszeitung wiederholt zugunsten Halsmann’s mit großem Nachdrucke interveniert“, heißt es in den Akten. Der Kabinettsdirektor ließ die beiden wissen, dass der Bundespräsident über die Angelegenheit eingehend informiert sei und „nach Abwägung aller Umstände bereit [sei], Halsmann nach Ablauf der halben Strafzeit zu begnadigen, wie dies ja in sehr vielen Fällen auch sonst bei Vorhandensein triftiger Gründe geschehe.“[656] Schlussendlich erfolgte die Begnadigung tatsächlich zu dem bereits von Slama avisierten Zeitpunkt: Am 30. September 1930 wurde Philipp Halsmann – als „letzter und menschlich schönster Akt der Regierung Schober“[657] – begnadigt und sofort des Landes verwiesen. Die Begnadigung erfolgte im Rahmen des dritten periodischen Gnadenakts von 1930, in dessen

---

653 Siehe dazu ÖStA, AdR, 01/PK, Akten der Präsidentschaftskanzlei, Z. 1470 (1930). Dies war seitens der Präsidentschaftskanzlei Klebinder gegenüber zwar dementiert worden, ein entsprechender Brief Seipels liegt aber den Akten bei (ÖStA, AdR, Akten der Präsidentschaftskanzlei, Brief Ignaz Seipel an Franz Slama vom 30. August 1930).

654 ÖStA, AdR, Bundeskanzleramt, Korr. 2.451/1930, Telegramm Josef Hupka an Josef Redlich vom 12. September 1930.

655 ÖStA, AdR, Bundeskanzleramt, Korr. 2.451/1930, Brief Josef Redlich an Karl Schober vom 12. September 1930.

656 ÖStA, AdR, 01/PK, Akten der Präsidentschaftskanzlei, Z. 1470 (1930).

657 *Hupka*, Die Nichtigkeit der Urteilsgrundlagen, in *Österreichisch Liga für Menschenrechte* (Hrsg), Der Fall Philipp Halsmann, 93 (129). Die Regierung trat am selben Tag aus anderen Gründen zurück.

Rahmen 120 Häftlingen die Hälfte ihrer Haftstrafe erlassen wurde.[658] Dass sich Halsmanns Name – allen politischen Querschüssen zum Trotz – auf der Liste der zu Begnadigenden fand, war wohl in nicht geringem Ausmaß der Beharrlichkeit zu verdanken, mit der sich Hupka für den jungen Mann eingesetzt hatte.

Für Josef Hupka war die Angelegenheit aber damit noch lange nicht erledigt. Während er bislang nur hinter den Kulissen für die Freilassung des jungen Mannes gekämpft hatte, trat er nach dessen Begnadigung erstmals an die Öffentlichkeit. In der *Neuen Freien Presse* vom 29. und 30. November erschien unter dem Titel „Fiat Iustitia. Für die Ehrenrettung Philipp Halsmanns" ein eindrucksvolles Plädoyer für eine Wiederaufnahme des Verfahrens, um das Urteil gegen den jungen Mann aus der Welt zu schaffen.[659] Hupka war freilich nicht der Einzige, der dies gefordert hatte: Schon eine Woche nach dem Schuldspruch hatte Jakob Wassermann in einem offenen Brief an den Bundespräsidenten die Aufhebung des Urteils verlangt.[660]

Ungeachtet des Titels ging es bei Hupkas Bemühungen nicht ausschließlich um die Ehre des Verurteilten, sondern um dessen berufliche Karriere und finanzielle Existenz: Nach seiner Verurteilung war es Halsmann verwehrt, seine Studien an der Dresdener Technischen Hochschule fortzusetzen und die geplante Karriere einzuschlagen.[661] Die Veröffentlichung dieses Artikels war in vielerlei Hinsicht ein mutiger Akt. Die Zeiten, in denen assimilierte Juden antisemitische Angriffe abwenden konnten, indem sie zum Christentum konvertierten, waren längst vorbei; dies hatten die Ereignisse an der Universität Hupka bereits mit aller Deutlichkeit vor Augen geführt. Die später in den Nürnberger Rassegesetzen kodifizierte Auffassung gewann zusehends an Bedeutung: Jude war, wer jüdische Vorfahren hatte.[662] Gerade im Halsmann-Fall kam noch dazu, dass die antisemitisch motivierte Animosität gegen den Angeklagten sich undifferenziert auch auf dessen Unterstützer erstreckt hatte. Selbst Erismann, Pessler und Rittler, allesamt nicht-jüdischer Abstammung, hatten unter Angriffen zu leiden gehabt;[663] umso unangenehmer konnte die

658 ÖStA, AdR, 01/PK, Akten der Präsidentschaftskanzlei, Schreiben von Franz Slama an Wilhelm Miklas vom 30. September 1930; Die Begnadigung Philipp Halsmanns, Neue Freie Presse vom 1. Oktober 1930, 8.

659 *Hupka*, Fiat Iustitia, Neue Freie Presse vom 29. November 1930, 3 und Neue Freie Presse vom 30. November 1930, 8.

660 *Wassermann*, Offener Brief an den Präsident der Republik, Neue Freie Presse vom 27. Oktober 1929, 1; siehe auch *Hofinger* in *Gehler/Sickinger* 22.

661 *Haider*, Das Jüdische Echo 1990, 81.

662 Siehe insbesondere Erster Teil, Kapitel I.B. und II.G.

663 *Pollack*, Anklage (2002) 263–264; zu Angriffen gegen Erismann siehe auch TLA 6 Vr 1380/28, Äußerung der Verteidigung zum Fakultätsgutachten vom 5. Juni 1929.

Situation für einen Mann wie Hupka werden. Das jüdische Großbürgertum Wiens hatte nach dem Scheitern der zweiten Nichtigkeitsbeschwerde zusehends das Interesse an Halsmann verloren: Man war dankbar, nicht weiter mit der antisemitischen Rhetorik, die der Prozess hervorgerufen hatte, konfrontiert zu sein, und vermied tunlichst, weitere Aufmerksamkeit zu erregen.[664] Von juristischer Seite verblieben als Unterstützer nur Halsmanns früherer Verteidiger Franz Pessler, der Wiener Rechtsanwalt Ernst Ruzicka, der zwar nicht offiziell in den Prozess involviert gewesen war, diesen aber genau verfolgt und sich in einigen Artikeln in der *Neuen Freien Presse* dazu geäußert hatte, und Hupka selbst.

Hupkas Artikel zeugt von der genauen Kenntnis der Prozessakten, Vernehmungsprotokolle und Beweise,[665] die der Verfasser wohl seinen Kontakten zum Verteidigungsteam Halsmanns zu verdanken hatte. Der Text ist außerordentlich klar strukturiert und größtenteils in nüchtern-sachlichem Ton gehalten; lediglich in kurzen Randbemerkungen und in der abschließenden Zusammenfassung wird die Empörung des Verfassers über die Ereignisse in Innsbruck spürbar. Eine Langfassung des Artikels erschien gemeinsam mit Pesslers Darstellung des Prozesses und einem Geleitwort Carl Brockhausens im folgenden Jahr auch in der Reihe der Schriften der Österreichischen Liga der Menschenrechte. Selbst die ansonsten weder Hupka noch Halsmann besonders zugetane *Reichspost* begrüßte das Erscheinen dieser Schrift, die „die Diskussion in die Bahn strenger Sachlichkeit“ zurückleite.[666] Viele der Kritikpunkte, die in weiterer Folge bei Bleuler, Gutmann, Marbe und Ruzicka Erwähnung finden, werden von Hupka bereits vorweggenommen.

Im ersten Teil des Textes wird unter der Überschrift „Die Nichtigkeit der Urteilsgrundlagen“ die Beweiswürdigung durch das Gericht einer eingehenden Kritik unterzogen und alle Indizien, die gegen die Schuld Philipp Halsmanns sprechen, aufgeführt und genau erörtert. Besonderes Augenmerk liegt hier auf dem völligen Fehlen von Blutspuren an Körper und Kleidung des jungen Mannes. Nun war Morduch Max Halsmann dem medizinischen Gutachten zufolge aber mit rund zwanzig Steinschlägen der Schädel regelrecht zertrümmert worden. Danach war der Sterbende einige Meter weit zum nahen Bach geschleift und mit dem Gesicht nach unten ins Wasser gelegt worden. Der Boden am Tatort war mit Blut getränkt, eine blutige Schleifspur führte von dort zum Bachufer; an den umstehenden Büschen fand man

664 *Ross*, Halsmann Affair (1973) 54; *Haider*, Das Jüdische Echo 1990, 77.

665 Siehe dazu auch *Gutmann*, Fakultätsgutachten (1931) 71, der Hupkas Artikel jenen Autoren gegenüberstellt, „die sich nur auf Zeitungsberichte stützen konnten“.

666 *Peinsipp*, Neues zum Fall Halsmann, Reichspost vom 3. Februar 1931, 8.

Blutspritzer und Spuren von Gehirnmasse.[667] Dass an Philipp Halsmann knapp nach seiner Verhaftung keinerlei Blutspuren gefunden worden waren, war schon von seinen Verteidigern im Zuge des zweiten Prozesses hervorgehoben worden. In seinem Vortrag über das medizinische Gutachten suchte Werkgartner nun aber, gerade diesen Umstand plausibel erscheinen zu lassen, indem er auf einen anderen Mordfall aus seiner Erfahrung verwies, bei dem die Mörderin ihr Opfer mit einer Axt getötet, selbst aber ohne Blutspuren davongekommen sei. Es komme, so Werkgartner vor Gericht, bisweilen vor, dass das Blut vom Täter wegspritze. „Man kann sich vorstellen", resümiert Hupka trocken, „daß die von ihm aufgestellte Hypothese eines neuartigen Ordals – sozusagen einer ‚negativen Mörder-Blutprobe' – auf die Männer aus dem Volke einen nicht geringen Eindruck gemacht haben mag."[668]

In weiterer Folge befasst sich Hupka eingehend mit jenem Umstand, der – neben den Äußerungen des medizinischen Gutachters – wohl am bedeutendsten für die Verurteilung Philipp Halsmanns gewesen war: Der Angeklagte hatte sich betreffend seinen Standort zum Zeitpunkt der Tat in Widersprüche verstrickt. Er hatte angegeben, dass sein Vater zurückgeblieben sei, um seine Notdurft zu verrichten, während er selbst den Weg allein fortgesetzt habe. Nach wenigen Minuten habe er einen „leisen Schrei" gehört, sich daraufhin umgedreht, und den Vater in merkwürdig gekrümmter Haltung den Abgrund herabstürzen gesehen. Daraufhin sei er sofort zurückgelaufen und habe seinen Vater schwer verletzt im Bach liegend vorgefunden. Seine Distanz zum Vater habe im Zeitpunkt des Absturzes wenige Schritte betragen; für den Rückweg habe er zwei bis fünf Minuten gebraucht. Dass diese Angaben schwer miteinander vereinbar sind, liegt klar auf der Hand und hatte schon im ersten Prozess Anlass zu Spekulationen gegeben. Erst im Lauf des zweiten Prozesses stellte sich heraus, dass Philipp Halsmann keineswegs sicher sagen konnte, wo er sich im fraglichen Zeitpunkt befunden hatte, sondern lediglich auf Drängen des Untersuchungsrichters beim Lokalaugenschein nach seiner Verhaftung einen Standort bezeichnet hatte, der ihm

667 TLA 6 Vr 1380/28; Medizinisches Gutachten Meixner/Werkgartner n. pag. (Kopie); siehe auch *Pessler* in *ÖLfM* 73–74. Eine eingehende Auseinandersetzung mit dem medizinischen Gutachten findet sich in *Langer*, Schrift, Bild und Stimme. Medien des Gutachtens im Fall Halsmann, in *Geisthövel/Hess* (Hrsg.), Medizinisches Gutachten: Geschichte einer neuzeitlichen Praxis 2017, 296 (301–310).

668 *Hupka*, Neue Freie Presse vom 30. November 1930, 9; siehe auch *Marbe*, Strafprozeß (1932) 43–44; *Bleuler*, Meinungsäusserung, in *Gutmann*, Das Fakultätsgutachten im Fall Halsmann (Möglichkeit und Wahrscheinlichkeit) (1931) 74 (93); *Pessler* in *ÖLfM* 73 und *Ruzicka*, Max Halsmanns Ermordung: der Schlüssel zur Wahrheit (1931) 100–103.

aufgrund der Sichtverhältnisse plausibel erschienen war. Bei der Wiederholung des Lokalaugenscheins im zweiten Prozess hatte man einen deutlich weiter entfernten Punkt entdeckt, von dem dasselbe Wegstück einsehbar war wie von der Stelle, die Halsmann zunächst angegeben hatte.

Die Verteidigung stellte sich infolge auf den Standpunkt, dass Halsmann in der verständlichen Aufregung, die auf den Absturz seines Vaters folgte, seinen genauen Standort schlichtweg vergessen hatte. Parallel dazu hatte schon Erismann, der bereits den ersten Prozess mitverfolgt hatte, eine Hypothese aufgestellt, die er auch dem Gericht mitgeteilt hatte: Im Unterschied zur Verteidigung ging er davon aus, dass Halsmann seinen Vater gar nicht abstürzen sehen hatte, sondern lediglich zurückgelaufen sei, weil ihm das lange Ausbleiben seines Weggefährten ungewöhnlich schien. Durch den Schock des Anblicks des Abgestürzten sei in seiner Fantasie das Bild des Stürzenden entstanden, das die tatsächliche Erinnerung an die Ereignisse überlagert hatte. Ein solcher Vorgang sei, so Erismann, in der psychologischen Fachterminologie als „positive Erinnerungslücke“ bekannt.[669]

Das Gericht hatte daraufhin ein Gutachten der Innsbrucker Medizinischen Fakultät angefordert, in dem es die Frage stellte, ob eine solche positive Erinnerungslücke bei Philipp Halsmann vorliege. Hupka schildert kurz diese Ausgangslage, bevor er zu einer eingehenden Kritik des Fakultätsgutachtens gelangt. Dieses hatte die Frage des Gerichtes verneint und vor allem an der Hypothese Erismanns scharfe Kritik geübt; als Begründung hatte man angeführt, dass bei Erinnerungslücken ein klarer Unterschied zwischen jenen zu machen sei, die sich auf die Zeit vor einem „Affektstoß“ beziehen, und jenen, die zeitlich nach diesem Ereignis liegen. Erstere seien höchst unwahrscheinlich; Letztere kämen hingegen mit weitaus größerer Häufigkeit vor. Die Verteidigung stellte sich im zweiten Prozess nun in Abkehr von der Erismann'schen Hypothese auf den Standpunkt, dass der Sohn seinen Vater sehr wohl hatte abstürzen sehen und deshalb zurückgelaufen war. Die Fakultät hatte das bereits vor Beginn des zweiten Prozesses erstattete Gutachten daraufhin um die Feststellung ergänzt, dass es eine „willkürliche und der Alltagserfahrung widersprechende“ Annahme sei, dass Philipp Halsmann etwas, das so knapp auf den schockierenden Eindruck des abstürzenden Vaters folgte, vergessen haben könne, obwohl er sich an andere Details seines Rückweges erinnere.

Den „unüberbrückbaren Widerspruch“, der diesen Feststellungen innewohnt, hebt Hupka in aller Deutlichkeit hervor.[670] Auch betont er, dass das

669 TLA 6 Vr 1380/28, Äußerung der Verteidigung zum Fakultätsgutachten vom 5. Juni 1929; *Marbe*, Strafprozeß (1932) 102–107.

670 *Hupka*, Neue Freie Presse vom 29. November 1930, 4; siehe dazu eingehend *Marbe*, Strafprozeß (1932) 80–83.

Gutachten in einem wesentlichen Punkt lückenhaft war: So hatten die Gutachter zwar ausgeführt, dass sich Philipp Halsmann im fraglichen Zeitpunkt in einem Zustand körperlicher Erschöpfung befand, aber sich nicht damit auseinandergesetzt, welche Auswirkungen dieser Ermüdungszustand auf seine Wahrnehmung und sein Erinnerungsvermögen hatte.[671] Auch die teilweise sehr tendenziösen Formulierungen des Gutachtens – „Man glaubt, den Staatsanwalt zu hören!" – finden in Hupkas Kritik Beachtung.[672] In einem Abschlusssatz wird noch ein Punkt aufgegriffen, der in den kommenden Jahren mehrfach Gegenstand einschlägiger Publikationen sein sollte, nämlich die Tatsache, dass das Gericht Psychiater zu Gutachtern bestellt hatte, obwohl die Fragestellung im Wesentlichen ein psychologisches Phänomen betraf.[673]

Der zweite Teil des Artikels befasst sich mit jenem Teil des Fakultätsgutachtens, der über die gerichtliche Fragestellung hinausging. Die medizinische Fakultät hatte im Anschluss an diese nämlich selbst noch weitere Fragen aufgeworfen und diese eingehend erörtert. Die erste Frage zielt darauf ab zu erklären, weshalb Philipp Halsmann, falls er der Täter war, selbst mit vollster Überzeugung seine Unschuld beteuern konnte. Das ursprüngliche Gutachten vertritt unter Berufung auf die Thesen Sigmund Freuds die Hypothese, dass der Angeklagte sie schlichtweg aus seinem Bewusstsein verdrängt haben könnte; dieser – von Hupka nicht zu Unrecht als „eigenartig" bezeichnete – Ansatz findet sich in der überarbeiteten Fassung des Gutachtens, die dann tatsächlich in der Verhandlung verlesen wurde, allerdings nicht mehr. Dennoch widmet Hupka ihm einige Zeilen, um durch die Diskussion dieser wissenschaftlich höchst fragwürdigen Passage des Gutachtens geschickt die Glaubwürdigkeit der Gutachter infrage zu stellen.[674]

Die zweite Frage der Innsbrucker Fakultät gilt dem Tatmotiv. Anhand ausgedehnter Zitate zeigt Hupka, in welch tendenziöser Sprache die Gutachter die charakterlichen Unterschiede zwischen dem extrovertierten, bisweilen prahlerischen Vater und dem stillen, in sich gekehrten Sohn darstellten,

---

671 *Hupka*, Neue Freie Presse vom 29. November 1930, S. 4; siehe dazu eingehend *Marbe*, Strafprozeß (1932) 49–91 und *Bleuler* in *Gutmann* 91.

672 *Hupka*, Neue Freie Presse vom 29. November 1930, S. 4. Zur tendenziösen Formulierung und Struktur des Gutachtens siehe auch insbesondere *Gutmann*, Fakultätsgutachten (1931) 28–31 und 52–54 sowie *Bleuler* in *Gutmann* 75–78.

673 *Hupka*, Neue Freie Presse vom 29. November 1930, S. 4; siehe auch TLA 6 Vr 1380/28, Äußerung der Verteidigung zum Fakultätsgutachten vom 5. Juni 1929; *Marbe*, Strafprozeß (1932) 122–147 und *Gutmann*, Fakultätsgutachten (1931) 40–52 und 62.

674 Siehe dazu auch *Marbe*, Strafprozeß (1932) 109–110 und *Bleuler* in *Gutmann* 82–83 und 92.

um dadurch die Tatbegehung durch Letzteren immerhin möglich erscheinen zu lassen. Zusätzlich findet Hupka im Gutachten wiederholt „bloße – in diesem Rahmen allerdings höchst gefährliche – Binsenweisheiten“, wie etwa die Feststellung, dass man aus wissenschaftlicher Sicht bei keinem Menschen eine Gewalthandlung für gänzlich ausgeschlossen erklären könne.[675] Besonders eingehend befasst sich Hupka mit dem Versuch der Gutachter, die „blindwütige Gewalteinwirkung“, die zum Tode des Vaters geführt hatte, mit dem sanftmütigen Naturell des Angeklagten zu vereinbaren. Als Erklärung hatte das Gutachten einerseits auf die charakterlichen Unterschiede zwischen den beiden Männern, andererseits auf den Zustand körperlicher Ermüdung, in dem sich der jüngere im Tatzeitpunkt befand, verwiesen. Man wisse aus den Erfahrungen des Ersten Weltkrieges, dass es unter dem Einfluss physischer Erschöpfung bisweilen zu Tätlichkeiten zwischen Soldaten derselben Seite gekommen sei, diese also Ausbrüche von Aggressivität hervorrufen könne. „Diese Argumentation und besonders die erschütternde Parallele zwischen einer Rauferei irgendwelcher Marschgenossen und einer förmlichen Massakrierung des eigenen Vaters macht jede Kritik überflüssig“, resümiert Hupka.[676]

Eine kurze Passage widmet Hupka auch einem besonders problematischen Passus des ersten Fakultätsgutachtens, in dem auf recht unwissenschaftliche Weise die Freud’sche Theorie des Ödipuskomplexes zur Erklärung der Tat herangezogen worden war: So räumten die Gutachter zwar ein, dass sich das Vorliegen eines solchen Komplexes bei Philipp Halsmann keineswegs beweisen ließe; gleichzeitig erklärten sie es aber für durchaus möglich, dass dieser eine Rolle bei der Tatbegehung gespielt haben könnte. Hupka betont, dass es Sache der Fachleute sei, zu beurteilen, wann „der Oedipuskomplex bei der Erforschung einer Bluttat überhaupt als eine nur mögliche Komponente in Betracht gezogen werden darf, und zumal dann, wenn die Täterschaft bloße Hypothese ist.“[677]

Das Ende des Artikels bildet eine knappe und bisweilen polemische Zusammenfassung des oben ausgeführten, die in der Art eines Plädoyers vor Gericht noch einmal die prägnantesten Mängel des Verfahrens und Schwachstellen der beiden Gutachten vor Augen führt und wiederholt die Unschuld Philipp Halsmanns in den Vordergrund der Aufmerksamkeit rückt. Hupka schließt mit einem emotionalen Appell an die Leserschaft: „Das Unglück, das Philipp Halsmann widerfahren ist, die Zerstörung seiner Jugend durch

675 *Hupka*, Neue Freie Presse vom 30. November 1930, 8.

676 *Hupka*, Neue Freie Presse vom 30. November 1930, 9; siehe dazu auch *Marbe*, Strafprozeß (1932) 16–27 und 53–68 und *Gutmann*, Fakultätsgutachten (1931) 36–38.

677 *Hupka*, Neue Freie Presse vom 30. November 1930, 9.

die Qual und Schmach einer zweijährigen Gefängnissklaverei, kann keine Macht wieder gutmachen. Aber es ist Ehrenpflicht des Staates, das *Unrecht* zu tilgen, daß ein grundlos verurteilter im öffentlichen Leben noch immer als Urheber eines schändenden Verbrechens gilt. Das gesetzliche Mittel zu seiner Rehabilitierung – die zugleich eine Rehabilitierung der *Justiz* bedeuten würde – ist gegeben und die rechtliche Voraussetzung auch."[678]

In seinem Artikel hatte Hupka an die „berufenen Fachleute" appelliert zu beurteilen, inwieweit der Ödipuskomplex zur Erklärung des Falles Halsmann herangezogen werden konnte.[679] Exakt zwei Wochen später konnte die *Neue Freie Presse* einen Artikel des „Berufensten" aller dieser Fachleute veröffentlichen: Sigmund Freud selbst nahm auf einer halben Seite sowohl zur Frage des Ödipuskomplexes als auch zu jener der „Verdrängung" eines Vatermordes durch den Täter Stellung. In beiden Punkten schließt er sich der Argumentation Hupkas an. Der Ödipuskomplex sei, so Freud, ein viel zu weit verbreitetes Phänomen, als dass man ihn zur Motivierung einer Gewalttat heranziehen könne, zumal die Innsbrucker Fakultät selbst eingeräumt hatte, dass unter den gegebenen Umständen gar nicht festgestellt werden konnte, ob ein solcher bei Philipp Halsmann vorlag. Nur wenn objektiv erwiesen wäre, dass Philipp Halsmann seinen Vater erschlagen hätte, könne man auf den Ödipuskomplex als Erklärung zurückgreifen; unter den gegebenen Umständen wirke der Hinweis darauf allerdings „irreführend"; die Erwähnung schlechthin sei „zum mindesten müßig".[680]

Noch deutlichere Worte findet Freud für die Theorie des verdrängten Vatermordes: Dies wäre bei einem geistig gesunden Menschen, wie Philipp Halsmann es der einstimmigen Ansicht aller Gutachter sei, „doch eine Seltenheit erster Ordnung".[681] Geschickt war es Hupka somit gelungen, gerade diese beiden Passagen des ersten Gutachtens – die ja in der endgültigen Fassung gar nicht mehr enthalten waren – in den Brennpunkt der öffentlichen Kritik zu rücken und so die Kompetenz der Innsbrucker Gutachter öffentlich infrage zu stellen. Ob Freuds Stellungnahme tatsächlich nur – wie der einleitende Paragraph es suggeriert – der Lektüre von Hupkas Artikel geschuldet war, lässt sich nicht mehr mit Sicherheit rekonstruieren; durchaus denkbar ist auch, dass Hupka – der ja mit Freud in Kontakt stand und sich auch vor

678 *Hupka*, Neue Freie Presse vom 30. November 1930, 9; Hervorhebungen im Original.

679 *Hupka*, Neue Freie Presse vom 30. November 1930, 9.

680 Neue Freie Presse vom 14. Dezember 1930, 13; siehe auch *Galtier*, „La psychologie est une arme à double tranchant": Sigmund Freud et l'expertise judiciaire. Droit et Cultures (Online) 2011, n.pag.

681 Neue Freie Presse vom 14. Dezember 1930, 13; siehe auch *Galtier*, Droit et Cultures (Online) 2011, n.pag..

der Veröffentlichung seines eigenen Artikels mit ihm beraten hatte[682] – sich auch persönlich darum bemüht hatte, den großen Gelehrten zu einer öffentlichen Wortmeldung zu bewegen.[683] Es war dies jedenfalls das einzige Mal, dass Freud zu einem Kriminalfall Stellung nahm, obwohl er auch von anderer Seite wiederholt darum gebeten wurde.[684]

Aber auch die Gegenseite hatte das letzte Wort noch nicht gesprochen. Der Herausgeber der *Monatsschrift für Kriminalpsychologie und Strafrechtsreform* Hans von Hentig war kurz vor der Veröffentlichung von Hupkas Artikel an das Institut für die gesamte Strafrechtswissenschaft und Kriminalistik herangetreten und hatte eine „objektive, aktenmäßige Darstellung des Falles“ angeregt. Diese würden „die Interessen der so hart angegriffenen Rechtsprechung“ vielleicht sogar fordern, „um eine von Riga her unternommene Propaganda im Keim zu ersticken.“ Der Vorstand des Institutes war ausgerechnet Hupkas langjähriger Widersacher Gleispach, der dieser Bitte „durch einen seiner Mitarbeiter gerne nachkommen lassen“ wollte. Ein Ansuchen um Aktenversendung an das Institut war vom Landesgericht Innsbruck allerdings nicht beantwortet, sondern an das Justizministerium weitergeleitet worden.[685]

Am 4. Dezember – fünf Tage nach Erscheinen von Hupkas Artikel – richtete Gleispach daraufhin einen Brief an das Ministerium, in dem er seinen Wunsch, einen wissenschaftlichen Artikel über den Prozess verfassen zu lassen, näher ausführt. Darin solle keineswegs das Urteil des Landesgerichts überprüft werden; es gehe ihm lediglich darum, eine objektive Darstellung der Ereignisse zu geben, da eine solche „bisher nicht veröffentlicht worden“ sei. Obwohl Hupkas Name nicht genannt wird, sind Gleispachs Andeutungen kaum misszuverstehen. Insbesondere weist er darauf hin, dass es sei nicht Sache eines Rechtswissenschaftlers sei, „sich etwa in eine Abschätzung des Beweiswertes einzelner Beweismittel oder in eine Beurteilung der Beweisfrage überhaupt einzulassen“ – wie Hupka es ausführlich getan hatte.

---

682 Siehe dazu die Bemerkungen von Freuds englischem Herausgeber und Übersetzer James Strachey in *Freud*, The Standard Edition of the Complete Psychological Works (1929–31) VIII (1961) 251 Fn 1, zitiert in *Weiss*, Bearing False Witness: Psychiatric Testimony in Austria, 1928–29, Journal of Psychiatry & Law 2012, 185 (206); *Haider* in *Kainz* 124.

683 Es war dies übrigens das einzige Mal, dass sich Freud zu einer öffentlichen Stellungnahme zu einem Strafverfahren überreden ließ, obwohl er auch in anderen Fällen darum gebeten worden war; vgl. *Weiss*, Journal of Psychiatry & Law 2012, 206.

684 *Weiss*, Journal of Psychiatry & Law 2012, 207.

685 ÖStA, AVA, Justiz, Kart. 3402, Zl. 34417/1931 VI Akt Halsmann, BM für Justiz, GZ 37.861 – 4/30.

„[D]er Versuch, an die Stelle eines gerichtlichen Urteils über Beweisfragen ein schriftstellerisches Urteil lediglich auf Grund von Aktenstudium zu setzen“ könne „wissenschaftlich überhaupt nicht gerechtfertigt werden“.[686] Gericht und Ministerium kamen allerdings überein, dass eine Versendung der Akten an das Institut aus Sicherheitsgründen nicht genehmigt werden könne; Gleispachs Mitarbeiter wurde aber eingeladen, in Innsbruck Einsicht in die Prozessakten zu nehmen.[687]

Tatsächlich veröffentlichte der Gerichtspsychiater Heinrich Herschmann, der auch am Institut für Strafrecht lehrte,[688] 1931 einen Aufsatz in der *Monatsschrift*,[689] in dem er versuchte, die von Hupka wegen der Ödipus-Argumentationslinie gegen die Fakultät erhobenen Vorwürfe zu entkräften und sich dafür aussprach, Psychologen im Strafprozess – wenn überhaupt – nur auf dem Gebiet der Aussagenpsychologie zuzulassen. Dieser basierte auf einem Vortrag, den er bei der Sitzung der österreichischen Landesgruppe der internationalen kriminalistischen Vereinigung gehalten hatte; Gleispach in seiner Funktion als Vorsitzender der Vereinigung hatte Herschmanns Meinung lebhaft beigepflichtet.[690]

Aber auch abseits der öffentlichen Aufmerksamkeit unterstützte Hupka die Bemühungen, eine Wiederaufnahme des Verfahrens zu erwirken. Zu Beginn des Jahres 1931 hatte Pessler begründete Hoffnungen gehegt, dass es zu einer Wiederaufnahme des Verfahrens von Amts wegen kommen könnte.[691] Zum einen hatte nämlich Werkgartner nach Ende des Prozesses öffentlich Äußerungen getätigt, die sein Gutachten gerade im Hinblick auf das viel diskutierte Fehlen von Blutspuren an Körper und Kleidung des Angeklagten infrage stellten.

So räumte der Gutachter nach Ende des Prozesses anlässlich eines Vortrages im Rahmen der kriminalistischen Vereinigung ein, dass er im Falle Halsmanns im Hinblick auf das Fehlen von Blutspuren die Unschuld des

---

686 ÖStA, AVA, Justiz, Kart. 3402, Zl. 34417/1931 VI Akt Halsmann, Brief Wenzeslaus Gleispach an das Bundesministerium für Justiz vom 4. Dezember 1930.

687 ÖStA, AVA, Justiz, Kart. 3402, Zl. 34417/1931 VI Akt Halsmann, BM für Justiz, GZ 37.861 – 4/30.

688 *Staudigl-Ciechowicz* in *Olechowski/Ehs/Staudigl-Ciechowicz* 451 – dort irrtümlich Hermann Herschmann, fachliche Spezialisierung und Lebensdaten stimmen allerdings mit jenen Heinrich Herschmanns überein.

689 *Herschmann*, Über psychiatrische und psychologische Sachverständigentätigkeit im Indizienprozeß, Monatsschrift für Kriminalpsychologie und Strafrechtsreform 1932, 351. Siehe auch *Marbe*, Strafprozeß (1932) 137.

690 *Herschmann*, Monatsschrift für Kriminalpsychologie und Strafrechtsreform 1932, 361–362. Siehe auch *Marbe*, Strafprozeß (1932) 137.

691 TLA St3972/28, Briefe von Ernst Ruzicka an Franz Pessler vom 9. April und 29. Mai 1931.

Angeklagten weitaus wahrscheinlicher halte als dessen Schuld und dass man, „[h]ätte man die Diskussion vor den Geschworenen anders geführt“, diese wohl leicht davon überzeugen hätte können, dass der Mörder Morduch Max Halsmanns nicht ohne Blutspuren davongekommen sein konnte.[692] Auch die im Gutachten enthaltene Feststellung, dass man Blutspritzer auf der dunkelbraunen Hose des Angeklagten leicht übersehen hätte können, musste Werkgartner bei dieser Gelegenheit revidieren: Auf Nachfrage Hupkas, der dem Vortrag beigewohnt und sich an der anschließenden Diskussion lebhaft beteiligt hatte, musste er zugeben, Philipp Halsmanns Hose – die in Wahrheit aus hellgrauem Stoff war – nie gesehen, geschweige denn untersucht zu haben.[693]

Darüber hinaus hatte Werkgartner inzwischen bestätigt, dass es sich bei dem von ihm genannten Fall um den Mordfall Kudisch handelte, der in wichtigen Einzelheiten völlig anders gelagert war, als er vor Gericht anklingen hatte lassen: so hatte die mutmaßliche Täterin ihr Opfer nicht mit einer Axt sondern mit diversen Küchenutensilien getötet, wobei weit weniger Schläge geführt worden waren als im Fall Halsmann. Auch hatte sie während der Tat eine Schürze getragen, auf der man nach der Verhaftung zwei Tage nach der Tat mittels chemischer Analysen tatsächlich einige wenige Blutspritzer gefunden hatte. Trotzdem war Kudisch freigesprochen worden. Keines dieser Details war vor Gericht erwähnt worden, sodass bei den Geschworenen ein höchst missverständlicher Eindruck entstanden sein musste.[694] „Das ärztliche Gutachten hat seit dem Urteil eine starke Wendung erfahren. Gleichen Anspruch hätte das Menschenschicksal, das auf diesem Gutachten beruht“, resümierte Ruzicka.[695]

Der zweite Beweggrund für eine Wiederaufnahme war noch um einiges spektakulärer: Wenige Tage nach Verwerfung der Nichtigkeitsbeschwerde hatte Ruzicka einen Brief erhalten. Absender war ein Mann, der unter dem Namen Johann Schneider auftrat, und der ihn bald darauf auch in seiner Kanzlei aufsuchte. Schneider gab zunächst an, dass er wisse, wer Halsmann senior getötet habe; kurz darauf gestand er, selbst der Mörder zu sein. Er

692 ÖStA, AVA, Justiz, Kart. 3402, Zl. 34417/1931 VI Akt Halsmann, Ansuchen Philipp Halsmanns an den Bundesminister für Justiz vom 15. Juni 1931; siehe auch *Ruzicka*, Die zweite Phase des Falles Halsmann. Prof. Werkgartners Vortrag über Halsmann, Der Morgen vom 29. Dezember 1930, 7.

693 *Ruzicka*, Der Morgen vom 29. Dezember 1930, 7.

694 ÖStA, AVA, Justiz, Kart. 3402, Zl. 34417/1931 VI Akt Halsmann, Ansuchen Philipp Halsmanns an den Bundesminister für Justiz vom 15. Juni 1931; siehe auch *Ruzicka*, Der Morgen vom 29. Dezember 1930, 8.

695 *Ruzicka*, Der Morgen vom 29. Dezember 1930, 8; siehe auch *Hupka*, Neue Aktenstücke im Fall Halsmann, Neue Freie Presse vom 19. Juli 1931, 5.

habe bereits versucht, sich der Polizei zu stellen, man habe ihm aber nicht geglaubt; Ruzicka solle ihm nun helfen, da ihm sein Gewissen keine Ruhe lasse und er nicht einen Unschuldigen für seine Tat verurteilt wissen wolle.[696] Tatsächlich war Schneider der Erste, der den Tathergang auf eine Weise beschreiben konnte, die alle Unklarheiten und Widersprüche beseitigte.[697] Auch hatte er Detailwissen, dass er – trotz der umfangreichen Berichterstattung – nicht aus den Medien erworben haben konnte.[698] Schneider war, nachdem Ruzicka Anzeige erstattet und mehrmals bei den zuständigen Behörden urgiert hatte, letztendlich verhaftet worden, hatte sein Geständnis aber zurückgezogen und auf ein augenscheinlich wasserdichtes Alibi verwiesen. Letztendlich unterstellte man ihm, er habe die Geschichte erfunden, um sich für die Wintermonate ein Dach über dem Kopf im Gefängnis zu sichern, und verurteilte ihn wegen Betruges zu 90 Tagen Haft.[699]

Ruzicka selbst hatte sich mit diesem Ausgang aber nicht zufriedengegeben. Schlussendlich gelang es ihm, Schneiders Alibi durch eigene Nachforschungen zu entkräften;[700] 1931 veröffentlichte er eine Schilderung der Ereignisse in einer Broschüre, die er auch der Staatsanwaltschaft Innsbruck zur Kenntnis brachte. Diese wiederum zeigte sich allerdings wenig beeindruckt: In einem Schreiben an Ernst Ruzicka heißt es knapp, dass seine Rekonstruktion von Schneiders Handlungen nicht „genügend und hinreichend erscheinen[,] weitere auf die Wiederaufnahme des Verfahrens hinzielende Schritte zu begründen."[701]

Auch die Causa Werkgartner verlief im Sand, wenngleich auf ungleich skurrilere Weise: Das Gericht konfrontierte Werkgartner auf Ansuchen der Staatsanwaltschaft mit den angeblich von ihm getätigten Aussagen und forderte ihn auf, eine gutachterliche Äußerung darüber abzugeben, ob unter diesen Umständen sein ursprüngliches Gutachten aufrechterhalten könne. Wenig überraschend sah Werkgartner keine Notwendigkeit, dieses zu revidieren. Für seine neuerliche gutachterliche Tätigkeit stellte er 40 Schilling in Rechnung.[702] Die Staatsanwaltschaft ließ es dabei bewenden.

---

696 *Ruzicka*, Max Halsmanns Ermordung (1931) 7–10.

697 *Ruzicka*, Max Halsmanns Ermordung (1931) 36 und 60–74; siehe auch Vor einer Wendung in der Halsmann-Affäre? Auf der Spur des Mörders, Neue Freie Presse vom 17. Juli 1931, 7.

698 *Ruzicka*, Max Halsmanns Ermordung (1931) 105–106.

699 *Ruzicka*, Max Halsmanns Ermordung (1931) 17–21.

700 *Ruzicka*, Max Halsmanns Ermordung (1931) 113–120.

701 TLA St3972/28, Brief der StA Innsbruck an Ernst Ruzicka vom 13. März 1931.

702 ÖStA, AVA, Justiz, Kart. 3402, Zl. 34417/1931 VI Akt Halsmann, Bericht der StA Innsbruck an das Justizministerium vom 2. Juli 1931 und Promemoria Prof. Hupka vom 9. Juni 1931; siehe auch *Hupka*, Neue Freie Presse vom 19. Juli 1931, 5.

Dennoch verlor man anfangs nicht die Hoffnung; in den folgenden Monaten gaben verschiedene Publikationen – darunter die eingehende Kritik des Professors für Psychologie Willy Gutmann am Fakultätsgutachten und die Broschüre, die Eduard Gamper zur Verteidigung eben dieses Gutachtens verfasst hatte – Anlass zur Annahme, dass die Staatsanwaltschaft die Wiederaufnahme beantragen werde.

Schlussendlich sahen sich die Unterstützer Halsmanns aber gezwungen, doch selbst Schritte zu unternehmen. Am 9. Juni 1931 sandte Hupka, der offensichtlich mit Pessler und Ruzicka in engem Kontakt stand, ein Dokument mit dem Titel „Die vereitelte Wiederaufnahme im Halsmann-Prozess“ an das Justizministerium. Dieses geht zunächst im Detail auf das Fehlen jeglicher Blutspuren an der Kleidung des Angeklagten und die Unterschiede zum Fall Kudisch ein. Auch Werkgartners spätere Äußerungen werden eingehend thematisiert, wobei er darauf hinweist, dass Werkgartner sein Gutachten zwar nicht revidiert, die ihm vorgeworfenen Äußerungen aber auch nicht bestritten hatte. Hupka zitiert auch das von der Staatsanwaltschaft an Ruzicka ergangene Schreiben, das er irrtümlich als „Bescheid“ bezeichnet. Abschließend wird die Vorgehensweise der Staatsanwaltschaft und des Landesgerichtes Innsbruck scharf kritisiert: „Die Behörde hat Professor Werkgartners subjektive *Meinung*, dass seine Aussage durch die neuen Tatsachen nicht erschüttert sei, als für die Wiederaufnahme *negativ entscheidend* betrachtet, hat also ihr *eigenes Urteil* über die *objektive Erheblichkeit* der behaupteten Widersprüche *vollständig ausgeschaltet. Es bleibt somit vorläufig wahr, dass das Blut vom Täter wegspritzt.*“[703]

Wenige Tage später sprach Hupka persönlich bei Vizekanzler Schober vor, mit der Bitte, der Vizekanzler möge darauf hinwirken, dass die Staatsanwaltschaft Innsbruck einer Wiederaufnahme des Verfahrens keine Steine in den Weg lege. In einem Schreiben ließ dieser Hupka jedoch mitteilen, dass das Landesgericht Hupkas eigenen Ausführungen zufolge bereits negativ über den Wiederaufnahmeantrag entschieden hatte, ein Eingreifen der Staatsanwaltschaft demnach also gar nicht mehr möglich sei. Wohl zur Aufklärung dieses Missverständnisses erschien Hupka tags darauf wiederum im Ministerium, wo er in einer Unterredung mit dem zuständigen Sektionschef Polzer die möglichen weiteren Schritte diskutierte.

Parallel zu Hupkas Bemühungen verfasste Pessler in Philipp Halsmanns Namen ein Ansuchen an das Justizministerium,[704] in dem die schon von Hupka geschilderten Wiederaufnahmegründe erneut dargelegt werden und

---

703 ÖStA, AVA, Justiz, Kart. 3402, Zl. 34417/1931 VI Akt Halsmann, Promemoria Prof. Hupka vom 9. Juni 1931 (Hervorhebungen im Original).

704 ÖStA, AVA, Justiz, Kart. 3402, Zl. 34417/1931 VI Akt Halsmann, Ansuchen Philipp Halsmanns an den Bundesminister für Justiz vom 15. Juni 1931.

die Bitte geäußert wird, das Ministerium möge der Staatsanwaltschaft Innsbruck den Auftrag erteilen, in dieser Angelegenheit tätig zu werden und eine Wiederaufnahme des Verfahrens zu beantragen. Hupka richtete tags darauf ein Schreiben an seinen Gesprächspartner: Er habe von Pesslers Initiative erst nachträglich erfahren, ersuche Polzer aber, dass dieser, wenngleich der von Pessler nun eingeschlagene Weg nicht der mit Hupka vereinbarten Vorgangsweise entspräche, seine „entscheidende Unterstützung nicht versagen" möge.[705] Am 19. Juli 1931 wandte sich Hupka mit seinen Ausführungen noch einmal an die Öffentlichkeit: Unter dem Titel „Neue Aktenstücke zum Fall Halsmann" veröffentlichte die *Neue Freie Presse* nach einer kurzen Einleitung weitgehend wortgleich Hupkas Eingabe an das Ministerium.[706] Auch dieser Versuch, Druck auf die zuständigen Stellen auszuüben, scheiterte.

Tatsächlich forderte man seitens des Ministeriums lediglich einen Bericht der Staatsanwaltschaft Innsbruck ein. Obwohl dieser als „keineswegs befriedigend" erachtet wurde, „da dem Kernpunkte der Sache ausgewichen w[u]rd[e]", sah das Ministerium keinen Anlass einzuschreiten, zumal Pessler und Ruzicka in der Zwischenzeit einen Wiederaufnahmeantrag eingebracht hatten, über den das Gericht noch zu entscheiden hatte.[707] Dieser sollte allerdings – ebenso wie drei weitere, die Pessler bis Ende des Jahres 1932 einbringen sollte – ohne Erfolg bleiben.[708]

Weitere Interventionen im Ministerium oder in der Presse unternahm Hupka trotzdem nicht mehr. Sein Interesse an einer Rehabilitierung Halsmanns blieb allerdings weiterhin bestehen. Auch in den folgenden Monaten blieb er mit Kritikern des Halsmann-Urteils in Kontakt und nahm reges Interesse an der wissenschaftlichen Diskussion zu den beiden Gutachten. So verbrachte etwa Karl Marbe während der Entstehung seiner Arbeit zum Halsmann-Prozess im Spätsommer 1931 einige Tage bei Hupka in Wien, um „über diese mit [ihm] zu conferieren" und mithilfe des Wiener Rechtswissenschaftlers Kontakte zu anderen Unterstützern Halsmanns zu knüpfen. Tatsächlich übernimmt Marbes Schrift weitgehend die Argumentation Hupkas und führt diese insbesondere in Bezug auf das Fakultätsgutachten näher aus. „Mein Mann setzt große Hoffnungen auf das Erscheinen dieser Arbeit," schrieb Hermine Hupka einer Bekannten.[709]

---

705 ÖStA, AVA, Justiz, Kart. 3402, Zl. 34417/1931 VI Akt Halsmann, Brief Josef Hupka an Sektionschef Polzer vom 16. Juni 1931.

706 *Hupka*, Neue Freie Presse vom 19. Juli 1931, 5.

707 ÖStA, AVA, Justiz, Kart. 3402, Zl. 34417/1931 VI Akt Halsmann, Aktennotiz vom 10. Oktober 1931.

708 TLA St3972/28, Tagebuch zum Prozess gegen Philipp Halsmann.

709 Brief Hermine Hupka an Elisabeth Kaefer vom 18. September 1931.

Auch diese Hoffnungen erwiesen sich schlussendlich als unbegründet. Das Philipp Halsmann geschehene Unrecht blieb ungetilgt; nach dem Zweiten Weltkrieg war eine Wiederaufnahme des Verfahrens – obgleich die Überzeugung von der Unschuld Philipp Halsmanns zusehends Platz griff – nicht mehr anzudenken, da ein zu großer Teil der Prozessakten verschwunden war.[710] Von offizieller Seite ließ man die Angelegenheit also ruhen; auch das wissenschaftliche und journalistische Interesse am Prozess flackerte nur noch sporadisch auf. Erst 1973, als Ruzickas Sohn Martin Ross sich dafür einsetzte, Halsmann die Rückkehr nach Österreich zu ermöglichen, um das Grab seines Vaters zu besuchen, teilte man mit, dass die Verurteilung getilgt sei und einer Einreise nach Österreich nichts entgegenstünde.[711] Der bis dahin an der Innsbrucker Medizinischen Fakultät verwahrte Kopf Morduch Max Halsmanns, den man im Zuge der Obduktion abgetrennt hatte, um ihn im Gerichtssaal vorzuzeigen, wurde im Jahr 1991 auf Bestreben des Journalisten Hans Haider bestattet.[712]

Halsmann selbst bemühte sich, den Prozess aus seinem Leben zu verdrängen: Offizielle Biografien erwähnen ihn nicht, auch in Interviews sprach er nie darüber.[713] Den Kontakt zu seinen früheren Unterstützern brach Halsmann ab: Während des Zweiten Weltkriegs baten die Hupkas Halsmann brieflich um Unterstützung für ihren Sohn Robert, der 1939 in die USA emigriert war und dort eine Karriere als Fotograf einschlagen wollte. Sie erhielten nie eine Antwort.[714]

Hupkas Rolle ist in der umfassenden Literatur zum Halsmann-Prozess nur äußerst unzureichend aufgearbeitet: Die spärlichen Angaben, die sich zu Hupkas Rolle in dieser Causa finden, sind größtenteils irreführend, bisweilen sogar völlig falsch.[715] Dazu kommt noch, dass das Nachspiel des Prozesses und die Umstände, die zu Philipp Halsmanns Begnadigung führten, zumeist nur relativ kursorische Erwähnung finden, während die gescheiterten Bemühungen um die Wiederaufnahme des Prozesses oft völlig unerwähnt bleiben. Es ist das Schicksal erfolgloser Helden, nicht besungen zu werden; und doch ist eines hervorzuheben: Es war gerade zur damaligen Zeit alles andere

710 *Ross*, Halsmann Affair (1973) 59; *Pollack*, Anklage (2002) 304.
711 *Ross*, Halsmann Affair (1973) 65–66.
712 *Haider*, Das Jüdische Echo 1990, 75; *Haider* in *Kainz* 126.
713 *Haider*, Das Jüdische Echo 1990, 77; *Haider* in *Kainz* 125–126.
714 Persönliche Mitteilung von Stephen Parkinson, Email vom 19. Juli 2019.
715 So verweist Hans Haider etwa irrtümlich auf einen Briefwechsel Hupkas mit Ignaz Seipel (*Haider*, Das Jüdische Echo 1990, 81); bisweilen wird Hupka als Anwalt Halsmanns oder Mitglied seines Verteidigungsteams bezeichnet (vgl. z.B. *Weiss*, Journal of Psychiatry & Law 2012, 198; *Weinstein*, The Austrian Dreyfus Affair, Reform Judaism 2000, n.pag.; *Taschwer* in *Koll* 277).

als selbstverständlich, dass ein Mann, der weder persönlich noch beruflich dazu verpflichtet war, bereit war, sein Fachwissen, seine Kontakte und seine ohnehin knapp bemessene Zeit in den Dienst einer Sache zu stellen, die ihm selbst keinerlei Vorteile verschaffen konnte, sondern ihn als konvertierten Juden den Angriffen einer zunehmend antisemitischen Öffentlichkeit preisgab. Obwohl Hupkas Bemühungen nicht zu einer Rehabilitierung Halsmanns führten, stellen sie einen Akt bemerkenswerter und selbstloser Zivilcourage dar.

Zweiter Teil: Hupkas wissenschaftliches Oeuvre

„In all seinen Werken wird deutlich, dass Hupka weit über das österreichische Recht hinaus als Rechtswissenschaftler tätig ist; stets ist neben der Bemühung um sachgerechte Dogmatik ein rechtsvergleichender Blick und eine bewundernswerte Kenntnis des internationalen Meinungsstandes vorhanden; ein solides rechtshistorisches Fundament verbindet sich mit souveräner Beherrschung der alten Sprachen, aber auch der Weltsprachen des frühen 20. Jahrhunderts. Der Stil Hupkas ist sachlich, unprätentiös, zeitlos elegant."[716] Mit diesen Worten würdigt Franz-Stefan Meissel Hupkas heute zu Unrecht weitgehend vergessenes wissenschaftliches Oeuvre.

Zu Lebzeiten galt Hupka als Wissenschaftler von internationalem Format; seine häufigen Interventionen in Fragen des öffentlichen Lebens und Zeitgeschehens stellten darüber hinaus sicher, dass sein Name auch außerhalb juristischer Fachkreise bekannt war. Auch über seine engeren Fachgebiete hinaus schätzte man seine Expertise: So wurde er etwa 1924 – gemeinsam u.a. mit dem Zivilrechtler Oskar Pisko und seinem Lehrstuhlvorgänger Carl Samuel Grünhut – zum korrespondierenden Mitglied des neu gegründeten Zentralverbandes österreichischer Aktiengesellschaften gewählt;[717] im Jahr darauf fungierte er als Gutachter in einer Enquete des Verbands der Brotfabriken Österreichs über die Prinzipien der Kalkulation des – damals aufgrund der enormen Inflation stark steigenden und heiß umstrittenen – Brotpreises.[718]

Josef Hupkas Renommee lässt sich erahnen, wenn man Karl Wahles Besprechung des ersten OGH-Urteils 1933 zur Devisenverordnung 1922 liest: Der OGH hatte damals ausgesprochen, dass bei der Tilgung einer im Inland zahlbaren nichteffektiven Valutaschuld der wirkliche innere Wert der Fremdwährung und nicht der von der Nationalbank veröffentlichte Kurs der Umrechnung zugrunde zu legen sei.[719] Er entschied, dass der Schuldner nicht nur kein Recht habe, in seiner Heimwährung zum Nationalbankkurs zu zahlen, sondern dass aus der Devisenverordnung hervorgehe, dass die Devisenkurse der Nationalbank überhaupt nicht als „Wert" im Sinne der Art. 336 (2) HGB anzusehen seien. „*Dies ist kühn, aber vernünftig*", heißt

716 *Meissel* in FS Kranjc 307.

717 Gründung eines Zentralverbandes österreichischer Aktiengesellschaften, Neues Wiener Tagblatt vom 20. März 1924, 12.

718 Die Forderung nach staatlichen Richtpreisen. Eine Eingabe der Brotfabriken an die Regierung, Reichspost vom 10. Mai 1925, 14.

719 OGH 2 Ob 1023/32 vom 1. Februar 1933.

es bei Wahle, weil dadurch viele der Auslegungsschwierigkeiten, die die Verordnung aufwerfe, „praktisch gegenstandslos“ würden. Der Verfasser setzt hinzu: „Es dürfte nicht ohne Interesse sein, daß ein Jurist vom Range Prof. *Hupkas* diese Theorie schon vor Monaten im privaten Meinungsaustausch vertreten hat. Das zeigt, daß die vom OGH. gefundene Lösung sich auch wissenschaftlich mit gutem Gewissen verteidigen läßt.“[720]

In vieler Hinsicht kann Hupkas Werk mit Fug und Recht als zeitlos eingestuft werden: Seine Sprache ist ungeachtet seiner heute bisweilen altertümlich anmutenden Diktion klar und leicht verständlich, die Struktur seiner Schriften übersichtlich und logisch im Aufbau; theoretische Ausführungen veranschaulicht er mit zahlreichen Beispielen, die von seinem rhetorischen und didaktischen Geschick zeugen. Dass Bücher, die zu Beginn des zwanzigsten Jahrhunderts verfasst wurden, nicht sämtliche Lebenssachverhalte des einundzwanzigsten Jahrhunderts mitberücksichtigen können, muss kaum gesagt werden; aber oft lassen sich aus den von Hupka entwickelten Lösungsansätzen durchaus auch Erkenntnisse für von ihm noch nicht vorhergesehene Fragestellungen ableiten. Kaum „gealtert“ sind insbesondere Hupkas dogmatische und methodische Ausführungen sowohl zum geltenden wie auch zum römischen Recht.

In den folgenden Kapiteln sollen Hupkas Werke zusammenfassend vorgestellt und in den Kontext der damaligen und heutigen rechtswissenschaftlichen Literatur gesetzt werden. Abschließend sollen auch die Gründe, warum ein Gelehrter dieses Ranges so weitgehend in Vergessenheit geraten konnte, kurz skizziert werden.

I. Hupkas Studien zu Stellvertretung und Vollmacht

Das erste Rechtsgebiet, mit dem sich Hupka nach Abschluss seines Studiums eingehend befasste, war jenes der (gewillkürten) Stellvertretung. Es war dies eine Materie, die gerade in den letzten Jahrzehnten des 19. Jahrhunderts lebhaftes Interesse unter den deutschsprachigen Juristen geweckt hatte. Tatsächlich gehört das Vollmachtrecht zu den bedeutendsten Errungenschaften der deutschen Pandektistik;[721] seine geschichtliche Entwicklung soll zum

720 *Wahle*, Besprechung von OGH 2 Ob 1023/32 vom 1. Februar 1933, Die Rechtsprechung 1933, 25 (26) (Hervorhebung im Original); zu Wahle siehe *Meissel*, Wahle und die Arbeit der Rückstellungskommissionen, in FS Aicher (2012) 441.

721 *Meissel* in FS Kranjc 302; *Hupka*, Stellvertretung und Vollmacht nach deutschem bürgerlichen Recht, Allgemeine österreichische Gerichtszeitung 1902, 79; siehe dazu im Detail auch *Pawlowski*, Die gewillkürte Stellvertretung. Eine juristische Entdeckung der deutschen Rechtswissenschaft, JuristenZeitung 1996, 125 (125–126).

besseren Verständnis der Ausführungen Hupkas an dieser Stelle kurz skizziert werden.

Dem römischen Recht war die direkte Stellvertretung bei der Eingehung von obligatorischen Rechtsgeschäften noch fremd; als Beleg hierfür wird zumeist die Regel *alteri stipulari nemo potest* (Ulpianus libro 49 ad Sabinum D 45, 1, 38, 17) zitiert – niemand kann sich für einen anderen etwas versprechen lassen.[722] Erste Ansätze einer Anerkennung der gewillkürten Stellvertretung finden sich allerdings bereits bei den mittelalterlichen Glossatoren, die den Erfordernissen der rechtsgeschäftlichen Praxis durch geschickte Umgehungskonstruktionen Rechnung trugen.[723] Auch das kanonische Recht lieferte wichtige Impulse für die Entwicklung dieses Rechtsinstituts.[724]

Eine klare Abkehr von der römischrechtlichen Auffassung erfolgte allerdings erst im Zeitalter des Naturrechts: Bereits in den Schriften Hugo Grotius' findet sich die Anerkennung der gewillkürten Stellvertretung,[725] die für den Bereich des deutschen Rechts insbesondere von Samuel Pufendorf und Christian Thomasius aufgegriffen und verfeinert wurde.[726] Es überrascht demnach nicht, dass bereits die großen naturrechtlichen Kodifikationen – der Codex Maximilianeus bavaricus civilis von 1756, das Allgemeine Landrecht für die preußischen Staaten (ALR) von 1792, der französische Code civil von 1804,[727] sowie das österreichische Allgemeine Bürgerliche Gesetzbuch

---

722 Siehe dazu u.a. *Everding*, Die dogmengeschichtliche Entwicklung der Stellvertretung im 19. Jahrhundert (1951) 12; *Müller*, Die Entwicklung der direkten Stellvertretung und des Vertrags zu Gunsten Dritter. Ein dogmengeschichtlicher Beitrag zur Lehre von der unmittelbaren Drittberechtigung und Drittverpflichtung (1969) 14–16; *Dietz*, die Entwicklung des Rechts der unmittelbaren Stellvertretung bei obligatorischen Rechtsgeschäften in der deutschen Rechtswissenschaft des 19. Jahrhunderts (1957) 1–3; *Schmoeckel* im HKK (2003) 919; zur Stellvertretung im klassischen Römischen Rechts siehe *Elwan*, Die Stellvertretung in dogmengeschichtlicher und rechtsvergleichender Sicht (1962) 5–131; zum Recht des Corpus Iuris Justinians siehe insbesondere *Bauer*, Die Entwicklung des Rechtsinstitut der freien gewillkürten Stellvertretung seit dem Abschluß der Rezeption in Deutschland bis zur Kodifikation des BGB (1963) 2–9 und *Elwan*, Stellvertretung (1962) 144–146.

723 Im Überblick dazu *Bauer*, Entwicklung (1963) 10–11; im Detail *Müller*, Entwicklung (1969) 25–43; *Wesenberg*, Zur Behandlung des Satzes Alteri stipulari nemo potest durch die Glossatoren in FS Schulz II 259–267.

724 Eingehend dazu *Bauer*, Entwicklung (1963) 36–48; *Müller*, Entwicklung (1969) 61–72; siehe u.a. auch *Elwan*, Stellvertretung (1962) 160–163.

725 *Everding*, Entwicklung (1951) 21; *Müller*, Entwicklung (1969) 125, 130–131.

726 *Müller*, Entwicklung (1969) 132–135.

727 Zum französischen Recht siehe eingehend *Elwan*, Stellvertretung (1962) 201–231.

(ABGB) von 1811[728] – die direkte Stellvertretung explizit anerkannten, wenngleich – wie etwa in den §§ 1002 ff. ABGB – mitunter noch keine klare Trennung der gewillkürten Stellvertretung vom römischrechtlichen *mandatum*, dem Auftrag des modernen Rechts, erkennbar ist.[729]

Weder die Schriftsteller des Naturrechts noch jene des Usus Modernus Pandectarum[730] boten allerdings eine dogmatische Erklärung für die Zulässigkeit der direkten Stellvertretung; die Entwicklung eines theoretischen Unterbaus für das in der Praxis weitgehend als Gewohnheitsrecht anerkannte Rechtsinstitut[731] blieb somit der Pandektistik des 19. Jahrhunderts überlassen.

Zu Beginn des Jahrhunderts griff allerdings zunächst eine gegenläufige Strömung Platz: Durch die stärkere Rückbesinnung auf die römischen Quellen entstanden Theorien, die direkte Stellvertretung generell als logisch unmöglich, da mit dem Wesen der Obligation unvereinbar, ablehnten, sich deren Rechtswirkungen aber durch Umgehungskonstruktionen anzunähern suchten. Wichtigstes Beispiel hierfür ist die Zessionstheorie Christian Friedrich Mühlenbruchs, derzufolge ein Vertrag ursprünglich nur zwischen Stellvertreter und dessen Geschäftsgegner entsteht, die Klagemöglichkeit aus diesem Vertrag (und damit dessen rechtliche Wirkungen) aber unter gewissen Umständen auch ohne explizite Zession auf den Geschäftsherrn übergeht. Als bekannte Vertreter der Zessionstheorie mögen an dieser Stelle Friedrich Puchta, Adolph von Vangerow sowie anfangs auch Karl Friedrich Ferdinand Sintenis und Heinrich Thöl genannt werden.[732]

Umgekehrt bemühte sich die zeitgenössische Rechtswissenschaft aber auch, aus dem System des römischen Rechts heraus eine Stellvertretungstheorie zu entwickeln, die den Gegebenheiten und Anforderungen der modernen Praxis Rechnung trug. Wichtigsten Ausgangspunkt hierfür boten die

---

728 Zu den naturrechtlichen Kodifikationen siehe im Detail *Everding*, Entwicklung (1951) 26–37; *Bauer*, Entwicklung (1963) 64–89.

729 Bahnbrechend erwies sich der Schöpfer des ABGB Franz von Zeiler allerdings dadurch, dass er in weitaus größerem Maße als die bisherige Lehre der Unterscheidung zwischen Innen- und Außenverhältnis Rechnung trug; siehe dazu *Müller*, Entwicklung (1969) 141–143; *Schmoeckel* im HKK (2003) 921.

730 Zur Behandlung der direkten Stellvertretung im Usus Modernus Pandectarum siehe u.a. *Müller*, Entwicklung (1969) 111–121; *Bauer*, Entwicklung (1963) 26–35.

731 Siehe dazu u.a. *Dietz*, Entwicklung (1957) 18;

732 Siehe dazu eingehend *Everding*, Entwicklung (1951) 38–50; *Dietz*, Entwicklung (1957) 24–37; im Überblick u.a. auch *Elwan*, Stellvertretung (1962) 173–177; *Bauer*, Entwicklung (1963) 91–96; *Müller*, Entwicklung (1969) 155.

Vertretung durch gewaltunterworfene Personen (Sklaven, Hauskinder) im römischen Recht sowie das System der adjektizischen Klagen.[733]

Als bedeutendster Schritt zur Anerkennung der direkten Stellvertretung gilt gemeinhin die von Savigny erstmals in seinem *System des heutigen Römischen Rechts* (1840) vertretene Geschäftsherrentheorie. Diese betrachtet ihrem Namen gemäß den Vertretenen als den eigentlich rechtlich Handelnden; dem Stellvertreter kommt lediglich die Stellung eines Boten zu, der dem Geschäftsgegner die auf den Vertragsschluss gerichtete Willenserklärung des Geschäftsherrn überbringt. Als wichtige Anhänger seien Ernst Ruhstrat, Heinrich Dernburg, (mit gewissen Einschränkungen) Raban von Canstein und anfangs auch Hermann von Buchka zu nennen.[734]

Ein problematischer Aspekt der Geschäftsherrentheorie, welchen Hupka in seiner Monografie aufgreifen sollte, zeigt sich in der Behandlung von Willensmängeln beim Geschäftsschluss: Fast alle Vertreter der Lehre Savignys sehen sich genötigt, den nach seiner Theorie logischen Schluss, dass hierfür nur der Wille des Vertretenen maßgeblich sei, zu umgehen und in gewissem Maße auch jenen des Stellvertreters mit zu berücksichtigen.[735]

Obgleich Österreich – im Gegensatz du Deutschland – bereits eine zivilrechtliche Kodifikation besaß, schloss sich die österreichische Rechtswissenschaft weitgehend den deutschen Strömungen an und orientierte sich in der Auseinandersetzung mit der Stellvertretung weitgehend an den römischen Quellen. Zum einen kann der Grund dafür in der höchst rudimentären Regelung, dieses Rechtsinstitut im ABGB erfahren hatte, gesehen werden, welche somit einer Weiterentwicklung durch die Lehre höchst zugänglich war bzw. diese sogar erforderte; zum anderen darf auch daran erinnert werden, dass vor allem durch die Thun-Hohenstein'sche Universitätsreform (1849/1850) und die mit dieser in engem Zusammenhang stehenden Bemühungen Joseph Ungers, das Gedankengut der Historischen Rechtsschule Friedrich Carl von Savignys in die österreichische Rechtswissenschaft einzuführen, eine enge Verknüpfung zwischen der Doktrin der beiden Länder entstand.[736]

---

733 Siehe hierzu im Überblick *Dietz*, Entwicklung (1957) 3–13.

734 *Everding*, Entwicklung (1951) 51–54; *Dietz*, Entwicklung (1957) 54–56; *Müller-Freienfels* in *Coing/Wilhelm* 154–156; *Elwan*, Stellvertretung (1962) 180–183; *Bauer*, Entwicklung (1963) 97–110; *Müller*, Entwicklung (1969) 156; *Mitteis*, Stellvertretung (1962 [1885]) 80–81. Einen detaillierten Überblick über Savignys Thesen gibt *Hölzl*, Friedrich Carl von Savignys Lehre von der Stellvertretung: Ein Blick in seine juristische Werkstatt (2002) (zur Geschäftsherrentheorie siehe insbesondere 205–216).

735 Siehe dazu eingehend *Dietz*, Entwicklung (1957) 70–76.

736 Siehe e.g. *Zimmermann*, Roman law, contemporary law, European law: the civilian tradition today (2001) 5–6; zur Thun-Hohenstein'schen Universitätsreform siehe im Detail *Simon*, Die Thun-Hohensteinische Universitätsreform und

In der zweiten Hälfte des Jahrhunderts intensivierte sich die rechtswissenschaftliche Diskussion über das Wesen der Stellvertretung; gleichzeitig begannen immer mehr Schriftsteller, sich zaghaft vom Vorbild und der Terminologie des römischen Rechts zu lösen und zu versuchen, die Stellvertretung als ein Rechtsinstitut *sui generis* zu begreifen und beschreiben.[737] Dies darf aber nicht darüber hinwegtäuschen, dass das römische Recht bis zum Ende des Jahrhunderts vielen Schriftstellern wichtigster Bezugspunkt in Detailfragen der direkten Stellvertretung blieb: So bedauert etwa Mitteis, dass sich Theorie und Praxis so lange am römischen Recht orientiert hätten, dass das Wissen „über das deutsche Gewohnheitsrecht über Stellvertretung, falls es jemals existiert hat, heute nicht mehr vorhanden ist, daß dasselbe vielmehr dem romanistischen Rechtsbewußtsein der neueren Zeit verloren gegangen ist“. Wer sich also mit „den Consequenzen und der rechtlichen Tragweite“ der Stellvertretung beschäftigen wolle, sei „fast ausschließlich auf die Natur der Sache und auf die nicht immer untrüglichen Analogien des römischen Rechts angewiesen.“[738]

Vor diesem theoretischen Hintergrund entstanden in der zweiten Hälfte des neunzehnten Jahrhunderts die sogenannten Repräsentationstheorien, die zwar unterschiedliche Erklärungsansätze boten, aber darin übereinstimmten, dass der Stellvertreter beim Vertragsschluss mit dem Dritten der eigentlich Handelnde sei, die Wirkungen des Geschäfts allerdings neben dem Geschäftsgegner ausschließlich den Geschäftsherrn träfen.

Innerhalb der Repräsentationstheorien lassen sich die Fiktionstheorie und die Separationstheorie (Repräsentationstheorie im engeren Sinne) unterscheiden. Die Anhänger ersterer Richtung – darunter Joseph Unger, Karl Georg von Wächter, Hermann von Buchka, Karl Friedrich Ferdinand Sintenis, Paul Laband und zunächst auch Bernhard Windscheid – fingieren den Willen des

die „Geschichtliche Rechtswissenschaft“, Beiträge zur Rechtsgeschichte Österreichs 2017, 132–143; *Ogris*, Die Universitätsreform des Ministers Graf Leo Thun-Hohenstein, in *Olechowski* (Hrsg), Elemente europäischer Rechtskultur. Rechtshistorische Aufsätze aus den Jahren 1961–2003, 333–344; *Lentze*, Die Universitätsreform des Ministers Graf Leo Thun-Hohenstein (1962); zu Unger siehe u.a. *Meissel*, Joseph Unger und das Römische Recht – Zu Stil und Methoden der österreichischen „Pandektistik“, in *Haferkamp/Repgen* (Hrsg.), Wie pandektitisch war die Pandektistik? Symposion aus Anlass des 80. Geburtstags von Klaus Luig am 11. September 2015 (2017) 17–34; *Mathiaschitz*, „Handeln auf eigene Gefahr“: Josef Unger und seine Konzeption einer verschuldensunabhängigen Haftung „pro utilitate communi“ (2017) (zur Thun-Hohenstein'schen Reform insbesondere 15–35).

737 *Bauer*, Entwicklung (1963) 111–112.

738 *Mitteis*, Stellvertretung (1962 [1885]) 79.

Vertreters in unterschiedlichem Maße als jenen des Vertretenen.[739] So erklärt etwa Buchka: „Das eigenthümliche Wesen der Repräsentation des Prinzipals durch den Procurator besteht [...] darin, daß die Wirkungen des Vertrages vermöge rechtlicher Fiction auf den ersteren bezogen werden, obgleich die Handlung, durch welche der Vertrag zu Stande gebracht wird, eine für ihn fremde ist."[740]

Hingegen argumentierten die Vertreter der Repräsentationstheorie im engeren Sinne, dass durch das Handeln des Vertreters in fremden Namen und unter gültiger Vollmacht aufgrund des darauf gerichteten Willens der beteiligten Personen Rechtswirkungen für den Vertretenen erzeugt werden: „Die wahre ächte Stellvertretung beruht auf einer Trennung der Ursache und Wirkung beim Rechtsgeschäft, die *Ursache*: die Handlung fällt auf die Person des Stellvertreters, die *Wirkung*: das Recht auf die des Repräsentirten."[741] Als Urheber dieser Theorie gilt Alois von Brinz; prominente Vertreter waren neben dem hier zitierten Rudolph von Jhering u.a. Lothar von Seuffert, Julius Baron, Ernst Zimmermann, Otto Karlowa, Otto Wendt, Ferdinand Regelsberger, Georg Beseler und Friedrich Curtius.[742]

Ungeachtet ihrer Differenzen stimmen Fiktions- und Separationstheorie in ihren praktischen Ergebnissen weitestgehend überein: „Für die Beurteilung des Vertragsschlusses ist die Person des Vertreters, für die Beurteilung der Vertragswirkungen die des Vertretenen maßgeblich; bei Weisungen des Vertretenen kann außerdem dessen Kenntnis, Irrtum etc. daneben in Betracht kommen."[743] Als Voraussetzung hierfür gilt zumeist, dass die Vollmachtserteilung gültig erfolgt und der Vertreter ausdrücklich oder konkludent zu erkennen gegeben hat, dass er im fremden Namen handle.[744] Ein großer praktischer Unterschied zur Geschäftsherrentheorie ergibt sich, ungeachtet der Differenzen im dogmatischen Unterbau, damit nicht, zumal die verschiedenen Theorien zur Lösung von Detailfragen meist auf dieselben römischen Quellen zurückgreifen.[745]

---

739 *Everding*, Entwicklung (1951) 65–70; *Elwan*, Stellvertretung (1962) 184–186; *Bauer*, Entwicklung (1963) 115–118.

740 *Buchka*, Die Lehre von der Stellvertretung bei Eingehung von Verträgen. Historisch und dogmatisch dargestellt (1852) 206.

741 *Jhering*, Geist des römischen Rechts auf den verschiedenen Stufen seiner Entwicklung, Teil 3 I (1865) 166 (Hervorhebung im Original).

742 Zur Repräsentationstheorie ieS siehe u.a. *Everding*, Entwicklung (1951) 71–78; *Elwan*, Stellvertretung (1962) 183–184; *Bauer*, Entwicklung (1963) 118–121.

743 *Bauer*, Entwicklung (1963) 121.

744 *Bauer*, Entwicklung (1963) 121.

745 Siehe dazu insbesondere *Mitteis*, Stellvertretung (1962 [1885]) 81.

Neben den hier skizzierten Hauptströmungen verdienen auch zwei Mindermeinungen kurze Erwähnung: die Doppelvertragstheorie Heinrich Thöls und die Vermittlungstheorie Ludwig Mitteis'. Nach Thöls Auffassung würden durch das Handeln des Stellvertreters zwei Verträge mit dem Dritten geschlossen. Zunächst entstehe jener zwischen dem Vertreter und dem Dritten, dieser wiederum bedinge die Entstehung eines Vertrages zwischen dem Dritten und dem Prinzipal: „Der *Grundvertrag* erzeugt vermittelst der Vollmacht den *Hauptvertrag*".[746]

Ludwig Mitteis hingegen vertrat die Auffassung, dass „bei den durch Stellvertreter abgeschlossenen Rechtsgeschäften weder der Principal noch der Stellvertreter eo ipso als der Alleinhandelnde anzusehen ist, sondern Jeder in soweit handelt, als sein concreter Wille es ist, welcher die Erklärung als ihr juristischer Bestimmungsgrund veranlaßt, und in derselben zum Ausdruck gelangt. Soweit hienach Stellvertreter oder Principal das Rechtsgeschäft gewollt haben, in soweit ist die Giltigkeit und Wirksamkeit des Geschäfts nach dem Willen des Betreffenden zu beurtheilen."[747] Maßgeblichster praktischer Unterschied zwischen der Lehre Mitteis' und den übrigen Stellvertretungstheorien ist demnach wiederum die Behandlung von Willensmängeln beim Vertragsschluss, welche Mitteis bis dahin nicht in zufriedenstellender Weise gelöst sah.[748]

Besondere Bedeutung im hier umrissenen Theorienstreit kam dem 1896 erlassenen deutschen Bürgerlichen Gesetzbuch zu, welches auf dem Boden der damals bereits zur herrschenden Ansicht avancierten Repräsentationstheorie im engeren Sinne steht. Dies ergibt sich bereits aus den §§ 117, 118 des ersten Entwurfes, die für die Beurteilung von Willensmängeln auf die Person des Vertreters abstellten, Rechtsfähigkeit und Form des Rechtsgeschäfts aber nach der Person des Vertretenen beurteilten.[749]

Signifikanten Einfluss auf die dogmatische Entwicklung des Stellvertretungsrechts nahm neben den hier skizzierten theoretischen Erklärungsversuchen ein bahnbrechender Aufsatz Paul Labands, welcher 1866 in der Zeitschrift für Handelsrecht erschien.[750] Darin trat Laband ausgehend von

746 *Thöl*, Handelsrecht I[6] (1879) 229–230 (Hervorhebung im Original); siehe dazu u.a. *Everding*, Entwicklung (1951) 79–80; *Hupka*, Vollmacht (1900) 33–34.

747 *Mitteis*, Die Lehre von der Stellvertretung nach römischem Recht mit Berücksichtigung des österreichischen Rechts (1962 [1885]) 119.

748 Siehe dazu *Mitteis*, Stellvertretung (1962 [1885]) 109–110; zur Vermittlungstheorie im Allgemeinen siehe u.a. *Everding*, Entwicklung (1951) 81–82; *Elwan*, Stellvertretung (1962) 186–188.

749 *Everding*, Entwicklung (1951) 86–87.

750 *Laband*, Die Stellvertretung bei dem Abschluß von Rechtsgeschäften nach dem Allgemeinen Deutschen Handelsgesetzbuch, in Abhandlungen und Rezensionen

den Bestimmungen des deutschen Handelsgesetzbuches für eine klare und konsequente Trennung zwischen Auftrag und Vollmacht ein. Zwar fanden sich dementsprechende Ansätze bereits bei früheren Schriftstellern, insbesondere Rudolph von Jhering; Laband war aber der Erste, der die Abstraktheit der Vollmacht – d.h. ihre Unabhängigkeit vom zugrunde liegenden Innenverhältnis zwischen Vollmachtgeber und Bevollmächtigtem – mit dieser Deutlichkeit vertrat.[751] „Eine Monographie über die Vollmacht zu schreiben, wäre vor Laband nicht möglich gewesen,“[752] konstatiert Heinrich Sievers in seiner Rezension von Hupkas Monografie zur Vollmacht.

Nachdem sich diese Möglichkeit durch die Publikation Labands und das Inkrafttreten des deutschen Bürgerlichen Gesetzbuches im Jahre 1900 ergab, war Hupka der erste, der sie ergriff und in seiner im selben Jahr erschienenen Habilitationsschrift eine umfassende Darstellung des Rechts der Vollmacht unter besonderer Berücksichtigung des BGB vorlegte.[753] Im Jahr darauf sprach er zu diesem Thema im Rahmen einer Vortragsreihe der Wiener Juristischen Gesellschaft zum deutschen Bürgerlichen Gesetzbuch, wobei er sozusagen ein Best-of der relevanten Teile seiner großen Monografie in Vortragsform bot,[754] weshalb sich eine eingehende Erörterung hier erübrigt. Ein Jahr später folgte die mit seinem ersten Werk in engem Zusammenhang stehende Abhandlung *Die Haftung des Vertreters ohne Vertretungsmacht: Ein Beitrag zur Lehre von der Vertretung in Rechtsgeschäften.*[755]

A. Die Vollmacht

Hupkas erstes großes Werk erschien im Jahr 1900; der Verfasser war damals gerade 25 Jahre alt. *Die Vollmacht* wendet sich an ein interessiertes, mit dem Stand der Forschung vertrautes Fachpublikum; es war Hupkas Absicht, eine Gesamtdarstellung des Rechts der (rechtsgeschäftlichen) Vollmacht zu geben, nicht aber, ein Einführungswerk über dieses Rechtsgebiet zu verfassen. Dennoch ist das Buch, wie auch die zeitgenössischen Rezensenten anmerkten, durchwegs leicht verständlich und angenehm zu lesen, wozu auch die klare

(1861–1899) aus Zeitschrift für das gesamte Handelsrecht (1983 [1866]) 183; siehe dazu u.a. *Everding*, Entwicklung (1951) 68.

751 *Baumgartner/Torggler* in *Klang*, ABGB^3, § 1002 Rz 18; *Pawlowski*, JuristenZeitung 1996, 126; *Schmoeckel* im HKK (2003) 921.

752 *Sievers*, [Rezension von Josef Hupka, Die Vollmacht]. Beiträge zur Erläuterung des deutschen Rechts 1901, 444.

753 Siehe dazu im Detail Zweiter Teil, Kapitel I.A.

754 *Hupka,* Allgemeine österreichische Gerichtszeitung 1902, 79–81 und 87–90; für eine Zusammenfassung des Vortrags siehe *Ruzicka*, Wiener Juristische Gesellschaft, Juristische Blätter 1902, 52 (53).

755 Siehe dazu im Detail Zweiter Teil, Kapitel I.B.

Struktur und die zahlreichen lebensnahen Beispiele, die Hupka zur Veranschaulichung seiner Thesen heranzieht, maßgeblich beitragen.

Das erklärte Ziel der in Leipzig unter den Auspizien seines Lehrers Ludwig Mitteis verfassten Arbeit ist es, die Vollmacht als abstraktes juristisches Konzept zu begreifen und allgemeingültige Erkenntnisse über die wichtigsten Aspekte des Vollmachtsverhältnisses herauszuarbeiten. Hupkas Methode trägt in hohem Maße der Kritik Rechnung, die sein Lehrer Mitteis ein Vierteljahrhundert zuvor an den Vertretern der älteren Stellvertretungstheorien geübt hatte: „Anstatt nämlich, wie es für jede neu zu begründende Theorie eine Grundvoraussetzung gewesen wäre, zuerst einen genauen Überblick über die sämtlichen zu lösenden Fragen zu suchen, anstatt empirisch die praktischen Fälle und deren Entscheidungen zusammenzustellen, und hienach die theoretische Construction zu vollziehen, ging man gewöhnlich von vornherein daran, auf Grund abstacter Begriffe eine Construction aufzustellen und in dieser die Entscheidung einzelner Fälle zu suchen. Ließ sich dann die vorausgesetzte Auffassung auf eine Reihe von Fällen anwenden, so war man hiermit zufrieden und unterließ es, genau zu prüfen, ob dieselbe denn wirklich in jeder Richtung zu richtigen Resultaten führe."[756]

Zwar bezieht Hupka die römischen Quellen ebenso wie die gemeinrechtliche Tradition und die ältere und zeitgenössische rechtswissenschaftlichen Literatur in seine Abhandlung ein; Ausgangspunkt für seine eigenen Lösungsansätze bildet aber zumeist eine detaillierte Auseinandersetzung mit einer breiten Palette an Fallkonstellationen und deren Lösungen. Hierbei berücksichtigt der Autor vor allem die Natur der Sache und die Erfordernisse der Praxis, um so zu einer höchst detaillierten und differenzierten theoretischen Abhandlung über das Wesen der Stellvertretung zu gelangen. Erst in einem zweiten Schritt vergleicht Hupka seine so gewonnenen Ergebnisse mit dem geltenden Recht, wobei das Hauptaugenmerk auf dem damals eben erst in Kraft getretenen deutschen Bürgerlichen Gesetzbuch liegt. Hupka Herangehensweise an sein Thema ist überaus innovativ, folgt er doch weder der etablierten Methode der Pandektistik, die sämtliche Antworten zu Fragen des geltenden Rechts im Corpus Iuris Civilis zu finden trachtete, noch der nach der Veröffentlichung des BGB einsetzenden neuen Strömung der deutschen Rechtswissenschaft, die sich bald ausschließlich mit dem Text der Kodifikation auseinandersetzte und die vorangegangenen Entwicklungen völlig außer Acht ließ.[757] Zwar setzt sich Hupka detailliert mit den Regelungen des BGB auseinander; im Gegensatz zur zeitgenössischen Kommentarliteratur zum

756 *Mitteis*, Stellvertretung (1962 [1885]) 82.
757 Zu dieser Entwicklung siehe insbesondere *Zimmermann*, Roman Law (2001) 40–41.

BGB beschränkt er sich aber keineswegs auf eine Darstellung *de lege lata*,[758] sondern gibt vielmehr eine Übersicht, die *de lege ferenda* hervorhebt, wo die neue deutsche Kodifikation von seinen Erkenntnissen abweicht.

Trotz der Schwerpunktsetzung auf das BGB berücksichtigt Hupka unter demselben Gesichtspunkt auch die älteren naturrechtlichen Kodifikationen; insbesondere das österreichische Allgemeine Bürgerliche Gesetzbuch findet immer wieder Beachtung.[759] Darüber hinaus geht Hupka auch an einer Reihe von Stellen dezidiert auf handelsrechtliche Problemstellungen ein und setzt sich mit den einschlägigen Rechtsnormen des deutschen Handelsgesetzbuches auseinander;[760] mitunter behandelt er auch Fragen des (deutschen und österreichischen) Zivilprozessrechts.[761]

Ein kurzes Vorwort erklärt die Zielsetzung von Hupkas Monografie und gleichzeitig Hupkas Herangehensweise an den Gegenstand seiner Untersuchung: „Von der Überzeugung ausgehend, daß der Vollmachtsbegriff keineswegs, wie jüngst behauptet wurde, eine wertlose Abstraktion, sondern im Gegenteil ein ganz unentbehrliches Element der modernen Dogmatik ist, wollte der Verfasser hier eine allgemeine Theorie dieses eigentümlichen Rechtsverhältnisses geben, eine zusammenfassende Darstellung der Grundsätze, welche die Entstehung, den Umfang und das Erlöschen der Vollmacht beherrschen bezw. beherrschen sollen."[762] Diese „zusammenfassende Darstellung" umfasst in hohem Maße auch eine Zusammenfassung des damaligen Meinungsstandes und eine wertende Auseinandersetzung mit der einschlägigen Literatur. Manche Aspekte von Hupkas „allgemeine[r] Theorie" sind somit auf ältere Theorien zurückzuführen; auch dort, wo er bestehendes Gedankengut aufgreift, finden sich aber stets eingehende Überlegungen und Begründungen.

Gleich zu Beginn bekennt sich Hupka zur damals herrschenden Repräsentationstheorie[763] – „jener Auffassung, die den Stellvertreter und nur ihn als denjenigen betrachtet, welcher das Hauptgeschäft abschließt, und die dementsprechend in der Vollmachtserklärung einen außerhalb des Hauptgeschäftes stehenden Rechtsakt erblickt."[764] Während er es als „bleibendes Verdienst

---

758 Zur frühen Literatur zum BGB siehe *Zimmermann*, Roman Law (2001) 40–41.

759 U.a. *Hupka*, Die Vollmacht (1900) 111; 116–117; 125–126; 185; 189; 192 Fn 1; 196–197; 224 Fn 2; 336–337; 349; 388; 390–391; 408–409; 431 Fn 1; 438 Fn 2. Siehe dazu eingehend Zweiter Teil, Kapitel I.C.1.

760 U.a. *Hupka*, Vollmacht (1900) 121–124; 165; 177; 181; 192; 199; 229; 237; 239; 244; 353; 363; 372; 382; 403; 406; 412; 436.

761 U.a. *Hupka*, Vollmacht (1900) 112; 242–243; 354; 366; 436.

762 *Hupka*, Vollmacht (1900) V.

763 Siehe dazu die Einleitung zu Kapitel III.

764 *Hupka*, Vollmacht (1900) VI.

der Stellvertretungslehre von Mitteis" hervorhebt, dass sie der „Einseitigkeit, mit der die herrschende Theorie alles Gewicht auf die Person des Stellvertreters legt" durch die Annahme einer „Teilung des rechtsgeschäftlichen Willens zwischen Prinzipal und Stellvertreter" entgegengetreten sei, kann er sich der Vermittlungstheorie seines Lehrers dennoch nicht anschließen.[765] Wohl hebt er aber hervor, dass es sein Ziel gewesen sei, der Repräsentationstheorie „eine Ausgestaltung zu geben, welche den von Mitteis mit Recht gerügten Fehlern entgeht", um „auf diese Weise zwischen jenen beiden Theorien eine Vermittlung anzubahnen."[766]

Das Buch gliedert sich in vier Abschnitte, die den Begriff der Vollmacht, ihre Entstehung, ihren Umfang und ihr Erlöschen behandeln. Im dritten Abschnitt widmet sich Hupka umfassend insbesondere dem Problem des Selbstkontrahierens. Hupkas Leitgedanke ist bei der Behandlung all dieser Aspekte, „daß die Vollmacht weder eine Accession, noch ein Accessorium ihrer Grundverhältnisse, sondern ein durchaus selbständiges, vom Bestande der objectiven Causa in keiner Weise abhängiges Rechtsverhältnis ist."[767] Es ist eines der wichtigsten Verdienste Hupkas, dass er mit seiner Monografie auch in Österreich dieser Ansicht – entgegen dem Wortlaut des Allgemeinen Bürgerlichen Gesetzbuches –zum Durchbruch verholfen hat.[768]

Im Gegensatz zu Ludwig Mitteis[769] steht die Auseinandersetzung mit dem römischen Recht nicht im Vordergrund; wohl aber setzt er sich eingehend mit diesem auseinander, wo es zur Beschäftigung mit den Schriften seiner Zeitgenossen nötig ist, da ja die meisten Schriftsteller seiner Zeit – ungeachtet der Tatsache, dass das klassische römische Recht keine direkte Stellvertretung kannte – die Rechtsnatur der modernen Vollmacht aus den römischen Quellen abzuleiten suchten. Determinierend für Hupkas Lösungen sind zumeist die Erfordernisse der Praxis und das Bestreben, einen gerechten Ausgleich zwischen den Interessen der am Vollmachtverhältnis beteiligten Personen zu finden. Analogieschlüssen aus dem römischen Recht kann er zumeist nicht viel abgewinnen; vielmehr müsse „entschieden dagegen protestiert werden, daß, wie in der bisherigen Stellvertretungslehre fast durchwegs geschieht, Aussprüche der römischen Quellen über die Geschäfte gewaltunterworfener Personen ohne weiteres auf die modernen Stellvertretungsverhältnisse

765 *Hupka*, Vollmacht (1900) VI.
766 *Hupka*, Vollmacht (1900) VII.
767 *Hupka*, Vollmacht (1900) VII.
768 *Stanzl* in *Klang*, ABGB^2, IV/1, 777. Zur Abstraktheit der Vollmacht siehe auch z.B. *Baumgartner/Torggler* in *Klang*, ABGB^3, § 1002 Rz 18; zu Hupkas Einfluss siehe auch Zweiter Teil, Kapitel I.C.1.
769 *Mitteis*, Stellvertretung (1962 [1885]) 9–77.

übertragen werden."[770] Gleichwohl zeigen aber seine zahlreichen Querverweise auf das römische Recht und dessen eingehende Berücksichtigung im Kapitel über das Selbstkontrahieren Hupkas umfassende Kenntnis des antiken Quellenmaterials ebenso wie seine Vertrautheit mit den gängigen rechtswissenschaftlichen Herangehensweisen und Interpretationsansätzen.[771]

Hupkas Monografie fand vor allem in Deutschland große Beachtung, wie die zahlreichen Rezensionen belegen. Die einzig überwiegend negative Rezension verfasste der deutsche Zivilrechtprofessor Konrad Hellwig. Dieser nahm Hupka augenscheinlich übel,[772] dass er seiner Ansicht zum Unterschied zwischen Anweisung und Bevollmächtigung widersprochen hatte.[773] Hellwig wandte sich mit aller Schärfe insbesondere gegen Hupkas Ausführungen zur Abstraktheit der Vollmacht, der Möglichkeit der Vollmachtserteilung sowohl an den Bevollmächtigten als auch an den Dritten, and zum Widerrufsverzicht. Darüber hinaus kritisierte er, dass Hupka die Prozessvollmacht zu wenig berücksichtigt habe.[774] Zusammenfassend kommt Hellwig daher zu dem Ergebnis, „dass des Verfassers Arbeit, so anerkennenswerth der in den civilrechtlichen Untersuchungen bewiesene Fleiß und Scharfsinn sein mögen, dem Prozessrechte keine Förderung gewährt."[775]

Die übrigen Rezensionen waren durchwegs positiv: So urteilte der angesehene deutsche Professor für römisches Recht und Zivilprozessrecht Lothar von Seuffert in der *Deutschen Litteraturzeitung*: „Diese Abhandlung gehört zu den besten Monographien, die in den letzten Jahren geschrieben worden sind. Vor vielen hat sie den Vorzug, dass sie ausser dem Rechte des bürgerlichen Gesetzbuchs das gemeine deutsche Recht, wie es sich in Doktrin und Praxis herausgebildet hatte, und zwar nicht bloss zu Dekorationszwecken, sondern eingehend berücksichtigt und auch das österreichische Privatrecht heranzieht. Dadurch bewahrt sich der Verf. vor der fatalen Einseitigkeit, an der zahlreiche monografische Bearbeitungen des neuen Rechts kranken, und

770 *Hupka*, Vollmacht (1900) 49.

771 Die römischrechtlichen Abschnitte der Vollmacht werden im zweiten Teil dieses Buches, Kapitel II.A., gesondert behandelt.

772 Vgl. *Hellwig*, [Rezension von] Hupka, Die Vollmacht. Zeitung für Deutsches Civilprozessrecht 1901, 520 (531): Hupka mache es sich im Umgang mit Gegenmeinungen „sehr leicht", weil er „den entgegengesetzten Standpunkt anderer Schriftsteller einfach mit dem bei dem Verfasser sehr beliebten Ausdrucke der ‚Unbegreiflichkeit' (S. 83 Anm. 1) abthun zu können glaubt." Die zitierte Anmerkung bezieht sich freilich auf Hellwig; dass Hupka seinen Standpunkt allerdings auf knapp zwei Seiten begründet, lässt Hellwig in seiner Polemik außer Acht.

773 *Hupka*, Vollmacht (1900) 83–84.

774 Siehe dazu auch Zweiter Teil, Kapitel I.A.2.c.

775 *Hellwig*, Zeitung für Deutsches Civilprozessrecht 1901, 535.

gewinnt einen höheren Standpunkt, von dem aus auch ein kritischer Blick auf die Sätze der neuesten Kodifikation möglich ist." Lobenswert fand Seuffert auch die „Form der Darstellung", die ihn als „klar und flüssig" beeindruckte.[776] Wilhelm Kisch beurteilte Hupkas Ausführungen als „durchwegs anregend und belehrend", wobei ihn besonders „der offene Blick des Verfassers für die Bedürfnisse des Verkehrslebens, [...] die fleissige Berücksichtigung der Rechtsprechung sowie die entschiedene und geschickt vertheidigte Stellungnahme gegenüber anderen Ansichten, endlich die [...] überall klare und leichtflüssige Sprache" beeindruckten. „Das Werk ist eine Bereicherung unserer Litteratur."[777]

Ebenso positiv urteilte auch Heinrich Titze im *Centralblatt für Rechtswissenschaft*: „Vergeblich fragt man bei den meisten [rezenten] Abhandlungen [...] nach dem Zwecke ihres Erscheinens. Um so wohltuender wirkt es, wenn man ab und zu einmal einer Monographie begegnet, die durch wissenschaftliche Gründlichkeit, durch Selbständigkeit der Gedanken und durch möglichst erschöpfende Behandlung des Stoffes die Berechtigung ihrer Existenz ohne weiteres darthut." Hupkas Erstlingswerk sei „eine Dogmatik der Vollmacht im besten Sinne des Wortes." Der Verfasser beweise nicht nur seine umfassende Kenntnis der Literatur zur Vollmacht, sondern nehme auch dort, wo er sich einzelnen Theorien anschließe, zu den „vom Boden der Theorie aus zu beantwortenden Fragen in durchaus selbständiger Weise Stellung."[778] Nach einem kurzen und im Großen und Ganzen zustimmenden Überblick über den Inhalt bewertet Titze die Monografie als „inhaltlich wertvoll" und „in geläufiger gut zu lesender Sprache geschrieben."[779]

Ganz ähnlich äußerte sich Heinrich Sievers in den Beiträgen zu Erläuterung des deutschen Rechts: „Die neue Gesetzgebung hat eine Ueberfülle juristischer Bücher hervorgerufen, die man zwar gelegentlich nachschlägt, aber nicht liest. Desto erfreulicher ist es, einem Werke zu begegnen, das einen einzelnen wichtigen Stoff mit Liebe und Sorgfalt durchdringt und als anziehende und belehrende Lektüre bezeichnet werden kann."[780] Selbst der Grazer Professor Raban von Canstein, der Hupka dessen Kritik an seiner Interpretation Labands nicht völlig verzeihen konnte, räumte ein, dass „Hupkas Darstellung [...] klar, wenn auch etwas breit" sei; „sie ist systematisch

---

776 *Seuffert*, [Rezension von Josef Hupka, Die Vollmacht], Deutsche Litteraturzeitung 1901, 881 (882–883).

777 *Kisch*, [Rezension von] Josef Hupka, Die Vollmacht. Juristisches Litteraturblatt 1902, 117 (118).

778 *Titze*, [Rezension von] Hupka, Josef, Dr. jur. Die Vollmacht. Centralblatt für Rechtswissenschaft 1901, 207.

779 *Titze*, Centralblatt für Rechtswissenschaft 1901, 209.

780 *Sievers*, Beiträge zur Erläuterung des deutschen Rechts 1901, 444.

gegliedert u. übersichtlich, ruhig u. bescheiden u. mit Rücksicht auf ihre Vollständigkeit lobenswert."[781]

„Das Buch gehört zu den interessantesten und beachtenswerthesten Publikationen des letzten Jahres, ausgezeichnet durch gediegene Sachkenntnis, Literaturbeherrschung, selbständiges Urtheil und Neuheit der Ergebnisse. Es fördert die behandelte Lehre in wesentlichen Punkten und ist als erstmalige ausführliche Gesamtdarstellung derselben von erheblichem Werthe", urteilte schlussendlich Paul Oertmann im Archiv für Bürgerliches Recht.[782]

Selbst Theodor Kipp, der sich wie Hellwig energisch gegen die Abstraktheit der Vollmacht wandte, räumte ein, dass ihn Hupkas Ausführungen in anderen Belangen überzeugt hätten: Nachdem er Hupkas Buch gelesen hatte, habe er die Ansicht aufgegeben, dass die Vollmacht lediglich dem Dritten gegenüber erklärt werden könne.[783]

Auch unter seinen Fachkollegen an der Universität Wien, wo Hupka das Buch erfolgreich als Habilitation einreichte, fand *Die Vollmacht* Beifall; selbst Heinrich Demelius hob das Werk in seinem Nachruf auf Hupka lobend hervor.[784]

Allein Hupkas Umgang mit den Normen des deutschen Bürgerlichen Gesetzbuches fand offenbar nicht bei allen Lesern Anklang. Gerade die deutschen Rezensenten fanden mitunter, dass Hupka mit dem neuen Gesetz zu hart ins Gericht ging: So merkt etwa Kisch an, dass „der Verfasser das B.G.B. vorwiegend kritisch betrachtet, und demselben gegenüber eine sehr selbständige, zuweilen sogar allzu freie und souveräne Stellung einnimmt."[785]

Gerade umgekehrt war die Meinung des österreichischen Publikums, dem Hupkas Kritik bisweilen nicht weit genug ging. So rügte etwa Canstein, dass sich Hupka „[i]m Großen und Ganzen [...] an das deutsche bürgerliche Gesetzbuch an[schließt], dessen Dogmatik doch nicht unanfechtbar ist."[786] Besonders polemisch formulierte Jahre später Demelius:[787] Hupka

781 ÖStA, AVA, Unterricht, Allgemeine Reihe, Juridische Lehrkanzeln, Kart. 607, Handels- und Wechselrecht, Brief Prof. von Canstein an Leo Ritter Beck von Marmagetta vom 1. Juli 1906. Siehe dazu auch Erster Teil, Kapitel II.A.

782 *Oertmann*, Civilistische Rundschau, Archiv für Bürgerliches Recht 1902, 51 (74).

783 *Kipp*, [Rezension von Josef Hupka, Die Vollmacht und Die Haftung des Vertreters ohne Vertretungsmacht]. Zeitschrift für das gesamte Handelsrecht 1906, 214 (215). Zur Erklärung der Vollmacht an den Bevollmächtigten oder Dritten siehe Zweiter Teil, Kapitel I.A.2.a.

784 Siehe dazu auch Erster Teil, Kapitel II.A. und Zweiter Teil, Kapitel VI.

785 *Kisch*, Juristisches Litteraturblatt 1902, 117.

786 ÖStA, AVA, Unterricht, Allgemeine Reihe, Juridische Lehrkanzeln, Kart. 607, Handels- und Wechselrecht, Brief Prof. von Canstein an Leo Ritter Beck von Marmagetta vom 1. Juli 1906. Siehe dazu auch Erster Teil, Kapitel II.A.

787 Zu Demelius siehe Erster Teil, Kapitel II.H. und Zweiter Teil, Kapitel VI.

gehe zunächst von der „Natur“ bzw. dem „Wesen der Vollmacht“ aus, und „immer erst nachdem der gerade erstrebte Zielpunkt erreicht ist, blickt er sich nach den Paragraphen des BGB um und kann in der fast ausnahmslosen Regel feststellen, daß er zum nämlichen Ergebnis gelangt ist, wie der Gesetzgeber des Deutschen Reiches.“[788]

Diese Bemerkung ist allerdings nur insofern zutreffend, als sie sich auf Teile des ersten und zweiten Abschnittes der Monografie bezieht; in den folgenden Kapiteln äußert sich Hupka hingegen durchwegs auch kritisch zum BGB. Als Beispiele hierfür mögen an dieser Stelle etwa seine „gewiss nicht unbegründet[e]“[789] Beanstandung des § 166 BGB,[790] seine mehrfach geäußerte Kritik an § 168 BGB,[791] seine Bedenken gegen § 172 BGB[792] und seine dezidierte Ablehnung des § 181 BGB[793] hervorgehoben werden. Eine eingehendere Auseinandersetzung mit Hupkas Kritik an diesen Normen sei den folgenden Kapiteln vorbehalten.

Am zutreffendsten ist vermutlich die Beschreibung Sievers’: Hupka setze sich zunächst mit Labands Theorie auseinander, die er „mit treffender Begründung“ gegen ältere und neuere „Angriffe“ verteidige. „Sodann verfolgt er die Konsequenzen der gewonnenen Grundlagen bis in die letzten Verästelungen der Materie, wobei er die Methode befolgt, zunächst unter Zugrundelegung des gemeinen Rechtes aufzuzeigen, was aus den Grundbegriffen nach der Rechtslogik und der Natur der Sache abzuleiten ist, um demnächst auf die mit seinen Ergebnissen allerdings nicht immer völlig übereinstimmenden Normen unseres jetzt geltenden Rechtes [d.h. des BGB] näher einzugehen.“[794]

Es liegt in der Natur einer Gesamtdarstellung, dass nicht alle in dieser Monografie vertretenen Ansichten auf den Verfasser selbst zurückgehen, sondern sich Hupka in einer Vielzahl von Punkten anderen Schriftstellern anschloss. Auch in diesen Fällen liefert Hupka aber durchwegs eigenständige Begründungen und illustriert diese durch lebensnahe Beispiele. Andererseits bringt *Die Vollmacht* durchaus auch eigenständige Errungenschaften.

---

788 *Demelius*, Juristische Blätter 1946, 118; siehe auch *Olechowski* in *Olechowski/Ehs/Staudigl-Ciechowicz*, 385.

789 *Kisch*, Juristisches Litteraturblatt 1902, 118.

790 *Hupka*, Vollmacht (1900) 68–70; siehe dazu Zweiter Teil, Kapitel I.A.1.c.

791 Insbesondere *Hupka*, Vollmacht (1900) 391 und 410–411; siehe dazu auch siehe *Oertmann*, Archiv für Bürgerliches Recht 1902, 76; *Sievers*, Beiträge zur Erläuterung des deutschen Rechts 1901, 445; und Zweiter Teil, Kapitel I.A.4.a.

792 *Hupka*, Vollmacht (1900) 170–174; siehe dazu Zweiter Teil, Kapitel I.A.2.c.

793 *Hupka*, Vollmacht (1900) 340–344; siehe dazu Zweiter Teil, Kapitel I.A.3.b.

794 *Sievers*, Beiträge zur Erläuterung des deutschen Rechts 1901, 445.

Hier seien vor allem Hupkas Ausführungen über die Formvorschriften,[795] die Kundmachung der Vollmacht,[796] die Auswirkungen der Unkenntnis der Bevollmächtigung seitens des Bevollmächtigten,[797] den Widerrufsverzicht,[798] und insbesondere die Problematik des Selbstkontrahierens des Stellvertreters[799] erwähnt. In den folgenden Kapiteln sollen jedoch nicht nur diese, sondern Hupkas Monografie in ihrer Gesamtheit vorgestellt werden, um dieses weitgehend vergessene Werk wieder in den Blickpunkt eines breiteren Publikums zu rücken.

1. *Der Begriff der Vollmacht*

Die ersten siebzig Seiten von Hupkas über vierhundert Seiten starkem Werk sind der Definition des Begriffes der Vollmacht – den Hupka synonym mit „Stellvertretung" gebraucht – gewidmet. Nach einem Überblick über die ältere Lehre, die die Vollmacht als untrennbar mit dem Auftrag – sozusagen als dessen außenwirksame Seite – verknüpft ansah,[800] geht Hupka näher auf die Ausführungen Labands und deren Rezeption ein. Die „neue Botschaft" Labands über die Unabhängigkeit der Vollmacht vom ihr (zumeist) zugrunde liegenden Auftragsverhältnis, „die geeignet war, die in der bisherigen Stellvertretungslehre herrschende Verwirrung mit einem Schlage zu lösen", habe zunächst „heftigen Unglauben" erregt.[801] Im ersten Teil seines Kapitels zur Definition des Vollmachtsbegriffes, das sich vornehmlich mit der Abgrenzung der Bevollmächtigung gegen das interne Verhältnis zwischen Vollmachtgeber und Bevollmächtigtem widmet, behandelt Hupka vor allem die ablehnenden Stellungnahmen von Friedrich Curtius,[802] Raban von Canstein[803] und

---

795 *Hupka*, Vollmacht (1900) 110–125; ablehnend dazu *Seuffert*, Deutsche Litteraturzeitung 1901, 882; skeptisch hinsichtlich der praktischen Umsetzung von Hupkas Vorschlägen *Kisch*, Juristisches Litteraturblatt 1902, 118.

796 *Hupka*, Vollmacht (1900) 95–108; siehe dazu *Kisch*, Juristisches Litteraturblatt 1902, 117.

797 *Hupka*, Vollmacht (1900) 89–96; zustimmend *Oertmann*, Archiv für Bürgerliches Recht 1902, 75.

798 *Hupka*, Vollmacht (1900) 392–416; siehe dazu *Oertmann*, Archiv für Bürgerliches Recht 1902, 76.

799 *Hupka*, Vollmacht (1900) 258–332.

800 *Hupka*, Vollmacht (1900) 7–13; vgl. insbesondere *Hupka*, Vollmacht (1900) 13.

801 *Hupka*, Vollmacht (1900) 13.

802 *Curtius*, Die Stellvertretung bei Eingehung von Verträgen. Archiv für die civilistische Praxis 1875, 69 (79–80).

803 *Canstein*, Vollmacht und Auftrag mit Stellvertretungsbefugniss unter besonderer Berücksichtigung des a. d. Handelsgesetzbuches, Zeitschrift für das Privat- und Öffentliche Recht der Gegenwart 1876, 670 (671–675). Zu Cansteins Replik auf Hupkas Kritik siehe Erster Teil, Kapitel II.A.

Siegmund Schlossmann,[804] die hier zum besseren Verständnis von Hupkas Argumentation kurz skizziert werden.

a. Hupkas Darstellung des zeitgenössischen Meinungsstands

Curtius hielt Labands These für „im doppelten Sinne falsch“: Wenn man annehme, dass die direkte Stellvertretung in einem allgemeinen Rechtssatz statuiert sei, so sei es „überflüssig“, dass dessen Rechtswirkung „durch einen besonderen Vertrag zwischen Stellvertreter und Principal ausgemacht“ werde; anerkenne man dies aber nicht, dann könne eine solche Wirkung auch nicht durch eine Vereinbarung zwischen diesen beiden erzeugt werden.[805] Aus praktischer Sicht führt Curtius ins Treffen, dass die Lehre Labands den Dritten schlechter stelle als die herrschende Lehre, die die Bevollmächtigung als Teil des Auftrages auffasse, da ihm dadurch die Beweislast nicht nur für die Beauftragung des Stellvertreters, sondern auch dafür, dass „ihm noch besonders aufgetragen ist, dasselbe im *Namen* des Mandanten abzuschließen.“[806] Hupka weist Curtius’ theoretisches Argument als „eine offenbare petitio principii“ zurück: diese Behauptung wäre nur dann richtig, wenn der von Curtius angenommene Rechtssatz „die Wirksamkeit der Stellvertretung schlechthin, ohne weitere Voraussetzung statuieren würde“; vielmehr erfordert er aber einen „besonderen, zur Stellvertretung ermächtigenden Thatbestand – und um die *Beschaffenheit* dieses Thatbestandes handelt es sich eben.“ [807] Im Gegensatz zu Curtius betont Hupka, dass man nicht generell aus der bloßen Auftragserteilung schließen könne, dass der Mandant einen Vertragsabschluss in seinem Namen intendiert habe; vielmehr sei in jedem Fall der Parteiwille ausschlaggebend.[808]

An Cansteins Ausführungen beanstandet Hupka mit einer gewissen Berechtigung, dass dieser die Aussagen Labands missverstanden habe:[809] Canstein zufolge habe Laband nämlich behauptet, der Unterschied zwischen Vollmacht und Auftrag läge darin, „dass der Beauftragte zur Stellvertretung berechtigt *sein kann*, während der Bevollmächtigte zur Stellvertretung *unbedingt berechtigt ist*; dass also für die Vollmacht die Stellvertretungsbefugnis essentiale, für den Auftrag accidentale ist.“ Dieses Kriterium verwirft

804 *Schlossmann*, Die Lehre von der Stellvertretung, insbesondere bei obligatorischen Verträgen I (1900) 229–255. Für eine eingehende Kritik der Lehre Schlossmanns siehe auch *Flatau*, Ist die Vollmacht abstrakt oder kausal? Beiträge zur Erläuterung des deutschen Rechts 1908, 753 (760–763).

805 *Curtius*, Archiv für die civilistische Praxis 1875, 79.

806 *Curtius*, Archiv für die civilistische Praxis 1875, 80 (Hervorhebung im Original).

807 *Hupka*, Vollmacht (1900) 14 (Hervorhebung im Original).

808 *Hupka*, Vollmacht (1900) 14–17.

809 Zustimmend *Bauer*, Entwicklung (1963), 125.

Canstein aber als „nicht stichhältig, weil nicht durchgreifend“, weil “auch das essentiale ausdrücklich vereinbart werden kann“, sodass „im concreten Falle die Entscheidung unmöglich“ werde, „ob Auftrag oder Vollmacht vorliege.“[810] Hupka wendet gegen diese Ausführungen Cansteins ein, dass Ersteres keineswegs aus Labands Aufsatz herauszulesen sei. Vielmehr betont Laband, dass man dort, wo der Beauftragte ein Geschäft im Namen des Mandanten abzuschließen habe, nicht von einem „Auftrag mit Stellvertretungsbefugnis“ reden dürfe, sondern lediglich von einem Zusammentreffen von Auftrag und Vollmacht.[811]

Im Gegensatz zu Laband fasst Canstein Auftrag und Vollmacht als „Arten ein und derselben Gattung“ auf, „da doch beiden das gemeinschaftliche Merkmal innewohnt, dass sie zum Abschluss von Rechtsgeschäften für Rechnung eines Dritten berechtigen.“ Darüber hinaus sei „bei beiden dieser Arten [...] aber auch die Stellvertretungsbefugnis, bei der Vollmacht nothwendigerweise, beim Auftrage möglicherweise, vorhanden.“[812] Für Canstein liegt der bedeutendste Unterschied zwischen Auftrag und Bevollmächtigung in dem Grad des Ermessens, der dem Handelnden eingeräumt wird: Der Beauftragte habe nämlich lediglich „die Macht zu entscheiden, wie das aufgetragene Geschäft auszuführen sei“, während der Bevollmächtigte darüber hinaus „immer die volle Macht“ habe, „die Entscheidung zu treffen, ob ein einzelnes in die Vollmacht hineinfallendes Geschäft abzuschließen sei oder nicht“.[813] Diese Unterscheidung ist allerdings, wie Hupka anmerkt, „nichts weiter als eine Klassifizierung der die Stellvertretung möglicherweise begleitenden internen Vertragsverhältnisse nach der Intention des Prinzipalwillens in Bezug auf den Geschäftsschluß.“[814]

In weiterer Folge weist Hupka darauf hin, dass sich diese Unterscheidung allerdings mit dem „Sprachgebrauch des gewöhnlichen Lebens“ decke, „der von ‚Auftrag‘ dort redet, wo jemand angewiesen oder ersucht wird, für einen andern etwas zu thun, von ‚Vollmacht‘ oder häufiger noch von ‚*Ermächtigung*‘ dagegen dort, wo jemandem in seinem eigenen Interesse *erlaubt*,

---

810 *Canstein*, Zeitschrift für das Privat- und Öffentliche Recht der Gegenwart 1876, 674; siehe dazu auch *Hupka*, Vollmacht (1900) 17–18.

811 *Hupka*, Vollmacht (1900) 17; *Laband*, Zeitschrift für das gesamte Handelsrecht 1983 [1866], 203–204.

812 *Canstein*, Zeitschrift für das Privat- und Öffentliche Recht der Gegenwart 1876, 674.

813 *Canstein*, Zeitschrift für das Privat- und Öffentliche Recht der Gegenwart 1876, 671. Darüber hinaus postuliert *Canstein*, dass sich ein Auftrag immer nur auf ein einzelnes Geschäft beziehe, eine Vollmacht hingegen auf mehrere; siehe dazu auch *Hupka*, Vollmacht (1900) 18 Fn 1.

814 *Hupka*, Vollmacht (1900) 18–19.

gestattet wird, auf einen fremden Interessenkreis einzuwirken."[815] Auch von wissenschaftlicher Seite sei dieser Sprachgebrauch rezipiert worden. So bezeichnete etwa Windscheid es als das Wesen des Auftrages, „daß einer für den andern etwas thun muß", während es jenes der Vollmacht sei, „daß einer für einen anderen etwas thun darf".[816] Hupka hingegen hält den Begriff der „Ermächtigung" überhaupt nur dann für „systematisch brauchbar [...], wenn man damit das bezeichnet, worauf schon das Wort hindeutet, nämlich die Erteilung einer *rechtlichen Verfügungsmacht* im *technischen Sinn.*" Der in „Ermächtigung" enthaltene Begriff der „Macht" müsse scharf von jenem der „Befugnis" getrennt werden: Letzterer bezeichne die rechtliche Erlaubtheit einer Handlung, also ein „*Dürfen* im Gegensatz zum *Nichtdürfen*".[817] Im Gegensatz dazu versteht Hupka „Macht" unter Berufung auf Brinz' Lehrbuch der Pandekten als „das *Vermögen, eine Rechtshandlung mit Erfolg vorzunehmen*", also „ein *Können* im Gegensatz zum Nichtkönnen, ein rechtliches Können, das zwar gewöhnlich das *Dürfen* (die Befugnis) in sich schließt, allein möglicherweise doch auch von diesem abfällt."[818]

Im Gegensatz zu Curtius und Canstein, die lediglich von der Lehre Labands abweichende Anschauungen über die Rechtsnatur der Vollmacht vertraten, ist es Schlossmanns erklärtes Ziel, die „Nichtigkeit" dieses Begriffes zu beweisen.[819] Die Vollmacht sei, so Schlossmann, sämtlichen Theoretikern zufolge eine „rechtliche Macht" und als solche „eine in der Persönlichkeit eines Menschen begründete Eigenschaft".[820] Sie sei damit eine „juristische Eigenschaft" des Bevollmächtigten; solche „juristischen Eigenschaften" aber seien „lediglich Produkte eines psychologischen Prozesses in dem sie von der Person Aussagenden",[821] oder, wie Hupka etwas klarer paraphrasiert, „Projektionen der an einen bestimmten Thatbestand geknüpften Rechtsfolgen auf die Person, in Ansehung derer dieser Thatbestand vorhanden und wirksam ist."[822] Als solche seien sie real nicht existent; das Vorliegen von „Vollmacht" zu postulieren erzeuge den Zirkelschluss, „daß direkte Wirkungen

---

815 *Hupka*, Vollmacht (1900) 19 (Hervorhebungen im Original).

816 *Windscheid*, Lehrbuch des Pandektenrechts I² (1867) 174 Fn 1; ähnlich auch *Ladenburg*, Die Vollmacht als Verkehrsmittel. Zeitschrift für das gesamte Handelsrecht 1868, 72 (74); siehe dazu *Hupka*, Vollmacht (1900) 19–20 (mit weiteren Nachweisen).

817 *Hupka*, Vollmacht (1900) 21.

818 *Brinz*, Lehrbuch der Pandekten I² (1873) 373; siehe auch *Hupka*, Vollmacht (1900) 21; zustimmend *Swoboda* in *Klang*, ABGB¹, II/2, 773.

819 *Schlossmann*, Stellvertretung (1900) 231.

820 *Schlossmann*, Stellvertretung (1900) 233.

821 *Schlossmann*, Stellvertretung (1900) 235.

822 *Hupka*, Vollmacht (1900) 24.

für den Vertretenen allemal dann eintreten, wenn ein Thatbestand vorliegt, an den das positive Recht direkte Wirkungen für den Vertretenen knüpft." Dies aber sei, so Schlossmann, „eine Tautologie, wie sie für ein Lehrbuch der Logik als Beispiel für diese Art logischer Fehler nicht schlagender ersonnen werden könnte!"[823]

Hupka konterte auf Schlossmanns Polemik, dass dieser damit „jedenfalls nicht mehr bewiesen [habe], als was man ohnedies wußte, daß nämlich nicht die Vertretungsmacht, sondern der ihr zugrunde liegende Thatbestand die rechtliche Ursache für die Wirksamkeit der Stellvertretung abgiebt und die Vertretungsmacht selbst nur die unmittelbare Wirkung dieses Thatbestandes ist. Keinesfalls aber hat er damit dargethan, daß die Vertretungsmacht, das ist die durch bestimmte Thatsachen begründete Fähigkeit, eine andere Person in gewissem Umfang rechtswirksam nach außen hin zu vertreten, ein inhalt- und werthloser Begriff ist."[824]

Ebenso wendet sich Hupka gegen Schlossmanns These, dass auch der Bevollmächtigungsakt als solcher nicht existiere.[825] Ebenso wie die ältere Lehre differenziert Schlossmann nicht zwischen Auftrag und Vollmacht, da dieser Unterscheidung „in der That auch in der Wirklichkeit und in dem Bewusstsein der Personen, deren Wille sie erzeugen soll, nichts Entsprechendes gegenüber" stehe.[826] Die Absicht der Parteien gehe lediglich dahin, dass die Vor- und Nachteile des Geschäftes den Auftraggeber, nicht den Beauftragten treffen sollten „– eine Absicht, die auf sehr verschiedenen, dem Laien meist unbekannten Wegen durch die Rechtsordnung verwirklicht werden kann,"[827] Auch die Existenz schriftlicher Vollmachtsurkunden lässt Schlossmann nicht als Beweis eines entsprechenden Parteiwillens gelten, da diese für ihn lediglich den Zweck erfüllen, dem Geschäftspartner ein Motiv für den Geschäftsabschluss mit dem Vertreter zu bieten.[828] Die Vollmachturkunde gebe dem Dritten nämlich zu verstehen, dass zwischen dem Aussteller und dem Bevollmächtigten ein internes Verhältnis herrsche, das so gestaltet sei, dass „die Geschäfte des Vertreters nach dem geltenden Rechte für den Dritten einen unmittelbaren Anspruch gegen den Herrn erzeugen";

823 *Schlossmann*, Stellvertretung (1900) 239; siehe dazu *Hupka*, Vollmacht (1900) 24.
824 *Hupka*, Vollmacht (1900) 26–27.
825 Vgl. *Schlossmann*, Stellvertretung (1900) 240–247.
826 *Schlossmann*, Stellvertretung (1900) 273.
827 *Schlossmann*, Stellvertretung (1900) 274; siehe dazu *Hupka*, Vollmacht (1900) 25.
828 *Schlossmann*, Stellvertretung (1900) 276–284; siehe dazu *Hupka*, Vollmacht (1900) 25.

diese Wirkung werde aber nicht durch die Vollmachtsurkunde hervorgerufen, sondern lediglich dem Dritten mitgeteilt.[829]

Aus Hupkas Sicht ist die Meinung Schlossmanns in dieser Hinsicht „absolut unhaltbar“: Den handelnden Personen sei üblicherweise sehr wohl bewusst, welchen rechtlichen Unterschied es mache, ob der Beauftragte in seinem eigenen Namen oder in jenem des Auftraggebers handle; daran ändere die Tatsache nichts, dass „die Vollmachterteilung nicht immer im Gewande eines auch äußerlich gesonderten Aktes, sondern sehr häufig in Verbindung mit der Erteilung des Auftrags oder der Erlaubnis zur Geschäftsführung in die Erscheinung tritt“: Dass Schlossmann der Vollmachtsurkunde lediglich „die faktische Bedeutung eines Motivs“ zubillige, sei „[v]ollends verfehlt“, da die in dieser Urkunde ausgesprochene Zustimmung zur Stellvertretung die Wirksamkeit des Stellvertretungsaktes begründe.[830]

Der „Angriff Schlossmanns“ sei daher „durchaus nicht geeignet, die herrschende Lehre zu erschüttern“; vielmehr habe man „allen Grund, an dem mühsam genug errungenen Vollmachtsbegriff und seiner Scheidung von dem internen Verhältnis festzuhalten, ohne die in der That die Erscheinungen des modernen Stellvertretungsrechts gar nicht mehr erklärt werden können.“ Insbesondere führt Hupka ins Treffen, dass „die Fähigkeit zu wirksamer äußerer Vertretung“ neben dem Auftrag mit einer Vielzahl von Vertragsverhältnissen verbunden sein kann; dass ihr Umfang die Bedingungen des internen Verhältnisses überschreiten könne; dass ihr Bestand und Erlöschen unabhängig vom Bestand dieses Verhältnisses ist, und dass eine Vollmacht auch ohne ein solches zugrunde liegendes Vertragsverhältnis bestehen könne. Aus all diesen Gründen sei „der Vollmachtsbegriff und die Zurückführung der Vollmacht auf einen begrifflich selbständigen Bevollmächtigungsakt [...] eine unabweisbare Notwendigkeit.“ Hupka schließt seine Ausführungen mit einem Verweis auf das deutsche Bürgerliche Gesetzbuch, das „der Theorie und Praxis zu Dank“ diese Trennung in seinem § 167 Abs. 1 klar vollzogen habe.[831]

b. Bevollmächtigung und Vertretungsakt

Den zweiten Teil von Hupkas Begriffsdefinition bildet die Abgrenzung der Bevollmächtigung von dem Rechtsgeschäft, dass der Bevollmächtigte im Namen des Vollmachtgebers vornimmt. Hier behandelt Hupka vor allem die Lehre Savignys, der den Bevollmächtigten als bloßen Überbringer der Willenserklärung des Vollmachtgebers ansieht.[832] Diese Ansicht hält Hupka

829 *Schlossmann*, Stellvertretung (1900) 284.
830 *Hupka*, Vollmacht (1900) 28.
831 *Hupka*, Vollmacht (1900) 28–29.
832 Siehe dazu die Einleitung zu Abschnitt III.

nicht nur für „systematisch und praktisch bedenklich“, sondern auch für „von vornherein unnatürlich“, da die Vollmacht keineswegs den „unmittelbaren Rechtsgeschäftswillen“ des Vollmachtgebers enthalte.[833] Dies springe insbesondere im Falle der Generalvollmacht ins Auge, treffe aber auch auf die Spezialvollmacht zu, da andernfalls bereits die Mitteilung einer in jedem Punkt bestimmten Spezialvollmacht an den Dritten den Geschäftsabschluss herbeiführen würde. Im Gegensatz dazu betont Hupka, dass „die Willensrichtung in beiden Akten eine verschiedene“ sei: „Während der Rechtsgeschäftswille, wie er vom Stellvertreter namens des Prinzipals erklärt wird, auf die *unmittelbare Begründung einer konkreten Rechtsveränderung* gerichtet ist, enthält die Vollmacht keine unmittelbare Disposition des Prinzipals, sondern bloß die Zustimmung zu rechtlichen Dispositionen, die eine andere Person in seinem Namen *künftig vornehmen* soll.“[834]

Ebenso lehnt Hupka Heinrich Thöls Lehre vom Doppelvertrag[835] ab. Hupkas gewichtigster Einwand ist auch hier, dass Thöl – ebenso wie Savigny – fälschlich davon ausgehe, dass der Wille des Prinzipals beim Abschluss der Vollmacht notwendig bereits auf den Abschluss eines konkreten Geschäfts gerichtet sei: „Die Vollmacht ist weder – wo sie erschöpfend ist – die fertige, noch – wo sie nicht erschöpfend ist – die unfertige Geschäftserklärung; vielmehr ist sie ein in sich abgeschlossener Rechtsakt mit selbständigem, vom Hauptgeschäft *wesentlich verschiedenem* Willensinhalt.“[836]

Dies verkenne auch Ludwig Mitteis, wenn er annehme, dass der Wille des Stellvertreters und des Prinzipals zusammenwirkten, um den Vertragsschluss mit dem Dritten herbeizuführen,[837] sodass „weder der Prinzipal, noch der Stellvertreter *eo ipso* als der Alleinhandelnde anzusehen ist, sondern jeder insoweit handelt, als sein concreter Wille es ist, welcher die Erklärung als ihr juristischer Bestimmungsgrund veranlaßt, und in derselben zum Ausdruck gelangt.“[838]

---

833 *Hupka*, Vollmacht (1900) 29–32.

834 *Hupka*, Vollmacht (1900) 32 (Hervorhebung im Original).

835 *Thöl*, Das Handelsrecht I^{6} (1879) 210; 229–231; siehe dazu auch die Einleitung zu Abschnitt III.

836 *Hupka*, Vollmacht (1900) 35–36. Daneben führt *Hupka* gegen die Ansicht *Thöls* ins Treffen, dass die Annahme, dass durch die Willensbetätigung des Mandatars zeitgleich ein entsprechender Geschäftswille im Mandanten erzeugt werde, eine „offenbare Fiktion“ sei; falls *Thöl* aber tatsächlich sagen wolle, dass der Mandatar den Willen des Mandanten in seiner Seele hervorbringe, so sei dies ein „psychologisches Unding“; vgl. *Hupka*, Vollmacht (1900) 35 Fn 1.

837 *Mitteis*, Stellvertretung (1962 [1885]) 109–123 und 182–185.

838 *Mitteis*, Stellvertretung (1962 [1885]) 119; siehe dazu *Hupka*, Vollmacht (1900) 36.

Im Gegensatz zu Thöl nimmt Mitteis an, dass die Handlung des Stellvertreters gegenüber dem Dritten lediglich einen einzigen Vertrag erzeuge; auch er geht aber davon aus, dass die rechtsgeschäftlichen Willen beider Parteien des Vollmachtsverhältnisses – also Prinzipal und Bevollmächtigter – daran teilhaben. Hupka rügt, dass der Rechtsgeschäftswille des Vollmachtgebers „nichts anderes als ein Teil des Rechtsgeschäftswillen" und die Vollmacht somit „nicht etwa ein juristisch selbständiger, außerhalb des Hauptgeschäfts stehender Rechtsakt, sondern ein *integrierender Bestandteil des Hauptgeschäfts selbst*" sei.[839] Je bestimmter die Vollmacht demnach sei, desto größer sei der Anteil, den der Vollmachtgeber am abgeschlossenen Rechtsgeschäft nehme. Bei konsequenter Durchführung hieße das allerdings, dass der Prinzipal im Falle einer erschöpfenden Vollmacht alleiniger Vertragspartner des Dritten würde, während der Bevollmächtigte – ebenso wie bei Savigny – lediglich zum Boten werde. Mitteis vermeidet diese Konsequenz zwar, indem er auch in diesen Fällen dem Stellvertreter zumindest den Willen zuschreibt, die Erklärung des Prinzipals zu überbringen[840] – „[g]egenüber dieser Argumentation möchte aber doch darauf hinzuweisen sein, daß der gleiche Wille doch auch beim gewöhnlichen Mitteilungsboten, beim Schreiber, beim Telegraphisten vorhanden ist, und daß es gewiß nicht angeht, diesen Personen darum einen juristischen Anteil an der durch sie beschafften Erklärung zuzusprechen."[841]

Demgegenüber hält Hupka an der Überzeugung fest, dass „in allen Fällen der Stellvertreter, und nur er, den *unmittelbaren und vollständigen Rechtsgeschäftswillen* faßt und erklärt: Die juristische Tätigkeit besteht nicht in einer Ergänzung der Vollmachtserklärung, wo diese allgemein lautet, nicht in einer unveränderten Überbringung derselben, wo sie erschöpfend ist, sondern stets in der Konzeption und Formulierung der *unmittelbaren rechtsgeschäftlichen Verfügung in ihrer Totalität.* [...] Die Vollmacht enthält also nach dem Gesagten auch nicht den kleinsten Teil des Rechtsgeschäftswillens [...]. Vielmehr ist der Rechtsgeschäftswille immer ausschließlich und in jeder Hinsicht ungeteilt beim *Stellvertreter*, und die *Vollmacht* ist nur die *Bedingung und Grenze für die Wirksamkeit* dieses Willens." Zwar stehe die Wirkung des abgeschlossenen Geschäfts tatsächlich „unter der Herrschaft zweier Willen, aber diese schließen sich nicht, wie *Mitteis* lehrt, zu einem

839 *Hupka*, Vollmacht (1900) 37 (Hervorhebung im Original).
840 *Mitteis*, Stellvertretung (1962 [1885]) 131.
841 *Hupka*, Vollmacht (1900) 38.

einheitlichen Willensakt zusammen, sondern erzeugen *zwei selbständige, psychologisch und juristisch verschiedene Akte.*“[842]

Hupka schließt sich demnach mit seiner Auffassung der auch heute noch[843] herrschenden Repräsentationstheorie an; gleichzeitig ist es aber sein Verdienst, deren bisherige Schwachstellen erkannt und durch solide juristische Lösungen ersetzt zu haben. Während die bisherige Lehre zwischen den dem Stellvertreter zugeschriebenen „Erfordernissen der Handlung“ und dem Prinzipal zugeordneten „Erfordernissen der Wirkung“ unterschieden habe – was „freilich im einzelnen zu unbefriedigenden Resultaten“ führe[844] – betont Hupka die Notwendigkeit zu prüfen, „inwieweit die Voraussetzungen, von denen die Rechtsordnung die Wirkung eines Geschäfts abhängig macht, nach ihrer *ratio* die *handelnde* Person als *solche* betreffen, und inwieweit die ratio dieser Voraussetzungen die *Partei* im Auge hat“. Daraus ergebe sich „die sachgemäße Entscheidung der einschlägigen Fragen in ungezwungener Weise.“[845]

c. *Der Einfluss persönlicher Verhältnisse des Prinzipals und des Stellvertreters auf das Hauptgeschäft und die Abgrenzung der Bevollmächtigung gegen verwandte Geschäfte*

Im folgenden Abschnitt exemplifiziert Hupka die praktischen Folgen seiner These anhand einer Reihe von jenen bisher „unbefriedigend“ beantworteten Fragestellungen, die den Einfluss der persönlichen Verhältnisse des Prinzipals und des Stellvertreters in den Vordergrund rücken. Besondere Beachtung fordern Hupkas Bemerkungen zum Irrtum über einen wesentlichen Punkt des Geschäftsinhalts.[846] Dieser war in den bisher vertretenen Theorien nicht zufriedenstellend gelöst worden: Die Geschäftsherrentheorie hätte zwar bei

---

842 *Hupka*, Vollmacht (1900) 38–39 (Hervorhebung im Original); *Swoboda*, Bevollmächtigung und Auftrag, Geschäftsführung ohne Auftrag, versio in rem (1932) 22.

843 Zum deutschen Recht *Schilken* in *Staudinger*, Vor §§ 164 ff. Rz 32a (mit weiteren Nachweisen) (Stand: 25. Jänner 2020, juris.de); *Dörner* in *Schulze*, Bürgerliches Gesetzbuch[10] § 164 Rz 1; *Mansel* in *Jauernig*, BGB[17] § 164 Rz 10; *Schubert* im Münchener Kommentar[8] § 164 Rz 19–20; zum österreichischen Recht *Swoboda* in *Klang*, ABGB[1], II/2, 771; *Stanzl* in *Klang*, ABGB[2], 850 und 859; *Strasser* in *Rummel,* ABGB[3] § 1017 Rz 3 (Stand 1.1.2000, rdb.at); anderer Ansicht allerdings *Baumgartner/Torggler* in *Klang*, ABGB[3] § 1017 Rz 20, welche die Repräsentationstheorie als die in Österreich lange Zeit herrschende bezeichnen, sich aber für *Mitteis*’ Vermittlungstheorie aussprechen.

844 Siehe dazu die Einleitung zu Abschnitt III.

845 *Hupka*, Vollmacht (1900) 40–41 (Hervorhebung im Original).

846 *Hupka*, Vollmacht (1900) 43–52.

konsequenter Durchführung lediglich den Willen des Prinzipals – und damit nur ihm unterlaufene Irrtümer – als erheblich ansehen müssen, ging von diesem Prinzip aber in wesentlichen Punkten ab, um eine Mitberücksichtigung der Person des Stellvertreters zu ermöglichen; die beiden Repräsentationstheorien hingegen sahen von vornherein nur den Willen des Stellvertreters als beachtlich an. Die praktischen Unterschiede zwischen den Theorien waren daher bedeutend geringer, als man aus heutiger Sicht annehmen möchte.

Eine treffende Erklärung hierfür findet sich schon bei Ludwig Mitteis: „Daß nun über ein und dasselbe Rechtsinstitut dreierlei vollkommen divergierende Theorien bestehen, und sich neben einander erhalten, [...] wirft [...] auf den gegenwärtigen Zustand der Lehre ein besonderes Licht. Denn man sollte doch meinen, daß die Verschiedenheit der theoretischen Construction auch zu praktisch divergierenden Resultaten führen müsse und daß da doch die Richtigkeit oder Unrichtigkeit jeder Theorie sich aus ihren Resultaten am deutlichsten ergeben müßte. Dennoch trifft diese Erwartung aus bestimmten Gründen nicht zu. Denn für eine Reihe von praktischen Fragen sind die Entscheidungen schon im römischen Recht größtenteils gegeben; es sind dies die Fragen, inwiefern Dolus, Culpa, Irrthum, bona und mala fides des Stellvertreters auf den Principal wirken; hier werden dann die römischen Entscheidungen von allen drei Theorien mit mehr oder weniger Consequenz [...] adoptiert, sodaß sich ein eigentlicher Widerstreit hier garnicht ergibt."[847]

Gerade in diesem Abschnitt unterscheidet sich Hupkas Herangehensweise besonders deutlich von jener seines Lehrers: Nicht der Rückblick auf die römischen Quellen, sondern der Ausblick auf die Erfordernisse der Praxis und die Natur der Sache sind es, die Hupkas Kritik an den bisherigen Lösungsansätzen prägen. Gegen die Ansicht der Repräsentationstheorie, die den Willen des Vertretenen kaum als rechtlich maßgeblich ansah, wendet Hupka ein, dass der Prinzipal zwar nicht am Vertragsschluss mit dem Dritten beteiligt sei, sein Willen bei der Erteilung der Vollmacht aber sehr wohl Beachtung verdiene; ein diesbezüglicher Irrtum mache die Vollmacht anfechtbar und „untergrabe" dadurch auch das Geschäft mit dem Dritten.[848] Ein weiterer Fehler der Repräsentationstheorie sei, dass der Irrtum des Stellvertreters in jedem Fall zur Anfechtbarkeit des Geschäftes führe, selbst dann, wenn dadurch der eigentliche Wille des Prinzipals umgesetzt werde. Dabei verkenne die Repräsentationstheorie, dass „die Frage nach der rechtlichen Bedeutsamkeit des Irrtums nicht eine bloße formale Willensfrage, sondern wesentlich auch eine Frage des Interessenschutzes ist."[849] Hupka kommt

847 *Mitteis*, Stellvertretung (1962 [1885]) 81.
848 *Hupka*, Vollmacht (1900) 45.
849 *Hupka*, Vollmacht (1900) 47 (Hervorhebung im Original).

somit zu einem weitaus differenzierteren Ergebnis als die damals herrschende Lehre, mit der er sich auch hier im Detail auseinandersetzt: Ein Irrtum des Vertretenen über einen wesentlichen Geschäftsinhalt sei immer erheblich, da ein solcher „die Vollmacht und durch sie den Vertretungsakt entkräftet." Wenn der Stellvertreter irre, sei keineswegs „das Wissen des Prinzipals um die wahre Sachlage immer bedeutungslos; vielmehr bildet stets das vernünftige und redliche Interesse der vertretenen Partei die Bedingung und Grenze für die Relevanz des Vertreterirrtums."[850]

Nach denselben Gesichtspunkten behandelt Hupka auch die Problematik von Zwang und Betrug[851] sowie Fallkonstellationen, in welchen das Wissen oder Nichtwissen einer Partei maßgeblichen Einfluss auf die Wirksamkeit eines Rechtsgeschäfts haben.[852] Die römischen Quellen, auf die sich die damalige Lehre berief, finden hier kurz Beachtung, wobei Hupka aber gerade die Unterschiede zwischen den behandelten römischen Rechtsinstituten und der modernen Stellvertretung hervorhebt.[853] Wiederum gelangt er in Abkehr von der Repräsentationstheorie zu dem Schluss, dass „dem Prinzipal das Wissen seines *Vertreters nur insofern* [schadet], als ein überwiegendes Interesse des Gegners oder beteiligter Dritter Personen es fordert, während ihm andererseits sein *eigenes* Wissen *nur dann un*schädlich ist, wenn er aus faktischen und rechtlichen Gründen nicht in der Lage war, den Geschäftsschluß des Bevollmächtigten hintanzuhalten."[854]

An seine theoretischen Überlegungen schließt Hupka eine detaillierte Kritik des „unglücklichen § 166"[855] des deutschen Bürgerlichen Gesetzbuches, der für die rechtlichen Folgen einer Willenserklärung durch Wissensmängel oder durch die Kenntnis oder das Kennenmüssen gewisser Umstände lediglich die Person des Vertreters für erheblich erklärte.[856] Den Abschluss des ersten Teils der Monografie bildet eine detaillierte Abgrenzung des Vollmachtsbegriffs gegen verwandte Geschäfte, wobei Hupka hier – wiederum unter Diskussion des herrschenden Meinungsstandes – insbesondere den Besitzerwerb durch Stellvertreter und den Unterschied zwischen Vollmacht und Anweisung in einigem Detail behandelt.[857]

---

850 *Hupka*, Vollmacht (1900) 52; ablehnend *Demelius*, Juristische Blätter 1946, 118.
851 *Hupka*, Vollmacht (1900) 52–54.
852 *Hupka*, Vollmacht (1900) 54–70.
853 *Hupka*, Vollmacht (1900) 63–66.
854 *Hupka*, Vollmacht (1900) 68 (Hervorhebung im Original).
855 *Hupka*, Vollmacht (1900) vi.
856 Siehe dazu im Detail *Hupka*, Vollmacht (1900) 68–70; im Ergebnis zustimmend *Faßbender*, Innerbetriebliches Wissen und bankrechtliche Aufklärungspflichten (1998) 48–49.
857 *Hupka*, Vollmacht (1900) 70–84. Gegen *Hupkas* Abgrenzung der Vollmacht vom Okkupations- und Traditionserwerb siehe *Manigk*, Das Anwendungsgebiet der

Wenngleich Hupka in diesem Abschnitt vorwiegend eine Übersicht und Kritik der zeitgenössischen Lehre bietet und in seiner Auffassung des Wesens der Stellvertretung weitgehend der herrschenden Repräsentationstheorie folgt, kommt er dennoch durch konsequentes Festhalten an der Erkenntnis, dass der Bevollmächtigte den Geschäftsschluss vollzieht, der Inhalt des Geschäftes aber den Prinzipal betrifft, zu eigenständigen Erkenntnissen und vermeidet – so die Einschätzung Titzes – „eine Reihe von fehlerhaften und unpraktischen EE., zu welchen das Repräsentationsdogma frühere Schriftsteller verführt hat."[858]

2. *Die Entstehung der Vollmacht*

Im zweiten Abschnitt seines Buches beschäftigt sich Hupka in fünf Unterkapiteln mit der äußeren Natur des Bevollmächtigungsaktes, der Form der Vollmachtserklärung, den inneren Gültigkeitserfordernissen des Bevollmächtigungsaktes, der Bevollmächtigung als abstraktem Geschäft, und der Kundmachung der Vollmacht als selbstständigem Entstehungsgrund der Vertretungsmacht.

a. Die äußere Natur des Bevollmächtigungsaktes

Im Gegensatz zur älteren Lehre und der Theorie Labands,[859] welche die Vollmacht als Vertrag zwischen Prinzipal und Bevollmächtigtem ansahen, fasst Hupka sie im Einklang mit der damals wie heute weitgehend herrschenden Meinung und den Bestimmungen des Deutschen Bürgerlichen Gesetzbuches als einseitiges Rechtsgeschäft auf.[860] Gleichzeitig bedauert er aber, dass man

---

Vorschriften für die Rechtsgeschäfte: ein Beitrag zur Lehre vom Rechtsgeschäft (1901), 386–370; diese als „beachtenswert" bezeichnend *Leonhard*, [Rezension von] Das Anwendungsgebiet der Vorschriften für die Rechtsgeschäfte, Zeitschrift für das Privat- und Öffentliche Recht der Gegenwart 1902, 786 (790); ausführlich zur Thematik des – damals gemeinhin als zulässig betrachteten – Besitzerwerbs durch Stellvertreter (allerdings ohne Berücksichtigung Hupkas) *Kaemmerer*, Stellvertretung im Besitzerwerb nach römischem und gemeinem Recht (1907); zur heutigen Lehre, die ebenso wie schon Hupka eine Stellvertretung beim Besitzerwerb ablehnt, siehe eingehend (wenngleich kritisch) *Klinck*, Stellvertretung im Besitzerwerb, Archiv für die civilistische Praxis 2005, 487 (488–500).

858 *Titze*, Centralblatt für Rechtswissenschaft 1901, 208.

859 *Laband*, Zeitschrift für das gesamte Handelsrecht (1983 [1866]) 183 (208).

860 *Hupka*, Vollmacht (1900) 87 mit weiteren Nachweisen; siehe dazu z.B. auch *Mitteis*, Stellvertretung (1962 [1885]) 185 Fn 201; kritisch *Wellspacher*, Das Vertrauen auf äußere Tatbestände im bürgerlichen Rechte (1906) 215–216. Zur heute herrschenden Meinung siehe z.B. *Schilken* in *Staudinger* § 167 Rz 10

„eine befriedigende Begründung dieses Satzes fast allenthalben“ vermisse.[861] Diese sieht Hupka darin, dass die Erteilung der Vollmacht lediglich die rechtliche Sphäre des Vollmachtgebers berühre; jene des Bevollmächtigten werde von dieser hingegen nicht tangiert, da ihm durch die Bevollmächtigung „weder eine Verpflichtung noch ein Recht, sondern lediglich die rechtliche *Fähigkeit*, durch seine Handlung eine andere Personen zu berechtigen oder zu verpflichten“, erwachse.[862]

Eingehend widmet sich Hupka der Frage, ob die Kenntnis des Bevollmächtigten für die Perfektion des Bevollmächtigungsaktes erforderlich sei. Nach detaillierter Auseinandersetzung mit den Ansichten Ernst Zimmermanns und Ludwig Mitteis', die beide von der Notwendigkeit der Kenntnis des Bevollmächtigten ausgehen,[863] zeigt Hupka anhand praktischer Beispiele, dass ein konsequentes Festhalten an diesen Meinungen insbesondere dort zu unbilligen Ergebnissen führt, wo der Bevollmächtigte erst nach Geschäftsabschluss von einer bereits davor erteilten Vollmacht Kenntnis erlangt oder die Vollmacht dem Dritten anstelle des Bevollmächtigten mitgeteilt wurde. In beiden Fällen käme nach Zimmermann und Mitteis kein gültiges Geschäft zustande; vielmehr müsste der Prinzipal erst nachträglich seine Genehmigung erteilen. Daraus ergibt sich aber, dass der Vollmachtgeber trotz vor dem Geschäftsschluss erfolgter Erteilung der Vollmacht noch nach dem Vertragsschluss des Stellvertreters mit dem Dritten von seinem ursprünglichen Willen abgehen könnte, was den Interessen des Dritten klar zuwiderlaufe. Andererseits könnte aber auch der Dritte, sofern er nachträglich davon Kenntnis erlangt, dass die Erteilung der Vollmacht dem Stellvertreter beim Geschäftsschluss nicht bekannt war, vom Vertrag zurücktreten, solange ihn der Prinzipal nicht genehmigt hat. Auch hier kommt Hupka daher unter Berücksichtigung der Interessen beider Seiten und im Einklang mit den einschlägigen Normen des Deutschen Bürgerlichen Gesetzbuches zu

---

(Stand: 25. Jänner 2020, juris.de); *Schubert* im Münchener Kommentar[8] § 167 Rz 5; *Dörner* in *Schulze*, Bürgerliches Gesetzbuch[10] § 167 Rz 2; *Mansel* in *Jauernig*, BGB[17] § 167 Rz 1.

861 *Hupka*, Vollmacht (1900) 87 Fn 2.

862 *Hupka*, Vollmacht (1900) 88–89 (Hervorhebung im Original); dieser Ansicht z.B. auch *Schilken* in *Staudinger* § 167 Rz 9 (Stand: 25. Jänner 2020, juris.de); *Schubert* im Münchener Kommentar[8] § 167 Rz 1; kritisch aber *Wellspacher*, Vertrauen (1906) 215–216: „Es ist nicht einzusehen, warum ich deshalb, weil ich durch einen Rechtsakt nur eine ‚Fähigkeit‘ erlange, es mir gefallen lassen muß, mir Fähigkeiten beilegen zu lassen, welche ich nicht haben will“.

863 *Zimmermann*, Die Lehre von der stellvertretenden Negotiorum Gestio (1876) 89; *Mitteis*, Stellvertretung (1962 [1885]) 187–188.

dem Ergebnis, dass die Kenntnis des Bevollmächtigten für die Wirkung der Vollmacht nicht nötig sei.[864]

Den Ausgangspunkt für Hupkas Erörterung der Frage bildet vor allem Otto Lenels 1896 publizierte ausführliche Kritik des zweiten Entwurfs zum deutschen Bürgerlichen Gesetzbuch, welches noch im selben Jahr verlautbart wurde. Darin vertritt Lenel die Ansicht, dass – im Gegensatz zur Regelung des § 167 Abs 1 BGB – lediglich eine nach außen hin mitgeteilte Vollmachtserklärung Gültigkeit besitze. Dies folgert Lenel aus der konsequenten Weiterentwicklung der Lehre Mitteis': Da die Vollmacht integraler Bestandteil der an den Dritten gerichteten rechtsgeschäftlichen Erklärung sei, müsse auch die Vollmachtserklärung an den Dritten gerichtet werden. Ohne Vollmacht sei nämlich die Erklärung des Stellvertreters an den Dritten „nur erst der Torso eines Rechtsgeschäfts"; der Dritte habe aber „ein wohlbegründetes Interesse zu erfahren, ob er es bloß mit einem solchen Torso oder mit einem vollkommenen Rechtsgeschäft zu thun hat."[865] Da die Wirksamkeit der vom Vertreter abgegebenen rechtsgeschäftlichen Erklärung darauf beruhe, dass sie dem Dritten gegenüber als „mit unserem Willen abgegeben bezeichnet" werde, sei auch dem Dritten „gegenüber [...] unser Wille, uns die in unserem Namen ergangene Willenserklärung anzueignen, zu erklären."[866]

Lenels Satz sei, so argumentiert Hupka, nicht nur aufgrund der bereits oben skizzierten Einwendungen gegen die Lehre Mitteis „unbegründet, sondern auch wegen der Konsequenzen, zu denen er notwendig führt, praktisch ganz unhaltbar."[867] Zum Ersten bezieht sich Hupka hier auf Fälle, in denen die Vollmachtserklärung gegenüber dem Stellvertreter erfolgt ist. In diesen lässt Lenel die Bevollmächtigung nur gelten, wenn der Prinzipal dem Stellvertreter gleichzeitig den Auftrag erteilt hat, diese dem Dritten vor Geschäftsabschluss mitzuteilen.[868] Hupka argumentiert, dass man einen solchen Auftrag am ehesten noch dort annehmen könne, wo der Prinzipal eine schriftliche Vollmachtsurkunde ausstelle, gibt aber zu bedenken, dass dies üblicherweise „nicht aus juristischen, sondern aus rein praktischen Erwägungen" geschehe.[869]

---

864 *Hupka*, Vollmacht (1900) 93–95; zustimmend *Kisch*, Juristisches Litteraturblatt 1902, 117; *Oertmann*, Archiv für Bürgerliches Recht 1902, 75.

865 *Lenel*, Stellvertretung und Vollmacht, Jherings Jahrbücher für die Dogmatik des bürgerlichen Rechts 1896, 1 (13); siehe dazu auch *Hupka*, Vollmacht (1900) 98.

866 *Lenel*, Jherings Jahrbücher für die Dogmatik des bürgerlichen Rechts 1896, 14–15; siehe dazu auch *Hupka*, Vollmacht (1900) 98.

867 *Hupka*, Vollmacht (1900) 99.

868 *Lenel*, Jherings Jahrbücher für die Dogmatik des bürgerlichen Rechts 1896, 16.

869 *Hupka*, Vollmacht (1900) 100.

In allen Fällen, in denen die Vollmacht dem Stellvertreter gegenüber aber formlos erklärt worden sei, könne man von einem solchen Auftrag des Prinzipals nicht ausgehen; damit wären bei konsequenter Anwendung von Lenels Lehre aber sämtliche auf derartigen Vollmachten beruhenden Geschäfte nichtig. Lenel selbst vermeidet dieses Ergebnis, indem er annimmt, dass mit jeder formlosen Vollmachtserteilung ein konkludenter Auftrag an den Bevollmächtigten verbunden sei, diese dem Dritten mitzuteilen. Darüber hinaus lässt er es auch genügen, dass sich der Stellvertreter dem Dritten gegenüber „als bevollmächtigt geriert"; so sei es etwa ausreichend, dass der Stellvertreter mit dem Namen des Prinzipals unterzeichne oder sich bei der Unterschrift als Vertreter des Prinzipals bezeichne, da dies als „stillschweigende Erklärung der Vollmacht gelten" müsste.[870] Hupka stellt fest, dass „bei solcher Behandlung der Thatbestände dem Satz von der Wesentlichkeit der an den Dritten gerichteten Vollmachtskundgebung in den allermeisten Fällen die praktische Spitze abgebrochen wird." Darüber hinaus rügt er aber auch, dass „diese Behandlung mit Fiktionen operiert. Denn eine bloße Fiktion ist es, daß in der Vollmachtserteilung an den Vertreter stets eine für Dritte bestimmte Willenserklärung liegt, und ebenso ist es Fiktion, daß der Vertreter, der wie ein Bevollmächtigter auftritt, dadurch die Vollmachtserteilung des Prinzipals ausrichtet."[871] Darüber hinaus könne man „von ‚stillschweigender' Ausrichtung einer Botschaft füglich überhaupt nicht reden".[872]

Hupka räumt zwar ein, dass bei einseitigen Akten der Dritte tatsächlich ein berechtigtes Interesse habe, zu wissen, „ob der ihm gegenüber vollzogene Rechtsakt in Vollmacht vorgenommen, also wirksam ist oder nicht"; dies sei aber durch die Regelung des § 174 des Deutschen Bürgerlichen Gesetzbuches hinreichend sichergestellt. Im Gegensatz dazu führe die These Lenels bei zweiseitigen Akten zu unbilligen Ergebnissen, da sowohl der Prinzipal als auch der Dritte nachträglich unter Verweis auf die fehlende Mitteilung des Bevollmächtigten vom Geschäft zurücktreten könnten, was den Interessen des jeweils anderen Vertragspartners zuwiderliefe.[873] Insbesondere Lenels Postulat, dass eine der Öffentlichkeit gegenüber abgegebene Vollmachtserklärung gegenüber dem konkret am Geschäftsschluss beteiligten Dritten nur wirksam sei, wenn sie tatsächlich zu dessen Kenntnis gelangt sei, wobei aber der Prinzipal sich nicht zu seinem eigenen Vorteil auf die Unkenntnis des Dritten berufen dürfe,[874] zitiert Hupka als Beispiel für die Unzulänglichkeit

870 *Lenel*, Jherings Jahrbücher für die Dogmatik des bürgerlichen Rechts 1896, 17 und 25–26; siehe dazu auch *Hupka*, Vollmacht (1900) 100–101.
871 *Hupka*, Vollmacht (1900) 101.
872 *Hupka*, Vollmacht (1900) 101 Fn 1.
873 *Hupka*, Vollmacht (1900) 103–104.
874 *Lenel*, Jherings Jahrbücher für die Dogmatik des bürgerlichen Rechts 1896, 22.

der Lenel'schen Theorie: Der Umstand, dass Lenel ungeachtet der Tatsache, dass eine Vollmacht seiner eigenen Argumentation zufolge imperfekt sei, diese „zugunsten des Dritten als perfekt fingiert, weil Treu' und Glauben es so fordern", stelle „ein offenes Eingeständnis der Unzulänglichkeit seines Vollmachtsbegriffs" dar.[875]

Im Unterschied zu Lenel vertritt Hupka, dass „das Wesen der Vollmacht keine ausschließlich bestimmte subjektive Richtung ihrer äußeren Erklärung" postuliere; „[d]enn die Bevollmächtigung als solche bezweckt und bewirkt eine unmittelbar praktische Rechtsbeziehung weder gegenüber dem Bevollmächtigten noch gegenüber dem Dritten; sie ist weder Begünstigung oder Belastung des Stellvertreters noch etwa ein Garantieversprechen an den Dritten. Ihre juristische Funktion ist vielmehr sozusagen eine rein *objektive*, nämlich die *Bekräftigung eines Rechtsgeschäfts als solchen.*"[876] Dies gelte ungeachtet der Tatsache, dass die Vollmacht „in der Vorstellung des Prinzipals [...] immer eine ideelle Richtung auf die Person des Stellvertreters" habe, indem sie dessen Verhalten „rechtsverbindliche Kraft" beilegen wolle.[877] Demzufolge könne die Vollmachtserklärung entweder dem Bevollmächtigtem oder – wenn dieser individuell bestimmt ist – dem Geschäftsgegner gegenüber abgegeben bzw. – wo dies nicht der Fall ist – der Öffentlichkeit kundgemacht werden. Dies entspricht auch der ausdrücklichen Regelung des § 167 BGB.[878]

Ungeachtet der klaren Regelung, die dieser Gegenstand im BGB erfahren hatte, fanden sich auch nach Veröffentlichung von Hupkas Werk vereinzelt noch Gegenstimmen; so widmet etwa Konrad Hellwig sechs Seiten seiner Rezension der *Vollmacht* der Widerlegung von Hupkas These. Hellwig vertritt, dass sich die ausschließliche Erklärungsmöglichkeit der Vollmacht an den Dritten bereits aus der herrschenden Lehre im Zivilprozessrecht ergebe, der zufolge eine Prozessvollmacht erst dadurch Gültigkeit erlange, wenn sie dem Gericht oder dem Dritten zugegangen sei: „Es ist zu bedauern, dass die lichtvollen Ausführungen von Lenel auf den Verfasser keinen grösseren Eindruck gemacht haben, und dass er es sich entgehen liess, die dankbare Aufgabe zu lösen, von diesem Gesichtspunkt aus (also in Harmonie mit dem Prinzipe des Prozessrechts) die Einzelheiten der Vollmachtslehre zu untersuchen."[879]

---

875 *Hupka*, Vollmacht (1900) 105.

876 *Hupka*, Vollmacht (1900) 106.

877 *Hupka*, Vollmacht (1900) 106 Fn 2.

878 Vgl. z.B. *Schilken* in *Staudinger* § 167 Rz 1 (Stand: 25. Jänner 2020, juris.de); *Schubert* im Münchener Kommentar[8] § 167 Rz 12; *Dörner* in *Schulze*, Bürgerliches Gesetzbuch[10] § 167 Rz 2.

879 *Hellwig*, Zeitung für Deutsches Civilprozessrecht 1901, 526. Zur Kritik an Hupkas Ausführungen siehe *Hellwig*, Zeitung für Deutsches Civilprozessrecht 1901, 520–526.

Wenngleich Hupka die Wirksamkeit der Vollmachtserklärung weder von der Annahme noch von der Kenntnisnahme der beteiligten Personen abhängig macht, sieht er sie erst dann im juristischen Sinne als vollendet an, wenn sie dem Adressaten zugegangen ist; vor diesem Zeitpunkt könne sie auch jederzeit vom Prinzipal widerrufen werden. Bereits vor Eintreffen der Vollmacht im Namen des Prinzipals abgegebene Erklärungen des Bevollmächtigten an einen Dritten werden somit erst dann wirksam, wenn die Vollmacht unwiderrufen eintrifft.[880]

b. Die Form der Vollmachtserklärung

In Bezug auf die Form der Vollmachtserklärung referiert Hupka zunächst die einschlägigen Bestimmungen einer Reihe von historischen und geltenden Kodifikationen. Danach wendet er sich der Frage zu, ob für bestimmte Rechtsgeschäfte vorgeschriebene Formerfordernisse sich auch auf die Vollmacht zum Abschluss dieser Rechtsgeschäfte beziehen. Während diese Frage für das deutsche Recht durch § 167 Abs. 2 BGB entschieden war, war sie vor allem für das österreichische Recht von Bedeutung, weshalb Hupkas Monografie ungeachtet ihres Schwerpunktes im deutschen Recht in diesem Punkt auch von der österreichischen Rechtsprechung rezipiert wurde.[881] Ausschlaggebend ist hier für Hupka der Zweck der Formvorschriften: Wo diese den Zweck haben, die Authentizität oder die Ernstlichkeit des Parteiwillens darzutun, müsse auch die Vollmachterteilung in der gesetzlich geforderten Form (Schriftform, Notariatsakt o.ä.) erfolgen; dasselbe gelte für jene Fälle, in denen die Begründung eines Anspruchs in einer gewissen Form einer Partei prozessuale Vorteile verschaffe. Dort aber, wo die vorgeschriebene Form lediglich den Zweck verfolge, den Geschäftsabschluss oder den Inhalt des Geschäfts festzuhalten, genüge es, wenn der Stellvertreter bei der Abgabe seiner Erklärung dem Dritten gegenüber den Formerfordernissen entspräche.[882] In allen anderen Fällen könne die Vollmacht in jeder beliebigen Form erteilt werden; auch eine konkludente Vollmachtserklärung sei denkbar und im Geschäftsleben durchaus üblich.[883] Diese Ansicht etablierte sich im Anschluss an Hupka in Österreich rasch als herrschende Lehre, und

880 *Hupka*, Vollmacht (1900) 109–110.

881 Siehe dazu Zweiter Teil, Kapitel I.C.1.

882 *Hupka*, Vollmacht (1900) 113–119.

883 *Hupka*, Vollmacht (1900) 119–126; zur Anerkennung der konkludent erteilten Vollmacht im heutigen Recht siehe z.B. *Schilken* in *Staudinger* § 167 Rz 13 (Stand: 25. Jänner 2020, juris.de); *Schubert* im Münchener Kommentar[8] § 167 Rz 7; *Dörner* in *Schulze*, Bürgerliches Gesetzbuch[10] § 167 Rz 2.

auch das Reichsgericht legte sie seinen Entscheidungen zugrunde.[884] Auch in Deutschland gelangte die Rechtsprechung – unterstützt auch von großen Teilen der Lehre – relativ rasch zu einer teleologischen Reduktion des § 167 Abs. 2,[885] von welcher allerdings in der Mitte des Jahrhunderts wieder abgegangen wurde. Eine Trendumkehr zeichnete sich allerdings Ende des zwanzigsten Jahrhunderts ab.[886] Auch die heutige Lehre spricht sich mehrheitlich dafür aus, „in Reduktion des § 167 Abs 2 BGB eine Formbedürftigkeit der Vollmacht überall dort zu verlangen, wo für das angestrebte Rechtsgeschäft Formvorschriften bestehen, die nicht lediglich Beratungs- oder Beweiszwecken dienen (so z.B. § 550 BGB), sondern gewichtigere Aufgaben, idR eine Warnfunktion erfüllen."[887]

Revolutionär ist, dass Hupka den Vertretenen auch dann für das Handeln des Stellvertreters haften ließ, wenn dessen Verhalten „bei vernünftiger und redlicher Beurteilung geeignet erscheint, die Überzeugung von seiner [i.e. des Vertretenen] Gutheißung des Geschäfts zu begründen" – selbst dann, wenn der Vertretene nichts von der Handlung des *falsus procurator* gewusst habe.[888] Hupka kommt somit das Verdienst zu, als erster jenes Konzept entwickelt zu haben, das sich später unter dem Stichwort „Anscheinsvollmacht" in Lehre und Rechtsprechung etablieren sollte.[889]

c. Die inneren Gültigkeitserfordernisse des Bevollmächtigungsaktes

Zu den inneren Gültigkeitserfordernissen des Bevollmächtigungsaktes führt Hupka aus, dass der Vollmachtgeber die rechtliche Fähigkeit besitzen müsse, das Geschäft, zu welchem die Vollmacht erteilt wird, selbst gültig vornehmen zu können. Grund dafür sei weder, wie von bisherigen Vollmachtstheorien angenommen, die „angenommene Paciscenteneigenschaft" noch die „– ihm allerdings zukommende – Parteieigenschaft" des Prinzipals, sondern einzig allein die Tatsache, dass die Dispositionsfähigkeit des Prinzipals Voraussetzung für eine gültige Vollmacht, diese aber wiederum Voraussetzung für die Gültigkeit des vom Stellvertreter im Namen des Prinzipals geschlossenen Geschäftes ist.[890]

---

884 *Hundt*, Vollmacht (1933) 29.

885 *Schmoeckel* im HKK (2003) 934.

886 *Schilken* in *Staudinger* § 167 Rz 20a (Stand: 25. Jänner 2020, juris.de).

887 *Schilken* in *Staudinger* § 167 Rz 20 (Stand: 25. Jänner 2020, juris.de).

888 *Hupka*, Vollmacht (1900) 120; derselbe Gedanke findet sich – allerdings ohne Verweis auf Hupka – bei *Wellspacher*, Vertrauen (1906) 90–91.

889 *Schmoeckel* im HKK (2003) 939 Fn 178; 952.

890 *Hupka*, Vollmacht (1900) 127–128. Im Gegensatz dazu sei die Rechtsfähigkeit des Prinzipals tatsächlich aufgrund seiner Parteieigenschaft im

Nicht unumstritten blieben Hupkas Ausführungen zur der Frage der Bedeutung von Willensmängeln bei der Erteilung der Vollmacht. Dass diese in seiner Monografie besonders breiten Raum einnehmen, ist kaum verwunderlich, hatte sich diese Thematik doch bereits im neunzehnten Jahrhundert als Prüfstein der gängigen Vollmachtstheorien entwickelt.[891]

Während die Schriftsteller des neunzehnten Jahrhunderts noch weitestgehend die Lösungsansätze des römischen Rechts übernahmen, ist Hupkas Zugang ein völlig anderer: Als Ausgangspunkt dienen ihm eine Vielzahl praktischer Beispiele, anhand welcher er die Folgen einer simulierten Vollmachtserteilung, des Irrtums, und von Zwang und Betrug erörtert und die einschlägigen Regelungen des Deutschen Bürgerlichen Gesetzbuchs einer kritischen Prüfung unterzieht; die römischen Quellen finden hingegen kaum Erwähnung.

Im Rahmen seiner Erörterung geht Hupka auch auf die im BGB nicht abschließend geregelte Problematik ein, wem gegenüber im Falle eines Irrtums die Anfechtungserklärung abzugeben sei. Hupka kritisiert hier eingehend[892] die allgemeine Regelung des § 143 BGB, derzufolge die Innenvollmacht gegenüber dem Bevollmächtigten, die Außenvollmacht gegenüber dem am Geschäft beteiligten Dritten anzufechten ist. Demgegenüber tritt Hupka für eine weitaus differenzierte Lösung ein: Eine nicht auf einen bestimmten Geschäftspartner lautende Vollmacht könne grundsätzlich sowohl durch Mitteilung an den Bevollmächtigten als auch durch öffentliche Kundgebung angefochten werden; für den Fall, dass die Vollmacht im Interesse des Bevollmächtigten erteilt wurde, sei sie allerdings zwingend diesem gegenüber anzufechten. Eine öffentlich kundgegebene Vollmacht sei hingegen immer öffentlich anzufechten.[893]

Im Falle einer auf einen bestimmten Geschäftsgegner lautenden Vollmacht vertritt Hupka generell, dass die Anfechtung gegenüber einer der beteiligten Personen – Bevollmächtigter oder Dritter – ausreichend sei. Im Falle der im Interesse des Bevollmächtigten erteilten Vollmacht betont er, wie bereits im

---

Hauptgeschäft beachtlich, da ja der Prinzipal für die rechtlichen Folgen des Vertretungsaktes einzutreten habe; vgl. *Hupka*, Vollmacht (1900) 128; zustimmend *Swoboda*, Bevollmächtigung (1932) 23; *Swoboda* in *Klang*, ABGB[1], II/2, 777.

891 *Mitteis*, Stellvertretung (1962 [1885]) 81; siehe dazu die Einleitung zu Abschnitt III.

892 *Hupka*, Vollmacht (1900) 135–155; zum Anfechtungsgegner insbesondere 139–145.

893 *Hupka*, Vollmacht (1900) 141–142.

ersten Fall, wiederum die zwingende Notwendigkeit der Anfechtung diesem gegenüber; wenn sie hingegen dem Dritten gegenüber kundgegeben worden sei, müsse die Vollmacht auch diesem gegenüber angefochten werden. Sofern die Vollmacht zwar dem Bevollmächtigten gegenüber, aber nicht in dessen Interesse erteilt worden sei, könne die Anfechtung an Bevollmächtigten oder Dritten gerichtet werden.[894] Im Falle einer erfolgreichen Anfechtung habe der Prinzipal gemäß § 122 BGB verschuldensunabhängig für den dem Dritten bzw dem Stellvertreter daraus entstandenen Schaden aufzukommen.[895]

Konrad Hellwig wandte sich in seiner Rezension mit einigem Nachdruck gegen Hupkas Ausführungen zum Einfluss von Willensmängeln des Vertretenen auf die Vollmacht und beanstandete, dass „der Verfasser hier mit seiner eigenen Theorie über die Natur der Bevollmächtigung in Widerspruch geräth",[896] weil er in seiner Erörterung der in Simulationsabsicht erteilten Vollmacht behaupte, „daß der Gegner im Hauptgeschäft *kein ‚Dritter'* im technischen Sinn des Wortes ist".[897] Hupkas Erklärung, dass dies selbst in dem Fall, dass die Vollmachtserklärung an den Vertreter gerichtet sei, deshalb zutreffe, weil „der Geschäftsgegner […] ja an dem Bestande der Vollmacht unmittelbar interessiert [ist], da ja ihre endliche, praktische Wirkung in seiner Person eintreten soll",[898] lässt Hellwig allerdings außer Acht. Stattdessen missversteht er den von ihm zitierten Halbsatz dahin gehend, dass sich Hupka an dieser Stelle doch der Theorie Lenels anschließe, derzufolge nur eine nach außen erklärte Vollmacht gültig sei. Hellwig hebt hervor, dass Hupka in seinen Ausführungen zur in Simulationsabsicht erteilten Vollmacht „zu dem ganz richtigen Resultate" käme, dass eine nur dem Bevollmächtigten gegenüber kundgegebene Simulationsabsicht unbeachtlich sei. Freilich begründet dies Hupka nicht, wie Hellwig seinen Ausführungen entnehmen zu können meint, mit der generellen Ungültigkeit der gegenüber dem Bevollmächtigten abgegebenen Vollmachtserklärung, sondern vielmehr damit, dass es sich hier um eine Mentalreservation handle, welche die Gültigkeit der Vollmacht gerade nicht tangiere; auch hier geht Hellwig allerdings nicht auf Hupkas Erklärung ein.[899]

Nachdem Hellwig Hupkas Erkenntnisse zunächst im Einklang mit Lenels Lehre liest, wirft er Hupka vor, dass er „[m]erkwürdigerweise [glaube], auf

---

894 *Hupka*, Vollmacht (1900) 143–144.
895 *Hupka*, Vollmacht (1900) 144–145.
896 *Hellwig*, Zeitung für Deutsches Civilprozessrecht 1901, 527.
897 *Hupka*, Vollmacht (1900) 129.
898 *Hupka*, Vollmacht (1900) 129.
899 Vgl. *Hupka*, Vollmacht (1900) 131–132; *Hellwig*, Zeitung für Deutsches Civilprozessrecht 1901, 527.

dem Boden des Bürgerlichen Gesetzbuchs wegen § 117 zu einem anderen Resultate gelangen zu müssen." Konkret bezieht sich Hellwigs Kritik auf den Fall, dass der Dritte von der Simulationsabsicht des Vertretenen wusste, der Vertreter aber nicht. Hupka vertritt (allerdings ohne Bezugnahme auf § 117 BGB), dass das mit dem Dritten geschlossene Geschäft dann nichtig sei, wenn der Bevollmächtigte kein eigenständiges Interesse an dessen Zustandekommen habe; andernfalls sei im entgegengesetzten Sinn zu entscheiden, das es „wider Treu' und Glauben [wäre], wenn [dem Bevollmächtigten] der doloserweise verschwiegene Wille des Prinzipals entgegengehalten werden könnte."[900]

Hupka zufolge ist allerdings § 117 BGB überhaupt nicht auf die Erteilung der Vollmacht anzuwenden, da dieser „nur solche Erklärungen im Auge hat, welche – wie die Offerte, die Kündigung, die Mahnung u.s.w. – eine materielle Beziehung nur auf ein einziges Subjekt in sich tragen, durch welche dann auch die äußere Richtung der Erklärung fest bestimmt wird", während für „andere Willenserklärungen die Rechtsanalogie und die Natur der Sache zu Hilfe zu nehmen" seien.[901] Konrad Hellwig erblickt darin nicht völlig nachvollziehbarerweise einen Beleg für „die Erkenntnis [...], dass mit der vom Verfasser prinzipiell vertretenen Theorie (die Vollmacht werde durch Erklärung an den Vertreter *perfekt*) nicht durchzukommen ist."[902]

Zur Frage der Anfechtung der Vollmacht wegen Geschäftsirrtums oder Betrugs vertritt Hellwig, dass bei Vorliegen eines zur Anfechtung berechtigenden Willensmangels nach Ausübung der Vollmacht nicht diese, sondern das mit dem Dritten geschlossene Geschäft anzufechten sei; aus diesem Grunde könne die Anfechtung auch nur dem Dritten gegenüber erklärt werden.[903] Hupkas Ansicht führe notwendigerweise zu „haarsträubenden Resultaten", weil man diesfalls annehmen müsse, dass der Bevollmächtigte allein der Anfechtungsgegner sei, dass auch ihm gegenüber die Schadenersatzforderung des § 122 bestehe, und dass die Anfechtung bei einer vom Bevollmächtigten verübten Täuschung ohne Rücksicht darauf, ob der Dritte von der Täuschung wusste oder wissen musste, Platz greife.[904]

Auch Hellwigs Kritik an Hupkas Erörterung der Anfechtungsmöglichkeiten im Irrtumsfall fußt freilich auf der Annahme, Hupka vertrete wie Lenel eine „Theorie über die Bedeutung der an den Vertreter gerichteten Vollmachtserklärung". Hupka versuche den Widerspruch zwischen dieser

900 *Hupka*, Vollmacht (1900) 131.
901 *Hupka*, Vollmacht (1900) 134–135.
902 *Hellwig*, Zeitung für Deutsches Civilprozessrecht 1901, 527 (Hervorhebung im Original).
903 *Hellwig*, Zeitung für Deutsches Civilprozessrecht 1901, 528.
904 *Hellwig*, Zeitung für Deutsches Civilprozessrecht 1901, 528.

Theorie und seinen Ansichten über den möglichen Adressaten der Anfechtungserklärung dadurch zu verdecken, dass er hier sowohl Dritten als auch Bevollmächtigten als rechtlich möglichen Empfänger der Bevollmächtigung bezeichne.[905].

Auf die von Hupka angerissene Möglichkeit der Anfechtung der Vollmacht auch bei Gutgläubigkeit des Dritten kommt Hellwig nicht näher zu sprechen. Gerade diese Thematik griff – unter Berufung auf Hellwig – allerdings Heinrich Demelius in seiner Würdigung der Vollmachtslehre Moriz Wellspachers auf. Wellspacher hatte sich in seiner Schrift zum Vertrauen auf äußere Tatbestände im Gegensatz zu Hupka[906] auf den Standpunkt gestellt, dass auch im Falle von Willensmängeln bei der Erteilung der Vollmacht in den Fällen der §§ 171 und 172 BGB diese dem gutgläubigen Dritten gegenüber unanfechtbar sein müsse.[907] „Wellspachers eifriges Bestreben, die Willenserklärung und damit die Anfechtung wegen Willensmängeln dem Vollmachtrecht möglichst fernzuhalten,“[908] steht somit in klarem Gegensatz zu Hupkas Anschauung.[909] In seinem Aufsatz über Wellspachers Vollmachtslehre nutzt Demelius diesen Gegensatz für eine beiläufige Polemik gegen seinen Lehrstuhlvorgänger, dem er mangelndes Verständnis für die Interessen des Dritten unterstellt: Wellspacher habe argumentiert, „das Gesetz gebe dem Dritten Steine statt Brot, wenn es ihm anstatt des erwarteten Vertrages Ersatz des Vertrauensschadens anbiete“[910] und verstoße so gegen das Prinzip von Treu und Glauben.[911] Wer hingegen, „wie etwa Hupka in seiner gründlichen und scharfsinnigen Darstellung der Vollmachtslehre des BGB“, „diesen Stein für das dem Dritten rechtspolitisch Gebührende ansieht, […] kann natürlich […] Wellspachers Lehre von der absoluten Unanfechtbarkeit der Vollmachtserklärung […] [nicht] folgen.“[912]

Ungeachtet der kritischen Bemerkungen Hellwigs, Wellspachers und Demelius' teilt die herrschende Lehre zum BGB Hupkas Ansicht, dass *de lege lata* auch die bereits ausgeübte Vollmacht bei Vorliegen von Willensmängeln anfechtbar sei, wobei sowohl die Haftung des Prinzipals nach § 122 BGB auf

---

905 *Hellwig*, Zeitung für Deutsches Civilprozessrecht 1901, 529.
906 *Hupka*, Vollmacht (1900) 150.
907 *Wellspacher*, Vertrauen (1906) 84.
908 *Demelius*, Archiv für die civilistische Praxis 1954, 7.
909 Siehe dazu Zweiter Teil, Kapitel I.A.1.c
910 *Demelius*, Archiv für die civilistische Praxis 1954, 8; derselben Ansicht *Bergenthal*, Vollmacht (1937) 11.
911 *Wellspacher*, Vertrauen (1906) 92–93.
912 *Demelius*, Archiv für die civilistische Praxis 1954, 8; siehe dazu auch *Wellspacher*, Vertrauen (1906) 92–94; *Schmoeckel* im HKK (2003) 935–936.

das negative Interesse sowie die Haftung des Vertreters nach § 179 BGB dem Dritten ausreichenden Schutz bieten.[913]

d. Die Abstraktheit der Vollmacht

Relativ knapp behandelt Hupka den von ihm vertretenen Grundsatz der Abstraktheit der Vollmacht, der sich nach Publikation von Labands Aufsatz erstaunlich rasch nahezu allgemein etabliert hatte und auch der heutigen herrschenden Lehre entspricht.[914] Hupka hebt zwar hervor, dass eine Vollmacht stets im Hinblick auf einen materiellen Grund – die „causa im subjektiven Sinn" – erteilt werde. Davon unabhängig sei aber die Frage zu behandeln, „ob die *Entstehung der Vollmacht* auch durch das wirkliche und gültige Zustandekommen des die causa enthaltenden *Rechtsverhältnisses* bedingt, mit anderen Worten *ob die Gültigkeit der Bevollmächtigung von dem Rechtsbestande des intendierten Gestionsvertrags abhängig ist.*"[915] Grundsätzlich stellt sich Hupka auf den Standpunkt, dass kein Zusammenhang zwischen der Gültigkeit des Kausalgeschäftes und jener der Vollmacht besteht: „*Nach unserer Auffassung hat die Entstehung der Vollmacht keine andere Voraussetzung, als daß der zur Vertretende seine Zustimmung zur Stellvertretung erklärt hat und diese Erklärung den in den vorhergehenden Paragraphen entwickelten Erfordernissen entspricht.*"[916] Eine Ausnahme bestehe nur dort, wo der Bevollmächtigung eine unsittliche oder gesetzwidrige Causa zugrunde liegt. Dies dürfe einem redlichen Dritten zwar nicht schaden; dort aber, wo die unerlaubte Causa dem Dritten bekannt war, sei die Bevollmächtigung ihm gegenüber als nichtig anzusehen.[917]

---

913 Siehe z.B. *Hübner*, Allgemeiner Teil 2 (1995) 518–519 Rz 1248 (mit weiteren Nachweisen); *Schubert* im Münchener Kommentar[8] § 167 Rz 48; *Dörner* in *Schulze*, Bürgerliches Gesetzbuch[10] § 167 Rz 3.

914 Für das deutsche Recht siehe z.B. *Schilken* in *Staudinger* Vor §§ 164 ff Rz 33–34 (Stand: 25. Jänner 2020, juris.de); *Schubert* im Münchener Kommentar[8] § 164 Rz 22; *Mansel* in Jauernig, BGB[17] § 167 Rz 1. Zum damaligen Meinungsstand siehe u.a. *Flatau*, Ist die Vollmacht abstrakt oder kausal? Beiträge zur Erläuterung des deutschen Rechts 1908, 753; *Müller-Freienfels* in *Coing/Wilhelm* 194–195 (mit weiteren Nachweisen); *Doerner*, Die Abstraktheit der Vollmacht. Zur mangelnden Begründbarkeit eines bürgerlichrechtlichen Lehrsatzes (2018) 56–57; *Schmoeckel* im HKK (2003) 923. Zum österreichischen Recht siehe Zweiter Teil, Kapitel I.C.1.

915 *Hupka*, Vollmacht (1900) 156 (Hervorhebung im Original).

916 *Hupka*, Vollmacht (1900) 157 (Hervorhebung im Original); zu den Gültigkeitserfordernissen siehe Kapitel III.A.2.c.

917 *Hupka*, Vollmacht (1900) 160.

e. *Die Kundmachung der Vollmacht als selbstständiger Entstehungsgrund der Vertretungsmacht*

Im letzten Abschnitt des zweiten Teiles behandelt Hupka die Konsequenzen der öffentlichen Kundmachung der Vollmacht und der Aushändigung der Vollmachtsurkunde an den Bevollmächtigten. Erstere habe, sofern die Kundmachung nach tatsächlicher Erteilung der Vollmacht erfolge und die darin enthaltenen Angaben korrekt sind, für die Entstehung der Vollmacht keinerlei Bedeutung. Weitaus mehr interessiere in diesem Zusammenhang daher die Frage, was gelte, wenn die Mitteilung – sei es betreffend etwaige Beschränkungen der Vollmacht, sei es betreffend deren gültigen Zustandekommens schlechthin – nicht der Wahrheit entspreche. In diesem Falle erfordere es der gute Glaube des Dritten und die Verkehrssicherheit, dass der Prinzipal seine Erklärung gegen sich gelten lassen müsse und die Vollmacht dem Dritten gegenüber als im publizierten Umfang erteilt gelte. Dieser Grundsatz gelte im Handelsrecht insbesondere im Kontext der Eintragung der Prokura in das Handelsregister.[918] Dieselben Grundsätze lässt Hupka auch für die dem Dritten ausgehändigte Vollmachtsurkunde gelten: Auch diese habe den Charakter einer bloßen Mitteilung; dem redlichen Dritten gegenüber könne sich der Aussteller der Urkunde aber nicht darauf berufen, dass deren Inhalt nicht mit den tatsächlichen Umständen der Bevollmächtigung übereinstimme. Abweichendes gelte nur dort, wo der Prinzipal beim Ausstellen der Urkunde geschäftsunfähig gewesen sei, sich im Irrtum über einen wesentlichen Inhalt der Urkunde befunden habe, oder durch Drohung oder Betrug zur Ausstellung verleitet worden sei.[919]

Besonders eingehend beschäftigt sich Hupka abschließend mit der Regelung, welche die Vorlegung der Vollmachtsurkunde und deren rechtliche Konsequenzen im deutschen Bürgerlichen Gesetzbuch erfahren hatte. Hupka kritisiert vor allem § 172 BGB, dem zufolge eine Person einem Dritten gegenüber als zur Vertretung des Prinzipals legitimiert galt, wenn sie ihm „*irgend einmal* eine das betreffende Geschäft deckende Vollmachtsurkunde vorgelegt hat", was Hupka als „eine *übertriebene Begünstigung des Dritten* auf Kosten des Prinzipals" erschien.[920] Dies sieht Hupka vor allem in Fällen gegeben, in denen der ehemalige Vertreter nach Erlöschen der Vollmacht unter Berufung auf die früher einmal vorgelegte Vollmachtsurkunde weiterhin Geschäfte im Namen des Prinzipals schließt. Es wäre, argumentiert Hupka, unbillig, wenn man die Interessen des ehemaligen Machtgebers weniger berücksichtige als die eines Dritten, „der es verabsäumt hat, sich vor

918 *Hupka*, Vollmacht (1900) 163–167.
919 *Hupka*, Vollmacht (1900) 169–170.
920 *Hupka*, Vollmacht (1900) 171 (Hervorhebung im Original).

dem Abschluß die Vollmacht vorweisen zu lassen, um sich von deren Fortbestand zu vergewissern."[921] „Nur das Vertrauen auf die gegenwärtig präsentierte Vollmachtsurkunde vermag es zu rechtfertigen, daß dem Vertretenen eine Rechtsfolge aufgebürdet wird, die er nicht gewollt hat, keineswegs aber der sorglose Glaube eines Dritten, daß die früher einmal ausgewiesene Vollmacht heute noch bestehe." Um dieses Ergebnis, das der Ratio des Gesetzes entspreche, zu gewährleisten, sei § 172 Abs. 1 einschränkend dahin gehend auszulegen, „daß *nur die gegenwärtige* Vorlegung der Urkunde bei dem bestimmten in Frage stehenden Geschäft die Vertretungsmacht des Präsentanten erzeugt."[922] Die heute herrschende Meinung setzt sich zwar mit Hupkas Kritik auseinander, hält im Hinblick auf den Gesetzeswortlaut allerdings an der gegensätzlichen Meinung fest.[923]

3. Der Umfang der Vollmacht

Der längste Abschnitt von Hupkas Abhandlung befasst sich mit dem Umfang der Vollmacht. In zwei Unterkapiteln behandelt Hupka einerseits deren sachlichen Umfang, andererseits geht er in einigem Detail auf die Theorie des Selbstkontrahierens ein.

a. Der sachliche Umfang der Vollmacht

Das in sechs Abschnitte gegliederte Kapitel zum sachlichen Umfang der Vollmacht befasst sich mit der Einteilung der Vollmachten nach ihrem Umfang und deren Auslegung, der gesetzlich notwendigen Spezialvollmacht, dem Einfluss des internen Verhältnisses zwischen Stellvertreter und Prinzipal auf den Umfang der Vollmacht, der Prüfung der Vollmachtmäßigkeit des Geschäftes durch den Dritten, der Bestimmung des Umfanges der Vollmacht durch Gesetz und dem zeitlichen und räumlichen Geltungsbereich der Normen über den Vollmachtsumfang.

Nach einem kurzen Überblick über die verschiedenen Typen der General- und Spezialvollmachten widmet sich Hupka der „Kardinalfrage" dieses Unterkapitels: „*Wodurch wird der Umfang einer konkreten Vollmacht bestimmt?*"[924] Im Unterschied zu den gesetzlichen Vollmachten, deren Umfang typischerweise auch durch das Gesetz bestimmt ist, sei für die gewillkürte Stellvertretung in erster Linie die ausdrückliche Erklärung des

---

921 *Hupka*, Vollmacht (1900) 172.
922 *Hupka*, Vollmacht (1900) 173 (Hervorhebung im Original.
923 Siehe dazu *Schilken* in *Staudinger* § 172 Rz 5 (Stand: 25. Jänner 2020, juris.de) (unter Bezugnahme auf *Hupkas* Kritik); derselben Ansicht (ohne Bezugnahme auf *Hupka*) *Schubert* im Münchener Kommentar[8] § 172 Rz 22 .
924 *Hupka*, Vollmacht (1900) 177 (Hervorhebung im Original).

Prinzipals maßgeblich, wobei aber auch die Umstände des einzelnen Falles zu berücksichtigen seien. Besondere Bedeutung erlangten diese dort, wo eine ausdrückliche Erklärung des Prinzipals nicht vorläge.[925] Somit müssten unter anderem das billigende Verhalten des Prinzipals gegenüber gleichartigen Vertretungsakten in der Vergangenheit, die Beschaffenheit des internen Verhältnisses zwischen Stellvertreter und Vollmachtgeber und der Zweck, zu dem die Vollmacht erteilt wurde, berücksichtigt werden. In Bezug auf Letzteren führt Hupka aus, dass eine Vollmacht, die zu einem bestimmten Zweck ausgestellt worden sei, sich ungeachtet ihres Wortlautes auf alle Handlungen erstrecke, die zur Erreichung dieses Zweckes notwendig seien.[926] Wenn der Zweck auf unterschiedlichen Wegen erreicht werden könne, dürfe man im Zweifel annehmen, dass der Prinzipal mangels ausdrücklicher oder konkludenter Erklärung des Gegenteils mit sämtlichen Optionen einverstanden gewesen sei. Lautet eine Vollmacht auf ein Geschäft, das „eine bloß accessorische Funktion hat“, dann erstrecke sie sich auch auf das Hauptgeschäft, um dessen Willen das andere Geschäft abgeschlossen worden sei. Während die Vollmacht unter diesen Umständen also eine Erweiterung erfahre, sei sie auch durch den speziellen Zweck, auf den sie erklärt worden sei, beschränkt, indem ungeachtet des Wortlauts der Erklärung nur jene Handlungen als von der Vollmacht erfasst anzusehen seien, die der Verwirklichung des Zwecks dienen.[927]

Eine Erweiterung der Vollmacht im Widerspruch zum Wortlaut der Erklärung des Prinzipals sei nur unter den oben erörterten Umständen statthaft; in allen anderen Fällen bilde „der *objective Inhalt der Vollmachtserklärung* die allein maßgebende Norm für den Umfang der Vollmacht, für und wider den Prinzipal.“[928] Andererseits dürfe die Vollmacht aber auch nicht einschränkend interpretiert werden; vielmehr müsse der Prinzipal all jene Handlungen gegen sich gelten lassen, die durch den Inhalt seiner Erklärung gedeckt schienen. Insbesondere könne er dem Dritten nicht entgegenhalten, dass durch die Handlungsweise des Vertreters das Interesse des Vertretenen verletzt sei, da dies lediglich das interne Verhältnis zwischen Vollmachtgeber und Stellvertreter betreffe. Dies lässt Hupka im Gegensatz zur heute herrschenden Meinung selbst dann gelten, wenn der Dritte von der missbräuchlichen Verwendung der Vollmacht Kenntnis hatte. Anderes gelte lediglich, wenn „der Bevollmächtigte nicht bloß seine Mandatspflichten verletzt, sondern

---

925 *Hupka*, Vollmacht (1900) 179–180.
926 Hupka, Vollmacht (1900) 184; derselben Ansicht *Schubert* im Münchener Kommentar[8] § 167 Rz 56.
927 *Hupka*, Vollmacht (1900) 184–185.
928 *Hupka*, Vollmacht (1900) 185–186 (Hervorhebung im Original).

geradezu in der Absicht gehandelt [hat], den Prinzipal zu *schädigen*" und „der andere Teil von dieser Absicht" gewusst habe. Es liege „zwar dann auch keine Vollmachtsüberschreitung vor, wohl aber kann der Prinzipal wegen dieses dolosen Vorgehens im Klage- oder Einredewege die Rescission des Geschäfts begehren."[929] Auf der Basis des Gesagten kommt Hupka zu dem Schluss, dass der Umfang der Vollmacht, soweit sie nicht „durch den ausdrücklich oder stillschweigend erklärten Willen des Prinzipals specialisiert ist, [...] bestimmt [wird] durch die objektive *Natur des Geschäftes und bezw. des Geschäftskreises*, zu dem die Vollmacht erteilt ward."[930]

Als Einschränkung seines radikalen Standpunktes zur Abstraktion des Vollmachts- vom Innenverhältnis betont Hupka aber auch, dass der Dritte davon auszugehen habe, dass selbst bei einer unbeschränkt erteilten Vollmacht das Ermessen des Bevollmächtigten niemals ganz frei sei. „Man muß sich stets gegenwärtig halten, daß die Frage nach dem Umfang der Vollmacht eine Frage der Willensauslegung ist. Daraus folgt aber, daß die Vollmacht auch in den Punkten, die vom Prinzipal offen gelassen sind, doch immer eine Grenze findet in dem, was der Prinzipal vernünftigerweise gewollt haben konnte." Dort, wo der Dritte redlicherweise annehmen musste, dass die Dispositionen des Stellvertreters so nicht vom Prinzipal gewollt sein konnten, liege „trotz der unbeschränkten Fassung der Vollmachtserklärung eine Überschreitung vor, die den Prinzipal nicht bindet."[931] Dieser – heute unter dem Schlagwort „Evidenz des Missbrauchs" geläufigen – Ansicht folgt auch die herrschende Lehre zum BGB.[932]

Kritisch sieht Hupka die Thematik der „gesetzlichen Specialvollmachten", also jener Normen, die für die Vornahme bestimmter Geschäfte eine explizit auf diese lautende Spezialvollmacht verlangen, sodass selbst eine universelle Vermögensvollmacht des Prinzipals zur gültigen Vornahme dieser Rechtshandlungen nicht ausreicht. Die *ratio legis* ist hier der Schutz des Prinzipals, dem man unterstellt, dass er gewisse Rechtsgeschäfte von der erteilten Vollmacht ausgenommen hätte, wenn er daran gedacht hätte. Hupka führt dagegen einerseits ganz generell ins Treffen, dass es „[v]on vornherein [...] schon wenig gerechtfertigt [ist], den Vollmachtgeber gegen die Auslegung seiner

---

929 *Hupka*, Vollmacht (1900) 188 (Hervorhebung im Original). Im Gegensatz dazu lässt die heute weitgehend herrschende Meinung bereits Wissen des Dritten genügen; vgl. z.B. *Schilken* in *Staudinger* § 167 Rz 96 (Stand: 25. Jänner 2020, juris.de); kritisch aber *Schubert* im Münchener Kommentar[8] § 164 Rz 214 (nur bei Kollusion, andere Fälle fraglich).

930 *Hupka*, Vollmacht (1900) 189 (Hervorhebung im Original).

931 *Hupka*, Vollmacht (1900) 190–191.

932 Vgl. z.B. *Schilken* in *Staudinger* § 167 Rz 97 (Stand: 25. Jänner 2020, juris.de) (mit weiteren Nachweisen); Mansel in Jauernig, BGB[17] § 164 Rz 8.

eigenen Willenserklärung in solcher Weise zu schützen“: Wer eine Generalvollmacht erteile, müsse sich auch deren Inhalt vor Augen führen und „kann sich nicht beklagen, wenn der Bevollmächtigte einen Rechtsakt vollzieht, der zu dem übertragenen Rechtskreis gehört.“ Gewichtiger ist aber sein Einwand, dass sämtliche gesetzliche Aufzählungen „unter dem Fehler relativer Unangemessenheit“ litten, da es nahezu unmöglich sei, eine Aufzählung von aus der Generalvollmacht ausgenommenen Rechtsgeschäften zu finden, die allen Fallkonstellationen gerecht werde.[933] Darüber hinaus böten solche Ausnahmen auch eine „Fessel für den Verkehr“, da sie das Vertrauen des Dritten in die Vollmacht erschütterten. Um dem entgegenzutreten, hätten sich wiederum in der Praxis Formulare zur Erteilung von Generalvollmachten eingebürgert, die den gesamten Katalog der Spezialvollmachten explizit miteinbezögen. Diese aber führten die ratio legis ad absurdum, da sie zumeist unreflektiert und ohne genaues Durchlesen unterschrieben würden. Aus diesem Grund stellt sich Hupka auf den Standpunkt, dass gesetzliche Spezialvollmachten zu meiden seien und hebt lobend hervor, dass das Deutsche Bürgerliche Gesetzbuch keine solchen Bestimmungen enthält.[934]

Von besonderer praktischer Bedeutung sind Hupkas Ausführungen über den Zusammenhang zwischen interner Instruktion und Vollmachtserklärung, also konkret der rechtlichen Bedeutung von „*einschränkenden Erklärungen*, die der Machtgeber nur dem *Bevollmächtigten*, *nicht* auch dem *Dritten* gegenüber abgegeben hat.“[935] Es war dies einer der Punkte, „über den in der bisherigen Doktrin und Praxis noch lange nicht allgemeine Klarheit herrscht“ und mit denen Hupka sich deswegen besonders eingehend beschäftigt.[936]

Hupka betont, dass eine allgemeingültige Antwort auf diese Frage nicht möglich sei; vielmehr erfordere sie „ein genaues Eingehen auf die verschiedenen Gestaltungen, die sich hier möglicherweise ergeben können.“ Insbesondere müsse man differenzieren zwischen Fällen, in welchen der Prinzipal seine Vollmachtserklärung dem Stellvertreter gegenüber abgegeben habe und jenen, in welchen er die Vollmacht dem Dritten oder der Allgemeinheit gegenüber erklärt habe.[937]

Im ersten Fall erachtet Hupka einschränkende Erklärungen dem Dritten gegenüber zweifellos für wirksam. Der Dritte könne sich schon deswegen dem Prinzipal gegenüber nicht darauf berufen, dass ihm die Einschränkung

---

933 *Hupka*, Vollmacht (1900) 197.
934 *Hupka*, Vollmacht (1900) 197–199.
935 *Hupka*, Vollmacht (1900) 199 (Hervorhebung im Original).
936 *Hupka*, Vollmacht (1900) 199.
937 *Hupka*, Vollmacht (1900) 200.

der Vollmacht nicht bekannt gewesen sei, da es hier an der Zustimmung des Vertretenen zu dem abgeschlossenen Geschäft mangle. Ein schutzwürdiges Vertrauen des Dritten auf die Unbeschränktheit der Vollmacht könne man nur dort annehmen, wo ihm der Prinzipal durch sein Verhalten Grund zu dieser Annahme gegeben habe. Ansonsten müsse der Dritte, der allein auf die Angaben des Vertreters betreffend den Umfang der Vertretungsmacht vertraue, auch das Risiko dafür tragen, in diesem Vertrauen enttäuscht zu werden. Weiters sei es im Prozess auch nicht Sache des Prinzipals, das Vorliegen von Beschränkungen zu beweisen; vielmehr läge die Beweislast dafür, dass eine unbeschränkte Vollmacht erteilt worden sei, beim Dritten.[938]

In jenen Fällen, in denen der Prinzipal die Vollmacht ausdrücklich oder konkludent nach außen hin erklärt hat, stellt sich Hupka auf den Standpunkt der damals herrschenden Lehre: Eine Instruktion, die dem Dritten weder bekannt noch erkennbar war, könne diesem auch nicht zu dessen Schaden entgegengehalten werden, sofern das zwischen ihm und dem Vertreter abgeschlossene Geschäft die Grenzen der Vollmachtserklärung nicht überschritten habe.[939] Hupka fügt dem allerdings hinzu, dass die zumeist aus den römischen Quellen abgeleiteten Begründungen dafür unzureichend seien. Nach einer detaillierten Erörterung des in der neueren Forschung herangezogenen Quellenmaterials[940] erklärt er, dass die Beantwortung dieser Fragestellung nicht aus dem römischen Recht, sondern „nur *aus der rechtlichen Natur des modernen Vollmachtsinstituts selbst* begründet werden" könne.[941] Hupkas eigener Erklärungsansatz entspringt einer klaren, weit über Labands eigene Ausführungen hinausgehenden, Unterscheidung zwischen der Vollmacht und dem ihr zugrunde liegenden Auftrag und antizipiert im insbesondere in Bezug auf die Außenvollmacht damit die heute herrschende Lehre.[942]

Hupkas Erklärung führt noch einmal den Unterschied zwischen seinem Ansatz und jenem Otto Lenels klar vor Augen: Wie bereits oben ausgeführt, hatte Lenel postuliert, dass lediglich die nach außen gerichtete Erklärung des

938 *Hupka*, Vollmacht (1900) 200–204.

939 *Hupka*, Vollmacht (1900) 205; zum damaligen Meinungsstand siehe auch *Lenel*, Jherings Jahrbücher für die Dogmatik des bürgerlichen Rechts 1896, 23–24; kritisch zu *Hupkas* Standpunkt *Doerner*, Die Abstraktheit der Vollmacht. Zur mangelnden Begründbarkeit eines bürgerlichrechtlichen Lehrsatzes (2018) 61–63.

940 *Hupka*, Vollmacht (1900) 205–208.

941 *Hupka*, Vollmacht (1900) 209 (Hervorhebung im Original).

942 U.a. *Schilken* in *Staudinger* § 167 Rz 85 (Stand: 25. Jänner 2020, juris.de) (mit weiteren Nachweisen); siehe auch *Schubert* im Münchener Kommentar[8] § 164 Rz 211–212 und *Dörner* in *Schulze*, BGB[10] § 164 Rz 12 (beide ohne Einschränkung auf die Außenvollmacht); siehe dazu auch *Doerner*, Abstraktheit (2018) 62.

Prinzipals die Entstehung der Vollmacht bedinge;[943] daraus ergibt sich aber, dass eine nur dem Bevollmächtigten gegenüber abgegebene Erklärung in jedem Fall – selbst bei Bösgläubigkeit des Dritten – unbeachtlich sein müsse. Lenel selbst vermeidet diese Konsequenz aber unter Verweis auf das Prinzip von Treu und Glauben; eine Ausnahme, die Hupka als logischen Bruch innerhalb Lenels Argumentation verurteilt.[944] Im Gegensatz dazu vertritt Hupka, dass „*die Richtung der Vollmachtserklärung für deren rechtliche Wesenheit irrelevant ist*". Aus dem Umstand, dass „die bloße Erteilung des Auftrags zur Vornahme von Vertretungshandlungen such schon die voll wirksame Bevollmächtigung enthalte", folge, dass „erläuternde und einschränkende Instruktionen an sich *tauglich* sind, die Vollmacht zu modifizieren, daß sie aber diese Wirkung *dann nicht* haben, wenn der Dritte in schuldloser Unkenntnis derselben gemäß der Vollmacht thätig geworden ist."[945] Hupka erweitert damit Labands Lehre um das Prinzip des Gutglaubensschutzes, dass in der heutigen Doktrin und Praxis durch analoge Anwendung des § 173 BGB realisiert wird.[946]

In Folge erörtert Hupka anhand praktischer Beispiele verschiedene Fallkonstellationen, wobei er stets die Wichtigkeit der Willensauslegung des Prinzipals einerseits und die Berücksichtigung der schutzwürdigen Interessen beider Seiten andererseits hervorhebt.[947] Letztendlich stellt er sich auf den Standpunkt, dass der Dritte dann nicht geschützt ist, wenn er von den Einschränkungen der Vollmacht Kenntnis hatte oder ihm nach den Umständen auffallen musste, dass das abzuschließende Geschäft nicht dem Willen des Prinzipals entspreche. Eine darüber hinausgehende Nachforschungspflicht des Dritten bestehe aber nicht.[948] Dagegen betont Hupka allerdings, dass eine rein als Beschränkung des Auftrages intendierte Instruktion des Vollmachtgebers an den Bevollmächtigten dem Dritten, selbst wenn er sie kannte, nicht schadet, da diese keinen Einfluss auf den Umfang der Vollmacht habe. Die Beweislast dafür liege allerdings bei dem Dritten, der sich daher in der Praxis über eine ihm bekannte Instruktion nicht hinwegsetzen könne, „wenn die Sachlage einen Zweifel über die Willensmeinung des Prinzipals übrig läßt."[949]

---

943 *Lenel*, Jherings Jahrbücher für die Dogmatik des bürgerlichen Rechts 1896, 24.

944 *Lenel*, Jherings Jahrbücher für die Dogmatik des bürgerlichen Rechts 1896, 24; *Hupka*, Vollmacht (1900) 210.

945 *Hupka*, Vollmacht (1900) 211 (Hervorhebung im Original).

946 U.a. *Schilken* in *Staudinger* § 173 Rz 6 (Stand: 25. Jänner 2020, juris.de); *Schubert* im Münchener Kommentar[8] § 173 Rz 2; siehe auch *Doerner*, Abstraktheit (2018) 62 (mit weiteren Nachweisen).

947 *Hupka*, Vollmacht (1900) 212–223.

948 *Hupka*, Vollmacht (1900) 220–222.

949 *Hupka*, Vollmacht (1900) 221; kritisch dazu *Doerner*, Abstraktheit (2018) 62–63.

Am Schluss des Kapitels folgt noch ein kurzer Abschnitt über die Regelung dieses Themengebiets nach geltendem deutschen Recht. Hupka betont, dass die „Frage nach dem Einfluß interner Instruktionen auf die offene Vollmacht von fast allen älteren und neueren Kodifikationen in mehr oder minder erschöpfender Weise behandelt worden“ ist. Im Gegensatz dazu enthält das BGB keine „specielle Vorschrift über diesen Punkt“, da eine diesbezügliche Regelung durch die Bestimmungen der §§ 171 Abs. 1 und § 172 Abs. 1 „mitgetroffen“ worden sei.[950] Dies sieht Hupka allerdings kritisch, da diese Normen keine Ausnahmebestimmung enthielten für Fälle, in denen der Dritte von der internen Beschränkung Bescheid wusste oder wissen musste. Dies würde aber der ratio des Gesetzes widersprechen, da das Vertrauen des Dritten nur zu schützen sei, wenn es „ein wahrhaft *schutzwürdiges* ist“.[951] Hupka tritt daher dafür ein, die §§ 171 Abs. 1 und 172 Abs. 1 „in dem gleichen Sinn [zu] beschränken […], wie es § 173 ausdrücklich hinsichtlich der *Erlöschung* thut.“[952]

Der nächste Abschnitt widmet sich der Prüfung der Vollmachtmäßigkeit des Geschäftes unter besonderer Berücksichtigung der Gegebenheiten des Handelsverkehrs. Hupka thematisiert zunächst den Begriff der „Erkundigungspflicht“ des Dritten, der in der zeitgenössischen Literatur üblich war,[953] und weist darauf hin, dass es sich hierbei nicht um eine rechtliche Verpflichtung des Dritten, sondern um eine im eigenen Interesse gebotene Vorsichtsmaßnahme handle. Eine Verletzung dieser Pflicht habe somit, wie Hupka anmerkt, keine Auswirkung auf die Gültigkeit des Geschäfts zwischen Stellvertreter und Drittem; vielmehr sei ihr Zweck lediglich, den Abschluss von vollmachtswidrigen und deshalb für den Vollmachtgeber unverbindlichen Geschäften zu vermeiden.[954]

Hupka differenziert in weiterer Folge zwischen Fällen, in denen die Vollmacht lediglich dem Stellvertreter gegenüber erklärt wurde und jenen, in denen die Vollmachtserklärung in Form einer Urkunde erfolgte oder dem Dritten bzw. der Öffentlichkeit mitgeteilt wurde. In ersterem Fall betont er, dass sich der Dritte immer über alle Umstände der Vollmacht erkundigen müsse und sich keinesfalls darauf berufen könne, dass ihm Beschränkungen der Vollmacht verborgen geblieben oder vom Dritten nicht mitgeteilt worden seien. Anders liegt die Sache dann, wenn die Vollmacht dem Dritten oder dem Publikum mitgeteilt wurde; in einem solchen Fall „braucht sich

950 *Hupka*, Vollmacht (1900) 223–224.
951 *Hupka*, Vollmacht (1900) 226 (Hervorhebung im Original).
952 *Hupka*, Vollmacht (1900) 227 (Herhebung im Original).
953 Vgl. z.B. *Thöl*, Handelsrecht I^6 (1879) 217.
954 *Hupka*, Vollmacht (1900) 227–228.

der Dritte um etwaige Einschränkungen dieser Erklärung nur zu kümmern, wenn er sie bereits kennt oder doch durch die Umstände zum Mißtrauen gegen die Unbeschränktheit der Vollmacht genötigt wird." Dasselbe gelte auch bei sämtlichen konkludenten Beschränkungen der Vollmacht.[955]

Eine wichtige Ausnahme erfahre die Vollmacht allerdings im Bereich des Handelsrechtes. Hier gelte in jedem Fall – also auch dann, wenn die Vollmacht nur dem Stellvertreter gegenüber erklärt wurde –, dass Beschränkungen gegenüber einem Dritten, der sie weder kennt noch kennen muss, unbeachtlich seien, sodass sich die Vollmacht gem. § 54 RHGB jedenfalls „auf alle Geschäfte und Rechtshandlungen, die der Betrieb eines derartigen Handelsgewerbes oder die Vornahme derartiger Geschäfte gewöhnlich mit sich bringt", erstreckt. Hupka betont aber im Gegensatz zu Teilen der Lehre, dass damit die Erkundigungspflicht des Dritten nicht gänzlich wegfalle; „vielmehr ist sie bloß beschränkt auf den Fall, daß die Umstände selbst den Dritten zum Verdacht auffordern."[956]

Nicht enthoben sei der Dritte aber im Falle der nur an den Vertreter erteilten Vollmacht jedenfalls der Pflicht, sich nach dem Gegenstand der konkreten Vollmacht und den geltenden Handelsgewohnheiten zu erkundigen, da dies die Grenzen abstecke, innerhalb welcher der Prinzipal durch ein Geschäft des Stellvertreters gebunden werde. Individuelle Besonderheiten des Geschäftsbetriebs des Prinzipals seien dem Dritten hingegen nicht entgegenzuhalten; andererseits könne er sich aber, so sie ihm bekannt seien, gegebenenfalls darauf berufen, um die Vollmachtmäßigkeit des Geschäfts zu beweisen.[957]

Zusätzlich müsse sich der Dritte auch vergewissern, dass das konkrete Geschäft tatsächlich vom Umfang der Vollmacht gedeckt sei. Dies sei insbesondere dann von Bedeutung, wenn der Umfang der Vollmacht durch ihren Zweck bestimmt sei und sich nicht ohne Weiteres feststellen ließe, ob das konkret beabsichtigte Geschäft diesem Zweck diene. Hupka argumentiert auf Basis der römischen Quellen anhand der Fälle, in denen ein Schiffer oder Institor bei einem Dritten zur Erfüllung eines bestimmten Zwecks ein Darlehen aufnimmt. Hier habe der Darlehensgeber die Pflicht, die Angaben des Institors über die Zweckbindung der Darlehensvaluta „einigermaßen" zu überprüfen. Dieser Grundsatz sei analog auch auf das moderne Recht anzuwenden.[958]

---

955 *Hupka*, Vollmacht (1900) 229.
956 *Hupka*, Vollmacht (1900) 230.
957 *Hupka*, Vollmacht (1900) 231–232.
958 *Hupka*, Vollmacht (1900) 233–238; siehe dazu auch *Mitteis*, Stellvertretung (1962 [1885]) 194.

Anschließend kommt Hupka auf jene Vollmachtstypen zu sprechen, deren Umfang durch gesetzliche Normen festgelegt ist, wobei er insbesondere die Prokura, die Vertretungsmacht des persönlich haftenden Handelsgesellschafters, und die Vertretungsmacht der Liquidatoren einer Handelsgesellschaft behandelt. Diese seien, ebenso wie die Vertretungsmacht des Vorstands einer Aktiengesellschaft, der Geschäftsführer einer Gesellschaft mit beschränkter Haftung und des Vorstands einer Erwerbs- und Wirtschaftsgenossenschaft, absolut unbeschränkbar: dennoch auferlegte Beschränkungen beträfen nur das interne Verhältnis, nicht aber den Umfang der Vertretungsmacht nach außen. Auch in Fällen, in denen der Vertreter in seinem eigenen Privatinteresse von der Vollmacht Gebrauch mache, berühre dies nicht die Gültigkeit des Geschäfts, selbst wenn der Dritte davon Kenntnis hatte. Etwas anderes gelte nur dort, wo der Vertreter „geradezu in fraudem des Vertretenen, d.h. in der *Absicht* gehandelt [habe], *zum Schaden desselben sich einen rechtswidrigen Vorteil* zu verschaffen" und der Dritte mit ihm kolludiert habe. Auch diesfalls sei das Geschäft nicht von vornherein nichtig, sondern lediglich anfechtbar. Hupka betont in diesem Zusammenhang nachdrücklich, dass das bloße Zuwiderhandeln gegen Vollmachtsbeschränkungen oder das Verfolgen eigener Interessen seitens des Stellvertreters „noch keine fraus domino facta darstellt, weder auf Seite des Vertreters noch auf Seite des wissenden Dritten"; eine Anfechtung sei demnach nur dort möglich, wo „der Vertreter seine formale Verfügungsmacht zu einer *materiell rechtswidrigen Schädigung* seines Geschäftsherrn mißbraucht und der Dritte, die *Rechtswidrigkeit* des Vorgangs kennend, an der Malversation seines Mitkontrahenten teilgenommen hat."[959] Abschließend werden auch noch die Vertretungsmacht des Korrespondentreeders und des Schiffers, des Prozessbevollmächtigten, und des Vorstands eines rechtsfähigen Vereins thematisiert.

Der letzte Abschnitt behandelt die räumliche und zeitliche Geltung der Vollmacht. Hupkas „eindringliche Darstellung"[960] zum räumlichen Geltungsbereich beleuchtet vordergründig die Frage, „*nach welchem örtlichen Recht* sich der Umfang der Vertretungsmacht bestimmt, wenn eine in einem *gewissen* Rechtsgebiet *ausgestellte* Vollmacht in einem Lande *anderen* Rechts *ausgeübt* wird."[961] An eine eingehende Kritik der einschlägigen französisch-, italienisch-, englisch- und deutschsprachigen Literatur und Rechtsprechung[962] schließt Hupkas Lösungsansatz. Hupka folgt hier seinem

959 *Hupka*, Vollmacht (1900) 241–242 (Hervorhebung im Original).
960 *Rabel*, Vertretungsmacht für obligatorische Rechtsgeschäfte, Zeitschrift für internationales und ausländisches Privatrecht 1929, 807 (807–808).
961 *Hupka*, Vollmacht (1900) 245 (Hervorhebung im Original).
962 *Hupka*, Vollmacht (1900) 245–249.

Lehrer Mitteis, demzufolge für den Umfang der Vollmacht das Recht des Wohnsitzes bzw. der Handelsniederlassung des Prinzipals maßgebend sei.[963] Durchbrochen werde dieser Grundsatz nur dort, wo die Geschäfte des Vollmachtgebers von einer ausländischen Niederlassung aus betrieben würden; diesfalls richte sich das anzuwendende Recht nach dem Sitz der Repräsentanz.[964]

Im Kontext des zeitlichen Geltungsbereiches beschäftigt sich Hupka mit der von Mitteis[965] nur gestreiften Frage, was rechtens sei, wenn sich nach Erteilung einer Vollmacht die Rechtsnormen, denen diese unterworfen ist, ändern. Hier geht er von der Grundannahme aus, dass weiterhin die Rechtslage des Abschlusszeitpunktes erheblich sei, da die beteiligten Parteien „voraussetzlich auf diese Normen die Handlung vorgenommen und eingerichtet, somit ein wohlbegründetes Interesse daran haben, daß die einmal festgestellte rechtliche Bedeutung und Tragweite sich nicht ohne ihr Zuthun verändere." Im Einzelnen sei diese Frage aber „eine Frage der Gesetzesauslegung, die nach der Natur und Tendenz der bezüglichen Gesetzesvorschriften zu beantworten ist."[966]

Wenn das neue Recht durch Einführung neuer oder Streichung alter Spezialvollmachten den Umfang einer Generalvollmacht verändere, sei die Weitergeltung der alten Rechtslage anzunehmen, da dem Prinzipal nicht zugemutet werden dürfe, seine Vollmacht nachträglich adaptieren zu müssen.[967] Anders entscheidet Hupka dort, wo gesetzliche Vorschriften zur Sicherung und Erleichterung des Verkehrs eingeführt werden, was insbesondere gesetzlich normierte Präsumtionen über den Umfang handelsrechtlicher Vollmachten beträfe. Hier fordere es das Verkehrsinteresse, dass auch auf Vollmachten älteren Datums die neue Rechtslage angewendet werde. Dasselbe gelte auch für dispositive Normen, welche den Umfang einer Vollmacht in positiver, aber beschränkbarer Weise regeln.[968] Anders entscheidet Hupka dort, wo gesetzliche Bestimmungen „den Umfang einer Vollmacht in absoluter, eine Beschränkung durch den Vertretenen ausschließender Weise festsetzen", also im Falle der Prokura und der Vertretungsmacht des offenen Handelsgesellschafters, da es unbillig wäre, dem *„ursprünglich freien* Vollmachtswillen" des Prinzipals „die Fessel des neuen Gesetzes" anzulegen.[969]

---

963 *Hupka*, Vollmacht (1900) 249–251; *Mitteis*, Stellvertretung (1962 [1885]) 194; zustimmend *Rabel*, Zeitschrift für internationales und ausländisches Privatrecht 1929, 817–818; *Stanzl* in *Klang*, ABGB^2, IV/1, 797.

964 *Hupka*, Vollmacht (1900) 251–252.

965 *Mitteis*, Stellvertretung (1962 [1885]) 196.

966 *Hupka*, Vollmacht (1900) 253.

967 *Hupka*, Vollmacht (1900) 254.

968 *Hupka*, Vollmacht (1900) 255–257.

969 *Hupka*, Vollmacht (1900) 257–258 (Hervorhebung im Original).

b. *Die Befugnis des Stellvertreters zu Geschäftsabschlüssen mit sich selbst (und zur Doppelvertretung)*

Das zweite große Kapitel des dritten Abschnitts befasst sich mit dem sogenannten Selbstkontrahieren des Stellvertreters.[970] An den Beginn seiner Erörterung stellt Hupka einen Überblick über die bisherige Doktrin und eine eingehende Kritik derselben, die in einem eigenständigen Lösungsvorschlag dieser Problematik mündet. Darüber hinaus enthält das Kapitel eine umfassende Auseinandersetzung mit den römischen Quellen zum Selbstkontrahieren sowie einen Überblick über die Behandlung dieser Thematik in modernen Kodifikationen, wobei hier wiederum im Einklang mit Hupkas genereller Themensetzung der Schwerpunkt auf dem Deutschen Bürgerlichen Gesetzbuch liegt. Abschließend behandelt Hupka auch die Substitutionsbefugnis des Bevollmächtigten.

Des besseren Verständnisses wegen sollen auch hier eingangs ein Überblick über den zeitgenössischen Meinungsstand, soweit Hupka auf diesen Bezug nimmt, gegeben werden.[971] Bis zur zweiten Hälfte des 19. Jahrhunderts galt die „rechtliche Unmöglichkeit" des Selbstkontrahierens „so über allen Zweifel erhaben, daß man sich auf deren nähere Begründung nicht einließ."[972] Den Ausgangspunkt für die Diskussion über die Zulässigkeit des Selbstkontrahierens des Stellvertreters bildet ein Aufsatz Robert Römers aus dem Jahre 1874, der sich als Erster eingehend mit dieser Problematik beschäftigte. Römer nimmt zu Beginn seiner Abhandlung zwar auf den allgemein akzeptierten Grundsatz Bezug, dass niemand Rechte oder Verbindlichkeiten gegen sich selbst begründen könne, verneint aber dessen Anwendbarkeit dort, wo es um den Geschäftsschluss des Stellvertreters mit sich selbst geht: „Der Stellvertreter eines Anderen, gleichviel wie sein Recht zur Vertretung des Anderen begründet worden sei, welcher für den Vertretenen somit in seiner Eigenschaft als Stellvertreter mit sich selbst als Privatperson ein Rechtsgeschäft schließt, schließt nicht ein Rechtsgeschäft in dem obigen Sinne. [...] Denn das durch das Rechtsgeschäft zu begründende Recht wird ja hier nicht gegen sich selbst, sondern gegen einen Anderen

---

970 Hupka unterscheidet begrifflich nicht zwischen „Selbstkontrahieren" und „Doppelvertretung", sondern verwendet beide Begriffe sowohl für Geschäfte, die der Stellvertreter mit sich selbst, als auch für solche, die er als Stellvertreter zweier Personen zwischen diesen abschließt.

971 Dieser Überblick folgt mit einigen Ergänzungen weitgehend *Hupka*, Vollmacht (1900) 259–273; eine Kurzdarstellung der Debatte findet sich u.a. auch in *Schmoeckel* im HKK (2003) 925.

972 *Muskat*, Der Vertrag des Stellvertreters mit sich selbst, Zeitschrift für das gesamte Handels- und Wirtschaftsrecht 1887, 507 (mit weiteren Nachweisen).

erworben."[973] Dass diese Wirkung durch den Willen einer einzigen Person hervorgebracht werde, hindere die Gültigkeit des Geschäfts deswegen nicht, „weil ja eben dieser Wille hier nichts innerlich Widersprechendes und nichts objektiv Unmögliches sondern etwas innerlich Vereinbares und objektiv Mögliches will." Darüber hinaus sei auch zu bedenken, dass ja dort, wo direkte Stellvertretung zugelassen sei, der Wille des Stellvertreters als jener des Vertretenen gelte.[974] Das römische Recht habe das Selbstkontrahieren deswegen nur in Ausnahmefällen zugelassen, weil hier auch die Zulässigkeit der direkten Stellvertretung an sich nur ausnahmsweise gegeben war; im heutigen Recht sei das Selbstkontrahieren allerdings, soweit keine positiven Normen dem entgegenstünden, zulässig.[975] Eine Ausnahme bilde nur der im römischen Recht verbotene Ankauf einer Sache des Vertretenen durch den Vertreter, welches Römer aufgrund teleologischer Überlegungen auf Tausch und *datio in solutum* erstreckt.[976] Diesen Standpunkt teilten auch Josef Kohler und Bernhard Windscheid.[977]

Einer anderen Ansicht zufolge war das Selbstkontrahieren des Stellvertreters zwar juristisch möglich, aber aufgrund des unweigerlich auftretenden Interessenskonflikts zwischen Vertreter und Vertretenem unzulässig. Während bisweilen die Ungültigkeit des Geschäfts oder ein Mangel der Vertretungsmacht des selbstkontrahierenden Stellvertreters postuliert wurden,[978] geht Ludwig Mitteis davon aus, dass die Frage nach der Zulässigkeit des Selbstkontrahierens lediglich das interne Verhältnis zwischen Stellvertreter und Prinzipal beträfe.[979] Hupka zeigt, dass das deutsche Reichsgericht in seiner Rechtsprechung mit Römer von der prinzipiellen Zulässigkeit des Selbstkontrahierens ausging, sofern nicht positive Vorschriften dies verböten, der Wille des Vollmachtgebers dem entgegenstehe, ein Mangel einer

---

973 *Römer*, Rechtsgeschäft des Stellvertreters mit sich selbst. Nach römischem und gemeinem deutschen Recht. Zeitschrift für das gesamte Handels- und Wirtschaftsrecht 1874, 67 (68–69).

974 *Römer*, Zeitschrift für das gesamte Handels- und Wirtschaftsrecht 1874, 69.

975 *Römer*, Zeitschrift für das gesamte Handels- und Wirtschaftsrecht 1874, 70 und 85.

976 *Römer*, Zeitschrift für das gesamte Handels- und Wirtschaftsrecht 1874, 90–97.

977 *Kohler*, Gesammelte Abhandlungen aus dem gemeinen und französischen Civilrecht, entnommen den Annalen der badischen Gerichte und der Zeitschrift für französisches Civilrecht und mit Zusätzen versehen (1883) 8–9 Fn **; *Windscheid*, Lehrbuch des Pandektenrechts II^{2} (1869) 414.

978 Siehe dazu *Hupka*, Vollmacht (1900) 261 mit weiterführenden Nachweisen.

979 *Mitteis*, Stellvertretung (1962 [1885]) 198.

beiderseitigen Erklärung des Vertragswillens vorläge, oder eine arglistige Übervorteilung des Vertretenen durch den Vertreter stattgefunden habe.[980]

Eine weitere Gruppe von Schriftstellern[981] wandte sich gegen die den obigen Ausführungen zugrunde liegende Annahme, dass das Selbstkontrahieren des Stellvertreters als Vertragsschluss anzusehen sei, da der Stellvertreter „die beiden Parteiwillen in sich vereinige und zum Ausdruck bringe."[982] Diese führen ins Treffen, dass beim Selbstkontrahieren kein gültiger Vertrag zustande kommen könne, da dafür notwendigerweise die Übereinstimmung zweier Willen, vertreten durch zwei unterschiedliche Personen, nötig sei.[983] Auch Max von Rümelin ging in seiner Abhandlung über das Selbstkontrahieren des Stellvertreters nach gemeinem und bürgerlichem Recht davon aus, dass der Vorgang des Selbstkontrahierens von einem Vertragsschluss unter zwei oder mehreren Personen zu differenzieren sei. Rümelins Ansicht unterscheidet sich allerdings von den oben skizzierten, indem er nicht von der Unmöglichkeit eines solchen Aktes ausgeht, sondern lediglich feststellt, dass er nur Gültigkeit habe, wenn er von der positiven Rechtsordnung explizit anerkannt werde.[984] Zwar räumt Rümelin die Möglichkeit einer Interessenskollision ein, folgert daraus allerdings lediglich, dass das Selbstkontrahieren für gesetzliche Vertreter und Generalbevollmächtigte dort zulässig sei, wo es durch einen kontrollierbaren und bindenden Akt erfolgt und das Geschäft nachweislich zur Zeit seines Abschlusses im Interesse des Vertretenen bzw. der beiden Vertretenen lag. Für Spezialbevollmächtigte postuliert Rümelin, dass dessen Eintritt in das Geschäft, zum Abschluss dessen er bevollmächtigt

---

980 *Hupka*, Vollmacht (1900) 262–264 unter Verweis auf die Reichsgerichtsentscheidung vom 23. November 1881, R.G. VI Nr. 3 S. 11–17.

981 *Leonhard*, [Rezension von] Das *constitutum possessorium* im römischen und heutigen Rechte. Ein civilistischer Versuch von Dr. Isidor Harburger. Kritische Vierteljahresschrift für Gesetzgebung und Rechtswissenschaft 1881, 311 (327); *Lepa*, Die Lehre vom Selbsteintritte des Kommissionärs in Einkaufs- und Verkaufsverträge nach dem deutschen Handelsgesetzbuch (1883) 226–239; *Bechmann*, Der Kauf nach gemeinem Recht II (1884) 286–288.

982 *Hupka*, Vollmacht (1900) 264.

983 *Hupka*, Vollmacht (1900) 265–267 mit weiterführenden Nachweisen; siehe dazu auch *Meissels*, [Rezension von] Das Selbstcontrahiren des Stellvertreters nach gemeinem Rechte, Zeitschrift für das Privat- und öffentliche Recht der Gegenwart 1891, 520; *Wacke*, Selbstkontrahieren im römischen Vertretungsrecht. Dogmengeschichtliches zu § 181 BGB, in Festgabe Kaser (1986), 289 (291–292).

984 *Rümelin*, Das Selbstcontrahiren des Stellvertreters nach gemeinem Recht (1888) 17; siehe dazu *Hupka*, Vollmacht (1900) 267.

wurde, die Annahme einer (tatsächlichen oder fingierten) Offerte des Prinzipals darstelle.[985]

Gegen Rümelins Theorie wandte Leo Meissels in einer Rezension des Werkes ein, dass die Annahme, dass das Selbstkontrahieren kein Vertragsschluss, sondern ein einseitiger Rechtsakt *sui generis* sei, den römischen Quellen widerspreche, die für diese Vorgänge dieselbe Terminologie verwendeten und dieselben Klagen vorsähen, wie für unter zwei oder mehr Parteien geschlossene Verträge.[986] Meissels lehnt Rümelins Postulat ab, da dadurch beim Fehlen einer positivrechtlichen Genehmigung auch Geschäfte unzulässig wären, bei denen keine Beeinträchtigung der Interessen des Vertretenen zu befürchten seien.[987] Darüber hinaus kritisiert Meissels Rümelins Konstruktion des Selbstkontrahierens des Spezialbevollmächtigten, da diese juristisch fragwürdig und dort unanwendbar sei, wo der Stellvertreter ein Geschäft zwischen zwei von ihm vertretenen Personen abschließe.[988] Meissels spricht sich daher für das Festhalten an Römers Theorie aus. Zwar räumt er ein, dass „durch die schrankenlose Zulassung der Selbstcontrahirung mancher Missbrauch ermöglicht“ werde; dies könne allerdings lediglich den Gesetzgeber dazu veranlassen, das Selbstkontrahieren in manchen Fallkonstellationen zu verbieten oder von der Einhaltung bestimmter Formerfordernisse abhängig zu machen. „Gewiss kann aber die Theorie aus diesen Erwägungen nicht die Berechtigung herleiten, beim Fehlen solcher positiven Einschränkungen, das Fehlen des Vertragsthatbestandes zu behaupten, und deshalb der Selbstcontrahirung jede Wirkung zu versagen“.[989]

Hupkas Kritik der bestehenden Ansichten beginnt mit der Feststellung, dass es zunächst einmal nötig sei, jene Ansichten zu verwerfen, die das Selbstkontrahieren für schlechthin unmöglich hielten: „Es hätte nie ernsthaft bezweifelt werden sollen, daß das positive Recht einem Akt selbst dann Vertragswirkung beilegen kann, wenn er dem herkömmlichen Vertragsbegriff nicht entspricht“. Zur Diskussion stehe lediglich die Frage, ob ein solcher Rechtsakt überhaupt einer gesetzlichen Bestimmung bedürfe, die ihm

---

985 *Rümelin*, Selbstcontrahiren (1888) 35–37; siehe dazu *Hupka*, Vollmacht (1900) 268–269; *Meissels*, Zeitschrift für das Privat- und öffentliche Recht der Gegenwart 1891, 521–523.

986 *Meissels*, Zeitschrift für das Privat- und öffentliche Recht der Gegenwart 1891, 524.

987 *Meissels*, Zeitschrift für das Privat- und öffentliche Recht der Gegenwart 1891, 525.

988 *Meissels*, Zeitschrift für das Privat- und öffentliche Recht der Gegenwart 1891, 525–526.

989 *Meissels*, Zeitschrift für das Privat- und öffentliche Recht der Gegenwart 1891, 530.

Gültigkeit verschaffe, oder „ob nicht vielmehr auch auf dem Boden einer Rechtsordnung, die einen allgemeinen Ausspruch über die Gültigkeit des Selbstkontrahierens *nicht* enthält, dem Selbstkontrahierungsakt die Wirkungen des Vertrages zukommen, soweit nicht specielle gesetzliche Verbote oder konkrete Vollmachtsbeschränkungen entgegenstehen."[990]

Römers These, dass durch die Willensbetätigung des Vertreters die zwei zum Vertragsabschluss benötigten Willen zum Ausdruck gebracht würden, lehnt Hupka als bloße Fiktion ab und erinnert daran, „daß aus einer dogmatischen Fiktion niemals Konsequenzen abgeleitet werden dürfen, die sich nicht schon unmittelbar aus dem Rechtssatze ergeben, dessen Veranschaulichung die Fiktion dienen soll."[991] Meissels' Argument, dass die Ratio für das Erfordernis zweier oder mehrerer übereinstimmender Willenserklärungen beim Vertragsschluss darauf basiert, dass üblicherweise die Disposition über die beteiligten Rechtssphären jeweils einer der beteiligten Personen zufalle, lässt Hupka gelten; ebenso stimmt er ihm darin zu, dass diese Ratio dort wegfalle, wo eine einzige Person befugt ist, über alle beteiligten Rechtssphären zu verfügen. „*Allein hieraus folgt nur*, daß im Sinne der Rechtsordnung die *einseitige Willensäußerung des Selbstkontrahenten genügen* muß, um die *Wirkungen* eines Vertrages zu erzeugen, *nicht* aber, daß sie dadurch selbst zum *Vertragsabschluß* wird." Wenn die römischen Juristen terminologisch nicht zwischen einem Vertragsschluss und dem Akt des Selbstkontrahenten differenzierten, dann darum, weil sie damit „nur den rechtlichen Inhalt und Zweck dieser Akte, nicht auch ihre faktische und juristische Struktur" zum Ausdruck bringen wollten. Dies beweise, dass die Römer darin nicht „ein bloßes *Analogon* des Vertragsschlusses erblickten als vielmehr einen dem Vertragsschluß *materiell gleichwertigen* und ihn darum völlig ersetzenden Thatbestand, dem schon nach Civilrecht die Wirkungen des entsprechenden Vertrages zukommen." Damit hätten die römischen Juristen das Wesen des Selbstkontrahierens bereits exakt erkannt: „Um die Wirkung des Selbstkontrahierens zu begründen, bedurfte es für sie weder einer erweiternden Umbildung des Vertragsbegriffes noch der Formulierung analoger Klagen; sie betrachteten es vielmehr als ganz natürlich, daß dort, wo der Wille einer und derselben Person für zwei Rechtssphären maßgebend ist, ein wahrer Vertragsschluß gar nicht nötig sei, um diese beiden Rechtssphären in rechtliche Beziehungen zu einander zu setzen."[992]

---

990 *Hupka*, Vollmacht (1900) 273 (Hervorhebung im Original).

991 *Hupka*, Vollmacht (1900) 274; siehe dazu auch *Rümelin*, Das Selbstcontrahiren 1888, 22.

992 *Hupka*, Vollmacht (1900) 275 (Hervorhebung im Original).

Diese Ansicht müsse für jede Rechtsordnung gelten, die direkte Stellvertretung anerkenne, ohne gleichzeitig das Selbstkontrahieren zu verbieten. Daraus sei zu folgern, dass das Selbstkontrahieren einen einseitigen Rechtsakt darstelle, dessen Zulässigkeit sich auch ohne positive Anerkennung daraus ergebe, dass die Rechtsordnung „eine Vereinigung der Verfügungsmacht über verschiedene Vermögen in ein und derselben Person als möglich anerkennt.“[993] Zwar ergäben sich aus dieser Vereinigung Schwierigkeiten, die von jenen des Vertragsschlusses abwichen; allerdings könnten diese „nicht die *allgemeine Möglichkeit* des Selbstkontrahierens tangieren, sondern nur die *Voraussetzungen seiner konkreten Wirksamkeit.*“[994] Rümelins These, dass das Selbstkontrahieren des Spezialbevollmächtigten anders zu behandeln sei als jenes anderer Vertreter weist Hupka zurück; es handle sich nicht um die Annahme einer fiktiven Offerte, sondern auch hier um einen einseitigen Rechtsakt, der Angebot und Annahme ersetze.[995]

Gleichwohl sieht Hupka die Notwendigkeit, die Zulässigkeit des Selbstkontrahierens rechtlich einzuschränken, da sich zwei Gefahren daraus ergäben: zum einen die mangelnde Überprüfbarkeit der Erklärung des Vertreters an sich selbst, und zum anderen die mögliche Interessenkollision bei derartigen Transaktionen. Zum ersten sei daher zu fordern, dass der Wille des Vertreters in einer Form geäußert werde, die nicht nur seine Ernstlichkeit unter Beweis stelle, sondern auch eine geheime Änderung oder Zurückziehung ausschließe, etwa in Form einer Erklärung vor einem Notar, an den oder die beiden Vertretenen selbst, oder in Form eines Eintrages in private oder der öffentlichen Kontrolle zugängliche Bücher.[996]

Der zweite wichtige Aspekt sei die mögliche Beeinträchtigung der Interessen des oder der Vertretenen. Zwar räumt Hupka ein, dass dies dort nicht zu befürchten sei, wo der Vertreter dem Vertretenen eine unentgeltliche Zuwendung gewähre oder wo das Geschäft durch die Vollmacht so exakt präzisiert sei, dass dem Vertreter keinerlei Ermessen zukomme. In der weitaus überwiegenden Zahl der Fälle müsse man aber von der Möglichkeit eines Interessenkonfliktes ausgehen. Eine Übervorteilung eines Vertragspartners durch den anderen berühre allerdings nur dort die Gültigkeit des abgeschlossenen Geschäfts, wenn es durch Wucher nichtig oder durch eine andere dolose Benachteiligung anfechtbar sei. Auch gehöre es nicht zum begrifflichen Wesen der Stellvertretung, dass der Vertreter die Interessen des

993 *Hupka*, Vollmacht (1900) 276; dagegen *Titze*, Centralblatt für Rechtswissenschaft 1901, 208.
994 *Hupka*, Vollmacht (1900) 276 (Hervorhebung im Original).
995 *Hupka*, Vollmacht (1900) 277.
996 *Hupka*, Vollmacht (1900) 277–279.

Vertretenen zu wahren habe; dies ergäbe sich schon daraus, dass es auch Stellvertretungsfälle gäbe, die lediglich dem Interesse des Vertreters dienten. Wohl sei aber zu überlegen, „ob die Gefahr der Interessenverletzung, wie sie in den meisten Fällen der Doppelvertretung dem Prinzipal bezw. den beiden Prinzipalen droht, nicht etwa die *Vollmacht* des Vertreters zu derlei Geschäften *beschränkt oder ausschließt.*“[997]

Auf der Basis dieser Überlegungen kommt Hupka zu folgendem Ergebnis: Im Falle der gewillkürten Vollmacht sei die Frage nach der Zulässigkeit der Doppelvertretung eine nach dem Umfang der Vollmacht; hier sei in erster Linie auf den Willen des Vollmachtgebers abzustellen. Wo der Prinzipal dies gestattet habe, sei ein Selbstkontrahieren des Stellvertreters jedenfalls zulässig: „[E]s kann nicht Aufgabe der Rechtsordnung sein, eine Partei gegen ihren eigenen Willen in Schutz zu nehmen“[998] Wo keine eindeutige Ermächtigung zum Selbstkontrahieren vorliege, müsse „dem gewillkürten Stellvertreter die *Vollmacht* zur Vertretung gegen sich selbst in allen jenen Fällen *abgesprochen* werden, in denen für den Prinzipal die *Gefahr einer Übervorteilung* besteht.“[999]

Es genüge nicht, wie Mitteis[1000] es tut, in diesen Fällen anzunehmen, dass der Vertreter seinem Auftrag zuwiderhandle und daher dem Prinzipal gegenüber verantwortlich würde; auch dürfe man nicht erst auf bereits erfolgte Interessenverletzungen reagieren und diesfalls die Anfechtung des Geschäftes zulassen. Auch könne man die Gültigkeit des Geschäftes nicht, wie Rümelin vorschlägt, von dessen Nützlichkeit für den oder die Vertretenen abhängig machen, da dies ein viel zu unsicheres Kriterium darstelle. „Das einzig entsprechende ist es vielmehr, wenn man *von vornherein* der *Möglichkeit* einer Interessenverletzung dadurch vorbeugt, daß man dort, wo die *Gefahr* einer solchen Verletzung besteht, die *Vollmacht* des Vertreters zum Selbstabschluß *negiert.* Nimmt also der Bevollmächtigte eine Vertretungshandlung, bei welcher die beiderseitigen Parteiinteressen [...] auseinanderlaufen, sich selbst gegenüber vor, so überschreitet er dadurch seine Vollmacht, und hieran ändert auch der Umstand nichts, dass er die ihm anvertrauten fremden Interessen in concreto gewissenhaft gewahrt hat. Die Wirksamkeit eines solchen Geschäftes hängt dann [...] von der nachträglichen Genehmigung des Prinzipals [...] ab. [...] Wo hingegen eine Benachteiligung des Vollmachtgebers nach der Natur des Geschäftes oder Vermöge der Bestimmtheit seines

997 *Hupka*, Vollmacht (1900) 284 (Hervorhebung im Original).
998 *Hupka*, Vollmacht (1900) 285.
999 *Hupka*, Vollmacht (1900) 287 (Hervorhebung im Original); zustimmend *Burtscher*, Materielle Insichgeschäfte im Zivil- und Gesellschaftsrecht, Österreichisches Bank Archiv 2019, 901.
1000 *Mitteis*, Stellvertretung (1962 [1885]) 198.

Inhalts oder der sonstigen in concreto relevanten Momente […] von vornherein ausgeschlossen erscheint, da entfällt die ratio für die Negierung der Vollmacht, und ist daher der Selbsteintritt des Bevollmächtigten für zulässig zu halten."[1001]

Die Möglichkeit einer Interessenkollision bestehe in erster Linie dann, wenn der Vertreter über den Inhalt des Geschäfts entscheiden könne. Sie sei aber auch dort gegeben, wo er darüber entschieden kann, ob das Geschäft überhaupt abzuschließen sei, oder zu welchem Zeitpunkt dies erfolgen solle. Letzteres sei besonders bei Verkäufen zum laufenden Markt- oder Börsenpreis und bei Zahlungen in Fremdwährungen mit schwankenden Wechselkursen erheblich.[1002]

Zusammenfassend gelte also folgendes: „Soweit die Rechtsordnung eine direkte Stellvertretung zulässt, ist die gleichzeitige Vertretung beider Parteien durch dieselbe Person *an sich möglich*, und es steht dieser Möglichkeit des Selbstkontrahierens auch nicht der Begriff des Vertrages entgegen. Die *Wirksamkeit* einer solchen Vertretung ist aber in jedem Falle bedingt durch das Vorhandensein einer den rechtlichen Bindungswillen des Vertreters gehörig dokumentierenden und die willkürliche Rücknahme ausschließenden *Erklärungsform.*[1003] Beschränkungen der Doppelvertretung aus *materiellen* Gründen bestehen für *gesetzliche Vertreter* nur insofern, als diese Gründe zu *positiven Verboten* geführt haben. Bei *gewillkürten* Stellvertretern dagegen *ergiebt sich schon aus dem mutmaßlichen Mangel der Parteiwillen der Mangel der Vollmacht zur Doppelvertretung überall dort, wo wegen obwaltender Interessenskollision die Gefahr einer Verkürzung des Vollmachtgebers besteht.*"[1004]

Nachdem Hupka bereits eingeräumt hatte, dass es jeder Rechtsordnung grundsätzlich frei stehe, die Möglichkeit des Selbstkontrahierens auch über die von ihm aufgestellten Grundsätze hinaus zu beschränken, wendet er

1001 *Hupka*, Vollmacht (1900) 287.

1002 *Hupka*, Vollmacht (1900) 283; zustimmend zur Bedenklichkeit des Verkaufs zum Markt- oder Börsenpreis *Baumgartner/Torggler* in *Klang*, ABGB³, § 1007 Rz 38; so auch bereits *Lepa*, Selbsteintritt (1883) 237; anderer Ansicht der österreichische OGH in RS 0019350 vom 15. Dezember 1982 (zuletzt OGH 2 Ob 52/16k vom 27. April 2017); siehe zu letzterem auch *Burtscher*, Österreichisches Bank Archiv 2019, 904.

1003 Ablehnend *Oertmann*, Kommentar zum Bürgerlichen Gesetzbuch. Allgemeiner Teil.³ (1927) 557; *Oertmanns* Kritik als „Polemik" bezeichnend und *Hupka* zustimmend *Goldner*, Doppelvertretung und Selbstkontrahieren des gesetzlichen Vertreters nach österreichischem Recht, Juristische Blätter 1930, 145 (146).

1004 *Hupka*, Vollmacht (1900) 288 (Hervorhebung im Original). Zum Einfluss dieser Formulierung auf die österreichische Lehre und Rechtsprechung siehe Zweiter Teil, Kapitel I.C.1.

sich im zweiten Teil dieses Abschnitts der Frage zu, in welcher Weise dies im römischen Recht und in modernen Kodifikationen gehandhabt wurde. Hupka bietet zunächst einen Überblick über die grundsätzliche Stellung des römischen Rechts zur Frage des Selbstkontrahierens, bevor er auf einzelne Fallkonstellationen eingeht. Betreffend die generelle Zulässigkeit des Selbstkontrahierens im römischen Recht kommt er zu dem Ergebnis, dass Doppelvertretungsakte absolut ausgeschlossen gewesen seien, soweit sie vom allgemein herrschenden Verbot der direkten Stellvertretung umfasst waren. Darüber hinaus habe für freiwillige Stellvertreter (*procuratores* und *negotiorum gestores*) kein gesetzliches Hindernis des Selbstkontrahierens bestanden. Den Tutoren und Kuratoren hingegen sei der Eintritt in Veräußerungs- und Verpflichtungsgeschäfte ihrer Pflegebefohlenen untersagt, die gegenseitige Vertretung mehrerer Pflegebefohlener sei demgegenüber aber zulässig gewesen. Darüber hinaus habe für den Verkauf von Sachen des Vertretenen ein allgemeines, auch die freiwilligen Vertreter betreffendes Verbot des Selbsteintritts geherrscht. Andererseits sei das Selbstkontrahieren bei manchen Geschäftstypen allen Vertretern – also auch den gesetzlichen – gestattet gewesen.[1005] In weiterer Folge befasst sich Hupka mit einigen dieser speziellen Konstellationen. Hier greift er das *sibi solvere* des Tutors, die Darlehensgewährung des Tutors an sich selbst und Verkäufe des Vertreters an sich selbst heraus.[1006]

An die Darstellung des römischen Rechts folgt ein umfassender Überblick über die Beschränkungen, die moderne Kodifikationen dem Selbstkontrahieren des Tutors auferlegen. Erwähnung finden das preußische Allgemeine Landrecht, der französische Code Civil, der italienische Codice Civile, das österreichische Allgemeine Bürgerliche Gesetzbuch, das sächsische Bürgerliche Gesetzbuch und das Deutsche Bürgerliche Gesetzbuch, dessen allgemeines Verbot der Doppelvertretung in § 181 BGB Hupka scharf kritisiert: „Daß diese Regelung eine glückliche sei, kann natürlich nicht behauptet werden." Durch die Miteinbeziehung von Fällen, in denen keine Interessenkollision zu befürchten ist, schieße die Regelung über das Ziel hinaus und schaffe eine unnötige Erschwernis für den Verkehr.[1007] „[V]ollends unerträglich" wäre diese Regelung, wenn sie – wie Planck annimmt[1008] – jedenfalls die Nichtigkeit des Vertretungsaktes nach sich ziehen würde. Dagegen argumentiert Hupka auf der Basis teleologischer Überlegungen, dass ein solches Geschäft lediglich eine Überschreitung der Vollmacht darstelle, die durch die

1005 *Hupka*, Vollmacht (1900) 298–299.
1006 Siehe dazu im Detail Zweiter Teil, Kapitel II.A.
1007 *Hupka*, Vollmacht (1900) 340.
1008 *Planck*, Bürgerliches Gesetzbuch nebst Einführungsgesetz I^{1} (1897) 231–232.

nachträgliche Genehmigung des Vollmachtgebers saniert werden könne, da „[b]ei einer solchen Auslegung […] die sonstigen Mängel des § 181 wenigstens gemildert“ würden. In seiner jetzigen Fassung liefe er nicht nur den Interessen des Vertreters und dritter Personen, sondern auch jenem des Vertretenen selbst zuwider. „Gewiß bietet das Problem der doppelten Vertretung dem Gesetzgeber erhebliche Schwierigkeiten, aber unüberwindlich sind dieselben nicht, und jedenfalls ist es nicht nötig, das Kind mit dem Bade auszuschütten, wie § 181 B.G.B. thut.“[1009]

De lege ferenda schlägt Hupka vor, dem gesetzlichen Vertreter „das Selbstkontrahieren im allgemeinen zu verbieten, hiervon aber Solutionsgeschäfte, Liberalitäten des Vertreters an den Vertretenen und die Umwechslung von Geldern derselben Währung auszunehmen und überdies zu bestimmen, daß auch andere Selbstkontrahierungsakte mit Zustimmung […] des Vormundschaftsgerichtes bezw. der sonst kompetenten Faktoren wirksam seien. Für den *gewillkürten* Vertreter wäre überhaupt kein Verbot, sondern nur eine Auslegungsregel des Inhalts aufzustellen, daß dieselben *im Zweifel nicht als ermächtigt gelten*, die im Rahmen ihrer Vollmacht liegenden Geschäfte mit sich selbst abzuschließen.“ Eine solche Regelung würde es der Praxis ermöglichen, unbedenkliche Fälle „ohne weiteres für wirksam zu erklären.“[1010] Hupkas Ruf nach einer teleologischen Reduktion des § 181 BGB schloss sich sehr bald die Literatur, nach einigem Zögern auch die Rechtsprechung an; eine Ausnahme für lediglich vorteilhafte Rechtsgeschäfte ist heute allgemein anerkannt.[1011]

c. Die Substitutionsmacht des Bevollmächtigten

Ein kurzes weiteres Kapitel befasst sich mit der Substitutionsmacht des Stellvertreters, also mit der Frage, ob dieser die Geschäfte, zu denen er bevollmächtigt wurde, selbst ausführen oder dies seinerseits einem Stellvertreter auftragen kann. Hier gelangt Hupka nach einer Übersicht über die römischen Quellen und die Regelungen des Deutschen Bürgerlichen Gesetzbuches

---

1009 *Hupka*, Vollmacht (1900) 343; zustimmend *Seuffert*, Deutsche Litteraturzeitung 1901, 883; *Oertmann*, Archiv für Bürgerliches Recht 1902, 76.

1010 *Hupka*, Vollmacht (1900) 344 (Hervorhebung im Original); für eine eingehende Auseinandersetzung mit Hupkas Kritik siehe *Kiehnle*, Das Selbsteintrittsrecht des Kommissionärs (§ 400 HGB) und das Verbot des Selbstkontrahierens (§ 181 BGB), Archiv für die civilistische Praxis 2012, 875 (895–900).

1011 *Schmoeckel* im HKK (2003) 950–951; *Schilken* in *Staudinger* § 181 Rz 6 (Stand: 25. Jänner 2020, juris.de); für das heutige Recht u.a. *Schubert* im Münchener Kommentar[8] § 181 Rz 32; *Dörner* in *Schulze*, Bürgerliches Gesetzbuch[10] § 181 Rz 13; *Schilken* in *Staudinger* § 181 Rz 30–32 (Stand: 25. Jänner 2020, juris.de).

zu dem Schluss, dass dies – abgesehen von diesbezüglichen Willensäußerungen des Vollmachtgebers – davon abhänge, „*ob der Geschäftsherr nach der Sachlage ein schutzwürdiges Interesse an der persönlichen Ausführung des Geschäfts durch den Beauftragten hat* oder *nicht*. Im *ersteren* Fall ist die Substitution *un*statthaft, im *letzteren* Fall ist sie *gestattet*."[1012]

Auf einen kurzen Exkurs über die Besonderheiten der handels- und prozessrechtlichen Regelungen dieses Sachverhalts lässt Hupka noch eine detaillierte Erörterung der rechtlichen Natur der Bestellung eines Substituten folgen. Diese werde oft „in ungenauer Redeweise, der gewöhnlich auch ein unklarer Gedanke zu Grunde liegt" als „*Übertragung* der Vollmacht auf einen anderen bezeichnet."[1013] Dies sei aber verfehlt, da bei einer tatsächlichen Übertragung der ursprüngliche Bevollmächtigte aufhören müsste, Bevollmächtigter des Prinzipals zu sein, was im Falle der Bestellung eines Substituten nicht der Fall sei: Vielmehr sei die Substitution „ein neuer Auftrag und eine neue Vollmachtserteilung des *Substituenten*, und der Substitut wird daher Mandatar und Bevollmächtigter des *letzteren*, *nicht* des *Prinzipals*." Einzige Besonderheit dieser neuen Vollmacht sei, dass sie „nicht auf Abschluss *im Namen des Vollmachtgebers*, sondern auf Abschluss im Namen eines *Dritten* (des ersten Prinzipals) gerichtet ist. Mit anderen Worten: Der Substitut ist zwar *Stellvertreter* des *Prinzipals*, aber er ist Beauftragter und *Bevollmächtigter* des *Substituenten*." [1014] Der Substitut trete daher auch nicht in ein Auftrags- oder Bevollmächtigungsverhältnis zum Prinzipal, sondern lediglich zum Substituenten.[1015] Ansprüche aus dem Auftragsverhältnis entstünden somit nur zwischen Substitut und Substituenten; zwischen Prinzipal und Substitut könnten allenfalls Ansprüche aus der *negotiorum gestio* erwachsen.[1016]

Aus dem Wesen der Vollmacht ergäbe sich ferner, dass der Substituent Vollmachtsüberschreitungen des Substituten im Rahmen der ihm vom Prinzipal erteilten Vollmacht selbstständig selbst gegen den Willen des Prinzipals genehmigen könne; andererseits stehe auch dem Prinzipal das Recht zu, Vollmachtüberschreitungen des Substituten – in seinem Fall auch über den Rahmen der ursprünglichen Vollmacht hinaus – zu genehmigen. Der Substituent könne die Vollmacht des Substituten jederzeit frei widerrufen, selbst wenn sie mit ausdrücklicher Gestattung des Prinzipals erteilt worden sei. Darüber

---

1012 *Hupka*, Vollmacht (1900) 352 (Hervorhebung im Original).
1013 *Hupka*, Vollmacht (1900) 355 (Hervorhebung im Original).
1014 *Hupka*, Vollmacht (1900) 356 (Hervorhebung im Original)
1015 *Hupka*, Vollmacht (1900) 357.
1016 *Hupka*, Vollmacht (1900) 358.

hinaus ende sie mit dem Tod des Substituenten oder mit dem Erlöschen der Hauptvollmacht.[1017]

d. Die Gesamtvollmacht

Der letzte Abschnitt des dritten Teiles ist der – vor allem im Handelsrecht bedeutsamen – Gesamtvollmacht, d.h. der Bevollmächtigung mehrerer Personen in der Form, dass sie nur gemeinschaftlich den Prinzipal wirksam vertreten können, gewidmet. Hupka beschäftigt sich zunächst überblicksweise mit der Unterscheidung zwischen dieser und ähnlichen Vollmachtstypen, wobei er insbesondere auf die Abgrenzung zur Solidarvollmacht (d.h. die Erteilung von Vollmachten gleichen Umfangs an mehrere Personen, die diese unabhängig voneinander betätigen können) im römischen Recht und modernen Kodifikationen eingeht.[1018] Hupka selbst vertritt die Ansicht, dass in Ermangelung einer diesbezüglichen Erklärung des Prinzipals bei der Erteilung mehrerer Generalvollmachten – unabhängig davon, ob diese separat oder in einem einzigen Akt erteilt wurden – von Einzelvollmachten auszugehen sei, also jeder Bevollmächtigte ohne Mitwirkung der anderen zur Vertretung befugt sei. Dagegen sei bei Spezialvollmachten nur dann Einzelvertretung anzunehmen, wenn jeder der Bevollmächtigten in einem separaten Akt bestellt wurde; bei gemeinsamer Bevollmächtigung sei hingegen anzunehmen, dass der Prinzipal eine Gesamtvollmacht beabsichtigt habe.[1019]

Hupka betont das Erfordernis der Zustimmung aller Vertreter zum Geschäftsschluss, die jeweils dem Dritten gegenüber erklärt werden müsse. Eine nur dem handelnden Vertreter gegenüber erklärte Zustimmung der anderen sei unzureichend. Insbesondere sei es auch nicht zulässig, dass die Gesamtbevollmächtigten einen aus ihrer Mitte ihrerseits die Vertretung aller übertragen, da dies dem Willen des Prinzipals zuwiderliefe und somit eine Überschreitung der Vollmacht vorliege. Zwar bestimme das Handelsgesetzbuch in §§ 125 und 232, dass zur Kollektivvertretung berufene Handelsgesellschafter und Vorstände einer Aktiengesellschaft einzelne von ihnen zur Vornahme einzelner Geschäfte bevollmächtigen könnten; Hupka verneint hier aber die Möglichkeit einer analogen Anwendung auf andere Vollmachtstypen.[1020]

Abschließend hält Hupka noch fest, dass herrschende Lehre und Rechtsprechung darin übereinstimmen, dass Willensmängel und sonstige die Willenserklärung beeinflussende Umstände bei nur einem Gesellschafter

---

1017 *Hupka*, Vollmacht (1900) 358–363.
1018 *Hupka*, Vollmacht (1900) 364–368.
1019 *Hupka*, Vollmacht (1900) 369–370.
1020 *Hupka*, Vollmacht (1900) 370–372.

vorliegen müssten, um dem Prinzipal zugerechnet zu werden. Daraus folgert Hupka, dass im Umkehrschluss der Dritte sich auf *dolus*, *fraus*, Wissen oder Wissenmüssen nur eines einzigen Gesamtvertreters berufen könne.[1021]

Wenn nur einer oder ein Teil der Vertreter handeln und die übrigen dem Geschäft nicht beitreten, erzeuge es keine Rechtswirkungen für den Prinzipal, sofern dieser das Geschäft nicht nachträglich genehmigt; die handelnden Vertreter haften diesfalls dem Dritten als *falsi procuratores*, sofern er vom Bestehen der Gesamtvertretung nicht wusste oder wissen musste.[1022]

4. *Das Erlöschen der Vollmacht*

Der letzte Abschnitt von Hupkas Monografie befasst sich mit dem Erlöschen der Vollmacht, wobei nach einer nochmaligen Betonung der Unabhängigkeit der Vollmacht vom Kausalverhältnis die Erlöschungsgründe im Allgemeinen und der Widerruf im Besonderen behandelt werden. Abschließend geht Hupka auf die konkrete Wirksamkeit der Erlöschungsgründe unter Berücksichtigung des Schutzes des gutgläubigen Dritten einerseits und des gutgläubigen Vertreters andererseits ein.

a. *Die prinzipielle Unabhängigkeit der Vollmacht von dem Fortbestande des Kausalverhältnisses und die Erlöschungsgründe der Vollmacht*

Hupka vertritt im Einklang mit der von ihm vertretenen abstrakten Natur der Vollmacht, dass ihr Fortbestand oder Erlöschen von jenem des Kausalverhältnisses unabhängig sei; zwar fielen diese häufig zusammen, „aber wo dies der Fall ist, handelt es sich nicht um eine Abhängigkeit der Vollmacht vom Kausalverhältnis, sondern um eine bloß *zufällige Übereinstimmung der beiderseitigen Erlöschungsgründe.*“[1023] Hupka räumt zwar ein, dass es zumeist dem Willen des Prinzipals entspreche, dass die Vollmacht gleichzeitig mit dem Kausalverhältnis ende. „So richtig dies an sich ist, kann es doch nicht den Ausschlag geben. Denn die eigentümliche, nach außen gerichtete Funktion der Vollmacht verlangt eben eine vom Willen des Machtgebers unabhängige Loslösung der Vollmacht von den Existenzbedingungen des zwischen Machtgeber und Bevollmächtigtem bestehenden internen Verhältnisse.“[1024] Aus diesem Grunde kritisiert Hupka die Regelung des § 168 BGB, der das Erlöschen der Vollmacht an das Erlöschen des Kausalverhältnisses knüpft und „von diesem theoretisch verfehlten Standpunkt aus [...]

1021 *Hupka*, Vollmacht (1900) 373–374.
1022 *Hupka*, Vollmacht (1900) 374.
1023 *Hupka*, Vollmacht (1900) 377 (Hervorhebung im Original).
1024 *Hupka*, Vollmacht (1900) 377.

mehrfach zu Ergebnissen gelangt, die der Natur des Vollmachtverhältnisses widersprechen." Darüber hinaus sei die Regelung des deutschen Bürgerlichen Gesetzbuches „[g]anz unzureichend [...] natürlicherweise dort, wo es an einem rechtsbeständigen Kausalverhältnis gebricht".[1025]

Der darauffolgende Abschnitt beinhaltet eine Auflistung der „allgemeinen" Umstände, die das Erlöschen der Vollmacht zur Folge haben. Dazu zählt er zunächst die Konsumtion der Vollmacht seitens des Bevollmächtigten bei Spezialvollmachten und Generalvollmachten, die im Hinblick auf einen bestimmten Zweck erteilt wurden. Diese erlöschen ferner auch dadurch, dass ihre Ausübung unmöglich wird. Ist eine Vollmacht auf Zeit erteilt oder mit einer auflösenden Bedingung verbunden, erlösche sie nach Zeitablauf bzw. Eintritt der Bedingung.[1026]

Daneben identifiziert Hupka eine Reihe von Gründen, „die sich aus dem specifischen Wesen der Vertretungsmacht und der Bevollmächtigung ergeben." Dazu gehörten der Tod des Bevollmächtigten, dem die Auflösung der juristischen Person gleichzuhalten sei ebenso wie der Tod des Vollmachtgebers.[1027] Der Verlust der Geschäftsfähigkeit führe allerdings nicht *eo ipso* zum Erlöschen der Vollmacht: Werde der Bevollmächtigte willensunfähig, werde die Vollmacht lediglich für die Dauer dieses Zustandes praktisch unwirksam; der Bevollmächtigte könne sie allerdings wieder ausüben, sobald er seine Handlungsfähigkeit wiedererlange. Der Verlust der Geschäftsfähigkeit des Machtgebers habe hingegen keinen Einfluss auf Bestand oder Wirksamkeit der Vollmacht; wohl aber könne sie vom gesetzlichen Vertreter des Machtgebers widerrufen werden.[1028] Gleichfalls habe die Konkurseröffnung über das Vermögen des Bevollmächtigten oder des Machtgebers keinen Einfluss auf den Bestand der Vollmacht; letzterenfalls seien aber Dispositionen, die der Stellvertreter über zur Konkursmasse gehörige Gegenstände trifft, den Konkursgläubigern gegenüber ebenso unwirksam wie jene des Machtgebers selbst.[1029] Hupka betont, dass das österreichische Recht „den richtigen Standpunkt" einnehme; die Regelung des deutschen Rechts hält er hingegen für „gänzlich mißglückt".[1030]

Die Möglichkeit einer einseitigen Kündigung des Bevollmächtigten verneint Hupka: „Die Vollmacht ist nicht, wie der Auftrag, ein Verpflichtungsverhältnis, von dem der Bevollmächtigte einseitig zurücktreten kann, noch

1025 *Hupka*, Vollmacht (1900) 378.
1026 *Hupka*, Vollmacht (1900) 379.
1027 *Hupka*, Vollmacht (1900) 380–382; zustimmend *Swoboda*, Bevollmächtigung (1932) 17.
1028 *Hupka*, Vollmacht (1900) 383–385.
1029 *Hupka*, Vollmacht (1900) 385–388.
1030 Siehe dazu eingehend *Hupka*, Vollmacht (1900) 389–390.

ist sie ein einseitiges verzichtbares subjektives Recht des Bevollmächtigten; sondern sie ist eine *formale äußere Legitimation, die einzig auf dem Willen des Vollmachtgebers ruht und auch nur durch diesen Willen fallen kann.*"[1031] Die Kündigung des Bevollmächtigten habe daher nur für das interne Verhältnis Bedeutung, sofern dieses einseitig kündbar sei; die Vollmacht hingegen erlösche erst, wenn der Machtgeber sie aufgrund der Kündigung des Bevollmächtigten widerrufe. Anders entscheide freilich § 168 des deutschen Bürgerlichen Gesetzbuches, demzufolge für den Fall, dass der Vollmacht ein einseitig kündbares Rechtsverhältnis zugrunde liegt und der Bevollmächtigte dieses kündigt, die Vollmacht mit dem Grundverhältnis erlischt. Beruht sie allerdings auf einem nicht einseitig kündbaren Kausalverhältnis, oder fehlt ein solches, erlischt sie durch die Kündigung des Bevollmächtigten nicht.[1032]

b. Der Widerruf

Ein eigenes Kapitel widmet Hupka dem Widerruf der Vollmacht durch den Machtgeber, wobei er vor allem die Frage erörtert, ob dieser auf sein Widerrufsrecht gültig verzichten könne. Auch dieses Themengebiet war zum Erscheinungszeitpunkt der Vollmacht ein äußerst kontroversielles: „Die unwiderrufliche Vollmacht gehört zu den Problemen, welche das BGB. nicht geschaffen und noch weniger gelöst, wohl aber zur Diskussion gestellt hat," formulierte wenige Jahre später Andreas von Thur treffend.[1033] Einen wichtigen Impuls in dieser juristischen Debatte hatte das Abstraktionsprinzip gegeben: Während der Auftrag – und somit auch die als mit diesem untrennbar verbundene Vollmacht – immer als frei widerrufbar gegolten hatte, ebnete die Trennung von Vollmacht und Auftrag den Weg für die Auffassung, dass auch eine unwiderruflich vereinbarte Vollmacht rechtlich möglich und zulässig sei. Auch die Entstehungsgeschichte des BGB spiegelt diesen Meinungswandel wider: Während der erste Entwurf die Vollmacht noch für jedenfalls frei widerruflich erklärt hatte, lassen der erste Entwurf (§ 138) und die Endfassung des Gesetzes (§ 168) die Unwiderruflichkeit der Vollmacht zu, sofern sich diese aus dem zugrunde liegenden Rechtsgeschäft ergibt.[1034] Die Ausgestaltung der Voraussetzungen und Wirkungen der unwiderruflichen Vollmacht überließ der Gesetzgeber allerdings der Lehre und Rechtsprechung.[1035]

Nach einem Überblick über den Meinungsstand zu diesem Thema stellt sich Hupka auf den Standpunkt, dass eine einseitige Unwiderruflichkeitserklärung

1031 *Hupka*, Vollmacht (1900) 390 (Hervorhebung im Original).
1032 *Hupka*, Vollmacht (1900) 391.
1033 *von Thur*, Zulässigkeit der unwiderruflichen Vollmacht, in FS Laband (1908) 45.
1034 *von Thur* in FS Laband 46–48.
1035 *von Thur* in FS Laband 50.

des Machtgebers keine rechtliche Bindungswirkung habe, die Unwiderruflichkeit der Vollmacht aber sowohl mit dem Bevollmächtigten als auch mit dem Dritten wirksam vereinbart werden könne.[1036]

Darüber hinaus postuliert Hupka, dass der Verzicht auf die Widerruflichkeit der Vollmacht nicht „mit ausdrücklichen Worten erklärt“ werden müsse, „vielmehr genügt es, wenn er sich aus den Umständen der Vollmachtserteilung als gewollt ergiebt.“ Insbesondere sei hier der Zweck der Vollmachtserteilung zu beachten: Sei etwa eine Vollmacht nur erteilt worden, um dem Bevollmächtigten eine Vermögensleistung zukommen zu lassen, ergäbe es sich bereits aus diesem Umstand, dass der Prinzipal zumeist eine ihn bindende Vollmacht habe erteilen wollen. „Das Gleiche gilt aber auch, wenn der Bevollmächtigte zwar nicht das alleinige, aber doch ein *konkurrierendes* Interesse an der Vollmachtsausübung hat und die Vollmacht wesentlich im Hinblick auf dieses Interesse gegeben und genommen wird.“[1037] Ebenso könne sich aus den Umständen ergeben, dass „die Vollmacht im Interesse des beteiligten Dritten als unwiderrufliche gewollt ist.“[1038]

In anderen Fällen könne andererseits „in der Vereinbarung einer unwiderruflichen Vollmacht eine materiell nicht gerechtfertigte Verkümmerung der Dispositionsfreiheit des Prinzipals gelegen sein, die von der Rechtsordnung nicht verwirklicht werden darf.“ Dies sei dort der Fall, wo eine solche Vereinbarung gegen die guten Sitten verstoße; eine solche Vereinbarung sei „zweifellos nichtig“. Dasselbe gelte auch dort, wo die Vereinbarung eines Widerrufsverzichts „zwar nicht den guten Sitten, aber der *gesunden Vernunft* widerstreitet“, weil „derjenige, zu dessen Gunsten verzichtet wird, an dem Fortbestande der Vollmacht überhaupt kein vernünftiges Interesse hat oder doch nur ein Interesse, das in keinem Verhältnis steht zu dem Maße der in dem Widerrufsverzicht liegenden Machtentäußerung des Prinzipals.“[1039]

1036 *Hupka*, Vollmacht (1900) 396; anderer Ansicht *Zitelmann*, Die Rechtsgeschäfte im Entwurf eines Bürgerlichen Gesetzbuches für das Deutsche Reich (1890) 94 (gegen die Vereinbarung mit dem Dritten); *Lenel*, Jherings Jahrbücher 1896, 37–39 (gegen die Vereinbarung mit dem Bevollmächtigten); *von Thur* in FS Laband 56 (für die Gültigkeit einer bloß einseitigen Erklärung des Vollmachtgebers). Darüber hinaus betont *von Thur* (50 Fn 2) auch, dass die Vollmacht nur dort für unwiderruflich erklärt werden könne, wo das zugrunde liegende Rechtsverhältnis „auf Unwiderruflichkeit angelegt ist“ und bemängelt daher Hupkas Rekurs auf den Willen des Vollmachtgebers als „eine Ungenauigkeit des Ausdrucks“.

1037 *Hupka*, Vollmacht (1900) 399 (Hervorhebung im Original).

1038 *Hupka*, Vollmacht (1900) 400; kritisch dazu *von Thur* in FS Laband 52 Fn 1.

1039 *Hupka*, Vollmacht (1900) 401.

Hingegen sei eine Vollmacht, die lediglich im Interesse des Prinzipals liegt, immer widerruflich, auch wenn das Gegenteil vereinbart worden sei; dies entspricht auch der heute weitgehend herrschenden Meinung zum BGB. „Denn der im heutigen Privatrecht herrschende Grundsatz der Vertragsfreiheit bedeutet nicht die Verwirklichung jedweden Parteiwillens, dafern er nur nicht gesetzwidrigen oder unsittlichen Inhalts ist, sondern bloß den Schutz eines Willens, der die Befriedigung vernünftiger Interessen bestrebt: *nicht* der Schutz des *Parteiwillens*, sondern der Schutz *würdiger Parteiinteressen* ist das oberste Princip modernen Privatrechts.“[1040] Sofern der Bevollmächtigte allerdings ebenfalls ein materielles Interesse am Bestehen der Vollmacht habe und die Unwiderruflichkeit im Hinblick auf dieses vereinbart worden sei, bestehe „kein Grund, den Prinzipal gegen seinen eigenen Willen in Schutz zu nehmen“; eine solche Vereinbarung sei demnach gültig.[1041]

Der Widerrufsverzicht könne „selbstverständlich“ durch nachträgliche Umstände wieder erlöschen; dies erfolge beim befristeten Widerrufsverzicht durch Zeitablauf, in allen Fällen aber auch durch Übereinkunft zwischen dem Vollmachtgeber und demjenigen, mit dem der Widerrufsverzicht vereinbart worden sei. Darüber hinaus müsse es aber auch möglich sein, dass der Widerruf in manchen Fällen auch ohne Zustimmung desjenigen, zu dessen Gunsten verzichtet wurde, erlösche. In seiner Darstellung dieser Problemstellung folgt Hupka weitgehend Konrad Hellwig: Diesem zufolge erlischt der Widerrufsverzicht zum einen, wenn das Interesse, zugunsten dessen verzichtet wurde, nachträglich wegfällt, zum anderen, wenn in der Person oder den Verhältnissen des Bevollmächtigten Veränderungen eintreten, die das Festhalten am Widerrufsverzicht zu einer Gefahr für den Prinzipal machen, was vor allem bei Generalvollmachten von Bedeutung ist.[1042]

Hupka verlangt für Entstehen und Fortbestand des Widerrufsverzichts allerdings nicht nur ein schützenswertes Interesse seitens desjenigen, mit dem die Unwiderrufbarkeit vereinbart ist, sondern darüber hinaus, „daß dasselbe

---

1040 *Hupka*, Vollmacht (1900) 402 (Hervorhebung im Original).

1041 *Hupka*, Vollmacht (1900) 402; siehe dazu auch *Lenel*, Jherings Jahrbücher für die Dogmatik des bürgerlichen Rechts 1896, 35; dagegen *Hellwig*, Zeitung für Deutsches Civilprozessrecht 1901, 530–532; zum heutigen Meinungsstand siehe *Schilken* in *Staudinger* § 168 Rz 8 (Stand: 25. Jänner 2020, juris.de) (mit weiteren Nachweisen); derselben Ansicht wie (allerdings ohne Verweis auf) *Hupka Schubert* im Münchener Kommentar[8] § 168 Rz 21 und *Dörner* in *Schulze*, BGB[10] § 168 Rz 5.

1042 *Hellwig*, Die Verträge auf Leistung an Dritte: Nach deutschem Reichsrecht unter besonderer Berücksichtigung des Handelsgesetzbuchs (1968 [1899]) 123–127; *Hupka*, Vollmacht (1900) 404–406; *Hupka* zustimmend *von Thur* in FS Laband 57.

Verhältnis zwischen den Paciscenten auch objektiven Rechtsbestand gewinnt und behält."[1043] Komme das zu sichernde Rechtsgeschäft nicht zustande, sei der Prinzipal auch nicht durch seinen Widerrufsverzicht gebunden. „Ebenso steht auch das Erlöschen der Unwiderruflichkeitsvereinbarung unter den ihre Causa beherrschenden Grundsätzen", sodass beispielsweise „eine schenkungsweise erteilte Vollmacht wegen groben Undanks widerruflich" werde. Dabei sei aber zu betonen, dass immer nur das Verhältnis zwischen dem Prinzipal und demjenigen, mit dem die Unwiderruflichkeit vereinbart wurde, ausschlaggebend für deren Wegfall sei.[1044]

Hupka bedauert, dass das deutsche Bürgerliche Gesetzbuch in seiner Regelung des Widerrufsverzichts in § 168 „auf halbem Wege stehen geblieben" sei, weil sich diese zwar von der Vorstellung gelöst habe, dass die Vollmacht notwendigerweise mit dem Auftrag zusammenfallen müsse, aber gleichzeitig daran festgehalten habe, den Widerruf als „eine Frage des *internen Verhältnisses*" aufzufassen.[1045] „Trotz dieser theoretisch verfehlten Lösung" werde aber „eine verständige Handhabung des § 168 S. 2 in den meisten Fällen zu praktisch befriedigenden Entscheidungen gelangen können."[1046]

Der Widerruf der Vollmacht könne sowohl gegenüber dem Bevollmächtigten als auch gegenüber dem Dritten oder der Öffentlichkeit erklärt werden, wobei dies sowohl ausdrücklich als auch konkludent erfolgen könne.[1047]

c. *Der Schutz des gutgläubigen Dritten und des gutgläubigen Vertreters bei Erlöschen der Vollmacht*

Der letzte Abschnitt der Vollmacht widmet sich dem Erlöschen der Vollmacht, wobei für Hupka die Konsequenzen desselben für den Dritten oder Stellvertreter, der sich darüber schuldlos in Unkenntnis befindet, im Vordergrund stehen. Zum Schutz des gutgläubigen Dritten sei es erforderlich, dass die Vollmacht ihm gegenüber – wie in § 173 BGB und § 1026 ABGB

1043 *Hupka*, Vollmacht (1900) 406.

1044 *Hupka*, Vollmacht (1900) 407.

1045 *Hupka*, Vollmacht (1900) 410 (Hervorhebung im Original); zustimmend *Oertmann*, Archiv für Bürgerliches Recht 1902, 76; *Sievers*, Beiträge zur Erläuterung des deutschen Rechts 1901, 445.

1046 *Hupka*, Vollmacht (1900) 411. Kritisch dazu *Hellwig*, Zeitung für Deutsches Civilprozessrecht 1901, 531: „Demgegenüber ist zu bemerken: Entweder hat das Gesetz jenen ‚verfehlten' Standpunkt. Und dann kann man sich nicht so ohne weiteres darüber hinwegsetzen, oder das Ergebnis des Verfassers ist richtig, und dann hat das Gesetz eben einen anderen Standpunkt, als ihn der Verfasser zuerst entwickelt und als verfehlt bekänpft. *Tertium non datur.*"

1047 *Hupka*, Vollmacht (1900) 413–416; anderer Ansicht *Lenel*, Jherings Jahrbücher 1896, 29–31.

normiert – aufrechterhalten werde.[1048] Im Prozess zwischen dem Dritten und dem Prinzipal, der das vom früheren Stellvertreter geschlossene Geschäft als nicht mehr von der Vollmacht umfasst zurückweist, verteile sich die Beweislast folgendermaßen: Bestreite der Dritte das Erlöschen der Vollmacht, habe der Prinzipal den von ihm behaupteten Erlöschungsgrund zu beweisen. Beruft sich der Dritte aber lediglich auf seine Unkenntnis, so muss er „die äußere Voraussetzung des Vertrauensschutzes", etwa die Kundgebung der Vollmacht, beweisen, während der Prinzipal zu beweisen habe, „daß der angerufene Vertrauensschutz durch die mala fides oder culpa des Dritten oder aber durch eine ordnungsmäßig erfolgte Gegenkundgebung ausgeschlossen ist."[1049] Ebenso erfordere es der Schutz des Vertreters, dass die Vollmacht so lange aufrechterhalten werde, bis er von ihrem Erlöschen Kenntnis erlange, wobei diese Grundregel im deutschen Bürgerlichen Gesetzbuch Einschränkungen und Modifikationen erfährt, die Hupka zu Ende seines Werkes kurz darlegt, ohne dazu allerdings wertend Stellung zu nehmen.[1050]

5. *Zusammenfassung*

Das große Verdienst von Hupkas Monografie zur Vollmacht ist es, erstmals eine klar strukturierte und übersichtliche Gesamtdarstellung dieses Rechtsgebietes zu bieten, die auch über hundert Jahre nach ihrem Erscheinen in weiten Teilen nicht an Relevanz verloren hat. Auf über vierhundert Seiten gibt Hupka einen kritischen Überblick über den damaligen Meinungsstand, bietet eigenständige Lösungsansätze und veranschaulicht diese anhand von praktischen Beispielen. Im Vordergrund stehen stets die Erfordernisse der Praxis und eine gerechte Interessenabwägung zwischen den Beteiligten, auf deren Basis sich Hupka auch kritisch mit den positivrechtlichen Bestimmungen insbesondere des deutschen bürgerlichen Gesetzbuches zu Vollmacht und Stellvertretung auseinandersetzt. Besonders hervorzuheben sind Hupkas Ausführungen zur Formgebundenheit der Vollmacht, die – da das österreichische ABGB im Gegensatz zum deutschen BGB keine explizite Regelung enthält – besonders in der österreichischen Doktrin und Praxis Beachtung fanden,[1051] seine klare Stellungnahme zur damals noch stark umstrittenen Frage der Richtung der Vollmachtkundgebung und zur Zulässigkeit des Widerrufsverzichts, und seine umfassende Erörterung des Selbstkontrahierens und der Doppelvertretung, auf die im zweiten Teil, Kapitel I.A.3.b. noch näher einzugehen sein wird. In Ansätzen enthält *Die Vollmacht* auch

1048 *Hupka*, Vollmacht (1900) 416–431.
1049 *Hupka*, Vollmacht (1900) 435–436.
1050 *Hupka*, Vollmacht (1900) 437–440.
1051 Siehe dazu Zweiter Teil, Kapitel I.C.1.

bereits Überlegungen zur Haftung des Vertreters ohne Vertretungsmacht, die Hupka in seiner zweiten, nur drei Jahre später erschienenen Monografie weiterentwickeln und detaillierter ausführen sollte.

B. Die Haftung des Vertreters ohne Vertretungsmacht

Hupkas zweites Buch zu Fragen des Stellvertretungsrechts erschien 1903 ebenfalls bei Duncker & Humblot in Leipzig und ist seinem Lehrer Ludwig Mitteis gewidmet. Das Werk ist in zwei Teile gegliedert. Der erste Teil geht auf die Elemente der Vollmachtshaftung im bisherigen Recht ein, wobei sich Hupka mit dem römischen Recht, dem gemeinen deutschen Recht, den „älteren Kodifikationen“ (preußisches Allgemeines Landrecht, Code Civil und österreichisches Allgemeines Bürgerliches Gesetzbuch), dem englischen Common Law, und den „neueren Kodifikationen“ (Allgemeine Deutsche Wechselordnung, Allgemeines Deutsches Handelsgesetzbuch, Sächsisches Bürgerliches Gesetzbuch, Schweizerisches Obligationenrecht, Deutsches Bürgerliches Gesetzbuch) auseinandersetzt. Der zweite und bedeutend umfangreichere Teil widmet sich der Dogmatik der Vollmachtshaftung nach deutschem bürgerlichem Recht, wobei neben dem Bürgerlichen Gesetzbuch auch das Handelsgesetzbuch und die Allgemeine Wechselordnung Berücksichtigung finden. Auch mit diesem Buch wagt sich Hupka auf juristisch heiß umstrittenes Terrain, gehörte die *falsus-procurator*-Haftung doch zu den meistdiskutierten Fragen unter den Vertretern der Repräsentationstheorien.[1052]

Hupkas „flottgeschriebene Monographie“ wurde von den Rezensenten weitgehend ebenso positiv aufgenommen wie zuvor *Die Vollmacht*. „Die von wissenschaftlichem Geiste erfüllte und Beherrschung des Stoffes wie Gewandtheit des Ausdrucks zeigende Schrift wird sich als ein zuverlässiger Berater in allen die Haftung des *falsus procurator* betreffenden, theoretisch wie praktisch vielfach recht schwierigen Fragen erweisen und bildet ein wertvolles Hilfsmittel für die Auslegung des § 179 B.G.B.“, schreibt Paul Winter dazu im Archiv für Bürgerliches Recht: „Überall zeigt sich die Belesenheit des Verfassers und bei Erörterungen fremder Meinungen ist eine erfreuliche Selbständigkeit des Urteils zu spüren.“ Auch Robert Schneider erachtete das Buch im Centralblatt für Rechtswissenschaft als „schöne Arbeit“ und „treffliches Seitenstück“ zu Hupkas Monografie über die Vollmacht,

---

1052 *Bauer*, Entwicklung (1963) 131; für einen Überblick über den damaligen Meinungsstand siehe *Bauer*, Entwicklung (1963) 132–135; *Everding*, Entwicklung (1951) 62–64 und 76–78; zur Entwicklung der Regelung des BGB siehe *Schmoeckel* im HKK (2003) 948–949.

gekennzeichnet von „besonnener, überzeugender Gedankenführung".[1053] Besonders gelobt wurde – wie schon bei der Vollmacht – die knappe und klare Sprache des Werks sowie dessen übersichtliche Struktur.[1054] Den meisten Ausführungen Hupkas zu § 179 BGB und Art. 95 der Allgemeinen Wechselordnung wurde lebhaft beigepflichtet; auf gelegentlichen Widerspruch stießen lediglich Hupkas Ausführungen zum Prozessrecht.[1055]

1. *Die Elemente der Vollmachtshaftung im bisherigen Recht*

Zum römischen Recht kommt Hupka nach einem Überblick über jene wenige Fallkonstellationen, in denen sich das römische Recht – das ja die direkte Stellvertretung im Regelfall nicht anerkannte – der Frage nach der Haftung des vollmachtlosen Stellvertreters überhaupt stellen musste. In den Fällen, in denen sich die Frage dennoch ergeben habe können – für Hupka insbesondere bei der Einsetzung eines *institor* (*praepositio*) oder der Bevollmächtigung eines Gewaltunterworfenen zum Vertragsabschluss mit einem Dritten (*iussum*) durch einen dazu nicht ermächtigten *tutor*, *curator* oder *procurator*, oder bei der Zahlung an den *falsus procurator* des Gläubigers – habe das römische Recht zwar Lösungsansätze gefunden; darüber hinaus aber „war es in der römischen Rechtsentwicklung zu einer Haftung sui generis wegen vollmachtloser Vertretung überhaupt nicht gekommen. Auf dem Gebiete der eigentlichen Verkehrsgeschäfte fehlte das Bedürfnis, und in dem engen Kreise, in dem es vorhanden war, schien es den Römern nicht dringend genug, um ein Hinausgehen über die allgemeinen Schadenersatzgrundsätze zu rechtfertigen."[1056]

Der Usus Modernus Pandectarum habe zwar seit dem siebzehnten Jahrhundert das Institut der direkten Stellvertretung akzeptiert, habe darin aber im Wesentlichen lediglich eine „zweckmäßige *Fortbildung des Systems der adjektizischen Klagen*" des römischen Rechts gesehen.[1057] Aus dem Festhalten am römischrechtlichen Gedanken der primären Selbstverpflichtung des Stellvertreters sei für die ältere Lehre im Fall des vollmachtlosen

---

1053 *Schneider*, [Rezension von] Hupka, Dr. J. Die Haftung des Vertreters ohne Vertretungsmacht, Centralblatt für Rechtswissenschaft 1904, 141 (141–142).

1054 *Winter*, Zivilistische Rundschau, Archiv für Bürgerliches Recht 1903, 340 (349); *Ungewitter*, [Rezension von] Die Haftung des Vertreters ohne Vertretungsmacht. Ein Beitrag zur Lehre von der Vertretung in Rechtsgeschäften von Dr. Josef Hupka. Beiträge zur Erläuterung des deutschen Rechts 1904, 666.

1055 *Schneider*, Centralblatt für Rechtswissenschaft 1904, 141.

1056 *Hupka*, Die Haftung des Vertreters ohne Vertretungsmacht. Ein Beitrag zur Lehre von der Vertretung in Rechtsgeschäften (1903) 19–20.

1057 *Hupka*, Vertreter ohne Vertretungsmacht (1903) 20 (Hervorhebung im Original).

Kontrahierens des Vertreters gefolgt, dass dieser mit den direkten Klagen aus dem Geschäft belangt werden – also auf Erfüllung des Vertrages anstelle des Vertretenen geklagt werden – könne. Dies habe aber auch die „vom Dritten weniger erwünschte Konsequenz“ gehabt, dass dieser seinerseits auch gegen seinen Willen zum Vertragsschluss mit dem *falsus procurator* gezwungen werden habe können.[1058]

Im Gegensatz vertrete die neuere Lehre, dass der *falsus procurator* lediglich mit der *actio doli* belangt werden könne, wenn er den Dritten arglistiger Weise über Bestand oder Umfang der Vollmacht getäuscht habe. Diese gehe regelmäßig aber nicht auf Erfüllung oder das positive Vertragsinteresse, sondern auf den Ersatz des durch die Täuschung entstandenen Schadens (negatives Interesse).[1059] Vollständig ohne Schutz bleibe der Dritte nach diesem System allerdings in jenen Fällen, in denen dem vollmachtlosen Vertreter lediglich Fahrlässigkeit zur Last gelegt werden könne.[1060]

Zur Füllung dieser Lücke habe man schon früh auf die von Rudolf von Jhering entwickelte Figur der *culpa in contrahendo* zurückgegriffen. Bereits Jhering selbst habe als Beispiel für deren Anwendung auch den Stellvertreter erwähnt.[1061] In weiterer Folge hätten Laband, Dernburg und Mitteis diesen Gedanken aufgegriffen. Alle drei haben darin übereingestimmt, dass bloße Fahrlässigkeit des Vertreters genüge, aber auch erforderlich sei. Während Dernburg und Mitteis auf dieser Basis zur Haftung auf das negative Interesse gelangt seien, leite Laband aus Jherings Ansatz die Haftung des *falsus procurator* auf das Erfüllungsinteresse ab.[1062] Hupka sieht in dieser Entwicklung einen „wesentlichen praktischen Fortschritt“, da hiervon nicht nur der Vorsatz, sondern auch die viel häufigeren Fälle fahrlässigen Handelns des Vertreters umfasst sind.[1063]

Die damals herrschende Doktrin und Praxis forderten hingegen, dass der Vertreter ohne Vollmacht auch bei schuldlosem Verhalten haften müsse. Man behalf sich zu diesem Zweck mit der Fiktion, dass der Vertreter beim Vertragsabschluss mit dem Dritten den *Willen* bekunde, für die Rechtmäßigkeit seiner Erklärung *persönlich einzustehen*“, also „die *stillschweigende*

1058 *Hupka*, Vertreter ohne Vertretungsmacht (1903) 21–22.

1059 *Hupka*, Vertreter ohne Vertretungsmacht (1903) 22–23 (mit weiteren Nachweisen).

1060 *Hupka*, Vertreter ohne Vertretungsmacht (1903) 24.

1061 *Jhering*, *Culpa in contrahendo* oder Schadenersatz bei nichtigen oder nicht zur Perfection gelangten Verträgen, Jahrbücher über die Dogmatik des heutigen römischen und deutschen Privatrechts 1861, 1 (54–55).

1062 *Hupka*, Vertreter ohne Vertretungsmacht (1903) 26 (mit weiteren Nachweisen).

1063 *Hupka*, Vertreter ohne Vertretungsmacht (1903) 27.

Eingehung eines Garantievertrags.“[1064] Diesen Gedanken griffen unter anderem Hermann von Buchka,[1065] Bernhard Windscheid,[1066] Friedrich Curtius[1067] und Friedrich Mommsen[1068] auf, wobei verschiedentlich die Haftung des Vertreters auf Erfüllung des Vertrages, das positive oder das negative Interesse postuliert wurde.[1069] Auch in die Rechtsprechung des deutschen Reichsgerichts fand diese Ansicht Eingang. Hupka hingegen zeigt sich gegenüber dieser Fiktion – wenngleich er den Wert von juristischen Fiktionen generell anerkennt – sehr kritisch.[1070]

Andere Ansätze versuchten, auf Basis der *bona fides* eine schuldunabhängige Haftung des Stellvertreters zu konstruieren, wobei Hupka vor allem das Postulat ablehnt, der Vertreter hafte ungeachtet seines Verschuldens schon deswegen, weil er dem Dritten einen Schaden verursacht hat: „Die altgermanische Rechtsanschauung, auf die man sich hierbei beruft, […] liefert m.E. auf dem Boden des modernen gemeinen Rechts kein stichhaltiges Argument.“ Das genannte Prinzip sei in der Rezeptionszeit dem römischen Schuldprinzip gewichen; seitdem habe sich neues Gewohnheitsrecht, „welches die Schadensverursachung wieder als allgemeines Haftungsprinzip anerkennt, *nicht* gebildet“.[1071]

Hupka kommt somit für das gemeine Recht zu dem Ergebnis, dass sich auf Basis der Quellen keine verschuldensunabhängige Haftung des Vertreters annehmen ließe; allerdings habe die allgemeine Akzeptanz dieses Gedankens durch Lehre und Rechtsprechung dazu geführt, dass sich „ein wahres Gewohnheitsrecht“ herausgebildet habe, demzufolge der vollmachtlose Vertreter ohne Rücksicht auf sein Verschulden auf das positive Vertragsinteresse bzw. auf persönliche Erfüllung des Geschäftes hafte.[1072]

In weiterer Folge widmet sich Hupka der Frage der Haftung des Stellvertreters in den „älteren Kodifikationen“, wozu er das Preußische Allgemeine Landrecht, den französischen Code Civil und das österreichische Allgemeine Bürgerliche Gesetzbuch zählt. Zu diesen drei Kodifikationen bietet Hupka

---

1064 *Hupka*, Vertreter ohne Vertretungsmacht (1903) 27 (Hervorhebung im Original); siehe dazu auch *Everding*, Entwicklung (1951) 63–64.
1065 *Buchka*, Stellvertretung (1852) 238.
1066 *Windscheid*, Pandekten I^2 (1862) 162–163.
1067 *Curtius*, Archiv für die civilistische Praxis 1875, 101–103.
1068 *Mommsen*, Erörterungen aus dem Obligationenrecht II (1879), 114–115.
1069 *Hupka*, Vertreter ohne Vertretungsmacht (1903) 28–30 (mit weiteren Nachweisen).
1070 *Hupka*, Vertreter ohne Vertretungsmacht (1903) 30–31.
1071 *Hupka*, Vertreter ohne Vertretungsmacht (1903) 34 (Hervorhebung im Original).
1072 *Hupka*, Vertreter ohne Vertretungsmacht (1903) 36.

unterschiedliche Ansätze, aufgrund derer das Problem der Haftung des vollmachtlosen Stellvertreters zu lösen sei. Für das Allgemeine Landrecht, das Hupkas Meinung zufolge als einzige der drei genannten Gesetzbücher die *culpa in contrahendo* explizit normiere, löst er das Problem unter Rekurs auf die einschlägigen §§ 284, 285 und 288 und einzelne vollmachtrechtliche Sondervorschriften (§§ 9, 96, 1128, 171 und 229) und gelangt dabei zu dem Ergebnis, dass der Vertreter bei *dolus* auf das gesamte negative Interesse einschließlich des durch den Vertragsschluss mit dem *falsus procurator* anderweitig versäumten Gewinnes, bei bloßer *culpa* aber nur auf den tatsächlich verursachten Verlust hafte. Bei rein zufälliger Schadensverursachung entstehe keine Haftung des Vertreters.[1073] Kenntnis des Dritten über den Vollmachtsmangel schließe eine Haftung des Vertreters aus; darüber hinaus sei auch konkurrierendes Verschulden des Dritten haftungsmindernd zu berücksichtigen.[1074]

Für den französischen Code Civil leitet Hupka aus den Artt. 1997, 1382 und 1383 ab, dass der Vertreter dem Dritten für jedes schuldhafte Verhalten hafte, „durch welches das Vertrauen des Dritten auf das wirksame Zustandekommen des Geschäfts erweckt oder bestärkt wurde."[1075] Ein solches Verhalten liege bereits dann vor, wenn der Vertreter dem Dritten nicht mitteilt, auf welchen Tatbestand er selbst seine Annahme einer gültigen und ausreichenden Vollmacht stützt, und diesen dadurch zu einer selbstständigen Prüfung ermächtigt. Während die damals herrschende Lehre davon ausging, dass der *falsus procurator* auf das positive Interesse hafte, gelangt Hupka hier aufgrund des generellen Prinzips der Artt. 1382 und 1383 ebenfalls zu einer Haftung für das negative Interesse.[1076]

Für das österreichische Recht leitet Hupka aus den §§ 1035, 1311 und 1295 ABGB ab, dass der Vertreter bei fahrlässigem oder vorsätzlichem Handeln ebenfalls auf das negative Interesse hafte, wobei Mitverschulden des Dritten haftungsmindernd wirke.[1077]

Für das englische Common Law differenziert Hupka zwischen der älteren Praxis, die eine Haftung des Vertreters nur dann gegeben gesehen habe, wenn er eine vertragliche Garantie für die Vollmacht oder nachträgliche Genehmigung übernommen oder wenn er den Dritten wissentlich getäuscht hatte, und der jüngeren, die für eine von der Kenntnis des Vertreters unabhängige Haftung eintrete, indem sie – ebenso wie die gemeinrechtliche Lehre und

1073 *Hupka*, Vertreter ohne Vertretungsmacht (1903) 39.
1074 *Hupka*, Vertreter ohne Vertretungsmacht (1903) 41.
1075 *Hupka*, Vertreter ohne Vertretungsmacht (1903) 43.
1076 *Hupka*, Vertreter ohne Vertretungsmacht (1903) 43–46.
1077 *Hupka*, Vertreter ohne Vertretungsmacht (1903) 47–53. Siehe dazu im Detail Zweiter Teil, Kapitel I.C.2.a.

Rechtsprechung – eine stillschweigende Garantieerklärung des Vertreters fingiere. Dabei sei eine Haftung aber dann ausgeschlossen, wenn der Dritte den Mangel kannte oder – wenn der Vertreter sich selbst über den Bestand oder Umfang der Vollmacht im Irrtum befindet – auch bloß kennen musste. Dasselbe trifft zu, wenn der Dritte sich „hinsichtlich der Prüfung des Vollmachtspunktes *in ganz derselben Lage befindet wie der Vertreter.*“[1078] Der Umfang der Haftung umfasse nach englischem Recht stets das volle positive Geschäftsinteresse, wobei aber die naturale Erfüllung des Geschäftes durch den Vertreter nicht gefordert werden könne.[1079]

In weiterer Folge geht Hupka kurz auf die „neueren Kodifikationen“ ein, unter welche er die Allgemeine Deutsche Wechselordnung, das Allgemeine Deutsche Handelsgesetzbuch, das Sächsische Bürgerliche Gesetzbuch, das Schweizerische Obligationenrecht und das Deutsche Bürgerliche Gesetzbuch einreiht.

Im der Allgemeinen Deutschen Wechselordnung sieht Hupka den Ruf nach einer verschuldensunabhängigen Haftung des *falsus procurator* weitestgehend in positives Recht umgesetzt: Hier hafte der Vertreter gemäß Art. 95 verschuldensunabhängig „in gleicher Weise“ wie der wirkliche Machtgeber, sodass sich Gegenstand, Umfang und Dauer seiner Haftung nach jener des Prinzipals bestimmen; inhaltlich handle es sich bei der wechselrechtlichen Haftung also immer um eine Erfüllungshaftung.[1080] Umgekehrt kämen dem Vertreter aber auch Umstände, welche die Haftung des Prinzipals einschränken, zugute.[1081]

Demselben Grundsatz folge das Allgemeine Deutsche Handelsgesetzbuch, das in seinen Artt. 55 und 298 Abs. 2 nicht nur für den Prokuristen und Handlungsbevollmächtigten, sondern darüber hinaus für jeden, der ein Handelsgeschäft als Bevollmächtigter abschließt, eine persönliche Haftung dem Dritten gegenüber anordne. Der Dritte könne im Schadensfall zwischen Schadenersatz oder Erfüllung wählen. Auch hier sei der Eintritt der Haftung nicht an das Verschulden des *falsus procurator* geknüpft. Ebenso könne der Vertreter auch hier dem Dritten alle Einwendungen aus dem Vertrag entgegenhalten, die dem Vertretenen dem Dritten gegenüber offengestanden wären.[1082]

Die verschuldensunabhängige Haftung des Vertreters habe auch in das Sächsische Bürgerliche Gesetzbuch Eingang gefunden. Dieses normiere in

---

1078 *Hupka*, Vertreter ohne Vertretungsmacht (1903) 57.
1079 *Hupka*, Vertreter ohne Vertretungsmacht (1903) 58–59.
1080 *Hupka*, Vertreter ohne Vertretungsmacht (1903) 59–65.
1081 *Hupka*, Vertreter ohne Vertretungsmacht (1903) 65–66.
1082 *Hupka*, Vertreter ohne Vertretungsmacht (1903) 67–75.

§ 879 nach dem Vorbild des Allgemeinen Deutschen Handelsgesetzbuches für den Dritten ebenfalls die Wahlmöglichkeit zwischen Schadenersatz oder Erfüllung. Hupka vertritt allerdings, dass die Kenntnis des Dritten vom Mangel der Vollmacht die Haftung des Vertreters ausschließe.[1083]

Das schweizerische Obligationenrecht rezipiere zwar die verschuldensunabhängige Haftung des Vertreters. Dieser hafte allerdings – unter der Voraussetzung, dass der Dritte den Vollmachtsmangel weder kannte noch kennen musste – lediglich auf Schadenersatz; die Erfüllung des Geschäfts könne demnach nicht verlangt werden.[1084]

Zuletzt gibt Hupka einen geschichtlichen Überblick über die Entwicklung der einschlägigen Normen des deutschen Bürgerlichen Gesetzbuches und zeigt, wie sich dieses im Lauf mehrerer Lesungen langsam vom Prinzip der verschuldensunabhängigen Haftung des Vertreters löste und in den Fällen, in denen der Vertreter sich über Bestand und Umfang der Vollmacht im Irrtum befindet, lediglich eine Haftung auf das negative Interesse normierte.[1085] Aufgrund dieser Entwicklung erhielt der § 179 BGB seine endgültige Fassung:

1. Wer als Vertreter einen Vertrag geschlossen hat, ist, sofern er nicht seine Vertretungsmacht nachweist, dem anderen Teile nach dessen Wahl zur Erfüllung oder zum Schadenersatze verpflichtet, wenn der Vertretene die Genehmigung des Vertrages verweigert.
2. Hat der Vertreter den Mangel der Vertretungsmacht nicht gekannt, so ist er nur zum Ersatze desjenigen Schadens verpflichtet, welchen der andere Teil dadurch erleidet, daß er auf die Vertretungsmacht vertraut, jedoch nicht über den Betrag des Interesses hinaus, welches der andere Teil an der Wirksamkeit des Vertrags hat.
3. Der Vertreter haftet nicht, wenn der andere Teil den Mangel der Vertretungsmacht kannte oder kennen mußte. Der Vertreter haftet auch dann nicht, wenn er in der Geschäftsfähigkeit beschränkt war, es sei denn, daß er mit Zustimmung seines gesetzlichen Vertreters gehandelt hat.[1086]

§ 180 dehnt diese Regelung auch auf einseitige Rechtsgeschäfte aus, „soweit nicht bei diesen ein vollmachtloses Handeln überhaupt unzulässig und daher nach jeder Richtung wirkungslos ist".[1087] Mit dem Inkrafttreten des Bürgerlichen Gesetzbuches wurden auch die Vorschriften der Artt. 55 und 289 gestrichen und die Vertretung in Handelsgeschäften ebenfalls der Regelung des § 179 BGB unterstellt; für das Wechselrecht blieb Art. 95 der Wechselordnung allerdings in Kraft.[1088]

1083 *Hupka*, Vertreter ohne Vertretungsmacht (1903) 75–77.
1084 *Hupka*, Vertreter ohne Vertretungsmacht (1903) 77–78.
1085 Siehe dazu auch *Schmoeckel* im HKK (2003) 924.
1086 Zitiert nach *Hupka*, Vertreter ohne Vertretungsmacht (1903) 81.
1087 *Hupka*, Vertreter ohne Vertretungsmacht (1903) 81.
1088 *Hupka*, Vertreter ohne Vertretungsmacht (1903) 82.

2. *Die Dogmatik der Vollmachtshaftung nach deutschem bürgerlichen Recht*

Im zweiten Teil seiner Abhandlung widmet sich Hupka in vier Unterabschnitten dem Rechtsgrund, den Voraussetzungen, dem Inhalt und der Endigung der Haftung,

a. Der Rechtsgrund der Haftung

Das erste Kapitel des zweiten Teils widmet sich der Frage nach dem Rechtsgrund der Haftung des Vertreters. Hupka erläutert dieses Bestreben zu eingangs so: „Durch die positive Anerkennung und Ausgestaltung der Vertreterhaftpflicht im Gesetze ist zwar die Rechtsanwendung der Notwendigkeit enthoben, dieser Haftpflicht erst schlecht und recht aus allgemeinen Grundsätzen heraus Dasein und Inhalt zu schaffen, keineswegs hat sich aber damit die Frage nach dem inneren Rechtsgrund der Haftung erübrigt. Die Rechtswissenschaft kann sich nicht damit begnügen, zu konstatieren, daß die Haftpflicht des Vertreters eine ‚gesetzliche' ist, sondern hat den tieferen Rechtsgedanken zu erforschen und festzuhalten, der dieser gesetzlichen Haftpflicht zu Grunde liegt. Das ist unerläßlich, weil hier, wie überall, nur das Zurückgehen auf die ratio iuris jene Ergänzungen und Modifikationen ermöglicht, deren gesetzliche Regel als eine bloße Durchschnittsnorm in größerem oder geringerem Maße bedarf, wenn anders sie nicht in einzelnen Falltypen zu Unebenheiten und Härten führen soll."[1089]

Hupka lehnt sowohl das Verschulden des Vertreters als auch die Schadensverursachung *per se*[1090] als mögliche Haftungsgrundlagen ab, da diese seines Erachtens jeweils nur zum Ersatz des negativen Interesses führen[1091] und auch den Ausschluss der Haftung des nicht geschäftsfähigen Vertreters nicht erklären könnten.[1092] Gegen den Gedanken der stillschweigend übernommenen Garantie bringt Hupka hingegen vor, dass man auf dieser Basis „in den allermeisten Fällen überhaupt zum Ausschlusse der Haftung" käme, „da sich der Tatbestand eines Garantievertrags, sei es auch nur eines ‚stillschweigenden', nur sehr selten wirklich substantiieren läßt."[1093] Dies treffe insbesondere dort zu, wo zumindest einer der beiden Teile vom Bestand einer

1089 *Hupka*, Vertreter ohne Vertretungsmacht (1903) 83.

1090 Siehe dazu *Gierke*, Der Entwurf eines bürgerlichen Gesetzbuchs und das deutsche Recht (1889) 171.

1091 In Bezug auf die Schadensverursachung *per se* als Grundlage anderer Ansicht *Isay*, Die Geschäftsführung nach dem Bürgerlichen Gesetzbuche für das Deutsche Reich (1900) 254.

1092 *Hupka*, Vertreter ohne Vertretungsmacht (1903) 84–85.

1093 *Hupka*, Vertreter ohne Vertretungsmacht (1903) 85.

entsprechenden Vollmacht überzeugt sei, da diesfalls ein entsprechender Rechtsgeschäftswille fehle. Ein solcher Wille könne demnach nur dort unterstellt werden, wo beide Teile an Inhalt oder Vorhandensein der Vollmacht zumindest zweifeln; auch dort müssten aber weitere Umstände hinzutreten, um auf einen entsprechenden Vertragsschluss schließen zu können.[1094]

Zusätzlich wendet Hupka ein, dass die Fiktion des Garantievertrages bereits in der zweiten Lesung des BGB aufgegeben worden sei, und dies zu Recht: „Diese Unterstellung [...] hat einen guten Sinn, wenn und solange das positive Recht die vom Verkehr geforderte Garantie vermissen läßt. Dann ist sie im Interesse der Fortbildung des Rechts sogar *geboten*, weil in anderer Weise eine vollständig befriedigende Lösung des Haftungsproblems nicht erreicht werden kann. In dem Augenblick aber, wo der *Gesetzgeber* diese Lösung in die Hand genommen und durchgeführt hat, ist causa finita. Da jetzt unmittelbar der Wille des *Gesetzes* die Haftung schafft, braucht es nicht mehr die Dazwischenschiebung eines fiktiven Parteiwillens."[1095] Darüber hinaus vermöge diese Konstruktion weder die Beschränkung der Haftung auf das negative Interesse in Fällen fahrlässigen Handelns, noch den Ausschluss derselben beim Wissen oder Wissenmüssen des Dritten zu erklären. „Vor allem aber ist die Fiktion de lege lata *deshalb* aufzugeben, weil sie den wirklichen Grund der Haftung verhüllt, indem sie einen unwahren unterstellt."[1096]

In einigem Detail wendet sich Hupka gegen Hermann Isays Versuch, in seiner Schrift *Die Geschäftsführung nach dem Bürgerlichen Gesetzbuch* die Haftung des Vertreters direkt aus dessen Willenserklärung zu begründen.[1097] Isay argumentiert, dass es sich hierbei um eine „Frucht" des „germanischen Rechtsgedanken von Schuld und Haftung" sei, dass hier derjenige, der „schuldet", also leisten soll, nicht identisch sei mit demjenigen, der „haftet": „Der Gestor, welcher der Vertretungsmacht darbt, haftet aus seiner Willenserklärung, ohne aus ihr zu schulden". Die Beschränkung auf das negative Interesse in Fällen minderen Verschuldens beruhe lediglich auf einer Billigkeitserwägung des Gesetzgebers.[1098]

Hupka geht nicht darauf ein, inwieweit das BGB auch von germanischrechtlichem Gedankengut geprägt sei, setzt Isays konkretem Argument aber

---

1094 *Hupka*, Vertreter ohne Vertretungsmacht (1903) 85–86.

1095 *Hupka*, Vertreter ohne Vertretungsmacht (1903) 87 (Hervorhebung im Original).

1096 *Hupka*, Vertreter ohne Vertretungsmacht (1903) 88 (Hervorhebung im Original).

1097 *Hupka*, Vertreter ohne Vertretungsmacht (1903) 88–91; zustimmend *Winter*, Archiv für Bürgerliches Recht 1903, 349.

1098 *Isay*, Geschäftsführung (1900) 255.

entgegen, dass es sicher sei, „daß dem deutschen Recht kein Satz bekannt war, wonach derjenige, der ein Versprechen abgegeben hat, aus demselben auch dann haftet, wenn er es im Namen eines anderen abgegeben, also deutlich erklärt hat, daß er mit der aus diesem Versprechen entspringenden obligatio schlechterdings nicht zu tun haben wolle."[1099] Dazu komme, dass auch die Bestimmungen des Gesetzes selbst gegen Isays Hypothese sprächen: darauf wiese nicht nur der Umstand hin, dass in den praktisch weitaus häufigsten Fällen der Vertreter lediglich auf das negative Interesse hafte, und dass sich die Haftung des Vertreters „keineswegs als bloßes ‚Haften' im deutschrechtlichen Sinne, als bloßes Verfangensein für eine fremde Schuld darstellt, sondern ein wirkliches ‚*Schulden*' ist, ein Leistensollen des Vertreters mit besonderem, gesetzlich fixiertem Inhalt."[1100] Darüber hinaus setze die deutsch-rechtliche Haftung zumindest ein „auf Begründung einer Schuld gerichtetes Geschäft" voraus, während die Haftung des Vertreters nach § 179 BGB gemäß § 180 Abs. 2 und 3 auch bei einseitigen Rechtsgeschäften, die nicht auf Schuldbegründung gerichtet seien, zum Tragen komme.[1101]

Schlussendlich führt Hupka die Haftung des Vertreters im deutschen Recht zurück auf die „bloße mit dem stellvertretenden Handeln verbundene *Behauptung des Vertreters, Vertretungsmacht zu besitzen, und die vom Gesetze anerkannte Notwendigkeit, den guten Glauben des Dritten an die Wahrheit dieser Behauptung zu schützen.*"[1102] Dies treffe auch dann zu, wenn der Vertreter nicht explizit behaupte, bevollmächtigt zu sein, sondern dies dem Dritten lediglich konkludent dadurch zu verstehen gibt, dass er im Namen eines anderen handelt.[1103]

Dies sei wiederum „nur der Sonderausfluß eines allgemeineren rechtspolitischen Gedankens, des Gedankens nämlich, daß, *wer einen anderen durch das Vorgeben von Tatsachen, von denen die Wirksamkeit oder die gehörige Erfüllung eines Rechtsgeschäftes abhängt, zum Abschlusse dieses Geschäftes bestimmt für die Wahrheit oder doch zum mindesten für die Unschädlichkeit seines Vorgebens einstehen muß.*"[1104]

Hupka weist darauf hin, dass auch weitere Bestimmungen des BGB von diesem Prinzip getragen seien. Dessen Einheitlichkeit werde auch nicht dadurch

---

1099 *Hupka*, Vertreter ohne Vertretungsmacht (1903) 89.

1100 *Hupka*, Vertreter ohne Vertretungsmacht (1903) 90–91 (Hervorhebung im Original).

1101 *Hupka*, Vertreter ohne Vertretungsmacht (1903) 91.

1102 *Hupka*, Vertreter ohne Vertretungsmacht (1903) 91 (Hervorhebung im Original).

1103 *Hupka*, Vertreter ohne Vertretungsmacht (1903) 92.

1104 *Hupka*, Vertreter ohne Vertretungsmacht (1903) 92–93 (Hervorhebung im Original).

aufgegeben, dass der Gesetzgeber „den einzelnen Falltypen eine individualisierende Behandlung angedeihen läßt“, um einen möglichst gerechten Interessenausgleich zwischen Vertreter und Drittem zu schaffen.[1105] Praktische Konsequenz des Gesagten sei letztendlich, dass die Haftung des Vertreters nach §§ 179 und 180 BGB ganz wesentlich davon abhinge, ob er behauptet habe, Vollmacht zu besitzen: „Ist die Behauptung der Vollmacht als solche der eigentliche Rechtsgrund unserer Haftung, dann kann diese *in concreto auch nur Platz greifen, wenn und soweit* der Vertreter wirklich – sei es nun ausdrücklich oder bloß durch sein Verhalten – *Vertretungsmacht vorgegeben* und hierdurch den *Gegner zum Geschäftsschlusse verleitet* hat.“[1106] Diese Sichtweise entspricht auch der heute noch herrschenden Lehre.[1107]

Davon zu unterscheiden sei die Haftung des Vertreters nach dem deutschen und österreichischen Zivilprozessrecht, die grundsätzlich vom Nachweis der Vertretungsmacht abhängig sei. Diese sei „eine Ersatzpflicht wegen der ohne formelle Legitimation unternommenen Ausübung einer Vollmacht, wobei es ganz gleichgültig ist, ob diese Vollmacht wirklich vorhanden war oder nicht.“ Es handle sich hier auch nicht um eine Schutzvorschrift zugunsten des Dritten, sondern um die „Entschädigung desjenigen, der durch den Ausspruch des Gerichts zur einstweiligen Einlassung mit dem Vertreter *verhalten* worden ist, *obwohl* er vielleicht der behaupteten Vollmacht *mißtraute*“ oder der Vertreter sogar ihm gegenüber seinen Vollmachtsmangel offengelegt habe.[1108] Schließlich gehe die Haftung des Prozessvertreters nach der Zivilprozessordnung immer nur auf das negative Interesse an der Einlassung mit dem Prozessvertreter.[1109]

b. Die Voraussetzungen der Haftung

Im zweiten Kapitel des zweiten Teiles seiner Monografie setzt sich Hupka zunächst mit dem persönlichen Anwendungsgebiet des § 179 BGB auseinander. Diese beschränke sich „auf den *Vertreter* im *technischen Sinne dieses Wortes*, d.h. auf denjenigen, der in der offenen Absicht handelt resp. behandelt wird, unmittelbar und ausschließlich für eine andere hinter ihm stehende

1105 *Hupka*, Vertreter ohne Vertretungsmacht (1903) 94.

1106 *Hupka*, Vertreter ohne Vertretungsmacht (1903) 96–97 (Hervorhebung im Original).

1107 Vgl. z.B. *Schilken* in *Staudinger* § 179 Rz 2 (Stand: 25. Jänner 2020, juris.de); *Schubert* im Münchener Kommentar[8] § 179 Rz 1; *Mansel* in *Jauernig*[17] § 179 Rz 3; *Dörner* in *Schulze*[10] § 179 Rz 1.

1108 *Hupka*, Vertreter ohne Vertretungsmacht (1903) 99 (Hervorhebung im Original); zustimmend *Zib* in *Fasching/Konecny*, Zivilprozessgesetze[3] II/1 § 38 ZPO Rz 41 (Stand 1.9.2014, rdb.at).

1109 *Hupka*, Vertreter ohne Vertretungsmacht (1903) 99.

Person Rechtsbeziehungen zu schaffen oder zu lösen."[1110] Damit schieden aus dem Anwendungsbereich insbesondere der unbefugte oder seine Befugnis überschreitende Geschäftsführer, der einen Vertrag als Kommissionär abschließt und der Promissar bei Verträgen zugunsten Dritter aus, ungeachtet dessen, ob der Verfügung eine Zuwendungs- oder Geschäftsführungsabsicht zugrunde lag.[1111] Ebenso seien vom persönlichen Anwendungsbereich Geschäfte nicht umfasst, in denen – mithin auch offen – über fremde Vermögensobjekte verfügt werde. Handeln im fremden Namen liege nur dann vor, wenn sich eine Verfügung dem Vertragspartner ausschließlich als „Vollzugsakt einer *fremden causa* darstelle."[1112] Dasselbe gelte auch bei Erwerbsakten: „[A]uch die Erwerbshandlung empfängt die Qualität des Handelns im fremden Namen ausschließlich durch die Richtung ihres Zwecks (der causa acquirendi) *auf eine vom Handelnden verschiedene Person.*"[1113]

Der Begriff des Vertreters sei allerdings nicht nur in dieser Weise gegen den des Geschäftsführers ohne Auftrag abzugrenzen, sondern auch gegen andere Personen, „welche beim Abschlusse eines ihnen fremden Geschäftes tätig sind". Damit schieden „alle Typen des unbefugten oder gegen seine Instruktion handelnden ‚*Gehilfen*' aus", welche dem Dritten nur nach Deliktsgrundsätzen (§ 826 BGB) haften. Der „Norm des § 179 sind sie *nicht* unterworfen, weil ihrer Handlungsweise die juristische Qualität der Vertretung abgeht."[1114] Diese juristische Qualität wiederum ergäbe sich lediglich aus dem Auftreten des Handelnden dem Dritten gegenüber, sodass die gesetzlichen Vorschriften über die Stellvertretung keine Anwendung fänden auf den Bevollmächtigten, der als bloßer Bote auftrete, wohl aber auf den Boten, der sich als Bevollmächtigter ausgibt und selbstständig das Geschäft abschließt.[1115] Nicht erfasst sind letzten Endes auch jene Fälle, in denen eine Person eine rechtsgeschäftliche Erklärung abgibt, die eine andere Person betrifft, und dabei den Anschein erweckt, als werde diese Erklärung von der

1110 *Hupka*, Vertreter ohne Vertretungsmacht (1903) 101 (Hervorhebung im Original).

1111 *Hupka*, Vertreter ohne Vertretungsmacht (1903) 102.

1112 *Hupka*, Vertreter ohne Vertretungsmacht (1903) 103 (Hervorhebung im Original). *De lege ferenda* hält es Hupka allerdings durchaus für wünschenswert, dass auch der „Verfüger ohne Vertretungsmacht" dort, wo andere Bestimmungen des Gesetzes nicht greifen, einer analogen Anwendung des § 179 unterworfen werde; vgl. *Hupka*, Vertreter ohne Vertretungsmacht (1903) 104–105.

1113 *Hupka*, Vertreter ohne Vertretungsmacht (1903) 105 (Hervorhebung im Original).

1114 *Hupka*, Vertreter ohne Vertretungsmacht (1903) 109 (Hervorhebung im Original).

1115 *Hupka*, Vertreter ohne Vertretungsmacht (1903) 110–111.

Partei selbst abgegeben. Bei einer solchen gefälschten Erklärung hafte der Vertreter lediglich nach den Prinzipien des deliktischen Schadenersatzes.[1116] Dasselbe gelte auch im Wechselrecht: Wer einen Wechsel mit dem Namen einer anderen Person zeichnet, ohne sich dabei als Vertreter auszuweisen, zeichne nichtig und hafte weder nach Art. 95 der Wechselordnung noch nach § 179 BGB.[1117]

Keinen Unterschied für die Anwendung des § 179 mache es hingegen, ob jemand als gewillkürter oder gesetzlicher Vertreter tätig wird. Auch die Vertretung juristischer Personen durch ihre Organe werde unter diese Norm subsumiert.[1118]

Zum sachlichen Anwendungsbereich merkt Hupka zunächst an, dass eine Anwendung der Norm auf alle Geschäfte, die keine Stellvertretung zulassen, von vornherein ausscheide.[1119] § 180 Abs. 1 BGB normiert darüber hinaus, dass für einseitige Rechtsgeschäfte die Vertretung ohne Vertretungsmacht unzulässig ist, woraus die absolute Nichtigkeit solcher Vertretungsakte folge. § 179 BGB findet daher gemäß § 180 Abs. 2 und 3 BGB nur dort Anwendung, wo eine Vertretung ohne Vertretungsmacht ausnahmsweise zulässig – d.h. nachträglich genehmigungsfähig – ist. Dies sei dann der Fall, wenn derjenige, demgegenüber der Vertreter die Handlung vornimmt, die von ihm behauptete Vertretungsmacht nicht beanstandet hat oder damit einverstanden war, dass der Vertreter ohne Vollmacht handle sowie in dem Fall, dass ein einseitiges Rechtsgeschäft einem Vertreter ohne Vertretungsmacht mit dessen Einverständnis vorgenommen wird.[1120]

Da der Gesetzeswortlaut hier eindeutig nur auf empfangsbedürftige einseitige Erklärungen Bezug nimmt, vertrat die herrschende Meinung, dass nicht empfangsbedürftige einseitige Erklärungen ausnahmslos unter die Regelung des § 180 Abs. 1 BGB fielen und somit nichtig seien. Dagegen wendet Hupka ein, dass dies nicht der *ratio* des Gesetzes entspräche: Seines Erachtens habe § 180 Ab. 2 BGB weniger die „formelle *Empfänger*eigenschaft" des Dritten als vielmehr dessen „materielle *Partei*qualität" vor Augen. Daher seien auch jene nicht empfangsbedürftigen Geschäfte miterfasst, „die eine direkte Einwirkung auf das Vermögen eines anderen bezwecken, bei denen also dieser andere dem Erklärenden als Gegner im materiellen Sinne des Wortes, als *Geschäftspartei* gegenübersteht."[1121] In all diesen Konstellationen sei daher

1116 *Hupka*, Vertreter ohne Vertretungsmacht (1903) 111–112.
1117 *Hupka*, Vertreter ohne Vertretungsmacht (1903) 113.
1118 *Hupka*, Vertreter ohne Vertretungsmacht (1903) 114–115.
1119 *Hupka*, Vertreter ohne Vertretungsmacht (1903) 115–117.
1120 *Hupka*, Vertreter ohne Vertretungsmacht (1903) 117–119.
1121 *Hupka*, Vertreter ohne Vertretungsmacht (1903) 122 (Hervorhebung im Original); derselben Ansicht *Schubert* im Münchener Kommentar[8] § 180 Rz 2.

der in § 180 BGB ausgesprochene prinzipielle Ausschluss der nachträglichen Genehmigung bedingt durch die unverzügliche Erklärung der Gegenpartei, dass sie die Vertretungshandlung wegen des Mangels oder der Ungültigkeit der Vollmacht nicht anerkenne.[1122]

Unbedingt Geltung habe § 180 Abs. 1 BGB hingegen im Falle jener Rechtsgeschäfte, bei denen dies durch Spezialnormen festgelegt sei, worunter Rechtsgeschäfte fallen, die der „gewalthabende Elternteil, der Vormund oder der Pfleger" ohne die erforderliche Genehmigung des Pflegschaftsgerichtes vornehmen (§§ 1643, 1686, 1897, 1915 i.V.m. § 1831 BGB), die Gewalt habende Mutter ohne Zustimmung des Beistands (§ 1690 BGB), oder der Vormund ohne die Genehmigung des Gegenvormunds (§ 1832 BGB) vornimmt. Hier sei die Anwendung des § 179 BGB jedenfalls ausgeschlossen, selbst wenn die Voraussetzungen des § 180 Abs. 2 BGB vorlägen.[1123] Hupka äußert sich zu dieser Regelung äußerst kritisch, da sie der Interessenlage in den genannten Fällen nicht gerecht werde.[1124]

Auf Verträge jeglicher, nicht bloß obligatorischer Art sei § 179 BGB hingegen unbeschränkt anwendbar.[1125] Ebenso spricht sich Hupka dafür aus, die genannte Bestimmung auch auf Parteierklärungen zu erstrecken, die „nach Art von Rechtsgeschäften wirken", wobei die „Mitteilungen", „Anzeigen" und „Bekanntmachungen" z.B. der §§ 171, 172, 409, 576, 1829, 1830 BGB gemeint sind.[1126] Darüber hinaus seien die Normen über die Vertretung ohne Vertretungsmacht mit bestimmten, durch die Natur der Sache gebotenen Modifikationen auch auf den Prozessvertreter anwendbar.[1127]

In seinen Ausführungen über die Entstehungsbedingungen der Haftungspflicht identifiziert Hupka zunächst „zwei Komplexe von teils objektiven, teils subjektiven Bedingungen", auf die er in den folgenden Kapiteln näher eingeht.[1128] Objektive Grundvoraussetzung für den Eintritt der Haftungsfolgen sei zunächst der Mangel der Vertretungsmacht,[1129] wobei aber zusätzlich erforderlich sei, dass dieser die Unwirksamkeit der Vertretungshandlung herbeigeführt habe.[1130] Dies treffe aber nur dann zu, wenn diese Unwirksamkeit

1122 *Hupka*, Vertreter ohne Vertretungsmacht (1903) 125.
1123 *Hupka*, Vertreter ohne Vertretungsmacht (1903) 126.
1124 *Hupka*, Vertreter ohne Vertretungsmacht (1903) 126–128.
1125 *Hupka*, Vertreter ohne Vertretungsmacht (1903) 128–129.
1126 *Hupka*, Vertreter ohne Vertretungsmacht (1903) 129; zur Anwendbarkeit der Stellvertretungsregeln generell auf diese Handlungen siehe *Schilken* in *Staudinger*, Vor §§ 164 ff. Rz 38 (Stand: 25. Jänner 2020, juris.de).
1127 *Hupka*, Vertreter ohne Vertretungsmacht (1903) 131–135; zustimmend *Winter*, Archiv für Bürgerliches Recht 1903, 349.
1128 *Hupka*, Vertreter ohne Vertretungsmacht (1903) 136.
1129 Siehe dazu im Detail *Hupka*, Vertreter ohne Vertretungsmacht (1903) 138–149.
1130 Siehe dazu im Detail *Hupka*, Vertreter ohne Vertretungsmacht (1903) 149–169.

sich nicht bereits aus anderen, dem Vertretungsakt anhaftenden Ursachen ergeben habe, da diesfalls der Kausalzusammenhang[1131] zwischen Vollmachtsmangel und Ungültigkeit der Handlung entfalle.[1132]

Darüber hinaus fordert Hupka eine Reihe von subjektiven Tatsachen seitens des Vertreters und des Dritten: Zum Ersten müsse sich die Behauptung des Vertreters, Vertretungsmacht zu besitzen, im konkreten Fall substantiieren lassen, da diese Behauptung der juristische Grund seiner Haftpflicht sei.[1133] Bei der Vollmachtsbehauptung handle es sich daher nicht lediglich um eine „bloß *faktische* Handlung", sondern um eine „*eigene rechtsgeschäftliche Erklärung* des *Vertreters*." Auf die Gültigkeit dieser Handlung seien somit die Grundsätze über Rechtsgeschäfte anwendbar; die Haftung des Vertreters könne also in einzelnen Fällen teilweise oder gänzlich ausgeschlossen sein, weil keine rechtskräftige Vollmachtbehauptung vorliege.[1134]

Seitens des Dritten verlangt Hupka, dass dieser auch tatsächlich ein schützenswertes Vertrauen auf den Bestand der Vertretungsmacht besessen habe.[1135] Aus diesem Grund schließe Kenntnis des Dritten vom Vollmachtsmangel eine Haftung des Vertreters von vornherein aus. Auch fordert Hupka einschränkend, dass das Vertrauen des Dritten tatsächlich auf dem Auftreten des Vertreters beruht habe und dass der Dritte in seinem Vertrauen frei sei von „dem Vorwurfe einer des Schutzes unwürdigen *Leichtfertigkeit*."[1136] Grundsätzlich sei aber anzunehmen, dass der Dritte auf die Erklärung des Vertreters, er habe Vertretungsmacht, vertrauen dürfe; eine Erkundigungs- oder Nachforschungspflicht bestehe nicht, sofern nicht konkrete Umstände das Misstrauen des Dritten erwecken.[1137]

1131 Siehe dazu im Detail *Hupka*, Vertreter ohne Vertretungsmacht (1903) 169–178.

1132 *Hupka*, Vertreter ohne Vertretungsmacht (1903) 136.

1133 Siehe dazu im Detail *Hupka*, Vertreter ohne Vertretungsmacht (1903) 178–193. Die entspricht auch der heute herrschenden Lehre; vgl. z.B. *Schilken* in *Staudinger* § 179 Rz 5 (Stand: 25. Jänner 2020, juris.de); *Schubert* im Münchener Kommentar[8] § 179 Rz 32; *Mansel* in *Jauernig*[17] § 179 Rz 4.

1134 *Hupka*, Vertreter ohne Vertretungsmacht (1903) 137 (Hervorhebung im Original); siehe dazu im Detail *Hupka*, Vertreter ohne Vertretungsmacht (1903) 201–205.

1135 Siehe dazu im Detail *Hupka*, Vertreter ohne Vertretungsmacht (1903) 193–196; derselben Ansicht z.B. *Schilken* in *Staudinger* § 179 Rz 18 (Stand: 25. Jänner 2020, juris.de).

1136 *Hupka*, Vertreter ohne Vertretungsmacht (1903) 137–138 (Hervorhebung im Original); siehe dazu im Detail *Hupka*, Vertreter ohne Vertretungsmacht (1903) 197–201.

1137 *Hupka*, Vertreter ohne Vertretungsmacht (1903) 198–199; derselben Ansicht *Schilken* in *Staudinger* § 179 Rz 11 (Stand: 25. Jänner 2020, juris.de); *Schubert* im Münchener Kommentar[8] § 179 Rz 56; *Mansel* in *Jauernig*[17] § 179 Rz 5; *Dörner* in *Schulze*[10] § 179 Rz 9.

Da es sich bei § 179 BGB nicht um eine zwingende Rechtsnorm handle, könne die Haftung des Vertreters jederzeit durch Vereinbarung mit dem Dritten ausgeschlossen oder eingeschränkt werden; eine einseitige Ablehnung seitens des Vertreters habe hingegen nicht dieselbe Wirkung. Wenn sich der Dritte allerdings nach abgegebener Erklärung mit dem Vertreter einlasse, könne darin eine stillschweigende Zustimmung zum Haftungsausschluss bzw. der Haftungseinschränkung erblickt werden. Eine Grenze finde eine solche Vereinbarung allerdings im Verbot des *pactum de dolo non praestando*: eine Vereinbarung, durch welche die Haftung des Vertreters für arglistig verschwiegene Vollmachtsmängel beschränkt oder abbedungen werde, sei nichtig.[1138]

Keine Voraussetzung sei hingegen, dass der Dritte Klage gegen den Prinzipal erhoben habe. Es sei lediglich vonnöten, dass der Dritte den Prinzipal zur Abgabe einer Erklärung auffordere, ob er das Geschäft nachträglich genehmige; erklärt der Prinzipal aber spontan, dass er es nicht genehmigen werde, entfalle auch diese Notwendigkeit.[1139]

Das Gesetz schließt die Haftung des Vertretenen aus, wenn dieser beschränkt geschäftsfähig war. Dies gelte Hupka zufolge allerdings dann nicht, wenn ein beschränkt Geschäftsfähiger mit der Zustimmung seines gesetzlichen Vertreters handelt, wobei der Zeitpunkt der Genehmigung unerheblich sei.[1140]

Im letzten Abschnitt des zweiten Kapitels geht Hupka auf die Frage der Beweislast bezüglich der Haftungsvoraussetzungen ein. So liege es naturgemäß am Klage führenden Dritten, zu behaupten und nötigenfalls zu beweisen, dass der Beklagte als Vertreter im technischen Sinne des Wortes aufgetreten sei, während es Sache des Vertreters sei, etwaige dagegen geäußerte Vorbehalte geltend zu machen. Darüber hinaus läge es auch am Vertreter zu behaupten und zu beweisen, dass der Dritte den Vollmachtsmangel gekannt habe oder kennen musste.[1141]

1138 *Hupka*, Vertreter ohne Vertretungsmacht (1903) 206.

1139 *Hupka*, Vertreter ohne Vertretungsmacht (1903) 206. Aus prozessualen Gründen sei es allerdings dennoch ratsam, dass der Dritte zunächst den Vertretenen klage, da ihm dies die Möglichkeit gibt, dem Vertreter den Streit zu verkünden und verhindert, dass er im Prozess gegen jenen unterliege, wenn er den Beweis für den Mangel der Vollmacht nicht erbringen könne; vgl. *Hupka*, Vertreter ohne Vertretungsmacht (1903) 207.

1140 *Hupka*, Vertreter ohne Vertretungsmacht (1903) 202–203; derselben Ansicht *Schilken* in *Staudinger* § 179 Rz 19 (Stand: 25. Jänner 2020, juris.de); *Schubert* im Münchener Kommentar[8] § 179 Rz 62.

1141 *Hupka*, Vertreter ohne Vertretungsmacht (1903) 208–210; derselben Ansicht *Schubert* im Münchener Kommentar[8] § 179 Rz 64; *Mansel* in *Jauernig*[17] § 179 Rz 5; *Dörner* in *Schulze*[10] § 179 Rz 13.

Die wichtigste Frage in diesem Kontext sei allerdings, welchen der beiden „die Behauptungs- und Beweislast bezüglich des Mangels der Vertretungsmacht treffe". Das deutsche Bürgerliche Gesetzbuch entscheidet diese bisher äußerst kontroversiell diskutierte Frage in § 179 dahin gehend, dass es am Vertreter läge, die Gültigkeit der Vertretungsmacht zu beweisen.[1142]

Eine noch weitergehende Verbesserung der Position des Dritten ergäbe sich dadurch, dass dieser dem Vertreter im Vorprozess gegen den Vertretenen den Streit verkünde, wodurch der Vertreter – ungeachtet dessen, ob er dem Vertretenen im Prozess Beistand geleistet habe oder nicht – im Folgeprozess mit der Behauptung, doch Vollmacht besessen zu haben, überhaupt nicht mehr gehört werde. Hupka sieht den Vertreter bereits durch diesen drohenden schweren Nachteil genötigt, dem Dritten im Prozess gegen den angeblichen Prinzipal Beistand zu leisten.[1143] Darüber hinaus bejaht Hupka aber auch die Frage, ob der Vertreter verpflichtet sei, den Dritten dadurch zu unterstützen, dass er ihm sämtliche Beweismittel hinsichtlich des Bestehens der Vollmacht zur Verfügung stelle.[1144] Dies ergäbe sich „unmittelbar und mit zwingender Logik aus der Norm des § 179 B.G.B. und Art. 95 W.O.": Wenn der Vertreter nämlich mit seiner Vollmachtsbehauptung dafür einstehe, „daß seine Vertretung eine für den Vertretenen *verbindliche* ist", so müsse er auch verpflichtet sein, „den Dritten durch Beschaffung der erforderlichen Belege nach Möglichkeit in den Stand zu setzen, daß er jene Verbindlichkeit mit Aussicht auf Erfolg gegen den Vertretenen *geltend mache*".[1145]

Andererseits liege die Beweislast dafür, dass der Vertretene seine nachträgliche Genehmigung versagt habe, beim Dritten. Dagegen sei es Sache des Vertreters zu beweisen, dass das Geschäft ungeachtet dessen dennoch nachträglich Gültigkeit erlangt habe.[1146] Ebenfalls Sache des Vertreters sei es gegebenenfalls zu beweisen, dass der Vollmachtsmangel nicht kausal für die Ungültigkeit des Geschäfts gewesen, weil dieses bereits aus anderen Gründen

1142 *Hupka*, Vertreter ohne Vertretungsmacht (1903) 211 (Hervorhebung im Original); derselben Ansicht *Schilken* in *Staudinger* § 179 Rz 26 (Stand: 25. Jänner 2020, juris.de); *Schubert* im Münchener Kommentar[8] § 179 Rz 64; *Dörner* in *Schulze*[10] § 179 Rz 13.

1143 *Hupka*, Vertreter ohne Vertretungsmacht (1903) 213.

1144 *Hupka*, Vertreter ohne Vertretungsmacht (1903) 214–215 unter Verweis auf *Planck*, BGB I[1] (1897) Nr. 3 zu § 179.

1145 *Hupka*, Vertreter ohne Vertretungsmacht (1903) 215 (Hervorhebung im Original).

1146 *Hupka*, Vertreter ohne Vertretungsmacht (1903) 216–217; zur Beweislast bezüglich der Versagung der Genehmigung derselben Ansicht *Schilken* in *Staudinger* § 179 Rz 26 (Stand: 25. Jänner 2020, juris.de); *Schubert* im Münchener Kommentar[8] § 179 Rz 64; *Dörner* in *Schulze*[10] § 179 Rz 13; bezüglich des Nachweises der Vertretungsmacht *Schilken* in *Staudinger* § 179 Rz 7.

nichtig gewesen sei. Auch der Beweis für den haftungsausschließenden Rücktritt des Dritten vom Geschäft obliege dem Vertreter.[1147]

c. *Der Inhalt der Haftung*

Das dritte Kapitel widmet Hupka dem Inhalt der Haftung des Vertreters. Der Verfasser gibt hier einen ausführlichen Überblick über das Haftungsregime des deutschen Bürgerlichen Gesetzbuches und geht auf einzelne Problemstellungen im Detail ein. § 179 Abs. 1 BGB gibt dem Dritten die Möglichkeit, vom *falsus procurator* wahlweise Erfüllung oder Schadenersatz zu fordern. Abs. 2 schränkt dies allerdings auf jene Fälle ein, in denen der Vertreter Kenntnis vom Vollmachtsmangel hatte; bei Unkenntnis haftet er lediglich auf das negative Interesse. „Daß dieses [sic] Kompromiß durchaus gelungen ist, läßt sich füglich bezweifeln", urteilt Hupka. Man möge zwar anerkennen, dass die Billigkeit eine solche Einschränkung gebiete, sofern der Vertreter schuldlos oder nur gering fahrlässig gehandelt habe; dass § 179 Abs. 2 allerdings auch bei Fällen grober Fahrlässigkeit zur Anwendung komme, sei eine Ungerechtigkeit dem Dritten gegenüber.[1148]

In weiterer Folge diskutiert Hupka zunächst die Haftung nach § 179 Abs. 1 BGB und danach jene nach Abs. 2. Zur Erfüllungshaftung des § 179 Abs. 1 führt Hupka eingangs aus, dass diese hauptsächlich jene Geschäfte im Auge habe, mit denen eine Schuldverbindlichkeit des Vertretenen begründet werden sollte, wie etwa Kauf, Miete oder Darlehen. Der Vertreter werde allerdings nicht bereits durch die gesetzliche Bestimmung zur Geschäftspartei, sondern erst dadurch, dass der Dritte von ihm Erfüllung fordere. Daraus folge, dass der Vertreter vor der Entscheidung des Dritten weder fordern könne, dass der Dritte ihn als Vertragspartner akzeptiere, noch vom Dritten die Erfüllung dessen vertraglicher Obligationen fordern könne.[1149]

Der Vertreter habe in derselben Art und Weise zu leisten, wie bei Gültigkeit der Vertretungshandlung der Vertretene zu leisten gehabt hätte. Der Dritte übernimmt hingegen dadurch, dass er seinen Anspruch auf Erfüllung durch den Vertreter geltend macht, seinerseits sämtliche Verbindlichkeiten, die er auch dem Vertretenen gegenüber gehabt hätte, insbesondere die Pflicht zur Leistung der Sache und zur etwaigen Gewährleistung wegen Sach- oder Rechtsmängeln. Diese entsprängen direkt dem gesetzlichen

---

1147 *Hupka*, Vertreter ohne Vertretungsmacht (1903) 217.

1148 *Hupka*, Vertreter ohne Vertretungsmacht (1903) 221.

1149 *Hupka*, Vertreter ohne Vertretungsmacht (1903) 223; derselben Ansicht *Schilken* in *Staudinger* § 179 Rz 15 (Stand: 25. Jänner 2020, juris.de); *Schubert* im Münchener Kommentar[8] § 179 Rz 40; *Mansel* in *Jauernig*[17] § 179 Rz 6–7; *Dörner* in *Schulze*[10] § 179 Rz 6.

Haftungsverhältnis, nicht einem subsidiären Vertragsverhältnis, da ja zwischen Vertreter und Drittem durch das Handeln im fremden Namen kein Vertrag zustande komme.[1150]

Dem Vertreter stünden seinerseits sämtliche Einreden zu, die der Vertretene aus der Sache gehabt hätte; die Person des Vertretenen betreffende oder einem anderen Rechtsgeschäft mit dem Dritten entspringende Einreden könne er hingegen nicht geltend machen; insbesondere könne er dem Dritten nicht entgegenhalten, dass der Vertretene mit einer nicht konnexen Gegenforderung habe aufrechnen können.[1151]

Obwohl die Erfüllung des Geschäfts nur dort gefordert werden könne, wo die Handlung des Vertreters auf die Begründung einer Schuld des Vertretenen abgezielt habe, erfasse die *ratio* des Gesetzes allerdings alle Fälle, „welche dem Dritten einen rechtlichen Vorteil – sei es die Erwerbung oder Vergrößerung eines Rechts, sei es die Aufhebung oder Minderung einer Last“ – verschaffen sollen: „Jene ratio geht nämlich […] dahin, dem Dritten *aus der Hand des Vertreters eben diesen rechtlichen Vorteil* zu verschaffen, den der Vertreter im Namen des anderen herbeiführen zu können fälschlich prätendiert hat.“[1152] Es liegt daher am Vertreter, diesfalls „den *rechtlichen Endzweck* des Geschäfts durch eigene Tat“ zu verwirklichen.[1153]

Dem Erfüllungsanspruch des Dritten gegen den Vertreter steht als Alternative die Schadenersatzhaftung des Vertreters auf das positive Geschäftsinteresse gegenüber. Dem Dritten steht es nach § 179 Abs. 1 frei, anstelle der Erfüllung vom Vertreter „Erstattung aller derjenigen Vermögenswerte [zu] verlangen, die er infolge der *Unwirksamkeit* des Geschäfts verloren oder nicht erworben hat.“ [1154] Gleichermaßen steht es ihm aber Hupka zufolge frei, auch in den Fällen der Kenntnis des Vertreters vom Vollmachtsmangel lediglich das negative Interesse zu fordern,[1155] wobei auch hier die

1150 *Hupka*, Vertreter ohne Vertretungsmacht (1903) 224; derselben Ansicht *Schubert* im Münchener Kommentar[8] § 179 Rz 39; *Mansel* in *Jauernig*[17] § 179 Rz 6–7; *Dörner* in *Schulze*[10] § 179 Rz 6.

1151 *Hupka*, Vertreter ohne Vertretungsmacht (1903) 225; derselben Ansicht *Schilken* in *Staudinger* § 179 Rz 14 (Stand: 25. Jänner 2020, juris.de); *Schubert* im Münchener Kommentar[8] § 179 Rz 41; *Dörner* in *Schulze*[10] § 179 Rz 6.

1152 *Hupka*, Vertreter ohne Vertretungsmacht (1903) 225 (Hervorhebung im Original).

1153 *Hupka*, Vertreter ohne Vertretungsmacht (1903) 226 (Hervorhebung im Original).

1154 *Hupka*, Vertreter ohne Vertretungsmacht (1903) 229 (Hervorhebung im Original).

1155 *Hupka*, Vertreter ohne Vertretungsmacht (1903) 229; derselben Ansicht *Schubert* im Münchener Kommentar[8] § 179 Rz 47; anderer Ansicht *Dörner* in *Schulze*[10] § 179 Rz 7.

Beschränkung gelte, dass das negative Interesse nur soweit gefordert werden könne, als es den Betrag des positiven Interesses nicht übersteige. Unzulässig sei es hingegen, dass der Dritte neben dem positiven Interesse noch zusätzlich das negative fordere.[1156] Im Gegensatz zu Planck[1157] vertritt Hupka, dass der Ersatz des positiven Interesses immer in Geld zu leisten sei; Naturalersatz im Sinne des § 249 BGB sei hier nicht möglich.[1158] Dasselbe vertritt auch die heute herrschende Meinung.[1159]

Da die konkrete Zusammensetzung des positiven Interesses nach den Umständen des einzelnen Falles variiere, führt Hupka nur „einige Gesichtspunkte allgemeinerer Natur“ zu diesem Thema an: Habe das Geschäft einen Rechtserwerb des Dritten zum Ziel gehabt, so bilde den Kern des positiven Interesses der unmittelbare und mittelbare Gewinn, den er daraus erzielt hätte. Dazu kämen noch positive Verluste, die der Dritte durch die Unwirksamkeit des Geschäfts erfahren habe.[1160] Insbesondere verweist Hupka hier auf „die Kosten des *fruchtlosen Vorprozesses* gegen den Prinzipal.“[1161] In Abzug zu bringen seien hingegen die vom Dritten zugesagte Gegenleistung und der Gewinn, den er aus einem anstelle des ungültigen Geschäfts geschlossenen gleichartigen Geschäft gezogen hat.[1162]

Hat der Vertreter hingegen ein Geschäft abgeschlossen oder entgegengenommen, „durch das der Dritte von einer Last befreit werden sollte“, sei der Schaden zu ersetzen, der dem Dritten daraus erwächst, dass die Last weiterhin besteht. Auch hier kämen wiederum etwaige Vorteile, die dem Dritten aus der Ungültigkeit des Geschäfts erwachsen, zum Abzug.[1163]

Da im Rahmen des positiven Interesses nur jene Vermögensnachteile zu vergüten sind, die durch die Unwirksamkeit des Geschäfts bedingt sind,

---

1156 *Hupka*, Vertreter ohne Vertretungsmacht (1903) 229–230.

1157 *Planck*, BGB I[1] (1897) Nr. 2 zu § 179.

1158 *Hupka*, Vertreter ohne Vertretungsmacht (1903) 231–232; zustimmend *Ungewitter*, Beiträge zur Erläuterung des deutschen Rechts 1904, 666; dagegen *Winter*, Archiv für Bürgerliches Recht 1903, 349–350.

1159 Z.B. *Schilken* in *Staudinger* § 179 Rz 16 (Stand: 25. Jänner 2020, juris.de); *Schubert* im Münchener Kommentar[8] § 179 Rz 47; *Mansel* in *Jauernig*[17] § 179 Rz 8; *Dörner* in *Schulze*[10] § 179 Rz 7.

1160 *Hupka*, Vertreter ohne Vertretungsmacht (1903) 233–234; derselben Ansicht *Schubert* im Münchener Kommentar[8] § 179 Rz 47.

1161 *Hupka*, Vertreter ohne Vertretungsmacht (1903) 234 (Hervorhebung im Original); derselben Ansicht *Schilken* in *Staudinger* § 179 Rz 16 (Stand: 25. Jänner 2020, juris.de); *Schubert* im Münchener Kommentar[8] § 179 Rz 48.

1162 *Hupka*, Vertreter ohne Vertretungsmacht (1903) 235; derselben Ansicht *Schilken* in *Staudinger* § 179 Rz 16 (Stand: 25. Jänner 2020, juris.de); *Schubert* im Münchener Kommentar[8] § 179 Rz 47; *Dörner* in *Schulze*[10] § 179 Rz 7.

1163 *Hupka*, Vertreter ohne Vertretungsmacht (1903) 235–236.

erlangt der Dritte aus diesem Titel nichts, wenn der Geschäftsanspruch gegen den Prinzipal aus rechtlichen oder faktischen Gründen nicht durchsetzbar gewesen wäre, da diesfalls „das effektive Interesse des Dritten an der Wirksamkeit des Geschäftes gleich Null“ sei.[1164]

Die wesentlichen Unterschiede zwischen den beiden Wahlmöglichkeiten des § 179 BGB lägen folglich zunächst darin, dass der Schadenersatzanspruch im Gegensatz zum Erfüllungsanspruch voraussetze, dass der Dritte einen Vermögensschaden erlitten habe; auch reiche er nur so weit wie dieser. Deshalb sei es auch Sache des Dritten, im Prozess einen solchen pekuniären Schaden zu behaupten und zu beweisen. Im Unterschied dazu sei der Erfüllungsanspruch von einem solchen Schaden unabhängig.[1165]

Im Gegensatz zum Erfüllungsanspruch falle der Schadenersatzanspruch – wie oben bereits ausgeführt – dann weg, wenn der Vertreter beweisen kann, dass der Anspruch gegen den Vertretenen zur Zeit des Geschäftsschlusses unrealisierbar war und auch bis zum gegenwärtigen Zeitpunkt nicht realisierbar geworden ist. Im Gegensatz dazu sei es nicht Bedingung des Erfüllungsanspruches, dass die Erfüllung gegen den Vertretenen auch tatsächlich durchsetzbar gewesen wäre.[1166]

Während die Erfüllungshaftung in diesen Fällen somit als „die *vollkommenere* der beiden Haftungsformen“ erscheine, liege ihr Nachteil darin, dass unter diesem Titel niemals mehr gefordert werden könne, als der Vertretene zu leisten verpflichtet gewesen wäre, auch wenn der entstandene Schaden diesen Wert übersteigt.[1167] Eine Kumulierung der beiden Ansprüche sei nach dem Wortlaut des § 179 BGB ausgeschlossen, weshalb der Dritte, sofern er die Erfüllung durch den Vertreter wählt, weitere Ansprüche nur nach den Grundsätzen des deliktischen Schadenersatzes geltend machen könne.[1168]

Sofern die Voraussetzungen beider Ansprüche gegeben sind, d.h. ein bezifferbarer Schaden des Dritten vorliegt und die Erfüllung im Zeitpunkt des Geschäftsschlusses möglich war – besteht zwischen den beiden Ansprüchen eine Alternativobligation, wobei das Wahlrecht dem Dritten zusteht. Hupka

---

1164 *Hupka*, Vertreter ohne Vertretungsmacht (1903) 237.

1165 *Hupka*, Vertreter ohne Vertretungsmacht (1903) 238.

1166 *Hupka*, Vertreter ohne Vertretungsmacht (1903) 239; zustimmend *Ungewitter*, Beiträge zur Erläuterung des deutschen Rechts 1904, 666. Im Gegensatz dazu geht die heute herrschende Meinung davon aus, dass diesfalls sowohl Erfüllungs- als auch Schadenersatzanspruch wegfallen; vgl. z.B. *Schilken* in *Staudinger* § 179 Rz 13 und 14 (Stand: 25. Jänner 2020, juris.de); *Schubert* im Münchener Kommentar[8] § 179 Rz 43 und 48.

1167 *Hupka*, Vertreter ohne Vertretungsmacht (1903) 239 (Hervorhebung im Original).

1168 *Hupka*, Vertreter ohne Vertretungsmacht (1903) 240.

wendet sich entschieden gegen die auch durch den Wortlaut des § 179 Abs. 1 BGB widerlegte Annahme, dass das Gesetz eine der beiden Möglichkeiten lediglich als Surrogat der anderen ansehe. Da Erfüllung und Schadenersatz als echte Alternativen anzusehen seien, hätten auf die Verpflichtung des Vertreters die Grundsätze der § 263 ff. BGB Anwendung zu finden.[1169] Daraus ergäbe sich zum Ersten, dass das Wahlrecht des Dritten dadurch konsumiert werde, dass er dem Vertreter gegenüber erklärt habe, eine der beiden Alternativen zu wählen. Die Wahlerklärung ist allerdings nur insofern rechtlich gültig, als zum Zeitpunkt ihrer Abgabe überhaupt beide Alternativen offenstanden. Sofern einer der Ansprüche von vornherein ausgeschlossen oder noch vor Abgabe der Erklärung weggefallen sei, sei die Erklärung des Dritten rechtlich ungültig. Es stehe ihm daher diesfalls gemäß § 265 1. Satz BGB frei, nach Kenntnis vom Nichtbestehen einer der beiden Möglichkeiten die andere geltend zu machen. Hatte der Dritte allerdings bereits im Zeitpunkt der Abgabe seiner Wahlerklärung Kenntnis von der Unmöglichkeit der gewählten Alternative, sei darin ein Verzicht auf die Geltendmachung der anderen Alternative zu erblicken, weshalb der Dritte seinen Anspruch verliere.[1170]

Die Wahl zwischen den beiden Alternativen stehe zunächst ausschließlich dem Dritten zu. Erst für den Fall, dass der Vertreter dem Dritten beide Alternativen angeboten und ihn unter Setzung einer angemessenen Frist zur Wahl aufgefordert hat, gehe, sofern der Dritte innerhalb der Frist keine Wahl trifft, das Wahlrecht mit Ende der Frist auf den Vertreter über (§ 264 Abs. 2 BGB).[1171]

Wenn die Erfüllung nach Geschäftsschluss durch einen Umstand, den der Vertreter zu verantworten hat, unmöglich geworden ist, habe der Dritte zusätzlich zum Schadenersatz des § 179 Abs. 1 BGB den Schadenersatz wegen Nichterfüllung des Vertreters gemäß § 265 2. Satz i.V.m. § 280 BGB. Dies sei für ihn vor allem dann von Bedeutung, wenn das Interesse des Dritten an der Gültigkeit des geschlossenen Geschäftes wegen der Zahlungsunfähigkeit des Vertretenen auf null reduziert sei. Macht der Dritte den Schadenersatzanspruch aus Nichterfüllung geltend, so hat der Vertreter dasselbe zu leisten wie im Falle der Erhebung des Erfüllungsanspruches.[1172]

1169 *Hupka*, Vertreter ohne Vertretungsmacht (1903) 240; derselben Ansicht z.B. *Schilken* in *Staudinger* § 179 Rz 13 (Stand: 25. Jänner 2020, juris.de); *Schubert* im Münchener Kommentar[8] § 179 Rz 37; *Mansel* in *Jauernig*[17] § 179 Rz 6.

1170 *Hupka*, Vertreter ohne Vertretungsmacht (1903) 242–243.

1171 *Hupka*, Vertreter ohne Vertretungsmacht (1903) 243; derselben Ansicht z.B. auch *Schubert* im Münchener Kommentar[8] § 179 Rz 38.

1172 *Hupka*, Vertreter ohne Vertretungsmacht (1903) 244.

Wenn keine der beiden Alternativen geltend gemacht werden könne, „weil einerseits die Erfüllung aufgrund eines vom Vertreter nicht zu verantwortenden Umstandes unmöglich und andererseits ein Geldinteresse an der Wirksamkeit des Geschäftes nicht vorhanden ist, so ist die Haftung des Vertreters aus § 179 *gegenstandslos.*“ Dem Dritten blieben diesfalls lediglich bereicherungsrechtliche Ansprüche auf das, was er im Glauben an die Gültigkeit des Geschäfts bereits an den Dritten geleistet hat, und deliktische Schadenersatzansprüche auf das negative Interesse.[1173]

Durch § 179 Abs. 2 BGB erfährt das eben dargelegte Haftungsregime insofern eine Modifikation, als der Vertreter, der den Mangel der Vertretungsmacht nicht gekannt hat, lediglich zum Ersatz des negativen Interesses verpflichtet ist. Anderes gilt lediglich im Anwendungsbereich des Art. 95 der Allgemeinen Wechselordnung.

Trotz des weiten Anwendungsbereichs des § 179 Abs. 2 BGB sei dieser lediglich als Ausnahme von der generellen Regelung des § 179 Abs. 1 zu verstehen; daraus folge, „daß es im Prozeß um die Haftung nicht Sache des *Dritten* ist, wenn er die Vollhaftung des Vertreters in Anspruch nimmt, dessen *Kenntnis*, sondern umgekehrt Sache des *Vertreters*, wenn er die Vollhaftung ablehnt, seine *Unkenntnis* zu behaupten und zu beweisen.“[1174]

Im Rahmen des negativen Interesses sei dem Dritten nicht nur der effektive Vermögensverlust, den er durch sein Vertrauen auf die Vertretungsmacht des Vertreters erlitten hat (einschließlich der Kosten des Vorprozesses gegen den Vertretenen), sondern mitunter auch der entgangene Gewinn zu ersetzen.[1175] Der Ersatzanspruch des § 179 Abs. 2 BGB ist jedoch vom Gesetz ausdrücklich durch den Wert des positiven Interesses begrenzt; für den Fall, dass das negative Interesse das positive übersteige, könne die Differenz daher nicht gefordert werden. Im Prozess sei es allerdings nicht Sache des Dritten zu beweisen, dass das geforderte negative Interesse das positive nicht übersteige; vielmehr müsse der Vertreter, der sich zur Minderung seiner Haftung darauf berufen will, dies beweisen.[1176]

Der Ersatz des negativen Interesses könne in Geld oder im Wege der Naturalrestitution erfolgen, wobei letzterenfalls ebenfalls der Geldwert des positiven Interesses als Haftungsobergrenze zu gelten habe.[1177]

1173 *Hupka*, Vertreter ohne Vertretungsmacht (1903) 245 (Hervorhebung im Original).

1174 *Hupka*, Vertreter ohne Vertretungsmacht (1903) 246 (Hervorhebung im Original); siehe dazu auch *Planck*, BGB I[1] (1897) Nr. 3 zu § 179.

1175 *Hupka*, Vertreter ohne Vertretungsmacht (1903) 247–248; derselben Ansicht *Schubert* im Münchener Kommentar[8] § 179 Rz 53.

1176 *Hupka*, Vertreter ohne Vertretungsmacht (1903) 248–252.

1177 *Hupka*, Vertreter ohne Vertretungsmacht (1903) 252.

d. Die Endigung der Haftung

Der letzte Abschnitt der Monografie befasst sich mit der Endigung der Haftung. Hier verweist Hupka zunächst kurz auf mögliche Erlöschungsgründe, wie etwa die *solutio* durch Leistung oder Erfüllung, des positiven oder negativen Interesses durch den Vertreter, den Erlass der Haftung durch den Dritten, oder die Aufrechnung mit einer Gegenforderung des Vertreters gegen den Dritten. Weitaus eingehender befasst er sich in weiterer Folge mit der Verjährung des Anspruchs gegen den *falsus procurator*. Dieser unterliege der dreißigjährigen Frist des § 195 BGB, welche frühestens mit der Verweigerung der Genehmigung des Geschäfts durch den Vertretenen zu laufen beginne.[1178]

Unterbrochen werde die Verjährung lediglich durch die Anerkennung des Anspruchs durch den Vertreter sowie durch dessen gerichtliche Geltendmachung gegen den Vertreter, nicht aber gegen den Vertretenen. Gegen den Vertretenen gesetzte Unterbrechungshandlungen seien nur insofern von Bedeutung, als sie der Dritte dem Vertreter entgegenhalten könne, wenn dieser behaupte, er sei nicht mehr zur Erfüllung verpflichtet, weil der Anspruch gegen den Vertretenen bereits verjährt sei. Umgekehrt tritt Hupka aber dafür ein, dass gegen den Vertreter gesetzte Unterbrechungshandlungen auch die Verjährung des Anspruchs gegen den vermeintlichen Prinzipal hemmen, da dem Dritten nicht zugemutet werden könne, den Anspruch auch erfolglos gegen den Vertretenen gerichtlich geltend machen zu müssen.[1179]

Wechselrechtliche Haftungsansprüche unterlägen hingegen der Regelung des Art. 95 der Allgemeinen Wechselordnung, der zufolge der Haftungsanspruch gegen den Vertreter denselben Fristen unterliegt wie jener gegen den Vertretenen (Artt. 77 bis 79 WO). Die Verjährungsfrist beginne diesfalls ungeachtet des Zeitpunkts der Ablehnung der Genehmigung durch den Vertretenen mit dem Verfallstag des Wechsels.[1180] Für die Unterbrechung der Verjährung gelte allerdings dasselbe wie für die aus § 179 BGB erwachsenden Ansprüche.[1181]

Sowohl auf dem Boden des bürgerlichen wie auch des Wechselrechts gelte allerdings, „daß Tatsachen, welche das Recht des Dritten gegen den Prinzipal ganz oder teilweise aufgehoben haben würden, eben deshalb auch mittelbar auf die Haftung des Vertreters erlöschend oder beschränkend einwirken."[1182]

1178 *Hupka*, Vertreter ohne Vertretungsmacht (1903) 253; derselben Ansicht zum Beginn der Verjährung *Schubert* im Münchener Kommentar[8] § 179 Rz 49; *Mansel* in *Jauernig*[17] § 179 Rz 12; *Dörner* in *Schulze*[10] § 179 Rz 11.

1179 *Hupka*, Vertreter ohne Vertretungsmacht (1903) 254–255.

1180 *Hupka*, Vertreter ohne Vertretungsmacht (1903) 255.

1181 *Hupka*, Vertreter ohne Vertretungsmacht (1903) 256.

1182 *Hupka*, Vertreter ohne Vertretungsmacht (1903) 256.

Für das Wechselrecht bedeute dies, dass neben der Verjährung auch die Versäumung einer vertragsmäßigen oder gesetzlichen Ausschlussfrist den Anspruch des Dritten zum Erlöschen bringe, wobei auch hier – wie bereits bei der Verjährung – die Vornahme der Handlung gegenüber dem Vertreter die Vornahme gegenüber dem Prinzipal ersetze.[1183]

Zu den schadenersatzrechtlichen Ansprüchen führt Hupka aus, „daß diese Ansprüche – causa finita – erlöschen, wenn und soweit das Interesse des Dritten an dem Vertretungsakte nachträglich auf anderem Wege befriedigt wird". Dies sei beim positiven Interesse beispielsweise dann der Fall, wenn der durch die Handlung des Vertreters verursachte Schaden durch die anderweitige Verwertung des Objekts ganz oder teilweise wieder gutgemacht werde; beim negativen etwa, wenn der Prinzipal aufgrund der angefochtenen irrtümlichen oder unrichtig übermittelten Vollmachtserklärung Schadenersatz an den Dritten geleistet hat.[1184]

Abschließend erinnert Hupka daran, dass der Schadenersatzanspruch erlösche, wenn in der Person des Vertretenen „nachträglich Umstände eintreten, die den Geschäftsanspruch gegen ihn faktisch unrealisierbar machen würden." Dies setze allerdings voraus, dass der Vertreter nicht willens oder in der Lage gewesen wäre, seinen Anspruch vor Eintreten dieser Umstände geltend zu machen. Die Beweislast hierfür liege beim Vertreter.[1185]

C. Hupkas Einfluss auf die internationale und österreichische Lehre und Rechtsprechung

Dass das Hauptaugenmerk Hupkas erster beider Monografien auf dem deutschen Bürgerlichen Gesetzbuch liegt, darf keineswegs zu der Annahme verleiten, dass seine Schriften nur für das deutsche Recht von Bedeutung waren. Tatsächlich hatte Hupka auch auf die österreichische Rechtswissenschaft und Praxis maßgeblichen Einfluss; dieser soll in den folgenden Kapiteln näher beleuchtet werden.

1. Hupkas Vollmachtslehre im Kontext des österreichischen ABGB

Die enge Verbindung, die zwischen der deutschen und österreichischen Rechtswissenschaft im neunzehnten Jahrhundert bestanden hatte, endete freilich nicht unmittelbar mit der Erlassung des BGB; vielmehr bewog diese eine große Anzahl österreichischer Juristen, das österreichische Recht im Lichte der neuen Kodifikation kritisch zu betrachten und hinterfragen.

1183 *Hupka*, Vertreter ohne Vertretungsmacht (1903) 257.
1184 *Hupka*, Vertreter ohne Vertretungsmacht (1903) 257–258.
1185 *Hupka*, Vertreter ohne Vertretungsmacht (1903) 258.

Da die Vorschriften des ABGB betreffend die Vollmacht in vieler Hinsicht lückenhaft bzw. bereits damals durch Doktrin und Praxis längst überholt waren, war (und ist) das österreichische Recht darüber hinaus offen für allgemeingültige dogmatische Ansätze, wie Hupka sie in seiner Monografie zur Vollmacht bietet. Dies sah auch Hupka selbst: Das Allgemeine Bürgerliche Gesetzbuch stehe „noch vollständig unter dem Banne der alten Mandatstheorie", konstatierte er in seinem Vortrag vor der Wiener Juristischen Gesellschaft. „Allein das kann und darf uns meines Erachtens nicht hindern, die dogmatische Scheidung zwischen beiden Rechtsverhältnissen zu vollziehen, jene Scheidung, welche die erste Vorbedingung ist für eine sachentsprechende Lösung der Stellvertretungsprobleme. [...] Nur aus dem sachlichen Wesen des Verhältnisses und aus den Bedürfnissen des Verkehrs heraus, ohne jeden festen Stützpunkt in den Quellen, hat die neuere Doktrin und Praxis des gemeinen Rechtes ihre Grundsätze über Vertretung und Vollmacht geschöpft, und es ist nicht zu bezweifeln, daß auf derselben Grundlage auch die Lücke *unseres* positiven Rechts, wenn auch nicht vollständig, so doch gewiß nach manchen erheblichen Richtungen hin in befriedigender Weise ausgefüllt werden könnte."[1186]

Tatsächlich fanden Hupkas Ausführungen weitreichende Beachtung;[1187] unter den wenigen kritischen Stimmen ist vor allem Moriz Wellspacher hervorzuheben, welcher in seiner Monografie zum *Vertrauen auf äußere Tatbestände im bürgerlichen Rechte* Hupkas Ausführungen zum BGB zwar weitgehend beipflichtete,[1188] deren Relevanz für das österreichische Recht in etlichen Punkten aber vehement infrage stellte.[1189] In Wellspachers Einleitung zu seiner Erörterung der offenen Vollmacht und der Vollmachtsvermutungen des BGB heißt es – zwar ohne direkten Verweis, aber in offensichtlicher Bezugnahme auf Hupkas *Vollmacht* –: „Die eingehende Bearbeitung der Rechtsinstitute der Stellvertretung und Vollmacht, zu welcher das deutsche BGB den Anstoß gegeben hat, hat meiner Ansicht nach vor allem das eine sichere Resultat ergeben, daß es eine alleinseligmachende Lehre in dieser Hinsicht nicht gibt, mit anderen Worten, daß die hierher gehörigen Erscheinungen in der verschiedensten Weise konstruiert werden können und daß

1186 *Hupka,* Allgemeine österreichische Gerichtszeitung 1902, 90; zustimmend in Bezug auf die Regelung des Selbstkontrahierens und der Doppelvertretung *Goldner*, Juristische Blätter 1930, 145–147.

1187 Vgl. *Swoboda*, Bevollmächtigung (1932) 4 Fn 14.

1188 Siehe dazu Kapitel III.A.1.–4.

1189 Vgl. etwa *Wellspacher*, Vertrauen (1906) 214–216 (zur Vollmachterteilung als einseitigem Rechtsakt), 216 (zur Abstraktheit der Vollmacht); 79–80 und 228 (zur Wirkung interner Instruktionen dem Dritten gegenüber), 235 Fn 46 (zu den Vollmachtsvermutungen),

insbesondere die Rechtssätze über die Vollmacht nicht mit zwingender Notwendigkeit aus der Natur der Sache abgeleitet werden können." Es bestehe daher keine Notwendigkeit, von den Bestimmungen des ABGB „weiter abzugehen, als dies im Interesse theoretischer Klarheit geboten ist und als etwa ein dringendes praktisches Bedürfnis ein Abgehen unausweichlich erscheinen läßt."[1190] Auch Schey zögerte zunächst, im Hinblick auf die Abstraktheit der Vollmacht und die Möglichkeit der Vollmachtserteilung sowohl dem Dritten als auch dem Bevollmächtigten gegenüber sich Hupka anzuschließen.[1191]

Bereits wenige Jahre nach dem Erscheinen der *Vollmacht* forderte Robert von Mayr in einem Aufsatz zur Frage der Revision des österreichischen Allgemeinen Bürgerlichen Gesetzbuches unter Berufung auf Hupkas Erkenntnisse eine Revision der einschlägigen Bestimmungen des ABGB, da in diesen „Stellvertretung und Vollmacht [...] in unhaltbarer Weise mit dem Auftrag verquickt" seien.[1192]

„Das Gesetzbuch hat daher die Untersuchung dieses Problems der *Wissenschaft* überlassen", schlussfolgerte Ernst Swoboda 1934.[1193] Ein nicht unerheblicher Teil der wissenschaftlichen Arbeit, die der Lösung dieses Problems zugrunde liegt, geht auf Hupka zurück. Begünstigt wurde Hupkas Einfluss nicht nur durch das große wissenschaftliche und praktische Interesse, welches das BGB nach seiner Verlautbarung auch in Österreich geweckt hatte, sondern auch durch die vor allem in den Zwanzigern und Dreißigern vorangetriebenen Bemühungen einer Angleichung des deutschen und österreichischen Privatrechts.[1194]

Bereits Moriz von Stubenrauch hatte in seinem Kommentar zum ABGB Hupkas Ausführungen in beachtlichem Umfang berücksichtigt.[1195] Auch Ernst Swoboda hatte in seiner Bearbeitung der §§ 1002 bis 1040 ABGB in der ersten Auflage des von Heinrich Klang herausgegebenen Kommentars

---

1190 *Wellspacher*, Vertrauen (1906) 211.

1191 *Schey*, Obligationenverhältnisse I[2] (1907) 425–430 (zur Abstraktheit der Vollmacht), 439 Fn 5 (zur Vollmachtserteilung dem Bevollmächtigten gegenüber). Schey folgte allerdings dennoch Hupkas Ausführungen zum Selbstkontrahieren des Stellvertreters; vgl. *Schey*, Obligationenverhältnisse I[2] (1907) 537–539.

1192 *Mayr*, Rückblick. Zeitschrift der Savigny-Stiftung für Rechtsgeschichte: Romanistische Abteilung 1906, 133.

1193 *Swoboda* in *Klang*, ABGB[1], II/2, 770 (Hervorhebung im Original).

1194 Siehe dazu *Swoboda*, Bevollmächtigungsvertrag (1932) 1–3.

1195 *Stubenrauch*, Commentar zum österreichischen allgemeinen bürgerlichen Gesetzbuche[8] II (1903) 217, 219–220 (aber kritisch zum Abstraktionsprinzip, vgl. 220 Fn 4), 223–224 (zur Form der Vollmacht), 231 (zum Selbstkontrahieren des Stellvertreters), 233 Fn 2 (zur Gesamtvollmacht), 239–240 (zu den Willensmängeln und der Wirkung interner Instruktionen im Verhältnis zum Dritten); 243 (zum Erlöschen der Vollmacht).

zum Allgemeinen Bürgerlichen Gesetzbuchs Hupka in beachtlichem Umfang rezipiert; ebenso beruft sich auch Gustav Stanzl in der zweiten Auflage des Klang-Kommentars mehrfach auf Hupkas Schriften zu Stellvertretung und Vollmacht. Allein deswegen ist es nicht verwunderlich, dass die Spuren von Hupkas Vollmachtslehre in der österreichischen Doktrin und Judikatur weit verbreitet sind; im Laufe der Jahre werden diese aber immer öfter mit den Namen des Kommentars und der Kommentatoren anstatt mit jenem Hupkas in Verbindung gebracht.

Die von Hupka mit Nachdruck vertretene Abstraktheit der Vollmacht entspricht mittlerweile der herrschenden österreichischen Lehre,[1196] die trotz der gemeinsamen Regelung von Auftrag und Vollmacht in den §§ 1002 ff. ABGB strikt zwischen Innen- und Außenverhältnis differenziert: Die dem Handelnden auferlegten Beschränkungen sind demnach für Innen- und Außenverhältnis gesondert zu beurteilen; auch kann ein Auftrag ohne Vollmacht ebenso wie eine Vollmacht ohne Auftrag vorliegen. Ungeachtet des Wortlauts des § 1002, der vom „Bevollmächtigungsvertrag" spricht, beruht die Erteilung Vollmacht im österreichischen Recht auf einer einseitigen Erklärung.[1197] „Diese Entwicklung ist vor allem Hupka zu danken; seine nach Untersuchung der einschlägigen Fragen gegebene abschließende Formulierung trifft auch heute noch zu", schreibt Gustav Stanzl in der zweiten Auflage des Klang-Kommentars zum ABGB.[1198]

Die allgemein anerkannte Auffassung der Vollmacht als rechtliches „Können" anstelle von „Dürfen" oder gar „Müssen" übernimmt bereits Swoboda von Hupka.[1199] Auch in seinen weiteren Ausführungen zum rechtlichen Wesen und Wirken der Vollmacht beruft sich Swoboda überwiegend auf Hupka.[1200]

Die in der österreichischen Lehre und Rechtsprechung anerkannte Möglichkeit, die Erklärung der Vollmacht sowohl an den Bevollmächtigten (Innenvollmacht) als auch an den Dritten oder das Publikum allgemein zu richten

---

1196 So bereits *Swoboda* in *Klang*, ABGB[1], II/2, 781–784 (unter Berufung auf *Hupka*); *Stanzl* in *Klang*, ABGB[2], IV/1, 777; *Baumgartner/Torggler* in *Klang*, ABGB[3], § 1002 Rz 16–18 und § 1017 Rz 61; *Strasser* in *Rummel,* ABGB[3] § 1002 RZ 51 (Stand 1.1.2000, rdb.at); kritisch noch *Stubenrauch*, Commentar[8] II (1903) 220; ablehnend hingegen *Wellspacher*, Vertrauen (1906) 216; *Schey*, Obligationenverhältnisse I[2] (1907) 425–430; auch noch *Ehrenzweig*, System des österreichischen allgemeinen Privatrechts I/1[2] (1951) 271 Fn 2.

1197 Ablehnend dazu *Wellspacher*, Vertrauen (1906) 214–216 (unter eingehender Bezugnahme auf Hupka).

1198 *Stanzl* in *Klang*, ABGB[2], IV/1, 777.

1199 *Swoboda* in *Klang*, ABGB[1], II/2, 775.

1200 *Swoboda* in *Klang*, ABGB[1], II/2, 773–774.

(Außenvollmacht), lässt sich ebenfalls direkt auf Hupka zurückführen.[1201] Mit Hupkas Bemerkung, dass die Vollmacht auch gegenüber dem Publikum erteilt werden könne, sieht Stanzl darüber hinaus bereits Ansätze der Lehre Moriz Wellspachers zum Vertrauen auf den äußeren Tatbestand vorweggenommen;[1202] dieser verweist an dieser Stelle allerdings nicht auf Hupka.

Hupkas Ausführungen zur Untervollmacht galten bereits in den 1920ern als „die herrschende, namentlich von Hupka entwickelte Lehre",[1203] die auch der OGH in seiner Rechtsprechung aufgriff.[1204] In Bezug auf das Verhältnis zwischen Substitut und Auftraggeber wurden Hupkas Thesen allerdings durch die Neufassung des § 881 im Rahmen der dritten Teilnovelle obsolet.[1205] Ebenso folgt die österreichische Lehre und Rechtsprechung Hupkas Ausführungen über das Abstellen auf den Zweck der Regelung bei den Formvorschriften für Vollmachten.[1206]

In der Frage des Missbrauchs der Vertretungsmacht (§ 1017 ABGB) differiert die herrschende Lehre und Rechtsprechung mittlerweile von Hupka, der (wie vor ihm schon Laband) vertritt, dass bei auftragswidrigem Handeln des Bevollmächtigtem dem Dritten lediglich Kollusion mit dem Machthaber schade.[1207] Im Gegensatz dazu vertritt die herrschende Meinung, dass bereits

---

1201 Zum Einfluss Hupkas siehe *Baumgartner/Torggler* in *Klang*, ABGB^3, § 1002 Rz 116 und 117; siehe auch *Rubin* in *Kletečka/Schauer*, ABGB-ON$^{1.03}$ § 1002 (Stand 1.3.2017, rdb.at); ablehnend zu Hupkas Meinung noch *Schey*, Obligationenverhältnisse I^2 (1907) 439 Fn 54.

1202 *Stanzl* in *Klang*, ABGB^2, IV/1, 778.

1203 *Rappaport*, [Rezension von] Die rechtliche Natur der Untervollmacht. Von Hans Fülster. Juristische Blätter 1929, 175; siehe auch *Lohsing*, [Besprechung von 3 Ob 340/30 vom 27. Mai 1930], Juristische Blätter 1930, 411 (412); anderer Ansicht hingegen *Swoboda* in *Klang*, ABGB^1, II/2, 810–12, der die Zulässigkeit der Substitution bei der Vollmacht im Rahmen des Auftrags behandelt.

1204 Siehe z.B. OGH 6 Ob 299/62 vom 12. Dezember 1962 (Verneinung eines vertraglichen Verhältnisses zwischen dem Klienten eines Rechtsanwalts und dem von ihm bestellten Substituten).

1205 *Stanzl* in *Klang*, ABGB^2, IV/1, 829 Fn 51.

1206 *Schauer*, Zur Formpflicht der Vollmacht bei der Schenkung, Notariatszeitung 1984, 185; siehe dazu auch *Swoboda* in *Klang*, ABGB^1, II/2, 786 und 793; *Ehrenzweig*, System I/1^2 (1951) 273; *Stanzl* in *Klang*, ABGB^2, IV/1, 806–807; *Baumgartner/Torggler* in *Klang*, ABGB^3, § 1005 Rz 19–24; *Rubin* in *Kletečka/Schauer*, ABGB-ON$^{1.03}$ § 1005 (Stand 1.3.2017, rdb.at); *Hueber*, Nachträgliche Genehmigung vollmachtlos geschlossener Geschäfte (2018) 65; siehe dazu auch z.B. OGH 4 Ob 144/62 vom 22. Jänner 1963 und OGH 7 Ob 62/70 vom 29. April 1970 (alle unter Berufung auf *Hupka*).

1207 *Hupka*, Vollmacht (1900) 215; zur älteren Lehre und Rechtsprechung siehe siehe auch OGH 25.4.2019, 6 Ob 35/19v (mit weiteren Nachweisen).

grobe Fahrlässigkeit des Dritten diesem zum Schaden gereiche.[1208] Andreas Baumgartner und Ulrich Torggler stellen sich in der dritten Auflage des Klang-Kommentars zum ABGB aber auf die Seite Hupkas und Labands.[1209]

Zu beachten ist darüber hinaus, dass Hupka zwar interne *Auftrags*beschränkungen nicht auf den Umfang der Vollmacht durchschlagen lässt, bei nur dem Bevollmächtigten gegenüber geäußerten Beschränkungen der Vollmacht aber postuliert, dass diese dem Dritten bereits dann schaden, wenn er davon Kenntnis hatte oder es ihm nach den Umständen des Falles auffallen müsste, dass der Vertreter nicht vollmachtskonform handle. Dies verlange eine Interessensabwägung zwischen dem Schutz des Geschäftsherrn und dem Verkehrsschutz. Diese Ansicht vertreten – unter Berufung auf Hupka – auch Baumgartner und Torggler in der dritten Ausgabe des Klang-Kommentars.[1210] Da die exakte Intention einer vom Prinzipal erteilten diesbezüglichen Instruktion nicht immer klar sei, unterstellt Hupka, dass im Zweifel eine für den Dritten relevante Vollmachtsbeschränkung vorliege.[1211] Damit kommt Hupka zu denselben Ergebnissen wie die neuere österreichische Rechtsprechung, die die Unterscheidung zwischen Auftrags- und Vollmachtbeschränkungen allerdings mitunter nicht klar vollzieht.[1212]

Von besonderem Interesse im Zusammenhang mit Hupkas Ausführungen ist die Behandlung des – gesetzlich nicht explizit geregelten – Selbstkontrahierens des Stellvertreters im österreichischen Recht. Wie im zweiten Teil, Kapitel I.A.3.b., ausgeführt, lag für Hupka die grundsätzliche Problematik des Selbstkontrahierens in der möglichen Interessenkollision der Interessen des Vertreters und des Vertretenen bzw. der beiden von einer einzigen Person vertretenen Vollmachtgeber. Genau dies ist der Punkt, an dem auch das moderne österreichische Recht anknüpft, um die Frage nach der Zulässigkeit des Selbstkontrahierens und deren Konsequenzen im Verhältnis zwischen dem Vertreter und dem Vollmachtgeber (insbesondere im Hinblick auf eine eventuelle Schadenersatzpflicht des Vertreters) zu beantworten.

Die Kompatibilität der größtenteils allgemein gehaltenen Lehre Hupkas mit dem österreichischen Recht war in der Literatur bereits 1930 betont worden.[1213] Swoboda beruft sich in seinen vergleichsweise knappen Ausführungen zum Selbstkontrahieren des Beauftragten in der ersten Auflage

1208 Nachweise bei *Baumgartner/Torggler* in *Klang*, ABGB^3, § 1002 Rz 18; siehe auch OGH 25.4.2019, 6 Ob 35/19v.

1209 *Baumgartner/Torggler* in *Klang*, ABGB^3, § 1002 Rz 20 und 21.

1210 *Baumgartner/Torggler* in *Klang*, ABGB^3, § 1002 Rz 37.

1211 *Hupka*, Vollmacht (1900) 221.

1212 Siehe insbesondere zuletzt OGH 25.4.2019, 6 Ob 35/19v.

1213 *Goldner*, Juristische Blätter 1930, 145–147.

des Klang-Kommentars auf Hupka;[1214] Stanzl übernimmt Hupkas Lehre in seiner Kommentierung des § 1009 ABGB in der 2. Auflage;[1215] auch Armin Ehrenzweig beruft sich in seinem System des Allgemeinen Privatrechts an dieser Stelle auf Hupka.[1216]

Im Gegensatz zum deutschen BGB enthält das ABGB lediglich in § 271 ein ausdrückliches Verbot des Selbstkontrahierens und der Doppelvertretung gesetzlicher Vertreter; für die gewillkürte Stellvertretung gibt es jedoch im ABGB keine explizite Regelung.[1217] Die Rechtsprechung und Teile der Lehre gehen allerdings davon aus, dass eine solche implizit in § 1009 ABGB enthalten sei. Dieser besagt:

> Der Gewalthaber ist verpflichtet, das Geschäft seinem Versprechen und der erhaltenen Vollmacht gemäß, emsig und redlich zu besorgen, und allen aus dem Geschäfte entspringenden Nutzen dem Machtgeber zu überlassen. Er ist, ob er gleich eine beschränkte Vollmacht hat, berechtiget, alle Mittel anzuwenden, die mit der Natur des Geschäftes nothwendig verbunden, oder der erklärten Absicht des Machtgebers gemäß sind. Ueberschreitet er aber die Gränzen der Vollmacht; so haftet er für die Folgen.[1218]

Die österreichische Lehre und Rechtsprechung bemühten sich, auf Basis dieser Norm eine generelle Aussage über die Zulässigkeit bzw. Unzulässigkeit des Selbstkontrahierens zu treffen. Im Gegensatz dazu hatte Hupka, der das generelle Verbot des § 181 BGB als überschießend ablehnte, für eine differenzierte Betrachtung unterschiedlicher Fallkonstellationen plädiert: Wo der Vertretene der Doppelvertretung zugestimmt habe oder keine

---

1214 *Swoboda* in *Klang*, ABGB¹, II/2, 805–806.

1215 *Stanzl* in *Klang*, ABGB², IV/1, 817.

1216 *Ehrenzweig*, System I/1² (1951) 278–280.

1217 Eine Aussage für die österreichische Rechtsordnung generell lässt sich aus der Norm des § 18 Abs. 5 GmbH-Gesetz ableiten: „Über Rechtsgeschäfte, die der einzige Gesellschafter sowohl im eigenen Namen als auch im Namen der Gesellschaft abschließt, ist unverzüglich eine Urkunde zu errichten. Dabei ist vorzusorgen, daß nachträgliche Änderungen des Inhaltes und Zweifel über den Zeitpunkt des Abschlusses ausgeschlossen sind; die Bestellung eines Kurators ist nicht erforderlich." Dieser Formulierung ist zu entnehmen, dass sich das Gesetz nicht auf den Standpunkt der grundsätzlichen Unzulässigkeit des Selbstkontrahierens stellt. Siehe dazu e.g. auch OGH 3 Ob 2325/96z vom 18. Juni 1997; ausführlich zur Frage des Selbstkontrahierens im Gesellschaftsrecht siehe *Ebner*, Insichgeschäfte des GmbH-Geschäftsführers (2014).

1218 Vgl. z.B. *Baumgartner/Torggler* in *Klang*, ABGB³, § 1005 Rz 33; *Strasser* in *Rummel*, ABGB³ § 1009 Rz 21 (Stand 1.1.2000, rdb.at); Rechtsprechung des OGH. Anderer Ansicht Perner in Kletečka/Schauer, ABGB-ON § 1017 Rz 12, der sich auf § 1017 stützt; dieser Ansicht auch bereits *Schey*, Die Obligationsverhältnisse des österreichischen allgemeinen Privatrechts I² (1907) 537.

Interessenkollision auftreten könne, sei diese zulässig; wo aber „wegen obwaltender Interessenskollision die Gefahr einer Verkürzung des Vollmachtgebers besteht", ergäbe sich „aus dem mutmaßlichen Mangel der Parteiwillen der Mangel der Vollmacht zur Doppelvertretung", die somit unzulässig sei.[1219] In Bezug auf das österreichische Allgemeine Bürgerliche Gesetzbuch hielt er lediglich fest, dass dieses keine Aussage über Zulässigkeit oder Unzulässigkeit des Selbstkontrahierens enthalte, weshalb in erster Linie auf den Willen des Vertretenen zu rekurrieren sei.[1220] Bereits 1907 schloss sich Josef Schey in seinem Werk zu den Obligationsverhältnissen Hupkas Sichtweise an.[1221]

Während Schey allerdings ebenso wie Hupka an dieser Stelle nicht mit allgemeiner Regel und Ausnahme argumentiert, bemühte man sich weiterhin, das Selbstkontrahieren in dieser Form zu begreifen. Auch Hupka wurde (und wird) unter diesem Gesichtspunkt interpretiert: So wurden seine Ausführungen – wohl, weil er das Selbstkontrahieren in Ablehnung jener Theorien, die dies als logische oder juristische Unmöglichkeit betrachteten, als „an sich möglich" bezeichnet hatte[1222] – zunächst dahin gehend ausgelegt, dass er die allgemeine Zulässigkeit des Selbstkontrahierens vertrete;[1223] in der neueren Literatur findet man vereinzelt Verweise auf Hupka zur Stützung der entgegengesetzten Meinung.[1224]

Die zu Beginn des zwanzigsten Jahrhunderts herrschende Lehre vertrat – wohl unter dem Einfluss des deutschen Bürgerlichen Gesetzbuches – mehrheitlich, dass das Selbstkontrahieren nach österreichischem Recht unzulässig sei; Ausnahmen bestünden nur dort, wo es der Vollmachtgeber gestattet habe

---

1219 *Hupka*, Vollmacht (1900) 288.

1220 *Hupka*, Vollmacht (1900) 337; zustimmend *Swoboda*, Bevollmächtigung (1932) 29.

1221 *Schey*, Obligationenverhältnisse I² (1907) 537–539; siehe insb. 537 Fn 35.

1222 *Hupka*, Vollmacht (1900) 288; siehe dazu z.B. *Stanzl* in *Klang*, ABGB², IV/1, 817: „Nunmehr wird für das österreichische Recht nicht mehr bezweifelt, daß das Selbstkontrahieren grundsätzlich möglich ist (*Swoboda* 805 f; *Hupka* 288, 336 f.). Das ergibt sich schon daraus, daß das Selbstkontrahieren (und auch die gleichgelagerte Doppelvertretung) in einigen Fällen vom Gesetz ausdrücklich zugelassen ist und daß es darüber hinaus auch nicht durch eine allgemeine Vorschrift verboten ist."

1223 Siehe z.B. *Reichel*, Gutgläubigkeit beim Fahrniserwerb. Zeitschrift für das Privat- und Öffentliche Recht der Gegenwart 1916, 173 (246); *Swoboda*, Der Bevollmächtigungsvertrag und verwandte Erscheinungen. Österreichisches Zentralblatt für die juristische Praxis 1931, 721 (749).

1224 Siehe z.B. *Baumgartner/Torggler* in *Klang*, ABGB³, § 1007 Rz 34 Fn 74.

oder es sich ausschließlich um die Erfüllung einer Verbindlichkeit handle.[1225] Zu Beginn der 1930er beginnt sich eine Trendwende zur generellen Zulässigkeit des Insichgeschäfts abzuzeichnen: So vertritt Swoboda unter Berufung auf Schey, Hupka und die Judikatur des OGH, dass das Selbstkontrahieren zulässig sei, sofern es den Interessen des Auftraggebers nicht zuwiderlaufe; andernfalls sei das geschlossene Geschäft wegen Sittenwidrigkeit im Sinne des § 879 ABGB ungültig.[1226] Die Rechtsprechung der Zwischenkriegszeit stellte sich zunächst auf den Standpunkt, dass das Selbstkontrahieren „unter Umständen" zulässig, später unter Berufung auf Hupka auf jenen, dass Selbstkontrahieren und Doppelvertretung generell unzulässig und nur in den von ihm angeführten Ausnahmefällen ausnahmsweise gestattet seien.[1227]

Bezug nehmend auf die Zeit nach dem Zweiten Weltkrieg wird generell vertreten, dass die ältere Lehre und Rechtsprechung von der Zulässigkeit des Selbstkontrahierens ausgehe; als verboten habe es hingegen dort gegolten, wo es der Vollmachtgeber ausdrücklich ausgeschlossen habe sowie in Fällen, in denen eine Interessenskollision drohe. Wenn der Vertreter in solchen Fällen trotzdem ein Geschäft mit sich selbst abschließe, überschreite er seine Vollmacht und hafte demnach als *falsus procurator*. Die jüngere Lehre und Rechtsprechung vertrete hingegen, dass der Vertragsabschluss des Stellvertreters mit sich selbst generell *unzulässig* sei; Ausnahmen von dieser Regel machten sie nur dort, wo es der Vollmachtgeber ausdrücklich erlaubt habe, das Geschäft dem Vertretenen nur Vorteile bringe bzw. eine Interessenskollision von vornherein nicht zu erwarten sei. Eine solche Interessenskollision liege aber bereits dann vor, wenn eine Verletzung der Interessen des Vertretenen möglich sei, nicht nur dann, wenn sie tatsächlich erfolgt ist. Darüber hinaus werde stets verlangt, dass der Abschlusswille des Vertreters so geäußert wird, dass die Erklärung unzweifelhaft feststeht und nicht unkontrollierbar zurückgenommen werden kann. Soweit die Gefahr einer Interessenkollision droht, handle der Machthaber bei Doppelvertretung ebenso wie bei Selbstkontrahieren im engeren Sinn insoweit ohne Vertretungsmacht.[1228]

1225 *Reichel*, Zeitschrift für das Privat- und Öffentliche Recht der Gegenwart 1916, 245–246.

1226 *Swoboda*, Österreichisches Zentralblatt für die juristische Praxis 1931, 749.

1227 Zu erster Ansicht OGH 13.11.1922, Ob 1 1093/22, allerdings lediglich unter Verweis auf die Entscheidung des zweitinstanzlichen Gerichtes; siehe dazu auch *Swoboda*, Österreichisches Zentralblatt für die juristische Praxis 1931, 749. Zu letzterer Ansicht OGH 30.5.1933, 1 Ob 479/33.

1228 Siehe dazu z.B. *Baumgartner/Torggler* in *Klang*, ABGB³, § 1005 Rz 34; *Strasser* in *Rummel*, ABGB³ § 1009 Rz 21 (Stand 1.1.2000, rdb.at); OGH 18.6.1997, 3 Ob 2325/96z.

Bei genauerer Betrachtung ergibt sich allerdings ein differenzierteres Bild: Sowohl in der Lehre als auch in der Rechtsprechung des Obersten Gerichtshofes finden sich auch nach 1945 unterschiedliche Ansichten: So geht etwa Stanzl in Klang von der generellen Zulässigkeit des Selbstkontrahierens aus; Ehrenzweig hingegen betont, dass diese generell unzulässig und nur in Ausnahmefällen gestattet sei.[1229] Die rezente Lehre stellt sich allerdings mehrheitlich auf den Standpunkt der generellen Unzulässigkeit.[1230] Die Doppelvertretung gilt hingegen generell als zulässig.[1231] Der OGH hat in der zweiten Republik zur Frage des Selbstkontrahierens eine Vielzahl von Rechtssätzen aufgestellt, in denen er zwischen Zulässigkeit und Unzulässigkeit alterniert bzw. – wie bereits Hupka – die Dichotomie von Regel und Ausnahme gänzlich umgeht: In seinem Rechtssatz (RS) 0028129 vom 14. Juni 1950 (zuletzt OGH 21.2.2014, 5 Ob 110/13g) hielt er fest: „Selbstkontrahieren des Vertreters ist nur dann zulässig, wenn es der Machtgeber gestattet hat beziehungsweise nachträglich genehmigt, oder wenn jede Gefährdung des Machtgebers ausgeschlossen ist", geht somit also offenbar von der prinzipiellen Unzulässigkeit aus. Als spiegelbildliche Ergänzung dazu heißt es in RS 0038756 vom 6. Juni 1975 (ebenfalls zuletzt OGH 21.02.2014, 5 Ob 110/13g): „Eine Doppelvertretung ist nach österreichischem Recht zumindest dann zulässig, wenn die Vertragsteile dieser zugestimmt oder sie genehmigt haben."

Im Leitsatz der Entscheidung OGH 19.4.1977, 3 Ob 511/77 wird eine Aussage über Zulässigkeit oder Unzulässigkeit hingegen vermieden; hier heißt es: „Ein Insichgeschäft ist nach österreichischer Rechtsordnung zwar an sich möglich (ebenso Stanzl in Klang^2, IV/1, 817 f [...]), aber im Falle der Gefahr einer Interessenkollision unzulässig und ungültig [...]."

Etwas widersprüchlich scheint RS 0019684 vom 14. Juli 1978 (zuletzt OGH 25.3.2010, 5 Ob 179/09y), der in seinem ersten Satz zwar von der grundsätzlichen Zulässigkeit des Selbstkontrahierens ausgeht, im zweiten Satz aber die entgegengesetzte Ansicht (arg. „nur dann zulässig") vertritt: „Der Machthaber ist nach österreichischem Recht grundsätzlich zum Selbstkontrahieren berechtigt, wenn dabei keine Gefahr einer Interessenkollision besteht und der Abschlusswille des Selbstkontrahenten seinem Auftraggeber gegenüber klar und in einer eine unkontrollierbare Zurücknahme ausschließenden Form geäußert wird. Ohne Zustimmung oder Genehmigung könnte ein Insich-Geschäft nur dann zulässig sein, wenn dadurch

---

1229 *Stanzl* in *Klang*, ABGB^2, IV/1, 817; *Ehrenzweig*, System I/1^2 (1951) 278–279.
1230 Z.B. *Strasser* in *Rummel*, ABGB^3 § 1009 Rz 21 (Stand 1.1.2000, rdb.at) (mit weiteren Nachweisen).
1231 Vgl. z.B. *Strasser* in *Rummel*, ABGB^3 § 1009 Rz 22 (Stand 1.1.2000, rdb.at).

die Gefahr einer Interessenkollision nicht einmal zu befürchten ist und der Abschlusswille des Selbstkontrahierenden (oder Doppelvertreters) seinem Auftraggeber gegenüber in einer eine unkontrollierbare Zurücknahme ausschließenden Form geäußert wird."

RS0019639 vom 9. April 1981 präzisiert dazu: „Eine Interessenkollision ist nicht erst dann anzunehmen, wenn durch das Insichgeschäft die Interessen des Vertretenen [...] tatsächlich verletzt wurden, sondern auch dann, wenn ihre Verletzung auch nur wahrscheinlich ist. [...] Sie wird wohl dann nicht vorliegen, wenn das Insichgeschäft in der Erfüllung einer fälligen und unbestrittenen Schuld des Vertreters an den Vertretenen besteht (Stanzl in Klang², IV/1, S 818) oder wenn das Insichgeschäft dem Vertretenen nur Vorteile bringt, oder im Hinblick auf feststehende Geschäftsbedingungen eine Vereinbarung entbehrlich ist."[1232]

Von der generellen Unzulässigkeit des Selbstkontrahierens geht RS 0019350 vom 15. Dezember 1982 aus, der die bisher herausgearbeiteten Kriterien aber als Gültigkeitserfordernisse des Insichgeschäfts bezeichnet und auch die Erteilung der Genehmigung thematisiert: „Zumindest folgende Voraussetzungen müssen erfüllt sein, damit ein Insichgeschäft rechtswirksam ist: Das Insichgeschäft muss von dem gefährdeten Machtgeber entweder durch vorher erteilte Einwilligung oder durch nachträgliche Genehmigung gedeckt sein. Dabei kann diese Zustimmung oder Genehmigung nicht wiederum vom Vertreter erteilt werden."[1233]

RS 0108252 vom 18. Juni 1997 fasst die Erfordernisse knapper zusammen, ohne dezidiert über die generelle Zulässigkeit bzw. Unzulässigkeit abzusprechen: „Insichgeschäfte sind dann zulässig, soweit keine Interessenkollision droht, sofern der Abschlusswille derart geäußert wird, dass die Erklärung unzweifelhaft feststeht und nicht unkontrollierbar zurückgenommen werden kann. Das Geschäft darf dem Vertretenen nur Vorteile bringen, es darf keine Gefahr der Schädigung des Vertretenen bestehen."

Die in der Literatur postulierte Tendenz von der Annahme der Zulässigkeit hin zur Unzulässigkeit des Selbstkontrahierens scheint an diesen Zitaten bestenfalls ansatzweise erkennbar; bedeutsamer ist jedoch, dass etliche der hier zitierten Rechtssätze keine klare Aussage über die generelle Zulässigkeit oder Unzulässigkeit enthalten, sondern lediglich in unterschiedlicher Formulierung deren Bedingungen festhalten. Auch muss betont werden, dass der Fokus der meisten Entscheidungen nicht auf der Dichotomie Zulässigkeit – Unzulässigkeit liegt: So zitiert der OGH durchaus auch in rezenteren Entscheidungen ältere Rechtssätze über die generelle Zulässigkeit des

1232 Siehe dazu auch *Hupka*, Vollmacht (1900) 287.
1233 Siehe dazu auch *Hupka*, Vollmacht (1900) 285.

Selbstkontrahierens; gelegentlich stellt er – wie etwa in OGH 21.2.2014, 5 Ob 110/13g – sogar beide Ansichten kommentarlos nebeneinander.

In der Entscheidung OGH 18.6.1997, 3 Ob 2325/96z nimmt der erkennende Senat zu dieser Praxis Stellung. Der Entscheidungstext referiert zunächst den oben erwähnten Judikaturwandel, stellt daran anschließend aber Folgendes fest: „Inhaltlich besteht jedoch Übereinstimmung darüber, daß Insichgeschäfte dann zulässig sind, soweit keine Interessenkollision droht, sofern der Abschlußwille derart geäußert wird, daß die Erklärung unzweifelhaft feststeht und nicht unkontrollierbar zurückgenommen werden kann. Danach sind Insichgeschäfte zulässig, wenn das Geschäft dem Vertretenen nur Vorteile bringt, wenn keine Gefahr der Schädigung des Vertretenen besteht oder wenn dieser einwilligt. Angesichts dieser unbestrittenen inhaltlichen Kriterien ist es nach Ansicht des erkennenden Senates nicht sachgerecht, im Zusammenhang mit der Frage der Zulässigkeit von Insichgeschäften mit dem aus dem Gesetz nicht ableitbaren Verhältnis von Regel (Unzulässigkeit) und Ausnahme (Zulässigkeit) zu argumentieren."[1234]

Dass die vom OGH vertretenen Grundsätze exakt jenen entsprechen, die Hupka bereits in der Vollmacht herausgearbeitet hatte, ist wenig überraschend: Wenngleich keine der erwähnten Entscheidungen direkt auf Hupka rekurriert, gibt es darunter auch keine, die sich nicht auf Stanzl in Klang[2] stützt – dessen Ausführungen an dieser Stelle zu weiten Teilen der Monografie Hupkas entnommen sind, deren Herkunft aber längst durch die größere Authorität des Kommentars überschattet wurde.

1234 OGH 18.6.1997, 3 Ob 2325/96z. Im Gegensatz dazu hatte Hupka die Bedeutung der Differenzierung zwischen Regel und Ausnahme in jenen Fällen, in denen die oben erwähnten Kriterien kein klares Urteil ermöglichen, bereits klar erkannt und hatte dieser in seinen Ausführungen Rechnung getragen: im Zweifel sei davon auszugehen, dass in Ermangelung einer Erklärung des Machtgebers in allen Fällen, in denen eine Interessenkollision drohe, der Vertreter als zum Selbstkontrahieren nicht ermächtigt gelten müsse; nur dort, wo eine Benachteiligung des Machgebers von vornherein ausgeschlossen schiene, sei der Selbsteintritt zulässig. Als Zweifelsregel betont Hupka, dass in allen derartigen Fällen – „in Ermangelung einer Erklärung des Prinzipals – die Vollmacht zur Vertretung gegen sich selbst in all jenen Fällen abgesprochen werden [muss], in denen für den Prinzipal *die Gefahr einer Übervorteilung besteht*", wobei die Beurteilung *ex ante* zu erfolgen habe; vgl. *Hupka*, Vollmacht (1900) 286–287 (Hervorhebung im Original). Siehe dazu im Detail Zweiter Teil, Kapitel I.A.3.b.

2. *Hupkas Lehre über die Haftung des Vertreters ohne Vertretungsmacht im österreichischen Recht*

Hupka fasst seine Überlegungen zur Haftung des Vertreters ohne Vertretungsmacht nach den Bestimmungen des Allgemeinen Bürgerlichen Gesetzbuches kurz und übersichtlich auf etwas mehr als sechs Seiten seines knapp 260 Seiten langen Buches zusammen; dies genügt jedoch, die wichtigsten Fragen dieses Problemkreises aufzuwerfen und Antworten auf grundsätzliche Probleme anzubieten. Für das Verhältnis zwischen Vertreter und Vertretenem entspricht freilich der Rückgriff auf § 1035 der damaligen ebenso wie der heute noch herrschenden Lehre;[1235] für das Verhältnis zwischen Vertreter und Drittem aber gab Hupkas Ansatz wichtige Impulse, auf die die spätere Literatur in nicht unmaßgeblicher Weise aufbauen konnte.

a. Hupkas Ansatz zur falsus procurator-*Haftung im ABGB*

In seiner Auseinandersetzung mit der Frage der Haftung des *falsus procurator* in den „älteren Kodifikationen“ sucht Hupka zunächst nach positiven Bestimmungen, die auf die vollmachtlose Stellvertretung anwendbar sind. Diese Problematik ist im Allgemeinen Bürgerlichen Gesetzbuch allerdings nicht explizit geregelt: Wie in sämtlichen älteren Kodifikationen seien auch im ABGB „die für das Verhältnis des falsus procurator zum Dritten maßgebenden Sätze erst herauszuschälen aus den unterscheidungslos gefaßten, Geschäftsführung und Stellvertretung miteinander verquickenden Bestimmungen des Gesetzes über das Mandat und die negotiorum gestio.“[1236] Maßgeblich für Letztere sind §§ 1035 ff. und § 1311 ABGB:[1237]

> § 1035: Wer weder durch ausdrücklichen oder stillschweigenden Vertrag noch vom Gerichte, noch aus dem Gesetze das Befugniß erhalten hat, darf der Regel nach sich in das Geschäft eines Andern nicht mengen. Hätte er sich dessen angemaßt; so ist er für alle Folgen verantwortlich.

> § 1311: [...] Hat [...] jemand [...] sich ohne Noth in fremde Geschäfte gemengt, so haftet er für allen Nachtheil, welcher außer dem nicht erfolgt wäre.

Diese Paragrafen „charakterisieren jede außer die im Notfalle unternommene Geschäftsführung als *unerlaubte Handlung*, für deren nachteilige Folgen der Gestor nach jeder Richtung verantwortlich ist.“ Daraus folge, dass der Geschäftsführer dem Wortlaut des Gesetzes zufolge auch dem Dritten, dem

---

1235 Siehe z.B. *Stanzl* in *Klang*, ABGB², IV/1, 850 (unter Berufung auf *Hupka*) und 894; *Baumgartner/Torggler* in *Klang*, ABGB³, § 1013 Rz 35; *Meissel* in *Rummel/Lukas*, ABGB⁴ § 1035 Rz 2 (Stand 1.5.2017, rdb.at).

1236 *Hupka*, Vertreter ohne Vertretungsmacht (1903) 47.

1237 Sämtliche Paragrafenverweise in diesem Kapitel beziehen sich, soweit nichts anderes angegeben, auf das Allgemeine Bürgerliche Gesetzbuch.

gegenüber er ohne Vollmacht tätig geworden ist, hafte. Die *Rechtswidrigkeit* der vollmachtlosen Stellvertretung und auch deren *Haftungsumfang*[1238] ergeben sich für Hupka somit aus den Normen über die Geschäftsführung ohne Auftrag. Dieser – von der heutigen Lehre abgelehnte[1239] – Ansatz entsprach auch der Rechtsprechung des k.k. Obersten Gerichtshofes: „Das Gesetz unterscheidet nicht, wem ein Geschäftsführer ohne Auftrag verantwortlich ist, es muß daher, wie auch aus den Worten ‚alle Folgen' hervorgeht, diese Gesetzesstelle dahin verstanden werden, daß [der *falsus procurator*] sowohl dem angeblichen Machtgeber, als auch dem Dritten für alle Folgen verantwortlich ist".[1240]

In Bezug auf die *Voraussetzungen* des Haftungseintritts wendet Hupka allerdings ein, dass §§ 1035 und 1311 nur im Innenverhältnis anwendbar seien, da die Voraussetzungen der internen Verantwortlichkeit des *negotiorum gestor* seinem Geschäftsherrn gegenüber, und der externen Verantwortlichkeit des vollmachtlosen Vertreters gegenüber dem geschädigten Dritten, keineswegs übereinstimmten.[1241] Die Voraussetzungen der *internen* Haftung leitet Hupka daher aus den §§ 1035 ff. und 1311 ab; während er für die der *externen* auf § 1295 ABGB verweist.[1242]

Zur internen Verantwortlichkeit führt Hupka aus, dass diese bei der notwendigen Geschäftsführung in jedem Fall wegfalle. Dies ergäbe sich aus den Bestimmungen der §§ 1036, 1037 und 1311 letzter Halbsatz. Bei bloß nützlicher oder voluptarer Geschäftsführung (d.h. Luxusaufwendungen) hafte der *negotiorum gestor* hingegen dem Geschäftsherrn unbedingt für jeden diesem aus der Geschäftsführung erwachsenden Nachteil (§§ 1035, 1038, 1311 ABGB). Für die Entscheidung der Frage, ob die Haftung nach §§ 1035 und 1311 überhaupt eintritt, sei somit die Qualifikation der Geschäftsführung als notwendig, nützlich oder voluptar maßgeblich.[1243]

Im Gegensatz dazu entscheide sich die Frage nach der Haftung des Geschäftsführers im Verhältnis zum Dritten nach dessen Auftreten beim

1238 Siehe dazu insbesondere *Hupka*, Vertreter ohne Vertretungsmacht (1903) 52 Fn 2.

1239 Siehe dazu Kapitel III.C.2.b.

1240 OGH 21.4.1896, Nr. 4587, Bd. 9, 219 (220); siehe auch *Bauer*, Entwicklung (1963) 82.

1241 *Hupka*, Vertreter ohne Vertretungsmacht (1903) 47 (Hervorhebung im Original).

1242 Auch dieser Ansatz findet sich in der Rechtsprechung bereits vorbereitet, indem der k.k. OGH ausführte, dass die Klage des Dritten aus § 1035 „mit Schadenersatz gleichbedeutend ist", ohne jedoch auf die Haftungsvoraussetzungen im Detail einzugehen; vgl. OGH 21.4.1896, Nr. 4587, Bd. 9, 220.

1243 *Hupka*, Vertreter ohne Vertretungsmacht (1903) 48.

Geschäftsabschluss: Wenn er dem Dritten den Vollmachtsmangel verschweige, hafte er in jedem Fall – auch jenem der nützlichen Geschäftsführung – gemäß der allgemeinen deliktischen Schadenersatzpflicht des § 1295 ABGB:

> § 1295: Jedermann ist berechtigt, von dem Beschädiger den Ersatz des Schadens, welchen dieser ihm aus Verschulden zugefügt hat, zu fordern; der Schaden mag durch Übertretung einer Vertragspflicht oder ohne Beziehung auf einen Vertrag verursacht worden sein.

Hat er aber beim Vertragsschluss offengelegt, dass er „lediglich im Hinblick auf die nachträgliche Genehmigung des Geschäftsherrn tätig ist“, entfalle jede Haftung im Außenverhältnis, auch wenn die Geschäftsführung im internen Verhältnis als bloß nützlich oder voluptar zu qualifizieren sei. „Für die Entscheidung der Frage, ob ein Geschäftsführer ohne Auftrag, der einem Dritten gegenüber tätig geworden ist, diesem Dritten wegen des vollmachtlosen Auftretens hafte, ist *nicht* die *interne Qualifikation der Geschäftsführung* [...], sondern einzig und allein das *Verhalten des Geschäftsführers bei* der *Stellvertretung* maßgeblich“.[1244] Voraussetzung für den Eintritt der Haftung sei hier also, dass er dem Dritten den Vollmachtsmangel im Sinne des § 1295 schuldhaft verschwiegen habe. Eine Haftung gegenüber dem Dritten sei andernfalls nur denkbar, wenn der *negotiorum gestor* vertragsmäßig eine Garantie für die nachträgliche Erteilung der Genehmigung des Geschäftsherrn übernommen habe (§ 881 ABGB).[1245]

Mitunter ergäbe sich für den Dritten ein Anspruch gegen den Geschäftsherrn aus dem Titel der versio in rem (§ 1040 ABGB). Erlangt der Dritte auf diesem Weg Ersatz, fällt sein Anspruch gegen den *falsus procurator* in diesem Umfang weg.[1246]

In weiterer Folge prüft Hupka, inwiefern die Bestimmungen der §§ 1035 ff. und 1311 auf andere Fallgestaltungen des vollmachtlosen Handelns anwendbar sind. Dasselbe wie für den Geschäftsführer, der von vornherein ohne Vollmacht tätig wird, lässt Hupka auch für denjenigen gelten, der aufgrund einer Vollmacht tätig wird, die sich später als unecht oder ungültig herausstellt, sofern ihm dieser Umstand bekannt war: Im internen Verhältnis ergibt sich die Haftung aus § 1311 und § 1036 in Verbindung mit § 1037 1. Satz, im externen aus § 1295. Hielt der Handelnde die Vollmacht hingegen für gültig, kämen die §§ 1035 und 1311 überhaupt nicht zur Anwendung, da diese ein „*spontanes* Eingreifen (eine ‚Einmengung‘,

1244 *Hupka*, Vertreter ohne Vertretungsmacht (1903) 48 (Hervorhebung im Original).
1245 *Hupka*, Vertreter ohne Vertretungsmacht (1903) 48–49.
1246 *Hupka*, Vertreter ohne Vertretungsmacht (1903) 48 Fn 1.

‚Anmaßung')" des Handelnden voraussetzten, „also dessen Bewußtsein, daß er nicht ermächtigt sei, das Geschäft zu besorgen." Eine Haftung könne sich diesfalls – auch dem Vollmachtgeber gegenüber – lediglich aus § 1295 ABGB ergeben, wenn dem Vertreter bei der Prüfung der Vollmacht ein schuldhaftes Versehen unterlaufen sei,[1247] er also gegen vorvertragliche Sorgfaltspflichten verstoßen hat.

Letzteres gelte auch bei der Überschreitung einer wirklich erteilten, gültigen Vollmacht. Zwar ordne § 1009 ABGB schlechthin an, dass ein Bevollmächtigter bei Überschreitung seiner Vollmacht für die Folgen hafte. Diese Bestimmung sei aber im Lichte des § 1306 ABGB – demzufolge niemand zum Ersatz eines schuldlos verursachten Schadens verpflichtet ist – einschränkend zu interpretieren. Zwar treffe den Bevollmächtigten in den meisten Fällen der Vollmachtsüberschreitung zumindest der Vorwurf der Fahrlässigkeit; wo dies nicht der Fall sei, sei eine Haftung nach österreichischem Recht aber ausgeschlossen. Eine Haftung des Bevollmächtigten entfalle darüber hinaus auch, wenn er den Dritten auf die Vollmachtüberschreitung aufmerksam gemacht habe, ohne gleichzeitig die Garantie für die nachträgliche Genehmigung des Machtgebers zu übernehmen.[1248]

Für die Haftung desjenigen, der aufgrund einer bereits erloschenen Vollmacht tätig wird, sei „im österreichischen Recht nur ein sehr beschränkter Raum gelassen": Solange der Dritte ohne Verschulden keine Kenntnis vom Erlöschen der Vollmacht hat, werde dieses gem. § 1026 auch nicht wirksam; der Vertreter handle somit dem gutgläubigen Dritten gegenüber nicht vollmachtlos. Wenn der Dritte allerdings vom Erlöschen der Vollmacht wusste oder wissen hätte müssen, habe er keinerlei Anspruch gegen den Prinzipal. Gegen den *falsus procurator* kämen hingegen – wie auch in allen anderen Fällen vollmachtlosen oder vollmachtwidrigen Handelns – die Bestimmungen über das Mitverschulden des Geschädigten zur Anwendung: Wenn der Dritte den Mangel kannte, entfalle die Haftung des *falsus procurator*, selbst wenn dieser ebenfalls schuldhaft gehandelt habe, wie Hupka auf der Basis des § 929 und unter Berufung auf die Rechtsprechung des Obersten Gerichthofes argumentiert. Wenn der Dritte das Geschäft in fahrlässiger Unkenntnis des Mangels abschließe, werde sein Schadenersatzanspruch nach Maßgabe des § 1304 gemindert.[1249]

1247 *Hupka*, Vertreter ohne Vertretungsmacht (1903) 49 (Hervorhebung im Original).

1248 *Hupka*, Vertreter ohne Vertretungsmacht (1903) 49–51.

1249 *Hupka*, Vertreter ohne Vertretungsmacht (1903) 51–52; zustimmend *Stanzl* in *Klang*, ABGB^2, IV/1, 853.

„[A]ls *Voraussetzungen* für die Verantwortlichkeit des Vertreters [...] nach dem österreichischen bürgerlichen Recht" ergäben sich zusammenfassend „der *Mangel zureichender Vollmacht* und die *schuldhafte Täuschung* des Dritten durch den Vertreter", wobei „eigene Unvorsichtigkeit des Dritten die Haftung ganz oder teilweise" ausschließe. Der „innere *Grund* der Haftung" sei hingegen jedenfalls das Verschulden des Vertreters, das auch „den *Inhalt* der Haftung" bestimme: Diese gehe nach österreichischem Recht immer nur auf den Vertrauensschaden, also das negative Interesse.[1250] Dies ergäbe sich aus §§ 1009 und 1035, denen zufolge der Vertreter bei Überschreitung der Vollmacht und der Geschäftsführer ohne Auftrag jeweils nur für die Folgen ihrer Handlungen haften, und aus § 1311, der den *negotiorum gestor* nur für jene Nachteile haften lässt, die ohne seine Einmischung nicht eingetreten wären.[1251]

Der konkrete Umfang der Haftung ergäbe sich auch aus dem Grad des Verschuldens, der dem Vertreter zur Last gelegt werden kann: Sei dieser „*arglistig* oder *grobfahrlässig* vorgegangen", habe er „,*volle Genugtuung*' zu leisten, also insbesondere auch den Gewinn zu ersetzen, den der Dritte aus einem infolge des Vertragsabschlusses versäumten anderweitigen Geschäfte gezogen hätte"; bei bloß leichter Fahrlässigkeit beschränke sich seine Haftung gemäß § 1324 hingegen „auf die ,eigentliche Schadloshaltung' (damnum emergens)."[1252]

b. Rudolf Welsers Kritik an Hupka

Scharf kritisiert wird Hupkas Ansatz bei Rudolf Welser, der sich in seiner *Vertretung ohne Vollmacht* (1970) bereits *a priori* gegen die Heranziehung der §§ 1035 und 1311 zur Begründung der Haftung des Vertreters ohne Vertretungsmacht wendet. Das liegt daran, dass Welser im Einklang mit der in der zweiten Hälfte des zwanzigsten Jahrhunderts herrschenden Lehre und im Gegensatz zu Josef Hupka, den Dritten als nicht vom Schutzbereich der §§ 1035 und 1311 umfasst sieht.

Eine Haftung dem Dritten gegenüber dürfe, argumentiert Welser überzeugend, „bei vernünftiger Interpretation" aus zwei Gründen nicht aus den §§ 1035 und 1311 abgeleitet werden: Zum Ersten ergäben sich aus dem Wortlaut bereits Zweifel, ob diese Normen auf die – praktisch häufigsten – Fälle „der *fahrlässigen* Behauptung nicht bestehender Vertretungsmacht und

---

1250 *Hupka*, Vertreter ohne Vertretungsmacht (1903) 52 (Hervorhebung im Original).

1251 *Hupka*, Vertreter ohne Vertretungsmacht (1903) 52 Fn 2.

1252 *Hupka*, Vertreter ohne Vertretungsmacht (1903) 53 (Hervorhebung im Original).

der *fahrlässigen* Vollmachtsüberschreitung überhaupt anwendbar" seien. Beide Paragrafen sprächen nämlich von einer bewussten „Einmengung" oder „Anmaßung" seitens des Handelnden. Welser fragt daher, ob der „geforderten ‚subjektiven Tatseite'" entsprochen sei, „wenn jemand Geschäfte in der Meinung führt, er sei dazu beauftragt". Welser bemerkt dazu knapp: „Das Problem wurde in Österreich nicht diskutiert." Man müsse allerdings bei richtiger Betrachtung die Anwendung der genannten Bestimmungen auf jene Fälle beschränken, in denen bewusst fremde Agenden besorgt werden.[1253]

Wie oben skizziert, wirft bereits Hupka in seinen Ausführungen dasselbe Problem auf und bietet auch dieselbe Antwort auf Welsers Frage: Dort, wo dem Vertreter bloß Fahrlässigkeit zur Last gelegt werden könne, kämen die §§ 1035 und 1311 keinesfalls zur Anwendung, da sie eine bewusste „Einmengung" oder „Anmaßung" erforderten, also auf vorsätzliches Handeln abstellten; der Vertreter hafte sowohl dem Dritten als auch dem Vollmachtgeber gegenüber daher in Fällen von Fahrlässigkeit lediglich „nach dem *allgemeinen* Prinzip der *Kulpa*haftung" des § 1295.[1254]

Der zweite und gewichtigere Grund für Welsers Ablehnung liegt darin, dass „die Geschäftsführungsregeln bloß das Verhältnis Geschäftsherr–Geschäftsführer im Auge haben, hingegen auf einen möglicherweise beteiligten Dritten nicht zugeschnitten sind":[1255] Die Sanktion der §§ 1035 und 1311 dürfe nämlich nur dann eingreifen, wenn der Tatbestand des „Sich-Mengens" erfüllt sei. „Soweit nun die Geschäftsführung als berechtigt anzusehen ist [d.h. im Notfall und unter Umständen auch bei nützlicher Geschäftsführung], scheint die Anwendbarkeit der §§ 1035, 1311 mangels Erfüllung ihrer Tatbestände ausgeschlossen." Damit müsse aber auch die Haftungsanordnung im Außenverhältnis wegfallen, was wiederum im Verhältnis zu einem Dritten, „dem in Verfolgung der Interessen des Geschäftsherrn der Vollmachtsmangel fahrlässig oder sogar bewußt verschwiegen wurde", zu einem unbilligen Ergebnis führe.[1256]

Im Verhältnis zum Dritten seien diese Bestimmungen also lediglich als Hinweis auf die allgemeine Deliktshaftung anzusehen, da für den Ersatz von Schädigungen des Dritten jedenfalls Verschulden des *negotiorum gestor* vorliegen müsse. Insbesondere wendet Welser ein, dass es den Dritten „schon garnicht zu interessieren [hat], ob das Einschreiten des gestor im Verhältnis zum Geschäftsherrn notwendig, nützlich oder gegen den erklärten Willen

---

1253 *Welser*, Vertretung (1970) 40.

1254 *Hupka*, Vertreter ohne Vertretungsmacht (1903) 49 (Hervorhebung im Original).

1255 *Welser*, Vertretung (1970) 40–41.

1256 *Welser*, Vertretung (1970) 42.

war. Offensichtlich kann es sich aber dann bei dem erforderlichen ‚Verschulden' um kein anderes handeln als jenes, das die §§ 1294 und 1295 ff. für die Haftung voraussetzen."[1257]

Welser erinnert in seiner Auseinandersetzung mit Hupkas Thesen an die allgemein anerkannten Rahmenbedingungen der deliktischen Schadenersatzhaftung, nämlich dass „nicht jedes Verhalten, das durch eine beliebige Norm als verboten klassifiziert wird, das Rechtswidrigkeitserfordernis aller ansonsten vorhandenen gesetzlichen Tatbestände erfüllt und somit geeignet wäre, die in diesen angeordneten Haftungsfolgen auszulösen." Vielmehr ist in jedem konkreten Fall der sogenannte Rechtswidrigkeitszusammenhang, d.h. der Schutzbereich der Norm, zu prüfen. „In diese Terminologie übersetzt" bedeute dies, „daß die §§ 1035, 1311 das Verhalten eines unberufenen Geschäftsführers unter gewissen Umständen zu einem rechtswidrigen stempeln, welches daher zu unterbleiben hatte. §§ 1035 und 1311 hätten aber nicht den Sinn, einen zunächst unbeteiligten Dritten zu schützen." Daher mangle es am Rechtswidrigkeitszusammenhang, „so daß die Haftungsanordnung dieser Bestimmungen nicht zugunsten des Dritten ausgelegt werden darf." Aus diesem Grund dürfe man die Haftung des Geschäftsführers auch nicht bloß deshalb aus den §§1295 ff. herleiten, weil dieser gegen §§ 1035 und 1311 verstoßen habe.[1258]

Das Verbot der Geschäftsführung ohne Auftrag habe nämlich „in seinen Voraussetzungen die Rechtsgüterwelt des Dritten nicht mitberücksichtigt", zumal es auch vorkomme, dass eine aus der Sicht des Geschäftsherrn notwendige Handlung des Geschäftsführers eines Dritten soweit beeinträchtigt, dass sie „mit dem Unwerturteil der Rechtswidrigkeit zu belegen ist", also zu einer „verbotenen" werde. Eine solche Handlung ist aber allenfalls zu unterlassen, „wo auch immer der ‚Grund' für das Verbot zu suchen ist." Ein solches Verbot wirke absolut; Art und Umfang der Haftung ergäben sich aber aus dem Schutzbereich der verletzten Norm. „Hält man sich das vor Augen, so darf man bei der einprägsamen Aussage bleiben, daß die ‚nur' aufgrund der §§ 1035 ff., 1311 festgestellte Rechtswidrigkeit eines Verhaltens ‚lediglich gegenüber dem Geschäftsherrn wirkt.'"[1259]

Auch Welsers zweiten Einwand gegen die Anwendung der §§ 1035 und 1311 hatte Hupka bereits antizipiert: Schon zu Beginn seiner Erörterung merkt er an, dass eine Anwendung der fraglichen Paragrafen auf die Frage des Vorliegens des haftungsbegründenden Tatbestands nur im internen Verhältnis infrage komme, während die Haftungsvoraussetzungen im externen

---

1257 *Welser*, Vertretung (1970) 42.
1258 *Welser*, Vertretung (1970) 44–45 Fn 33.
1259 *Welser*, Vertretung (1970) 44–45 Fn 33.

Verhältnis nach § 1295 zu beurteilen seien. Für die Entscheidung, ob ein Geschäftsführer ohne Auftrag, der einem Dritten gegenüber als Stellvertreter tätig geworden ist, dem Dritten für den verursachten Schaden hafte, sei daher keinesfalls die Qualifikation der Handlung als notwendige, nützliche oder voluptare, sondern lediglich das nach § 1295 zu beurteilende Verschulden des Vertreters maßgeblich.[1260] Der Unterschied zwischen den beiden Ansichten liegt freilich darin, dass Welser auf Basis des oben ausgeführten die §§ 1035 ff. und 1311 für die Haftung des *falsus procurator* generell verwirft, während Hupka darin eine Haftungsbegründung erblickt, für die lediglich die Voraussetzungen aus einer anderen Norm ergänzt werden müssen.

In Bezug auf den Schutzbereich der §§ 1035 und 1311 ist Hupkas Ansicht jener Welsers diametral entgegengesetzt: Aus der Formulierung der §§ 1035 und 1311 („ist er *für alle Folgen* verantwortlich" bzw. „haftet er *für allen Nachteil*, welcher außerdem nicht erfolgt wäre") leitet er im Einklang mit der Rechtsprechung seiner Zeit ab, dass der Dritte – der ja ab dem Zeitpunkt des Geschäftsschlusses mit dem *falsus procurator* auch nicht mehr, wie Welser formuliert, „unbeteiligt" ist – zweifellos vom Schutzbereich der Norm erfasst sei, auch wenn diese hinsichtlich der Voraussetzungen seiner Haftung unvollständig sei. Dies ist die eigentliche Grundlage für das von Hupka vertretene System; Welser setzt sich mit diesem Aspekt in seiner Diskussion von Hupkas Lehre allerdings nur in einer Fußnote auseinander.

Angesichts der bemerkenswerten Ähnlichkeiten zwischen Hupkas und Welsers Argumentation scheint es verwunderlich, dass Welser „die vorgetragenen Hindernisse" gerade „am Beispiel der Lehre Hupkas anschaulich" machen möchte. Diese zeige nämlich, „mit kaum zu überbietender Deutlichkeit, welch kunstvoller Konstruktionen es bedarf, um diesen Bestimmungen für unsere Fallgestaltung ein letztlich immer noch unvollkommenes Ergebnis abzuringen."[1261]

Auch in der weiteren Diskussion distanziert Welser sich klar von Hupkas Ansatz; dessen Ausführungen seien „nicht bloß schwer verständlich; sie überzeugen auch nicht".[1262] Dennoch bietet er eine detaillierte, wenngleich bisweilen sehr ablehnend formulierte Zusammenfassung von Hupkas Thesen. Hier sollen nur einige wenige Punkte thematisiert werden, in denen Welsers Interpretation von Hupkas intendierter Aussage abzuweichen scheint.

So beanstandet Welser nicht völlig zu Unrecht die Formulierung Hupkas, dass im Falle der notwendigen Geschäftsführung die interne

---

1260 *Hupka*, Vertreter ohne Vertretungsmacht (1903) 48.
1261 *Welser*, Vertretung (1970) 42.
1262 *Welser*, Vertretung (1970) 43.

Verantwortlichkeit „zessiert", während „der Vertreter dem Dritten zweifellos auch in diesem Falle haftbar wird, wenn er ihm rücksichtloserweise das Fehlen der Vollmacht verschwiegen hat (§ 1295)."[1263] Hupkas „Aussage, die Rechtswidrigkeit ‚zessiere' im Innenverhältnis [...] ist eigenartig, aber die notwendige Konsequenz des verfehlten Ausgangspunktes. Man würde nun allerdings erwarten, daß Hupka so fortfährt: ‚... zessiert ... unbedingt, während der Vertreter dem Dritten zweifellos auch in diesem Falle haftbar *bleibt*, wenn er ihm das Fehlen der Vollmacht nicht mitgeteilt hat.'" Dass die Rechtswidrigkeit „intern zessiere" könne nur bedeuten, dass sie im Außenverhältnis bestehen bleibe. Dass Hupka nun aber das Wort „wird" gebraucht und auf § 1295 verweist, könne nichts anderes bedeuten, „als daß die Pflichtwidrigkeit erst durch ein entsprechendes Verhalten im Außenverhältnis begründet wird, was voraussetzt, daß die Rechtswidrigkeit auch im Außenverhältnis ‚zessierte'." Abschließend fragt Welser: „Wozu dann die Begründung aus §§ 1035, 1311?"[1264]

Die Gründe für Hupkas zugegebenermaßen unglückliche Formulierung sind allerdings m.E. simpler, als Welser hier vermutet. Zunächst muss angemerkt werden, dass sich die Passage nicht auf die objektive Rechtswidrigkeit der Geschäftsführung ohne Auftrag bezieht, sondern lediglich auf die Voraussetzungen, unter welchen der Geschäftsführer für verursachte Schäden haftbar wird. Hupka trennt hier klar zwischen Innen- und Außenverhältnis: Im Ersteren „zessiere" die Haftung des Vertreters (nicht die Rechtswidrigkeit!), wenn die Geschäftsführung eine notwendige war; zum Außenverhältnis – dessen Haftungsvoraussetzungen er an diesem Punkt seiner Ausführungen noch gar nicht erwähnt hat – trifft er hier aber noch keine Aussage. Aus diesem Grund kann er hier aber schwerlich „bleibt" schreiben, ohne beim Leser den Eindruck zu erwecken, dass der Vertreter auch dem Dritten gegenüber nach den Voraussetzungen der §§ 1035 und 1311 hafte. Wenn Hupka hier also „wird" schreibt, dann schlicht deswegen, weil er an dieser Stelle die Haftung im Außenverhältnis das erste Mal ins Auge fasst. „Wird" bezieht sich demnach einfach auf den Moment der Handlung des Vertreters, an den er gedanklich zurückgeht. Eine so ungewöhnliche These, dass die Haftung im Außenverhältnis zunächst nach den Voraussetzungen des § 1035 entstehe, um danach nach denselben Voraussetzungen wieder wegzufallen, dann aber nach den Voraussetzungen des § 1295 wiederum zu entstehen, hätte Hupka – wenn er sie denn vertreten hätte – vermutlich expliziter ausgeführt. Eine solche Annahme lässt sich mit seinen weiteren Ausführungen allerdings nicht in Einklang bringen, zumal er ja die Diskonnexität der

1263 *Hupka*, Vertreter ohne Vertretungsmacht (1903) 47–48.
1264 *Welser*, Vertretung (1970) 43 Fn 28 (Hervorhebung im Original).

Haftung im Innen- und im Außenverhältnis betont und die Anwendbarkeit der Haftungsvoraussetzungen der §§ 1035 und 1311 auf die Haftung im Außenverhältnis klar verneint.

Wozu Hupka an diesem Punkt „dann die Begründung aus §§ 1035, 1311“ anführt, ergibt sich bereits aus den einleitenden Ausführungen. Der *falsus procurator* haftet schließlich aus § 1295 nur unter der Voraussetzung, dass sowohl Rechtswidrigkeit als auch ein Rechtswidrigkeitszusammenhang gegeben sind. Diese Ansicht vertritt auch Welser selbst an anderer Stelle (in seinen Ausführungen zur Möglichkeit einer Schadenersatzhaftung des vollmachtlosen Stellvertreters): „Zunächst ist unstreitig, daß § 1295 nicht isoliert, sondern nur im Zusammenhang mit dem vorangehenden § 1294 zu lesen ist, somit für einen Ersatzanspruch widerrechtliche Schädigung zu fordern ist. Die von § 1294 vorausgesetzte Widerrechtlichkeit ist auch durchaus sachgerecht, da von einem ‚echten‘ Verschulden nur dann die Rede sein kann, wenn die Rechtswidrigkeit der Beschädigung feststeht. Dann kann aber ein Verweis auf § 1295 (i.V.m. § 1294) allein die Frage nach einer bestimmten Schadenersatzverpflichtung nur unter der Voraussetzung beantworten, daß aus diesen Bestimmungen selbst hervorgeht, welche Handlungen als rechtswidrig anzusehen sind; oder wenn erweislich ist, daß § 1294 von einem Rechtswidrigkeitsbegriff ausgeht, dessen Erfordernisse im strittigen Fall so offensichtlich erfüllt sind, daß es einer weiteren Beweisführung nicht bedarf.“[1265]

Diese Voraussetzungen verneint Welser in der Folge und fährt fort: „Ist somit klargestellt, daß die Rechtsfolge des Schadenersatzes der §§ 1294, 1295 davon abhängig ist, daß die Rechtswidrigkeit des schädigenden Verhaltens anderer Normen positiv begründet ist, so geht ein bloßer Verweis auf die genannten Bestimmungen ins Leere.“[1266] §§ 1035 und 1311 sind aber gerade jene Normen, welche aus Hupkas Sicht die Rechtswidrigkeit des Verhaltens des *falsus procurator* begründen, sodass ein Verweis auf diese hier durchaus geboten erscheint.[1267]

Weiters resümiert Welser, dass Hupka sich „auf den Standpunkt [stellt], jede Geschäftsführung außer der notwendigen sei rechtswidrig, und die Rechtswidrigkeit wirke gegen jedermann, so auch gegen den Dritten; was bloße Behauptung bleibt.“[1268] Dies ist insofern richtig, als Hupka diese „Behauptung“ lediglich aus dem Wortlaut der genannten Bestimmungen

---

1265 *Welser*, Vertretung (1970) 46 (Hervorhebung und Sperrung im Original).

1266 *Welser*, Vertretung (1970) 49.

1267 In weiterer Folge richtet sich deshalb auch der Umfang der Haftung des Vertreters ohne Vertretungsmacht bei *Hupka* nach diesen Bestimmungen.

1268 *Welser*, Vertretung (1970) 43.

begründet. Welsers Ablehnung der Anwendung der §§ 1035 und 1311 geht allerdings in ihrer Begründung ebenfalls nicht über das hinaus, was Hupka diesbezüglich bereits thematisiert hatte. Der Unterschied liegt somit nicht in der Quantität oder Qualität der Argumente, die für den jeweiligen Standpunkt ins Treffen geführt werden, sondern in deren Gewichtung: Wo für Welser der systematische Zusammenhang der fraglichen Bestimmungen im Vordergrund steht, orientiert sich Hupka primär an deren Wortlaut.

Welsers Schlussfolgerung, Hupka vertrete „wohl für die Haftungsgrundlage ein Mischsystem. Einige Fälle sollen mit §§ 1035, 1311 gelöst werden, andere mit § 1295; mit §§ 1035, 1311 die Haftung des Prokurators gegenüber dem Dritten bei nützlicher und voluptarer Geschäftsführung, wenn der Scheinvertreter nicht offen als Geschäftsführer aufgetreten ist. Denn für diese Gestaltungen gibt Hupka keine andere Haftungsgrundlage an", ist teils zutreffend, teils überraschend. Dass Hupka für die Haftung des vollmachtlosen Vertreters für alle älteren Kodifikationen – nicht lediglich für das ABGB – ein „Mischsystem" vertritt, wurde bereits oben gezeigt.[1269] Des besseren Verständnisses wegen muss hier allerdings noch einmal an Hupkas Herangehensweise erinnert werden: Hupka ermittelt zuerst, ob es einschlägige Normen gibt, die sich explizit auf die Stellvertretung ohne gültige Vertretungsmacht beziehen. Nachdem er diese identifiziert hat, prüft er in einem weiteren Schritt, ob diese für sich allein genommen ausreichen, um nicht nur die Haftung des vollmachtlosen Vertreters an sich, sondern auch deren Tatbestandsvoraussetzungen und Umfang festzulegen, und ob sie auf alle denkbaren Fallkonstellationen anwendbar sind. Wo sich Lücken ergeben – was im Falle aller älteren Kodifikationen der Fall ist – zieht er die Normen der allgemeinen Schadenersatzhaftung heran, um diese auszufüllen.

Für das ABGB ergibt sich insofern ein Sonderfall, als die Regelung der vollmachtlosen Stellvertretung mit jener der Geschäftsführung ohne Auftrag „verquickt" ist, Hupka die Normen hinsichtlich ihrer einzelnen Bestimmungen also nach deren Anwendbarkeit auf das Innen- bzw. Außenverhältnis aufspalten muss. Daraus ergibt sich für ihn das Ergebnis, dass der *Umstand, dass* der vollmachtlose Vertreter sowohl dem Geschäftsherrn als auch dem Dritten gegenüber hafte, aus §§ 1035 ff. und 1311 abzuleiten sei, da sich aus diesen Bestimmungen die generelle Rechtswidrigkeit der Geschäftsführung ohne Auftrag ergebe.[1270] Auch der *Umfang* der Haftung bemesse sich aus

1269 Siehe dazu Zweiter Teil, Kapitel I.B.1.

1270 Zur Rechtswidrigkeit der Geschäftsführung ohne Auftrag (mit Ausnahme der GoA im Notfall) siehe *Meissel*, Geschäftsführung ohne Auftrag. Zwischen Quasi-Kontrakt und aufgedrängter Bereicherung (1993) 110–111 (mit weiteren Nachweisen).

diesen Normen. Die *Voraussetzungen* aber kann Hupka nur für das interne Verhältnis (und hier auch nicht in allen Fallkonstellationen), nicht aber das externe, aus den genannten Bestimmungen herauslesen. Für sämtliche Lücken greift er daher auf die allgemeine Deliktshaftung des § 1295 zurück, wobei er die Rechtswidrigkeit des Vertreters diesfalls aus der Verletzung vorvertraglicher Sorgfaltspflichten, also *culpa in contrahendo*, ableitet.

Daraus ergibt sich, dass Hupka nicht, wie Welser anzunehmen scheint, nach Belieben zwischen §§ 1035, 1311 und § 1295 hin- und herwechselt, sondern dass er klar zwischen internem und externem Verhältnis differenziert und auf die Haftungsvoraussetzungen des Ersteren die §§ 1035 und 1311, auf die des Letzteren aber § 1295 anwendet. Durchbrechungen dieser Regel findet sich lediglich in zwei Fällen: bei der eben thematisierten fahrlässigen Unkenntnis des Vollmachtsmangels und in den – von Welser allerdings nicht erwähnten – Fällen der Überschreitung der Vollmacht. Bei Ersterer gelangt in der Beurteilung der Voraussetzungen der Haftung sowohl im Außen- wie auch ausnahmsweise im Innenverhältnis § 1295 zur Anwendung, weil – wie ja auch Welser in Bezug auf derartige Fälle anmerkt[1271] – die Tatbestandsvoraussetzungen der §§ 1035 und 1311 fehlen und deren Anwendung daher nicht infrage kommen kann. Bei Letzterer haftet der Vertreter nach § 1009.[1272]

Dass Hupka hingegen für die von Welser beschriebene Fallkonstellation keine andere Haftungsgrundlage als §§ 1035 und 1311 angäbe, ist unzutreffend: Hupka führt klar und unmissverständlich aus, dass auf alle Fälle, in denen der vollmachtlos als Vertreter handelnde Geschäftsführer den Vollmachtsmangel nicht offen legt, in Bezug auf die Voraussetzungen der Haftung § 1295 anzuwenden sei, wobei es auf die Qualifizierung der Handlung als notwendig, nützlich oder voluptar gerade nicht ankomme. Hupka bringt dafür lediglich zwei Beispiele, nämlich jene „Extremfälle“, in denen das Auseinanderfallen von interner und externer Haftungsgrundlage am deutlichsten wird: Dies ist dann der Fall, wenn der Vertreter entweder eine notwendige Geschäftsführung unter Geheimhaltung der Vollmachtlosigkeit vornimmt (und somit im internen Verhältnis nicht haftbar wird, im externen aber schon) oder eine voluptare Geschäftsführung unter Offenlegung des Vollmachtmangels vornimmt (und damit intern, aber nicht im Außenverhältnis, haftet).

Dass Hupka sich bei der von Welser dargestellten Fallkonstellation „auch nicht auf § 1295“ bezieht, ergibt sich daher notwendig aus dem Umstand, dass er diese Konstellation gar nicht explizit thematisiert – was auch,

1271 *Welser*, Vertretung (1970) 40.
1272 *Hupka*, Vertreter ohne Vertretungsmacht (1903) 49.

nachdem er ja deutlich gemacht hat, dass die Voraussetzungen der Haftung im Außenverhältnis in ausnahmslos allen Fällen nach § 1295 zu beurteilen sind, nicht überrascht. Dass Hupka aber nicht für jede denkbare Fallkonstellation im Einzelnen wiederholt, dass für die Voraussetzungen der Haftung im internen Verhältnis in den Grenzen deren tatbestandsmäßiger Anwendbarkeit §§ 1035 und 1311, für das externe stets § 1295 maßgeblich sei,[1273] sollte aber nicht zu der Annahme verleiten, dass er in einer der ungenannten Konstellationen von dieser Regel abgehen wolle. Einen solch unmotivierten Systembruch hätte Hupka, so er ihn intendiert hätte, zweifellos ebenso detailliert ausgeführt und begründet, wie er es in den oben genannten Sonderfällen der fahrlässigen vollmachtlosen Vertretung und der Überschreitung der Vollmacht tut.

Welsers Schlussfolgerung, Hupka habe zumindest in einem Fall die §§ 1035 und 1311 als Haftungsvoraussetzung im Außenverhältnis heranziehen wollen, weil seine „Exegese der §§ 1035 und 1311 unnütz und unverständlich sei", wenn er sie „in keinem einzigen Fall für die Haftung gegenüber dem Dritten für bedeutsam hielte", erscheint daher verfehlt. Dass Hupka diese Norm auch im Außenverhältnis für *bedeutsam* hielt, wurde hier bereits hinlänglich demonstriert; aus dem Umstand, dass er eine Exegese dieser Paragrafen liefert, kann aber schwerlich gefolgert werden, dass er in irgendeinem Fall die *Voraussetzungen* für die Haftung des Vertreters daraus ableiten habe wollen. Gegen eine solche Annahme spricht nicht zuletzt, dass Hupka explizit das Gegenteil schreibt.[1274]

Es bleibt noch, auf dieser Basis kurz auf Welsers kritische Schlussbemerkungen zu Hupkas Lehre einzugehen. Der erste Punkt[1275] ist, dass Hupka zwar sehe, dass zwischen Innen- und Außenverhältnis differenziert werden müsse, aber verkenne, dass die §§ 1035 und 1311 nur auf das Innenverhältnis anwendbar seien, weshalb er davon ausgehe, dass „die Rechtswidrigkeit [der Geschäftsführung ohne Auftrag] absolut wirkt". Dies ist korrekt; anzumerken ist aber, dass Hupkas Auslegung im Wortlaut der Norm Deckung findet und im Einklang mit der Rechtsprechung des k.k. Obersten Gerichtshofes steht. Da Welser gegen diese Auslegung, wie bereits gesagt, keine Einwände vorbringt, die Hupka nicht ebenfalls gesehen und berücksichtigt hätte, kann eine weitere Erörterung hier entfallen.

Ferner ist es nach Welser „durch nichts zu rechtfertigen, je nach interner Qualifikation eine verschiedene Haftungsgrundlage nach außen anzunehmen." Hupka habe dies gesehen, wolle aber „trotzdem anscheinend

1273 *Hupka*, Vertreter ohne Vertretungsmacht (1903) 48.
1274 Siehe dazu *Hupka*, Vertreter ohne Vertretungsmacht (1903) 47.
1275 Siehe dazu *Welser*, Vertretung (1970) 44.

teilweise bei § 1035 verbleiben."[1276] Dem ersten Teilaspekt dieser Aussage ist beizupflichten; der zweite Teilaspekt beruht, wie oben gezeigt, offenbar auf einem Missverständnis.

Als dritten Punkt führt Welser aus, dass „nach Hupkas eigenem Verständnis" die Fälle fahrlässig unrichtiger Vollmachtsbehauptung nach den §§ 1035, 1311 unlösbar wären. Der „Regress Hupkas auf die §§ 1295 ff." ließe aber die Frage offen, „warum die allgemeinen Schadenersatzvorschriften nicht auch bei bewußtem Auftreten ohne Vertretungsmacht zur Lösung ausreichen sollen."[1277] Zur Beantwortung dieser Frage darf noch einmal auf Welsers eigene, oben bereits eingehend thematisierte, Begründung der Unzulänglichkeit eines solchen Ansatzes verwiesen werden, die auch Hupka bewusst war. Da demnach eine alleinige Heranziehung der §§ 1295 ff. nicht denkbar wäre, kann hier lediglich die Frage im Raum stehen, warum Hupka nicht, wie bei fahrlässiger vollmachtloser Vertretung, die Rechtswidrigkeit nicht aus einer anderen Norm ableitet als aus §§ 1035 und 1311. Da er diese aber bereits als einschlägig identifiziert hat, wäre ein solches Vorgehen in hohem Maße inkonsequent.

Welser schließt seine Ausführungen über Hupka mit folgender Feststellung: „Was von Hupkas Meinung übrigbleibt, ist letztlich bloß die von ihm freilich viel zu wenig berücksichtigte Erkenntnis, daß Verbotensein nach außen und Verbotensein nach innen verschieden zu beurteilen sind und daß die Rechtswidrigkeit des Vertreterhandelns gegenüber dem Dritten nicht gem. §§ 1035 ff., 1311, sondern allenfalls nach den §§ 1295 ff. zu beurteilen ist." Ob Hupka, der sein gesamtes Haftungssystem auf der Trennung zwischen Innen- und Außenverhältnis aufbaut, diese Distinktion wirklich zu wenig beachtet habe, soll hier nicht noch einmal aufgerollt werden. Auch darf noch einmal daran erinnert werden, dass Hupka jene Fälle, in denen er die Anwendbarkeit der §§ 1035 und 1311 verneint, nicht nur nach §§ 1295 ff. lösen möchte, sondern diesfalls die Rechtswidrigkeit in der Verletzung von dem Vertreter vor Geschäftsschluss obliegenden Sorgfaltspflichten zur Prüfung der Vollmacht verortet. Hervorzuheben ist aber allemal, dass Welser Hupka bei aller berechtigter Kritik hier zwei durchaus bedeutende Erkenntnisse zubilligt.

Nicht vergessen werden darf auch, dass Hupkas Ausführungen abseits der hier diskutierten Passagen von Welser nicht unberücksichtigt blieben. So kommt er in der Frage des Umfangs der Haftung des Vertreters dem Dritten gegenüber zum selben Ergebnis wie Hupka. Insbesondere bei der Schadensminderung bei Mitverschulden des Dritten bezieht Welser sich explizit

1276 *Welser*, Vertretung (1970) 44.
1277 *Welser*, Vertretung (1970) 44.

auf diesen und teilt die Ansicht, dass hier § 1304 ABGB zur Anwendung komme.[1278] Auch in seiner Abhandlung anderer älterer Lösungsansätze rekurriert Welser des Öfteren auf Hupka; darüber hinaus verweist er auch bisweilen zustimmend auf dessen Aussagen zum deutschen Recht. Von Interesse ist aber vor allem, dass Welsers eigener Ansatz, der die Haftung des Vertreters ohne Vertretungsmacht aus dem Institut der *culpa in contrahendo* ableitet, sich ebenfalls bereits in Hupkas Monografie findet. Welser verweist einleitend zwar auf entsprechende Ansätze bei Jhering und Mitteis für das gemeine Recht sowie Schuster-Bonnot, Schey, Wellspacher und Gschnitzer für das ABGB. In seinem Überblick über diese älteren Theorien zur Haftung des *falsus procurator* aus *culpa in contrahendo* lehnt Welser rezente dahin gehende Ansätze deswegen ab, weil sie eine entsprechende Verpflichtung des Vertreters nur dort annehmen, wo er selbst am Geschäftsschluss besonders interessiert sei oder besonderes Vertrauen für sich selbst beansprucht habe.[1279] Hingegen verwirft Welser die Ansätze Jherings, Mitteis' und Raisers deswegen, weil sie die Haftung des Vertreters an seine Eigenschaft als „Kontrahent" im Vertragsschluss mit dem Dritten knüpfen: „Die vorgebrachten Erwägungen sind zu vordergründig und kommen einer bloß begriffsjuristischen Lösung bedenklich nahe, für die der ‚Rubikon' wäre, ob der Vertreter als Kontrahent angesehen wird oder nicht."[1280] Im Gegensatz dazu sieht Welser den Anknüpfungspunkt für die culpa in contrahendo des Vertreters darin, dass dieser „der rechtsgeschäftlich Handelnde" sei; „das Rechtsgeschäft sei aber eine Regelung des Vertretenen."[1281] Welser entlehnt diese Formulierung Werner Flumes Kritik an der klassischen Repräsentationstheorie, auf den er sich an dieser Stelle auch beruft. Ein genauer Blick auf Flumes Ausführungen zeigt allerdings, dass Welsers Ablehnung der „älteren Lehre" sich auf dieser Grundlage nicht auf Hupkas modifizierte Repräsentationstheorie ausdehnen lässt.

Bei Flume heißt es, „Der Stellvertreter ist bei dem Vertretergeschäft der rechtlich Handelnde [...]. Das Rechtsgeschäft als Ergebnis dieses Handelns ist aber eine Regelung des Vertretenen, weil der Vertreter für den Vertretenen handelt und dazu autorisiert ist",[1282] wobei Flume unter „Regelung" das „Ergebnis des Rechtsgeschäfts" definiert.[1283] „Für die richtige Einordnung

1278 *Welser*, Vertretung (1970) 150–155; siehe dazu auch *Hupka*, Vertreter ohne Vertretungsmacht (1903) 51–52.
1279 *Welser*, Vertretung (1970) 91–92.
1280 *Welser*, Vertretung (1970) 91.
1281 *Welser*, Vertretung (1970) 94.
1282 *Flume*, Allgemeiner Teil des Bürgerlichen Rechts II: Das Rechtsgeschäft (1965) 754.
1283 *Flume*, Rechtsgeschäft (1965) 78.

der Stellvertretung ist die Trennung des rechtsgeschäftlichen Handelns und der Regelung des Rechtsgeschäfts als des Ergebnisses des rechtsgeschäftlichen Handelns […] bedeutsam."[1284] Flume kritisiert allerdings nicht die Repräsentationstheorie an sich: Deren Annahme, „der Tatbestand des Rechtsgeschäfts verwirkliche sich in der Person des Vertreters, die Wirkungen erfolgten jedoch in der Person des Vertretenen" anerkennt Flume – ebenso wie Hupka – als die herrschende und zu billigende Betrachtungsweise.[1285]

Der Fehler der älteren Repräsentationstheorie liegt Flume zufolge darin, dass sie den Mechanismus, der diese Trennung zwischen Handlung und Ergebnis erzeuge, nicht hinreichend erklären habe können. Sie habe zwar erkannt, dass der Vertreter der rechtsgeschäftlich Handelnde sei, sich aber der Fiktion bedient, dass dieser den rechtsgeschäftlichen *Willen* des Vertretenen betätige.[1286] „‚Vertretung im Willen' ist jedoch ein Mystizismus. Stellvertretung ist nicht ‚Vertretung im Willen', sondern Vertretung beim Vollzug eines Rechtsgeschäfts. Der Stellvertreter vollzieht das Rechtsgeschäft, d.h. er verwirklicht in seiner Person den Tatbestand des Rechtsgeschäfts, er schließt z.B. den Vertrag. Das Rechtsgeschäft als abgeschlossener Tatbestand ist jedoch eine Regelung des Vertretenen und nicht des Vertreters."[1287] Die Möglichkeit, einem anderen Vertretungsmacht zu erteilen, ist für Flume ein Ausfluss der Privatautonomie; die Anerkennung der Stellvertretung in der Rechtsordnung bedeute „nichts anderes, als daß der einzelne in Selbstbestimmung auch einen anderen autorisieren kann, für ihn eine Regelung darüber zu treffen, was rechtlich gelten soll."[1288]

Flumes Kritik an der älteren Lehre deckt sich freilich auch mit Hupkas Standpunkt: Schon Hupka vertritt, dass es „*immer nur der Stellvertreter* [ist], der den unmittelbar auf den Geschäftsschluß gerichteten Willen hat und äußert."[1289] Dass dessen Wirkungen in der Sphäre des Vertretenen eintreten, ergäbe sich daraus, dass die Bevollmächtigung eine „Erteilung einer *rechtlichen Verfügungsmacht* im *technischen Sinne*" darstelle, die den Vertreter zu „Verfügungen über einen fremden Rechtskreis […] im Namen des Inhabers der fremden Rechtssphäre" autorisiere.[1290] Eine solche Verfügung über die eigene Rechtssphäre zu treffen stehe „dem Inhaber der Rechtssphäre als solchem in der Regel ohne weiteres zu."[1291]

1284 *Flume*, Rechtsgeschäft (1965) 753.
1285 *Flume*, Rechtsgeschäft (1965) 752.
1286 *Flume*, Rechtsgeschäft (1965) 753–754.
1287 *Flume*, Rechtsgeschäft (1965) 755.
1288 *Flume*, Rechtsgeschäft (1965) 754.
1289 *Hupka*, Vollmacht (1900) 39 (Hervorhebung im Original).
1290 *Hupka*, Vollmacht (1900) 22.
1291 *Hupka*, Vollmacht (1900) 21–22.

Diese Ausführungen Flumes legen nahe, dass zwischen der von Welser bekämpften Vorstellung, der Vertreter „kontrahiere", und der von ihm gebilligten, er „handle rechtsgeschäftlich", kein erkennbarer Unterschied ist. Welser selbst nähert sich dieser Erkenntnis allerdings nur sehr zögerlich an: „Aus den früher angeführten Theorien, die eine Verpflichtung des Vertreters in contrahendo für gerechtfertigt hielten, weil *er* ‚kontrahiert', darf jedenfalls die Erkenntnis übernommen werden, daß ein [...] als bevollmächtigt Auftretender im Verhältnis zum Dritten nicht irgend jemand, sondern eine Person ist, die am Vertragsgeschehen entscheidend beteiligt ist. Darüber hinaus läßt sich sogar sagen, der Vertreter sei kein gewöhnlicher Abschlußgehilfe, sondern ein Subjekt des Geschäftes. Das ist mit der modernen Auffassung vom Wesen der Stellvertretung durchaus vereinbar." Nach Flumes These, so Welser, „liegt es nahe, das gewöhnlich einheitliche Geschäftssubjekt ‚gespalten' zu sehen. Jedenfalls aber rechtfertigt sie, allfällige Verhaltenspflichten des Vertreters *überhaupt unter dem Blickwinkel der culpa in contrahendo zu prüfen.*"[1292]

Auch Hupka – der ja den Stellvertreter ohne Weiteres als den rechtsgeschäftlich Handelnden identifiziert – hatte diese Möglichkeit bereits angenommen, ohne dies jedoch näher zu begründen. Schon in seiner Monografie zur Vollmacht nimmt Hupka an, dass den Vertreter die Verpflichtung trifft, sich vor Vertragsschluss mit dem Dritten über Bestand und Umfang der Vollmacht zu vergewissern; nur unter dieser Prämisse kann er nämlich davon sprechen, dass der Vertreter das Erlöschen der Vollmacht „infolge einer offenbaren Fahrlässigkeit nicht kannte" oder es ihm „ohne sein Verschulden unbekannt geblieben war."[1293]

Deutlicher wird dies in der *Haftung des Vertreters ohne Vertretungsmacht*: Hier bietet Hupka zunächst einen Überblick über die Anwendung des Grundsatzes der *culpa in contrahendo* auf die vorvertraglichen Pflichten des Stellvertreters bei Jhering, Laband und Mitteis;[1294] danach demonstriert er deren Anwendbarkeit zur Begründung der Haftung des *falsus procurator* für das – aus derselben Rechtsschicht wie das Allgemeine Bürgerliche Gesetzbuch stammende – preußische Allgemeine Landrecht.[1295] Aber auch für das ABGB erkennt Hupka, wie bereits oben ausgeführt, die Möglichkeit

1292 *Welser*, Vertretung (1970) 94 (Hervorhebung im Original). Bei genauerer Ansicht steht Welsers Auffassung des „gespaltenen Rechtssubjekts" allerdings der Lehre *Mitteis*' deutlich näher als jener *Flumes*. Dagegen trifft sich *Flume* in seiner Ablehnung von Mitteis' „Vermittlungstheorie" mit *Hupka*; vgl. *Flume*, Rechtsgeschäft (1965) 752; *Hupka*, Vollmacht (1900) 38.

1293 *Hupka*, Vollmacht (1900) 437.

1294 *Hupka*, Vertreter ohne Vertretungsmacht (1903) 24–27.

1295 Siehe dazu Zweiter Teil, Kapitel I.B.1.

der Anwendung dieses Grundsatzes: immerhin stützt sich seine Lösung zur fahrlässig unrichtigen Vollmachtsbehauptung nach ABGB auf die Verletzung vorvertraglicher Sorgfaltspflichten seitens des Stellvertreters.

Rudolf Welser war somit nicht der erste, der das Prinzip der culpa in contrahendo zur Lösung des Problems der *falsus-procurator*-Haftung im österreichischen Zivilrecht heranzog; diesen wichtigen Schritt hatte bereits Josef Hupka – wenngleich in beschränkterem Umfang und mit Blick auf eine kleinere Auswahl von Fallgestaltungen – getan. Immerhin liegt Welsers Verdienst aber darin, diesen von Hupka lediglich subsidiär angewandten Lösungsansatz aufzugreifen und zu einem tragfähigen System auszubauen, das die problematische Heranziehung der §§ 1035 ud 1311 für den Schutz des Dritten vermeidet, dabei aber im Bezug auf die Haftung des Vertreters zu denselben Ergebnissen gelangt wie Hupka.

3. *Zusammenfassung*

In Deutschland galten Hupkas Schriften zur Stellvertretung lange Zeit als Standardwerke; in zahlreichen wichtigen Punkten verhalf er der heute herrschenden Lehre zum Durchbruch; insbesondere seine Ausführung zur Anscheinsvollmacht sind bahnbrechend, wenn auch wenig beachtet. Heute finden sich allerdings nur noch vereinzelt Hinweise auf *Die Vollmacht*.[1296] Auch der zweite Teil der *Vertretung ohne Vertretungsmacht*, den schon zeitgenössische Rezensenten als „besonders auch für die Praxis von Interesse und Nutzen“[1297] gelobt hatten, ist mit wenigen Ausnahmen[1298] aus Lehrbüchern und Kommentaren verschwunden.

Zu Beginn des zwanzigsten Jahrhunderts fanden Hupkas Monografien zum Stellvertretungsrecht auch international breite Beachtung. Die dogmatische Ausrichtung der Monografie zur Vollmacht stellte sicher, dass der praktische Nutzen der Schrift nicht auf den räumlichen Geltungsbereich der darin behandelten nationalen Rechtsordnungen beschränkt blieb: So bezog sich August Egger in seiner Monografie zum Missbrauch der Vertretungsmacht

1296 *Schilken* in *Staudinger*, Vor §§ 164 ff., Schrifttum; *Schmoeckel* im HKK (2003) 916; *Hübner*, Allgemeiner Teil 2 (1995) 514; *Petersen*, Examinatorium Allgemeiner Teil des BGB und Handelsrecht (2013) 331 (zur Haftung bei der Untervollmacht) und 365 (Handelsrecht); *Neuner*, Allgemeiner Teil des Bürgerlichen Rechts[12] (2020) 626 und 628 Fn 7.

1297 *Winter*, Archiv für Bürgerliches Recht 1903, 349; siehe z.B. auch *Schollmeyer*, Das Recht der einzelnen Schuldverhältnisse im Bürgerlichen Gesetzbuche[2] (1904) 121–123.

1298 Siehe z.B. *Lehmann*, Allgemeiner Teil des Bürgerlichen Gesetzbuches[14], 1963; *Hübner*, Allgemeiner Teil 2 (1995); *Petersen*, Examinatorium (2013) 339.

im Schweizer Recht auf Hupka.[1299] 1930 wurde das Buch von Luis Sancho Seral ins Spanische übersetzt.[1300] Es wird in der spanischsprachigen rechtswissenschaftlichen Literatur bis heute bisweilen zitiert[1301] und wurde 2018 neu aufgelegt.[1302]

Eine detaillierte Auseinandersetzung mit Hupkas Schriften zeigt, dass Hupka für das deutsche Recht bereits 1900 eine ganze Reihe von strittigen Fragen im Sinne der heute herrschenden Lehre beantwortete und in manchen Punkten – so etwa die teleologische Reduktion des § 167 Abs. 2 BGB betreffend die Formfreiheit der Vollmacht, seine Überlegungen zur Anscheinsvollmacht und seine Kritik am Verbot des Selbstkontrahierens, das in § 181 BGB normiert ist – wichtige Impulse für die nachfolgende Lehre und Praxis gab.

Für das österreichische Recht ist Hupka einer der bedeutendsten Wegbereiter einer Angleichung des österreichischen an das deutsche Stellvertretungsrecht; seine Monografie und sein darauf basierender Vortrag im Rahmen der Wiener juristischen Gesellschaft lieferten wichtige Impulse für eine Neugestaltung der herrschenden Lehre zum Stellvertretungsrecht des ABGB im Lichte der neueren deutschen Kodifikation. Insbesondere der aus dem deutschen Recht rezipierte Grundsatz der Abstraktheit der Vollmacht, die Regeln betreffend ihre Form, die im ABGB nicht geregelten Fragen der Zulässigkeit der Untervollmacht und des Selbstkontrahierens des Stellvertreters, das Konzept der Anscheinsvollmacht, und die Zulässigkeit der an den Stellvertreter erteilten Vollmacht (Innenvollmacht) gehen direkt auf Hupka zurück.

Während Hupkas Lehre sich somit in etlichen Punkten als die herrschende etabliert hat, hat gerade dieser Umstand dazu geführt, dass sein Name heute nur noch selten mit dieser in Verbindung gebracht wird. Auch außerhalb der Grenzen des Zivilrechts im engeren Sinne findet Hupka nur noch selten namentliche Erwähnung: So finden sich lediglich in einem rezenten Kommentar zum Zivilprozessrecht[1303] sowie an einzelnen Stellen in aktuellen Kommentaren und der Literatur zum Unternehmens- und Gesellschaftsrecht Hinweise auf seine Schriften.[1304]

1299 *Zimbler*, [Rezension von *August Egger*, Mißbrauch der Vertretungsmacht]. Juristische Blätter 1936, 155.

1300 *Hupka*, La representación voluntaria en los negocios jurídicos[1] (1930).

1301 Siehe z.B. *Castán Tobeñas*, Derecho civil espanol, común y foral[15] (2007) 812–816; *Leiñena Mendizábal*, Conflicto de intereses y comisión mercantil (2015) 151.

1302 *Hupka*, La representación voluntaria en los negocios jurídicos[2] (2018).

1303 *Zib* in *Fasching/Konecny*, Zivilprozessgesetze[3] II/1 § 38 ZPO Rz 29 und 41 (Stand 1.9.2014, rdb.at).

1304 *Enzinger* in *Straube/Ratka/Rauter*, WK GmbHG § 18 (Stand 1.11.2018, rdb.at); *Feltl*, UGB § 49 (Stand 7.6.2017, rdb.at); *Torggler* in *Torggler* (Hrsg), GmbHG

II. Beiträge zum römischen Recht

Was Franz-Stefan Meissel über Joseph Unger schrieb, trifft auch auf Josef Hupka zu: Er ist „wohl nicht als Romanist und Rechtshistoriker im engeren Sinn einzuordnen, sondern als rechtshistorisch und rechtsvergleichend interessierter, umfassend gebildeter Zivilist.“[1305] In seiner Bewerbung als Lektor an der Universität Wien 1901 hatte Hupka sein Interesse am römischen Recht betont;[1306] mit der Erweiterung seiner venia legendi auf das Handels- und Wechselrecht änderten sich allerdings sehr bald seine Lehr- und Forschungsschwerpunkte. Dennoch wandte er sich niemals ganz vom römischen Recht ab. So entstanden einige wenige, aber durchaus beachtenswerte romanistische Arbeiten, die auch heute noch wissenschaftlich relevant sind.

Hupkas erste römischrechtliche Publikation ist eine ganz zu Beginn seiner Karriere verfasste kurze und sehr lobende Rezension der gemeinsamen fünften und sechsten Auflage des Lehrbuchs der Institutionen des römischen Rechtes von Carl Ritter von Czyhlarz, in der er „allenthalben werthvolle Zusätze historischen und dogmatischen Inhalts“ verortet, wobei die ausgewählten Beispiele durchaus auch von der breiten romanistischen Bildung des Rezensenten Zeugnis ablegen. Darüber hinaus lobt er „die krystallklare Darstellung“ und den „dadurch bedingte[n] hohe[n] didaktische[n] Werth des Buches“, denen es „die zahlreichen Freunde und Verehrer, die es sich in den Kreisen der studirenden Jugend Oesterreichs und Deutschlands erworben hat“, verdanke.[1307]

Weitaus substanzieller ist Hupkas Beitrag zum Selbstkontrahieren des Stellvertreters im römischen Recht, dem er in seiner Habilitationsschrift[1308] ein umfangreiches Kapitel widmete und auf den hier näher eingegangen werden soll. Gerade in diesem Text zeigt sich das Ausmaß, in dem Hupka in seiner Auseinandersetzung mit den römischen Quellen nicht nur von seinem ersten Lehrer Ludwig Mitteis, sondern auch von der Methode Joseph Ungers beeinflusst ist. Im Gegensatz zur Herangehensweise der deutschen Pandektistik, der das römische Quellenmaterial als Ausgangspunkt für allgemeingültige

---

§ 18 (Stand 1.8.2014, rdb.at); *Thöne*, Die Vollmacht im internationalen Privatrecht, Zeitschrift für Internationales Handelsrecht 2017, 141 Fn 10; *Burtscher*, Österreichisches Bank Archiv 2019, 901 und 904.

1305 *Meissel* in *Haferkamp/Repgen* 32.

1306 ÖStA, AVA, Unterricht, Allgemeine Reihe, 611.2 Professorenakt Josef Hupka, Programm der Vorlesungen.

1307 *Hupka*, [Rezension von] Lehrbuch der Institutionen des römischen Rechtes. Von Dr. Carl Ritter v. Czyhlarz, k.k. Hofrat und Professor der Rechte an der Universität Wien. Juristische Blätter 1901, 546 (547).

1308 Zur *Vollmacht* eingehend Zweiter Teil, Kapitel I.A.

dogmatische Feststellungen gilt, verweist Unger auf die spezifische soziale und ethische Kontingenz des römischen Rechts und unterscheidet zwischen jenen Regeln des römischen Rechts, die „specifisch juristischen Principien“ entstammen und jenen, die „in nationalen und ethischen Überzeugungen ihr Fundament haben“.[1309] Unger hatte gerügt, dass jene Schriftsteller, die sich immer noch gegen die Anerkennung der direkten Stellvertretung im Obligationenrecht aussprächen, „eine rein positive und relative Unstatthaftigkeit mit einer begrifflichen und absoluten Unmöglichkeit“ verwechselten: „sie geben das ethische *non possumus* der Römer für ein logisches *non possumus* des Rechtes überhaupt aus.“[1310] In ähnlicher Weise wendet sich auch Hupka gegen jene, welche die Unmöglichkeit des Selbstkontrahierens im geltenden Recht aus dem römischrechtlichen Verbot der Auctoritätserteilung des Tutors in eigener Sache abzuleiten suchten: Dieses Verbot weise keineswegs auf die juristische Unmöglichkeit des Selbstkontrahierens hin, sondern ergäbe sich vielmehr lediglich aus der spezifischen Interessenlage des Verhältnisses zwischen Mündel und Tutor.[1311]

Wie schon Unger für die direkte Stellvertretung schlechthin differenziert Hupka also zwischen dem ethisch motivierten Verbot des römischen Rechts und der logischen Möglichkeit des Geschäftsschlusses des Tutors mit sich selbst. Die römische Rechtsordnung ist für Hupka somit nicht die Basis seiner dogmatischen Auseinandersetzung mit der Frage des Selbstkontrahierens, sondern lediglich eine der positiven Rechtsordnungen, auf die er nach Abschluss seiner dogmatischen Überlegungen näher eingeht. Wenn ihn die wissenschaftliche Debatte um die begriffliche Möglichkeit und rechtliche Zulässigkeit des Selbstkontrahierens dennoch zu einer detaillierten Auseinandersetzung mit dem römischen Quellenmaterial bewegt, so geschieht dies in bewusster Abkehr von der pandektistischen Methode seiner Vorgänger: Nicht das römische Recht ist Ursprung und Prüfstein seiner dogmatischen Erkenntnisse, vielmehr prüft Hupka, wie weit die von ihm herausgearbeiteten dogmatischen Grundsätze bereits im römischen Recht verwirklicht waren.

Hupkas letzte Auseinandersetzung mit inhaltlichen und methodischen Fragestellungen der romanistischen Forschung erfolgte im Rahmen eines Aufsatzes, der über dreißig Jahre später in der *Savigny-Zeitschrift* für Rechtsgeschichte erschien, der aber in vielerlei Hinsicht an die Herangehensweise

---

1309 *Unger*, Die Verträge zu Gunsten Dritter (1869) 57; siehe dazu auch *Meissel* in *Haferkamp/Repgen* 31.

1310 *Unger*, Die Verträge zu Gunsten Dritter (1869) 13–14; siehe dazu auch *Meissel* in *Haferkamp/Repgen* 30–31.

1311 Vgl. *Hupka*, Vollmacht (1900) 294.

des jungen Hupka nahtlos anschließt. Beide Beiträge zeigen nicht nur das breite juristische Wissen des Verfassers und seine umfassende Kenntnis der römischen Quellen, sondern auch sein Verständnis für die Logik des Textes und des zugrunde liegenden Lebenssachverhalts sowie sein stilistisches Fingerspitzengefühl. Beiden Beiträgen ist auch gemeinsam, dass sie sich – wie ein Zeitgenosse zur Abhandlung der Selbstkontrahierungsfälle im römischen Recht kritisch anmerkte – nicht der damals so populären „interpolationenkritische[n] Methode" bedienen.[1312]

A. Die Selbstkontrahierungsfälle des römischen Rechts

Hupkas fast fünfzig Seiten umfassende Untersuchung dieser Fragestellung ist eingebettet in eine Erörterung der Zulässigkeit des Selbstkontrahierens des Stellvertreters im geltenden (deutschen) Zivilrecht im Rahmen seiner Monografie zur Vollmacht, kann aber durchaus auch als eigenständige Abhandlung gelesen werden. Ausgangspunkt für Hupkas Erörterung ist ein Aufsatz Robert Römers zur Thematik des Selbstkontrahierens, der dieses Thema in der zweiten Hälfte des 19. Jahrhunderts erstmals in den Brennpunkt der juristischen Debatte gerückt hatte.[1313] Römer war einer der ersten, der in Abkehr von der damals herrschenden Meinung die Möglichkeit des Selbstkontrahierens des Stellvertreters postulierte. Zur Stützung dieser These verwies er auf das römische Recht, das dort, wo es direkte Stellvertretung ausnahmsweise zulasse, auch den Geschäftsschluss des Vertreters mit sich selbst anerkenne.[1314] Dies betreffe insbesondere das *sibi solvere* des Vertreters, d.h. die Schuldzahlung des Tutors an sich selbst als Vertreter des Mündels, das Darlehen des Vertreters aus dem Mündelvermögen an sich selbst, und Verkäufe des Vertreters von Mündelgut an sich selbst. Römers Ansicht fand bald weitreichende Akzeptanz; insbesondere schloss sich der höchste deutsche Gerichtshof ihm an.[1315] Aber auch kritische Stimmen wurden laut: So unternahmen u.a. August Bechmann,[1316] Rudolf Lepa[1317] und Eugen

1312 *Schulz*, Scientia, Dolus und Error bei der Stellvertretung nach klassischem römischen Recht, Zeitschrift der Savigny-Stiftung für Rechtsgeschichte: Romanistische Abteilung 1912, 39.

1313 Siehe dazu Zweiter Teil, Kapitel I.A.3.b.

1314 *Römer*, Zeitschrift für das gesamte Handelsrecht und Wirtschaftsrecht 1874, 70.

1315 *Muskat*, Zeitschrift für das gesamte Handels- und Wirtschaftsrecht 1887, 508; *Hupka*, Vollmacht (1900) 262–264 unter Verweis auf die Reichsgerichtsentscheidung vom 23. November 1881, R.G. VI Nr. 3 S. 11–17.. Siehe dazu auch Zweiter Teil, Kapitel I.A.3.b.

1316 *Bechmann*, Kauf II (1876) 286–289.

1317 *Lepa*, Selbsteintritt (1883) 239–254.

Muskat[1318] den Versuch, Römers Interpretationen der römischen Quellen zu widerlegen. Hupkas Text ist im Wesentlichen eine eingehende Auseinandersetzung mit dieser literarischen Kontroverse auf der Seite Römers, wobei er zur Stützung dessen Interpretationen durchaus auch eigenständige Argumente findet. Hupkas Argumentation, die sowohl seine juristischen als auch philologischen Fähigkeiten unter Beweis stellt, soll hier lediglich auszugsweise vorgestellt werden.

Zur Frage der generellen Zulässigkeit des Selbstkontrahierens des Stellvertreters verweist Hupka zunächst auf die ablehnende Haltung, die das klassische römische Recht gegenüber der direkten Stellvertretung schlechthin einnimmt: „Von einer Rechtsordnung, die selbst die einfache Stellvertretung nur ausnahmsweise zuläßt, ist eine generelle Sanktionierung der qualifizierten, doppelten Vertretung nicht zu erwarten."[1319] Insbesondere wendet sich Hupka gegen die Annahme, dass sich aus D. 45.3.1.4 die allgemeine Zulassung der Doppelvertretung im römischen Recht herauslesen ließe.[1320]

Als gewichtigeres, wenn auch letztendlich nicht überzeugendes, Argument erscheint es Hupka, dass es in mehreren Stellen für zulässig erklärt wird, dass bei vor einem Magistraten vorzunehmenden Handlungen eine der beteiligten Parteien, die das fragliche Amt innehat, ihre offizielle Funktion als „beurkundender Beamter" zusätzlich zur Parteirolle wahrnehmen kann. „Verfehlt wäre es aber, hieraus zu folgern, daß eine und dieselbe Person auch *beide Partei*rollen in sich vereinigen könne." Dies ergebe sich schon daraus, „daß die Quellen, während sie einerseits dem Magistrat gestatten, als tutor der Partei seine private auctoritas zu erteilen, auf der anderen Seite ausdrücklich verbieten, daß der tutor bei einer Rechtshandlung seines Pupillen, an der er selbst als Gegenpartei beteiligt ist, seine auctoritas interponiere."[1321] Darüber hinaus handle es sich hier um Spezialbedingungen für Akte, bei denen die Mitwirkung des Magistrats rein formaler Natur war, sodass eine Beeinflussung durch sein persönliches Interesse ausgeschlossen war.[1322] Aus diesem Grund sei auch in Fällen, wo dem Magistrat die materielle Prüfung der Rechtmäßigkeit des Geschäfts oblag, eine solche Doppelrolle unzulässig gewesen.

1318 *Muskat*, Zeitschrift für das gesamte Handels- und Wirtschaftsrecht 1887, 523–540.

1319 *Hupka*, Vollmacht (1900) 289.

1320 Eingehend zu diesem Fall siehe *Lohsse*, Ius adcrescendi: die Anwachsung im römischen Vermächtnisrecht (2008) 240–244; siehe auch *Wacke* in Festgabe Kaser 292.

1321 *Hupka*, Vollmacht (1900) 290–291 (Hervorhebung im Original).

1322 *Hupka*, Vollmacht (1900) 291; siehe dazu auch *Rümelin* 1888, 85.

Von einer *„principiellen* Zulassung der Doppelvertretung im römischen Recht" könne daher „keine Rede" sein; zu weit gehe aber auch die Behauptung, dass das römische Recht die Doppelvertretung überhaupt nicht gekannt habe, die bisweilen – so etwa bei Bechmann, Lepa und Muskat – aus dem Satz *tutor in rem suam auctor fieri non potest* abgeleitet werde.[1323] Vor Hupka hatte bereits Römer diese Sichtweise mit der Begründung abgelehnt, dass die Auctoritätserteilung *in rem suam* und die Doppelvertretung gänzlich verschiedene Tatbestände darstellten.[1324] Hupka schließt sich Römers Argumentation zwar weitgehend an, verwirft aber die Begründung: Der Unterschied sei lediglich ein „äußerlicher und gradueller", da es in beiden Fällen der beabsichtigte Zweck gewesen sei, „Rechtswirkungen zwischen dem Tutor und dem Mündel zu erzeugen".[1325] Den Zweck des Verbots sieht Hupka darin, dass es verhindern sollte, dass „sich der Vormund bei der Erteilung der auctoritas statt von dem Interesse des Mündels von seinem eigenen entgegengesetzten Parteiinteresse leiten lasse."[1326]

Dies sei wiederum „von größter Wichtigkeit für die Erkenntnis der principiellen Stellung des römischen Rechts zum Problem der Selbstkontrahierung": Wenn das kollidierende Interesse des Vormund bereits die Auctoritaserteilung verhinderte, musste es umso mehr die Vertretung des Mündels durch den Tutor ausschließen, der in dem konkreten Rechtsgeschäft gleichzeitig als Gegenpartei auftrat.[1327] Hierbei sei allerdings zu beachten, dass das Verbot der Auctorierung nur dann zum Tragen komme, wenn der Tutor selbst Geschäftspartei sei, nicht aber, wenn es sich um Geschäfte seiner Mündel untereinander handle. Es könne daraus also lediglich das Verbot des Selbstkontrahierens, nicht aber auch jenes der gleichzeitigen Vertretung mehrerer an demselben Rechtsgeschäft beteiligter Personen abgeleitet werden. Darüber hinaus betreffe es nur Fälle, wo die Erteilung der *auctoritas* Wirksamkeitsvoraussetzung des geschlossenen Vertrages war, nicht auch solche, in denen der Tutor seine *auctoritas* zwar erteilen kann, diese aber

1323 *Muskat*, Zeitschrift für das gesamte Handelsrecht und Wirtschaftsrecht 1887, 526; ähnlich auch *Bechmann*, Kauf II (1884) 288–289; *Lepa*, Selbsteintritt (1883), 238–239; siehe dazu *Hupka*, Vollmacht (1900) 292. Ähnlich hatte auch bereits Adolf Rudorff vertreten, dass das römische Recht aus formalen Überlegungen das Selbstkontrahieren des Stellvertreters nicht zulasse, da beim Abschluss von Verträgen notwendig die Übereinstimmung zweier Willensäußerungen notwendig sei; vgl. *Rudorff*, Das Recht der Vormundschaft aus den gemeinen in Deutschland geltenden Rechten entwickelt II (1833) 307.

1324 *Römer*, Zeitschrift für das gesamte Handels- und Wirtschaftsrecht 1874, 82–83.

1325 *Hupka*, Vollmacht (1900) 293; zustimmend *Wacke* in Festgabe Kaser 298.

1326 *Hupka*, Vollmacht (1900) 294.

1327 *Hupka*, Vollmacht (1900) 295.

rechtlich bedeutungslos sei. In letzteren Fällen sei – sofern nicht das Verbot der direkten Stellvertretung dem entgegenstehe – folgerichtig daher auch ein Selbstkontrahieren des Tutors zulässig. Außerdem bezögen sich die Quellen lediglich auf den Tutor; es sei daher nicht *a priori* zulässig, aus diesem Schlussfolgerungen über andere Stellvertreter (Kuratoren, Prokuratoren) abzuleiten, wenngleich die Annahme der Ausdehnung der Regelung auf den Kurator naheliegend sei[1328]. Hupka kommt somit zu folgendem Fazit: „Doppelvertretungsakte sind [im römischen Recht] absolut – bei allen Arten von Vertretern – ausgeschlossen, soweit das Verbot der direkten Stellvertretung reicht. Außerdem besteht für *freiwillige* Vertreter (procuratores und negotiorum gestores) ein *gesetzliches* Hindernis des Selbstabschlusses nicht; dagegen ist den *Tutoren und Kuratoren* der *Selbsteintritt in Veräußerungs- und Verpflichtungsgeschäfte* ihrer Pflegebefohlenen – nicht auch die gegenseitige Vertretung mehrerer Pflegebefohlenen – grundsätzlich *untersagt.*" Diese Regel „erleidet aber nach beiden Richtungen hin Modifikationen":[1329] Einerseits bestehe für den Verkauf von Sachen des Vertretenen für alle Arten von Stellvertretern ein Verbot des Selbsteintritts; andererseits werde das Selbstkontrahieren in einigen besonderen Fällen allen Vertretern – auch den gesetzlichen – gestattet.[1330]

Der erste dieser Fälle, den Hupka näher behandelt, ist das *sibi solvere* des Vertreters. Dies umfasst sowohl Situationen,, in denen der Vertreter eine von ihm dem Vertretenen geschuldete Summe an sich selbst (als dessen Stellvertreter) bezahlt (*exigere a se*), als auch solche, in denen der Vertreter eine ihm vom Vertretenen geschuldete Summe aus dessen Vermögen entnimmt (*sibi solvere* im engeren Sinne). Die Digestenstelle, auf die sich Hupka in diesem Kapitel hauptsächlich bezieht, ist D. 26.7.9.3–5 (Ulpianus libro 36 ad edictum):

3. Et generaliter quod adversus alium praestare debuit pupillo suo, id adversus de quoque praestare debet [scil. tutor], fortassis et plus : adversus alios enim experiri sine actione non potuit, adversus se potuit.
4. Sed si sub usuris gravioribus patri pupilli pecuniam debuit quam sint pupillares, videndum est, an ei aliquid imputetur, et si quidem solvit, nihil est quod ei imputetur : *potuit enim solvere* nec onerare se usuris : si vero non solvit, usuras cogendus est agnoscere, quas *a se exigere debuit.*
5. *Sicut autem solvere tutor quod debet, ita et exigere quod sibi debentur potest,* si creditor fuit patris pupilli : nam *et sibi* solvere potest, si modo fuit pecunia unde solvat, et si usurae fuerunt graviores quae eius debebantur, relevabitur eis

1328 *Hupka*, Vollmacht (1900) 295–298.
1329 *Hupka*, Vollmacht (1900) 298 (Hervorhebung im Original).
1330 *Hupka*, Vollmacht (1900) 298–299.

pupillus, quia tutor se [recte : eum a se] potuit liberare, *sicut aliis* quoque solvere et potuit et debuit.[1331]

Bereits Max von Rümelin hatte überzeugend argumentiert, dass es sich bei dem hier und in einer Reihe weiterer Digestenstellen beschriebenem Vorgang „um wirkliche, durch Selbsttradition vollzogene Zahlungen" handle.[1332] Den von Rudolf Lepa und August Bechmann erhobenen Einwand, dass es sich bei einer Zahlung nicht um einen Vertrag handle und somit nicht vom Selbstkontrahieren die Rede sein könne, weist Hupka als „teils unrichtig, teils unerheblich" zurück: Zum einen sei die *solvendi causa* vorgenommene Tradition sehr wohl ein dinglicher Vertrag, zum anderen sei die Kausalerklärung zumindest ein empfangsbedürftiger einseitiger Rechtsakt „und als solcher gewiss taugliches Objekt einer *Doppelvertretung*".[1333]

Rümelin hatte allerdings angenommen, dass der Satz *tutor in rem suam auctor fieri non potest* einer wirksamen Schuldzahlung an sich selbst entgegenstehe, sodass dem Tutor nach erfolgter Zahlung zwar aufgrund der Bereicherung des Mündels zwar eine exceptio doli gewährt werde, aber keine Liberationswirkung eintrete.

Gegen diese Annahme führt Hupka ins Treffen, dass die Quellen für den Fall, dass *solvere* nur den Eigentumsübergang *solutionis causa*, ohne Liberationswirkung, bedeute, dies stets explizit erwähnten.[1334] Darüber hinaus

---

1331 Zitiert nach *Hupka*, Vollmacht (1900) 299–300 (Hervorhebung im Original). Übersetzung: 3. Und allgemein gilt: Was ein Vormund für sein Mündel gegen einen Dritten tun mußte, das muß er auch gegen sich selbst tun, und vielleicht noch mehr; denn gegen Dritte hätte er [gegebenenfalls] nicht ohne Klage erfolgreich vorgehen können, gegen sich selbst aber hätte er es. 4. Wenn er aber dem [verstorbenen] Vater des Mündels Geld zu höheren Zinsen als den Mündelzinsen schuldete, ist zu überlegen, ob ohm irgendetwas vorgeworfen werden kann. Und wenn er [die Schuld] erfülte, gibt es nichts, was ihm vorzuwerfen ist; denn er durfte zahlen und brauchte sich nicht mit Zinsen zu belasten. Wenn er aber nicht erfüllte, muß er für die Zinsen einstehen, die er von sich einziehen mußte. 5. So wie aber der Vormund zahlen kann, was er schuldet, so kann er auch einziehen, was ihm [vom Mündel] geschuldet wird, wenn er Gläubiger [des Vaters] seines Mündels war. Er kann nämlich auch [aus dem Mündelvermögen] an sich selbst zahlen, wenn nur Geld vorhanden ist, aus dem er sich bezahlt machen kann; und wenn ihm Zinsen geschuldet wurden, auch höhere, wird das Mündel von ihnen befreit, weil der Vormund sich [aus dem Mündelvermögen] bezahlt machen konnte, so wie er auch an andere [Mündelgläubiger] zahlen konnte und musste; vgl. *Knütel/Kupisch/Seiler/Behrends*, Corpus Iuris Civilis IV (2005) 392–393.

1332 *Rümelin*, Selbstcontrahiren (1888) 104–108, 125–126; siehe dazu *Hupka*, Vollmacht (1900) 300.

1333 *Hupka*, Vollmacht (1900) 300–301 (Hervorhebung im Original).

1334 *Hupka*, Vollmacht (1900) 303–304.

erschiene eine solche Regelung auch als „ganz unbegreifliche Härte gegen den Vertreter“, da die Gewährung der *exceptio doli* von der tatsächlichen Bereicherung des Mündels abhängig gewesen sei, nach deren Wegfall also nicht mehr zur Verfügung gestanden wäre.[1335] Weiters weist Hupka darauf hin, dass diesfalls auch die vertragsmäßigen Zinsen weiterlaufen hätten müssen; aus D. 26.7.9.4. ergäbe sich aber das genaue Gegenteil. „Nach all dem erscheint die Behauptung wohl gerechtfertigt, daß der Selbsteinziehung eigener Schulden durch den Vertreter die volle Wirkung der solutio ebenso zukam wie der Selbstbefriedigung [sic] des Vertreters für seine eigenen Forderungen“, die Rümelin auch nicht bezweifelt.[1336]

Für Hupka liegt der Grund für die unterschiedliche Behandlung von Zahlungen des Mündels an den Tutor unter dessen *auctoritas* – denen der Grundsatz *tutor in rem suam auctor fieri non potest* entgegensteht – und der Schuldzahlung des Tutors an sich selbst in der „formalistischen Zähigkeit, mit der die Römer an so manchen eingewurzelten Sätzen des alten Civilrechts festhielten, selbst wenn denselben ein materieller Gedanke zu Grunde lag, der eine Modifikation der Regel ganz gut vertragen hätte.“ Dazu kam, dass in der Praxis kein Bedürfnis an der Durchbrechung dieser Regel geherrscht habe, da Zahlungen und Zahlungsempfänge von der Verwaltungstätigkeit des Tutors umfasst waren und regelmäßig nicht vom Mündel selbst durchgeführt wurden.[1337] „Aus diesem Gesichtspunkt ist es vielleicht erklärlich, daß man sich in Ansehung der zwischen dem Mündel und dem Tutor selbst bestehenden Schuldverhältnisse eher dazu entschloß, ein *sibi solvere des Vormunds* anzuerkennen als mit dem alten Grundsatz zu brechen, daß der Tutor nicht selbst in eigener Sache als Auktor *neben dem Mündel* handeln könne.“[1338]

In den Quellen sei zwar keine Einschränkung der Selbstzahlung auf bestimmte Arten von Schulden erwähnt, die Bezahlung eigener Forderungen des Tutors sei allerdings nur für Geld- und Speziesschulden belegt. Hupka schließt sich daher Rümelin an, der postulierte, dass das *sibi solvere* im engeren Sinn dort ausgeschlossen war, wo unvertretbare Sachen geschuldet waren, da hier eine erhöhte Gefahr der Interessenverletzung bestehe.[1339]

Betreffend die formellen Erfordernisse der Selbstzahlung des Tutors geht Hupka – unter Verweis auf die einschlägigen Quellen – davon aus, dass hier

---

1335 *Hupka*, Vollmacht (1900) 304.

1336 *Hupka*, Vollmacht (1900) 305; zustimmend *Peters*, Generelle und spezielle Aktionen. Zeitschrift der Savigny-Stiftung für Rechtsgeschichte: Romanistische Abteilung 1911, 179 (185); *Wacke* in Festgabe Kaser 312 Fn 120.

1337 *Hupka*, Vollmacht (1900) 306.

1338 *Hupka*, Vollmacht (1900) 306–307 (Hervorhebung im Original).

1339 *Hupka*, Vollmacht (1900) 307; *Rümelin*, Selbstcontrahiren (1888) 135–136.

eine „kontrollierbare und unabänderliche Willensäußerung" wesentlich sei, wie sie vor allem die Eintragung der Transaktion in die Bücher des Mündels darstelle.[1340]

Weitaus beachtenswerter als die Erlaubnis der Schuldzahlung des Tutors an sich selbst findet Hupka die Tatsache, dass das römische Recht dem Tutor auch die Entnahme von Geld aus dem Mündelvermögen als Darlehen gestattete. Dies ergibt sich aus D. 26.7.9.7 (Ulpianus libro 36 ad edictum):

> Non tantum autem sibi *solvere* tutor, sed enim sibi creditam pecuniam scribere potest, ut Marcellus libro octavo digestorum scripsit, *seque, mutua pecunia poterit obligare sibi mutuam proscribendo.*[1341]

Eingangs setzt sich Hupka kurz mit dem bisherigen Meinungsstand zu diesem Fragment auseinander. Er verwirft zunächst u.a. die Interpretationsansätze von Lepa und Bechmann, die versucht hatten, „der Obligation, von welcher hier die Rede ist, den Vertragscharakter abzusprechen, und sie auf das bloße Faktum der in rem versio bezw. auf eine in der Geldentnahme angeblich liegende ‚Verwaltungshandlung' des Tutors zu gründen".[1342] Hupka entkräftet diese Ansätze mit einem Verweis auf den Wortlaut der Stelle, „die klar und deutlich von einer Obligierung ex mutuo spricht."[1343] Muskats Interpretation zufolge besagt die Stelle, dass der Tutor sich in der Erwartung, der Contutor werde ihm ein Darlehen gewähren, einen Schuldschein ausstellen dürfe;[1344] eine Argumentation, gegen die sich bereits Rümelin gewandt hatte und die Hupka als eine „willkürliche und anachronistische Erklärung" ablehnt.[1345]

Die eigentliche Schwierigkeit an dieser Stelle bereite nicht die Frage, ob sie tatsächlich ein „selbstkontrahierte[s] Darlehensgeschäft" beschreibe, sondern wie die Phrase *sibi creditam pecuniam scribere* und das darauffolgende *sibi mutuam proscribendo* zu einander in Beziehung zu setzen seien. Römer hatte gemutmaßt, dass damit zwei unterschiedliche Tatbestände beschrieben würden: zum einen, dass der Vormund aus seinem eigenen Vermögen ein Darlehen an das Mündel (vertreten durch ihn selbst) gewähre, und zum

1340 *Hupka*, Vollmacht (1900) 307–308.

1341 Zitiert nach *Hupka*, Vollmacht (1900) 308 (Hervorhebungen im Original). Siehe zu dieser Stelle auch *Wacke* in Festgabe Kaser 313–314.

1342 *Hupka*, Vollmacht (1900) 308; siehe dazu *Lepa*, Selbsteintritt (1883) 241; *Bechmann*, Kauf II (1884) 289 Fn 4.

1343 *Hupka*, Vollmacht (1900) 309.

1344 *Muskat*, Zeitschrift für das gesamte Handelsrecht und Wirtschaftsrecht 1887, 531–532.

1345 *Hupka*, Vollmacht (1900) 309; zu *Muskat* siehe im Detail *Rümelin*, Selbstcontrahiren (1888) 162–164.

anderen, dass der Vormund für sich selbst ein Darlehen aus dem Vermögen des Mündels entnehme.[1346] Die neuere Lehre verwarf diese Interpretation allerdings,[1347] und auch Hupka findet Römers Lösung schlichtweg „nicht annehmbar".[1348] Er begründet dies damit, dass das römische Recht lediglich eine Vertretung des Darlehensgebers, nicht aber des Darlehensnehmers kannte, sodass der Tutor sein Mündel zwar zum Darlehensgläubiger, nicht aber zum Darlehensschuldner habe machen können.[1349]

Es bliebe demnach zur Erklärung des *sibi creditam pecuniam scribere* nichts anderes übrig, als sich der herrschenden Lehre anzuschließen und „diesen Ausdruck und das ‚*mutuam* proscribere' als synonyme Bezeichnungen des *einen* Falles anzusehen, daß der Vormund zu seinen Gunsten aus dem Mündelvermögen ein Darlehen entnimmt und sich dadurch zum Schuldner des Mündels macht."[1350]

Gegen diese Auslegung hatte allerdings Ernst Wilhelm Eck in seiner Rezension von Rümelins Werk energisch Stellung bezogen und eine eigene Interpretation angeboten, mit der sich Hupka im Folgenden eingehend auseinandersetzt. Rümelins Auslegung, so Eck, „setze eine unerträgliche Tautologie voraus, die man Ulpian unmöglich zumuten könne".[1351] Eck hält die Übersetzung von *sibi creditam scribere* als „Schuldbekenntnis" für verfehlt, „denn der römische Schuldner bekannte nicht ein creditisse des Gläubigers, sondern sein eigenes accepisse." Scribere bedeute hier vielmehr das Quittieren einer Selbstsolution des Tutors. Ulpian sage also, „daß der Tutor seine Schuld nicht bloß an sich bezahlen, sondern auch quittieren könne [...], in der zweiten gestattet er ihm sogar die Begründung einer neuen Darlehensschuld mittels Verschreibung zur Deckung des Mündels."[1352]

Hupka hält diese Deutung für „gänzlich verfehlt." Wenn Ulpian mit *sibi solvere* tatsächlich die Zahlung einer Schuld des Tutors gemeint haben sollte, sei es überflüssig, die Möglichkeit der Quittierung durch den Tutor noch eigens herauszustreichen, da sich diese ja bereits aus der Gestattung der Zahlungsannahme ergäbe. „Völlig unbegreiflich" fände es Hupka

---

1346 *Römer*, Zeitschrift für das gesamte Handels- und Wirtschaftsrecht 1874, 73.

1347 Vgl. z.B. *Lepa*, Selbsteintritt (1883) 240–241; *Muskat*, Zeitschrift für das gesamte Handelsrecht und Wirtschaftsrecht 1887, 529; *Rümelin*, Selbstcontrahiren (1888) 170–171.

1348 *Hupka*, Vollmacht (1900) 310.

1349 *Hupka*, Vollmacht (1900) 310.

1350 *Hupka*, Vollmacht (1900) 311 (Hervorhebung im Original).

1351 *Hupka*, Vollmacht (1900) 311; *Eck*, [Rezension von Rümelin, Max, Das Selbstcontrahiren des Stellvertreters nach gemeinem Recht], Zeitschrift für das gesamte Handelsrecht 1891, 269.

1352 *Eck*, Zeitschrift für das gesamte Handelsrecht 1891, 269–270.

darüber hinaus, wenn Ulpian „diese beiden, so eng zu einander gehörenden Akte durch das gewichtige ‚*non tantum autem … verum etiam*‘ einander entgegensetzte und überdies zur Bekräftigung des Selbstverständlichen die Autorität des Marcellus anrief – während er das eigentlich Neue und durchaus nicht Selbstverständliche, nämlich das ‚mutua pecunia se obligare‘ wie ein gleichgültiges Anhängsel durch ein tonloses ‚que‘ anfügte.“[1353] Darüber hinaus argumentiert Hupka, dass die hier behandelte Stelle an den Gedankengang der oben zitierten D. 26.7.9.5 anschließe, sodass die Wendung *sibi solvere* hier dieselbe Bedeutung – nämlich die Bezahlung einer Forderung des Tutors gegen das Mündel aus dessen Vermögen – haben müsse. Wenn man Ecks Deutung des *scribere* beibehielte, würde die Stelle demnach Folgendes besagen: „Der Tutor kann nicht bloß seine eigenen *Forderungen* gegen den Mündel im Namen des letzteren *bezahlen*, sondern sogar die Bezahlung seiner eigenen *Schulden* im Namen des Mündels *quittieren*!“ Hupka hält diese Annahme wohl zu Recht für wenig wahrscheinlich: „Ein solches Monstrum ist aber dem Ulpian wohl nicht zuzumuten.“[1354]

Hupka hat allerdings nicht nur logische, sondern auch sprachliche Einwände gegen Ecks Deutung: Ecks Interpretation, derzufolge das *sibi* zu *creditam* gehöre und *sibi creditam pecuniam* als „die Schuld des Tutors“ zu übersetzen wäre, weist er als „entsetzliche stilistische Härte“ zurück: „Ulpian hätte sicher geschrieben: ‚pecuniam a se debitam‘ oder ‚solutam‘ oder noch besser ‚pecuniam pupilli nomine acceptam‘; im schlimmsten Fall aber hätte die Wortstellung lauten müssen: ‚pecuniam sibi creditam‘.“[1355] Darüber hinaus zeige aber ein Blick auf die vorhergehenden Paragraphen, in denen *sibi* jedes Mal zum Prädikat des Satzes gehört, dass auch hier das *sibi* zu *solvere* zu ziehen sei. Darüber hinaus weist Hupka auch anhand von Quellen nach, dass *scribere* von den römischen Juristen keineswegs durchgehend in der Bedeutung von „quittieren“ gebraucht wurde.[1356]

Hupka schließt sich der herrschenden Auslegung an, die *sibi creditam pecuniam scribere* als synonym mit *sibi mutuam proscribere* liest. Dadurch werde aber „der häßliche Pleonasmus“ dieser Stelle keineswegs beseitigt. Ihn aufzulösen sei auch Rümelin und Arnò in deren Interpretationen nicht gelungen.[1357] Hupka hält den Spekulationen seiner Vorgänger entgegen, dass „unsere Stelle ihre Mißgestalt erst durch die Kompilatoren erhalten

---

1353 *Hupka*, Vollmacht (1900) 312 (Hervorhebung im Original).
1354 *Hupka*, Vollmacht (1900) 312 (Hervorhebung im Original).
1355 *Hupka*, Vollmacht (1900) 313 (Hervorhebung im Original).
1356 *Hupka*, Vollmacht (1900) 313–314.
1357 *Hupka*, Vollmacht (1900) 314–315; siehe auch *Rümelin*, Selbstcontrahiren (1888) 171; *Arnò*, Il contratto con sè medesimo (selbstcontrahiren), Archivio giuridico 1896, 474–476.

hat." Dies sei durch den Tempuswechsel (*potest – poterit*) und die „störenden Wiederholungen" scribere – scripsit und mutua – mutuam belegt. Die ursprüngliche Fassung der Stelle habe wie folgt gelautet: „Non tantum autem sibi solvere tutor, verum etiam *sibi expensam pecuniam ferre* potest, ut Marcellus libro octavo digestorum scribit", wobei *expensam ferre* als „Darlehen geben" zu übersetzen sei. Der Satz besagte somit: „Der Tutor kann nicht bloß solvendi causa an sich zahlen, sondern auch credendi causa, und dies als nomen arcarium in die Bücher des Pupillen eintragen." Der mit *seque* beginnende Schlusssatz sei von den Kompilatoren interpoliert worden, da diese nach der Ersetzung des *expensam pecuniam ferre* durch *creditam scribere* festgestellt hätten, dass nun „die Sache nicht so klar war, wie sie wollten".[1358]

Nachdem für Hupka somit feststeht, dass die Darlehensgewährung des Tutors an sich selbst aus dem Mündelvermögen zulässig war, interessieren ihn vor allem die genaueren rechtlichen Umstände, unter denen eine solche Transaktion erfolgen durfte; „denn daß nicht eine jede Geldentnahme des Verwalters für seine Zwecke ein selbstkontrahiertes Darlehensgeschäft ist, liegt auf der Hand."[1359] Zur Ermittlung dieser Umstände beruft sich Hupka neben der hier zitierten Stelle auf D. 1.37.3.5 und D. 1.54.26.7 (Tryphoninus libro secundo disputationum). Die erste Stelle handelt von einem *negotiorum gestor*, der seine eigene Schuld nicht rechtzeitig zurückzahle und daher zinspflichtig werde; die zweite von einem Vormund, dem die Mitvormünder ein Darlehen aus dem Vermögen des Mündels gewähren.

Hupka unterscheidet in seiner Untersuchung zwischen formalen und inhaltlichen Kriterien. Zu ersten führt er aus, dass bereits die hier zitierte Stelle deutlich mache, dass zusätzlich zur Geldentnahme die Eintragung des Darlehens in das Hausbuch des Mündels erforderlich gewesen sei. Dieser Eintrag, der bei anderen Geschäften lediglich die Bedeutung eines Beweisaktes habe, bilde hier einen integralen Bestandteil des Geschäfts. Allerdings sei dies nicht die Möglichkeit gewesen, dem Publizitätserfordernis Genüge zu tun und ein Darlehen des Mündels an den Tutor zu begründen. In D. 1.54.26.7 wird bei der Darlehensgewährung an den Tutor verlangt, dass diese *palam aperteque* erfolgte, sich also „der Vertragswille in kundlicher und kontrollierbarer Weise manifestierte." Dieses Erfordernis sieht Hupka auch dort erfüllt, wo dem zur selbstständigen Vertretung ermächtigten Contutor ein Schuldschein übergeben wurde; eine Verwahrung der Schuldurkunde durch

---

1358 *Hupka*, Vollmacht (1900) 315 (Hervorhebungen im Original); zustimmend zur Interpolationsannahme *Wacke* in Festgabe Kaser 313 Fn 127, der u.a. auf *Hupkas* Interpretation verweist.

1359 *Hupka*, Vollmacht (1900) 315–316.

den Darlehensempfänger hätte hingegen nicht ausgereicht, um ein wirksames Darlehensgeschäft zu begründen.[1360]

In inhaltlicher Hinsicht beruft sich Hupka auf die Ausführungen Tryphonins in D. 1.37.3.5.: dieser Stelle zufolge liegt eine (unerlaubte) *in usus versio* noch nicht vor, wenn der *negotiorum gestor* ein vor Übernahme der Geschäftsführung gewährtes unverzinsliches Darlehen nicht zurückzahlt, wohl aber, wenn er Geld zur Begründung eines solchen Darlehens aus dem Vermögen des Geschäftsherrn entnimmt. D. 1.54.26.7. verlangt vom Tutor, der sich von den Contutoren ein Darlehen aus dem Mündelvermögen gewähren lässt, dass dieser Zinsen in derselben Höhe verspreche, wie sie auch die übrigen Schuldner des Mündels zahlen.[1361]

Die hier entwickelten Voraussetzungen der selbstkontrahierten Darlehensaufnahme durch den Tutor gelten Hupka zufolge auch für derartige Geschäfte aller anderen Vertreter. Allerdings geht er davon aus, dass eine Darlehensaufnahme entgegen diese Vorschriften nur im Falle des Tutors jedenfalls nichtig sei; im Falle des *procurators* und des *negotiorum gestors* erlange sie, sofern das Formerfordernis erfüllt sei, durch die nachträgliche Genehmigung des Geschäftsherrn ex tunc Gültigkeit.[1362] Eine Ausnahme statuiere das römische Recht darüber hinaus für den Verwalter öffentlichen Vermögens, dem eine Entnahme von Geld nur aufgrund einer kaiserlichen Ermächtigung gestattet war.[1363]

Den dritten Abschnitt seiner Abhandlung widmet Hupka den Verkäufen des Vertreters an sich selbst. Diese waren nach römischem Recht generell verboten: *tutor rem pupilli emere non potest* – der Vormund kann von seinem Mündel nichts kaufen. Hupka betont allerdings, dass dieser Satz, der ja ein weit über den selbstkontrahierenden Kauf hinausgehendes Verbot beinhaltet – bereits durch die römische Rechtspraxis eingeschränkt wurde.[1364] Als besonders wichtige Belege dafür zitiert er D. 26.8.5.2–5 (Ulpianus libro 40 ad Sabinum) und D. 26.8.6 (Pomponius libro 17 ad Sabinum):

D. 26.8.5:

2. Item ipse *tutor et emptoris et venditoris officio fungi non potest*: sed enim si *contutorem* habeat, cuius auctoritas sufficit, *procul dubio emere potest*. Sed si *mala fide* emptio intercesserit, *nullius erit momenti* ideoque nec usucapere potest. Sane si suae aetatis factus comprobaverit emptionem, contractus valet.

1360 *Hupka*, Vollmacht (1900) 317.

1361 *Hupka*, Vollmacht (1900) 318.

1362 *Hupka*, Vollmacht (1900) 319; zustimmend *Wacke* in Festgabe Kaser 315 Fn 134.

1363 *Hupka*, Vollmacht (1900) 319.

1364 Siehe dazu auch eingehend *Wacke* in Festgabe Kaser 302–310.

3. Sed *si per interpositam personam* rem pupilli emerit, in ea causa est, ut emptio *nullius momenti* sit, *quia non bona fide videtur rem gessisse*: et ita est rescriptum a divo Severo et Antonino.
4. Sane si *ipse* quidem emit *palam, dedit autem nomen* non mala fide sed simpliciter, ut solent honestiores non pati nomina sua instrumentis inscribi, *valet* emptio: quod *si callide, idem erit, ac si per interpositam personam* emisset.
5. Sed et si *creditor* pupilli distrahat, aeque *emere bona fide poterit.*[1365]

D. 26.8.6:
Tutores, quibus admnistratio decreta non esset, tamquam extraneos recte a pupillo emere placet.[1366]

Hupka erklärt den Gedankengang der Stelle wie folgt: Der zweite Paragraf sage aus, dass die auctoritas des Vormundes nicht genüge, wenn dieser selbst einen Kaufvertrag mit dem Mündel schließen wolle. Wenn aber ein zur Alleinvertretung befugter Contutor am Kauf mitwirke, sei dieser gültig. Bedingung für die Gültigkeit ist aber auch diesfalls, dass das Geschäft *bona fide* – d.h. ohne die Absicht, den Mündel zu übervorteilen – abgeschlossen worden sei. Unredliche Absicht schade dem Käufer sowohl dann, wenn sie nur von seiner Seite vorhanden ist, als auch, wenn er mit dem Contutor kolludiert. Wenn der Tutor den Kauf durch einen Strohmann abschließt,

1365 Zitiert nach *Hupka*, Vollmacht (1900) 321 (Hervorhebung im Original). Übersetzung: 2. Ebenso kann der Vormund selbst [dem Mündel gegenüber] weder als Käufer noch als Verkäufer auftreten. Hat er aber einen Mitvormund, dessen förmliche Zustimmung genügt, so kann er ohne Zweifel kaufen. Kommt es aber durch arglistige Täuschung zu einem Kauf, ist dieser unwirksam, und deswegen kann der Vormund auch nicht ersitzen. Billigt aber das Mündel nach Eintritt der Mündigkeit den Kauf, so ist der Vertrag wirksam. 3. Aber auch wenn der Vormund durch eine Mittelsperson eine Sache des Mündels kauft, ist die Rechtslage die, daß der Kauf unwirksam ist, weil er das Geschäft nicht nach Treu und Glauben geführt hat. Und so ist es von dem vergöttlichten Kaiser Septimius Severus und vom Kaiser Antoninus [Caracalla] auf Anfrage entschieden worden. 4. Wenn der Vormund allerdings nach außen erkennbar selbst gekauft hat, aber einen [anderen] Namen [als seinen] eingefügt hat, und zwar ohne Arglist, sondern einfach so, wie es Personen höheren Standes zu tun pflegen, die nicht zulassen, daß ihre Namen in Urkunden aufgenommen werden, ist der Kauf wirksam. Hat er aber hinterlistig gehandelt, gilt dasselbe, wie wenn er durch eine Mittelsperson gekauft hätte. 5. Aber auch wenn ein Gläubiger [ein Pfand] des Mündels veräußert, kann er [der Vormund] ebenso kaufen, Treu und Glauben vorausgesetzt; vgl. *Knütel/Kupisch/Seiler/Behrends*, Corpus Iuris Civilis IV (2005), 416–417.

1366 Übersetzung: 6. Vormünder, denen die Verwaltung nicht durch den Beschluss [des Prätors] zugewiesen worden ist, können anerkanntermaßen wie Außenstehende rechtswirksam vom Mündel kaufen; vgl. *Knütel/Kupisch/Seiler/Behrends*, Corpus Iuris Civilis IV (2005), 417.

wird *mala fides* angenommen. Wenn der Vormund aber in eigener Person als Käufer aufgetreten sei und nur in die Vertragsurkunde den Namen eines anderen eingesetzt habe, sei der (unter Mitwirkung des Konautors abgeschlossene) Kauf nur dann ungültig, wenn er in der Absicht geschlossen wurde, dem Mündel dadurch zu schaden. Darüber hinaus könne der Tutor vom Pfandgläubiger Sachen des Mündels erwerben, sofern er *bona fide* handelt. D. 26.8.6. fügt hinzu, dass der Tutor, der nicht mit der Verwaltung des Mündelvermögens betraut ist (*tutor honorarius*), Sachen des Mündels kaufen könne.[1367]

Hupka folgert aus den zitierten Digestenstellen „teils unmittelbar, teils durch Analogieschlüsse" folgendes: „Erlaubt und gültig sind die Käufe vom *Vertretenen selbst* (bei Minderjährigen unter Zustimmung des Mittutors oder Mitkurators), sowie die Käufe von *dritten*, zum Verkauf befugten Personen (Mitvertreter mit Solidarvollmacht, Pfandgläubiger), *sofern* sie *offen und ehrlich* abgeschlossen werden. Dagegen fallen unter das Kaufverbot alle *fraudulosen* und *verdeckten* Geschäftsschlüsse der zuletzt genannten Art und die *selbstkontrahierten* Käufe des Vertreters."[1368] Die Unwirksamkeit Letzterer folge bereits daraus, dass das römische Recht keine Stellvertretung bei Konsensualkontrakten kennt; die dingliche Wirkung dieser Transaktionen musste allerdings durch eine positive Rechtsvorschrift ausgeschlossen werden.[1369]

Eine wichtige Ausnahme vom Verbot des selbstkontrahierten Naturalkaufs bestehe allerdings darin, dass der im Rahmen einer öffentlichen Versteigerung des Vertreters an sich selbst erfolgte Kauf gültig sei. Dies ergibt sich aus D. 41.4.2.8 und 9 (Paulus libro 54 ad edictum):[1370]

> 8. Tutor ex pupilli auctione rem, quam eius putabat esse, emit. Servius ait posse eum usucapere: in cuius opinionem decursum est eo, quod deterior causa pupilli non fit, si propius habeat emptorem, et, si minoris emerit, tutelae iudicio tenebitur ac si alii minoris addixisset: idque et a divo Traiano constitutum dicitur.[1371]

1367 *Hupka*, Vollmacht (1900) 322. Die Interpretation dieser Stelle, insbesondere D. 26.8.5.4., war in der damaligen Literatur nicht ganz unumstritten. *Hupkas* Interpretation folgt weitgehend jener *Muskats*; vgl. *Muskat*, Zeitschrift für das gesamte Handelsrecht und Wirtschaftsrecht 1887, 536. Eine abweichende Erklärung bietet hingegen *Rümelin*; vgl. *Rümelin*, Selbstcontrahiren (1888) 174–175; siehe dazu *Hupka*, Vollmacht (1900) 322 Fn 1.

1368 *Hupka*, Vollmacht (1900) 322–323 (Hervorhebung im Original).

1369 *Hupka*, Vollmacht (1900) 323; siehe dazu auch *Römer*, Zeitschrift für das gesamte Handels- und Wirtschaftsrecht 1874, 79.

1370 Siehe dazu auch *Wacke* in Festgabe Kaser 306–307.

1371 Übersetzung: Ein Vormund kaufte auf der Auktion seines Mündels eine Sache, die er für demselben gehörig hielt; Servius sagt, er könne sie ersitzen; man hat seine Meinung angenommen, weil die Lage des Mündels nicht dadurch

9. Procuratorem quoque, qui ex auctione, quam mandatu domini facit, emerit, plerique putant utilitatis causa pro emptore usucapturum. Idem potest dici et si negotia domini gerens ignorantis emerit propter eandem utilitatem.[1372]

Hupka interpretiert den diesen beiden Stellen zugrunde liegenden Sachverhalt wie folgt: Der Vertreter hat Sachen aus dem Vermögen des Vertretenen versteigert und sich dabei selbst eine Sache zugeschlagen, die dem Vertretenen in Wahrheit nicht gehört hatte.[1373] Nach strengem Recht stehe der Ersitzung hier der Satz entgegen, dass der Tutor eine Sache des Mündels nicht kaufen könne. Die gegenteilige Entscheidung der römischen Juristen trage hingegen der Tatsache Rechnung, „daß der Vorteil, der dem Vertretenen aus der Konkurrenz des Vertreters mit anderen Bietern erwächst, im allgemeinen größer ist als die Gefahr einer Übervorteilung". Daraus ginge bereits hervor, „daß in dem Fall, wo die Sache wirklich dem Vertretenen gehörte, die auf Grund des Zuschlags vollzogene Selbsttradition der Sache – Bezahlung des Kaufpreises vorausgesetzt – *unmittelbaren* Eigentumsübergang bewirkte."[1374]

Hingegen seien die obligatorischen Wirkungen des Kaufvertrages auch bei einem solchen Geschäft des Tutors nicht eingetreten: „Die unmittelbare Entstehung von actiones empti und venditi zwischen dem kaufenden Vertreter und dem in der Veräußerung vertretenen Prinzipal erscheint durch die allgemeine Unzulässigkeit einer Stellvertretung im Konsensualkauf von vornherein ausgeschlossen"; auch bestehe weder hier noch in anderen Stellen ein Anhaltspunkt dafür, dass beim Auktionskauf eine Ausnahme von diesem

verschlechtert wird, wenn er einen Käufer hat, der mehr gibt; und wenn er für einen geringeren Preis gekauft hat, so haftet er durch die Vormundschaftsklage, wie wenn er einem Andern für einen geringeren Preis zugeschlagen hätte; dies soll auch der Kaiser Trajanus verordnet haben; vgl. *Otto/Schilling/Sintenis*, Corpus Juris Civilis IV (1832) 328.

1372 Übersetzung: Auch der Geschäftsbesorger, der in einer im Auftrag des Herrn veranstalteten Auktion etwas gekauft hat, wird, nach der Meinung der meisten des Nutzens halber, als Käufer ersitzen. Dasselbe kann dann behauptet werden, wenn ein Geschäftsführer des darum nicht wissenden Herrn etwas gekauft hat, und zwar wegen desselben Nutzens; vgl. *Otto/Schilling/Sintenis*, Corpus Juris Civilis IV (1832) 328.

1373 *Hupka*, Vollmacht (1900) 324; dieser Ansicht u.a. auch bereits *Römer*, Zeitschrift für das gesamte Handels- und Wirtschaftsrecht 1874, 81 Fn 10; *Rümelin*, Selbstcontrahiren (1888) 182–183.

1374 *Hupka*, Vollmacht (1900) 324. Den Einwand mancher Schriftsteller (vgl. z.B. *Lepa*, Selbsteintritt (1883) 245–247; *Bechmann*, Kauf II (1884) 292–293), dass hier kein selbstkontrahierter Kauf vorliege, da anstelle des Tutors ein professioneller Auktionator tätig werde, weist Hupka aufgrund des Wortlauts der Stelle, aus dem eindeutig der Tutor selbst als die bei der Auktion handelnde Person hervorgehe, zurück; vgl. *Hupka*, Vollmacht (1900) 324–325.

Grundsatz gemacht worden sei.[1375] Mit Römer und Rümelin kommt Hupka also zu dem Schluss, dass die Anerkennung des selbstkontrahierten Auktionskaufs im römischen Recht „auf die reale Vollziehung des Kaufgeschäfts, mit anderen Worten auf den hierin liegenden *Natural*kauf beschränken."[1376] Darüber hinaus sei die Gültigkeit eines solchen Kaufes wiederum vom offenen und redlichen Vorgehen des Tutors abhängig gewesen. Obgleich die Quellen in diesem Zusammenhang nur *tutor*, *procurator* und *negotiorum gestor* erwähnen, geht Hupka davon aus, dass der selbstkontrahierte Auktionskauf auch für Kuratoren und Vertreter von Privatkorporationen zulässig war.[1377]

Einen freihändigen Verkauf des Vertreters hält Hupka – mit Ausnahme der Verwalter öffentlichen Gutes, die dazu vom Kaiser ermächtigt werden konnten – für ausgeschlossen. Hier steht Hupkas Meinung in direktem Widerspruch zu jener Römers, der sich zur Stützung seiner These auf D. 26.7.47.6 (Scaevola libro secundo responsorum) bezieht:[1378]

> Altero ex duobus fratribus sociis bonorum et negotiationis defuncto, herede filio, patruus tutor *venditis omnibus communis negotiationis mercibus et sibi redemptis* negotium suo nomine exercuit: quaesitum est, utrum compendium negotii an usuras pecuniae praestare debeat. Respondi secundum ea quae proponuntur pupillo usuram, non compendium praestandum.[1379]

Hupka vertritt – ebenso wie Lepa, Muskat und Arnò – die Meinung, dass in dieser Stelle ausdrücklich vom „Abschluß zweier gesonderter Rechtsgeschäfte – Verkauf und Rückkauf – mit einer dritten Person" die

1375 *Hupka*, Vollmacht (1900) 325.

1376 *Hupka*, Vollmacht (1900) 326 (Hervorhebung im Original); siehe dazu auch *Römer*, Zeitschrift für das gesamte Handels- und Wirtschaftsrecht 1874, 79–80; *Rümelin*, Selbstcontrahiren (1888) 186.

1377 *Hupka*, Vollmacht (1900) 326–327; siehe dazu auch *Rümelin*, Selbstcontrahiren (1888) 195–196; *Wacke* in Festgabe Kaser 307.

1378 *Römer*, Zeitschrift für das gesamte Handels- und Wirtschaftsrecht 1874, 85.

1379 Zitiert nach *Hupka*, Vollmacht (1900) 328 (Hervorhebung im Original). Übersetzung: Von zwei Brüdern, die Gesellschafter einer Erwerbsgemeinschaft und einer Vermögensgemeinschaft waren, starb der eine; Erbe wurde sein Sohn. Der Vormund, ein Onkel väterlicherseits, verkaufte als Vormund alle zum gemeinschaftlichen Erwerbsgeschäft gehörenden Waren, kaufte sie dann wieder zurück und betrieb das Geschäft in eigenem Namen. Es wurde angefragt, ob er den Geschäftsgewinn oder Zinsen für das [dem Mündel gebührende] anteilige Kaufgeld leisten müsse. Ich habe gutachtlich entschieden, daß nach dem, was vorgetragen wird, dem Mündel die Zinsen zu zahlen seien, nicht der Gewinn; vgl. *Knütel/Kupisch/Seiler/Behrends*, Corpus Iuris Civilis IV (2005) 415.

Rede sei.[1380] Römer und ihm folgend Rümelin sehen hingegen darin die Beschreibung eines selbstkontrahierten Verkaufs des Tutors an sich selbst.[1381] Dagegen wendet Hupka (meines Ermessens überzeugend) einerseits den Wortlaut des Fragmentes und andererseits die Tatsache ein, dass der Tutor diesfalls nur den dem Mündel gehörenden Teil des Lagers (nicht auch seinen eigenen) an sich selbst hätte verkaufen können.[1382]

Die letzte Frage, die Hupka aufwirft, ist jene nach der Gültigkeit von Käufen, bei denen der Vertreter im Namen des Vertretenen von sich selbst eine Sache kauft. Auch in diesem Fall erachtet es Hupka für gesichert, dass sich aus einer derartigen Transaktion keine obligatorische Wirkung ergeben habe können. Ein Verbot für Käufe dieser Art für den Verwalter öffentlichen Vermögens ergäbe sich aus den einschlägigen Quellen; für den Tutor scheide diese Möglichkeit aufgrund des Satzes *tutor et emptoris et venditoris officio fungi non potest* aus; dasselbe müsse analog auch für Kuratoren gelten. Dagegen geht Hupka davon aus, dass sich das Verbot nicht auf freiwillige Vertreter erstreckt habe, sondern dass bei diesen die Wirksamkeit solcher Transaktionen von der konkreten Vollmacht bzw. der Nützlichkeit des Geschäftes für den Vertretenen und dessen nachträglicher Genehmigung abhängig gewesen sei.[1383]

Beachtung in der romanistischen Forschung fanden vor allem Hupkas Auslegung des *sibi solvere* in D. 26.7.9.4 als schuldbefreiende Zahlung des Tutors,[1384] seine Interpretation von D. 26.8.5.4 und 5,[1385] sowie seine Anmerkungen zu D. 46.1.69.[1386] und D. 26.7.9.7.[1387] Sowohl Fritz Schulz als auch Hans Peters (der Mitteis bei der Erstellung der Interpolationen-Sammlung

1380 *Hupka*, Vollmacht (1900) 328; *Lepa*, Selbsteintritt (1883) 243; *Muskat*, Zeitschrift für das gesamte Handelsrecht und Wirtschaftsrecht 1887, 533; *Arnò*, Archivio giuridico 1896, 592.

1381 *Römer*, Zeitschrift für das gesamte Handels- und Wirtschaftsrecht 1874, 85; *Rümelin*, Selbstcontrahiren (1888) 191–2. Zu *Rümelin* siehe insbesondere auch *Hupka*, Vollmacht (1900) 329–331.

1382 *Hupka*, Vollmacht (1900) 328–329.

1383 *Hupka*, Vollmacht (1900) 332; zustimmend *Wacke* in Festgabe Kaser 310.

1384 Zustimmend *Peters*, Zeitschrift der Savigny-Stiftung für Rechtsgeschichte: Romanistische Abteilung 1911, 185; *Wacke*, Tilgungsakte durch Insichgeschäft, Zeitschrift der Savigny-Stiftung für Rechtsgeschichte: Romanistische Abteilung 1986, 223; *Wacke* in Festgabe Kaser 312 Fn 120.

1385 Zustimmend *Peters*, Zeitschrift der Savigny-Stiftung für Rechtsgeschichte: Romanistische Abteilung 1911, 234; *Wacke* in Festgabe Kaser 304 Fn 72.

1386 Zustimmend *Peters*, Zeitschrift der Savigny-Stiftung für Rechtsgeschichte: Romanistische Abteilung 1911, 194.

1387 *Wacke* in Festgabe Kaser 313 Fn 127.

der *Savigny-Zeitschrift* unterstützte[1388]) üben allerdings Kritik an Hupkas zu wenig „textkritischer" Herangehensweise, die dem auf die Auffindung von Interpolationen in den Digesten abzielenden Herangehen der damaligen herrschenden Methode nicht entsprach[1389] – eine Herangehensweise, die er rund drei Jahrzehnte später in seinem letzten romanistischen Aufsatz[1390] verteidigen sollte.

B. Der Dissensus in Causa und die moderne Textkritik

Chronologisch fällt dieser Text in eine Periode, die ansonsten fast ausschließlich der Beschäftigung mit dem Wechselrecht gewidmet war. In seiner kritischen Tendenz reiht sich der Artikel allerdings nahtlos in Hupkas nahezu zeitgleich erschienene Beiträge zur Freilassung Philipp Halsmanns und gegen die Gleispach'sche Studentenordnung ein. Was er in diesen Fällen auf gesellschaftlicher Ebene getan hatte, tat er hier auf dem Gebiete des römischen Rechts – jenem Wissenschaftsgebiet, das er zwar vor Jahrzehnten weitestgehend hinter sich gelassen hatte, das ihm aber immer noch am Herzen lag: Er zeigte offen, mutig und ohne Rücksicht auf persönliche Konsequenzen jene Missstände auf dem Gebiet der romanistischen Forschung auf, die seinen Überzeugungen und hohen ethischen Maßstäben zuwiderliefen.

Thema des Aufsatzes ist ein „Dauerbrenner romanistischer Forschung",[1391] die Antinomie zwischen Julian (13 dig. D. 41.1.36) und Ulpian (7 disp. D. 12.1.18). Sachlich geht es in den beiden Stellen (unter anderem) um eine Situation, in der der Geber eine Geldsumme schenken möchte, der Empfänger sie aber in der Absicht empfängt, ein Darlehen zu begründen. Des besseren Verständnisses wegen sollen die beiden Textstellen hier eingangs zitiert werden:

> D. 41.1.36:
> Cum in corpus quidem quod traditur consentiamus, in causa vero dissentiamus, non animadverto, cur inefficax sit traditio, veluti si ego credam me ex testament tibi

1388 *Mitteis*, Probedruck zur Interpolationen-Sammlung der Savigny-Zeitschrift, Zeitschrift der Savigny-Stiftung für Rechtsgeschichte: Romanistische Abteilung 1911, VII.

1389 *Schulz*, Zeitschrift der Savigny-Stiftung für Rechtsgeschichte: Romanistische Abteilung 1912, 39; *Peters*, Zeitschrift der Savigny-Stiftung für Rechtsgeschichte: Romanistische Abteilung 1911, 233.

1390 *Hupka*, Zeitschrift der Savigny-Stiftung für Rechtsgeschichte: Romanistische Abteilung 1932, 1.

1391 *Meissel* in FS Kranjc 307; für einen Überblick über die Behandlung dieser Stelle in der romanistischen Forschung seit den Glossatoren des Mittelalters siehe *Meissel*, Julian und die Entdeckung des dinglichen Vertrages, in *Falk/Luminati/Schmoeckel* (Hrsg), Fälle aus der Rechtsgeschichte (2008) 62 (68–76).

obligatum esse, ut fundum tradam, tu existimus ex stipulatu tibi eum deberi. nam et si pecuniam numeratam tibi tradam donandi gratia, tu eam quasi creditam accipias, constat proprietatem ad te transire nec impedimento esse, quod circa causam dandi atque accipiendi dissenserimus.[1392]

D. 12.1.18:
(pr.) Si ego pecuniam tibi quasi donaturus dedero, tu quasi mutuam accipias, Iulianus scribit donationem non esse: sed an mutua sit, videndum. et puto nec mutuam esse magisque nummos accipientis non fieri, cum alia opinione acceperit. quare, si eos consumpserit, licet condictione teneatur, tamen doli exceptione uti poterit, quia secundum voluntatem dantis nummi sunt consumpti. (§ 1) Si ego quasi deponens tibi dedero, tu quasi mutuam accipias, nec depositum nec mutuum est: idem est et si tu quasi mutuam pecuniam dederis, ego quasi commodatam ostendendi causa gratia accepi: sed in utroqua casu consumptis nummis condictioni sine doli exceptione locus erit.[1393]

Grundlegende Bedeutung erhalten diese beiden Fragmente im Kontext der Diskussion, ob die *traditio* im römischen Recht als kausales oder abstraktes Verfügungsgeschäft anzusehen ist, ob also der Eigentumsübergang auch ohne eine gültige zugrunde liegende *causa* erfolgt oder nicht. Während im neunzehnten Jahrhundert die von Savigny vertretene Lehre von der abstrakten Tradition die ältere Ansicht, die beim Eigentumsübergang das Erfordernis von *titulus* und *modus* vertrat, verdrängt hatte, begann sich diese – heutzutage wieder herrschende[1394] – Ansicht zu Beginn des

1392 Übersetzung: Wenn wir uns über den Gegenstand einigen, der übergeben wird, bezüglich des Erwerbsgrundes jedoch verschiedener Meinung sind, sehe ich nicht ein, warum die Übergabe unwirksam sein sollte. Etwa wenn ich glaube, ich sei dir auf Grund eines Testaments verpflichtet, ein Grundstück zu übergeben, du jedoch meinst, es werde dir aus einer Stipulation geschuldet. Denn auch wenn ich dir abgezähltes Geld in Schenkungsabsicht übergebe, du es aber gleichsam als Darlehen annimmst, steht fest, dass das Eigentum übergeht und kein Hindernis darin besteht, dass wir uns über den Grund des Empfangens nicht geeinigt haben; vgl. *Hausmaninger/Gamauf*, Casebook zum römischen Sachenrecht[11] (2012) 106.

1393 Übersetzung: Wenn ich dir Geld gebe, gleichsam um es dir zu schenken, du es aber gleichsam als Darlehen annimmst, schreibt Julian, es liege keine Schenkung vor: Doch ob ein Darlehen zustande gekommen sei, müsse man prüfen. Ich glaube, es ist auch kein Darlehen, und die Münzen werden nicht Eigentum des Empfängers, wenn er sie in anderer Meinung angenommen hat. Wenn er sie also verbraucht hat, haftet er zwar auf Grund einer condictio, doch kann er eine exceptio doli geltend machen, da die Münzen gemäß dem Willen des Gebers verbraucht worden sind; vgl. *Hausmaninger/Gamauf*, Casebook zum römischen Sachenrecht[11] (2012) 107.

1394 Siehe z.B. *Laborenz*, Solutio als causa. Die Frage des Abstraktionsprinzips im römischen Recht (2014) 20; *Meissel* in *Falk/Luminati/Schmoeckel* 64, 74–76.

zwanzigsten Jahrhunderts neuerlich durchzusetzen.[1395] Hupka, selbst einer der letzten Vertreter der Lehre Savignys,[1396] sieht das Neuaufleben der Diskussion mit sanfter Ironie: „Das für die Entscheidung in Betracht kommende Quellenmaterial hat sich seit Savigny nicht um ein einziges Stück vermehrt."[1397] Man möge die abstrakte Tradition zwar „für das moderne Recht (§ 929 BGB.) mißbilligen", im römischen Recht sei sie aber durch das Vorbild der – ebenfalls abstrakten – *mancipatio* und dem „mangelhaften dinglichen Schutz des Dritterwerbers" ausreichend erklärt.[1398]

Hupka befasst sich mit der rechtswissenschaftlichen Diskussion über den augenfälligen Widerspruch zwischen den beiden eingangs zitierten Digestenstellen sowohl auf inhaltlicher als auch auf methodischer Ebene. Der Aufsatz beginnt mit einem einleitenden Abschnitt, der die Bedeutung der beiden Fragmente für die oben skizzierte Frage des abstrakten oder kausalen Eigentumsüberganges erklärt. Darauf folgt eine eingehende Auseinandersetzung mit den Argumenten jener Schriftsteller, die Teile des Julianfragments für Interpolationen der Kompilatoren hielten und durch Streichungen und Ergänzungen dem Text einen Sinn zu geben suchten, der sich mit dem Zitat Ulpians vereinbaren lässt.

Hupka bietet einen detaillierten Überblick über die Kritik am Text des Julianfragments, beginnend mit der von Lenel geäußerten Vermutung, dass der erste Teil der Julian-Stelle ursprünglich über ein Missverständnis betreffend eine fiduziarische Manzipation gehandelt habe.[1399] Lenel leitet diesen Zusammenhang aus der *inscriptio* und dem Umstand ab, dass „Missverständnisse über die causa nirgends leichter vorkommen" könnten als bei

1395 *Pflüger*, Zwei Digestenstellen, in FS Zitelmann (1923) 41; *Beseler*, Beiträge zur Kritik der römischen Rechtsquellen IV (1923), 126; *Hupka*, Der dissensus in causa und die moderne Textkritik, Zeitschrift der Savigny-Stiftung für Rechtsgeschichte: Romanistische Abteilung 1932, 1 (1–2); zu den damaligen und heutigen Vertretern dieser Lehre *Laborenz*, Solutio (2014) 22 (mit weiteren Nachweisen); zu *Savignys* Lehre im Detail *Laborenz*, Solutio (2014) 85–89.

1396 Siehe dazu *Schulz*, [Rezension ausgewählter Werke zum römischen Übereignungsgeschäft durch Tradition]. Zeitschrift der Savigny-Stiftung für Rechtsgeschichte: Romanistische Abteilung 1932, 535 (545).

1397 *Hupka*, Zeitschrift der Savigny-Stiftung für Rechtsgeschichte: Romanistische Abteilung 1932, 3.

1398 *Hupka*, Zeitschrift der Savigny-Stiftung für Rechtsgeschichte: Romanistische Abteilung 1932, 18.

1399 *Lenel*, Quellenforschung in den Edictcommentaren. Zeitschrift der Savigny-Stiftung für Rechtsgeschichte: Romanistische Abteilung 1882, 104 (179); zustimmend *Pflüger* in FS Zitelmann 42; dagegen *Beseler*, Miscellanea, Zeitschrift der Savigny-Stiftung für Rechtsgeschichte: Romanistische Abteilung 1925, 222.

fiduziarischen Manzipationen, „und so könnte sich Julian veranlasst finden, hier von der Bedeutung solcher Missverständnisse überhaupt zu handeln.“[1400] Ferner verweist er auf die Tatsache, dass die Stelle von der Übertragung eines Grundstückes handle, die üblicherweise im Wege der *mancipatio* zu erfolgen habe, und abschließend auf die Überlegung, dass „das im zweiten Teil der Argumentation hergeholte Argument nur dann rechte Bedeutung gewinne, wenn der erste Teil sich nicht auf die Tradition beziehe.“[1401] Dennoch habe Lenel selbst eingeräumt, „dass für die Annahme einer Interpolation hier keine unbedingte Notwendigkeit ist“, weil ja auch die *traditio* eines Grundstückes „eine bestimmte Rechtswirksamkeit“ habe.[1402] Auch der Einwand, dass bei der *mancipatio* die *causa* ja von vornherein keine Rolle spiele, habe Lenel selbst in Erwägung gezogen, weshalb er seine Ausführungen auch „nur als Hypothese“[1403] bezeichnet habe. In weiterer Folge sei diese Hypothese aber von etlichen Autoren „wie ein vollkommen gesichertes Forschungsergebnis behandelt“ worden: „Damit war der erste Stein aus dem logischen Gefüge der 1. 36 herausgebrochen.“[1404]

Hupka hält dieser Annahme entgegen, dass es unwahrscheinlich sei, dass Julian den unter den römischen Juristen völlig unbestrittenen abstrakten Charakter der *mancipatio* mit einem Hinweis auf die *traditio* hätte bekräftigen müssen. Darüber hinaus erhielte das „aus dem zweiten Satz abgeleitete arg. a fortiori (vv. nam et si), auf die Tradition bezogen, einen vollkommen befriedigenden Sinn durch die von Satz zu Satz durchgeführte *Gradation der Kausen.*“[1405] Mit dieser Erkenntnis erledige sich auch das wiederholt vorgebrachte Argument, Julian selbst sei sich „über das Wesen der causa traditionis ‚nicht klar gewesen‘ und habe daher die causa debendi mit der causa dandi et accipiendi verwechselt.“ Dagegen führt Hupka ins Treffen, dass jeder, der die Stelle ohne „scholastisches Vorurteil“ lese, feststellen müsse, dass Julian „mit dem Worte causa ganz bewußt nicht den Zweck, sondern den Grund, die eigentliche causa ex qua traditur, bezeichnet, mit der die Sachübergabe entweder unmittelbar oder mittelbar und im zweiten

1400 *Lenel*, Zeitschrift der Savigny-Stiftung für Rechtsgeschichte 1882, 179.

1401 *Hupka*, Zeitschrift der Savigny-Stiftung für Rechtsgeschichte: Romanistische Abteilung 1932, 6.

1402 *Hupka*, Zeitschrift der Savigny-Stiftung für Rechtsgeschichte: Romanistische Abteilung 1932, 6–7; vgl. *Lenel*, Zeitschrift der Savigny-Stiftung für Rechtsgeschichte 1882, 179.

1403 *Lenel*, Zeitschrift der Savigny-Stiftung für Rechtsgeschichte 1882, 179.

1404 *Hupka*, Zeitschrift der Savigny-Stiftung für Rechtsgeschichte: Romanistische Abteilung 1932, 7.

1405 *Hupka*, Zeitschrift der Savigny-Stiftung für Rechtsgeschichte: Romanistische Abteilung 1932, 7 (Hervorhebung im Original).

Fall regelmäßig durch das Medium einer Obligation verknüpft ist." Julian sage demnach nichts anderes, als dass es nicht einzusehen sei, warum eine in der Vergangenheit liegende Meinungsverschiedenheit über den Grund der Veräußerung die traditio unwirksam machen solle, wenn doch anerkannt sei (*constat*), dass selbst eine Uneinigkeit über den gegenwärtigen, gerade zu vollziehenden Grund den Übergang des Eigentums nicht verhindere. Man müsse, so Hupka, „schon etwas voreingenommen sein, um in der klaren Flüssigkeit und Schlüssigkeit dieses Gedankenganges auch nur ein Haar zu finden."[1406]

Allerdings räumt Hupka ein, dass „[j]ene erste textkritische Korrektur" zwar „den logischen Zusammenhang der beiden Teile" zerstöre, „sachlich" aber „verhältnismäßig harmlos" sei, weil sie nichts daran ändere, dass der zweite Teil im Widerspruch zu Ulpian in D. 12.1.18 stehe. Hupka diskutiert sie allerdings trotzdem, weil sie die Grundlage für die späteren Arbeiten Gerhard Beselers und Heinz Pflügers bildete. Auf diese geht Hupka in weiterer Folge näher ein, weil sie „nicht nur vom Standpunkte des Problems, sondern auch, und vielleicht in noch höherem Grade, vom Standpunkte der Methode" von Interesse seien.[1407]

Hupka setzt sich mit Beselers Kritik an dem Julianfragment eingehend auseinander. Beseler hatte gemutmaßt, dass *constat – dissenserimus* ein von den Kompilatoren hinzugefügter Einschub sein müsse; Julian habe im Original lediglich die Schenkung mit den von Ulpian zitierten Worten *donatio non est* verneint.[1408] Pflüger wiederum übernimmt die Streichung des Entscheidungs- und Begründungssatzes und baut diese weiter aus.[1409] Beseler selbst begründet diese Streichung mit dem Argument, dass *constat* angesichts der Tatsache, dass Ulpian eine andere Meinung vertritt, nicht von Julian stammen könne: „Wenn Julian wirklich *constat* geschrieben hatte und hatte schreiben können, so mußte Ulpian sich wohl fügen."[1410] Hupka begegnet

---

1406 *Hupka*, Zeitschrift der Savigny-Stiftung für Rechtsgeschichte: Romanistische Abteilung 1932, 8.

1407 *Hupka*, Zeitschrift der Savigny-Stiftung für Rechtsgeschichte: Romanistische Abteilung 1932, 8.

1408 *Beseler*, Beiträge zur Kritik der römischen Rechtsquellen III (1913) 57; *Beseler*, Zeitschrift der Savigny-Stiftung für Rechtsgeschichte: Romanistische Abteilung 1925, 222; siehe dazu auch *Hupka*, Zeitschrift der Savigny-Stiftung für Rechtsgeschichte: Romanistische Abteilung 1932, 8–9.

1409 *Pflüger* in FS Zitelmann 45; *Hupka*, Zeitschrift der Savigny-Stiftung für Rechtsgeschichte: Romanistische Abteilung 1932, 9.

1410 *Beseler*, Beiträge III (1913) 57; zustimmend *Pflüger* in FS Zitelmann 45–46; anderer Ansicht *Hupka*, Zeitschrift der Savigny-Stiftung für Rechtsgeschichte: Romanistische Abteilung 1932, 8–9.

dieser Behauptung durch die Auflistung einer Vielzahl von Stellen, in denen „Ulpian den Julian [...] nicht besonders achtungsvoll behandelt hat." Selbst wenn man, „trotz allem, diesen Widerspruchsgeist unwahrscheinlich" finde, argumentiert Hupka durchaus nachvollziehbar, sei es „doch eine recht seltsame Logik, kurzerhand das Objekt des Widerspruchs und nicht diesen selbst als Fälschung zu deklarieren".[1411]

Auch stilistische Argumente, die von einer Reihe von Autoren gegen den mit *constat* beginnenden Satz vorgebracht worden waren, hält Hupka nicht für schlüssig; er erinnert unter Verweis auf Heinrich Lange daran, „daß die römischen Juristen sich über ihre Ausdrucksweise viel weniger Gedanken gemacht haben dürften als wir."[1412] So gelangt Hupka letztendlich zu dem Schluss, „daß sämtliche Argumente, die gegen den Satz *constat – dissenserimus* geltend gemacht wurden, völlig unzulänglich sind, um dieses wichtigste Stück der Iulianstelle, das an sich weder durch seinen Inhalt noch durch seinen logischen Zusammenhang mit dem unmittelbar Vorhergehenden irgendwie verdächtig ist, als Fälschung Tribonians erscheinen zu lassen."[1413]

Auch die „Angriffe gegen den Eingang des Fragments" scheinen Hupka „nicht besser begründet: Diese erschöpfen sich weitestgehend in Zweifel, ob die Wendung *in corpore consentiamus*, die Pluralform *causae* und die Gegenüberstellung von *consentire* und *dissentire* aus klassischer Zeit bzw. aus der Feder Julians stammen könnten."[1414] Für Hupka zeigen die zur Stützung dieser Thesen vorgebrachten Argumente „deutlich, wie leicht es heutzutage ist, einen einwandfreien Text zu beseitigen, wenn er mit einer vorgefassten Meinung nicht übereinstimmt."[1415]

Erklärungsansätzen, denen zufolge Julian deswegen den Eigentumsübergang bejaht, weil er das Zustandekommen eines Darlehens sozusagen als kleinster gemeinsamer Nenner der inkongruenten Willen der Parteien – da ja die Hingabe einer Summe als Schenkung als *maius* sozusagen das *minus* der Hingabe einer Summe als rückzahlbares Darlehen miteinschließe – betrachtet,

---

1411 *Hupka*, Zeitschrift der Savigny-Stiftung für Rechtsgeschichte: Romanistische Abteilung 1932, 9–10.

1412 *Hupka*, Zeitschrift der Savigny-Stiftung für Rechtsgeschichte: Romanistische Abteilung 1932, 10 unter Verweis auf *Lange*, Das kausale Element im Tatbestand der klassischen Eigentumstradition (1930) 26 Fn 1.

1413 *Hupka*, Zeitschrift der Savigny-Stiftung für Rechtsgeschichte: Romanistische Abteilung 1932, 10–11.

1414 Siehe dazu eingehend *Pflüger* in FS Zitelmann 46; *Beseler*, Zeitschrift der Savigny-Stiftung für Rechtsgeschichte: Romanistische Abteilung 1925, 221; *Lange*, Element (1930) 72.

1415 *Hupka*, Zeitschrift der Savigny-Stiftung für Rechtsgeschichte: Romanistische Abteilung 1932, 12.

kann Hupka wenig abgewinnen.[1416] Insbesondere wendet er sich gegen die Hypothese Pflügers, der aus der Ulpian-Stelle „die wahre Meinung Iulians" herauszulesen versucht und dabei zu dem Schluss kommt, dass Iulian die Schenkung verneint und gleichzeitig die Frage nach dem Darlehen aufgeworfen habe. Dieses habe er mit der oben skizzierten Begründung bejaht. Zwar räumt Pflüger ein, dass Julian, wie auch Hupka hervorhebt, „die unzweifelhaft vorhandene qualitative Verschiedenheit unmöglich als quantitative habe behandeln können",[1417] geht aber dennoch davon aus, dass Julian seine Entscheidung auf diese Weise begründet habe. Diese Begründung aber hätten die Kompilatoren gestrichen und durch *constat proprietatem ad te transire* ersetzt.[1418]

Hupka weist diese und ähnlich gelagerte Spekulationen energisch zurück: „Wäre diese Art der Behandlung einer Quellenstelle eine vereinzelte Erscheinung und bestünde nicht Gefahr, daß das Ergebnis solcher Behandlung alsbald zur ‚herrschenden Meinung' wird, so wäre man wohl berechtigt, über jene willkürliche Ausfüllung einer selbst geschaffenen Lücke einfach hinwegzusehen. Da aber das erste leider nicht mehr zutrifft und das zweite nach den jüngsten Erfahrungen ernstlich zu besorgen ist, so darf man diese neue ‚Klassifizierung' der 1. 36 nicht mit bloßem Kopfschütteln abtun."[1419]

Gegen die oben skizzierten Änderungen bringt Hupka zunächst mit aller Entschiedenheit vor, dass keinerlei Anlass zu der Annahme bestehe, dass der von Ulpian zitierte Satz *donatio non est* ursprünglich just in dieser Passage Julians gestanden sei; dies insbesondere deswegen, weil D. 41.1.36 „einen spezifisch sachenrechtlichen Inhalt hatte und daher für die unmittelbare Entscheidung einer vertragsrechtlichen Frage weder Inhalt noch Raum bot". Viel wahrscheinlicher sei es, dass die von Ulpian referierte Entscheidung aus dem Kontext einer „allgemeinen Erörterung über die *Vertragsnatur der Schenkung*" stamme: „Die Beseler-Pflügersche Lokalisierung des julianischen *donatio non est* hat also alle Wahrscheinlichkeit gegen sich.". Ob Julian darüber hinaus an irgendeiner Stelle seines Werkes die Frage nach dem Zustandekommen des Darlehens erörtert habe, könne nicht mit

1416 *Hupka*, Zeitschrift der Savigny-Stiftung für Rechtsgeschichte: Romanistische Abteilung 1932, 14–15; zustimmend *Laborenz*, Solutio (2014) 43–44.

1417 *Pflüger* in FS Zitelmann 45; *Hupka*, Zeitschrift der Savigny-Stiftung für Rechtsgeschichte: Romanistische Abteilung 1932, 14.

1418 *Pflüger* in FS Zitelmann 45; *Hupka*, Zeitschrift der Savigny-Stiftung für Rechtsgeschichte: Romanistische Abteilung 1932, 12–14.

1419 *Hupka*, Zeitschrift der Savigny-Stiftung für Rechtsgeschichte: Romanistische Abteilung 1932, 14.

Sicherheit festgestellt werden.[1420] Hupka selbst hält es für wahrscheinlicher, dass sich Julian mit dieser Frage nicht beschäftigt habe, weshalb Ulpian sie nun aufwerfe und beantworte; wenn Julian sich dazu geäußert hätte, hätte sich Ulpian jedenfalls mit seiner Meinung auseinandersetzen müssen. Dies umso eher, wenn man davon ausgehe, dass Julian die „höchst merkwürdige Theorie" vertreten habe, dass im Wege einer „neu- und fremdartige[n] Minuendo-Konversion, die – zumal in ihrer Allgemeinheit – auch vielen modernen Juristen recht bedenklich erscheinen mag," aus einer ursprünglich vom Geber intendierten Schenkung aufgrund des Willens des Empfängers ein Darlehen entstehen könne. Gerade wenn man annehme, dass Julian diese Meinung tatsächlich vertreten habe, sei es „jedenfalls ausgeschlossen", dass er sie im rein sachenrechtlichen Kontext der D. 41.1.36 geäußert habe und die Kompilatoren sie dann gestrichen und durch „jene diametral entgegengesetzte Begründung des Eigentumsüberganges geschrieben haben, die der Schlußsatz der 1. 36 enthält."[1421]

Hupka betont, dass Eingangs- und Schlusssatz – „die zusammen den juristischen Inhalt der Stelle ausmachen" – lediglich auf der Basis einer „Summe von teils nichtigen, teils völlig unsicheren Argumenten" gestrichen worden seien.[1422] Auch die Platzierung des Fragments im Digestentitel *de adquirendo rerum dominio* widerlege die Behauptung, Julian hätte darin geäußert, dass ein Darlehen auch ohne Darlehenswillen des Gebers entstehen könne; eine solch „kuriose" Entscheidung wäre von den Kompilatoren unzweifelhaft in den Titel *de rebus creditis*, aus dem auch das Ulpian-Zitat stammt, eingereiht worden.[1423]

Wenn man „den klaren und geschlossenen Gedankengang der 1. 36 ohne Vorurteil" betrachte und diesen mit den „zusammenhanglosen Fetzen" vergleiche, welche die „modernen Wiederherstellungsversuche" zum Ergebnis haben, könne kein „ernsthafter Zweifel darüber [bestehen], welcher Text der echte ist," lautet Hupkas abschließendes Urteil. Allein deswegen, weil die neuere Lehre nicht akzeptieren wolle, dass die kausale Tradition dem klassischen römischen Recht fremd gewesen sei, müsse nun mit „neuen – zu

1420 *Hupka*, Zeitschrift der Savigny-Stiftung für Rechtsgeschichte: Romanistische Abteilung 1932, 15 (Hervorhebung im Original) zustimmend *Laborenz*, Solutio (2014) 45–46.

1421 *Hupka*, Zeitschrift der Savigny-Stiftung für Rechtsgeschichte: Romanistische Abteilung 1932, 17.

1422 *Hupka*, Zeitschrift der Savigny-Stiftung für Rechtsgeschichte: Romanistische Abteilung 1932, 17.

1423 *Hupka*, Zeitschrift der Savigny-Stiftung für Rechtsgeschichte: Romanistische Abteilung 1932, 17–18.

allem tauglichen – Mitteln der Beweis versucht werden", dass der Inhalt der überlieferten Stelle nicht der tatsächlichen Meinung Julians entspreche.[1424]

Während Hupka aus dem oben Gesagten folgert, dass es „für eine unbefangene und besonnene Kritik weder logische noch sprachliche Gründe" gäbe, „welche die Annahme irgendeines Eingriffes der Kompilatoren in den Text des Iulianfragments rechtfertigen", sei die Ulpian-Stelle hingegen „allerdings einer Überarbeitung verdächtig."[1425] Bereits Donellus habe darauf hingewiesen, dass der mit *quare* eingeleitete Satz logisch fehlerhaft sei (da aus dem Verbrauch des Geldes nur die *condictio*, nicht aber die *exceptio doli* folge), habe dies aber lediglich für einen Ausdrucksfehler Ulpians gehalten. Modernere Schriftsteller gingen hingegen davon aus, dass der Satz im Original mit den Worten *condictione tenetur* endete und die Gewährung der *exceptio doli* eine byzantinische Ergänzung sei.[1426]

Diese Annahme sei zwar „auf den ersten Blick" plausibel; dennoch äußert Hupka eine Reihe „gewichtige[r] Bedenken" dagegen: Zwar gäbe es eine Vielzahl von Stellen, an denen die Kompilatoren den klassischen Urteilen ihre eigenen, milderen entgegensetzten; zumeist geschehe dies aber offen unter Verweis auf die eigene „Milde" im Gegensatz zur klassischen „Strenge". Für die Annahme einer heimlichen Textkorrektur fehle es hingegen an einem „zureichenden Grund".[1427] Darüber hinaus sei es auch durchaus wahrscheinlich, dass bereits Ulpian es unbillig gefunden habe, dass jemand, der eine Summe Geldes im Willen, sie dem Empfänger zu schenken, hingegeben habe, diese nur deswegen zurückfordern können solle, weil der Empfänger fälschlich von der Gewährung eines Darlehens ausgegangen sei.[1428]

1424 *Hupka*, Zeitschrift der Savigny-Stiftung für Rechtsgeschichte: Romanistische Abteilung 1932, 19.

1425 *Hupka*, Zeitschrift der Savigny-Stiftung für Rechtsgeschichte: Romanistische Abteilung 1932, 19.

1426 Siehe dazu z.B. *Beseler*, Beiträge III (1913) 57; *Beseler*, Beiträge IV (1920) 127; *Pflüger* in FS Zitelmann 47–48; *Lange*, Element (1930) 65–66.

1427 *Hupka*, Zeitschrift der Savigny-Stiftung für Rechtsgeschichte: Romanistische Abteilung 1932, 21.

1428 *Hupka*, Zeitschrift der Savigny-Stiftung für Rechtsgeschichte: Romanistische Abteilung 1932, 22; zustimmend *Laborenz*, Solutio (2014) 45. *Pflüger* argumentiert hingegen, sowohl Ulpians wie auch Julians Entscheidung sei „nur mit dem Verstande gefunden" gewesen, „nicht mit dem Herzen." Es habe daher der byzantinischen Korrektur bedurft, um dem Empfänger, von dem der Geber der klassischen Meinung zufolge das Geld habe mittels *condictio* zurückfordern können, die *exceptio doli* zur Abwehr dieses moralisch nicht gerechtfertigten Anspruches zu gewähren. Dass diese nur gewährt werde, wenn das Geld bereits verbraucht sei, habe Justinian „nur aus Gedankenlosigkeit, weil Ulpian gerade nur die condictio genannt hatte", entschieden; vgl. *Pflüger* in FS Zitelmann 47.

Hupkas zweiter Einwand bezieht sich auf den Umstand, dass man bei Streichung der Gewährung der *exceptio doli* konsequenterweise auch den Schlusssatz der Stelle streichen müsse. Damit aber gehe er „eigentliche Angelpunkt der Auseinandersetzung, ja überhaupt [...] der einzige Gedanke [...], der die beiden Teile der Stelle miteinander verbindet", verloren, sodass lediglich „eine farb- und geistlose Aneinanderreihung dreier Fälle", in denen mangels Konsenses weder ein Darlehen noch ein anderes Geschäft zustande komme, übrig bliebe; ein „amorphes Gebilde, das man schwerlich dem Ulpian zumuten kann." Zum Dritten spreche auch die Herkunft des Zitates, das aus einem Buch über die *exceptiones* stammte, gegen die Streichung gerade dieser Passagen.[1429]

Hupka entwickelt infolge eine eigenständige These, wie sich der „logische Sprung im Gefüge der 1. 18 pr. [...] zum Verschwinden bringen" lasse,[1430] ohne anzunehmen, dass Ulpian gerade an einem Punkt, wo Exaktheit des Ausdrucks zur Nachvollziehbarkeit seines Gedankens unerlässlich war, ungeschickt formuliert habe, und ohne sich den modernen Korrekturansätzen anzuschließen. Letzteres sieht Hupka überaus kritisch: „Nichts zeigt so deutlich die zweckhaft einseitige Orientierung auch des zuletzt besprochenen Rekonstruktionsversuchs wie der Umstand, daß man die Quelle des hier zweifellos vorhandenen Gedankenfehlers a priori ausschließlich im Bereich des Folgerungssatzes gesucht und überhaupt nicht daran gedacht hat, daß sie auch in der *Begründung* liegen könnte."[1431]

Gerade dieser widmet sich Hupka im letzten Abschnitt seines Textes in scharfsinniger Weise, wobei er – wie auch bereits in der *Vollmacht*[1432] – sein sprachliches und stilistisches Geschick im Umgang mit der lateinischen Quelle unter Beweis stellt. Seine Aufmerksamkeit gilt vor allem der Wortfolge *magisque nummos accipientis non fieri*, deren Echtheit „bisher von niemandem angezweifelt worden" sei. Lange habe diese Frage als einziger „wenigstens gestreift", es aber schlussendlich für undenkbar erklärt, dass dieselbe Kommission, die für die Bearbeitung beider oben zitierter Fragmente zuständig gewesen sei, einen Widerspruch in die beiden Stellen hineingebracht habe. Hupka schließt sich dieser Einschätzung zwar grundsätzlich an, weist aber auch darauf hin, dass man durchaus auf diese Idee kommen

1429 *Hupka*, Zeitschrift der Savigny-Stiftung für Rechtsgeschichte: Romanistische Abteilung 1932, 22.

1430 *Hupka*, Zeitschrift der Savigny-Stiftung für Rechtsgeschichte: Romanistische Abteilung 1932, 22.

1431 *Hupka*, Zeitschrift der Savigny-Stiftung für Rechtsgeschichte: Romanistische Abteilung 1932, 23 (Hervorhebung im Original).

1432 Siehe dazu das vorhergehende Kapitel (Zweiter Teil, Kapitel II.A.).

könne, wenn man lediglich das Ulpian-Fragment lese, ohne dabei an die Julian-Stelle zu denken.[1433]

Hupka zufolge ist die Aussage der Stelle eine rein schuldrechtliche: Ulpian befasse sich mit Fällen, in denen bei der Übergabe von Geld kein Darlehen zustande komme, weil der Wille des anderen Teiles jeweils auf einen anderen Realkontrakt oder auf eine Schenkung gerichtet sei. Er verneint in allen Fällen aufgrund des Dissenses das Zustandekommen sowohl des Darlehens als auch des anderen Geschäftes, wodurch sich ein Rückforderungsanspruch des Gebers ergibt, da der Empfänger das Geld ohne gültigen Rechtsgrund erhalten habe. Dort, wo der Gegner ein *depositum* oder *commodatum* bezweckte, lasse Ulpian die Rückforderung unter allen Umständen zu. In dem Fall aber, dass der Geber das Geld ursprünglich habe schenken wollen, könne er das Geld nur so lange zurückfordern, als es der Empfänger nicht verbraucht habe. Einen späteren Rückforderungsanspruch solle der Empfänger mittels *exceptio doli* abwehren können, da es Treue und Billigkeit forderten, dass der Geber trotz Scheitern der Schenkung nicht soweit von seinem ursprünglichen Willen abweichen dürfe, dass er das Geld zurückfordere, nachdem es der Empfänger – im Einklang mit der ursprünglichen Intention des Gebers – verbraucht habe und ihm aus der Rückforderung wirtschaftliche Schwierigkeiten erwachsen könnten.[1434] Die Kernaussage der Stelle ist somit die Unterscheidung zwischen der unbedingten Rückforderbarkeit in Fällen, wo der Geber von vornherein eine Rückgabe des Geldes intendiert hatte, nicht aber dort, wo er es dem Empfänger endgültig überlassen hatte wollen.

Die Frage des Eigentumsüberganges habe aber, so Hupka, mit dieser Entscheidung nichts zu tun; es sei völlig nebensächlich, ob der Empfänger vor Verbrauch des Geldes dessen Eigentümer geworden sei, ebenso wie es für die unbedingte Rückforderbarkeit des Geldes in den beiden anderen Fällen unbeachtlich sei, dass der Empfänger hier ohne Zweifel kein Eigentum erworben habe. „Man darf von vornherein bezweifeln, daß Ulpian die klare und gerade Linie seiner dogmatischen Ausführung durch eine so gar nicht zum Gegenstand gehörige Einstreuung unterbrochen habe, um eine immerhin heikle und einer besonderen Erörterung bedürftige Frage eines anderen Problemkreises im Vorbeigehen mit vier Worten abzutun."[1435]

1433 *Hupka*, Zeitschrift der Savigny-Stiftung für Rechtsgeschichte: Romanistische Abteilung 1932, 23; *Lange*, Element (1930) 65.

1434 *Hupka*, Zeitschrift der Savigny-Stiftung für Rechtsgeschichte: Romanistische Abteilung 1932, 25.

1435 *Hupka*, Zeitschrift der Savigny-Stiftung für Rechtsgeschichte: Romanistische Abteilung 1932, 25–26; so auch bereits *Ehrhardt* Justa causa traditionis. Eine Untersuchung über den Erwerb des Eigentums nach römischem Recht (1930) 139.

In weiterer Folge zeigt Hupka, dass es auch aus sprachlichen und logischen Gesichtspunkten durchaus wahrscheinlich ist, dass der beanstandete Halbsatz nicht zum ursprünglichen Text der Ulpian-Stelle gehörte: So sei die Überleitung *magisque*, welche hier die „Hinzufügung eines neuen, das eben vorher Gesagte bestätigenden und zugleich verstärkenden Gedankens" signalisiert, im Zusammenhang mit dem nachfolgenden Einschub „ein vollkommener Unsinn": Ulpian habe weder die Frage nach dem Darlehen mit jener nach dem Eigentum gleichgesetzt, noch habe er ausdrücken wollen, dass in Bezug auf das Problem, ob das ohne Rechtsgrund übergebene Geld zurückgefordert werden könne, der Nichtübergang des Eigentums eine Steigerung zum Nichtzustandekommen des Darlehens darstelle.[1436]

Zu einem ähnlichen Urteil gelangt Hupka auch bei der Betrachtung des Zusammenhangs zwischen dem angefochtenen Fragment und dem darauffolgenden Begründungssatz *cum alia opinione acceperit*, der sich auf *nummos accipientis non fieri* bezogen ebenso als logisch falsch erweise: „Weder ist es wahr, daß der Empfänger das Geld in anderer Absicht annahm, als um Eigentum zu erwerben, noch bestand in bezug auf den Eigentumsübergang eine Meinungsverschiedenheit zwischen ihm und dem Geber."[1437]

Letztendlich kommt Hupka noch auf das Verhältnis von *nummos – fieri* und dem mit *quare* eingeleiteten Begründungssatz zu sprechen: Auch hier sei – wie auch jene bemerkt hätten, die den Begründungssatz als Interpolation aufgefasst hatten – das Verhältnis zwischen den beiden Satzteilen unlogisch. Wenn man den *quare*-Satz hingegen auf *nec mutuam esse* beziehe, „dann gewinnt er mit einemmal [sic] einen vollkommen guten Sinn": Die eigentliche Grundlage für Ulpians Entscheidung, im Falle einer intendierten Schenkung eine *exceptio doli* gegen die Rückforderungsklage des Gebers zuzulassen, sei nämlich gerade der Umstand, dass mangels Konsenses zwischen den Beteiligten auch kein Darlehen zustande gekommen sei. Andernfalls könne sich der Empfänger nach Verbrauch des Geldes nicht auf den ursprünglichen Schenkungswillen des Gebers berufen, da das Darlehen ja jedenfalls eine unbedingte Rückerstattung erfordere. Eine Billigkeitsentscheidung, die den ursprünglichen Willen des Gebers berücksichtigt, sei hier nur möglich, weil die Rückforderung nicht auf das Darlehen, sondern auf ungerechtfertigte Bereicherung des Empfängers gestützt ist.[1438]

1436 *Hupka*, Zeitschrift der Savigny-Stiftung für Rechtsgeschichte: Romanistische Abteilung 1932, 26.

1437 *Hupka*, Zeitschrift der Savigny-Stiftung für Rechtsgeschichte: Romanistische Abteilung 1932, 27.

1438 *Hupka*, Zeitschrift der Savigny-Stiftung für Rechtsgeschichte: Romanistische Abteilung 1932, 27.

Dem von Hupka beanstandeten Halbsatz fehlten daher „nach allen Seiten hin jene logischen Verbindungen, die durch seine grammatische Stellung angezeigt sind". Dies lasse „ihn als einen Fremdkörper erscheinen, der Zusammengehöriges trennt und dadurch den Gedankengang trübt und verwirrt. Schaltet man aber dieses störende Zwischending aus, so schließt sich alles andere in klarer und lückenloser Ordnung zusammen."[1439]

„[T]rotz der völligen Neuheit des Gedankens" dürfe es daher „nicht mehr allzu kühn sein" zu vermuten, dass dieser Zwischensatz nicht von Ulpian stamme. Hupka geht – ebenso wie Lange, wenngleich mit anderer Begründung – davon aus, dass er auch nicht das Werk der Kompilatoren gewesen sei,[1440] sondern dass es sich vermutlich um eine in den Text geratene Randbemerkung oder eine nachklassische Interpolation handle. Das *principium* der Ulpian-Stelle habe demnach ursprünglich folgenden Wortlaut gehabt:

> Si ego pecuniam tibi quasi donaturus dedero, tu quasi mutuam accipias, Iulianus scribit donationem non esse. sed an mutua sit, videndum. et puto nec mutuam esse [ ], cum alia opinione acceperit. quare, si [ ] consumpseris *nummos*, licet condictione tene*aris*, tamen doli exceptione uti poterit, quia secundum voluntatem dantis nummi sunt consumpti.[1441]

Diesfalls bestehe aber keinerlei Widerspruch zum Julian-Fragment, da sich Ulpian weder direkt noch indirekt zum Eigentumsübergang äußere.[1442] „Für das Verhältnis der beiden Stellen zueinander ergibt sich daraus, daß die Ausführungen Ulpians mit jenen Iulians keinen anderen Berührungspunkt hatten als den rein äußeren eines gleichen Tatbestandes, der das eine Mal in sachenrechtlicher, das anderer Mal in schuldrechtlicher Beziehung erörtert ist. Die beiden Ausführungen waren disparat und haben einander ergänzt."[1443]

Wenngleich Hupkas Lösungsansatz in der späteren romanistischen Forschung – wohl auch wegen der wachsenden Akzeptanz der Lehre von der kausalen Tradition – kaum rezipiert wurde, präsentiert er doch einen

---

1439 *Hupka*, Zeitschrift der Savigny-Stiftung für Rechtsgeschichte: Romanistische Abteilung 1932, 28.

1440 Vgl. *Lange*, Element (1930) 65.

1441 Dagegen *Schulz*, für den *Hupkas* Rekonstruktion „unannehmbar" ist, weil der *quare*-Satz nun immer noch nicht logisch an den vorhergehenden anschließe; die *exceptio* folge nämlich nicht aus der Tatsache, dass weder Schenkung noch Darlehen vorliegen, sondern sei erst im (von *Hupka* gestrichenen) *quia*-Satz enthalten; vgl. *Schulz*, Zeitschrift der Savigny-Stiftung für Rechtsgeschichte: Romanistische Abteilung 1932, 546–547.

1442 *Hupka*, Zeitschrift der Savigny-Stiftung für Rechtsgeschichte: Romanistische Abteilung 1932, 29.

1443 *Hupka*, Zeitschrift der Savigny-Stiftung für Rechtsgeschichte: Romanistische Abteilung 1932, 30.

scharfsinnigen und einleuchtenden Lösungsansatz für ein Problem, das die romanistische Forschung seit mehreren Jahrhunderten beschäftigt. Dieser Aspekt des Textes blieb lange unbeachtet; in rezenter Zeit befasst sich allerdings Martin Laborenz in seiner Monografie *Solutio als causa* eingehend mit Hupkas Text. Laborenz hält zunächst fest, dass Hupka zu den Wenigen gehörte, die Julian eine „abstrakte Auffassung der *traditio*" zuschrieben, während sich die meisten bemühten, eine Deutung der Stelle zu finden, die mit der Theorie der kausalen *traditio* vereinbar ist.[1444] Zumeist gelang dies dadurch, dass man postulierte, die Intention einer Darlehensgewährung sei – sozusagen als geringere Belastung des Gebers – in der Schenkung mit enthalten.[1445] Laborenz schließt sich Hupkas Kritik an, dass die „quantitative Vergleichbarkeit" der beiden Rechtsinstitute – die Schenkung sozusagen als *maius*, die Darlehensgewährung als darin gleichsam enthaltenes *minus* – „eine rechtstheoretische Fiktion" sei; „[i]n Wahrheit liegen die Unterschiede nicht auf quantitativer, sondern auf qualitativer Ebene; das Darlehen ist gegenüber der Schenkung kein *minus*, sondern ein *aliud*."[1446] Ebenso schließt sich Laborenz Hupkas Vermutung an, dass Julian sich nicht zum Zustandekommen eines Darlehens geäußert habe.[1447]

Im Gegensatz zu Hupka geht Laborenz allerdings davon aus, dass das Ulpian-Fragment sehr wohl auch auf den Eigentumsübergang Bezug nehme. Das Argument, dass Ulpian eine so gewichtige Frage nicht lediglich *en passant* beantwortet haben würde, weist er zurück: diese Ausführungen seien vermutlich von den Kompilatoren gestrichen worden, als sie das Fragment in D. 12.1 (*De rebus creditis si certum petetur et de condictione*) einreihten. In diesem Digestentitel „geht es primär um das Entstehen einer Darlehensverpflichtung, erst sekundär – da das *mutuum* eine Eigentumsübertragung voraussetzt – um die Eigentumsfrage."[1448] Dies habe Hupka übersehen, weshalb er die fragliche Passage für interpoliert gehalten habe.[1449]

Laborenz kommt zu dem Schluss, dass „Ulpian für die Übereignung eine Zweckvereinbarung zwischen Veräußerer und Erwerber forderte, Julian sich hingegen mit einer dinglichen Einigung begnügte." Ein gültiges Rechtsverhältnis zwischen Veräußerer und Erwerber habe er allerdings nicht für nötig

1444 *Laborenz*, Solutio (2014) 42.

1445 Siehe dazu *Hupka*, Zeitschrift der Savigny-Stiftung für Rechtsgeschichte: Romanistische Abteilung 1932, 17; *Laborenz*, Solutio (2014) 43–44.

1446 *Laborenz*, Solutio (2014) 44; siehe dazu bereits *Hupka*, Zeitschrift der Savigny-Stiftung für Rechtsgeschichte: Romanistische Abteilung 1932, 17.

1447 *Laborenz*, Solutio (2014) 45–46; siehe dazu *Hupka*, Zeitschrift der Savigny-Stiftung für Rechtsgeschichte: Romanistische Abteilung 1932, 17–18.

1448 *Laborenz*, Solutio (2014) 53.

1449 *Laborenz*, Solutio (2014) 53 Fn 167.

erachtet. Dies sei daraus zu schließen, dass Ulpian *nummos accipientis non fieri* nicht kausal auf *nec mutuam esse* zurückführe, sondern es lediglich mit *magisque* – „mithin ohne jeglichen Kausalbezug" – daneben stelle. Dies wiederum erkläre sich daraus, dass es „zirkelschlüssig" wäre, „ein vollwirksames *mutuum* als *iusta causa* der *traditio credendi causa* anzusehen", weil das *mutuum* ja als Realvertrag überhaupt erst durch die Übereignung der Münzen zustande kommen könne. Daher könne die *iusta causa traditionis* lediglich die „im Darlehenskonsens bestehende Zweckvereinbarung sein." Deren Scheitern – *alia opinione acceperit* – werde „daher richtigerweise als Ursache des *nummos accipientis non fieri* präsentiert (... *cum* ...)".[1450] Laborenz liefert somit in diesem Punkt eine Erklärung des von Hupka kritisierten Sinnzusammenhangs zwischen dem mit *cum* eingeleiteten Halbsatz und *nummos – fieri*. Allerdings gelingt es ihm m.E. nicht, Hupkas Argumente gegen die fragliche Passage vollständig zu entkräften, wie im Folgenden kurz gezeigt werden soll.

Zunächst ist vorauszuschicken, dass Hupka und Laborenz den Schwerpunkt von Ulpians Ausführungen unterschiedlich auffassen: Laborenz geht mit der herrschenden Lehre davon aus, dass Ulpian in den drei hier referierten Fällen vordergründig die Bedingungen der Gewährung der *condictio* zur Rückforderung des rechtsgrundlos übergebenen Geldes thematisiert habe. Da durch die bloße Übergabe kein Eigentum übergehe, seien diese erst durch die *consumptio* des Geldes erfüllt, da der Empfänger dadurch originär Eigentum erwirbt. Dies ergibt sich auch aus seinen Ausführungen zum zweiten und dritten Fall: „Dass auch der Eigentumserwerb in beiden Fällen scheitert, wird durch den Umstand unterstrichen, dass die *condictio* erst *consumptis nummis* gewährt wird."[1451]

Diese Lesart ist freilich notwendig, wenn man, wie Laborenz, an der Notwendigkeit des Konsenses der Parteien über den Zweck der Übereignung festhält, um den Eigentumsübergang zu ermöglichen. Wenn Ulpian tatsächlich dieser Ansicht war, kam eine *condictio indebiti* vor dem Verbrauch der Münzen (*si eos consumpserit*) nicht in Betracht; vielmehr hätte der Geber als Noch-Eigentümer diese mittels *rei vindicatio* zurückfordern können.[1452] Die Tatsache, dass im ersten Fall eine *exceptio doli* gewährt wird, während der

1450 *Laborenz*, Solutio (2014) 53–54.

1451 *Laborenz*, Solutio (2014) 48.

1452 *Laborenz*, Solutio (2014) 48; *Meissel* in *Falk/Luminati/Schmoeckel* 67. Auf die Diskussion, inwieweit der Begriff der *consumptio* auch die Vermengung der Münzen mit eigenem Geld (*commixtio*) umfasste – die ebenfalls zum originären Eigentumserwerb führte –, kann hier nicht eingegangen werden; für die synonyme Verwendung der beiden Begriffe vgl. z.B. *Meissel* in *Falk/Luminati/Schmoeckel* 67.

Empfänger in den beiden anderen Fällen unbedingt zur Rückzahlung verpflichtet ist, ist demnach lediglich eine auf Billigkeitserwägungen beruhende Zusatzbemerkung, die zwar wichtig ist, nicht aber den eigentlichen Kern der Aussage ausmacht.

Im Gegensatz dazu sieht Hupka die juristische Kernaussage gerade in der Gewährung der *exceptio doli*. Für Hupka bezieht sich *si eos consumpserit* eindeutig auf diesen Umstand; im zweiten und dritten Fall wird demnach der Gedanke mit der Phrase *consumptis nummis* wiederholt, um zu unterstreichen, dass hier selbst nach Verbrauch der Münzen keine *exceptio* gewährt wird, da dem Geber ja in diesen Fallkonstellationen keinerlei dolose Absicht bei der Rückforderung unterstellt werden kann. Dies steht im Einklang mit der älteren Lehre, die ja an der abstrakten Tradition festhielt: Dieser Ansicht gemäß hatte der Empfänger bereits durch die Übergabe Eigentum erworben; der Weg zur *condictio* war also von vornherein frei.[1453]

Demzufolge wäre der Satz *quare, si eos consumpserit, licet condictione teneatur, tamen doli exceptione uti poterit, quia secundum voluntatem dantis nummi sunt consumpti* mit Laborenz zu übersetzen als: „Deshalb kann er (*licet*), wenn er sie verbraucht hat, mittels einer *condictio* belangt werden, doch kann er (*poterit*) eine *exceptio doli* geltend machen, weil die Münzen gemäß der Intention des Gebers ausgegeben wurden." Hupka hingegen liest: „Deshalb kann er (*poterit*), wenn er sie verbraucht hat, obgleich (*licet*) er mit einer *condictio* belangt werden mag, eine *exceptio doli* geltend machen, weil die Münzen gemäß der Intention des Gebers ausgegeben wurden." Grammatikalisch scheint beides möglich, zumal bei *licet* mit Konjunktiv (*teneatur*) die abgeschwächte Bedeutung „obgleich" zumindest ebenso wahrscheinlich erscheint als „er/sie/es darf". Diese unterschiedliche Auffassung, die sich im Grunde genommen weniger aus dem Text selbst als aus der Einstellung, mit der an den Text herangegangen wird, ergibt, muss im Folgenden im Auge behalten werden. Ulpians Aussage ist nämlich – unter der Annahme, dass die Wortfolge *magisque nummos accipientis non fieri*

1453 Demzufolge wäre der Satz *quare, si eos consumpserit, licet condictione teneatur, tamen doli exceptione uti poterit, quia secundum voluntatem dantis nummi sunt consumpti* mit Laborenz zu übersetzen als: „Deshalb kann er (*licet*), wenn er sie verbraucht hat, mittels einer *condictio* belangt werden, doch kann er (*poterit*) eine *exceptio doli* geltend machen, weil die Münzen gemäß der Intention des Gebers ausgegeben wurden." Bei Hupka müsste es hingegen heißen: „Deshalb kann er (*poterit*), wenn er sie verbraucht hat, obgleich (*licet*) er mit einer *condictio* belangt werden kann, eine *exceptio doli* geltend machen, weil die Münzen gemäß der Intention des Gebers ausgegeben wurden." Grammatikalisch scheint beides möglich, zumal bei *licet* mit Konjunktiv (*teneatur*) die abgeschwächte Bedeutung „obgleich" wahrscheinlicher scheint als „er/sie/es darf".

nicht von ihm selbst stammt – ebenso mit Hupkas Sichtweise vereinbar. Auf die von beiden Autoren vorgebrachten Argumente für und wider den von Hupka beanstandeten Halbsatz soll deswegen im Folgenden etwas näher eingegangen werden.

Laborenz' Annahme, dass etwaige sachenrechtliche Ausführungen Ulpians von den Kompilatoren gestrichen worden seien, ist zwar nicht von der Hand zu weisen. Dies würde erklären, warum er auf diese Angelegenheit nicht näher einging und keine Begründung seiner Entscheidung lieferte. Fraglich bleibt diesfalls aber, warum die Kompilatoren nicht auch den Halbsatz *nummos accipientis non fieri* eliminierten. Dieser ist streng genommen nämlich weder für Hupkas noch für Laborenz' Interpretation der Stelle von Bedeutung.

In Hupkas Lesart ist eine Aussage über den Eigentumsübergang – wie auch immer Ulpian diesen betrachtet haben mag – sinnstörend, da sie mit der von Ulpian beabsichtigten Gegenüberstellung der Konsequenz der Hingabe des Geldes in Schenkungsabsicht bzw. in der Absicht ein *depositum* oder ein *mutuum* zu begründen, in keinem Zusammenhang steht; die Gewährung der *exceptio* im ersten Fall beruht auf Billigkeitserwägungen aufgrund des Nichtzustandekommens des Darlehens, nicht auf dem gescheiterten Eigentumsübergang. Syntaktisch bezieht sich der *quare*-Satz allerdings gerade auf *magisque – fieri*, was in dieser Lesart geradezu widersinnig ist.

Aber auch für Laborenz' Interpretation ist *magisque – fieri* nicht zwingend notwendig. Dies sieht auch Laborenz selbst: Hupka und Ehrmann hatten ja bekanntlich den Einwand aufgeworfen, dass es seltsam anmute, dass Ulpian hier mit keinem Wort auf Julians Meinung Bezug nimmt oder weitere Erläuterungen zu seiner eigenen Ansicht anfügt. Dazu mutmaßt Laborenz ja, dass diese Ausführungen von den Kompilatoren gestrichen worden sein könnten, weil es in D. 12.1 (*De rebus creditis si certum petetur et de condictione*) hier „primär um das Entstehen einer Darlehensverpflichtung, erst sekundär – da das *mutuum* eine Eigentumsübertragung voraussetzt – um die Eigentumsfrage" ginge.[1454] Zum Erfordernis der Eigentumsübertragung merkt er in einer Fußnote an: „Nur darum wurde auch *magisque nummos accipientis non fieri* beibehalten."[1455]

Dass hier kein *mutuum* zustande komme, hatte Ulpian allerdings bereits ausgesprochen; der Eigentumsübergang ist in diesem konkreten Fall dafür nicht bloß von sekundärer Bedeutung, sondern schlechthin irrelevant. Im Hinblick auf den fehlenden Kausalkonsens ist es für die Frage nach dem Darlehen überhaupt nicht mehr beachtlich, ob der Empfänger Eigentum

1454 *Laborenz*, Solutio (2014) 53.
1455 *Laborenz*, Solutio (2014) 53 Fn 167.

erwirbt. Dass also „nur deswegen“ *magisque – fieri* beibehalten worden sei, scheint wenig plausibel. Ob der Empfänger Eigentum an den Münzen erworben hat, wird erst für die Gewährung der *condictio* bedeutsam. Wenn Ulpian im Einklang mit Laborenz’ Interpretation bei Fall zwei und drei hier die Phrase *consumptis nummis* genügen lassen konnte, hätte er es auch im ersten Fall bei *si eos consumpserit* bewenden lassen und das fehlende Eigentum des Empfängers schlechthin als gegeben annehmen können. Dies umso mehr, wenn – wie die heute herrschende Lehre annimmt – Ulpian davon ausgehen konnte, dass das Erfordernis einer *iusta causa traditionis* für den Eigentumsübergang allgemein anerkannt war, es dem fachkundigen Leser also bereits aus dem Sachverhalt erkennbar sein musste, dass lediglich aufgrund der Besitzübertragung kein Eigentumsübergang erfolgt sein konnte.

Darüber hinaus ist auch hier das an *magisque – fieri* anschließende *quare* einigermaßen paradox: Die Möglichkeit der *condictio* nach Verbrauch der Münzen ergibt sich ja nicht logisch daraus, dass das Eigentum nicht zuvor übergegangen war, vielmehr ergibt sich die Möglichkeit der *condictio* aus dem Verbrauch, wenn man davon ausgeht, dass der Empfänger das Eigentum nicht bereits zuvor erlangt hat.[1456]

Wenn es sich darüber hinaus bei dem Halbsatz tatsächlich, wie Laborenz mutmaßt, um ein Überbleibsel einer umfassenderen sachenrechtlichen Erläuterung handelt, wirft dies allerdings ein weiteres Problem auf: Man müsste m.E. doch annehmen, dass etwaige weitere Ausführungen Ulpians zur Frage des Eigentumserwerbs des Empfängers im Text unmittelbar an *magisque – fieri* angeschlossen hätten. Dadurch wird der von Hupka aufgezeigte (von Laborenz aber nicht näher thematisierte) logische Bruch zwischen diesem Satz und dem darauffolgenden, mit *quare* beginnenden, noch eklatanter, da – wie oben ausgeführt – weder ein kausaler Zusammenhang zwischen der Eigentumsfrage und der *exceptio doli* besteht, noch sich die Zulässigkeit der *condictio* nach Verbrauch der Münzen daraus ergibt, dass das Eigentum nicht bereits zuvor übergegangen ist.[1457] Hupkas Zweifel, ob

1456 Hätte Ulpian schreiben wollen, dass eine *condictio* aufgrund des gescheiterten Eigentumsübergangs erst nach *consumptio* des Geldes möglich sei, hätte er dies vermutlich deutlicher ausgedrückt.

1457 Aus syntaktischen Erwägungen spricht m.E. einiges dafür, dass die Betonung hier auf die an prominenter Stelle platzierte Bedingung *si eos consumpserit* und den logisch daran anschließenden Satzteil *tamen – consumpti* liegt, der die Bedingung des Verbrauchs der Münzen für die Gewährung der *exceptio* nochmals aufgreift und erläutert (*nummi sunt consumpti*). In diesem Zusammenhang ist *licet condictione teneatur* semantisch und syntaktisch lediglich ein den Kontext erklärender Einschub. Wenn Ulpian zum Ausdruck hätte bringen wollen, dass der Empfänger mit der *condictio* belangt werden könne, sobald er die Münzen verbraucht habe, sich diesfalls aber mit einer *exceptio doli* wehren

Ulpian seinen Gedankengang durch einen Einschub dieser Art unterbrochen haben würde,[1458] werden dadurch nicht entkräftet, sondern gewinnen unter der Annahme, dass Ulpians Bemerkungen zum sachenrechtlichen Aspekt der Transaktion im Original ausführlicher waren, geradezu an Berechtigung.

Auf Hupkas weitere Bedenken geht Laborenz nicht ein. Insbesondere bietet er keine Erklärung, warum der Passus über den Eigentumsübergang mit *magisque* eingeleitet wird, also als Bestätigung und Verstärkung des vorher Gesagten präsentiert wird. Wie oben ausgeführt, verneint Laborenz selbst den Kausalbezug zum Nichtzustandekommen des Darlehens, geht also auch nicht davon aus, dass Ulpian den gescheiterten Eigentumserwerb des Empfängers als ausschlaggebend dafür betrachtet: Ulpian stelle diese Bemerkung lediglich „ohne Kausalbezug [...] daneben".[1459] Wenn man eine Kürzung der Stelle durch die Kompilatoren annimmt, wäre es wohl naheliegend zu erwarten, dass *magisque* durch eine neutralere Konjunktion ersetzt und das einleitende *quare* gestrichen worden wäre. Wenn sich aber, wie Laborenz als Alternativhypothese anbietet, Ulpian tatsächlich „auf den schuldrechtlichen Aspekt des Falles beschränkt" haben sollte, mangelt es gänzlich an einer Erklärung für die Existenz des *magisque – fieri*, das – wie von Hupka ausgeführt – als Erläuterung von Ulpians Sichtweise (besonders angesichts der gegenläufigen, Ulpian offensichtlich bekannten Ansicht Julians) zu knapp und als Nebenbemerkung an diesem Platz schlichtweg unpassend ist.

Laborenz' Ansatz hat freilich den Vorteil für sich, dass er den Ulpian-Text vor heute zurecht mit Skepsis betrachteten Interpolationsbehauptungen bewahrt; allerdings um den Preis, dass er anstelle einer Interpolation eine recht unsauber durchgeführte Streichung annehmen oder Ulpian eine unlogisch formulierte Argumentation unterstellen muss. Gerade Letzteres hatte aber Hupkas Einwände gegen die Stelle erst motiviert. Hupkas textkritische Überlegungen zum Ulpian-Fragment bleiben somit letztendlich nach wie vor vertretbar und auch für die heutige romanistische Forschung relevant, zumal sie – wie oben gezeigt und auch von Hupka selbst angemerkt – durchaus auch mit einer kausalen Auffassung der *traditio* vereinbar sind. Dass dies kaum geschieht, mag sich daraus erklären, dass in den letzten Jahrzehnten „die Romanistik wiederum einen Paradigmenwechsel vollzogen [hat], aufgrund dessen die Existenz von *ius controversum* bei den klassischen Juristen nicht mehr das Gefühl des Unbehagens auslöst, sondern ganz im Gegenteil

---

könne, wäre zumindest eine Änderung der Satzstellung nahe gelegen, um die Abhängigkeit des *licet condictione teneatur* von der Bedingung *si eos consumpserit* zum Ausdruck zu bringen.

1458 *Hupka*, Zeitschrift der Savigny-Stiftung für Rechtsgeschichte: Romanistische Abteilung 1932, 25.

1459 *Laborenz*, Solutio (2014) 53.

als Zeichen des besonderen Reichtums der römischen Rechtswissenschaft angesehen wird."[1460]

Zweifellos bemerkenswertester Aspekt Hupkas Aufsatzes ist aber nicht seine scharfsinnige Lösung der behandelten Antinomie, sondern, wie Meissel hervorhebt, „seine (aus heutiger Sicht höchst aktuelle) ‚textkonservative' Tendenz, die sich gegen die damals blühende ‚Interpolationenjagd' richtet" und damit an die „mahnenden Worte" anknüpft, die Otto Lenel wenige Jahre zuvor geäußert hatte.[1461] Dass auch Hupka selbst – sowohl in seinen Ausführungen zum Selbstkontrahieren des Stellvertreters als auch hier in seinen Überlegungen zum Ulpian-Fragment – bisweilen von Interpolationen ausging, ist in diesem Kontext keineswegs als inkonsequent zu erachten; maßgeblich ist hier der methodische Unterschied zwischen ihm und den „Interpolationenjägern". Während Beseler ganz im Geiste der romanistischen Forschung seiner Zeit den Schlussteil von D. 41.1.36 mit der lapidaren Bemerkung strich: „Wenn Julian wirklich *constat* geschrieben hatte und hatte schreiben können, so mußte Ulpian sich wohl fügen,"[1462] nimmt Hupka niemals leichtfertig Textveränderungen an, sondern argumentiert deren Plausibilität stets anhand detaillierter, zumeist mehrerer Seiten umfassender, sprachlicher und juristischer Analysen.

Hupka schließt seinen Aufsatz mit einem „Wort der Abwehr gegen jenen ‚kritischen Nihilismus', der sich auch unserer Iulianstelle bemächtigt hat, um in ihr zu finden, was man zu finden wünschte. Im vollen Bewußtsein der Gefahr, in die ich mich begebe, wage ich zu sagen: Die in neuester Zeit betriebene Massenabschlachtung von Digestenstellen hat mit wirklicher Philologie ebensowenig zu tun wie mit wirklicher Jurisprudenz."[1463] Wenn die romanistische Wissenschaft ungeachtet Lenels Warnung[1464] „fortfährt, derlei nicht nur zu dulden, sondern sogar ernst zu nehmen, wenn sie weiterhin leichtestfertige Um- und Neubauten an Stelle der überlieferten Texte ihren Untersuchungen zugrunde legt, dann ist [...] das Ende dieser schönen Wissenschaft nicht mehr fern."[1465]

1460 *Meissel* in *Falk/Luminati/Schmoeckel* 73.

1461 *Meissel* in FS Kranjc 305; siehe auch *Lenel*, Interpolationenjagd, Zeitschrift der Savigny-Stiftung für Rechtsgeschichte: Romanistische Abteilung 1925, 17.

1462 *Beseler*, Beiträge III (1913) 57; siehe dazu auch *Meissel* in *Falk/Luminati/Schmoeckel* 72–73.

1463 *Hupka*, Zeitschrift der Savigny-Stiftung für Rechtsgeschichte: Romanistische Abteilung 1932, 30.

1464 Siehe dazu *Lenel*, Zeitschrift der Savigny-Stiftung für Rechtsgeschichte: Romanistische Abteilung 1925, 17.

1465 *Hupka*, Zeitschrift der Savigny-Stiftung für Rechtsgeschichte: Romanistische Abteilung 1932, 30.

Wie Meissel am Rande bemerkt, zeigt sich darin auch Hupkas Emanzipation von seinem früheren Lehrer Mitteis, der ja (gemeinsam mit Ernst Immanuel Bekker) einer der Urheber des *Index interpolationum* der Digesten war.[1466] Mitteis und Bekker hatten aber schon in ihrem ersten diesbezüglichen Aufruf an die Leserschaft der *Savigny-Zeitschrift* davor gewarnt, dass gerade bei der gezielten Suche nach Interpolationen „viel Voreingenommenheit und Willkür miteinfließen" würde und hatten ganz im Sinne Hupkas zur Zurückhaltung gemahnt: „Denn immer gebietet die Vorsicht, Interpolationen anzunehmen nicht schon, weil man den Texten nicht glauben *will*, sondern nur und erst dann, wenn man aus sachlichen Erwägungen heraus ihnen nicht mehr glauben *kann*."[1467] Auch später hatte Mitteis sich – bereits zwanzig Jahre vor Hupka und ebenso unter Bezugnahme auf Beselers Methode – noch einmal für Mäßigung in der Interpolationenforschung ausgesprochen.[1468]

Hupkas Beitrag zur „Interpolationenfrage" schien lange weitgehend in Vergessenheit geraten. Allein Theo Mayer-Maly erwähnt ihn in der Jubiläumsausgabe der Zeitschrift der Savigny-Stiftung für Rechtsgeschichte in einem kurzen Satz als eines der Beispiele dafür, dass sich die Zeitschrift schon früh gegen die allzu ausufernde Textkritik der „Interpolationenjäger" gewandt hatte.[1469] Erst über dreißig Jahre später würdigt Meissel Hupkas Verdienst in klaren Worten: „In methodischer Hinsicht pflegt er [...] eine Zurückhaltung, wie sie erst in den Siebziger Jahren des 20. Jahrhunderts wieder zum Mainstream der romanistischen Forschung werden sollte. Als weitgehend ‚Textkonservativer' war er seiner Zeit weit voraus."[1470] Wenn der methodenkritische Teil vom Hupkas Artikel heute nicht mehr zitiert wird, dann liegt das also keineswegs an mangelnder Akzeptanz seines Standpunktes; ganz im Gegenteil: Die von ihm vertretene Meinung hat sich soweit als die herrschende etabliert, dass sich jeder Hinweis darauf erübrigt.

1466 *Meissel* in FS Kranjc 305; zu Mitteis siehe auch Zweiter Teil, Kapitel V.A.

1467 *Bekker/Mitteis*, Aufruf, betreffend die Herstellung eines Verzeichnisses der Interpolationsnachweise in den Digesten, Institutionen und dem Codex Iustinianeus, Zeitschrift der Savigny-Stiftung für Rechtsgeschichte: Romanistische Abteilung 1909, V (VI) (Hervorhebung im Original).

1468 *Mitteis*, Zur Interpolationenforschung. Zeitschrift der Savigny-Stiftung für Rechtsgeschichte: Romanistische Abteilung 1912, 180 (180–182).

1469 *Mayer-Maly*, Rückblick. Zeitschrift der Savigny-Stiftung für Rechtsgeschichte: Romanistische Abteilung 1983, 16.

1470 *Meissel* in FS Kranjc 305.

III. Versicherungsrecht

Hupkas Interesse an versicherungsrechtlichen Fragen lässt sich bis an den Beginn seiner beruflichen Karriere zurückverfolgen. Bereits 1902 hatte er im Rahmen seiner Anstellung als Erster Sekretär des österreichisch-ungarischen Verbandes privater Versicherungsanstalten erste Erfahrungen auf diesem Gebiet sammeln können. Schon davor mögen familiäre Verbindungen sein Interesse an dieser Materie geweckt haben: Einer seiner Onkel mütterlicherseits war Josef Carl Löwenberg, Generaldirektor der Wiener New York Versicherung. Ein weiterer Onkel war Arnold Weissberger, dessen Sohn die Madrider Zweigstelle der Assicurazioni Generali leitete und dessen Einfluss Franz Kafka seinen Posten bei der Prager Niederlassung dieser Versicherung verdankte.[1471] Auch Hupkas Lehrer und Lehrstuhlvorgänger Carl Samuel Grünhut hatte sich durch wissenschaftliche Beschäftigung mit dem Versicherungsrecht einen Namen gemacht und fungierte als Berichterstatter der mit versicherungsrechtlichen Fragen befassten vereinigten juridischen und volkswirtschaftlichen Kommission des Herrenhauses.[1472]

Die „Versicherungsfrage“ hatte bereits in den ausgehenden Jahren des neunzehnten Jahrhunderts die Aufmerksamkeit der Öffentlichkeit erregt. Während in den Jahrzehnten davor das Versicherungsgeschäft sich „zahlenmäßig in bescheidenen Grenzen“ gehalten hatte und die Praxis, das Versicherungsverhältnis angesichts der „dürftige[n], in manchen Punkten geradezu versicherungsfeindliche[n] Regelung“ des ABGB weitgehend der freien Parteienvereinbarung zu überlassen, keine maßgeblichen Probleme aufgeworfen hatte, wandelte sich das Bild mit dem Anstieg des Versicherungswesens zum Massengeschäft.[1473] Das System der Vertragsfreiheit führte dazu, dass

1471 http://www.pratercottage.at/2017/06/20/der-legendaere-freimaurer-eugen-lennhoff-boecklinstrasse-53-1921-1934/ (abgerufen am 24. Jänner 2020); zu Kafka siehe auch Brief Franz Kafka an Max Brod, Ende 1907 https:// homepage.univie.ac.at/werner.haas/1907/bk07-017.htm#22 (abgerufen am 6. Februar 2020); *Strejcek*, Franz Kafka und die Unfallversicherung (2006), 28–29.

1472 Vgl. z.B. *Ehrenzweig*, Die Kaiserliche Verordnung vom 22. November 1915 RGBl. Nr. 343, betreffend die Einführung von Vorschriften über den Versicherungsvertrag und die Versicherungsordnung (1916) XIII.

1473 *Ogris*, Die Entwicklung des Versicherungsaufsichtsrechts und des Versicherungsvertragsrechts in Österreich von der Mitte des 19. Jahrhunderts bis zum Ende der Monarchie, in *Rohrbach* (Hrsg), Versicherungsgeschichte Österreichs II (1988) 1 (14). Zum ABGB siehe auch *Hupka*, Gegenentwurf (1908) 1–2; *Geller*, Versicherungsordnung (Kais. Verordnung über den Versicherungsvertrag). Mit Einleitung und ausführlichen Erläuterungen aus den Materialien (1916) 4 und *Ogris* in *Rohrbach* 90; einen kurzen Überblick über die Geschichte des Versicherungswesens in Österreich geben z.B. *Berliner*, Über den Entwurf des

Versicherungsgesellschaften angesichts ihrer wirtschaftlichen Übermacht den Versicherungsnehmern teils extrem restriktive Allgemeine Versicherungsbedingungen aufzwangen:[1474] „Unter der Herrschaft einer schrankenlosen Vertragsfreiheit haben die Assekuradeure es verstanden, dem Versicherten eine Rechtsstellung zu geben, die weit davon entfernt ist, ihm dasjenige zu bieten, was er durch den Versicherungsvertrag erstrebt – die Sicherheit," fasste Hupka die Situation am 27. Deutschen Juristentag 1905 zusammen.[1475]

Der starke Konkurrenzdruck unter den zahlreichen Versicherungsgesellschaften begünstigte diese Entwicklung;[1476] auch resultierte er immer wieder in Firmenzusammenbrüchen, die das abnehmende Vertrauen des Publikums in die Versicherungswirtschaft zusätzlich erodierten.[1477] In Ermangelung eindeutiger gesetzlicher Regelungen kam es immer öfter zu Streitigkeiten zwischen Versicherungsgesellschaften und Versicherungsnehmern, die bisweilen auch vor Gericht endeten, was wiederum – in Ermangelung positiver

---

Versicherungsvertragsgesetzes. Vortrag im Rahmen der Juristischen Gesellschaft am 20. Dezember 1911, Allgemeine Österreichische Gerichtszeitung 1911, 413 (414–415); *Geller*, Gesetz über den Versicherungsvertrag nebst Versicherungsregulativ und Novellen (1918) 1–4 und *Scharfmesser*, Versicherungsrecht, Juristische Blätter 1920, 161.

1474 Siehe dazu eingehend *Ogris* in *Rohrbach* 92–97; *Geller*, Versicherungsordnung (1916) 2–3, 10 und 17; *Geller*, Gesetz über den Versicherungsvertrag (1918) 1; *Berliner*, Allgemeine Österreichische Gerichtszeitung 1911, 415.

1475 *Hupka*, Wie weit ist bei Versicherungsverträgen die Vertragsfreiheit hinsichtlich der Verwirkungsklausel durch zwingende Rechtssätze zugunsten des Versicherten einzuschränken? Zeitschrift für das Privat- und öffentliche Recht der Gegenwart 1905, 109.

1476 Welch eigenartige Blüten der Konkurrenzkampf unter den Versicherungsunternehmen treiben konnte, hatte Hupka schon vor Abschluss seines Studiums persönlich miterlebt: Seinem Onkel Josef Carl Löwenberg war von einem Repräsentanten eines anderen Versicherungshauses öffentlich vorgeworfen worden, „daß er vor der wissentlichen Anwerbung und Annahme versicherungsbedenklicher Personen nicht zurückschrecke" und dazu auch ärztliche Atteste erkaufe, um sich die hohen Prämienzahlungen der so Versicherten zu sichern. Löwenberg strengte daraufhin einen Ehrenbeleidigungsprozess gegen seinen Konkurrenten an. Einer der Ärzte, deren Namen ins Spiel gebracht wurde, war der Znaimer Allgemeinmediziner Emmanuel Ullmann, den Ludwig Hupka mit Löwenberg bekannt gemacht hatte; beide mussten vor Gericht aussagen. Dem Beklagten gelang der Wahrheitsbeweis der seinerseits gegen Löwenberg erhobenen Anschuldigungen nicht; er wurde daraufhin zu vier Monaten Arrest, verschärft durch einen Fasttag im Monat, verurteilt. Ein ausführlicher Bericht über den Prozess findet sich in Aus dem Gerichtssaale, Neue Freie Presse vom 19. November 1896 (Abendausgabe), 3; 20. November 1896, 7–8; 21. November 1896, 8.

1477 *Ogris* in *Rohrbach* 14.

Regelungen der Materie – zur Häufung von Einzelfallentscheidungen und damit zunehmender Rechtsunsicherheit führte.[1478]

Im Lichte dieser – auch in der Presse und einschlägigen Fachzeitschriften heftig diskutierten – Entwicklungen ist es kaum verwunderlich, dass gegen Ende des neunzehnten Jahrhunderts der Ruf nach staatlicher Aufsicht und nach einer gesetzlichen Regelung des Versicherungsvertrages laut wurde.[1479] Letzterem trugen die Entwürfe des Justizministeriums von 1868/70 sowie des Fachvereins der österreichisch-ungarischen Assekurateure 1887 und die Regierungsvorlage des Jahres 1905 Rechnung, ohne dass daraus eine abschließende gesetzliche Regelung resultiert hätte.[1480]

A. Die Zulässigkeit von Verwirkungsabreden

Der 27. Deutsche Juristentag, der von 9. bis 13. September 1904 in Innsbruck stattfand, befasste sich ebenfalls mit versicherungsrechtlichen Fragen. Anlass dafür gab ein Entwurf eines Versicherungsvertragsgesetzes, den die deutsche Regierung im Vorjahr vorgelegt hatte, und der schließlich im deutschen Versicherungsvertragsgesetz 1908 münden sollte. „Wie weit ist bei Versicherungsverträgen die Vertragsfreiheit hinsichtlich der Verwirkungsklauseln[1481] durch zwingende Rechtssätze zugunsten des Versicherten einzuschränken?", lautete die Frage, über welche die Fachwelt auf der Basis von Gutachten des Privatdozenten Julius Gierke von der Universität Göttingen und des Direktors der Gothaer Lebensversicherungs-Gesellschaft Karl Samwer diskutierte; Referenten waren Oberlandesgerichtsrat Konrad Schneider aus Stettin und Josef Hupka.[1482] Wichtigste Grundlage für die Diskussion bildete freilich der

---

1478 *Ogris* in *Rohrbach* 101–103; *Hupka*, Gegenentwurf (1908) 2–3.

1479 *Ogris* in *Rohrbach* 14–15; *Hupka*, Gegenentwurf (1908) 3.

1480 Siehe dazu eingehend *Ogris* in *Rohrbach* 119–123 (Ministerialentwurf 1868/70), 124–129 (Fachvereinsentwurf 1887) und 129–134 (Ministerialentwurf 1905).

1481 Eine Verwirkungsklausel ist „eine Vereinbarung, daß ein *pflichtwidriges Verhalten* des einen Vertragsteiles (hier des Versicherungsnehmers oder Versicherten) die *Hinfälligkeit seiner Ansprüche* dem andern Vertragsteil gegenüber zur Folge haben soll."; vgl. *Hupka*, Zeitschrift für das Privat- und öffentliche Recht der Gegenwart 1905, 116 (Hervorhebung im Original).

1482 Vgl. z.B. 27. deutscher Juristentag, Wiener Zeitung vom 9. Juli 1904, 5; Die Vertragsfreiheit bei Versicherungsverträgen, Neue Freie Presse vom 5. September 1904, 3 (4). Zusammenfassungen des Vortrags finden sich in 27. deutscher Juristentag. Sektionssitzungen, Innsbrucker Nachrichten vom 13. September 1904, 4 (5); *Hupka*, Die Verwirkungsklauseln der Versicherungsverträge vor dem deutschen Juristentage, Zeitschrift für die gesamte Versicherungswissenschaft 1905, 123 (126); *Hauenschild*, Beiträge zum Versicherungsrecht. Ein Epilog zum XXVII. Deutschen Juristentag, in FS 25 Jahre Advokatengesellschaft „Union" (1905) 72 (74–77); *Konirsch*, XXVII. deutscher Juristentag

Entwurf eines Versicherungsvertragsgesetzes, den die deutsche Regierung im Vorjahr vorgelegt hatte; die gewonnenen Erkenntnisse beeinflussten aber auch Hupkas stark am deutschen Vorbild orientierten Entwurf eines österreichischen Gesetzes über den Versicherungsvertrag.[1483]

Hupkas „eingehende, außerordentlich klare Darstellung" fand in Fachkreisen großen Beifall.[1484] Tatsächlich ist der Vortrag, den er im Jahr darauf in Grünhuts Zeitschrift veröffentlichte, gewohnt klar strukturiert und angenehm zu verfolgen. Bisweilen zeugt er auch von Hupkas Affinität zum römischen Recht. So bemerkt er etwa nur halb scherzhaft, man sei im Hinblick auf die missbräuchliche Verwendung der Verwirkungsklauseln beinahe geneigt, „jene radikale Abhilfe zu verlangen, die Constantin gegen die pfandrechtliche Verwirkungsabrede geschaffen hat mit den kräftigen Worten: ‚Quoniam inter alias captiones praecipue commisoriae legis crescit asperitas, placet *infirmari* eam et in posterum *omnem eius memoriam aboleri*,'" räumt dann aber ein, dass das wohl „*sine ira et studio*" betrachtet doch etwas zu weit ginge.[1485] Wohl sprach sich Hupka aber für die Einführung zwingender Vorschriften zur Regelung der Zulässigkeit von Verwirkungsabreden in Versicherungsverträgen aus. Diese seien zum Schutz des Versicherungsnehmers unerlässlich, da die stipulierten Anzeige- und Informationspflichten „selbst bei entsprechender Sorgfalt kaum zu prästieren waren und regelmäßig zum Verfall des Versicherungsschutzes führten."[1486] Nur dort, wo sich Versicherer und Versicherungsnehmer ökonomisch ebenbürtig gegenüberstünden, könne eine solche Regelung unterbleiben.[1487]

Hupka betonte zwar die generelle Zulässigkeit solcher Klauseln, aber auch die Notwendigkeit, diese unter Berücksichtigung der gegenläufigen Interessen von Versicherten und Versicherern einer Reihe von Beschränkungen zu unterwerfen: So dürfe der Anspruch des Versicherungsnehmers nicht als

---

(Fortsetzung). VI. Die Verwirkungsklausel bei Versicherungsverträgen, Juristische Blätter 1904, 493 (493–494).

1483 Siehe dazu Zweiter Teil, Kapitel III.C.

1484 *Konirsch*, Juristische Blätter 1904, 493; siehe z.B. auch *Hauenschild* in FS 25 Jahre Advokatengesellschaft „Union" 72; *Brecher*, Das Recht 1905, 205; 27. deutscher Juristentag. Sektionssitzungen, Innsbrucker Nachrichten vom 13. September 1904, 5.

1485 *Hupka*, Zeitschrift für das Privat- und öffentliche Recht der Gegenwart 1905, 117–118 (Hervorhebungen im Original). Das Zitat stammt aus Codex Iustinianus 8.34.3.: Weil unter allen Abreden vor allem die Verwirkungsabreden an Härte zunehmen, beschließen wir, diese für ungültig zu erklären und für die Zukunft alle Erinnerung daran zu tilgen. (meine Übersetzung).

1486 *Meissel* in FS Kranjc 304.

1487 *Hupka*, Zeitschrift für das Privat- und öffentliche Recht der Gegenwart 1905, 113.

verwirkt gelten, wenn die Pflichtverletzung, für die diese Sanktion vereinbart wurde, unverschuldet sei[1488] oder wenn sie keinen kausalen Zusammenhang mit dem Schadensfall und dessen Folgen habe.[1489] Dasselbe gelte für den Fall, dass der Versicherer Kenntnis von einer Pflichtverletzung des Versicherungsnehmers erhalten habe, den Versicherungsnehmer aber durch längeres Stillschweigen in dem Glauben belassen habe, dass der Versicherungsschutz weiterhin bestehe.[1490] Bei Verwirkungsklauseln, die auf die Versäumung einer Prämienzahlung abstellen, forderte Hupka eine gesetzliche Mahnpflicht des Versicherers, bevor der Anspruch des Versicherungsnehmers als verwirkt gelten könne.[1491] Darüber hinaus sei es auch wichtig zu normieren, dass die regelmäßige Einhebung der Prämie beim Versicherungsnehmer aus der Bringschuld eine Holschuld mache, sodass der Versicherungsnehmer erst dann wieder zur Übersendung der Prämie verpflichtet sei, wenn der Versicherer ihn dazu schriftlich aufgefordert habe. Besonders bei Lebensversicherungen dürfe ein Versicherungsnehmer, der bereits mehrere Prämien gezahlt hat, auch nicht der gesamten Versicherungssumme verlustig gehen.[1492]

Besonders eingehend befasste sich Hupka mit der Anzeigepflicht des Versicherungsnehmers beim Abschluss der Versicherung: Die Forderung, dass der Versicherungsnehmer bei diesem Anlass alle für die Einschätzung des Risiko relevanten Umstände von sich aus darzutun habe, sei veraltet; zeitgemäß sei es vielmehr, lediglich eine Pflicht zur richtigen und vollständigen

1488 *Hupka*, Zeitschrift für das Privat- und öffentliche Recht der Gegenwart 1905, 118–121. Wohl aber wollte Hupka – im Unterschied zum Gesetzesentwurf – nicht nur vorsätzliche, sondern auch fahrlässige Vertragsverletzungen als zulässigen Verwirkungsgrund anerkennen; dagegen *Brecher*, [Rezension von] Dr. Josef Hupka. Zwingende Vorschriften hinsichtlich der Verwirkungsklauseln bei Versicherungsverträgen, Das Recht. Volkstümliche Zeitschrift für österreichisches Recht 1905, 203 (205).

1489 *Hupka*, Zeitschrift für das Privat- und öffentliche Recht der Gegenwart 1905, 122. *Hupkas* Vorschlag wurde nicht nur in § 32 des deutschen Versicherungsvertragsgesetzes 1908 aufgegriffen, sondern auch in § 32 Abs. 3 der österreichischen Versicherungsordnung 1915 und des Versicherungsvertragsgesetzes 1917; siehe dazu Zweiter Teil, Kapitel III.C.2.

1490 *Hupka*, Zeitschrift für das Privat- und öffentliche Recht der Gegenwart 1905, 123. Auch dieser Vorschlag wurde nicht im deutschen Versicherungsvertragsgesetz, wohl aber in § 32 Abs. 4 der österreichischen Versicherungsordnung 1915 und im Versicherungsvertragsgesetz 1917 umgesetzt; siehe dazu Zweiter Teil, Kapitel III.C.2.

1491 *Hupka*, Zeitschrift für das Privat- und öffentliche Recht der Gegenwart 1905, 124–126.

1492 *Hupka*, Zeitschrift für das Privat- und öffentliche Recht der Gegenwart 1905, 126–127.

Beantwortung der vom Versicherer ausdrücklich gestellten Fragen zu statuieren.[1493] Ein Rücktrittsrecht vom Vertrag sei dem Versicherer bei fehlerhafter oder unvollständiger Beantwortung nur dann einzuräumen, wenn sich herausstelle, dass er bei Kenntnis der wahren Umstände die Gefahr überhaupt nicht – auch nicht gegen höhere Prämie – übernommen hätte; ansonsten solle er nur berechtigt sein, die Versicherungssumme herabzusetzen.[1494] Abschließend postuliert Hupka, dass dem Versicherer, der die Verwirkung erfolgreich geltend macht, die Prämie nur bis zum Ende der Versicherungsperiode zustehe, in der er von der Vertragsverletzung des Versicherten Kenntnis erlangt habe.[1495]

Die Anträge der Referenten betreffend die Äußerung des Juristentages zu den Verwirkungsklauseln sorgte für lebhafte Debatte;[1496] schlussendlich einigte man sich auf folgenden Wortlaut: „1. Es ist eine Hauptaufgabe des künftigen Gesetzes über den Versicherungsvertrag, dem Versicherten durch zwingende Normen jene Rechtsstellung zu gewährleisten, die dem Wesen und dem Zwecke der Versicherung entspricht und die der Versicherte unter den gegebenen tatsächlichen Verhältnissen durch freie Vereinbarung nicht zu erwerben vermag. Gesetzliche Beschränkungen der Vertragsfreiheit sind gegenwärtig bei der Transportversicherung, der Kreditversicherung, der Versicherung gegen Kursverluste, der Rückversicherung und den laufenden Schadensversicherungen entbehrlich. 2. Die freiwilligen Versicherungen bei öffentlichen Anstalten sind von den Beschränkungen der Vertragsfreiheit nicht auszunehmen. 3.a) Jede Verwirkungsklausel wirkt nur unter Vorbehalt des Nachweises des Versicherten, daß die Verabsäumung ohne sein Verschulden eingetreten oder für den Versicherungsfall und dessen Feststellung ohne Bedeutung geblieben sei; Letzteres jedoch nicht bei arglistiger Pflichtverletzung. b) Vorstehender Absatz gilt nur, wenn nicht deutlich das Gegenteil vereinbart ist. Daneben ist es dann aber wünschenswert, daß für gewisse

1493 *Hupka*, Zeitschrift für das Privat- und öffentliche Recht der Gegenwart 1905, 128–136; siehe dazu auch *Brecher*, Das Recht 1905, 205. Hupkas Formulierungsvorschlag eines Gesetzesparagraphen über die Anzeigepflicht des Versicherungsnehmers beim Vertragsschluss fand zwar nicht in das Deutsche Versicherungsvertragsgesetz 1908 Eingang, wurde aber in § 3 Abs. 1 und 2 sowie § 4 der österreichischen Versicherungsordnung 1915 und des österreichischen Versicherungsvertragsgesetzes 1917 weitgehend umgesetzt; siehe dazu Zweiter Teil, Kapitel III.C.2.

1494 *Hupka*, Zeitschrift für das Privat- und öffentliche Recht der Gegenwart 1905, 133–135; zustimmend *Brecher*, Das Recht 1905, 205.

1495 *Hupka*, Zeitschrift für das Privat- und öffentliche Recht der Gegenwart 1905, 136.

1496 Eine detaillierte Zusammenfassung bietet *Hupka*, Zeitschrift für die gesamte Versicherungswissenschaft 1905, 126–135.

Einzelfälle, wie es im deutschen Entwurf eines Gesetzes über den Versicherungsvertrag geschieht, insbesondere für Anzeigen aller Art, der vorstehende Absatz als zwingendes Recht aufgestellt werde. Dabei hat als Verschulden auch grobe Fahrlässigkeit, nicht nur Arglist zu gelten, und ist im entsprechenden Fall der Abzug einer nachträglich richtig berechneten Prämie zu gestatten. c) Es ist eine angemessene Ausschlußfrist für Geltendmachung der Verwirkungsklausel festzusetzen."[1497] Der widersprüchliche Wortlaut der Resolution hatte sich daraus ergeben, dass Hupka und sein Korreferent nicht in allen Punkten einer Meinung waren. Es war daher ein gemeinsamer Antrag (3.a erster Satzteil bis „geblieben sei") formuliert worden, zu dem beide eine Reihe von Zusatzanträgen formuliert hatten. Nach der Debatte waren sämtliche Anträge hintereinander zur Abstimmung gelangt und danach zu einer abschließenden Stellungnahme zusammengefasst worden, obwohl der Zusatzantrag Schneiders (3.b) im Widerspruch zu den ebenfalls angenommenen Anträgen Hupkas (1., 3.a letzter Satzteil, 3.c) stand.[1498] Tags darauf wurde im Plenum ein Antrag auf Revision des Beschlusses eingebracht, der mit großer Mehrheit angenommen wurde. In der Folge versuchte Hupka, „durch eine neue Formulierung seine von ihm mit großem Geschick verteidigte Auffassung" – der sich die Mehrheit der Anwesenden in der Debatte angeschlossen hatten – „zu retten"[1499] und beantragte, der Juristentag möge den Beschluss des Vortages aufheben und stattdessen folgenden Wortlaut beschließen: „Die Gültigkeit der Verwirkungsklausel ist zwingend zu beschränken durch Ausschluß der Rechtsverwirkung bei mangelndem Verschulden des Versicherten, bei mangelndem Kausalzusammenhange zwischen dem Verwirkungs- und Versicherungsfall und bei Nichtausübung des Kündigungs- oder Rücktrittsrechts des Versicherten innerhalb angemessener Frist."[1500] Gleichzeitig wurde von anderer Seite ein Vertagungsantrag gestellt, der vom Vorsitzenden ohne weitere Diskussion der Angelegenheit

1497 *Hupka*, Zeitschrift für die gesamte Versicherungswissenschaft 1905, 136; siehe auch 27. deutscher Juristentag. Sektionssitzungen, Innsbrucker Nachrichten vom 13. September 1904, 5; *Hauenschild* in FS 25 Jahre Advokatengesellschaft „Union" 74–76 (bei beiden gekürzt).

1498 *Hupka*, Zeitschrift für die gesamte Versicherungswissenschaft 1905, 136; siehe auch *Hauenschild* in FS 25 Jahre Advokatengesellschaft „Union" 77; *Konirsch*, Juristische Blätter 1904, 494. Die ursprüngliche Fassung der Anträge der beiden Referenten findet sich in *Hupka*, Zeitschrift für die gesamte Versicherungswissenschaft 1905, 131.

1499 *Hauenschild* in FS 25 Jahre Advokatengesellschaft „Union" 77.

1500 *Hupka*, Zeitschrift für die gesamte Versicherungswissenschaft 1905, 137; siehe auch 27. deutscher Juristentag. Schluß der zweiten Plenarversammlung, Innsbrucker Nachrichten vom 14. September 1904, 5; *Hauenschild* in FS 25 Jahre Advokatengesellschaft „Union" 76 (dort mit unrichtigem Wortlaut).

zur Abstimmung gebracht und angenommen wurde. Der ursprüngliche Beschluss wurde daraufhin aufgehoben; die Beschlussfassung über Hupkas Antrag wurde allerdings bis zum nächsten Juristentag vertagt.[1501] „So wird voraussichtlich in Deutschland eines der wichtigsten kommerziellen Gesetze geschaffen werden, ohne daß man die Meinung des Juristentages, nicht ohne sein Verschulden, über eine der wichtigsten Fragen des Assekuranzrechtes gehört hat", bedauerte ein Zeitgenosse.[1502]

B. Der Begriff des Versicherungsvertrags

Neben den Verwirkungsabreden war die Begriffsdefinition des Versicherungsvertrages ein weiterer Aspekt des Versicherungsrechtes, dem Hupka seine Aufmerksamkeit widmete. Kurz nach Veröffentlichung seines Gegenentwurfs eines Gesetzes über den Versicherungsvertrag, auf den im folgenden Kapitel näher eingegangen wird, erschien zu diesem Thema ein bahnbrechender Artikel Hupkas. Methode und Struktur dieses umfangreichen Beitrags erinnern stark an *Die Vollmacht*: Eingangs setzt sich Hupka zunächst mit der gängigen Literatur und konkurrierenden Theorien zum Versicherungsvertrag auseinander. In einem zweiten Teil gelangt er zu seiner eigenen Definition, die der herrschenden Lehre gegenübergestellt wird.

Der Aufsatz befasst sich, nach kurzer Kritik an der zum Zeitpunkt seines Erscheinens bereits veralteten „Schadenersatztheorie", insbesondere mit der sogenannten „Bedarfstheorie" der Versicherung, die auf den Werken des italienischen Theoretikers Ulysse Gobbi beruht und im deutschen Sprachraum insbesondere von Alfred Manes vertreten wurde, und entwickelt von ihr ausgehend eine eigenständige Definition des Versicherungsbegriffes.[1503]

Hupka eröffnet seine Abhandlung mit der „Frage nach dem Verhältnisse zwischen Schadensversicherungen und Lebensversicherungen", die im „Mittelpunkte des alten und noch gegenwärtig fortdauernden Streites über den Begriff des Versicherungsvertrages" stünden. Bis in jüngste Zeit habe die Rechtswissenschaft mehrheitlich die Auffassung vertreten, dass eine

---

1501 27. deutscher Juristentag. Sektionssitzungen, Innsbrucker Nachrichten vom 14. September 1904, 5; *Hupka*, Zeitschrift für die gesamte Versicherungswissenschaft 1905, 137; siehe auch *Hauenschild* in FS 25 Jahre Advokatengesellschaft „Union" 76.

1502 *Hauenschild* in FS 25 Jahre Advokatengesellschaft „Union" 72; siehe auch *Hupka*, Zeitschrift für die gesamte Versicherungswissenschaft 1905, 137 und Fn 1.

1503 Einen Überblick über die geschichtliche Entwicklung der Bedarfstheorie und insbesondere Manes' Einfluss gibt *Lindenbaum*, Zeitschrift für Nationalökonomie 1930, 76–78; zur Schadenersatztheorie siehe z.B. *Brämer/Brämer*, Das Versicherungswesen (1894) 1–3.

Versicherung grundsätzlich als Schutz gegen drohenden Vermögensschaden zu betrachten sei. Als logische Folge habe man entweder die Lebensversicherung entweder als „modifizierte Schadensversicherung“ anerkannt, oder ihr den Charakter der Versicherung gänzlich abgesprochen.[1504] Für Hupka liegt das „Fehlerhafte dieses Gedankenganges [...] klar zu Tage“: Anstelle zuerst die wesentlichen Merkmale beider Versicherungszweige festzuhalten und danach zu prüfen, ob sich Gemeinsamkeiten zwischen diesen beiden fänden, habe man den Begriff des Versicherungsvertrages ausschließlich von der Schadensversicherung abgeleitet und danach versucht, die so gefundenen Grundsätze auf die Lebensversicherung umzulegen.[1505]

Hupka wendet sich vehement gegen die „aprioristische Gleichstellung der Versicherung mit der Schadensversicherung“, die dazu geführt habe, dass man die Lebensversicherung als Versicherung gegen den durch den Tod verursachten Vermögensschaden – etwa durch die anfallenden Begräbniskosten, den Entgang des weiteren Erwerbs bzw. Unterhalts der Hinterbliebenen, oder der Nichterreichung eines vorgesetzten Sparzieles – zu qualifizieren versucht habe.[1506] Dem stehe entgegen, dass die ausbezahlte Versicherungssumme in keinem Zusammenhang mit den tatsächlich anfallenden Kosten stünde. Darüber hinaus könne man das durch den Tod des Versicherten vereitelte Sparziel, dessen Erreichen ja neben einer gewissen Lebensdauer ja auch die fortgesetzte „Sparfähigkeit und Sparlust des Individuums“ voraussetze, nicht als eine „wirklich begründete Erwerbsaussicht“ bezeichnen, sodass dessen Nichterreichen auch nicht als Schaden angesehen werden könne.[1507]

In weiterer Folge setzt sich Hupka mit den Theorien der italienischen Theoretiker Cesare Vivante und Ulisse Gobbi auseinander. Vivante vertritt, wie viele seiner Zeitgenossen, die Ansicht, dass ein wesentliches Merkmal des Versicherungsvertrags darin liege, dass dieser im Rahmen eines planmäßigen

---

1504 *Hupka*, Der Begriff des Versicherungsvertrages, Goldschmidts Zeitschrift für das gesamte Handelsrecht und Konkursrecht 1910, 546.

1505 *Hupka*, Goldschmidts Zeitschrift für das gesamte Handelsrecht und Konkursrecht 1910, 547–549.

1506 Vgl. z.B. *Ehrenberg*, Versicherungsrecht I (1893) 7–8.

1507 *Hupka*, Goldschmidts Zeitschrift für das gesamte Handelsrecht und Konkursrecht 1910, 550; zustimmend *Hulsse*, Versicherung und Wirtschaft. Eine Untersuchung über den Begriff der Versicherung in der Volkswirtschaftslehre (1914), 42. Für weitgehend gleichlautende Kritik an der Schadenersatztheorie siehe auch z.B. *Ehrenberg*, Vertrag (Begriff.) in *Manes* (Hrsg), Versicherungslexikon^2 (1924) 1378–1379; *Schmidt-Rimpler*, Über einige Grundbegriffe des Privatversicherungsrechts, in FS Heymann II (1930) 1211 (1219–1221); *Dreher*, Die Versicherung als Rechtsprodukt. Die Privatversicherung und ihre rechtliche Gestaltung (1991) 39–40; *Schug*, Der Versicherungsgedanke und seine historischen Grundlagen (2011) 36 unter Verweis auf *Hupka*.

Großbetriebes abgeschlossen werde. Ein weiteres charakteristisches Merkmal besteht Vivante zufolge in der auf statistischen Grundsätzen beruhenden Berechnung und Festsetzung der Prämie.[1508] Die Frage, ob die Lebensversicherung einen Entschädigungszweck verfolge, wird bei Vivante nicht behandelt.

Hupka wendet sich gegen diesen Ansatz, der ihm als Definitionsversuch „mit untauglichen Mitteln" erscheint: Zwar sei die Zusammenfassung einer Vielzahl von Risiken zu einem Gesamtrisiko und die Berechnung des Versicherungsentgelts nach dem errechneten Einzelrisiko ein Wesensmerkmal des modernen Versicherungsbetriebes, „ein *Begriffselement* des Versicherungsvertrags" sei „diese wirtschaftlich-technische *Unterlage*" jedoch nicht:[1509] Zum einen habe es keinen Einfluss auf die Rechtsnatur des Vertrages, ob man eine Versicherung mit einem Unternehmen oder „einem anderen Kapitalisten" abschließe; zum anderen könne auch die auf statistischen Grundsätzen beruhende Berechnung nur dort zum Einsatz kommen, wo bereits eine „brauchbare Gefahrstatistik" betreffend das zu versichernde Risiko vorläge. Demzufolge wären sämtliche jungen Versicherungszweige von Vivantes Definition ausgeschlossen.[1510]

Als wichtige Weiterentwicklung der früher herrschenden Lehre betrachtet Hupka den Ansatz des Ökonomen Gobbi. Dieser sieht den Zweck des Versicherungsverhältnisses darin, ein im Versicherungsfall hervorgerufenes finanzielles Bedürfnis zu befriedigen. Den Vorteil dieses Ansatzes gegenüber der „Schadenstheorie" sieht Hupka darin, dass sie auch jenen Versicherungszweigen, in denen nicht unmittelbar ein finanzieller Schaden als Resultat des Versicherungsfalles entsteht – wie etwa der Kranken-, Unfalls- oder Lebensversicherung –, gerecht wird.[1511] Die Anwendbarkeit dieser Definition stößt aber dort an ihre Grenzen, wo der Versicherungsfall für den Berechtigten keinerlei negative finanzielle Konsequenzen hat bzw. Bedürfnisse nach sich

---

1508 *Hupka*, Goldschmidts Zeitschrift für das gesamte Handelsrecht und Konkursrecht 1910, 551–552 unter Verweis auf *Vivante*, Il contratto di assicurazione III (1887) VII Nr. 1, 2, 34–35 (mit weiteren Nachweisen); zustimmend *Schug*, Versicherungsgedanke (2011) 54.

1509 *Hupka*, Goldschmidts Zeitschrift für das gesamte Handelsrecht und Konkursrecht 1910, 553; zustimmend dazu *Bruck*, Reichsgesetz über den Versicherungsvertrag nebst dem zugehörigen Einführungsgesetz vom 30. Mai 1908[6] (1929) 27–28; *Schmidt-Rimpler* in FS Heymann II 1245.

1510 *Hupka*, Goldschmidts Zeitschrift für das gesamte Handelsrecht und Konkursrecht 1910, 553–557.

1511 *Hupka*, Goldschmidts Zeitschrift für das gesamte Handelsrecht und Konkursrecht 1910, 557–560 unter Berufung auf *Gobbi*, L'assicurazione in generale (1898) Nr. 8, 75, 76, 101, 210–214; siehe dazu auch *Lindenbaum*, Zeitschrift für Nationalökonomie 1930, 76.

zieht, wie etwa bei einer Lebensversicherung, bei der der Begünstigte zugleich Erbe des wohlhabenden Verstorbenen ist. Gobbis Ansatz ist demnach ebenfalls nicht „im Stande, die *Einheit* des Versicherungsbegriffs darzutun."[1512]

Zu Beginn des zweiten Teiles seiner Abhandlung führt Hupka aus, dass sowohl Lehre als auch Gesetzgebung in jüngster Zeit zu dem Ergebnis gelangt seien, dass eine einheitliche Definition des Versicherungsvertrages, die sowohl Schadens- als auch Lebensversicherung umfasst, unmöglich sei.[1513] Während er es durchaus begrüßenswert findet, dass sowohl das deutsche und schweizerische Versicherungsvertragsgesetz als auch der österreichische Entwurf von einer Legaldefinition des Begriffes Abstand nehmen, da „die Gefahr einer zu engen oder zu weiten Definition hier besonders groß" sei, betont er, dass die Wissenschaft sich hingegen mit dem jetzigen Stand der Dinge nicht zufrieden geben dürfe.[1514] Der „Kardinalfehler" der bisherigen Lehre liege darin, dass sie an dem Grundgedanken festgehalten habe, dass es der Zweck der Versicherung sei, ein gewisses Ereignis „für den Versicherten wirtschaftlich gleichgültig zu machen".[1515]

Hupka hebt hingegen hervor, dass man bei der Betrachtung des Zweckes der Versicherung nicht nur den Versicherungsfall ins Auge fassen dürfe, sondern auch den Moment des Vertragsschlusses berücksichtigen müsse. Schadens- als auch Lebensversicherung hätten den Zweck gemeinsam, den Versicherten bzw. Begünstigten durch die Auszahlung der Versicherungssumme „gegen die Wechselfälle der ungewissen Zukunft sicherzustellen".[1516] Dieser Sicherungsgedanke käme selbst dort zum Tragen, wo der Tod des Versicherten dem Begünstigten auch sonst nur ökonomische Vorteile verschaffe: „Auch unter solchen Umständen bleibt es wahr, daß

1512 *Hupka*, Goldschmidts Zeitschrift für das gesamte Handelsrecht und Konkursrecht 1910, 560 (Hervorhebung im Original); weitgehend gleichlautende Argumente finden sich in jüngerer Zeit auch z.B. bei *Dreher*, Versicherung (1991) 39–40.

1513 *Hupka*, Goldschmidts Zeitschrift für das gesamte Handelsrecht und Konkursrecht 1910, 561–562; dieser Ansicht z.B. *Ehrenzweig*, Die Rechtsordnung der Vertragsversicherung. Das Gesetz über den Versicherungsvertrag und das Versicherungsregulativ samt Nebenvorschriften (1929) 12–13; *Ehrenzweig*, Versicherungsvertragsrecht. (Reichsrecht und österreichisches Recht, mit den tschechoslowakischen Besonderheiten) (1935) 100; *Ehrenzweig*, Deutsches (österreichisches) Versicherungsvertragsrecht (1952) 56.

1514 *Hupka*, Goldschmidts Zeitschrift für das gesamte Handelsrecht und Konkursrecht 1910, 562.

1515 *Hupka*, Goldschmidts Zeitschrift für das gesamte Handelsrecht und Konkursrecht 1910, 564.

1516 *Hupka*, Goldschmidts Zeitschrift für das gesamte Handelsrecht und Konkursrecht 1910, 565.

die Zukunft allerlei große und kleine Gefahren für das Vermögen und die ungestörte Befriedigung der Lebensbedürfnisse in sich trägt, und daß daher auch hier die Lebensversicherung in erster Linie als ein Schutz- und Trutzmittel gegen eine künftige Verschlechterung der wirtschaftlichen Lage erscheint." Dasselbe gelte notwendigerweise auch von Versicherungen auf den Erlebensfall.[1517]

Hupka kommt demnach zu dem Schluss, dass sämtlichen Versicherungsarten der ökonomische Zweck zugrunde läge, sich gegen künftige finanzielle Engpässe und Einbußen abzusichern, wodurch sich diese gegen „reine Wagnisgeschäfte", d.h. Spiel und Wette, abgrenzen ließen.[1518] Dieser gemeinsame und charakteristische Zweck liege aber nicht, wie bisher fälschlich angenommen, in der Absicherung gegen „die nachteiligen Folgen *bestimmter* Ereignisse"; vielmehr sei das Gemeinsame der „*allgemeine* Gedanke der Sicherung gegen einen möglichen Schaden oder Mangel."[1519] Der Unterschied zwischen Lebens- und Schadensversicherung sei demnach ein „gradueller, kein essentieller"; er bestehe lediglich darin, dass der allgemeine Versicherungszweck unterschiedlich eng begrenzt werde: Während bei der Schadens- und Unfallversicherung der Versicherungszweck auf Bedarfsfälle bestimmter Art abstelle, sei der Zweck der Lebensversicherung „generelle Fürsorge" für die Zukunft.[1520] Der Unterschied zwischen verschiedenen Versicherungsarten bestehe weiters darin, dass bei einigen der „Zweckfall" der Versicherung mit dem Versicherungsfall, der den Versicherer zur Leistung verpflichtet, zusammenfallen, während bei anderen die Leistung des Versicherers zu einem mehr oder weniger willkürlich bestimmten Zeitpunkt fällig werde.[1521]

Der so definierte gemeinsame Zweck aller Versicherungszweige ist für Hupka das „*caput et fundamentum* des allgemeinen Begriffs der Versicherung".[1522] Auf dieser Basis setzt er sich mit den Begriffen „Gefahr" und „Interesse" auseinander, welche die Schadenstheorie und die Theorie des

---

1517 *Hupka*, Goldschmidts Zeitschrift für das gesamte Handelsrecht und Konkursrecht 1910, 566; zustimmend dazu *Lindenbaum*, Zeitschrift für Nationalökonomie 1930, 90.

1518 *Hupka*, Goldschmidts Zeitschrift für das gesamte Handelsrecht und Konkursrecht 1910, 568.

1519 *Hupka*, Goldschmidts Zeitschrift für das gesamte Handelsrecht und Konkursrecht 1910, 569 (Hervorhebungen im Original).

1520 *Hupka*, Goldschmidts Zeitschrift für das gesamte Handelsrecht und Konkursrecht 1910, 569.

1521 *Hupka*, Goldschmidts Zeitschrift für das gesamte Handelsrecht und Konkursrecht 1910, 569–576; zustimmend *Schmidt-Rimpler* in FS Heymann II 1250.

1522 *Hupka*, Goldschmidts Zeitschrift für das gesamte Handelsrecht und Konkursrecht 1910, 577; zustimmend *Hulsse*, Versicherung und Wirtschaft (1914), 33; siehe dazu auch *Lindenbaum*, Zeitschrift für Nationalökonomie 1930, 88.

individuellen Spezialbedarfs als Wesensmerkmale des Versicherungsbegriffes betrachten.[1523] Hupka legt zunächst dar, dass die Sicherungsabsicht gegen einen zukünftigen Bedarf aus der Vorstellung wirtschaftlicher Unsicherheit entfließe. Dabei sei es unwesentlich, ob es sich um „totale“ Unsicherheit handle, die sowohl den Eintritt des Bedarfs überhaupt als auch dessen Höhe und den Eintrittszeitpunkt umfasse, oder ob nur einer dieser Aspekte des Bedarfs unsicher sei. Auch müsse die Vorstellung der Unsicherheit nicht objektiv begründet sein; auch die bloß subjektive Annahme einer vermeintlichen Unsicherheit schließe jeden anderen Geschäftstypus aus.[1524] Die rechtliche Wirksamkeit eines Versicherungsvertrages, bei dem die objektive Unsicherheit nicht gegeben sei, weil der Bedarf entweder bereits eingetreten oder der Bedarfsfall gänzlich unmöglich geworden ist, ergebe sich wiederum daraus, ob der Bedarfsfall lediglich das Motiv des Versicherungsnehmers beeinflusst habe (so etwa, wenn jemand eine Lebensversicherung abschießt, deren Begünstigter im Zeitpunkt des Vertragsschlusses bereits verstorben ist), oder ob der Sicherungszweck den Vertragsinhalt selbst beeinflusst habe, wie etwa bei der Schadens-, der Kranken- oder der Unfallversicherung.[1525]

Der Begriff der „Gefahr“, der seinen Ursprung in der Schadenstheorie der Versicherung habe, müsse daher durch den allgemeineren Begriff der „wirtschaftlichen Unsicherheit“ ersetzt werden; dieser schließe „nicht nur, wie die ‚Gefahr‘, die kausal bestimmten Nachteilsmöglichkeiten der speziellen Bedarfsversicherungen in sich, sondern auch die Gesamtheit der unbestimmten Möglichkeiten einer Verschlechterung der wirtschaftlichen Lage, denen zu begegnen der regelmäßige Zweck der Lebensversicherung ist.“[1526] Ebenso gelte der Begriff des wirtschaftlichen „Interesses“ des Versicherten am Nichteintritt des Versicherungsfalles, das von bisherigen Theorien als Wesensmerkmal der Versicherung postuliert wurde, lediglich für den Bereich der „speziellen Bedarfsversicherungen“; dieses sei lediglich eine spezifische Form des generellen Sicherungsbedürfnisses, das allen Versicherungen zugrunde liege.[1527]

Notwendiges Korrelat zur Unsicherheit des Versicherungsnehmers ist das Risiko des Versicherers, im Versicherungsfall eine – bisweilen

1523 Siehe dazu auch *Schug*, Versicherungsgedanke (2011) 55–56.

1524 *Hupka*, Goldschmidts Zeitschrift für das gesamte Handelsrecht und Konkursrecht 1910, 577–578; siehe dazu auch *Schmidt-Rimpler* in FS Heymann II 1224.

1525 *Hupka*, Goldschmidts Zeitschrift für das gesamte Handelsrecht und Konkursrecht 1910, 578–579.

1526 Siehe dazu auch *Schmidt-Rimpler* in FS Heymann II 1251–1252.

1527 *Hupka*, Goldschmidts Zeitschrift für das gesamte Handelsrecht und Konkursrecht 1910, 580–581; siehe dazu auch *Schmidt-Rimpler* in FS Heymann II 1252–1253.

beträchtlich – höhere Summe an den Begünstigten auszahlen zu müssen, als er vom Versicherten erhalten hat. Diese Unsicherheit nehme der Versicherer allein deswegen auf sich, weil immerhin die Möglichkeit besteht, dass er unter Umständen nichts oder weniger leisten muss, als er als Gegenleistung erhalten hat. „Vom Standpunkte des Versicherers ist somit der Versicherungsvertrag immer ein bloßes Wagnisgeschäft; was ihn vom Spielvertrag unterscheidet, ist nur das Motiv des Versicherungsnehmers."[1528] Argumente, die den Spielcharakter des Versicherungsvertrages für beide Seiten mit der Begründung verneinen, dass der Versicherer für den Verlust aus dem Gewinn anderer Geschäfte gedeckt sei, weist Hupka energisch zurück: „Nichts ist weniger juristisch als diese Auffassung." Ein aleatorischer Vertrag sei immer dort gegeben, wo die Leistung des einen oder anderen Teiles oder das Wertverhältnis der Leistungen der beiden Vertragspartner wesentlich von einem ungewissen Umstand abhängt; dieser Charakter werde weder durch die Motive, die eine der Vertragsparteien zum Abschluss bewegt haben, noch durch die Tatsache, dass die andere Partei für den drohenden Ausfall aus außerhalb des konkreten Geschäftes liegenden Gründen finanziell gedeckt ist, beeinträchtigt.[1529]

Bei den im Hinblick auf einen speziellen Bedarf abgeschlossenen Versicherungen ergebe sich das Risiko des Versicherers aus der Unsicherheit des Eintrittes des Versicherungsfalles überhaupt; im Falle der Lebensversicherung aus der Unsicherheit des Todeszeitpunktes. Für das Risiko „wesentlich, aber auch genügend" sei in beiden Fällen, dass sich daraus eine Unsicherheit betreffend das Verhältnis zwischen Leistung und Gegenleistung der Parteien ergebe.[1530] Die Ungewissheit des Risikos dürfe weder mit der Ungewissheit des Versicherungsfalles noch mit der Ungewissheit des zu deckenden Bedarfs gleichgesetzt werden, auch wenn diese bei manchen Versicherungstypen zusammenfielen.[1531] Man müsse daher klar zwischen „dem Bedarfsfall, dem Versicherungsfall und jenem Falle, welcher das Risiko im ungünstigen Sinn entscheidet", differenzieren. Während bei Schadens- und manchen Arten der Personenversicherung diese zusammenfielen, sei bei der Lebensversicherung der Bedarfsfall für die Vertragserfüllung gänzlich unwesentlich. Hier

---

1528 *Hupka*, Goldschmidts Zeitschrift für das gesamte Handelsrecht und Konkursrecht 1910, 582.

1529 *Hupka*, Goldschmidts Zeitschrift für das gesamte Handelsrecht und Konkursrecht 1910, 582.

1530 *Hupka*, Goldschmidts Zeitschrift für das gesamte Handelsrecht und Konkursrecht 1910, 583; anderer Ansicht *Ehrenberg*, Versicherungsrecht I (1893) 5; dagegen *Ehrenberg* in *Manes* 1379.

1531 *Hupka*, Goldschmidts Zeitschrift für das gesamte Handelsrecht und Konkursrecht 1910, 585.

entspreche der vertragsmäßige Termin für die Versicherungsleistung regelmäßig, wenngleich auch nicht notwendig, dem Todes- oder Erlebensfall. Dieser aber wiederum sei allein für das Risiko maßgeblich. Die „Gefahr“ dürfe daher weder als die „Wahrscheinlichkeit des Schadensfalls (Bedarfsfalls)“ noch als die „Wahrscheinlichkeit des Versicherungsfalls“ definiert werden; sie „ist vielmehr die Ungewißheit desjenigen Umstandes – Versicherungsfall oder individuelle Lebensdauer –, welcher für die Belastung des Versicherers entscheidend oder maßgebend ist“,[1532] wobei Hupka die subjektive Ungewissheit der Parteien genügen lässt. Daraus ergibt sich, dass ein Versicherungsvertrag auch dann gültig ist, wenn die von beiden Seiten vorausgesetzte Ungewissheit nicht bestand, weil der entscheidende Fall entweder bereits eingetreten oder dessen Eintreten ausgeschlossen war. Davon unabhängig müsse man aber prüfen, „ob man diese weite Auffassung der Versicherungsgefahr ohne weiteres den Parteien imputieren“, also annehmen, dass die Parteien das jeweils bereits zu ihren Ungunsten entschiedene Risiko übernehmen wollten. Die moderne Gesetzgebung habe sich weitgehend zurecht auf den Standpunkt gestellt, dass dies nur dann der Fall sei, wenn die Parteien vereinbart haben, dass auch die vergangene Gefahr durch die Versicherung gedeckt sein solle.[1533]

Ein wesentlich mit dem Begriff des Risikos verknüpftes Charakteristikum der Versicherung sieht Hupka schließlich in der Entgeltlichkeit.[1534] Dabei sei es unwesentlich, ob die vereinbarte Prämie aufgrund versicherungsmathematischer Prinzipien oder völlig willkürlich festgesetzt wurde; die Anwendung statistischer Berechnungsmethoden sei ebenso wenig wie der Großbetrieb eine notwendige Voraussetzung des Versicherungsbegriffes.[1535]

Auf der Basis der oben skizzierten Ausführungen kommt Hupka schlussendlich zu einer Formaldefinition des Versicherungsvertrages: „*Der Versicherungsvertrag ist ein entgeltlicher Vertrag, in welchem der eine Teil (Versicherungsnehmer) zum Zwecke der sicheren Deckung eines künftigen*

1532 *Hupka*, Goldschmidts Zeitschrift für das gesamte Handelsrecht und Konkursrecht 1910, 586; siehe dazu auch *Schug*, Versicherungsgedanke (2011) 57–58.

1533 *Hupka*, Goldschmidts Zeitschrift für das gesamte Handelsrecht und Konkursrecht 1910, 587; siehe dazu auch *Ehrenberg*, Privatversicherungsrecht (1923) 8.

1534 *Hupka*, Goldschmidts Zeitschrift für das gesamte Handelsrecht und Konkursrecht 1910, 588; siehe dazu auch *Ehrenberg*, Privatversicherungsrecht (1923) 3 und *Ehrenberg*, Versicherungsrecht I (1893) 55–56.

1535 *Hupka*, Goldschmidts Zeitschrift für das gesamte Handelsrecht und Konkursrecht 1910, 588; siehe dazu auch *Ehrenberg*, Versicherungsrecht I (1893) 15–16 und 54–55; *Möller*, Moderne Theorien zum Begriff der Versicherung und des Versicherungsvertrages, Zeitschrift für die gesamte Versicherungswissenschaft 1962, 269 (271).

Bedarfs sich von dem anderen Teile (Versicherer) für einen bestimmten Ereignisfall oder Zeitpunkt (Versicherungsfall) eine Leistung versprechen läßt, deren Entrichtung, Umfang oder Verhältnis zur Gegenleistung von ungewissen, das Vermögen oder die Person des Versicherungsnehmers oder eines Dritten betreffenden Umständen abhängig ist.“[1536]

Unterrichtsminister Stürgkh hatte Hupka bereits 1910 attestiert, dass es ihm in seinem Aufsatz gelungen war, „ein schwieriges, seit Jahrzehnten streitiges Problem scharfsinnig zu lösen“;[1537] auch die österreichische Rechtsprechung sollte Hupkas Definition aufgreifen.[1538] Dennoch blieb die Rezeption durch die juristische Fachwelt in Österreich eingeschränkt; nicht zuletzt wohl deshalb, weil ihr Albert Ehrenzweig offenbar wenig abgewinnen konnte. Ehrenzweig betont, dass eine Definition des Versicherungsvertrages schlechthin unmöglich sei. Eine solche könne lediglich für jede Rechtsordnung individuell aus den jeweils geltenden Gesetzesbestimmungen abgeleitet werden.[1539] Anders war die Lage in Deutschland:[1540] Ernst Bruck hatte unter Verweis auf Hupkas Aufsatz dessen Definition für den reichsdeutschen Kontext beinahe wortgleich übernommen;[1541] auch seine weiteren Ausführungen zu diesem Thema orientieren sich stark an jenen Hupkas.[1542] In der weiterführenden Literatur ist es daher zumeist Brucks Name, der mit der von Hupka vertretenen Ansicht in Verbindung gebracht wird, während Hupka selbst kaum genannt wird.[1543]

1536 *Hupka*, Goldschmidts Zeitschrift für das gesamte Handelsrecht und Konkursrecht 1910, 588 (Hervorhebung im Original).

1537 ÖStA, AVA, Unterricht, Allgemeine Reihe, 611.2 Professorenakt Josef Hupka, Brief Unterrichtsminister Karl Stürgkh an Kaiser Franz Josef I, 10. Dezember 1910; siehe auch Erster Teil, Kapitel II.A.

1538 Siehe dazu Zweiter Teil, Kapitel III.D.

1539 *Ehrenzweig*, Vertragsversicherung (1929) 12–13; *Ehrenzweig*, Versicherungsvertragsrecht (1935) 100; *Ehrenzweig*, Versicherungsvertragsrecht (1952) 56; dagegen *Schmidt-Rimpler* in FS Heymann II 1216–1217.

1540 Vgl. etwa die Dissertation von Friedrich *Hulsse*, die *Hupka* ein eigenes Kapitel widmet; vgl. *Hulsse*, Versicherung und Wirtschaft (1914), 33–35.

1541 „Der Versicherungsvertrag ist ein selbstständiger, entgeltlicher Vertrag, kraft dessen der eine Teil (Versicherungsnehmer) zur Deckung eines ungewissen Bedarfs von dem anderen Teile (Versicherer) für ein bestimmtes Ereignis oder einen bestimmten Zeitpunkt eine geldliche oder geldeswerte Leistung zugesichert bekommt und bei dem die Leistung mindestens des einen Teils nach Höhe und/oder Zeitpunkt von ungewissen Umständen abhängt.“; vgl. *Bruck*, Reichsgesetz über den Versicherungsvertrag[6] (1929) 23.

1542 *Bruck*, Reichsgesetz über den Versicherungsvertrag[6] (1929) 23–28.

1543 Peter Kochs Geschichte der Versicherungswissenschaft enthält lediglich einen knappen Hinweis auf Hupkas Lehrtätigkeit an der Universität Wien; vgl. *Koch*, Geschichte der Versicherungswissenschaft in Deutschland (1998) 165.

Ehrenzweig, der Hupka in drei konsekutiven Auflagen seiner Monografie zum Versicherungsvertragsrecht in diesem Zusammenhang überhaupt nicht erwähnt, verwirft Brucks Definition mit unzureichenden Argumenten als „zu weit und gleichzeitig zu eng", da die Deckung eines „ungewissen Bedarfes" (so Brucks unglückliche Paraphrase) Motiv vieler Vertragsabschlüsse auch außerhalb der Versicherung sei.[1544] Was Ehrenzweig dabei übersieht, ist, dass für Hupka die Begriffe „Zweck" und „Motiv" keineswegs gleichbedeutend sind, sondern dass dieser zwischen dem – objektiven – Zweck des Vertrages und dem – subjektiven – Motiv des Versicherungsnehmers unterscheidet. Hupkas Definition meint mit den Worten „Deckung eines unsicheren Bedarfs" eben nicht das *Motiv* des Versicherungsnehmers – das als solches ja juristisch irrelevant ist – sondern den *Zweck* des Vertrages.

Eingehender setzt sich Schmidt-Rimpler mit Brucks Fassung der Hupka'schen Definition auseinander. Dieser kritisiert vor allem, dass diese durch die Differenzierung zwischen Ereignisfall oder Zeitpunkt den Versicherungsbegriff zu einem „sekundäre[n] Rechtsfolgenbegriff" mache, indem „der rechtliche Gegenstand [...] nur dadurch bestimmt [werde], daß bei ihm einheitlich gewisse Rechtsfolgen [...] gegeben sind, ohne daß sie aber die primären wären, d.h. diejenigen, zu deren Durchführung und Ergänzung die sonstigen Rechtsfolgen im Rechtsverhältnis dienen [...]; die primären Rechtsfolgen wären gerade verschieden, soweit die Leistung des V[ersicherer]s in Betracht kommt: hier Schadenersatzpflicht, dort Pflicht zu einer vertraglich bestimmten Vermögensleistung."[1545] Schmidt-Rimpler betrachtet Hupkas Theorie zwar als Fortschritt auf dem Weg zur Identifikation des „primären Rechtsfolgenbegriffs", kritisiert aber vor allem den von Hupka eingeführten (von Schmidt-Rimpler allerdings Bruck zugeschriebenen) Begriff des „abstrakten Bedarfs".[1546] Damit fasse Hupkas Theorie nämlich Fälle, in denen tatsächlich durch den Versicherungsfall ein finanzieller Bedarf entstehe, mit solchen zusammen, in denen lediglich rein theoretisch ein Bedarf entstehen könnte, wodurch er die Einheit des Bedarfsbegriffes aufgebe: „[S]achlich kann man den Begriff des abstrakten Bedarfs wohl nur als einen Bedarf bestimmen, der kein Bedarf ist, aber vielleicht ein Bedarf sein könnte, und

Ehrenzweig (Die Rechtslehre des Versicherungsvertrages und die klassische Logik [1954] 28–30) erwähnt Hupka in seiner Diskussion des Versicherungsvertragsbegriffes überhaupt nicht mehr; ebenso wenig *Möller*, Zeitschrift für die gesamte Versicherungswissenschaft 1962, 281–282.

1544 *Ehrenzweig*, Vertragsversicherung (1929) 13; *Ehrenzweig*, Versicherungsvertragsrecht (1935) 106; in späteren Publikationen setzt sich Ehrenzweig mit Brucks Definition nicht mehr auseinander (siehe oben Fn 1543).

1545 *Schmidt-Rimpler* in FS Heymann II 1215.

1546 *Schmidt-Rimpler* in FS Heymann II 1222.

damit fällt hier die Einheit des Ergebnisses."[1547] Ähnlich geartet ist Schmidt-Rimplers Kritik an Hupkas Postulat der Ungewissheit der Leistung der Vertragsteile; auch hier fehle die Einheit des Begriffes „ungewiss", der sich auf verschiedene Aspekte – nämlich Entrichtung, Umfang oder Verhältnis zur Gegenleistung – der Leistung beziehe.[1548]

In seiner Vermögensgestaltungstheorie greift Schmidt-Rimpler seinerseits aber zahlreiche Ansätze auf, die sich bereits in Hupkas Text finden: Schmidt-Rimpler sieht die Funktion der Versicherung in der „Sicherung von Vermögensgestaltungszielen", indem sie es dem Versicherungsnehmer ermöglicht, sein Vermögen zu „mehren, vor Belastungen zu schützen oder es zu einem festgelegten Zeitpunkt in einem bestimmten Umfang zur Verfügung haben:"[1549] „Aufgabe der Versicherung scheint es [...], den sachlich unvermeidlichen Zufall vermögensmäßig zu paralysieren", weshalb man „die Möglichkeit der Einwirkung des Zufalls auf das Vermögen der Begriffsbestimmung zugrunde [...] legen" müsse.[1550] Genau diesem Gedanken trägt bereits Hupkas Beschreibung der Versicherung als „Schutz- und Trutzmittel gegen eine künftige Verschlechterung der wirtschaftlichen Lage" und Vorsorge gegen „große und kleine Gefahren für das Vermögen" und für „die ungestörte Befriedigung der Lebensbedürfnisse"[1551] Rechnung. Auch Schmidt-Rimplers Erkenntnis, dass bei der Definition der Versicherung auf den vom Versicherungsnehmer im Zeitpunkt des Vertragsschlusses beabsichtigten Sicherungszweck abzustellen ist,[1552] findet sich bereits bei Hupka.[1553] Ebenso greift Schmidt-Rimpler Hupkas Kritik an den Begriffen „Gefahr" und „Interesse" auf und entwickelt diese weiter.[1554]

Auch die Auseinandersetzung mit Hupkas Theorie auf dem Gebiet der Nationalökonomie ist gelegentlich von Missverständnissen geprägt. Indem

---

1547 *Schmidt-Rimpler* in FS Heymann II 1223.

1548 *Schmidt-Rimpler* in FS Heymann II 1224.

1549 *Dreher*, Versicherung (1991) 40; siehe auch *Koch*, Geschichte (1998) 220; *Schug*, Versicherungsgedanke (2011) 44–45.

1550 *Schmidt-Rimpler* in FS Heymann II 1228.

1551 *Hupka*, Goldschmidts Zeitschrift für das gesamte Handelsrecht und Konkursrecht 1910, 566.

1552 *Schmidt-Rimpler* in FS Heymann II 1231. *Schmidt-Rimpler* hält allerdings an der von Hupka (in Goldschmidts Zeitschrift für das gesamte Handelsrecht und Konkursrecht 1910, 550) kritisierten Prämisse fest, dass die Leistung der Lebensversicherung die Vergütung für ein durch den zu frühen Tod vereiteltes Sparziel ist; vgl. *Schmidt-Rimpler* in FS Heymann II 1231–1232.

1553 *Hupka*, Goldschmidts Zeitschrift für das gesamte Handelsrecht und Konkursrecht 1910, 580–581.

1554 *Schmidt-Rimpler* in FS Heymann II 1251–1254, allerdings ohne Verweis auf Hupka.

Hupkas Definition die „Deckung eines zukünftigen Bedarfs“ als Wesensmerkmal des Versicherungsvertrages herausgreift, scheint sie insofern an die auf Gobbi zurückgehende „Bedarfstheorie“ der Versicherung anzuschließen. Diese hatte im deutschen Sprachraum bereits vor Erscheinen von Hupkas Artikel Alfred Manes[1555] vertreten; in den folgenden Jahrzehnten sollte sie sich auf dem Gebiet der Nationalökonomie als die herrschende Lehre etablieren.[1556] Manes selbst verfasste eine zustimmende Rezension zu Hupkas Aufsatz.[1557]

Allerdings hatte Hupka die Grundannahme der gängigen Bedarfstheorie, dass das eigentliche Motiv beim Abschluss einer Versicherung die Sicherung eines zukünftigen finanziellen Bedarfs sei, verworfen und betont, dass nicht jeder Versicherungsfall notwendigerweise ökonomische Nachteile für den Begünstigten nach sich ziehe. Er hatte vielmehr betont, dass das eigentliche ökonomisch-psychologische subjektive Motiv für den Vertragsabschluss das gegenwärtige Sicherheitsbedürfnis des Versicherungsnehmers sei.[1558]

In einer historischen Darstellung stellt Lindenbaum 1930 Hupkas Ansatz der damals herrschenden „Theorie des zukünftigen Bedarfs“ gegenüber und geht dabei eingehend auf die bereits von Hupka aufgezeigten Schwächen Letzterer ein.[1559] Zurecht rügt Lindenbaum, dass „die Theoretiker des künftigen Bedarfes es völlig unbeachtet gelassen“ hätten, „wenn ihnen von gewichtiger Seite (Hupka) kritisch eingewendet wurde, es sei für Bestand und Wirksamkeit der Versicherung durchaus nicht bestimmend, ob der

1555 *Manes*, Versicherungswesen I[1] (1905) 1–4.

1556 Siehe z.B. *Dreher*, Versicherung (1991) 38; *Möller*, Zeitschrift für die gesamte Versicherungswissenschaft 1962, 273–274; *Lindenbaum*, Zeitschrift für Nationalökonomie 1930, 76–77, *Koch*, Geschichte (1998) 219–220; *Schug*, Versicherungsgedanke (2011) 36–37.

1557 *Manes*, Bücherbesprechungen. Zur Begriffsbestimmung der Versicherung, Zeitschrift für die gesamte Versicherungswissenschaft 1910, 801 (802–803); siehe dazu auch ÖStA, AVA, Unterricht, Allgemeine Reihe, Juridische Lehrkanzeln, Kart. 607, Handels- und Wechselrecht, Bericht der zur Erstattung von Vorschlägen für die Besetzung der Lehrkanzel für Handels- und Wechselrecht eingesetzten Kommission (Abschrift) vom 3. Juli 1915.

1558 *Hupka*, Goldschmidts Zeitschrift für das gesamte Handelsrecht und Konkursrecht 1910, 565–567.

1559 *Lindenbaum*, Zeitschrift für Nationalökonomie 1930, 88–95. Insbesondere sei allein Hupkas Auffassung mit der von der ökonomischen Schule Hans Mayers vertretenen Theorie des Grenznutzens vereinbar, weshalb ihr der Vorzug zu geben sei. Umgekehrt sei sie aber auch „ein Hinweis, daß ein im Versicherungswesen sich abwickelnder mächtiger Ausschnitt der empirischen Wirklichkeit die theoretischen Forschungsergebnisse der Wiener ökonomischen Schule vollauf beglaubigt.“; vgl. *Lindenbaum*, Zeitschrift für Nationalökonomie 1930, 99.

Versicherungsfall einen Bedarf überhaupt auslöse, oder gar ökonomische Vorteile für den Berechtigten im Gefolge habe."[1560]

Derselbe Gedanke – wenngleich ohne Verweis auf Hupka – findet sich auch in der modernen Versicherungswissenschaft: Die moderne Kritik an der Bedarfstheorie deckt sich mit jener Hupkas, ohne allerdings auf dessen Aufsatz zurückzugreifen.[1561] So betont Dörner im Berliner Kommentar, dass der Versicherungsnehmer in erster Linie deswegen seine Prämien einzahlt, um den Versicherer „zur Eingehung bzw. Aufrechterhaltung eines Leistungsversprechens zu veranlassen", also „‚Gefahrtragung', ‚Risikoübernahme' oder ‚Versicherungsschutz'" zu erwerben.[1562] Dieser Gedanke, der ebenso wie Hupka den Zweck des Versicherungsvertrages im Moment des Abschlusses (bzw. der fortgesetzten Prämienzahlung), nicht im Moment des Versicherungsfalles in den Vordergrund stellt und auf das generelle Sicherungsbedürfnis des Versicherungsnehmers abstellt, ist genau jener, der sich bereits bei Hupka findet.[1563]

C. Gegenentwurf eines Gesetzes über den Versicherungsvertrag

In Österreich schritten, ebenso wie in Deutschland, inzwischen die Arbeiten an einem Gesetz über den Versicherungsvertrag fort. Im Dezember 1907 legte Franz Klein dem Herrenhaus eine auf dem Entwurf von 1905 basierende, aber in beachtlichem Maße umgearbeitete Regierungsvorlage eines Gesetzes über den Versicherungsvertrag vor.[1564] Josef Hupka war nicht der

1560 *Lindenbaum*, Zeitschrift für Nationalökonomie 1930, 90. Erst in der neuesten Auflage seines Werkes habe Manes „die Existenz einer gegenwärtigen, in dem Sicherheitsbedürfnis wurzelnden Motivationsquelle" zumindest stellenweise in sein System einbezogen; „Es darf erwartet werden, daß er im Interesse der Reinheit einer theoretischen Begriffserfassung in der Folge auch den Mut zur Konsequenz aufbringt, an Stelle eines sich als lückenhaft erweisenden Begriffes des künftigen Bedarfes den empirisch wie auch theoretisch allein beglaubigten Begriff des gegenwärtigen Bedürfnisses nach wirtschaftlicher Sicherheit als Bestimmgrund der Versicherung anzusehen."; vgl. *Lindenbaum*, Zeitschrift für Nationalökonomie 1930, 95. Für Kritik an der Bedarfstheorie siehe z.B. auch *Schug*, Versicherungsgedanke (2011) 37.

1561 Z.B. *Möller*, Zeitschrift für die gesamte Versicherungswissenschaft 1962, 273–274; *Dreher*, Versicherung (1991) 38–39.

1562 *Dörner* im Berliner Kommentar zum Versicherungsvertragsgesetz III (1999) Einleitung, Rz 53; ähnlich auch *Möller*, Versicherungsvertragsrecht[3] (1977) 19–20.

1563 *Hupka*, Goldschmidts Zeitschrift für das gesamte Handelsrecht und Konkursrecht 1910, 580–581.

1564 *Ogris* in *Rohrbach* 137–138; *Hupka*, Gegenentwurf (1908) 3. Eingehend zur Redaktionsgeschichte der Versicherungsordnung siehe auch *Ehrenzweig*, Verordnung (1916) XIII–XIV; *Geller*, Versicherungsordnung (1916) 1–3; *Geller*, Gesetz über den Versicherungsvertrag (1918) 4–6.

Einzige, der zu diesem Entwurf Stellung bezog; unter anderem äußerten sich auch Albert Ehrenzweig und Karl Adler.[1565] Während sich diese allerdings auf mehr oder weniger umfassende Kritik des Entwurfs beschränkten, stellte Hupka der Regierungsvorlage einen vollständigen eigenen Gesetzesentwurf gegenüber, der sich weitgehend am Vorbild des deutschen Gesetzes orientierte, aber auch das schweizerische Versicherungsvertragsrecht berücksichtigte.[1566] Es solle zwar nicht „einer blinden Nachahmung der fremden Vorbilder das Wort geredet werden", betonte Hupka; gleichzeitig hob er aber hervor, dass „die im wesentlichen überall gleiche Art und Schutzwürdigkeit der im Versicherungsvertrage einander gegenübertretenden Interessen [...] eine möglichst weitgehende Übereinstimmung der gesetzlichen Bestimmungen in [...] benachbarten Staaten" forderten. Auch sei gerade angesichts der „schwierigen und heiklen Fragen" auf dem Gebiet des Versicherungsrechts „eine gemeinsame Gedankenarbeit der inländischen und der ausländischen Theorie und Praxis auf einer gleichförmigen positiven Grundlage etwas sehr Erstrebenswertes".

„Es ist gewiß erfreulich, daß man bei uns versucht hat, geleitet von den besonderen Erfahrungen der heimischen Praxis, eigene Gedankenwege zu gehen, und es ist auch anzuerkennen, daß der Entwurf einzelne zweckmäßige Neuerungen enthält. Aber zum weitaus größten Teile sind leider die eigenen Wege unseres Entwurfes Umwege, die nur mit Beschwerlichkeiten zum Ziele, und sehr häufig Abwege, die in die Irre führen."[1567]

Hupka war mit seiner scharfen Kritik an diesem Gesetzesentwurf nicht alleine: Karl Adler etwa hatte das „chaotische Wesen" des Entwurfs sowie die „rechtshindernde Macht des allzu kunstlos Zusammengewürfelten" gerügt.[1568] Besonders in sprachlicher und formeller Hinsicht beanstandet Hupka, dass selbst dort, wo die Gedankengänge der deutschen Vorlage übernommen würden, die österreichische Fassung gegenüber dieser „an Reinheit,

---

1565 *Ogris* in *Rohrbach* 138.

1566 *Ogris* in *Rohrbach* 138–139; *Meissel* in FS Kranjc 304; *Hupka*, Gegenentwurf (1908) 4–5; *Ehrenzweig*, Die Regierungsvorlage eines Gesetzes über den Versicherungsvertrag und Prof. Hupkas Gegenentwurf, Allgemeine Österreichische Gerichtszeitung 1909, 41 (41–42). Für eine Gegenüberstellung der Paragrafen des deutschen Gesetzes und des Gegenentwurfs siehe *Ehrenzweig*, Allgemeine Österreichische Gerichtszeitung 1909, 41 Fn 7. Eine Gegenüberstellung der einzelnen Entwürfe, der Versicherungsordnung und des deutschen Versicherungsvertragsgesetzes findet sich in *Ehrenzweig*, Verordnung (1916) XV–XIX.

1567 *Hupka*, Gegenentwurf (1908) 4.

1568 *Adler*, Bemerkungen zum österreichischen Versicherungsgesetzentwurf, Zeitschrift für das Privat- und Öffentliche Recht der Gegenwart 1908, 641; siehe auch *Ogris* in *Rohrbach* 138 Fn 694.

Klarheit und Genauigkeit" weit zurückstehe und das Gesetz, wie auch Adler bereits bemerkt hatte, „unlernbar" mache.[1569] „Mit einem Worte, der Entwurf ist *unfertig*", konstatierte Hupka.[1570] Die Aufgabe des Kritikers sei es daher, nicht nur „negierend den Finger auf sachliche Mängel zu legen", sondern „die technischen Mängel, auf denen jene sachlichen zum großen Teile beruhen, durch konkrete Gegenvorschläge zu beseitigen." Ziel dieses Unterfangens sei es, „dort, wo das Schicksal des Entwurfes ruht, die Erkenntnis zu wecken, daß der Entwurf nur durch eine *sehr gründliche* Änderung zu einem guten Gesetze werden kann".[1571]

Getreu seiner Feststellung, dass es „für beide Teile nur ehrenvoll wäre, wenn das als gut Erkannte einfach übernommen wird",[1572] entlehnt Hupka des Öfteren Formulierungen des deutschen Gesetzes über den Versicherungsvertrag vom 30. Mai 1908, ergänzt diese aber maßgeblich. Hupka vereinfacht die Systematik der Gesetzesvorlage[1573] und gleicht sie dem deutschen Gesetz an: Der erste Abschnitt des Gegenentwurfs widmet sich den Vorschriften für sämtliche Versicherungszweige und gliedert sich in Allgemeine Vorschriften (1. Kapitel), Gefahr und Versicherungsfall (2. Kapitel), Prämie (3. Kapitel), und Versicherungsagenten (4. Kapitel). Darauf folgt ein spezifisch der Schadensversicherung gewidmeter zweiter Abschnitt, der nach allgemeinen Vorschriften Spezialbestimmungen für die einzelnen Versicherungszweige enthält. Dritter und vierter Abschnitt des Gegenentwurfs betreffen Lebens- und Unfallversicherung, der fünfte Abschnitt enthält Schlussbestimmungen. Materiell lehnt sich Hupka am deutschen Versicherungsvertragsgesetz, an der Regierungsvorlage, bisweilen auch dem Schweizer Versicherungsgesetz, an.[1574]

Dabei übernimmt Hupka die Bestimmungen des deutschen Vorbilds aber keineswegs unkritisch: In zahlreichen Paragrafen weicht sein Gegenentwurf

---

1569 *Hupka*, Gegenentwurf (1908) 5; siehe auch *Adler*, Zeitschrift für das Privat- und Öffentliche Recht der Gegenwart 1908, 641.

1570 *Hupka*, Gegenentwurf (1908) 5.

1571 *Hupka*, Gegenentwurf (1908) 6. Kritisch zu dieser Behauptung *Hupkas* äußert sich *Fachini*, Probleme der Versicherungsgesetzgebung. Assekuranz-Jahrbuch 161 (167), der persönlich getroffen scheint: „Die ‚negierende' Kritik hat es sehr wohl verstanden, konkrete Vorschläge dort zu machen, wo sie eben unerläßlich waren. Sie war bescheiden, sparsam, bedurfte keines Gegenentwurfes, keiner 185 Paragraphen."

1572 *Hupka*, Gegenentwurf (1908) 5.

1573 Der Volltext der Gesetzesvorlage in der Fassung, die dem Herrenhaus in seiner 18. Session 1907 vorgelegt wurde, findet sich im Anhang zu *Hupkas* Gegenentwurf; vgl. *Hupka*, Gegenentwurf (1908) 189–230.

1574 Siehe dazu auch *Ehrenzweig*, Allgemeine Österreichische Gerichtszeitung 1909, 41.

sowohl von diesem als auch von der Gesetzesvorlage ab und bringt Neuerungen, die sowohl den Bedürfnissen der Praxis als auch dem Schutz des Versicherungsnehmers dienen. So vereinheitlicht der Hupka'sche Entwurf etwa die Anzeigefristen für die Feuer-, Hagel- und Unfallversicherung.[1575] Der Grundsatz, dass bei Kündigung der Versicherung durch den Versicherer wegen Vertragsverstößen des Versicherten Ersterem die gesamte Prämie gebührt, führt Hupka konsequenter aus als das deutsche Versicherungsgesetz; gleichzeitig trägt seine Formulierung – im Gegensatz zu seinem deutschen Vorbild und dem österreichischen Entwurf – den Interessen des Versicherten dadurch Rechnung, dass sie explizit auf die laufende Versicherungsperiode abstellt.[1576] Darüber hinaus ist Hupkas Lösung weitaus übersichtlicher gestaltet als jene der Regierungsvorlage, in welcher sich die diesbezüglichen Bestimmungen in den §§ 7 Abs. 2, 27 Abs. 5, 31 Abs. 2 2. Satz, 58 Abs. 2 und 59 Abs. 3 verteilt finden. Auch die Kündigung im Fall der Gefahrerhöhung[1577] und die Regelung der absichtlichen und versehentlichen Doppelversicherung[1578] ist bei Hupka einfacher und präziser gelöst als im deutschen Gesetz und der Regierungsvorlage.

1. *Zur wissenschaftlichen Rezeption des Gegenentwurfs*

Hupkas Gegenentwurf fand auch in Fachkreisen Beachtung. Vor allem Albert Ehrenzweig, damals noch Richter in Wien, verfolgte die Entstehung des Versicherungsvertragsgesetzes und Hupkas einschlägige Publikationen mit großem, wenngleich kritischem, Interesse und kommentierte sie seinerseits in einer Reihe von Aufsätzen.[1579] Ehrenzweig preist Hupka als jenen

1575 Vgl. §§ 89, 105 und 173 des Gesetzesentwurfs; dagegen differenziert das deutsche Gesetz zwischen Feuer- und Hagelversicherung (§§ 92 und 110), während die Anzeigefrist für Unfälle nicht geregelt ist. Siehe dazu auch *Ehrenzweig*, Allgemeine Österreichische Gerichtszeitung 1909, 42.

1576 Vgl. § 43 Gegenentwurf im Vergleich zu § 40 deutsches Versicherungsgesetz; siehe dazu auch *Ehrenzweig*, Allgemeine Österreichische Gerichtszeitung 1909, 42.

1577 Vgl. § 29 Gegenentwurf im Vergleich zu §§ 23, 24 und 27 des deutschen Versicherungsgesetzes und § 58 Abs. 3 der Regierungsvorlage; siehe dazu auch *Ehrenzweig*, Allgemeine Österreichische Gerichtszeitung 1909, 42.

1578 Vgl. § 62 Gegenentwurf im Vergleich zu § deutsches Versicherungsgesetz und § 48 Regierungsvorlage; siehe dazu auch *Ehrenzweig*, Allgemeine Österreichische Gerichtszeitung 1909, 42.

1579 Albert Ehrenzweig wurde aufgrund seiner wissenschaftlichen Arbeiten zum Versicherungsrecht Ende 1915 in das k.k. Ministerium des Inneren berufen, wo er federführend an der Ausarbeitung der Versicherungsordnung und des Versicherungsvertragsgesetztes beteiligt war; vgl. *Ogris* in *Rohrbach* 18.

„Fachgelehrten, der sich wohl allein unter seinen Fachgenossen des großen Vorzuges reichster praktischer Erfahrungen im Versicherungsbetriebe rühmen kann.“[1580] Gleichwohl unterzieht er Hupkas Entwurf eingehender Kritik, wobei er vor allem die starke Ähnlichkeit zum deutschen Gesetz rügt. Hupkas Veränderungen einzelner Normen des österreichischen Gesetzesentwurfes sieht Ehrenzweig höchst kritisch, räumt aber auch ein, dass „eine große Anzahl von Detailänderungen übernommener Entwurfsbestimmungen [...] dagegen vollsten Beifall“ verdiene.[1581] Er kommt auch nicht umhin hervorzuheben, dass Hupkas Formulierungen „fast durchwegs klarer, präziser, juristisch eleganter sind als die Originale, wie sich denn der G[egen] E[ntwurf]. durch seine schöne Sprache und durch seine formvollendete Technik auszeichnet,“ sodass Hupkas Entwurf auch dem „trefflichen“ deutschen Versicherungsgesetz „nicht selten überlegen“ sei.[1582] Gerade in seiner Nähe zu den bestehenden ausländischen Normen, an denen bei Hupka „so manches [...] geändert und verbessert“ wird, sieht Ehrenzweig „die große praktische Bedeutung dieser legislatorischen Privatarbeit“. Insbesondere die größere Praxisnähe des Hupka'schen Entwurfs im Vergleich zu seinem deutschen Vorbild wird lobend hervorgehoben.[1583]

Insgesamt kommt Ehrenzweig aber zu dem Schluss, „daß es keines neuen Gegenentwurfes bedarf, sondern nur der normalen parlamentarischen Redigierung“ um den Entwurf von seinen „unleugbaren technischen Mängeln“ zu „befreien“.[1584] Gerade die „tiefgründige Untersuchung Hupkas“ habe „zur Genüge“ bewiesen, dass der Entwurf – entgegen dem Urteil Adlers und Hupkas – keineswegs ein unfertiger, für die wissenschaftliche Behandlung

Olechowski zufolge veröffentlichte Ehrenzweig 1908 im Assecuranz-Jahrbuch ebenfalls einen Gegenentwurf zum Versicherungsvertragsgesetz, „was zu einer literarischen Kontroverse mit Josef Hupka führte, aber die Erlassung der Versicherungsordnung 1915 wesentlich beeinflusste“; vgl. *Olechowski* in *Olechowski/Ehs/Staudigl-Ciechowicz* 394. Diese Publikation Ehrenzweigs konnte die Verfasserin am angegebenen Ort nicht finden; weder Ehrenzweig selbst, Hupka und die übrigen zeitgenössischen Stellungnahmen (vgl. z.B. *Adler*, Zeitschrift für das Privat- und Öffentliche Recht der Gegenwart, 641; *Fachini*, Assekuranz-Jahrbuch 1908, 167) noch *Ogris* in *Rohrbach* erwähnen einen solchen Entwurf Ehrenzweigs. In der hier dokumentierten literarischen Kontroverse wurde jedenfalls nur Hupkas Gegenentwurf thematisiert.

1580 *Ehrenzweig*, Allgemeine Österreichische Gerichtszeitung 1909, 41.
1581 *Ehrenzweig*, Allgemeine Österreichische Gerichtszeitung 1909, 52.
1582 *Ehrenzweig*, Allgemeine Österreichische Gerichtszeitung 1909, 41.
1583 *Ehrenzweig*, Allgemeine Österreichische Gerichtszeitung 1909, 42.
1584 *Ehrenzweig*, Allgemeine Österreichische Gerichtszeitung 1909, 53.

noch nicht reifer sei.[1585] „Mögen diejenigen, in deren Hände nun das Schicksal des Entwurfes gelegt ist, ihre Aufgabe nicht darin finden, ihm das Neue und Gute, das sein eigenstes Eigentum ist, zu nehmen und durch weitere Entlehnungen aus dem D[eutschen]G[esetz]. zu ersetzen! Sonst werden wir ja schließlich nichts anderes erhalten als – in anderem sprachlichen Gewand und in anderer Folge – die Normen des deutschen Gesetzes und dann mag unser Reichsgesetzblatt lieber gleich den Text des deutschen Reichsgesetzes im Wortlaute publizieren!“[1586]

Die Abgeordneten, die sich mit dem Gesetz befassten, waren anderer Ansicht: Schon im Herrenhaus, wo die Regierungsvorlage der vereinigten volkswirtschaftlich-juridischen Kommission[1587] und von dieser einem siebenköpfigen Ausschuss unter Leitung Carl Samuel Grünhuts zur Bearbeitung zugewiesen worden war, fand Hupkas Gegenentwurf umfassende Beachtung.[1588] Grünhut teilte Hupkas Einschätzung der Regierungsvorlage und unterzog diese einer tiefgreifenden Umarbeitung unter Zugrundelegung von Hupkas Gegenentwurf. Die Beratungen des Komitees, denen anstelle der Regierungsvorlage dieser neue Entwurf, „der sich von seinem Vorgänger in sachlicher und technischer Beziehung auf das Vorteilhafteste unterscheidet“,[1589] zugrunde lag, waren im Frühjahr 1909 abgeschlossen. Dieser nahm nicht nur zahlreiche inhaltliche Anregungen Hupkas auf, sondern hatte sich auch „der Textfassung des in technischen [sic] Hinsicht sogar dem deutschen Gesetz überlegenen Hupkaschen Gegenentwurfs vielfach angeschlossen“.[1590]

1585 *Hupka*, Gegenentwurf (1908) 5; *Adler*, Zeitschrift für das Privat- und Öffentliche Recht der Gegenwart 1908, 641; *Ehrenzweig*, Allgemeine Österreichische Gerichtszeitung 1909, 52–53.

1586 *Ehrenzweig*, Allgemeine Österreichische Gerichtszeitung 1909, 53. Im Vorwort zur 1935 erschienenen zweiten Auflage von Ehrenzweigs Versicherungsvertragsrecht heißt es hingegen: „Als dieses Buch entstand, war die ‚Angleichung‘ unserer Rechtsordnung an die des Reiches der Lieblingsgedanke der österreichischen Juristen. Da war es denn gar zu verlockend, darzutun, daß diese Angleichung in einem wichtigen Rechtsgebiet im wesentlichen vollzogen ist. So ist aus meiner ‚Rechtsordnung der Vertrags-Versicherung‘ dieses Buch erwachsen.“; vgl. *Ehrenzweig*, Versicherungsvertragsrecht (1935) ii. Das diese ursprünglich von *Ehrenzweig* missbilligte „Angleichung“ *Hupkas* Verdienst war, wird allerdings nicht erwähnt.

1587 Stenografische Protokolle des Herrenhauses, 18. Session, 10. Sitzung am 21. Dezember 1907, 196.

1588 *Ogris* in *Rohrbach* 139.

1589 *Hupka*, Zur Revision des Gesetzesentwurfes über den Versicherungsvertrag. Juristische Blätter 1909, 181 (182).

1590 *Ehrenzweig*, Der Gesetzesentwurf in parlamentarischer Behandlung, Allgemeine Österreichische Gerichtszeitung 1909, 169 (181).

Hupka, der in den unveröffentlichten Entwurf bereits Einsicht nehmen hatte können, nahm dazu in einem Artikel ausführlich Stellung. Obwohl er der Ansicht war, dass „im einzelnen manche Punkte noch der Revision bedürfen", habe man „es jetzt mit einem scharf durchdachten und sorgfältig redigierten Gesetzeswerke zu tun."[1591] Auch Albert Ehrenzweig äußerte sich beifällig: Der neue Entwurf habe „zahlreiche wertvolle Neuerungen der R[egierungs]V[orlage]. beibehalten, zum Teil mit glänzender Besserung der Technik" und stehe „bei alldem allen Vorlagen gleich selbständig und beiden Vertragsteilen gleich objektiv gegenüber."[1592] Die vereinigte und volkswirtschaftliche Kommission des Herrenhauses nahm den Entwurf weitgehend unverändert an.[1593]

Am 28. Dezember 1909, nachdem die Arbeiten am Entwurf zweimal durch die vorzeitige Auflösung des Reichrats unterbrochen worden waren, konnte Grünhut als Referent des Subkomitees dem Plenum somit einen vollständigen Gesetzesentwurf vorlegen, der in zweiter und dritter Lesung unverändert angenommen wurde.[1594] Der Justizausschuss des Abgeordnetenhauses nahm den Entwurf ebenfalls unverändert an; einer Beschlussfassung im Abgeordnetenhaus selbst kam allerdings eine neuerliche vorzeitige Auflösung des Reichstages zuvor.[1595] Hupka hatte den Gesetzgebungsprozess genau verfolgt und immer wieder in Aufsätzen dazu Stellung genommen, auf die im Weiteren noch kurz einzugehen sein wird.

In Fachkreisen meldete sich weiterhin vereinzelt Kritik an der zu großen Nähe am deutschen Gesetz, die die Anlehnung an Hupkas Entwurf mit

1591 *Hupka*, Juristische Blätter 1909, 182.

1592 *Ehrenzweig*, Allgemeine Österreichische Gerichtszeitung 1909, 181. Eine eingehende Auseinandersetzung mit dem Entwurf, die auch *Hupkas* Einfluss auf diesen widerspiegelt, findet sich in *Ehrenzweig*, Die parlamentarische Revision des Gesetzes über den Versicherungsvertrag, Österreichische Versicherungszeitung 1909, 125 (125–206).

1593 Siehe dazu eingehend *Ehrenzweig*, Bemerkungen zum Herrenhauskommissionsentwurfes des Versicherungsvertragsgesetzes, Allgemeine Österreichische Gerichtszeitung 1909a, 273; vgl. auch Stenografische Protokolle des Abgeordnetenhauses, 22. Session, 826. Beilage, 1–2. Der Bericht der vereinigten volkswirtschaftlichen und juridischen Kommission findet sich in *Geller*, Versicherungsordnung (1916) 16–22.

1594 Stenografische Protokolle des Herrenhauses, 20. Session, 6. Sitzung am 28. Dezember 1909; siehe auch *Ogris* in *Rohrbach* 139; *Ehrenzweig*, Bemerkungen zum zweiten Herrenhauskommissionsentwurf des Versicherungsvertragsgesetzes, Juristische Blätter 1910, 13 (15); *Strauß*, Die Gesetzesvorlage über den Versicherungsvertrag, Neue Freie Presse vom 4. Jänner 1910, 11 (12).

1595 *Ogris* in *Rohrbach* 140; *Berliner*, Allgemeine Österreichische Gerichtszeitung 1911, 413.

sich gebracht hatte, wobei verletzter Nationalstolz mehr denn juristische Bedenken im Vordergrund zu stehen schienen: „Es ist österreichischer Kleinheitswahn, wenn man geglaubt hat, daß [die Regierungsvorlage von 1905] gegenüber dem deutschen Gesetz zu abdizieren hätte. Das deutsche Gesetz ist selbst voller Schwächen. Das von Hupka verfolgte Verfahren, das eine Verschmelzung des österreichischen Entwurfes mit dem deutschen Gesetz anstrebt, bietet nicht einmal den Vorteil, den eine einfache Übernahme des deutschen Gesetzes geboten hätte, nämlich den, eine wirkliche Rechtseinheit darzustellen. [...] Der österreichische Entwurf kann aus dem Gedankenkreise des österreichischen Rechtes heraus *umgebaut* werden. Dazu ist es auch jetzt nicht zu spät. Es wäre des Abgeordnetenhauses würdig, ein ausgezeichnetes Gesetz von originaler österreichischer Prägung zu schaffen."[1596] Eine weitere Einbringung 1912 hatte jedoch lediglich geringfügige Änderungen und Ergänzungen zur Folge; auch in diesem und den darauffolgenden Jahren verhinderten die innenpolitischen Verhältnisse aber eine Beschlussfassung über den Entwurf.[1597] 1915 wurde der Entwurf schlussendlich in der Fassung des Justizausschusses des Abgeordnetenhauses, der wiederum kleinere Änderungen und Ergänzungen beigefügt worden waren, als kaiserliche Notverordnung gemäß § 14 des Staatsgrundgesetzes über die Reichsvertretung vom 21. Dezember 1867, RGBl. Nr. 141, in Kraft gesetzt.[1598]

2. *Hupkas Einfluss auf den Gesetzestext*

Die Versicherungsordnung ist in hohem Maße von Hupkas konstruktiver Kritik beeinflusst: Ein Vergleich mit der Regierungsvorlage von 1907 zeigt, dass im Lauf der Jahre über 120 der insgesamt 166 Paragrafen auf der Basis von Hupkas Vorschlägen abgeändert wurde; der weitaus größte Teil wurde dabei wortwörtlich aus dem Gegenentwurf übernommen oder nur unwesentlich umformuliert.

Wenngleich Hupkas Kritik vornehmlich auf Stil und Sprache der Regierungsvorlage abgezielt hatte, konnte er auch in materiellrechtlichen Belangen Einfluss auf die Verordnung nehmen – so wurde etwa § 1 Abs. 3 der Regierungsvorlage (§ 1 Abs. 2 Versicherungsordnung) dahin gehend abgeändert,

---

1596 *Hamburger*, Erbrechtliche Probleme im Versicherungsrecht, Allgemeine Österreichische Gerichtszeitung 1912, 41 (57).

1597 *Ogris* in *Rohrbach* 140. Die Ergänzungen betrafen vor allem die Exekution des Versicherungsanspruches; vgl. *Ogris* in *Rohrbach* 140 Fn 505.

1598 *Ogris* in *Rohrbach* 141. Die Änderungen waren großteils Konzessionen an den Österreichisch-ungarischen Verband der Privatversicherungsanstalten; vgl. *Ogris* in *Rohrbach* 141 Fn 512. Der Bericht des Justizausschusses findet sich in *Geller*, Versicherungsordnung (1916) 23–25.

dass die Frist, für die der Antragsteller an seinen Antrag gebunden ist, wie im deutschen und schweizerischen Gesetz mit der Erklärung oder Absendung des Antrags zu laufen beginnt.[1599] Der letzte Satz des § 1 Abs. 1 des Gegenentwurfs, der die Verlängerung der Frist (in Einklang mit § 81 des deutschen Versicherungsvertragsgesetzes) nur aufgrund einer schriftlichen Vereinbarung zulässt, wurde als § 1 Abs. 3 in die Versicherungsordnung aufgenommen.[1600]

§ 2 der Regierungsvorlage wurde im Einklang mit Hupkas Kritik am Entwurf des Subkomitees dahin gehend abgeändert, dass die ursprünglich vorgesehene gesetzliche Beschränkung der in diesem Falle erheblichen Abweichungen gestrichen wurde.[1601] § 3 der Versicherungsordnung wurde um seinen Absatz 2 erweitert, der dem Versicherer den Rücktritt vom Vertrag gestattet, wenn der Versicherte erhebliche Gefahrenumstände vorsätzlich oder grob fahrlässig falsch angegeben hat.[1602] Die Bestimmungen über den Gerichtsstand (§ 12 Versicherungsordnung) wurden in dem von ihm vorgeschlagenen, für den Versicherungsnehmer günstigeren, Sinne abgeändert, indem für Klagen gegen den Versicherer zusätzlich zu dessen allgemeinem Gerichtsstand auch jenes Gericht zuständig erklärt wurde, in dessen Sprengel sich die Zweigniederlassung oder Geschäftsstelle des Versicherers befindet, die den Vertrag abgeschlossen hatte (§ 20 Gegenentwurf).[1603] § 19 Abs. 4 der Regierungsvorlage normiert die Verpflichtung des Versicherungsnehmers zur Nachzahlung eines im Hinblick auf die mehrjährige Laufdauer eines Versicherungsvertrages gewährten Prämienrabatts und nimmt davon

---

1599 Vgl. *Hupka*, Gegenentwurf (1908) 14–15; siehe dazu auch *Ehrenzweig*, Versicherungszeitung 1909, 125.

1600 Siehe dazu auch *Ehrenzweig*, Allgemeine Österreichische Gerichtszeitung 1909, 169.

1601 Vgl. *Hupka*, Juristische Blätter 1909, 182; vgl. auch *Ehrenzweig*, Versicherungszeitung 1909, 125–126. Zustimmend dazu *Ehrenzweig*, Allgemeine Österreichische Gerichtszeitung 1909, 169–170: kritisch zu § 2 *Ehrenzweig*, Juristische Blätter 1910, 13.

1602 Vgl. *Hupka*, Juristische Blätter 1909, 183. Zu Hupkas Einfluss siehe auch *Ehrenzweig*, Versicherungszeitung 1909, 126. Der Entwurf des Subkomitees hatte ein Rücktrittsrecht des Versicherers nur dort normiert, wo der Versicherte auf ausdrückliche schriftliche Fragen des Versicherers falsche Angaben gemacht hatte (§ 3 Abs. 1 Versicherungsordnung). Siehe dazu auch *Ehrenzweig*, Allgemeine Österreichische Gerichtszeitung 1909, 170 und *Hupka*, Bemerkungen zum Gesetzesentwurf über den Versicherungsvertrag, Juristische Blätter 1910, 133 (134).

1603 Zustimmend *Ehrenzweig*, Allgemeine Österreichische Gerichtszeitung 1909, 170; zu Hupkas Einfluss siehe auch *Ehrenzweig*, Versicherungszeitung 1909, 135.

jene Fälle aus, in denen die Kündigung des Versicherten „durch eine Handlung oder Unterlassung des Versicherers Anlaß erhalten hat". Auf Hupkas Empfehlung wurde diese unglückliche – da zu weite und damit auch rechtmäßige Handlungen des Versicherers umfassende – Formulierung in § 23 Abs. 5 Versicherungsordnung gestrichen.[1604]

Auch die Regelung betreffend den Konkurs des Versicherers (§§ 34, 35 Regierungsvorlage) wurde anhand der Vorgaben des Gegenentwurfs (§ 21) modifiziert: Während der Regierungsentwurf für den Fall der Konkurseröffnung über das Vermögen des Versicherers das sofortige Ende des Vertrages normiert hatte, nimmt Hupka – und ihm folgend § 21 Abs. 1 der Versicherungsordnung – die Schadensversicherung von dieser allgemeinen Regelung aus und beendet den Vertrag erst ein Monat nach Konkurseröffnung, um dem Versicherungsnehmer die Zeit zu geben, andere Dispositionen zu treffen. Zusätzlich wird die Pflicht des Versicherers, die für die Zeit nach Vertragsende bereits gezahlte Prämie zurückzuerstatten (die in der Regierungsvorlage nur im Falle der Kündigung aufgrund Konkurseröffnung über das Vermögen des Versicherten vorgesehen war), explizit auch für diesen Fall normiert.

Das Kapitel über die Versicherungsagenten – das im ursprünglichen Entwurf gar nicht enthalten war – ist auf Hupkas Anregung weitgehend aus dem deutschen Versicherungsvertragsgesetz 1908 entnommen, passt aber einzelne Normen den Erfordernissen der österreichischen Praxis an.[1605] Besonders deutlich ist Hupkas Einfluss auf den – von den Regelungen des deutschen Gesetzes völlig abweichenden – § 47 der Versicherungsordnung:[1606] Abs. 1 und 3 sind beinahe wortgleich dem Gegenentwurf (dort § 52 Abs. 1 und 3) entnommen; der Text des Abs. 2 wurde nachträglich aufgrund Hupkas Kritik ergänzt, sodass für den Versicherungsnehmer nur dann keine Verbindlichkeit entsteht, wenn der Versicherungsagent falsche Angaben *über erhebliche Umstände* gemacht hat. Der Entwurf des Subkomitees hatte diese Rechtsfolge schlechthin für jede Fehlangabe vorgesehen.[1607]

1604 Kritisch dazu *Ehrenzweig*, Allgemeine Österreichische Gerichtszeitung 1909, 171.

1605 *Ehrenzweig*, Allgemeine Österreichische Gerichtszeitung 1909, 42; *Ehrenzweig*, Juristische Blätter 1910, 13 Fn 5. Zur Wichtigkeit einer Regelung der Rechtsstellung der Agenten siehe auch *Berliner*, Allgemeine Österreichische Gerichtszeitung 1911, 415 und *Ogris* in *Rohrbach* 96.

1606 Siehe zu diesem eingehend *Ehrenzweig*, Allgemeine Österreichische Gerichtszeitung 1909, 180; zu Hupkas Einfluss siehe auch *Ehrenzweig*, Versicherungszeitung 1909, 158 und 205.

1607 *Hupka*, Juristische Blätter 1909, 183; kritisch dazu *Ehrenzweig*, Versicherungszeitung 1909, 205.

Die Haftung des Versicherers nach dem Versicherungsfall (§ 60) bei der Schadensversicherung, die in der Regierungsvorlage nicht berücksichtigt wurde, wurde inhaltlich aus Hupkas Gegenentwurf (§ 71, angelehnt an § 95 des deutschen Versicherungsvertragsgesetzes 1908) übernommen.[1608] Das vorzugsweise Befriedigungsrecht des Versicherten im Falle des Konkurses des Versicherers (§ 70 Versicherungsordnung) bei der Schadensversicherung geht ebenfalls wörtlich und inhaltlich auf Hupkas Gegenentwurf zurück (dort § 82, nahezu wörtlich übernommen aus § 77 deutsches Versicherungsvertragsgesetz 1908).[1609] Dasselbe gilt für die Regelung des § 71 Satz 1, die für die Schadenversicherung auf fremde Rechnung das Verhalten und die Kenntnis des Versicherten jenen des Versicherungsnehmers gleichstellt (§ 83 Satz 1 Gegenentwurf, angelehnt an § 95 deutsches Versicherungsvertragsgesetz 1908).[1610]

§ 89 der Regierungsvorlage, der bei der Hagelversicherung nach Eintritt des Schadensfalles beiden Parteien die Vertragskündigung erst am Ende der Versicherungsperiode gestattet, wollte Hupka auf die Kündigung des Versicherers eingeschränkt sehen, da nur hier ein tatsächliches Interesse bestehe, eine Kündigung während der laufenden Versicherungsperiode zu verhindern, um nicht dem Versicherungsnehmer – der während der Hagelsaison aller Wahrscheinlichkeit nach keine neue Versicherung wird abschließen können – die Deckung zu entziehen. Umgekehrt bestehe aber keinerlei Interesse des Versicherers, nicht bereits vorzeitig aus der Haftung entlassen zu werden, zumal das Gesetz ausdrücklich im Falle einer vorzeitigen Kündigung die Prämienzahlungspflicht bis zum Ende der laufenden Periode anordnet (§ 54 Regierungsvorlage; § 61 Versicherungsordnung).[1611] Die Versicherungsordnung folgt zwar nicht Hupkas Lösung in § 108 Abs. 2 des Gegenentwurfs, der wortgleich mit § 113 des deutschen Versicherungsvertragsgesetzes 1908 ist, normiert aber im Einklang mit Hupkas Vorschlag, dass lediglich die Kündigung des Versicherers erst am Ende der Versicherungsperiode wirksam wird (§ 93 Versicherungsordnung).

Bei der Viehversicherung stipuliert Hupka *ex lege* eine Pflicht des Versicherungsnehmers, den Versicherer über jede erhebliche Erkrankung bzw. über jeden erheblichen Unfall des versicherten Tieres zu informieren, selbst wenn diese keinen Versicherungsfall darstellen (§ 114 Gegenentwurf, angelehnt an § 113 deutsches Versicherungsvertragsgesetz 1908), während gemäß § 98

1608 Siehe dazu auch *Ehrenzweig*, Versicherungszeitung 1909, 159.

1609 Kritisch dazu *Ehrenzweig*, Allgemeine Österreichische Gerichtszeitung 1909, 42; zum Einfluss Hupkas siehe auch *Ehrenzweig*, Versicherungszeitung 1909, 176.

1610 Siehe dazu auch *Ehrenzweig*, Versicherungszeitung 1909, 176.

1611 *Hupka*, Gegenentwurf (1908) 100.

der Regierungsvorlage diese Pflicht lediglich vertraglich vereinbart werden kann; § 99 Versicherungsverordnung übernimmt Hupkas Regelung wörtlich und inhaltlich exakt.[1612]

§ 130 Abs. 3 der Regierungsvorlage normiert für eine zugunsten des Inhabers oder Überbringers der Urkunde genommene Lebensversicherung, dass die Versicherungssumme in den Nachlass des Versicherungsnehmers einzubeziehen ist, sofern dieser es unterlassen hat, über den Anspruch unter Lebenden zu verfügen. Hupka merkt dazu an, dass es dem Versicherungsnehmer aber auch freistehen müsse, über die Versicherungssumme testamentarisch zu verfügen, sodass der Dritte den Anspruch nicht als Rechtsnachfolger des Verstorbenen, sondern als Begünstigter erwirbt.[1613] Diese Anregung nimmt § 130 Abs. 3 letzter Satz der Versicherungsverordnung auf, indem die Wortfolge „oder von Todes wegen“ eingeschoben wird.[1614] Der von Hupka als überflüssig beanstandete vierte Satz des § 130 der Regierungsvorlage,[1615] in dem festgehalten wurde, dass ein an einer in den Nachlass einbezogenen Versicherungsforderung bestehendes Pfandrecht auch den Nachlassgläubigern gegenüber wirksam ist, wurde gestrichen. In § 141 übernimmt die Versicherungsordnung wörtlich die Bestimmungen des § 160 Abs. 1 und 2 des Gegenentwurfs betreffend die gewillkürte Reduktion und den Rückkauf einer Kapitalversicherung, die in der Regierungsvorlage nicht berücksichtigt wurden. § 160 Abs. 3 des Gegenentwurfs, der die Möglichkeit einer Reduktion oder eines Rückkaufs für Versicherungen, die nur für den Todesfall mit einer zehn Jahre nicht überschreitenden Versicherungsdauer genommen wurden, wird in der Versicherungsverordnung zu einem eigenständigen Paragraphen (§ 143).[1616]

Neben diesen materiellen Änderungen ist besonders die klare, präzise Sprache der neuen Verordnung Hupkas konstruktiver Kritik geschuldet: So wurde etwa der Wortlaut des § 27 der Regierungsvorlage maßgeblich vereinfacht und gestrafft (§ 30 Versicherungsordnung), wobei Hupkas inhaltliche Anregungen aber nur in sehr beschränktem Maß aufgegriffen wurden.[1617] Die Grenze zwischen sprachlicher und inhaltlicher Überarbeitung ist aber nicht

---

1612 Siehe dazu auch *Ehrenzweig*, Versicherungszeitung 1909, 199.

1613 *Hupka*, Gegenentwurf (1908) 118–119; siehe dazu z.B. auch *Ehrenzweig*, Juristische Blätter 1910, 15; *Hamburger*, Allgemeine Österreichische Gerichtszeitung 1912, 52–53.

1614 *Ehrenzweig*, Versicherungszeitung 1909, 200.

1615 *Hupka*, Gegenentwurf (1908) 119.

1616 *Ehrenzweig*, Versicherungszeitung 1909, 200.

1617 Vgl. *Hupka*, Gegenentwurf (1908) 49–51; *Hupka*, Juristische Blätter 1910, 135; siehe dazu auch *Ehrenzweig*, Versicherungszeitung 1909, 136; *Ehrenzweig*, Juristische Blätter 1910, 14.

immer klar zu ziehen: Die Regelung über die Herabsetzung der Prämie bei Verminderung der Gefahr, die die Regierungsvorlage in § 28 getroffen hatte, wurde etwa auf der Basis des § 36 Abs. 1 des Gegenentwurfs umformuliert (§ 30 Versicherungsordnung); zusätzlich wurde sie auf Hupkas Anregung[1618] auf Fälle ausgedehnt in denen die Bemessung der Prämie auf irrtümlichen Angaben des Versicherungsnehmers basierte (§ 30 Abs. 2 Versicherungsordnung, § 36 Abs. 2 2. Halbsatz Gegenentwurf).

Insbesondere zeigt sich dies bei den Bestimmungen betreffend die Verwirkungsabreden (§§ 29–32 der Regierungsvorlage); eine Thematik, mit der sich Hupka ja bereits in den Jahren zuvor auseinandergesetzt hatte.[1619] Die in § 32 der Versicherungsverordnung zusammengefasste Regelung betreffend die Zulässigkeit dieser Vertragsklauseln zeigt eine deutliche Veränderung im Vergleich zur in der Regierungsvorlage enthaltenen Fassung, indem die von Hupka grundsätzlich gebilligten Inhalte der Regierungsvorlage unter Berücksichtigung seiner eingehenden Kritik[1620] klarer und präziser formuliert wurden. Auf diesem Wege wurden auch (vermutlich unbeabsichtigte) Unbilligkeiten – wie etwa die Beweislastumkehr zuungunsten des Versicherers, der nach § 29 der Regierungsvorlage nur dann seine Leistung verweigern oder vom Vertrag zurücktreten konnte, wenn er beweisen konnte, dass der Versicherungsnehmer in der Verletzung der vertraglich vereinbarten Obliegenheiten vorsätzlich oder grob fahrlässig gehandelt hatte – beseitigt.[1621] Auch die Regelung des § 29 Abs. 5 der Regierungsvorlage, die im Falle einer durch den anderen Vertragspartner verschuldeten Kündigung dem Versicherer das Recht auf die gesamte Prämie der laufenden Versicherungsperiode zuspricht, wurde auf Hupkas Anregung dahin gehend präzisiert, dass es sich um jene Periode handle, in der die Obliegenheitsverletzung vorgefallen, nicht aber jene, in der die Kündigung ausgesprochen wurde. Auf diesem Wege wurde verhindert, dass sich der Versicherer bei Vertragsverletzungen, die sich gegen Ende einer Versicherungsperiode ereigneten, durch Zuwarten mit der Kündigung die Prämie auch für die darauffolgende Periode sichern konnte.[1622]

§ 29 Abs. 4 der Regierungsvorlage, dem zufolge die Folgen einer Obliegenheitsverletzung des Versicherten nach Eintritt des Versicherungsfalles nicht mehr geltend gemacht werden konnten, wenn zwischen diesen und

1618 Siehe auch *Hupka*, Juristische Blätter 1910, 135.

1619 Siehe Zweiter Teil, Kapitel III.A. Zur Problematik der Verwirkungsabreden siehe auch *Hupka*, Zeitschrift für das Privat- und öffentliche Recht der Gegenwart 1905, und *Berliner*, Allgemeine Österreichische Gerichtszeitung 1911, 415.

1620 *Hupka*, Gegenentwurf (1908) 29–34.

1621 Vgl. *Hupka*, Gegenentwurf (1908) 30; siehe dazu auch *Ehrenzweig*, Versicherungszeitung 1909, 145.

1622 Vgl. *Hupka*, Gegenentwurf (1908) 31.

dem Eintritt des Versicherungsfalles kein Kausalzusammenhang bestand, schränkt die von Hupka inspirierte Endfassung auf jene Fälle ein, in denen die besagten Obliegenheiten auf die Verminderung des objektiven Risikos abzielten. Hingegen nimmt sie – ebenso auf Anregung Hupkas – konsequenterweise jene Fälle aus, in denen die vereinbarten Obliegenheiten lediglich das subjektive Risiko oder anders geartete Verpflichtungen des Vertragspartners zum Gegenstand hatten, ein Kausalzusammenhang also gar nicht bestehen kann.[1623] Darüber hinaus rügte Hupka, dass der Entwurf sich lediglich auf Vereinbarungen, die dem Versicherer ein sofortiges Rücktrittsrecht vom Vertrag oder die Verweigerung der Leistung gestatteten, beschränkte. Hupka weist darauf hin, dass dadurch Vereinbarungen, die dem Versicherer bei Verletzung einer Obliegenheit seitens des Versicherten das Recht auf sofortige Kündigung des Vertrages einräumten oder das Erlöschen des Vertrages stipulierten, nicht von den Bestimmungen des Gesetzes erfasst seien. Um die Möglichkeit auszuräumen, dass die Regelung durch geschickte Formulierungen der Verwirkungsabreden unterlaufen werde, fordert er eine breitere Definition des Begriffes; diese wurde in § 32 Abs. 1 der Versicherungsordnung (unter wörtlicher Übernahme der Formulierung des § 11 des Gegenentwurfes) umgesetzt.[1624] § 32 Abs. 4 wurde auf Hupkas Vorschlag um den zweiten Halbsatz, der bei Wirksamwerden der Kündigung in der nächsten Versicherungsperiode dem Versicherer die Prämie bis Ende des Versicherungsverhältnisses zuspricht, ergänzt.[1625]

Die Bestimmungen betreffend die Vinkulierung von Feuerversicherungen bei der Verpfändung des versicherten Gebäudes (§§ 78 und 79 Abs. 1 Regierungsvorlage) bezeichnet Hupka aus durchaus nachvollziehbaren Gründen als „kaum zu überbieten an Mangelhaftigkeit des juristischen Ausdrucks“: Diesen zufolge hatte man unter Vinkulierung die „*Vormerkung des Versicherers* über die bücherliche Last, bezw. [sic] über den Mangel der Eigenberechtigung des Eigentümers“ zu verstehen. Aus dieser resultierte gemäß § 78 2. Satz die Verpflichtung des Versicherers, den Berechtigten über jede Änderung des Versicherungsverhältnisses zu benachrichtigen. Diese Verpflichtung entsteht aber erst durch die vom Versicherer vorzunehmende Eintragung. Führt der Versicherer diese Eintragung nicht durch (und bleibt auch der Versuch, ihn gem. § 354 EO dazu zu zwingen erfolglos), treten die Rechtsfolgen der §§ 78 ff. betreffend die wechselseitigen Rechte

1623 Vgl. *Hupka*, Gegenentwurf (1908) 32.

1624 Siehe auch *Ehrenzweig*, Versicherungszeitung 1909, 145 Fn 42.

1625 Vgl. *Hupka*, Gegenentwurf (1908) 135; zu Hupkas Einfluss auch *Ehrenzweig*, Versicherungszeitung 1909, 145.

und Pflichten des Pfandgläubigers bzw. Pflegebefohlenen und des Versicherers nicht ein.[1626]

§§ 83 und 84 Versicherungsordnung übernehmen zwar nicht die Formulierung der §§ 96 und 100 des Gegenentwurfs, wurden aber unter Einbeziehung von Hupkas Vorschlägen völlig umformuliert, sodass die absurde Konsequenz, die sich aus der wörtlichen Auslegung der Urfassung ergeben hätte, beseitigt wird.[1627] Auf Hupkas Anregung wurde auch die Anwendung dieser Regelung auf den nicht eigenberechtigten Eigentümer, die noch im Entwurf des Subkomitees in § 83 enthalten war, – wie „[i]m Interesse der Verständlichkeit des Gesetzes [...] dringend zu wünschen" – in einen eigenen Paragraphen (§ 84) ausgelagert.[1628]

Der von Hupka zu Recht als überflüssig und unrichtig kritisierte erste Satz des § 120 der Regierungsvorlage, der auch noch in den Entwurf des Subkomitees übernommen worden war,[1629] wurde in § 124 der Versicherungsordnung gestrichen. Dieser hatte den Eintritt des Versicherungsfalles bei der Haftpflichtversicherung erst dann als eingetreten gesehen, wenn der Geschädigte Ansprüche gegen den Versicherungsnehmer geltend macht, nicht erst schon mit dem Eintritt der die Haftpflicht potentiell begründenden Tatsache. Aus demselben Grund wurde auch der von Hupka beanstandete vierte Absatz desselben Paragraphen entfernt.

Betreffend die nachträgliche Gefahrerhöhung bei der Transportversicherung von Schiffen präzisiert Hupka in § 136 Abs. 2 des Gegenentwurfs die Fassung des § 114 Abs. 2 der Regierungsvorlage, der eine Kündigung des Vertrages seitens des Versicherers wegen nicht erfolgter Anzeige einer unabhängig vom Willen des Versicherten eingetretenen Gefahrerhöhung erst mit Ende der Schiffsreise wirksam werden ließ bzw. den Versicherer bei Eintritt des Versicherungsfalles auch dann haften ließ, wenn die Anzeige nicht erfolgt war. Der von Hupka eingefügte Abs. 3 schränkt diese Bestimmung auf Fälle ein, in denen die Verpflichtung zur Anzeige nicht bereits vor Beginn der Reise verletzt wurde. In diesen Fällen sollte Abs. 2 nur zur Anwendung kommen,

---

1626 *Hupka*, Gegenentwurf (1908) 98.

1627 Siehe dazu auch *Ehrenzweig*, Versicherungszeitung 1909, 205.

1628 *Hupka*, Gegenentwurf (1908) 183–184.

1629 *Hupka*, Gegenentwurf (1908) 110–111; *Hupka*, Juristische Blätter 1909, 184. *Hupka* zeigt, dass dies nicht nur im Widerspruch zur herrschenden Lehre und anderen Bestimmungen des Gesetzes (insbesondere § 120 Versicherungsordnung) steht, sondern auch für den Versicherungsnehmer potentiell negative Folgen haben kann: dies nämlich dann, wenn der Versicherte für die Versicherungsperiode, in der die Geltendmachung erfolgt, die Prämie nicht entrichtet hat (und daher seinen Anspruch auf Leistung verwirkt hat), der Schadensfall aber bereits in einer früheren Versicherungsperiode (für die die Prämie korrekt entrichtet wurde) eingetreten ist.

wenn der Versicherer von der Gefahrerhöhung so früh Kenntnis erlangt hat, dass er noch vor Antritt der Reise hätte kündigen können. § 119 Abs. 3 Versicherungsordnung übernimmt diese Einschränkung nahezu wörtlich.

In ihrer Gesamtheit trat die Versicherungsordnung allerdings nie in Kraft. In den Schlussbestimmungen waren lediglich die zwingenden und halbzwingenden Normen mit 1. Jänner 1916 in Kraft gesetzt worden; der Rest der Verordnung sollte ein Jahr später folgen, wobei der Regierung die Möglichkeit eingeräumt wurde, dieses Datum im Bedarfsfall durch eine Verordnung aufzuschieben. Sowohl juristische Schwierigkeiten als auch die durch den Krieg verursachten wirtschaftlichen Engpässe (insbesondere der Papiermangel, der den Druck der neuen Antragsscheine und Versicherungsurkunden verzögerte) führten dazu, dass die Regierung von dieser Ermächtigung Gebrauch machen und das Inkrafttreten um ein weiteres Jahr verschieben musste.[1630] Damit war das Schicksal der Versicherungsordnung besiegelt: Ende Mai 1917 wurde der seit März 1914 vertagt gewesene Reichstag wiedereinberufen; die Versicherungsordnung wurde somit doch noch dem Abgeordnetenhaus zur Beratung und Abstimmung vorgelegt. Der Justizausschuss des Abgeordnetenhauses beschloss daraufhin, auf Grundlage der Verordnung einen neuen Gesetzesentwurf auszuarbeiten, der die Änderungsanträge des Ausschusses ebenso wie jene der Versicherungsanstalten berücksichtigte. [1631] Nach Abschluss der Arbeiten wurde dieser dem Herrenhaus vorgelegt, das ihn unverändert annahm; am 28. Dezember 1917 wurde das Gesetz über den Versicherungsvertrag – als „letztes Privatrechtsgesetz der alten Donaumonarchie“[1632] – im Reichsgesetzblatt Nr. 501 publiziert. „Kein anderes Gesetzeswerk hat einen so bewegten und wechselhaften Werdeprozeß durchgemacht, wie das Gesetz über den Versicherungsvertrag. Schon während der parlamentarischen Beratung durch die aufeinander folgenden Krisen der Volksvertretung in seiner embryonischen Entwicklung mehrfach unterbrochen und aufgehalten, hat es nach seinem Inslebentreten und nach einjährigem Leben das wunderliche Schicksal einer Transsubstanziation [sic] erfahren: es ist als ‚Versicherungsordnung‘ zu den Toten gelegt und gleichzeitig, in mehreren einzelnen Bestandteilen verändert, als ‚Gesetz über den Versicherungsvertrag‘ neu ins Leben gesetzt worden.“[1633]

1630 Stenografische Protokolle des Abgeordnetenhauses, 22. Session, 826. Beilage, 15–16; *Ogris* in *Rohrbach* 142–143.

1631 Stenografische Protokolle des Abgeordnetenhauses, 22. Session, 826. Beilage, 17; *Geller*, Gesetz über den Versicherungsvertrag (1918) 6; *Ogris* in *Rohrbach* 144. Berichterstatter des Justizausschusses war Josef Hupkas langjähriger Bekannter Josef Redlich; vgl. *Ogris* in *Rohrbach* 140.

1632 *Ogris* in *Rohrbach* 145.

1633 *Geller*, Gesetz über den Versicherungsvertrag (1918) Vorbemerkung (n.pag.).

Hupkas Einfluss auf den Gesetzestext wurde durch die zahlreichen Abänderungen, die „nur wenige meritorische Bestimmungen" betrafen und „zumeist [...] nur stilistische Feilungen" darstellten,[1634] kaum geschmälert. Lediglich an zwei Stellen wurden von Hupka angeregte Änderungen weiter abgeändert oder revidiert: Der wörtlich aus dem Gegenentwurf übernommene § 18 der Versicherungsordnung wurde umformuliert und weiter präzisiert; der letzte Halbsatz des § 30 Abs. 3 Versicherungsordnung, der auf Hupkas Anregung eingefügt worden war, wurde wieder gestrichen. Im Gegenzug wurden aber weitere Anregungen Hupkas aufgegriffen: So geht etwa die Umkehr der Reihenfolge der Absätze des (bereits in der Versicherungsordnung wörtlich, aber in umgekehrter Abfolge, aus § 46 des Gegenentwurfs übernommenen) § 26 auf Hupka zurück. Der in der Versicherungsordnung noch nicht enthaltene § 54 Abs. 6 über die Folgen der unabsichtlichen Doppelversicherung ist eine wörtliche Übernahme von § 64 des Gegenentwurfs. § 121, der den Umfang der Haftung des Versicherers bei der Haftpflichtversicherung normiert, wurde im Vergleich zur Versicherungsverordnung um einen vierten Absatz erweitert. Dieser entspricht inhaltlich § 138 Abs. 2 Satz 2 des Gegenentwurfes, der die Folgen eines gesetzlich angeordneten oder vertraglich vereinbarten Selbstbehalts auf die Tragung allfälliger Prozesskosten durch den Versicherer regelt.[1635] Die dem Gegenentwurf folgenden Änderungen in der Gesetzessystematik wurden allesamt beibehalten.

Das zu gut drei Viertel aus Hupkas Feder stammende Gesetz überdauerte das Ende der Monarchie und stand bis 1. Jänner 1941 in Geltung; durch die Verordnung zur Vereinheitlichung des Rechts der Vertragsversicherung vom 19. Dezember 1939 (RGBl. I, S. 2443) wurde es durch das deutsche Versicherungsgesetz 1908 abgelöst. Dieses wiederum war aber in maßgeblichen Punkten unter Bedachtnahme auf das österreichische Gesetz, das sich als sozialer erwiesen hatte, abgeändert worden.[1636] Dieses Gesetz stand in Österreich bis 1. Jänner 1959 in Kraft, bevor es wiederum durch ein – weithin gleichlautendes – österreichisches Versicherungsgesetz ersetzt wurde.[1637] Maßgebliche Änderungen brachte erst der Beitritt Österreichs zur Europäischen Union.

1634 *Geller*, Gesetz über den Versicherungsvertrag (1918) Vorbemerkung (n.pag.).

1635 Siehe dazu auch *Ehrenzweig*, Haftpflichtversicherung und Rettungsaufwand, Juristische Blätter 1923, 49 (51).

1636 *Wahle*, Zurück zum österreichischen Versicherungsrecht! Österreichische Juristen-Zeitung 1946, 6; siehe auch *Ogris* in *Rohrbach* 150; *Fenyves* in *Fenyves/Schauer*, VersVG (2014), Vor § 1, 5; *Dörner* im Berliner Kommentar zum Versicherungsvertragsgesetz III (1999) Einleitung, Rz 6.

1637 *Ogris* in *Rohrbach* 148–150.

3. *Im Gesetz nicht berücksichtigte Änderungsvorschläge*

In der Literatur fanden auch Änderungsvorschläge, die vom Gesetzgeber nicht berücksichtigt wurden, Anklang: So hatte Hupka dringend geraten, dem Versicherer im Falle unrichtiger Angabe wesentlicher Umstände ein Kündigungsrecht (nicht lediglich ein Recht auf Erhöhung der Prämie) zu geben; dieser Vorschlag war zwar von Grünhut aufgenommen, im Herrenhaus jedoch wieder fallengelassen worden.[1638] „Sehr bedauerlich" fand Ehrenzweig, dass Hupkas Kritik an § 133 Abs. 2 der Versicherungsordnung nicht berücksichtigt wurde.[1639] Dieser Norm zufolge kommen für den Fall, dass bei einer Lebensversicherung die Erben als Begünstigte eingesetzt wurden, ohne deren Anteile genauer zu bestimmen, all jene, die „zur Erbschaft *gelangen*", im Verhältnis ihrer Erbteile zum Zug. Hupka hatte mehrfach zu Recht beanstandet, dass diese Regelung einen Erben, der zugunsten der übrigen auf die Erbschaft verzichtet, in ungebührlicher Weise benachteiligt, weil er auch nicht in den Genuss des ihm zugedachten Anteils der Versicherungssumme gelangen kann. Er hatte daher dringend angeraten, stattdessen die Formulierung „die zur Erbschaft *berufen sind*" zu verwenden;[1640] dies war aber nicht geschehen.

Auch Hupkas Kritik an § 40 wurde nicht berücksichtigt: Hupka hatte wiederholt darauf hingewiesen, dass dieser sinnvollerweise dahin gehend umformuliert werden müsse, dass Geldleistungen des Versicherers vierzehn Tage nach Abschluss der zur Feststellung des Schadens nötigen Erhebungen, frühestens aber nach Abschluss eines Monats, gefordert werden können. Die Fassung des Versicherungsgesetzes hielt aber daran fest, Geldforderungen gegen den Versicherer nach Ablauf eines Monats für fällig zu erklären, falls die Erhebungen binnen dieses Zeitraumes abgeschlossen waren; ansonsten wurden sie vierzehn Tage nach Abschluss der Erhebungen fällig. Wie Hupka richtig beanstandet, führt diese Regelung zu Unbilligkeiten: wenn der Versicherer die Erhebungen einen Tag vor Ende der Monatsfrist abschließt, muss er am nächsten Tag zahlen; schließt er sie einen Tag danach ab, hat er noch vierzehn Tage Zeit.[1641]

1638 *Hupka*, Gegenentwurf (1908) 51; kritisch zu *Hupkas* Vorschlag *Ehrenzweig*, Allgemeine Österreichische Gerichtszeitung 1909, 171.

1639 *Ehrenzweig*, Allgemeine Österreichische Gerichtszeitung 1909a, 278.

1640 *Hupka*, Gegenentwurf (1908) 117; *Hupka*, Juristische Blätter 1909, 185 (meine Hervorhebung); *Hupka*, Juristische Blätter 1910, 136. Siehe dazu auch *Ehrenzweig*, Allgemeine Österreichische Gerichtszeitung 1909a, 278; *Ehrenzweig*, Versicherungszeitung 1909, 200 und *Hamburger*, Allgemeine Österreichische Gerichtszeitung 1912, 161.

1641 *Hupka*, Gegenentwurf (1908) 63–64; *Hupka*, Juristische Blätter 1909, 183; *Hupka*, Juristische Blätter 1910, 135–136. Siehe dazu auch *Scharfmesser*,

Während Hupkas Name somit in kritischen Abhandlungen über das Versicherungsvertragsgesetz unmittelbar nach dessen Inkrafttreten noch öfter genannt wird,[1642] überließ er selbst die weitere Beschäftigung mit dem Gesetz seinen Kollegen: Bereits 1916 veröffentlichte Ehrenzweig einen Kommentar zur Versicherungsordnung; 1918 folgte sein Kommentar zum Versicherungsvertragsgesetz. Es war auch Ehrenzweig, der mit *Die Rechtsordnung der Vertragsversicherung* die erste Monografie zu dem weitgehend auf Hupkas Arbeit zurückgehenden Gesetz – und damit ein Standardwerk des österreichischen Versicherungsrechts – veröffentlichte. Hupkas Gegenvorschlag hatte freilich mit dem Inkrafttreten des Versicherungsvertragsgesetzes seinen primären Zweck erreicht. Als kritischer Kommentar zu jenen Bestimmungen, die unverändert aus der Regierungsvorlage übernommen worden waren sowie als eine Art inoffizieller Motivenbericht zu den aus dem Gegenvorschlag entlehnten Paragrafen hatte er – freilich nur als Ergänzung zu den offiziellen Motivenberichten – aber immer noch einen nicht zu unterschätzenden Nutzen.

So zitiert Ehrenzweigs 1916 erschienener Kommentar zur Versicherungsordnung Hupkas Gegenentwurf noch in durchaus beachtlichem Maße: „Es empfahl sich dies wegen des Einflusses, den dieses Buch auf die Herrenhausfassung des Gesetzesentwurfes und damit auf die Versicherungsordnung gewonnen hat," heißt es dazu in der Vorbemerkung des Werkes.[1643] In seinem Kapitel über die Redaktionsgeschichte der Versicherungsordnung erwähnt Ehrenzweig, der Hupkas Gegenentwurf ja bekanntlich sehr kritisch gegenüberstand, dessen Einfluss allerdings mit keinem Wort.[1644] Ehrenzweigs spätere Darstellung des Versicherungsrechts verweist in ihren ersten beiden Auflagen noch in einzelnen Punkten auf Hupkas Gegenvorschlag, stützt sich aber ansonsten weitgehend auf deutsche Literatur.[1645] Die 1952 erschienene dritte Auflage, die sich mit der durch den „Anschluss" veränderten

Juristische Blätter 1920, 163; kritisch zu dieser Bestimmung auch *Ehrenzweig*, Versicherungszeitung 1909, 147 (unter Verweis auf *Hupka*); *Ehrenzweig*, Streitfragen des künftigen Versicherungsvertragsrechtes II. Die Abschlagszahlung, Juristische Blätter 1911, 49.

1642 Siehe z.B. *Scharfmesser*, Juristische Blätter 1920, 161; *Ehrenzweig*, Juristische Blätter 1923, 50–51.

1643 *Ehrenzweig*, Verordnung (1916) XI.

1644 Vgl. *Ehrenzweig*, Verordnung (1916) XIII–XIV.

1645 Die beiden ersten Auflagen zitieren *Hupka* u.a. im Zusammenhang mit §§ 32, 34, 43, 47 die allesamt durch den Gegenentwurf beeinflusst sind; daneben auch noch mit §§ 49 und 59; vgl. z.B. *Ehrenzweig*, Vertragsversicherung (1929) 115, 127–128, 151, 159; *Ehrenzweig*, Versicherungsvertragsrecht (1935) 153, 221, 224, 321, 509.

Rechtslage auseinandersetzt, erwähnt Hupka aufgrund der geänderten Rechtslage überhaupt nicht mehr. Fünfzig Jahre später zollte Werner Ogris Hupkas Verdiensten um das österreichische Versicherungsrecht Anerkennung: Hupka habe sich bemüht, im Sinne der „unabweisbar an die Tür des liberalen Rechtsstaats pochende[n] soziale[n] Frage [...] das damals problembeladene Versicherungs(vertrags)recht in eine Richtung zu lenken, die den Interessen der Versicherer wie den Interessen der Versicherten in ausgewogenem Maße Rechnung trug."[1646]

Wie so oft hatte Hupka mit seinem Gegenentwurf dort eingegriffen, wo er dringenden juristischen Handlungsbedarf sah, und sich dann zurückgezogen. Dies bedeutet freilich aber nicht, dass er sich in den folgenden Jahrzehnten völlig vom Versicherungsrecht abwandte. Zusätzlich zu seiner Lehrtätigkeit[1647] fungierte er – ebenso wie Ehrenzweig – von 1925 bis 1930 als Mitglied der Kommission für die Abhaltung von Autorisationsprüfungen von Versicherungstechnikern.[1648]

D. Die „Reformversicherung"

1927 publizierte Hupka das letzte Mal einen Artikel zum Versicherungsrecht. Anlass dafür gab die sogenannte „Reformversicherung", die ein Wiener Unternehmen angeboten hatte. Dieses Angebot gestaltete sich folgendermaßen: Das Unternehmen vermittelte seinen Kunden eine auf fünfzehn Jahre befristete Lebensversicherung bei einem Versicherungsunternehmen ihrer Wahl. Die Zahlung der Versicherungsprämien übernahm das Unternehmen; im Gegenzug verpflichteten sich die Kunden, jährlich einen relativ hohen Betrag auf ein Sperrkonto bei einer Bank ihrer Wahl einzuzahlen. Die Zinsen aus den Spareinlagen fielen dem Unternehmen zu, welches daraus die Versicherungsprämien beglich. Nach Ablauf der fünfzehnjährigen Frist konnten die Kunden im Erlebensfall über das angesparte Kapital frei verfügen, erhielten allerdings keine Leistung aus der Versicherung; diese wurde im Vertrag dem Unternehmer abgetreten. Für den Fall, dass die Kunden vor Erreichung des vereinbarten Endtermins starben, wurde die Versicherungssumme sofort an die Begünstigten ausbezahlt, die auf das Sperrkonto einbezahlten Beträge erst am Ende der vereinbarten Frist.[1649] Augenscheinlich ergibt sich

1646 *Ogris*, 1884–1984. Einhundert Jahre Rechtswissenschaft im Hause am Ring, in *Olechowski* (Hrsg), Elemente europäischer Rechtskultur. Rechtshistorische Aufsätze aus den Jahren 1961–2003 (2003) 410.

1647 Siehe dazu Erster Teil, Kapitel II.A.

1648 Amtlicher Teil, Wiener Zeitung vom 16. Mai 1925, 1.

1649 Siehe dazu *Ehrenzweig*, Reformversicherung, Österreichische Anwaltszeitung 1926, 355 (356); *Hupka*, Reformversicherung, Juristische Blätter 1927, 35

aus einem so gestalteten Vertrag also eine „Minderleistung im Erlebensfall, Mehrleistung im Todesfall."[1650]

1926 nahm Albert Ehrenzweig in einem kurzen Artikel zu dieser neuartigen Geschäftsidee Stellung, wobei er einige Hintergründe aufdeckte: Zum einen wies er darauf hin, dass das fragliche Unternehmen sich vorwiegend an jüngere Versicherungsnehmer wandte, um sich die Möglichkeit der sogenannten „amerikanischen Prolongation" zunutze zu machen. Dies bedeutet, dass nach Einzahlung von drei Jahresprämien die Erlangung einer prämienfreien Lebensversicherung auf fünfzehn Jahre ermöglicht wurde, wobei bei dieser Altersgruppe darüber hinaus auch eine (geringe) Versicherungssumme für den Erlebensfall angespart wurde. Aufgrund der Höhe der geforderten Spareinlagen könne Ehrenzweig zufolge der Unternehmer aber selbst dort Gewinn ziehen, wo eine solche Prolongation aufgrund des Alters des Versicherten unmöglich sei.[1651]

Hupka greift die von Ehrenzweig angerissenen Kritikpunkte auf und führt sie weiter aus. Anhand mehrerer Berechnungsbeispiele zeigt er, dass der Versicherte in jedem Fall ungünstiger gestellt sei, als dies der Fall wäre, wenn er die Prämien einer regulären Lebensversicherung bezahle und den Differenzbetrag zu den von der „Reformversicherung" geforderten Kapitalanlage anspare. Die in Aussicht gestellte „Mehrleistung" im Todesfall sei demnach eine grobe Irreführung seitens des Anbieters der „Reformversicherung".[1652]

Sowohl Ehrenzweig als auch Hupka stellen in den Raum, dass bei entsprechendem Missverhältnis zwischen Leistung und Gegenleistung bei einem solchen Geschäft Wucher vorliegen könnte, ohne darauf aber näher einzugehen. Darüber hinaus sehen sie den Tatbestand des unlauteren Wettbewerbs gem. § 4 UWG aufgrund des „marktschreierischen Angebot[s] einer ‚kostenlosen Versicherung' ohneweiteres gegeben."[1653] Hupka bejaht darüber hinaus auch die Anwendbarkeit des § 1 UWG, weil „bei der Anbietung und Abschließung dieser Verträge zu Zwecken des Wettbewerbs Praktiken angewendet werden, die gegen die guten Sitten verstoßen".[1654] Zusätzlich kritisiert Ehrenzweig, dass der Unternehmer seinen Kunden

(35–36); Aus den Entscheidungen des Verfassungsgerichtshofes, Öffentliche Sicherheit Nr. 6 (Juni 1928), 10.

1650 *Ehrenzweig*, Österreichische Anwaltszeitung 1926, 356.

1651 *Ehrenzweig*, Österreichische Anwaltszeitung 1926, 356–357; siehe dazu auch *Hupka*, Juristische Blätter 1927, 36–37.

1652 *Hupka*, Juristische Blätter 1927, 36–37.

1653 *Ehrenzweig*, Österreichische Anwaltszeitung 1926, 356; siehe auch *Hupka*, Juristische Blätter 1927, 38.

1654 *Hupka*, Juristische Blätter 1927, 38.

gegenüber nicht klarstelle, dass nach Ablauf der fünfzehn Jahre keine Lebensversicherung mehr bestehe, der später eintretende Tod des Versicherten durch die „Reformversicherung“ also nicht gedeckt sei. Besonders für jüngere Versicherungsnehmer verschlechtere dies die versicherungswirtschaftliche Lage, da sie nach Ablauf der vertragsmäßigen fünfzehn Jahre eine neue – aufgrund ihres höheren Alters und eventuell dazugekommener gesundheitlicher Probleme vermutlich deutlich teurere – Lebensversicherung abschließen müssten. Auch auf weitere nachteilige Folgen dieser Vertragskonstellation, wie etwa den Wegfall des Stornorechts des Versicherungsnehmers gemäß § 137 Versicherungsvertragsgesetz und die Tatsache, dass der Kunde bei Handlungen des Unternehmers, die sich nachteilig auf den Versicherungsanspruch auswirken, lediglich einen Schadenersatzanspruch gegen den „Reformversicherer“ habe, weist Ehrenzweig abschließend kurz hin.[1655] Auch Hupka geht auf die rechtliche Schlechterstellung des Versicherungsnehmers ein, wobei er besonders das im „Reformvertrag“ vereinbarte Rückkaufsrecht des Unternehmers in den Vordergrund stellt, das dieser ausüben darf, wenn der Versicherte die Zahlung der jährlichen Spareinlage verabsäumt.[1656]

Beide Autoren kommen zu dem Schluss, dass die „Reformversicherung“ als unbefugter Versicherungsbetrieb im Sinne des Bundesgesetzes vom 20. Dezember 1923 (BGBl. Nr. 631) zu qualifizieren sei. Ehrenzweig begründet dies lediglich mit dem Argument, dass die vom „Reformversicherer“ übernommene Gefahr „an Leben und Sterben“ des Versicherten geknüpft sei, wie dies für eine echte Lebensversicherung typisch sei.[1657] Hupka schließt sich Ehrenzweigs Urteil an, geht in seiner Begründung aber über Ehrenzweig hinaus, indem er nicht nur auf die Gleichartigkeit der übernommenen Gefahr abstellt, sondern auch die übrigen Aspekte des Vertrages miteinbezieht. Er zeigt, dass der „komplizierte Apparat, den der Agent zu Verschleierung seiner Spekulation in Bewegung setzt – Originalversicherungsvertrag mit der Gesellschaft, „Reformierungs“-Vertrag, Einlagengeschäft, Zessionen und Ueberweisungen – nicht“ darüber hinwegtäuschen kann, dass „es sich bei dieser Kombination um eine wirkliche – wenn auch atypische – Versicherung im privatrechtlichen Sinn“ handelt, die seiner siebzehn Jahre zuvor entwickelten Definition des Versicherungsvertrages entspricht: „Denn der Inhalt des Vertrages, den der Agent mit dem Versicherungswerber abschließt, ist: entgeltliche Zusicherung einer Kapitalleistung für den Todesfall, wobei

1655 *Ehrenzweig*, Österreichische Anwaltszeitung 1926, 357; siehe dazu auch *Hupka*, Juristische Blätter 1927, 37.
1656 *Hupka*, Juristische Blätter 1927, 37.
1657 *Ehrenzweig*, Österreichische Anwaltszeitung 1926, 356.

die konkrete Bilanz der beiderseitigen Vermögensopfer wesentlich von der ungewissen Lebensdauer abhängt. Das aber ist Lebensversicherung."[1658]

Tatsächlich belegte der Bürgermeister von Wien die Betreiber der „Reformversicherung" bald danach mit einer Geldstrafe wegen unbefugten Betriebes von Versicherungsgeschäften, wogegen diese Beschwerde einlegten. Nachdem bereits die untergeordneten Instanzen die Beschwerde als unbegründet abgewiesen hatten, schloss sich auch der Verwaltungsgerichtshof in seinem Erkenntnis Nr. 15.174 vom 30. März 1928 (Z. 775/27) dieser Ansicht an. In der Begründung heißt es unter Berufung auf Manes und Hupka: „Man wird [...] unter Versicherungsgeschäften alle Geschäfte verstehen müssen, durch die ein Teil zu Leistungen für den Fall des Eintrittes eines wenigstens zeitlich ungewissen wirtschaftlichen künftigen Bedarfes eines anderen [...] verpflichtet."

Hupkas Stellungnahme zur Reformversicherung war allerdings lediglich ein kurzes versicherungsrechtliches Nachspiel, das in eine Zeit fällt, in der Hupka sein Hauptaugenmerk bereits einem anderen Rechtsgebiet zugewandt hatte. Auf diesem letzten Gebiet sollte Hupka kurz vor Ende seiner Karriere noch wissenschaftliche Höchstleistungen vollbringen, die im letzten Teil der vorliegenden Arbeit vorgestellt werden sollen.

IV. Wechselrecht

Ebenso wie das Versicherungsrecht stand auch das Wechselrecht zu Beginn des zwanzigsten Jahrhunderts im Brennpunkt des rechtspolitischen Interesses. Nachdem bereits 1850 eine einheitliche Wechselordnung für Österreich und das spätere Deutschland in Kraft getreten war, zielte das Haager Abkommen über die Vereinheitlichung des Wechselrechtes auf die Schaffung einer international gültigen „Weltwechselordnung", die von allen „zivilisierten Staaten" ratifiziert werden sollte.[1659] Der Ausbruch des Ersten Weltkrieges machte diese Bemühungen allerdings zunichte. Erst 1930 fand auf Initiative des Völkerbundes eine weitere internationale Wechselrechtskonferenz in Genf statt, aus der drei Abkommen – über das einheitliche Wechselgesetz (mit zwei Anlagen), über Bestimmungen auf dem Gebiet des internationalen Wechselprivatrechts, und über das Verhältnis der Stempelgesetze zum Wechselgesetz – hervorgingen. Österreich ratifizierte diese 1932 und übernahm sie durch das Wechselgesetz (Bundesgesetz vom 18. August

---

1658 *Hupka*, Juristische Blätter 1927, 38; siehe auch *Hupka*, Goldschmidts Zeitschrift für das gesamte Handelsrecht und Konkursrecht 1910, 584.

1659 Siehe u.a. *Kammel*, Das neue Wechselrecht: ein Grundriß für Studierende und für die Praxis (1934) 5; *Lenhoff*, Einführung in das einheitliche Wechselrecht: mit einem Anhang, enthaltend die Gesetzestexte (1933) 1.

1932) in die nationale Rechtsordnung; die Bestimmungen des neu geschaffenen Gesetzes traten größtenteils am 1. Jänner 1934 in Kraft.[1660] Nachdem das österreichische Wechselgesetz nach dem „Anschluss" Österreichs an das Dritte Reich durch das (weitgehend gleichlautende) Deutsche Wechselgesetz ersetzt worden war, wurde es 1955 in der Form des heute noch geltenden Wechselgesetzes 1955 (Bundesgesetz vom 16. Feber 1955, betreffend das Wechselrecht, BGBl. Nr. 49/1955), zuletzt geändert 2010 (BGBl. I Nr. 58/2010), wieder in Kraft gesetzt. Mittlerweile gehören neben Österreich auch alle anderen Mitgliedsstaaten der Europäischen Union den Genfer Wechselrechtsabkommen an.

Hupka, der sich in den darauffolgenden Jahren der Schaffung eines Kommentars zu den drei Genfer Konventionen widmen sollte,[1661] hatte im Vorfeld als Sachverständiger zu den Vorschlägen des Expertengremiums des Völkerbundes Stellung genommen und beobachtete die Vorarbeiten für die Genfer Konferenz mit großer Aufmerksamkeit. So entstanden zwei substanzielle Artikel zu verschiedenen Aspekten der Bemühungen um ein einheitliches Wechselrecht. Dies war allerdings keineswegs der Beginn von Hupkas wechselrechtlichen Interessen: Bereits 1913 hatte er sich eingehend mit einer Detailfrage zur Haager Wechselrechtskonferenz beschäftigt, auf die im folgenden Abschnitt näher eingegangen werden soll.

A. Die inakzeptable Tratte mit Deckungsrecht

Einer der wichtigsten Punkte, in denen der Haager Entwurf vom österreichischen Wechselrecht abwich, war in der Anerkennung der sogenannten inakzeptablen Tratte,[1662] d.h. des gezogenen Wechsels mit Akzeptverbot (heute § 22 Abs. 2 Wechselgesetz). Mit dieser Neuerung wurde der bisher

---

1660 Siehe z.B. *Kammel*, Wechselrecht (1934) 1–2; im Detail zu den Verhandlungen in Genf siehe *Quassowski*, Die Genfer Abkommen über die Vereinheitlichung des Wechselrechts, Zeitschrift für ausländisches und internationales Privatrecht 1930, 770 (770–774); eingehend zur Geschichte des einheitlichen Wechselrechts bis zur Genfer Wechselrechtskonferenz siehe *Hupka*, Das Haager Wechselrechtsübereinkommen und der Völkerbund: ein Beitrag zu den „Documents préparatoires" der Dritten Internationalen Wechselrechtskonferenz, Genf 1930, Zeitschrift für ausländisches und internationales Privatrecht 1930, 205. Siehe dazu im Detail Zweiter Teil, Kapitel IV.B.1.

1661 Siehe dazu Zweiter Teil, Kapitel IV.C.

1662 Wie Hupka zu Recht anmerkt, ist die Bezeichnung inakkurat, da das Verbot die *Gültigkeit* eines trotzdem eingeholten Akzepts nicht hindert; vgl. *Hupka*, Die Zessionstratte, Neue Freie Presse vom 5. Juni 1913, 13. *Hupka* stellt damit ein offenbar herrschendes Missverständnis richtig; vgl. etwa *Weishut*, Neue Freie Presse vom 24. Mai 1913, 15.

in Österreich geltende Grundsatz, dass der Inhaber eines Wechsels diesen jederzeit dem Bezogenen zum Akzept vorlegen könne, zugunsten der freieren Regelung anderer europäischer Staaten – insbesondere des französischen Wechselrechts – aufgegeben und es dem Aussteller gestattet, mittels eines Vermerks auf der Vorderseite des Wechsels die Vorlegung zum Akzept auszuschließen.[1663] Sinnvoll war ein solches Akzeptverbot dort, wo der Aussteller befürchten musste, dass der Bezogene den Wechsel nicht akzeptieren und dadurch noch vor Verfall des Wechsels die wechselrechtlichen Folgen eines Protests mangels Annahme (Haftung des Ausstellers und der Indossanten) auslösen würde. Um die Attraktivität und Verkehrsfähigkeit der inakzeptablen Tratte zu erhöhen, war in weiterer Folge die Forderung laut geworden, diese nach französischem Vorbild mit einem sogenannten Recht auf Deckung – d.h. einem gesetzlichen Anspruch des Wechselinhabers auf die dem zugrunde liegenden Geschäft zwischen Austeller und Bezogenem entspringende Forderung – auszustatten. In diesem Sinne hatte Julius Landesberger, damals Generalrat der Anglo-Österreichischen Bank, beantragt, in das österreichische Einführungsgesetz zur einheitlichen Wechselordnung die Bestimmung aufzunehmen, „daß ein Kaufmann, der über eine Warenforderung eine inakzeptable Tratte auf seinen Schuldner zieht, *diese Forderung durch einen bloßen Vermerk im Texte des Wechsels rechtswirksam auf den Wechselinhaber übertragen könne.*" Auf diese Art und Weise würde die inakzeptable Tratte mit einem „besonderen Vorrecht vor der akzeptablen Tratte, auch vor der nicht akzeptierten" ausgestattet, um „die an sich geringe Verkehrsfähigkeit der inakzeptablen Tratte durch die Verknüpfung mit der Forderung aus dem Deckungsgeschäfte zu erhöhen, um diese Wechselform zu einem wirksamen Instrument für den Kreditverkehr auszugestalten."[1664]

Rechtspolitisches Ziel dieses Vorschlages war es, die allseits beanstandeten schlechten Zahlungssitten in Österreich-Ungarn zu reformieren. Wichtigster Hintergrund war, dass sich offenbar unter österreichischen Geschäftsleuten eine Abneigung gegen die Erteilung von Akzepten entwickelt hatte. Ein Kaufmann, der zur Mobilisierung einer offenen Forderung einen Wechsel auf seinen Schuldner als Bezogenen ausstellte, musste also damit rechnen, dass dieser bei Vorlegung sein Akzept verweigern und somit die wechselrechtlichen Haftungsfolgen eintreten würden. Daraus folgte, dass es den meisten Kaufleuten nicht mehr möglich war, sich auf diese Weise die nötigen Geldmittel für den Betrieb ihres Geschäftes zu verschaffen, also etwa

1663 *Pollak*, Die inakzeptable Tratte, Das Handelsmuseum 1913, 213; *Hupka*, Neue Freie Presse vom 5. Juni 1913, 13.

1664 *Hupka*, Neue Freie Presse vom 5. Juni 1913, 13 (Hervorhebung im Original); siehe dazu auch *Pollak*, Handelsmuseum 1913, 213–214.

Warenlieferungen durch die Begebung von Wechseln zu begleichen. Während große Unternehmer auf Blankokredite bei etablierten Bankhäusern ausweichen konnten, blieb kleineren und mittleren Unternehmern mangels entsprechender Kreditwürdigkeit meist nur der Ausweg des sogenannten Buchforderungseskomptes.[1665] Diese, von eigenen Kreditinstituten – den sogenannten Eskomptegenossenschaften – betriebene Form der Kreditgewährung hatte sich erst Ende des neunzehnten Jahrhunderts in Österreich etabliert und war keineswegs unumstritten.[1666] Ihre Funktionsweise bestand darin, dass der Kreditwerber offene Buchforderungen an das Eskompteinstitut abtrat, das ihm dafür eine – freilich unter dem nominalen Wert der offenen Forderungen liegenden – Geldsumme kreditweise zur Verfügung stellte.[1667] Zur Absicherung des Eskompteinstituts hatte der Kreditnehmer zusätzlich zur Abtretung der Forderungen einen Eigenwechsel in der Höhe der begebenen Forderungen an die Eskomptegenossenschaft zu übergeben. Kritiker des Buchforderungseskomptes beanstandeten, dass diese Form der Kreditgewährung nicht nur zu höchst ungünstigen Konditionen erfolgte – die Kosten eines solchen Kredites lagen aufgrund der anfallenden Zinsen und Gebühren deutlich über jenen eines herkömmlichen Bankkredites, zumal der Kreditnehmer zusätzlich gezwungen war, einen Teil der Kreditsumme in einen Anteil an der Eskomptegenossenschaft zu investieren[1668] – sondern auch in hohem Maße missbrauchsanfällig war. Dies ergab sich vor allem daraus, dass „der Eskont [sic] einer offenen Buchforderung als etwas Peinliches und womöglich zu Verheimlichendes“[1669] galt, der Kreditnehmer es also zumeist unterließ, seinen Schuldner von der Abtretung der Forderung zu unterrichten und eher danach trachtete, diese selbst einzuziehen und den Geldbetrag entweder an das Eskompteinstitut abzuführen, oder (was

---

1665 *Hupka*, Neue Freie Presse vom 5. Juni 1913, 13; *Hamburger*, Das Recht auf die Deckung bei der nicht-akzeptablen Tratte, Allgemeine Österreichische Gerichtszeitung 1913, 401 (468).

1666 *Weishut*, Die inakzeptable Tratte und der Eskompte offener Buchforderungen, Neue Freie Presse vom 24. Mai 1913, 15.

1667 Zur Funktionsweise des Buchforderungseskomptes siehe u.a. *Pollak*, Handelsmuseum 1913, 214; *Kelsen*, Handelsmuseum 1913, 289; *Weishut*, Neue Freie Presse vom 24. Mai 1913, 15; eingehend *Hamburger*, Allgemeine Österreichische Gerichtszeitung 1913, 432–436.

1668 Siehe dazu im Detail u.a. *Hamburger*, Das Recht auf die Deckung bei der nicht-akzeptablen Tratte, Allgemeine Österreichische Gerichtszeitung 1913, 401 (432–436); *Sokal*, Die Kosten des Buchforderungseskomptes, Allgemeine Österreichische Gerichtszeitung 1913, 484; *Hamburger*, Die Kosten des Buchforderungseskomptes, Allgemeine Österreichische Gerichtszeitung 1913, 485.

1669 *Kelsen*, Der Buchforderungseskont und die inakzeptable deckungsberechtigte Tratte, Das Handelsmuseum 1913, 289 (291).

die üblichere Vorgehensweise war) die so erloschene Forderung durch eine offene zu ersetzen.[1670]

Die Heimlichkeit des Buchforderungseskomptes zog es nach sich, dass es zumindest theoretisch möglich war, in Wahrheit gar nicht existente Forderungen bzw. auch dieselbe Forderung mehrmals an verschiedene Eskompteinstitute zu begeben.[1671] Die Eskomptegenossenschaften begegneten dieser Gefahr durch Zusammenschlüsse und die Einrichtung von Kontrollstellen,[1672] deren Tätigkeit – wie Kritiker ins Treffen führten – den Buchforderungseskompte allerdings noch weiter verkomplizierten und verteuerten.[1673] Dazu kam, dass die rechtliche Natur der Begebung der offenen Forderungen an das Kreditinstitut lange umstritten war, wobei die Rechtsprechung teils von einer bloßen Verpfändung zur Sicherung des gewährten Kredites, teils von einer Zession der Forderung ausgegangen war.[1674]

Befürworter der neuen Tratte sahen in dieser einerseits eine Möglichkeit, den Buchforderungseskompte zu vereinfachen, zu verbilligen, und auf eine rechtlich einwandfreie Grundlage zu stellen, da anstelle der rechtlich zweifelhaft konstruierten Begebung der Buchforderungen deren Übertragung mittels inakzeptabler Tratten mit Deckungsrecht erfolgen könne.[1675]

Andererseits sollte mit der inakzeptablen Tratte mit Deckungsrecht kleinen und mittleren Kaufleuten eine kreditwirtschaftliche Alternative zum Buchforderungseskompte geboten werden: Ein Kaufmann konnte Warenlieferungen nun wieder in Form von Wechseln auf seine eigenen Schuldner begleichen, da das Akzeptverbot die widrigen Folgen des Protests mangels Annahme verhinderte. Der Lieferant wiederum werde, so argumentierten die Befürworter der neuen Tratte, diese gerne nehmen, da sie ihm zwar nicht die Sicherheit eines eingeholten Akzepts, aber immerhin nach Verfall des Wechsels ein klagbares Recht auf die zugrunde liegende Forderung gab. Darüber hinaus nahm man an, dass die Banken die inakzeptable Tratte mit Deckungsrecht bald ebenso bereitwillig zum Diskont annehmen würden wie bisher den akzeptfähigen Wechsel.[1676]

1670 *Hamburger*, Allgemeine Österreichische Gerichtszeitung 1913, 433.

1671 Siehe dazu u.a. *Hupka*, Neue Freie Presse vom 5. Juni 1913, 13; *Kelsen*, Handelsmuseum 1913, 290.

1672 *Sokal*, Die inakzeptable Tratte, Das Handelsmuseum 1913, 265 (266).

1673 Siehe z.B. *Kelsen*, Handelsmuseum 1913, 290.

1674 Siehe u.a. *Landesberger*, Die inakzeptable Tratte und das Recht auf Deckung, Neue Freie Presse vom 19. Juni 1913, 14; *Weishut*, Neue Freie Presse vom 24. Mai 1913, 15; anderer Ansicht *Hupka*, Neue Freie Presse vom 5. Juni 1913, 13.

1675 Siehe z.B. *Landesberger*, Neue Freie Presse vom 19. Juni 1913, 14.

1676 *Adler*, Die inakzeptable Tratte mit Deckungsrecht, Neues Wiener Tagblatt vom 16. Juli 1913, 17; *Kelsen*, Handelsmuseum 1913, 292; *Obst*, Bankgeschäft I[7]

Den Vorschlag, die aufgrund der Haager Wechselordnung neu einzuführende inakzeptable Tratte mit einem Recht auf Deckung auszustatten, hatte 1909 bereits Karl Adler gemacht;[1677] in Deutschland hatte diese Idee vor allem Georg Obst, damals Direktor der Leipziger Niederlassung der Mitteldeutschen Privatbank und Autor zahlreicher angesehener Werke auf dem Gebiet des Bank- und Kreditwesens, und in Österreich Julius Landesberger aufgegriffen. Besonders Letzterer vertrat diese nachdrücklich in einer Reihe von Publikationen und hatte im Rahmen einer Enquete im Justizministerium im März 1913 einen entsprechenden Gesetzesantrag gestellt.[1678] Auf Widerstand stieß Landesbergers Vorschlag hingegen nicht zuletzt bei den Genossenschaften, die den Eskompte offener Buchforderungen betrieben, darüber hinaus aber auch bei Teilen der Lehre.[1679]

1. Landesberger gegen Hupka: eine Kontroverse in drei Akten (und einem kurzen Epilog)

Schon während des Frühjahrs des Jahres 1913 hatten verschiedene Schriftsteller – darunter auch Max Sokal, Sekretär der Evidenzzentrale für den Eskont offener Buchforderungen[1680] – zu dieser Thematik Stellung genommen. Hupkas erste öffentliche Wortmeldung, die zum Teil auf diese früheren Stellungnahmen zurückgreift, erschien in der *Neuen Freien Presse* vom 5. Juni 1913 unter dem Titel „Die Zessionstratte".[1681]

a. Hupkas erste Wortmeldung

In einem umfangreichen Artikel äußerte sich Hupka zur Einführung der inakzeptablen Tratte mit Deckungsrecht. Der Verfasser führt eingangs aus, dass die Zulassung des Vorlegungsverbots auf Drängen Frankreichs[1682] auf

(1923 [1913]) 301–304; vorsichtig hingegen offenbar *Landesberger*, Neue Freie Presse vom 19. Juni 1913, 14.

1677 *Adler*, Weltwechselrecht, Zeitschrift für das Privat- und Öffentliche Recht der Gegenwart 1910, 117 (123–125).

1678 Der Volltext von Landesbergers Antrag findet sich in *Obst*, Das Bankgeschäft I[7] (1923 [1913]) 300; siehe dazu auch *Weishut*, Neue Freie Presse vom 24. Mai 1913, 15.

1679 Siehe dazu ausführlich *Hamburger*, Allgemeine Österreichische Gerichtszeitung 1913, 401.

1680 *Sokal*, Handelsmuseum 1913, 265.

1681 Diese von *Hupka* geprägte Bezeichnung für die inakzeptable Tratte mit Deckungsrecht sollte sich in weiterer Folge auch in der Literatur einbürgern; vgl. *Hamburger*, Allgemeine Österreichische Gerichtszeitung 1913, 450.

1682 Siehe dazu auch *Adler*, Zeitschrift für das Privat- und Öffentliche Recht der Gegenwart 1910, 123.

der Haager Wechselrechtskonferenz eine „reine Billigkeitserwägung" gewesen sei, da es im Handelsleben Situationen geben könne, in denen der Aussteller eines Wechsels davon ausgehen müsse, dass dieser vom Bezogenen nicht akzeptiert werde, und sich daher vor den unerwünschten Konsequenzen einer vergeblichen Vorlegung zum Akzept schützen wolle. Dabei betont Hupka aber, dass diese Wechselform in den Ländern, in denen sie bisher existiere, keine besondere praktische Bedeutung habe. Insbesondere höre man aus den Kreisen des französischen Handels, dass inakzeptable Tratten nicht sonderlich beliebt seien, da das Präsentationsverbot den Kredit des Wechsels schwäche.[1683]

Nach dieser Einleitung wendet sich Hupka gezielt gegen die von Adler und Landesberger vorgebrachten Vorschläge, der inakzeptablen Tratte in Österreich größere Bedeutung zu verschaffen, indem diese mit einem gesetzlichen Recht auf Deckung ausgestattet werde. Ein solches Recht auf Deckung bestehe Adler und Landesberger zufolge im französischen Wechselrecht; dessen Rezeption sei ihrer Ansicht nach bislang lediglich am „beharrlichen Widerstande der deutschen Begriffsjuristerei" gescheitert, was sich nun aber ändern müsse, um der inakzeptablen Tratte ihre wahre wirtschaftliche Bedeutung zu verschaffen.[1684]

Der folgende Abschnitt von Hupkas Text widmet sich einer rechtsvergleichenden Untersuchung, inwiefern die Lex Landesberger tatsächlich dem französischen Vorbild folgt. Hupka konstatiert, dass bedeutende Unterschiede zwischen dem im französischen Wechselrecht verankerten Recht auf Deckung (*provision*) und Landesbergers Vorschlag bestünden: Zum ersten werde das Recht auf Deckung im französischen Recht – außer im Fall des Konkurses des Ausstellers – erst mit dem Verfalltag des Wechsels wirksam; bis dahin könne der Aussteller frei über seine Forderung gegen den Bezogenen verfügen. Im Gegensatz dazu sehe die Lex Landesberger aber einen sofortigen Übergang der Forderung vor. Zum zweiten macht Hupka geltend, dass im französischen Recht das Recht auf Deckung nur bei der akzeptablen Tratte bestehe; nach der herrschenden Rechtsprechung sei nämlich anzunehmen, dass das Recht auf Deckung – das auf den vermuteten Willen des Ausstellers abstellt – durch die Klausel „nicht akzeptabel" ausgeschlossen werden solle. In Anbetracht dieser Ausführungen sei eine „Berufung auf das französische Vorbild hinfällig. Sie entheben aber natürlich nicht der Pflicht, den vorliegenden Gesetzesantrag selbständig ins Auge zu fassen und auf seine rechtliche und wirtschaftliche Bedeutung zu prüfen."[1685] Dieser

---

1683 *Hupka*, Neue Freie Presse vom 5. Juni 1913, 13; anderer Ansicht *Pollak*, Handelsmuseum 1913, 213.

1684 *Hupka*, Neue Freie Presse vom 5. Juni 1913, 13.

1685 *Hupka*, Neue Freie Presse vom 5. Juni 1913, 13.

Prüfung widmet Hupka den dritten und weitaus umfangreichsten Teil seines Aufsatzes.

Hupkas Einwendungen sind teils dogmatischer, teils praktischer Natur. Aus dogmatischer Perspektive führt er ins Treffen, dass die Lex Landesberger einen gravierenden Eingriff in das Wechselrecht schlechthin bedeute, indem dadurch der Grundsatz der materiellen Wechselstrenge aufgegeben werde: „Wenn es möglich ist, der selbständigen und strengen Forderung aus dem Akzept ohneweiteres eine Fakturenforderung zu substituieren, die mit allen Einwendungen aus dem Kaufgeschäfte behaftet ist und nur im ordentlichen Prozesse geltend gemacht werden kann, dann ist die Tratte im Verhältnis zwischen dem Inhaber und dem Bezogenen, also in dem eigentlichen Kern ihrer Rechtsbeziehung, nichts anderes mehr als eine gemeine Schuldurkunde.“ Dies aber käme einer *„Denaturierung des Wechsels“* gleich.[1686]

Zusätzlich weist Hupka darauf hin, dass eine derartige Ausweitung des Deckungsrechts nicht einmal in Frankreich je angedacht worden sei, und dass selbst das französische Deckungsrecht in seiner heutigen Form in ganz Europa lediglich in Schottland rezipiert worden sei. Selbst in Frankreich werde das gewohnheitsrechtliche Recht auf Deckung von hervorragenden Juristen bekämpft. Dementsprechend fordert Hupka, „daß der Vorschlag Landesberger, der an die Grundlagen des Wechselrechts rührt, nicht leichthin zum Gesetz erhoben werde, sondern nur dann, wenn sich erweist, daß durch ihn der gegenwärtige Zustand der Kreditwirtschaft wirklich verbessert würde.“[1687]

Dieser Frage widmet sich Hupka im folgenden Teil seiner Abhandlung. Landesberger habe seinen Antrag vor allem damit begründet, dass die in

---

1686 *Hupka*, Neue Freie Presse vom 5. Juni 1913, 13 (Hervorhebung im Original); siehe dazu auch *Pollak*, Handelsmuseum 1913, 215: „[Die Zessionstratte] mag sich in Frankreich bewährt haben, wo sie sich gewiß nicht aus dem Eskontgeschäft der Buchforderungen entwickelt hat und wo sie in das ganze System der Rechts- und Wirtschaftsordnung paßt. Aus diesem Erfolg in Frankreich folgt gar nichts für Österreich, wo diese Einrichtung das feste Gefüge unserer schönen Wechselordnung zerreißt und wo sie die Käufer in einen für sie unentwirrbaren Knäuel von Rechtsfragen verstricken würde.

Es ist leicht, über das erste dieser beiden Argumente zu spotten und zu sagen: die Abstraktheit des Wechselversprechens und die scharfe Unterscheidung zwischen Indossament und Zession sei letzten Endes ein Ausfluß lediglich der Studierstube. Wahr ist das nicht. Die Zirkulationsfähigkeit des Wechsels hängt vielmehr davon ab, daß der Wechselnehmer sich zwar die Wechselunterschriften ansehen muß, daß er sich aber um den Wechselschluß gar nicht zu bekümmern braucht.“; anderer Ansicht *Adler*, Zeitschrift für das Privat- und Öffentliche Recht der Gegenwart 1910, 124.

1687 *Hupka*, Neue Freie Presse vom 5. Juni 1913, 13.

Österreich herrschenden schlechten Zahlungssitten kleinere und mittlere Unternehmer zwängen, sich des Buchforderungseskomptes zu bedienen.[1688] Landesberger habe die Rechtsunsicherheit, Heimlichkeit, Umständlichkeit und Kostspieligkeit dieser Kreditform kritisiert und behauptet, dass durch die Annahme seines Gesetzesvorschlages „diese Mängel geheilt werden", da die inakzeptable Tratte eine neue Rechtsform böte, durch die das Kreditbedürfnis der Kleinunternehmer im Rahmen des Buchforderungseskomptes in rechtlich unanfechtbarer Weise befriedigt werden könne. Anstelle die Buchforderungen wie bisher weitgehend formlos einzureichen, sollte der Kreditwerber diese der Eskomptegenossenschaft in Form von Zessionstratten übergeben, die den Übergang der Forderung auf eine rechtlich unanfechtbare Grundlage stellen und die Administration derselben vereinfachen und – aufgrund der geringeren Stempelgebühren – verbilligen würde.[1689]

Hupka setzt sich mit Landesbergers Argumenten eingehend auseinander. Gegen die von Landesberger vorgebrachte Kritik an der Unsicherheit betreffend die Rechtsform der Forderungsübertragung an das Eskompteinstitut wendet Hupka ein, dass diese Frage längst durch die Rechtsprechung dahin gehend entschieden worden sei, dass zweifellos eine Zession vorliege. Richtig sei hingegen, dass das Eskomptegeschäft heimlich abgeschlossen werde, d.h. der Buchschuldner von der Zession in der Regel nicht verständigt werde.[1690] Daraus ergebe sich die Gefahr, dass im Konkursfall des Kreditnehmers dessen Warengläubiger „zu ihrer Überraschung keine Außenstände vorfinden" ebenso wie jene der Doppel- oder Mehrfachzession ein- und derselben Forderung.[1691] Während Hupka die von Landesberger erwähnten Gefahren[1692] als durchaus real ansieht, ist er aber der Meinung, dass die inakzeptable Tratte mit Deckungsrecht keine geeignete Maßnahme sei, um diesen Missständen entgegenzutreten: „Die Rechtsentäußerung durch die Tratte ist doch für die im Wechselnexus nicht beteiligten Gläubiger ebensowenig erkennbar wie die gewöhnliche Zession, und die Praxis hinsichtlich der Verständigung des Schuldners würde sich auch bei der Anwendung der neuen Form nicht im geringsten ändern."[1693]

1688 Siehe dazu z.B. auch *Hamburger*, Allgemeine Österreichische Gerichtszeitung 1913, 468.

1689 *Hupka*, Neue Freie Presse vom 5. Juni 1913, 13.

1690 Siehe dazu auch *Obst*, Bankgeschäft I^7 (1923 [1913]) 297–298.

1691 Siehe dazu auch *Pollak*, Handelsmuseum 1913, 214; *Sokal*, Handelsmuseum 1913, 267; *Kelsen*, Handelsmuseum 1913, 289–290.

1692 Siehe dazu auch *Pollak*, Handelsmuseum 1913, 214.

1693 *Hupka*, Neue Freie Presse vom 5. Juni 1913, 13; siehe dazu auch *Pollak*, Handelsmuseum 1913, 213.

Auch an der Kostspieligkeit und Umständlichkeit des Eskompteverkehrs werde die Einführung der inakzeptablen Tratte mit Deckungsrecht nichts ändern können, da nunmehr die Kontrollen, die bereits zum Schutz der Kreditinstitute gegen unlautere Handlungen der Kreditnehmer in Geltung seien, lediglich durch die Notwendigkeit ersetzt würden, jeden einzelnen Wechsel zu überprüfen, was einen bedeutenden Mehraufwand – und damit eine Steigerung der Kosten – nach sich ziehen würde.[1694] Die inakzeptable Tratte würde daher „keinen einzigen der Mängel beseitigen [...], die dem gegenwärtigen System anhaften", da dessen Grundproblem „viel tiefer" läge: „es liegt in der Unsolidität ihrer *Basis*, in der Unsicherheit des Objektes, mit dem sie zu operieren hat; dieses Uebel kann aber überhaupt durch keine Reform, am wenigsten durch eine bloße Umgestaltung des Zessionsaktes geheilt werden."[1695]

Darüber hinaus mutmaßte Hupka auch, dass die inakzeptable Tratte in der Praxis kaum auf Akzeptanz stoßen werde: „Denn die Leute, die sich gegen die Akzeptierung von Tratten sträuben und dadurch ihre Lieferanten zur Zession der Warenforderungen zwingen, scheuen sich in der Regel nicht bloß vor der wechselmäßigen Bindung, sondern auch vor der pünktlichen Zahlung, und diese selben Leute werden sich daher die Präsentation eines Wechsels am Verfallstage ebenso verbitten wie die Präsentation zum Akzept. Die Verkäufer aber werden sich auch in diesem Punkte fügen müssen und die Eskomptestellen werden daher ihrerseits gezwungen sein, an der alten Form des Zessionsgeschäftes festzuhalten."[1696] Diese Vermutung gründe sich auf Erfahrungen, die man bereits in der Vergangenheit bei dem Versuch gemacht habe, die inakzeptable Tratte in Österreich-Ungarn einzuführen.[1697] Im Gegensatz zu Landesberger mutmaßt Hupka, dass dieses Scheitern nicht der Furcht der Kreditnehmer vor der Gefahr des Kautionsregresses zuzuschreiben war, sondern „der größeren Schwerfälligkeit und Kostspieligkeit des Verfahrens, hauptsächlich aber wegen der Abneigung der Buchschuldner gegen den Wechselzug."[1698]

1694 Siehe dazu auch *Weishut*, Die inakzeptable Tratte und der Eskompte offener Buchforderungen, Neue Freie Presse vom 28. Mai 1913, 15; *Sokal*, Handelsmuseum 1913, 266–267; anderer Ansicht *Kelsen*, Handelsmuseum 1913, 290; *Hamburger*, Allgemeine Österreichische Gerichtszeitung 1913, 466.

1695 *Hupka*, Neue Freie Presse vom 5. Juni 1913, 13 (Hervorhebung im Original).

1696 *Hupka*, Neue Freie Presse vom 5. Juni 1913, 13; siehe dazu auch *Sokal*, Handelsmuseum 1913, 265; anderer Ansicht *Obst*, Bankgeschäft I[7] (1923 [1913]) 298.

1697 Siehe dazu eingehend *Weishut*, Neue Freie Presse vom 24. Mai 1913, 15.

1698 *Hupka*, Neue Freie Presse vom 5. Juni 1913, 13; siehe dazu auch *Weishut*, Neue Freie Presse vom 24. Mai 1913, 15; *Sokal*, Handelsmuseum 1913, 265 und 267.

Die inakzeptable Tratte, so Hupka, sei demnach weder in der Lage, eine Verbesserung des Eskomptekreditwesens herbeizuführen, noch werde sie sich im Eskompteverkehr durchsetzen können. „Dies allein müsste für den Gesetzgeber genügen, dieses juristische Monstrum abzulehnen."[1699] Hupka warnt, dass die Ausstattung der inakzeptablen Tratte mit einem gesetzlichen Deckungsrecht „nicht nur keinen Nutzen stiften, sondern auch *schwere Schäden* für unsere Kreditwirtschaft im Gefolge haben" werde.[1700] Während zum gegenwärtigen Zeitpunkt die Zession von Warenforderungen auf die Eskomptestellen beschränkt sei, könne nach Einführung der inakzeptablen Tratte mit Deckungsrecht jeder Kaufmann „Buchforderungen genauso frei begeben wie Rimessen [d.h. herkömmliche gezogene Wechsel auf die Kaufpreisschuldner des Geschäftsmannes]". Es wäre „schon an und für sich ein ungesunder Zustand, wenn gemeine Forderungen gleich Akzepten im Verkehr frei zirkulieren" könnten; die inakzeptable Tratte mit Deckungsrecht sei aber darüber hinaus „ein ganz besonders taugliches Mittel zu fiktiven und mehrfachen Zessionen, zur heimlichen Veräußerung der gesamten Aktiven, kurz zu allen jenen unerfreulichen Dingen, die den Buchforderungskredit und die Gläubigerschaft des Kreditnehmers so schwer gefährden." Obwohl die Eskomptestellen ein geschlossenes Netzwerk bildeten, könnten solche Missbräuche bereits unter den herrschenden Bedingungen nicht völlig verhindert werden; sie würden aber umso mehr um sich greifen, wenn es „möglich wäre, Forderungen oder auch bloße Forderungsbehauptungen durch ein Blatt Papier einmal und mehrmals nach allen Seiten hin zu emittieren. Daß dadurch der Buchforderungskredit noch viel unsicherer würde, als er es jetzt schon ist, liege auf der Hand."[1701]

Darüber hinaus befürchtet Hupka, dass die Zessionstratte auch den Wechselkredit schädigen würde: „Denn diejenigen unter den Warenkäufern, die heute noch gewohnt sind, die Tratten ihrer Lieferanten zu akzeptieren, würden sicherlich zum großen Teile dieser Gewohnheit ebenfalls entsagen, sobald es gestattet wäre, die wechselrechtliche Haftung aus dem Akzept durch die zivilrechtliche aus dem Deckungsgeschäfte zu ersetzen. Das Ergebnis wäre, daß die Zessionstratte den normalen Typus des österreichischen Geschäftswechsels darstellen würde. Mehr zu sagen ist nicht nötig."[1702]

1699 *Hupka*, Neue Freie Presse vom 5. Juni 1913, 13.

1700 *Hupka*, Neue Freie Presse vom 5. Juni 1913, 13 (Hervorhebung im Original); siehe dazu auch *Pollak*, Handelsmuseum 1913, 215.

1701 *Hupka*, Neue Freie Presse vom 5. Juni 1913, 13; siehe dazu auch *Weishut*, Neue Freie Presse vom 28. Mai 1913, 15; *Sokal*, Handelsmuseum 1913, 266.

1702 *Hupka*, Neue Freie Presse vom 5. Juni 1913, 14; siehe dazu auch *Sokal*, Handelsmuseum 1913, 267; *Weishut*, Neue Freie Presse vom 28. Mai 1913, 15. *Pollak* und *Sokal* betonen darüber hinaus die juristischen Schwierigkeiten, die sich aus der Zession der Buchforderung ergeben könnten und die daraus entstünden,

b. *Landesbergers Replik*

Wenige Tage später folgte eine mitunter recht polemisch gehaltene Antwort Landesbergers, der die von Hupka aufgestellten Behauptungen energisch zurückwies: Die Aufnahme der inakzeptablen Tratte in die einheitliche Wechselordnung sei nicht einer „einfachen Billigkeitserwägung" geschuldet; vielmehr hatte das österreichische Gutachten 1912 diese ausdrücklich befürwortet, da daraus eine Verbesserung des Kreditwesens zu erwarten sei. Besonderen Anstoß nimmt Landesberger darüber hinaus an Hupkas Behauptung, dass die inakzeptable Tratte mit Deckungsrecht keine exakte Nachbildung französischer Rechtsinstitute sei. Frankreichs Wechselrecht beruhe vordergründig auf Doktrin und Judikatur und trage deshalb in besonderer Weise den Bedürfnissen der Praxis Rechnung. Wenn Hupka die Bedeutung der *provision* als vor dem Akzept des Wechsels lediglich im Konkurs des Ausstellers wichtig abtue, verkenne er die Wichtigkeit, die ihr gerade unter diesen Umständen zukomme. Der französischen Lehre zufolge sei es nämlich gerade dann von Bedeutung, wenn der Bezogene zahlungsunfähig sei, da sie dem Inhaber des Wechsels ein exklusives Recht auf den Forderungsbetrag einräume. Zwar könne der Aussteller vor dem Verfallstag des Wechsels die *provision* vom Bezogenen zurückfordern, jedoch erlösche dieses Recht, sobald der Bezogene den Wechsel akzeptiert habe. Auch dürfe der Bezogene die Deckung nur solange an den Aussteller zurückzahlen, als es ihm der Wechselinhaber nicht verboten habe.[1703]

Auch Hupkas Postulat, dass das Recht auf Deckung in Frankreich nur bei der akzeptablen Tratte bestehe, sei falsch. Vielmehr werde im Zweifelsfall lediglich angenommen, dass der Aussteller einer inakzeptablen Tratte das Deckungsrecht nicht habe übertragen wollen; es stehe ihm aber frei, dies durch einen ausdrücklichen Akt, die sogenannte *„affectation spéciale de la provision"*, dennoch zu tun. Genau diese *affectation spéciale* sei der Inhalt von Landesbergers Gesetzesvorschlag.[1704]

„daß der Warenkäufer, auf den die nichtakzeptable Tratte gezogen wird, bis zum Fälligkeitstage nie weiß, wer sein Gläubiger ist […]. Es ist unausdenkbar, zu welchen Konsequenzen die nichtakzeptable Tratte in diesem Punkte führen könnte. Der Streit um die Retourware, um den Eigentumsvorbehalt, die Frage, mit wem erhobene Reklamationen ausgetragen werden sollen, bereiten die angenehme Aussicht auf eine Fülle von Prozessen und unklaren Situationen."; vgl. *Sokal*, Handelsmuseum 1913, 267; siehe dazu auch *Pollak*, Handelsmuseum 1913, 215; *Weishut*, Neue Freie Presse vom 28. Mai 1913, 15. *Hamburger* tut diese Bedenken als unwesentlich ab; vgl. *Hamburger*, Allgemeine Österreichische Gerichtszeitung 1913, 473.

1703 *Landesberger*, Neue Freie Presse vom 19. Juni 1913, 14.

1704 *Landesberger*, Neue Freie Presse vom 19. Juni 1913, 14.

Hupkas Folgerung, dass die inakzeptable Tratte mit Deckungsrecht im Verhältnis zwischen Inhaber und Bezogenen „nichts anderes mehr als eine gemeine Schuldurkunde" sei, steht Landesberger zufolge „nun freilich in jedem Teile, man möchte sagen in jedem charakteristischen Worte, ebenso mit der Doktrin wie mit dem Leben in schärfstem Kontrast." Zum ersten sei sie weder eine „Beweisurkunde" gegen den Bezogenen, „noch auch eine Verpflichtungsurkunde des Bezogenen, der ja nach wie vor nur durch sein ursprüngliches Rechtsgeschäft gebunden bleibt." Sie beurkunde lediglich die Legitimation des Inhabers; Rechtswirkungen für den Bezogenen habe erst der Avisobrief des Ausstellers, mit dem der Bezogene über die Zession informiert werde. Besonders verfehlt sei es aber, das Verhältnis des Inhabers zum Bezogenen als den eigentlichen Kern des Wechselverhältnisses zu sehen: vielmehr gäbe es in der Praxis eine Vielzahl von Fällen, in denen Tratten „nichts über die Rechtsbeziehung des Inhabers zum Bezogenen aussagen und dennoch in Milliardenwerten zirkulieren".[1705] Wolle man etwa die Rembourstratten, die internationale Rohstoffhändler zur Bezahlung ihrer Waren auf die Londoner Banken zögen oder dokumentierte Tratten, die mit dem Wechselzug ein Mandat verbinden, als „denaturierte Wechsel" bezeichnen, bliebe „als der reinste Typus des Wechsels eigentlich der Kavalierswechsel[1706] übrig." Demgegenüber betont Landesberger, dass es die eigentliche Funktion des Wechsels sei, als „Vehikel zu dienen" für die Mobilisierung von Kapital oder Außenständen. Gerade die wirtschaftlichen Entwicklungen der letzten Jahre hätten gezeigt, wie wichtig es wäre, „die Anbahnung von Kreditreformen, welche durch Beschleunigung der Kapitalszirkulation und Ausschaltung verteuernder Zwischenglieder das an sich begrenzte Betriebskapital der Volkswirtschaft in seinem Wirkungsgrade zu steigern vermögen, auf ihre wirtschaftliche Lebensfähigkeit zu prüfen. [...] Wir müßten viel, viel reicher werden, reicher sogar als Frankreich, [...] um mit Schlagworten wie ‚Denaturierung des Wechsels' gegen ernste und drängende Bedürfnisse unseres Kreditwesens polemisieren zu dürfen",[1707] polemisiert Landesberger seinerseits gegen Hupka.

Die Einführung der inakzeptablen Tratte mit Deckungsrecht gefährde darüber hinaus keineswegs, wie deren Vertreter argumentierten, den Bestand der Bucheskomptestellen,[1708] Gleichwohl gibt Landesberger aber zu bedenken,

---

1705 *Landesberger*, Neue Freie Presse vom 19. Juni 1913, 14.

1706 Sogenannte „Kavalierswechsel" waren auf sehr hohe Summen lautende Wechsel, die Kreditbedürftige der oberen Gesellschaftschichten (daher der Name) ausstellten, um sich rasch benötigte Kredite (meist aus zwielichtigen Quellen und zu wucherischen Bedingungen) zu verschaffen; vgl. *Stillich*, Geld- und Bankwesen: ein Lehr- und Lesebuch[5] (1914), 85–86.

1707 *Landesberger*, Neue Freie Presse vom 19. Juni 1913, 14.

1708 Anderer Ansicht *Weishut*, Neue Freie Presse vom 28. Mai 1913, 15.

dass die von Hupka behauptete Rechtssicherheit des Bucheskomptes lediglich auf zwei höchstgerichtlichen Entscheidungen aus 1912 beruhe. Schon einmal, nämlich 1909, habe der Oberste Gerichtshof allerdings in knapper Folge zwei Entscheidungen zum Buchforderungseskompte getroffen, von denen die zweite der ersten, bereits publizierten, widersprach:[1709] „Eine nicht ins Judikatenbuch eingetragene Entscheidung begründet eben noch keine Rechtssicherheit", resümiert Landesberger. Darüber hinaus habe der Oberste Gerichtshof schon 1911 ausgesprochen, dass das Recht aus einem über eine Forderung bestehenden Deckungswechsel einem an derselben Forderung begründeten Pfandrecht vorgehe, da die wechselrechtliche Forderung auch eine Zession der gemeinrechtlichen Forderung begründe, womit der Oberste Gerichtshof den Regelungsgehalt der Lex Landesberger bereits antizipiert habe.[1710]

Im Gegensatz zu Weishut und Hupka ist Landesberger überzeugt, dass die nichtakzeptable Tratte weitaus weniger kostspielig und umständlich sein werde als die bisherige Form des Buchforderungseskomptes.[1711] Auch die von Hupka ins Treffen geführte Gefahr der heimlichen Doppelbegebung von Forderungen bzw. der Begebung fiktiver Forderungen sieht Landesberger als nicht gegeben an. Wichtigstes Mittel zur Verhinderung derartiger Missbräuche sei das von Landesberger vorgeschlagene, von Hupka allerdings nicht erwähnte Avisorecht des Ausstellers.[1712] Darüber hinaus sei die Verwendung der inakzeptablen Tratte zum Zwecke des Buchforderungseskomptes nicht missbrauchsanfälliger als die Begebung von Rimessen: „der Reitwechsel entspricht der Doppelzession, der Kellerwechsel der fingierten Forderung".[1713] Diese hätten allerdings nicht dazu geführt, dass man den Rimessenverkehr denselben strengen Kontrollen unterwerfe wie den Buchforderungseskompte. Dies wiederum läge daran, dass die Rimesse zirkuliere: „So wie andere Mißbräuche durch die Flucht in die Oeffentlichkeit erstickt werden, so beseitigt

1709 *Landesberger*, Neue Freie Presse vom 19. Juni 1913, 14 unter Verweis auf die Entscheidungen vom 30. April und 15. Oktober 1912 und vom 7. Dezember und 15. Dezember 1909.

1710 *Landesberger*, Neue Freie Presse vom 19. Juni 1913, 14.

1711 Siehe dazu auch ausführlich *Kelsen*, Handelsmuseum 1913, 290.

1712 Siehe dazu auch *Kelsen*, Handelsmuseum 1913, 290–291; *Obst*, Bankgeschäft I[7] (1923 [1913]) 300.

1713 Reitwechsel sind Finanzwechsel (d.h. Wechsel, denen keine Warenforderung zugrunde liegt), die Unternehmen oder Personen auf einander ziehen, um sich zusätzliche Geldmittel zu beschaffen. Der gegenseitige Wechselzug („Wechselreiterei") unter nicht kreditwürdigen Personen gilt u.U. als sittenwidrig im Sinne des § 879 ABGB. Kellerwechsel sind Wechsel, die die Unterschrift erdichteter Personen tragen. Vgl. *Aicher/Schumacher*, Wertpapierrecht, in *Krejci*, Unternehmensrecht[5] (2013), 541 (581; 584).

die spezifische Oeffentlichkeit des Kreditverkehrs, nämlich die Wechselzirkulation, mit selten versagender Wirkung die Mißbräuche, welche nur in der Heimlichkeit gedeihen können."[1714]

Auch die Frage, ob sich die nichtakzeptable Tratte mit Deckungsrecht im Geschäftsleben etablieren könne, beantwortet Landesberger anders als Hupka. Zum einen verweist er darauf, dass die Einführung der inakzeptablen Tratte in der Vergangenheit sehr wohl daran gescheitert sei, dass sie den Aussteller der Gefahr des Kautionsregresses aussetzte: „wenn Professor Hupka diese Gefahr als ‚selbstverständlich durch die Verkehrstreue ausgeschlossen' betrachtet, so mache er mir einen Juristen namhaft, den er überzeugen könnte, daß die Gefahr des Kautionsregresses die gegenüber eine dritten Wechselinhaber nicht einmal durch ausdrückliche Vereinbarung ausgeschlossen werden kann, diesem dritten gegenüber durch die Verkehrstreue ausgeschlossen ist!" Darüber hinaus sei die frühere inakzeptable Tratte nicht mit dem von Landesberger georderten Deckungsrecht ausgestattet gewesen, sodass der Inhaber als einzige Sicherheit den Personalkredit des Ausstellers gehabt habe. Die Gesetzgebung dürfe sich nicht davon beeinflussen lassen, dass säumige Zahler die inakzeptable Tratte mit Deckungsrecht ebenso wenig schätzen würden wie gegenwärtig das Akzept; vielmehr müsse sie zum Schutz der kleinen und mittleren Kaufleute auf eine Verbesserung der Zahlungssitten hinarbeiten. Gerade dazu sei die Einführung der inakzeptablen Tratte mit Deckungsrecht „ganz vortrefflich" geeignet.[1715]

Hupkas Befürchtung, dass die inakzeptable Tratte die Rimesse gänzlich verdrängen könnte, hält Landesberger entgegen, dass auch zum gegenwärtigen Zeitpunkt Akzepte nur dort geleistet würden, „wo es die Konditionen vorschreiben und die Branche stark genug ist, diese Konditionen aufrechtzuerhalten", oder wo dies dem Bezogenen „einen greifbaren Vorteil gegenüber dem offenen Ziel (Skonto u. dergl.) gewährt." Die Einführung der inakzeptablen Tratte werde daran nichts ändern, zumal die Rimesse ja weiterhin bessere Sätze bedingen werde. Dies zeige vor allem die Tatsache, dass in Frankreich trotz der Verfügbarkeit der inakzeptablen Tratte mit Deckungsrecht eine große Anzahl von Rimessen zirkuliere.[1716]

Abschließend betont Landesberger, unter Verweis auf den Abgeordneten Dr. Kolischer, der Landesbergers Vorschlag im Industrierat befürwortet hatte, dass die inakzeptable Tratte mit Deckungsrecht einen Mittelweg zwischen der beim Buchforderungseskompte gängigen zivilrechtlichen Zession

---

1714 *Landesberger*, Neue Freie Presse vom 19. Juni 1913, 15; siehe dazu auch *Kelsen*, Handelsmuseum 1913, 292.

1715 *Landesberger*, Neue Freie Presse vom 19. Juni 1913, 15.

1716 *Landesberger*, Neue Freie Presse vom 19. Juni 1913, 15.

und der Idealform des Akzeptkredits bieten würde. Kolischer habe argumentiert, dass Landesbergers Vorschlag aus den Bedürfnissen des Geschäftslebens entstanden sei und daher angenommen werden müsse.[1717]

c. Hupkas zweite Stellungnahme: der Schiedsspruch Lyon-Caens

Einen knappen Monat später antwortete Hupka wiederum auf Landesbergers Replik. In nüchtern-sachlichem Ton greift er in seinem zweiten Artikel die Argumente Landesbergers auf: Die Anerkennung der inakzeptablen Tratte sei tatsächlich eine „reine Billigkeitserwägung" gewesen; zwar habe die österreichische Enquete des Jahres 1911 Landesbergers kreditpolitische Erwägungen als Motiv für deren Anerkennung genannt, jedoch sei diese bereits bei der Haager Konferenz des Jahres 1910 beschlossen worden. In ihrer Stellungnahme habe die österreichische Regierung damals überhaupt nicht dazu Stellung genommen; bei den Verhandlungen hätten sich die österreichischen Delegierten dagegen ausgesprochen. Die von Landesberger reklamierte Äußerung der österreichischen Regierung habe sich lediglich auf eine Detailfrage betreffend die inakzeptable Tratte, nämlich die Regelung des Unsicherheitsregresses, bezogen.

Landesberger selbst habe seinen Antrag als „Nachbildung des französischen Rechts auf Deckung" bezeichnet; erst als Hupka die Unterschiede zwischen jenem und der Lex Landesberger dargestellt habe, habe Landesberger erklärt, es handle sich vielmehr um eine Nachbildung der französischen *affectation spéciale de la provision*, wobei er sich auf „die höchste französische Autorität, auf Lyon-Caen", berufe. Hupka habe daraufhin Professor Lyon-Caen brieflich kontaktiert und ihm beide Artikel vorgelegt und „ihn gebeten, [Hupka] offen zu sagen, ob [er] das französische System richtig verstanden habe oder nicht." In Lyon-Caens Antwort heißt es: „Vous avez *très bien* compris le système admis en France sur la transmission de la propriété de la provision; M. Landesberger s'est trompé sur plusieurs points." Darüber hinaus betonte Lyon-Caen, dass inakzeptable Tratten „n'inspirent pas de confiance; elles ne sont guère escomptées et les banquiers s'en défient." Die französischen Gesandten in Den Haag hatten zwar auf der Anerkennung der inakzeptablen Tratte bestanden, „mais uniquement parceq'elle est usitée en France dans la mesure restreinte je vous indique." Lyon-Caen halte fest, dass die *affectation spéciale de la provision* stets einen Vertrag (*convention*), wie etwa die Warenverpfändung mittels Konnossements, voraussetze. Sein Brief schließe mit der Feststellung, „que le système proposé par M. le Dr. Julius Landesberger ne reproduit point le système admis en France par la jurisprudence. Il est seulement vrai qu'en France une convention pourrait être

1717 *Landesberger*, Neue Freie Presse vom 19. Juni 1913, 15.

conclue pour que le tireur ait la propriété de la provision même en cas de lettre de change non acceptable."[1718]

Hupka geht noch einmal auf seine Feststellung ein, dass die Anerkennung der Zessionsklausel „nichts Geringeres bedeutet als die Denaturierung des Wechsels, weil sie die Tratte im Kern ihrer Rechtsbeziehungen, nämlich im Verhältnis zwischen Inhaber und Trassaten, zu einem Instrument über eine nicht aus dem Wechsel entsprungene und nicht wechselmäßige Forderung macht." Landesberger hatte diese Auffassung als „ebenso mit der Doktrin wie mit dem Leben im schärfsten Kontrast" stehend zurückgewiesen. Erstens beurkunde die Zessionstratte lediglich die Legitimation des Inhabers; erst der Avisobrief habe Rechtswirkungen für den Bezogenen. Zweitens stelle die Beziehung zwischen Inhaber und Trassanten nicht den eigentlichen Kern der Wechselbeziehung dar. Dem hält Hupka entgegen, dass diese Bemerkung „einfach falsch" sei, da auch bei den von Landesberger genannten Bankakzepten und Rembourstratten der Bezogene primärer Zahler und der Aussteller bloßer Garant der Wechselforderung sei; dasselbe treffe auch auf den Kavalierswechsel zu. In Bezug auf die erste Behauptung stellt Hupka fest, dass gerade das Gegenteil zutreffe, da nach der Formulierung der Lex Landesberger die Forderung mit Begebung des Wechsels dem rechtmäßigen Inhaber abgetreten gelte. Folglich könne der Bezogene selbst ohne Aviso mit Rechtswirksamkeit an den Inhaber des Wechsels zahlen. „Somit bleibt unwiderlegt, daß durch die Wirksamkeit der Zessionsklausel die Tratte in ihrem Kern zur Trägerin einer gemeinen Schuldforderung wird."[1719]

Gleichwohl sei es nicht allein dieser Umstand, der Hupka dazu bewege, gegen die Einführung der inakzeptablen Tratte mit Deckungsrecht Einspruch zu erheben, sondern die Gefahr für die österreichische Kreditwirtschaft, die von dieser ausgehe. Landesberger habe sich allerdings in diesem Punkt „die Erledigung der gegnerischen Argumente sehr leicht gemacht": Auf den Hinweis seiner Gegner, dass der Buchforderungskredit durch die Einführung der Zessionstratte noch kostspieliger und umständlicher werden würde, als er es gegenwärtig sei, habe Landesberger geantwortet, dass sich der Trattenverkehr lediglich auf die Einreichung der Wechsel mittels Bordereaux und die Verwendung der Avisobriefe beschränken würde, die deutlich geringere Kosten verursachen würden als die Stempelgebühren beim Buchforderungseskompte. Auf Hupkas eigentlichen Einwand, dass die zum Schutz des Zahlungsverkehrs erforderliche Mechanismen zur Kontrolle der wirtschaftlichen Grundlagen jeder einzelnen Tratte weit über das hinausgehen müssten, was

1718 *Hupka*, Die inakzeptable Tratte und das Recht auf Deckung. Eine Entgegnung, Neue Freie Presse vom 15. Juli 1913, 13.

1719 *Hupka*, Neue Freie Presse vom 15. Juli 1913, 13.

die Evidenzstelle der Eskomptegenossenschaften zum gegenwärtigen Zeitpunkt leiste, war Landesberger überhaupt nicht eingegangen. „Es bekümmert ihn also garnicht, daß der eigentliche Gegenstand des Eskomptes nach wie vor eine Buchforderung sein würde und daß eine Buchforderung noch ganz andere Maßregeln erfordert, als die selbständige und liquide Literalobligation, mit der der Rimesseneskompte es zu tun hat.“[1720]

Die Gegner der Lex Landesberger hätten die Befürchtung ins Treffen geführt, dass in Zukunft Buchforderungen auch außerhalb des regulären Eskompteverkehrs begeben werden würden, womit sich – da diese der Aufsicht der Kontrollstellen entzogen wären – die Gefahr von Missbräuchen erhöhen werde. Landesberger habe daraufhin einerseits geantwortet, dass das von ihm vorgeschlagene Avisorecht ein wirksames Schutzmittel gegen Doppelzessionen bilde; darüber hinaus habe er „die spezifische Oeffentlichkeit der Wechselzirkulation“ als „Panazee gegen sämtliche Uebelstände“ gepriesen. Das von Landesberger konzipierte Avisorecht – das Hupka, entgegen Landesbergers Kritik, auch in seinem ersten Artikel bereits thematisiert hatte[1721] – bestehe allerdings lediglich darin, dass der bezogene Schuldner nach Erhalt des Avisobriefes nur mehr gegen Aushändigung des quittierten Wechsels zu zahlen brauche. „Wie dieser Satz eine neue Remedur gegen die Begebung fingierter oder schon begebener Posten schaffen soll, ist völlig unklar“, bemerkt Hupka trocken. Das geplante Aviso werde dieselbe Bedeutung haben wie die bereits jetzt übliche Verständigung des Schuldners von einer Zession, die gegenwärtig Doppelzessionen nicht verhindern könne. Darüber hinaus sei auch nach Einführung des neuen Avisorechtes nicht anzunehmen, dass „ein Kreditwerber, der gegenwärtig aus Prestigegründen die Verständigung seiner Buchschuldner ablehnt, sich künftig der Tratte wegen anders verhalten würde. Er würde sicherlich auch den Avisobrief nicht ausstellen, und wenn dieser zur Geschäftsbedingung des Tratteneskomptes werden sollte, sich auch der Tratte nicht bedienen.“[1722] Darüber hinaus würde die „Dezentralisierung des Forderungsverkehrs“ die Gefahr von Doppelzessionen und anderen Missbräuchen wesentlich erhöhen.[1723] Die von Landesberger gepriesene Öffentlichkeit des Wechselverkehrs könne hier ebenso keine Abhilfe schaffen, da sie „keine falsche Begebung

---

1720 *Hupka*, Neue Freie Presse vom 15. Juli 1913, 13; *Landesberger*, Neue Freie Presse vom 19. Juni 1913, 15; eingehend zu dieser Thematik auch *Sokal*, Handelsmuseum 1913, 267.

1721 *Hupka*, Neue Freie Presse vom 15. Juli 1913, 13.

1722 *Hupka*, Neue Freie Presse vom 15. Juli 1913, 14; siehe dazu auch *Weishut*, Neue Freie Presse vom 28. Mai 1913, 15.

1723 *Hupka*, Neue Freie Presse vom 15. Juli 1913, 14; anderer Ansicht *Obst*, Bankgeschäft I^{7} (1923 [1913]) 300.

verhindern und keinem einzigen Warengläubiger die Vermögenslage seines Schuldners offenbaren" würde. Hingegen würden Kreditnehmer, die aufgrund der Geschäftsbedingungen der Kreditinstitute gegenwärtig nur einen Teil ihrer Buchforderungen begeben könnten, diese in Zukunft in Form von Tratten mobilisieren.[1724]

Hupka betont noch einmal, dass die Akzeptanz der neuen Zessionstratte in der Praxis begrenzt sein werde und verweist einmal mehr auf die Erfahrungen, die man bereits früher mit der Einführung der inakzeptablen Tratte gemacht habe. Landesberger habe dagegen eingewendet, dass diese Misserfolge auf die Unmöglichkeit zurückzuführen war, den Regress mangels Annahme rechtsgültig auszuschließen. Hupkas Argument, dass dieser durch die Verkehrstreue ausgeschlossen sei, habe Landesberger mit der Aufforderung quittiert, ihm einen Juristen zu nennen, der Hupka dies glaube. „Professor Landesberger befindet sich hier offenbar in einem Irrtum über die Kompetenz", konstatiert Hupka: Es ginge nicht um die – auch aus Hupkas Sicht zu bejahende – Rechtsfrage, ob ein solcher Regress möglich sei, sondern lediglich darum, ob er in der Praxis ausgeübt worden sei; dies verneint Hupka allerdings. Auf dieses Argument hätten sich auch die österreichischen und deutschen Vertreter in Den Haag berufen. Landesbergers Argument, dass die inakzeptable Tratte ohne Deckungsrecht sich auch deshalb im Eskompteverkehr nicht etabliert habe, weil sie dem Eskompteur keine andere Sicherheit als den Personalkredit des Ausstellers geboten habe, verwirft Hupka mit dem Hinweis darauf, dass sich der Eskompteur – wie dies auch gegenwärtig üblich sei – durch die Zession der Forderung Sicherheit verschaffen habe können.[1725]

Hupkas wichtigstes Argument sei die Befürchtung gewesen, dass die inakzeptable Tratte mit Deckungsrecht zwar nicht die jetzige Form des Buchforderungseskomptes, wohl aber das Akzept verdrängen werde, da dieses „aufgrund der fortschreitenden Demoralisierung unseres Zahlungswesens ohnehin schon ziemlich selten geworden ist." Landesberger hatte dem entgegengehalten, dass die Rimesse dessen ungeachtet immer noch bessere Sätze bedingen werde. Hupka hingegen mutmaßt, dass die inakzeptable Tratte nichtsdestotrotz „ein neues und beliebtes Instrument der Warenverkäufer werden würde, und daß kein Käufer weiter akzeptieren wird, der bei sonst gleichen Konditionen die Beziehung mit einem bloßen Buchforderungswechsel erreichen kann."[1726]

1724 *Hupka*, Neue Freie Presse vom 15. Juli 1913, 14; siehe dazu auch *Sokal*, Handelsmuseum 1913, 267.

1725 *Hupka*, Neue Freie Presse vom 15. Juli 1913, 14; siehe dazu auch *Weishut*, Neue Freie Presse vom 28. Mai 1913, 15.

1726 *Hupka*, Neue Freie Presse vom 15. Juli 1913, 14.

Hupka schließt seine Ausführungen mit der Feststellung, dass Landesberger „kein einziges Argument seiner Gegner entkräftet und kein einziges neues Argument für seinen Vorschlag geltend gemacht" habe. Deshalb sei „die Forderung wohl am Platze, es solle der überlieferte Grundsatz des deutschen Wechselrechtes, daß der Wechsel den Wechselobligationen gehört, nicht einem überflüssigen und gefährlichen Experiment zum Opfer gebracht werden."[1727]

Hupkas zweiter Artikel hatte tags darauf eine emotionale Gegenäußerung Landesbergers zur Folge: Hupka habe die beiden Artikel Lyon-Caen vorgelegt, ohne Landesberger vorab davon zu verständigen. Landesberger habe davon „bloß durch einen Zufall" erfahren und habe daraufhin den bekannten französischen Nationalökonomen Raphael Georges Levy telegrafisch ersucht, bei Lyon-Caen dahin gehend zu intervenieren, dass er erst eine Stellungnahme abgebe, nachdem Landesberger ihm seine Ansicht noch einmal dargelegt habe. Leider hatte Lyon-Caen Hupkas Brief aber bereits beantwortet. Landesberger sei daraufhin nach Paris gereist, um Lyon-Caen im Beisein zweier Zeugen persönlich zu treffen. Bei dieser Gelegenheit habe Lyon-Caen zugegeben, dass er die beiden Zeitungsartikel nur „flüchtig gelesen (rapidement parcouru)" habe. Landesberger habe daraufhin darauf bestanden, daß die das französische Recht betreffenden Textpassagen „Wort für Wort verlesen und von Herrn Lyon-Caen an der Hand der Zeitungsartikel kontrolliert werde." Danach habe Lyon-Caen Landesberger versichert, dass auch seine „Darstellung des französischen Rechtes auf die Deckung in allem und jedem dem französischen Rechte entspreche." Da Lyon-Caen sich aber geweigert habe, seine einmal gegebene Antwort schriftlich richtigzustellen – „was vielleicht psychologisch erklärlich ist, worüber mir aber keine Kritik zusteht" –, hätten die beiden Zeugen „vor mehreren gleichzeitig mit mir in Paris anwesenden Persönlichkeiten eine Erklärung [...] abgegeben", in der festgehalten wurde, dass Lyon-Caen auch Landesbergers Darstellung als mit der französischen Rechtslage in Einklang stehend beurteilt habe.[1728]

Hupka antwortete auf diese Veröffentlichung Landesbergers, in der weder Hupkas Rechtsansicht noch seine Argumente gegen die inakzeptable Tratte mit Deckungsrecht widerlegt wurde, nicht mehr; die Kontroverse hatte aber eine Reihe von Artikeln, die sich teils auf Hupkas, teils auf Landesbergers Seite stellten, zur Folge, wobei vor allem die wirtschaftliche Bedeutung der Lex Landesberger im Vordergrund stand. Bevor auf diese kurz näher eingegangen wird, soll zum besseren Verständnis des Vorhergehenden noch ein

1727 *Hupka*, Neue Freie Presse vom 15. Juli 1913, 14.
1728 *Landesberger*, Die inakzeptable Tratte und das Recht auf Deckung, Neue Freie Presse vom 16. Juli 1913, 13.

kurzer Überblick über die französische Rechtslage in Bezug auf die inakzeptable Tratte, das Deckungsrecht im Allgemeinen und die *affectation spéciale de la provision* bei der inakzeptablen Tratte gegeben werden.

2. Zur Frage der Deckung (*provision*) im französischen Wechselrecht

Da sich sowohl Hupka als auch Landesberger auf die Autorität Lyon-Caens beriefen, stützt sich die folgende Skizze auf dessen gemeinsam mit Louis Renault verfassten *Traité de droit commercial.* Zunächst muss vorausgeschickt werden, dass das französische Wechselrecht zum damaligen Zeitpunkt hauptsächlich auf nicht-kodifiziertem Gewohnheitsrecht und der Rechtsprechung beruhte und sich nur punktuell auf gesetzliche Regelungen stützen konnte. Das französische Recht geht davon aus, dass der Aussteller eines Wechsels dafür Sorge trägt (*fait provision*), dass dieser vom Bezogenen honoriert werde. In den meisten Fällen ist der Aussteller des Wechsels Gläubiger des Bezogenen; in diesen Fällen ist die *provision* die dem Aussteller vom Bezogenen geschuldete Summe.[1729] Auch anderer Konstellationen, wie etwa die Übersendung von Waren in Kommission oder die Gewährung eines Kredits des Bezogenen an den Aussteller, sind denkbar.[1730]

Im Gegensatz zur damals geltenden österreichischen Wechselordnung gestattete es das französische Recht dem Aussteller einer Tratte, dem Inhaber die Vorlegung derselben zum Akzept überhaupt oder für einen gewissen Zeitraum zu verbieten. Dies ist vor allem dann von Bedeutung, wenn er (noch) nicht für *provision* gesorgt hat und die Rechtsfolgen eines Protests mangels Annahme verhindern möchte.[1731]

Nach herrschender Meinung steht dem Inhaber des Wechsels das Recht auf die *provision* zu. Wie bereits von Hupka ausgeführt, spielt dies vor allem im Konkurs des Bezogenen eine Rolle: „*le porteur est propriétaire de la provision* et, par suite, il peut la revendiquer à l'encontre des créanciers de la faillite ou de la liquidation judiciaire du tireur." Lyon-Caen räumt allerdings ein, dass die Argumente, die zur Untermauerung dieser gewohnheitsrechtlichen Regelung herangezogen wurden, „loin d'être satisfaisants" seien.[1732] Im Allgemeinen wird der Übergang des Rechts an der *provision* vom Aussteller auf den Inhaber des Wechsels als Zession verstanden; über den Zeitpunkt

1729 *Lyon-Caen/Renault*, Traité de Droit Commercial IV^{4} (1907) 150.

1730 Siehe im Detail dazu *Lyon-Caen/Renault*, Traité IV^{4} (1907) 153–158; vgl. auch *Adler*, Zeitschrift für das Privat- und Öffentliche Recht der Gegenwart 1910, 123.

1731 *Lyon-Caen/Renault*, Traité IV^{4} (1907) 181–182.

1732 *Lyon-Caen/Renault*, Traité IV^{4} (1907) 167 (Hervorhebung im Original).

des Rechtsüberganges gibt es allerdings unterschiedliche Meinungen. Große Teile der Lehre fordern, dass dieser erst stattfinde, wenn der Bezogene den Wechsel akzeptiert oder der Inhaber Protest mangels Akzept erhoben hat.[1733] Die Rechtsprechung stellt sich auf den Standpunkt, dass das Recht an der *provision* bereits durch das Indossament an den Inhaber übergehe. Auch Lyon-Caen tendiert zu dieser Ansicht und stellt fest: „[O]n ne voit pas rationnellement pourquoi les droits du porteur sur la provision dépendraient de la circonstance que le tiré a accepté ou qu'il y a eu protêt."

Darüber hinaus merkt Lyon-Caen kritisch an, dass es keine gesetzliche Grundlage für die Annahme gebe, dass das Recht an der *provision* an den Inhaber des Wechsels übergehe; zwar sei der Aussteller verpflichtet, für die *provision* zu sorgen, jedoch betreffe dies lediglich das Verhältnis zwischen ihm und dem Bezogenen. Insbesondere spreche gegen die Annahme eines Rechtsüberganges die Tatsache, dass der Aussteller bis zum Fälligkeitszeitpunkt über diese verfügen bzw. sie zum Erlöschen bringen könne:[1734] „Il n'en est pas moins vrai que la cession de la créance du tireur contre le tiré a quelque chose d'anormal et que, par suite, elle est difficile à admettre en l'absence d'un texte."[1735]

Der Inhaber eines Wechsels hat nach der Rechtsprechung der französischen Cour de Cassation demnach die Vermutung für sich, dass der Aussteller ihm das Recht an der *provision* zediert habe. Dies trifft allerdings nicht zu, sofern diese Vermutung durch den Wechsel selbst dementiert wird; insbesondere ist dies der Fall, wenn er den Vermerk *„non acceptable"* trägt: „Le tireur indique par là qu'il veut se réserver complètement la disposition de la provision, puisqu'on ne doit s'addresser au tiré qu'à l'échéance et pour lui demander le paiement".[1736] Wie Hupka und Landesberger betonen, kommt der *provision* vor allem im Konkurs des Bezogenen Bedeutung zu: Der Rechtsprechung zufolge hat der Inhaber des Wechsels ein ausschließliches Recht an der *provision*, das weder dem Zugriff der Gläubiger des Bezogenen ausgesetzt ist noch durch dessen Insolvenz oder die spätere Ausstellung weiterer Wechsel beeinträchtigt werden kann.[1737]

Aus dem Wechsel selbst kann der Inhaber den Bezogenen nur klagen, wenn dieser den Wechsel akzeptiert hat. Als Zessionar des Ausstellers hat er darüber hinaus aber auch die Möglichkeit, auf zivilrechtlichem Weg die

---

1733 *Lyon-Caen/Renault*, Traité IV[4] (1907) 168.

1734 *Lyon-Caen/Renault*, Traité IV[4] (1907) 169 und 173–174 (insb. § 184); siehe auch *Lenhoff*, Einführung (1933) 24–25.

1735 *Lyon-Caen/Renault*, Traité IV[4] (1907) 170.

1736 *Lyon-Caen/Renault*, Traité IV[4] (1907) 171 und 175; siehe dazu auch *Lenhoff*, Einführung (1933) 25.

1737 *Lyon-Caen/Renault*, Traité IV[4] (1907) 172.

provision bis zur Höhe der Wechselsumme einzuklagen. Dies ist insbesondere dann bedeutsam, wenn er aus Unachtsamkeit seine Rückgriffsrechte gegen den Aussteller und die Indossatare verloren hat.[1738]

Die Besonderheit der *affectation spéciale de la provision* besteht darin, dass dem Inhaber des Wechsels im Konkurs des Bezogenen die Stellung eines Pfandgläubigers zukommt. Durch die *affectation spéciale* entsteht ein Pfandvertrag zwischen Aussteller und Inhaber des Wechsels; sobald der Bezogene die *affectation spéciale* akzeptiert hat, tritt er diesem Sicherungsvertrag bei. Er kann ab diesem Zeitpunkt nur noch schuldbefreiend an den Wechselinhaber leisten. Der wirtschaftliche Zweck der *affectation spéciale* liegt zumeist aber nicht darin, die Rechte des Wechselinhabers zu stärken, sondern eine bestimmte Forderung als *provision* zu kennzeichnen, wenn zwischen Aussteller und Bezogenem ein Kontokorrent besteht.[1739]

Wenn mehrere Wechsel auf denselben Bezogenen gezogen wurden, die *provision* aber nicht zur Deckung aller ausreicht, gilt folgendes: Zuerst kommen die Inhaber jener Wechsel zum Zug, die mit einer *affectation spéciale* versehen sind; danach folgen die vom Bezogenen akzeptierten akzeptablen Tratten; zuletzt kommen die inakzeptablen Tratten zum Zug.[1740]

Im Übrigen teilt Lyon-Caen Hupkas Kritik am französischen System der *provision*: „Au point de vue théorique, ce système est critiquable et il est loin de présenter les avantages qu'on lui attribue. La lettre de change est un acte qui doit se suffire à lui-même, contenir la preuve de sa validité et tirer de lui-même toute son efficacité. Il crée entre les parties des obligations indépendantes des opérations qui ont pu avoir lieu entre le tireur et le tiré."[1741]

Aus dem hier Gesagten ergibt sich, dass Hupka tatsächlich, wie Lyon-Caen ihm attestiert hatte, das französische Recht korrekt verstanden hatte. Bis zu einem gewissen Grad kann wohl auch Landesberger, sofern er seinen Gesetzesvorschlag mit der *affectation spéciale de la provision* vergleicht, für sich beanspruchen, dem französischen Vorbild treu geblieben zu sein; Hupkas Einwand, dass die Lex Landesberger im Unterschied zum französischen Gewohnheitsrecht keinen Vertrag zwischen Austeller und Inhaber des

---

1738 *Lyon-Caen/Renault*, Traité IV[4] (1907) 173–174.

1739 *Lyon-Caen/Renault*, Traité IV[4] (1907) 165; siehe dazu auch *Hamburger*, Allgemeine Österreichische Gerichtszeitung 1913, 408–409.

1740 *Lyon-Caen/Renault*, Traité IV[4] (1907) 175. Für den Fall, dass es weder Tratten mit *affectation spéciale* noch akzeptierte Wechsel gibt, gilt *prior tempore, potior iure*, sodass die Tratten im Konkurs des Bezogenen nach Reihenfolge ihrer Ausstellung zum Zug kommen.

1741 *Lyon-Caen/Renault*, Traité IV[4] (1907) 178.

Wechsels zufolge hat, bleibt allerdings bestehen.[1742] So räumt etwa Adler, der Landesbergers Vorschlag im *Neuen Wiener Tagblatt* gegen Hupkas Kritik verteidigte, ein, dass Landesberger „das französische Recht nicht sklavisch" nachahme; Landesbergers Modell der inakzeptablen Tratte begegne sich „aber mit ihm [d.h. dem französischen Recht] in der überzeugendsten Weise, weil eben bei uns und in Frankreich die gleichen Triebfedern der Entwicklung wirken."[1743] Auch ist Hupkas Feststellung, dass die Lex Landesberger nicht in das System des österreichischen Wechselrechts passe, da dieses ja im Unterschied zum französischen das Konzept der *provision* nicht kennt, nicht ganz von der Hand zu weisen.

3. *Das Nachspiel: die Diskussion zur Zessionstratte in der zeitgenössischen Literatur*

In den darauffolgenden Monaten folgten von verschiedenen Seiten Artikel, die sich mit den Hauptpunkten von Hupkas Kritik auseinandersetzten. Von diesen befasst sich allerdings nur Hamburger eingehend mit der französischen Rechtslage;[1744] zumeist liegt der Fokus auf den wirtschaftlichen und rechtspolitischen Implikationen der Lex Landesberger. Insbesondere wurden Hupkas Vermutung, dass die Zessionstratte im Eskompteverkehr keine Akzeptanz finden, dafür aber unter Geschäftsleuten zur häufigsten Form des Wechsels avancieren würde, seine Bedenken betreffend die Missbrauchsanfälligkeit der neuen Wechselform, seine Kritik an der zu erwartenden

1742 Adlers ursprünglicher Vorschlag hatte allerdings lediglich auf das Recht auf die *provision* im Allgemeinen Bezug genommen; vgl. *Adler*, Zeitschrift für das Privat- und Öffentliche Recht der Gegenwart 1910, 123.

1743 *Adler*, Neues Wiener Tagblatt vom 18. Juli 1913, 15; anderer Ansicht *Hamburger*, Allgemeine Österreichische Gerichtszeitung 1913, 411, der in der Lex Landesberger eine exakte Nachbildung der *affectation spéciale de la provision* sieht.

1744 *Hamburger*, Allgemeine Österreichische Gerichtszeitung 1913, 408–411. Dieser behauptet allerdings – ebenfalls unter Berufung auf *Lyon-Caen/Renault* – dass ein Vertrag zwischen Trassant und Bezogenem nur dort zustande komme, „wenn eine einzelne, ihrer Natur nach unselbstständige Post eines Kontokorrents aus ihr herausgegriffen werden soll."; vgl. *Hamburger*, Allgemeine Österreichische Gerichtszeitung 1913, 411. Die von Hamburger zitierte Stelle (*Lyon-Caen/Renault*, Traité IV^4 (1907) 156 Fn 2) bezieht sich allerdings lediglich auf den Fall, dass eine im Rahmen eines Kontokorrents erfolgte Warenlieferung nachträglich zur *affectation spéciale* für einen Wechsel erklärt werden soll, was lediglich mit der Zustimmung des Bezogenen möglich sei. Tatsächlich erwähnt Lyon-Caen das Kontokorrent als Hauptanwendungsfall der *affectation spéciale* (siehe oben), behauptet aber keineswegs, dass ausschließlich in diesem Fall ein Pfandvertrag zwischen Aussteller und Inhaber des Wechsels zustande komme; vgl. *Lyon-Caen/Renault*, Traité IV^4 (1907) 165.

Umständlichkeit und den hohen Kosten der neuen Tratte, sowie seine Zweifel an deren Eignung, den Missständen im österreichischen Kreditwesen generell zu begegnen, thematisiert.

Schon knapp nach Erscheinen von Hupkas erstem Beitrag – aber noch bevor Landesberger darauf geantwortet hatte – hatte Hans Kelsen, damals Dozent an der Wiener Exportakademie, einen kurzen Artikel verfasst. In diesem hatte er sich positiv zur geplanten inakzeptablen Tratte mit Deckungsrecht geäußert und war am Rande auch auf Hupkas Kritik eingegangen, womit er indirekt auch Landesberger Argumente für seine Replik geliefert hatte. Als erster dezidierter Unterstützer Landesbergers meldete sich kurz darauf Karl Adler zu Wort: Am selben Tage wie Landesbergers zweite Replik erschien ein von Adler verfasster Artikel im *Neuen Wiener Tagblatt*, in dem er betonte, dass die Einführung der inakzeptablen Tratte mit Deckungsrecht endlich das Unrecht beenden werde, dass der Inhaber eines Warenwechsels, der „ja durch Ankauf des Wechsels die Warenforderung bezahlt" habe, nicht deren Eigentümer werde. Die Konsequenzen der Einführung der Zessionstratte werden in leuchtenden Farben geschildert: Nicht länger müsse der kreditsuchende Kaufmann sich an die Eskomptegesellschaften wenden, die ihm unter wirtschaftlich schlechtesten Bedingungen Kredit gewährten und ihn dafür zwängen, „beschämende und doch für diese Kreditform unentbehrliche Revisionen zu dulden"; vielmehr könne er seine Schulden mit inakzeptablen Tratten begleichen oder „als wirtschaftlich freier Mann vor den Bankschalter treten" und sich dort Kredit verschaffen, wo ihm die Bedingungen am angenehmsten seien: „Denn er bringt ein umlaufsfähiges Papier, das, mit der nötigen Zahl von Unterschriften versehen, hoffentlich auch zur Notenbank freien Pfad finden wird."[1745] In ähnlicher Weise hatten auch Kelsen und Obst die Bankfähigkeit der neuen Tratte in Aussicht gestellt.[1746]

In seiner detaillierten Darstellung der Kontroverse schließt sich Hamburger dieser Einschätzung der Akzeptanz der Zessionstratte im Geschäftsverkehr an und verwirft Hupkas diesbezügliche Zweifel: „Der Zessionstratte wird der Markt offen stehen. Der kreditbedürftige Gläubiger wird sie gerne seinen Warengläubigern geben, diese werden sie gerne nehmen"; auch die Banken werden – ungeachtet einzelner Zweifel, die daran geäußert worden seien[1747] – sicherlich bereit sein, die neue Tratte zu

1745 *Adler*, Neues Wiener Tagblatt vom 16. Juli 1913, 17.

1746 *Kelsen*, Handelsmuseum 1913, 292; *Obst*, Bankgeschäft I^7 (1923 [1913]) 301–304.

1747 Siehe dazu insbesondere *Sokal*, Handelsmuseum 1913, 826.

eskomptieren.[1748] Gegen Hupkas Einwand, dass die Zessionstratte im Verkehr wenig Vertrauen genießen werde, führt Hamburger ins Treffen, dass die Zessionstratte explizit mit einer konkreten Warenlieferung assoziiert sei und dem Inhaber somit durch den direkten Kontakt mit dem Bezogenen „Einblick in die Grundlagen der Wechselbeziehung“ gewähre.[1749] Selbst wenn sie nicht sofort auf universelle Akzeptanz stoßen werde, wird weiters argumentiert, sei dies „kein Argument gegen diesen Gesetzgeberischen Versuch“.[1750] Dass die Einführung der inakzeptablen Tratte bereits einmal gescheitert sei, habe keine Relevanz für diesen Versuch, da die damalige Tratte nicht den Vorzug des gesetzlichen Deckungsrechts für sich gehabt habe.[1751]

Zwar räumt Adler ein, dass die Rechtssicherheit des Buchforderungseskomptes, wie Hupka postuliert hatte, gestiegen sei; er ist jedoch der Meinung, dass diese Rechtssicherheit nur den Eskomptegenossenschaften zugutekomme. In gleicher Weise sichere die Evidenzzentrale nur die ihr angeschlossenen Gesellschaften gegen Missbräuche, „nie aber den allgemeinen Verkehr“. Adler selbst hoffe, wie Hupka befürchtet hatte, dass die neuen Zessionstratten „in großer Zahl an Warengläubiger und andere Personen als Zahlungs- und Kreditmittel remittiert werden.“ Hupka hatte als Konsequenz dessen gewarnt, dass die Warengläubiger „zu ihrer Überraschung“ im Konkursfall die Außenstände ihres Schuldners nicht mehr in der Konkursmasse vorfinden würden. Adler hält dem entgegen, dass eben diese Warengläubiger, „die diese Tratten gewiß zu erlangen wissen werden,“ keinesfalls „überrascht“ sein könnten, „wenn sie die Außenstände ihres Schuldners nicht in der Konkursmasse finden, sondern dort, wohin sie gehören, in ihrem eigenen oder in ihres Gläubigers oder ihrer Bank Portefeuille.“[1752]

Während Hupka die Kostspieligkeit und Umständlichkeit der Verwendung der neuen Zessionstratte im Eskompteverkehr moniert hatte, heben sowohl Kelsen als auch Hamburger hervor, dass die Kosten weitaus geringer sein würden als jene des bisherigen Buchforderungseskomptes, dessen Kostspieligkeit hauptsächlich aus notwendigen Maßnahmen gegen Doppelzessionen

---

1748 *Hamburger*, Allgemeine Österreichische Gerichtszeitung 1913, 451 und 453; siehe auch *Kelsen*, Handelsmuseum 1913, 292.

1749 *Hamburger*, Allgemeine Österreichische Gerichtszeitung 1913, 452. Einen besonderen Vorteil sieht Hamburger darin, dass die inakzeptable Tratte mit Deckungsrecht nicht domiziliert werden kann.

1750 *Hamburger*, Allgemeine Österreichische Gerichtszeitung 1913, 470.

1751 *Hamburger*, Allgemeine Österreichische Gerichtszeitung 1913, 471; anderer Ansicht *Weishut*, Neue Freie Presse vom 24. Mai 1913, 15.

1752 *Adler*, Die inakzeptable Tratte mit Deckungsrecht, Neues Wiener Tagblatt vom 18. Juli 1913, 15; zustimmend *Hamburger*, Allgemeine Österreichische Gerichtszeitung 1913, 470.

und fiktive Begebungen resultiere.[1753] Zwar werde die Zessionstratte „einen unbeschränkten Kreis von Eskompteuren finden", was prinzipiell die Gefahr von Doppelzessionen erhöhen könne; es spräche aber nichts dagegen, dass sich die Eskompteure der Zessionstratte in einer der Evidenzzentrale ähnlichen Organisation zusammenschlössen. Dass diese Maßnahme, wie Hupka zu bedenken gegeben hatte, den Verkehr mit der neuen Tratte verteuern werde, bezeichnet Hamburger ohne weitere Argumente als „nicht einzusehen".[1754] Vielmehr werde – wie Hamburger im Hinblick auf seinen Vorschlag einer analog zur Evidenzzentrale operierenden Kontrollstelle nicht ganz konsequent argumentiert – die Einführung der Zessionstratte „eine Vereinfachung der umständlichen Kontrollmaßregeln der Eskomptegenossenschaft und der Buchführung des Kreditnehmers" nach sich ziehen.[1755] Dadurch würden sich auch die allenfalls „geringfügig" höheren Stempelgebühren ausgleichen.[1756]

Zur Vermeidung von Doppelzessionen vertrauen Kelsen und Hamburger ebenso wie Landesberger auf die Wirkung des Avisorechtes.[1757] Kelsen regte allerdings darüber hinaus an, die Zession der zugrunde liegenden Buchforderung von einer gesetzlich statuierten Aviso*pflicht* abhängig zu machen.[1758] Daneben weist er – ebenso wie Hamburger und Landesberger – auch darauf hin, dass zwei über dieselbe Forderung begebene Wechsel mit großer Wahrscheinlichkeit bei einer der eskomptierenden Großbanken zusammentreffen würden. Schon dem Wissen über diese Möglichkeit schreibt Hamburger generalpräventive Wirkung zu.[1759] Die Gefahr der Begebung von Wechseln über fiktive Forderungen sieht Hamburger neben dem Avisorecht auch durch die Unzulässigkeit der Domizilierung gebannt; „Kellerzessionstratten werden [daher] im Verkehre viel seltener sein als die akzeptablen Kellerwechsel."[1760]

1753 *Kelsen*, Handelsmuseum 1913, 290; *Hamburger*, Allgemeine Österreichische Gerichtszeitung 1913, 453.

1754 *Hamburger*, Allgemeine Österreichische Gerichtszeitung 1913, 453; siehe dazu auch *Pollak*, Handelsmuseum 1913, 215; *Sokal*, Handelsmuseum 1913, 266–267.

1755 *Hamburger*, Allgemeine Österreichische Gerichtszeitung 1913, 467; siehe dazu auch *Kelsen*, Handelsmuseum 1913, 292.

1756 *Hamburger*, Allgemeine Österreichische Gerichtszeitung 1913, 466–467; siehe auch *Kelsen*, Handelsmuseum 1913, 290; anderer Ansicht *Pollak*, Handelsmuseum 1913, 215; *Sokal*, Handelsmuseum 1913, 267.

1757 *Hamburger*, Allgemeine Österreichische Gerichtszeitung 1913, 453; *Landesberger*, Neue Freie Presse vom 19. Juni 1913, 14; *Kelsen*, Handelsmuseum 1913, 290–291; anderer Ansicht *Weishut*, Neue Freie Presse vom 28. Mai 1913, 15.

1758 *Kelsen*, Handelsmuseum 1913, 291.

1759 *Hamburger*, Allgemeine Österreichische Gerichtszeitung 1913, 453–454.

1760 *Hamburger*, Allgemeine Österreichische Gerichtszeitung 1913, 455.

Rechtspolitisch wichtigster Aspekt der Kontroverse war freilich, ob die Einführung der inakzeptablen Tratte mit Deckungsrecht zu einer Verbesserung der allgemein kritisierten Zahlungssitten in Österreich-Ungarn führen würde.[1761] Im Gegensatz zu ihren Befürwortern hatte Hupka dies als unwahrscheinlich bezeichnet. Dem hatte er hinzugefügt, dass sich die Zessionstratte nicht im Eskompteverkehr durchsetzen werde, sondern vielmehr im Verkehr zwischen einzelnen Geschäftsleuten, wo sie auf längere Dauer gesehen zu einer völligen Verdrängung des Akzepts führen werde.[1762] Hamburger schließt sich dieser Einschätzung zwar an, sieht darin aber im Gegensatz zu Hupka keine Gefährdung der österreichischen Kreditwirtschaft. Die Zessionstratte sei zwar „weniger erfreulich" als das Akzept; sie sei aber immerhin „erfreulicher als das Akzept dessen, der einerseits seine Buchforderungen eskompiert, andererseits seinen Verkäufern nicht Barzahlung leistet, sondern Wechsel aushändigt, die sein Akzept tragen."[1763]

Hupkas Feststellung, „daß kein Käufer akzeptieren wird, der bei sonst gleichen Konditionen die Beziehung mit einem bloßen Buchforderungswechsel erlangen kann", kann auch Hamburger nicht von der Hand weisen. Er schwächt sie allerdings insofern ab, als er behauptet, dass wegen des höheren Diskontsatzes die gleichen Konditionen nur in Branchen zu erreichen wären, in denen der Käufer der wirtschaftlich stärkere Teil sei und die Verkäufer einander unterbieten müssten. Unter diesen Bedingungen, so Hamburger, gäbe es gegenwärtig aber auch kein Akzept, sodass sich durch die Einführung der Zessionstratte nichts ändern würde.[1764]

Generell sind sich die Befürworter der inakzeptablen Tratte mit Deckungsrecht einig, dass diese die Zahlungssitten eher verbessern als verschlechtern werde. Dies rühre auch daher, dass beim gegenwärtig üblichen Buchforderungseskompte der tatsächliche Gläubiger – nämlich das Eskompteinstitut – keinen Einfluss darauf hat, wann der Drittschuldner leiste. Darüber hinaus seien diese Institute gemeinhin „eher an längeren als an kürzeren Zahlungsfristen interessiert".[1765] Im Gegensatz dazu werden bei der neuen Zessionstratte sowohl der Austeller (Zedent) als auch der Inhaber (Zessionar) ihr Interesse an der rechtzeitigen Zahlung des Bezogenen (Drittschuldner)

1761 Zu diesen eingehend *Hamburger*, Allgemeine Österreichische Gerichtszeitung 1913, 471–472.

1762 Siehe dazu auch *Sokal*, Handelsmuseum 1913, 267.

1763 *Hamburger*, Allgemeine Österreichische Gerichtszeitung 1913, 469.

1764 *Hamburger*, Allgemeine Österreichische Gerichtszeitung 1913, 470.

1765 *Kelsen*, Handelsmuseum 1913, 289–290; *Hamburger*, Allgemeine Österreichische Gerichtszeitung 1913, 470; siehe dazu auch *Sokal*, Handelsmuseum 1913, 266.

geltend machen.[1766] Darüber hinaus werde ein „aufrechter Kaufmann“ die Honorierung der Zessionstratte auch der präsentierenden Bank nicht verweigern können, da dies seinen Kredit schädige.[1767]

Hupkas dogmatische Bedenken waren der Punkt, über den sich die Befürworter der inakzeptablen Tratte mit Deckungsrecht am einfachsten hinwegsetzten. Landesberger hatte sich zwar über den Begriff der „Denaturierung“ mokiert, war auf die eigentliche Thematik kaum eingegangen; Hamburgers Replik hingegen zeugt von einem – wohl absichtlichen – Missverständnis: „Unter Denaturierung eines Rechtsinstitutes kann hier nichts anderes verstanden werden, als daß der Wechsel weniger brauchbar wird.“ Gerade das Gegenteil sei aber der Fall: „Das ist nicht Denaturierung, sondern Entwicklung.“[1768] Vor diesem Hintergrund wird Hupkas Haltung unverdient als reaktionär und weltfremd abgestempelt; dies wiederum sei ein „ständig festgehaltener Fehler der Gegner der Zessionstratte. Sie vergleichen sie mit dem Akzept, das unfraglich besser, aber nicht zu haben ist, während die Zessionstratte natürlich nur mit dem heutigen Buchforderungseskompte oder mit der nicht akzeptablen Tratte ohne Deckung verglichen werden kann.“[1769] Genau dies hatte Hupka aber in seinem Artikel getan.

Verbindlicher ist allein Kelsens Reaktion: Die neue Tratte sei tatsächlich „eine Mischform, ein Bindeglied zwischen Wechselrecht und allgemeinem bürgerlichem Rechte“. Trotzdem scheine „die Besorgnis, die deckungsberechtigte Tratte könne irgendwie das Fundament unserer altbewährten Wechselordnung erschüttern oder das strenge formale Gefüge dieses Normensystems stören, ganz unbegründet zu sein. Die Rechtsformen, die das heutige Wechselrecht den wirtschaftenden Menschen bietet, bleiben völlig unberührt.“[1770] Auch diese Feststellung geht freilich am Kern von Hupkas Kritik vorbei.

Als Fazit der hier skizzierten Meinungsverschiedenheit lässt sich sagen, dass, wie oben gezeigt, Hupkas Darstellung der französischen Rechtslage und der Unterschiede zwischen jener und der Lex Landesberger sicherlich korrekt waren. Auch seine dogmatischen Einwände gegen die Aufweichung des Prinzips der materiellen Wechselstrenge sind durchwegs nachvollziehbar, wenngleich sie von den Befürwortern der Zessionstratte unter den Teppich gekehrt wurden. Den weitaus gewichtigeren Teil der Kontroverse, nämlich

1766 *Kelsen*, Handelsmuseum 1913, 290–291; *Hamburger*, Allgemeine Österreichische Gerichtszeitung 1913, 470.

1767 *Hamburger*, Allgemeine Österreichische Gerichtszeitung 1913, 470; anderer Ansicht *Sokal*, Handelsmuseum 1913, 265.

1768 *Hamburger*, Allgemeine Österreichische Gerichtszeitung 1913, 472.

1769 *Hamburger*, Allgemeine Österreichische Gerichtszeitung 1913, 473.

1770 *Kelsen*, Handelsmuseum 1913, 292.

die Frage der praktischen Akzeptanz der neuen Tratte und deren Einfluss auf die österreichische Kreditlandschaft und Zahlungsmoral, hätte lediglich die Erfahrung zeigen können. Dazu kam es allerdings nicht: Die Einführung der Haager Wechselordnung scheiterte letztendlich am Ausbruch des Ersten Weltkrieges.[1771] Die 1930 eingeführte Genfer Wechselrechtskonvention enthielt zwar die inakzeptable Tratte (Art. 2 Abs. 2 und 3), nicht jedoch das von Adler und Landesberger konzipierte Deckungsrecht.[1772] Die Einführung eines solchen war den Vertragsstaaten zwar freigestellt worden; Österreich machte von dieser Möglichkeit aber keinen Gebrauch,[1773] obwohl vereinzelt die Forderung danach laut geworden war.[1774] Grund dafür war vermutlich auch, dass der Buchforderungseskompte in der vor dem Ersten Weltkrieg praktizierten Form nicht mehr bestand.[1775]

B. Zwischen Den Haag und Genf: Aufsätze zur Vorbereitung auf die Genfer Wechselrechtskonferenz

Schon zu Beginn der zwanziger Jahre des zwanzigsten Jahrhunderts waren Stimmen laut geworden, die eine Wiederaufnahme der Bemühungen zur Vereinheitlichung des Wechselrechts forderten; erst 1930 wurde allerdings unter der Ägide des Völkerbundes in Genf erneut eine internationale Konferenz

---

1771 Denkschrift zum Entwurfe des E.W.G., Nr. 351 der Beilagen der stenografischen Protokolle des Nationalrats, IV. Gesetzgebungsperiode (1932) (i.d.F. zitiert als Denkschrift [1932]) 74–75; *Lenhoff*, Einführung (1933) 12; *Meissel* in FS Kranjc 304; *Olechowski* in *Olechowski/Ehs/Staudigl-Ciechowicz* 386.

1772 Zur Debatte darüber siehe z.B. *Quassowski*, Zeitschrift für ausländisches und internationales Privatrecht 1930, 790–791; *Hupka*, Das einheitliche Wechselrecht der Genfer Verträge (1934) 269–273.

1773 *Lenhoff*, Einführung (1933) 12 und 22–24; *Hupka*, Wechselrecht (1934) 146–147. In der österreichischen Denkschrift zur Genfer Wechselordnung wird die Anerkennung des Vorlageverbotes damit begründet, dass dieses geeignet sei, „die Diskontierung ausstehender Forderungen in bestimmten Fällen zu erleichtern.“ Insbesondere sei es „denkbar, daß der Bezogene es zwar ablehnt, die auf ihn gezogenen Wechsel anzunehmen, daß er aber bereit ist, diese Wechsel bei Verfall einzulösen. […] Ferner kann es dem Gläubiger erwünscht sein, daß sein Schuldner bis zu einem bestimmten Zeitpunkt von der Übertragung der gegen ihn gerichteten Forderung nichts erfährt.“; vgl. Denkschrift (1932) 84.

1774 *Hamburger*, Buchforderungseskompte und Zessionstratte, Österreichisches Zentralblatt für die juristische Praxis 1931, 165 (167–173); siehe dazu auch *Hupka*, Wechselrecht (1934) 146–147 Fn 2.

1775 *Hamburger*, Österreichisches Zentralblatt für die juristische Praxis 1931, 167. Auch Lenhoff bedauert, dass der inakzeptablen Tratte ohne das Recht auf die Deckung „die Entfaltungsmöglichkeit freilich abgeschnitten“ worden sei; vgl. *Lenhoff*, Einführung (1933) 26.

zu diesem Thema einberufen. Hupka, der sowohl die Diskussionen in Den Haag als auch die Unifikationsbemühungen der Nachkriegsjahre genau verfolgt hatte, wurde als Nachfolger Grünhuts aufgefordert, zu den vom Wirtschaftsausschuss des Völkerbundes vorgelegten Entwürfen Stellung zu nehmen.[1776] Dies tat Hupka in Form eines umfangreichen Aufsatzes, der 1929 unter dem Titel *Zur Revision des Haager Wechselrechts* in den Mitteilungen des Verbandes österreichischer Banken und Bankiers erschien.[1777] In diesem nimmt Hupka zu nahezu allen Artikeln der Haager Wechselordnung Stellung und bringt Erläuterungen, Kommentare und Änderungsvorschläge. Zu Beginn des darauffolgenden Jahres wurde der Text auch als Separatabdruck veröffentlicht.[1778] Im Februar 1930 fand auf Einladung des Bundesministeriums für Justiz eine Enquete statt, an der Vertreter der Kammern für Handel, Gewerbe und Industrie, des Verbandes österreichischer Banken und Bankiers, des Hauptverbandes der Industrie Österreichs und des Hauptverbandes der österreichischen Kaufmannschaft ebenso wie Guido Strobele als Vertreter der Regierung, Paul Abel als Vertreter der juristischen Gesellschaft sowie Josef Hupka, Oskar Pisko und Albert Wehli als wissenschaftliche Experten teilnahmen. Das bei dieser Gelegenheit gemeinsam ausgearbeitete Gutachten deckt sich weitestgehend mit den Ausführungen und Vorschlägen Hupkas.[1779]

Im Frühjahr des Jahres 1930 folgte ein zweiter Artikel, *Das Haager Wechselrechtsabkommen und der Völkerbund*, der sich mit der historischen Entwicklung der Wechselrechtsvereinheitlichung befasst. Des besseren Verständnisses wegen sollen die beiden Texte in diesem Kapitel in umgekehrt chronologischer Reihenfolge vorgestellt werden.

1. *Das Haager Wechselrechtsübereinkommen und der Völkerbund*

Das Haager Wechselrechtsübereinkommen und der Völkerbund – von Zeitgenossen als „meisterhafte Darstellung“[1780] gelobt und bis heute einer der umfassendsten historischen Berichte über die damalige Entwicklung – gibt

1776 *Heck*, [Rezension von] Zur Revision des Haager Wechselrechts von Dr. Josef Hupka, Zeitschrift für ausländisches und internationales Privatrecht 1930, 419.

1777 *Hupka*, Zur Revision des Haager Wechselrechts, Mitteilungen des Verbandes Österreichischer Banken und Bankiers 1929, 301.

1778 *Hupka*, Zur Revision des Haager Wechselrechts (1930).

1779 Zur Enquete und dem Inhalt des Gutachtens siehe Die Vereinheitlichung des Wechsel- und Scheckrechtes, Wiener Zeitung vom 12. Februar 1930, 9; zur Übereinstimmung mit Hupkas Vorschlägen siehe auch *Heck*, Zeitschrift für ausländisches und internationales Privatrecht 1930, 419.

1780 *Wehli*, Zu der Genfer Wechselrechts-Konferenz am 13. Mai 1930, Allgemeine Österreichische Gerichtszeitung 1930, 129 (129 Fn 1).

eine detaillierte Übersicht über die seit dem Ende des Ersten Weltkrieges gesetzten Schritte zur Vereinheitlichung des internationalen Wechselrechts. Gleichzeitig ist der Text ein eindringliches Plädoyer für die Beibehaltung sowohl des Wortlautes der in Den Haag bereits beschlossenen Wechselordnung als auch für das Festhalten an der Idee eines internationalen Vertrages, von dem der Völkerbund zugunsten eines Mustergesetzes abweichen wollte, um den einzelnen Staaten größere Autonomie einzuräumen.

Primäre Adressaten des ausdrücklich als „Beitrag zu den ‚Documents préparatoires' der Dritten Internationalen Wechselrechtskonferenz" betitelten Aufsatzes sind die Delegierten in Genf; daneben verfolgt der Text aber auch das Ziel, einer interessierten breiteren Fachöffentlichkeit die von Hupka stark kritisierte Vorgangsweise des Völkerbundes vor Augen zu führen. Stilistisch weicht der Aufsatz, in dem Hupka „[i]n zum Teil sehr temperamentvoller Art und Weise [...] starke Bedenken für den Bestand des Haager Wechselrechtsübereinkommens"[1781] äußerte, deutlich von der nüchtern-klaren Sprache seiner sonstigen wissenschaftlichen Publikationen ab und erinnert in seiner ironischen, bisweilen auch polemischen Diktion an seine frühen Zeitungsartikel; ein Umstand, der wohl verrät, wie sehr dem Verfasser an der Fertigstellung des Haager Werkes gelegen war.

Der Aufsatz gibt zu Beginn einen kurzen Überblick über die Fortschritte, welche die Vorarbeiten zur Ratifikation der Haager Wechselrechtskonvention in den einzelnen Staaten bereits gemacht hatten, bevor der Ausbruch des Ersten Weltkrieges ihr Inkrafttreten verhindert hatte. Für Hupka hat die Haager Konvention dadurch aber keineswegs an Bedeutung für die Gegenwart verloren: „Der Krieg hat das Inkrafttreten des Haager Werkes verhindert, aber das Werk selbst vermochte er nicht zu zerstören. In den ‚Documents' und ‚Actes' der beiden Haager Konferenzen [...] ist es mit allen seinen Grundlagen erhalten geblieben, nicht bloß als rechtshistorisches Monument und als besonders schätzenswerte Vorarbeit für künftige gleichgerichtete Bemühungen, sondern als die reife und noch immer frische Frucht vom ersten Tage seiner Vollendung, die man auch jetzt nur zu pflücken brauchte." Der Krieg habe, allen Umwälzungen zum Trotz, gerade auf dem Gebiet des Wechselrechts „an den alten Voraussetzungen und Bedürfnissen nichts geändert und kein einziges wirkliches neues Rechtsproblem aufgerollt."[1782] Darüber hinaus sei „auch die Rechtsgültigkeit der Haager Konvention" – die ja 1912 bereits durch die Mehrheit der teilnehmenden Staaten unterzeichnet worden

1781 *Quassowski*, Zeitschrift für ausländisches und Internationales Privatrecht 1930, 771.

1782 *Hupka*, Zeitschrift für ausländisches und internationales Privatrecht 1930, 210; zustimmend *Wehli*, Allgemeine Österreichische Gerichtszeitung 1930, 129.

war – „weder durch den Krieg noch durch den Frieden [d.h. die Pariser Vorortevertträge] berührt worden." Sie befinde sich demnach „nach wie vor in derselben rechtlichen Kondition wie vor dem Kriege, in dem Zustande eines *inhaltlich fertigen und bereits abgeschlossenen Vertrages, der, ohne daß es neuer Verhandlungen bedürfte, durch die einseitige Genehmigungs- oder Beitrittserklärung auch nur zweier Staaten zwischen diesen unmittelbar in Geltung gesetzt werden könnte*: Konvention Artt. 25 bis 27."[1783]

Gemäß dieser Überzeugung zeichnet Hupka ein höchst kritisches Bild der Vorgangsweise des Völkerbundes, der sich auf Anregung der Brüsseler Finanzkonferenz (September bis Oktober 1920) dieser Materie – aus Hupkas Sicht viel zu zögerlich – annahm. Nachdem im Jahr darauf die Mitgliedsstaaten ihre grundsätzliche Willigkeit erklärt hatten, an einer internationalen Konferenz zur Vereinheitlichung des Wechselrechts teilzunehmen, wurden wiederum ein Jahr später Vorbesprechungen mit der holländischen Regierung (die den Vorsitz bei den Konferenzen in Den Haag geführt hatte) aufgenommen, um einen Plan für die weitere Vorgehensweise zu erarbeiten. Dieser sah zunächst die Einholung von Fachgutachten der Experten verschiedener Rechtskreise vor, auf deren Basis eine Kommission aus Vertretern der wichtigsten Wechselrechtssysteme prüfen sollte, wie weit zum gegenwärtigen Zeitpunkt eine Vereinheitlichung möglich wäre. Aufgrund dieser Vorarbeiten sollte schlussendlich eine Empfehlung betreffend die Einberufung einer internationalen Wechselrechtskonferenz formuliert werden. Dieser Arbeitsplan, „der also die Vereinheitlichungsfrage wie ein neues Problem von Grund aus aufrollte", wurde im September 1922 vom Völkerbundrat und der dritten Völkerbundversammlung genehmigt.[1784]

Hupka setzt sich eingehend mit den 1923 erstatteten Gutachten auseinander und hebt hervor, dass sowohl der niederländische Wechselrechtsexperte Josephus Jitta als auch Franz Klein als Vertreter Österreichs betont hatten, dass die Haager Konventionen „acceptables, tels qu'ils sont" seien und „kein Grund" bestehe, „abermals nach neuen Vereinheitlichungsmöglichkeiten zu forschen."[1785] Darüber hinaus hatten beide nachdrücklich empfohlen, „an dem Haager System der *Konvention* festzuhalten, welches allein geeignet sei, eine – wenn auch durch Vorbehalte begrenzte – Einheitlichkeit zu verbürgen."[1786] Die in einer gemeinsamen Resolution „niedergelegte einhellige

1783 *Hupka*, Zeitschrift für ausländisches und internationales Privatrecht 1930, 211 (Hervorhebung im Original).

1784 *Hupka*, Zeitschrift für ausländisches und internationales Privatrecht 1930, 215.

1785 *Hupka*, Zeitschrift für ausländisches und internationales Privatrecht 1930, 217 und 220.

1786 *Hupka*, Zeitschrift für ausländisches und internationales Privatrecht 1930, 217 (Hervorhebung im Original); zu Klein siehe *Hupka*, Zeitschrift für ausländisches und internationales Privatrecht 1930, 221. Zu den Expertengutachten im Detail

Meinung" der vier Experten „ließ an Klarheit und Bestimmtheit nichts zu wünschen übrig: Unterlassung jeder weiteren Enquete, sofortiges Einvernehmen mit der holländischen Regierung wegen der Vorbereitung einer von dieser im geeigneten Zeitpunkte einzuberufenden dritten Haager Konferenz zu dem ausschließlichen Zwecke der Überprüfung und endlichen Verabschiedung des Werkes von 1912".[1787]

Ungeachtet dieser Empfehlung verabschiedete der Völkerbund auf Vorschlag seines Wirtschaftsausschusses in seiner vierten Versammlung eine Resolution, die feststellte, dass die Vereinheitlichung des Wechselrechtes lediglich „partiellement et progressivement" vorangetrieben werden könne; die Einberufung einer internationalen Wechselrechtskonferenz wurde zwar für einen unbestimmten zukünftigen Zeitpunkt ins Auge gefasst, gleichzeitig wurde aber festgestellt, dass „la convocation d'une conférence générale à un date très rapproché n'est plus envisagé [sic]".[1788]

Erst nachdem in den darauffolgenden Jahren seitens der Mitgliedsstaaten vermehrt der Wunsch nach der Vereinheitlichung des Wechselrechts laut wurde, sah sich der Wirtschaftsausschuss des Völkerbundes 1925 gezwungen, sich wiederum mit der Materie zu befassen, wobei er darauf drängte, die Idee einer verbindlichen Konvention zugunsten eines schlichten Mustergesetzes aufzugeben und auf dieser Basis lediglich eine schrittweise Annäherung der nationalen Wechselrechtsgesetze der Mitgliedsstaaten zu verfolgen. „Damit schien das Schicksal des Haager Werkes besiegelt: Das von den Meistergutachtern des Jahres 1923 festgehaltene klare Ziel der generellen Vereinheitlichung war aufgegeben und an seine Stelle das verschwommene Programm einer stück- und stufenweisen Annäherung der kontinentalen Systeme getreten."[1789]

1926 forderte der Wirtschaftsausschuss neuerlich eine Expertise ein, in der wiederum die rasche Vereinheitlichung des internationalen Wechselrechts – auch wenn diese sich nunmehr lediglich auf die kontinentaleuropäischen Staaten erstrecken könne – gefordert wurde. Wiederum verwiesen die Experten auf die bereits abgeschlossenen Haager Konventionen, die sie als Ausgangspunkt ihrer eigenen Arbeit bezeichneten.[1790] Abschließend drückten sie den Wunsch aus, „que l'oeuvre accomplie à La Haye trouve une

---

siehe *Hupka*, Zeitschrift für ausländisches und internationales Privatrecht 1930, 216–221.

1787 *Hupka*, Zeitschrift für ausländisches und internationales Privatrecht 1930, 223.

1788 Zitiert nach *Hupka*, Zeitschrift für ausländisches und internationales Privatrecht 1930, 224.

1789 *Hupka*, Zeitschrift für ausländisches und internationales Privatrecht 1930, 227.

1790 *Hupka*, Zeitschrift für ausländisches und internationales Privatrecht 1930, 229.

application pratique et rapide aussi tôt que possible."[1791] In seinem Bericht an die Vollversammlung des Völkerbundes nahm der Wirtschaftsausschuss allerdings auf diese Äußerungen keinen Bezug, sondern forderte, dass lediglich die der Meinung der Experten gemäß besonders wichtigen Fragestellungen auf dem Gebiete des internationalen Wechselrechts zum Gegenstand einer (freilich unverbindlichen) Empfehlung des Völkerbundes gemacht werden sollten. „Das monumentale Werk vom Haag, das von den hervorragendsten Experten aller Nationen in dreijährigem Zusammenwirken aufgebaut worden war, sollte nach diesem Programme bis auf den Grund zerstört und an seine Stelle als Ergebnis einer vierjährigen Maulwurfsarbeit ein Elaborat gesetzt werden, das selbst hinter dem allerersten Versuche einer internationalen Wechselrechtskodifikation, den 27 Bremer Regeln von 1876/78, weit zurückblieb."[1792]

Zu diesem Zweck war wiederum eine Kommission von Experten einberufen worden, die einen auf diesen Zweck hinzielenden Text ausarbeiten sollte. „trotzdem kam es auch diesmal anders", konstatiert Hupka mit merklicher Genugtuung: „Die juristischen Experten präsentierten dem Comité économique am 16. April 1928 als das Ergebnis ihrer Beratungen eine vollständige Wechselordnung, nämlich die – Haager Wechselordnung, mit einer Reihe kleiner Änderungen, Zusätze und Bemerkungen", wobei diese von den Experten nun nur noch als Mustergesetz vorgeschlagen wurde, wenngleich sie den Abschluss einer Konvention als das „wünschenswertere Ergebnis" betrachteten.[1793] Hupka kritisiert diesbezüglich, dass die Experten den besonders seitens Frankreich geäußerten Bedenken gegen eine solche Konvention auf diese Weise Rechnung getragen hatten, anstatt, wie er anregt, es „den einzelnen Staaten auf der Konferenz anheimzustellen, ob sie sich auf die gemeinsam redigierte Wechselordnung verpflichten oder für ihren Teil diese nur als loi modèle akzeptieren wollen." Immerhin wäre es, so Hupka, „viel besser, wenn von etwa dreißig Staaten neunundzwanzig einen einheitlichen, nur in bestimmten Punkten abänderlichen Text annehmen würden, als wenn alle sich die Freiheit beliebiger Änderungen vorbehielten."[1794]

„Mit den Vorschlägen dieser zweiten Juristenkommission waren endlich die Möglichkeiten, die Unifikationsbewegung aufzuhalten, erschöpft."[1795] Nach Übermittlung des Gutachtens der Sachverständigen an die Regierungen zur Einholung von Stellungnahmen nationaler Experten erging im

1791 Zitiert nach *Hupka*, Zeitschrift für ausländisches und internationales Privatrecht 1930, 230.
1792 *Hupka*, Zeitschrift für ausländisches und internationales Privatrecht 1930, 231.
1793 *Hupka*, Zeitschrift für ausländisches und internationales Privatrecht 1930, 232.
1794 *Hupka*, Zeitschrift für ausländisches und internationales Privatrecht 1930, 233.
1795 *Hupka*, Zeitschrift für ausländisches und internationales Privatrecht 1930, 233.

Sommer 1929 die Einladung zu einer internationalen Konferenz in Genf, die am 13. Mai 1930 (also nach Erscheinen des gegenständlichen Artikels) stattfinden sollte. Den nur eineinhalb Druckseiten umfassenden historischen Abriss, der den Teilnehmenden seitens des Völkerbundes zur Vorbereitung zur Verfügung gestellt worden war, kritisiert Hupka als „eine bloße Zusammenfügung einiger Fragmente aus früheren offiziellen Berichten", die „vollständig ungenügend" sei, „um die Interessenten über Art und Richtung der Tätigkeit, die der Wirtschaftsausschuss des Völkerbunds in dieser Angelegenheit während einer achtjährigen Vorbereitungszeit entfaltet hat, zu informieren." Aus diesem Grund war es „die Aufgabe, die sich die vorliegende Arbeit gestellt hat", die fehlenden Hintergrundinformationen „durch eine Ergänzung der offiziellen ‚Documents préparatoires' zu bieten".[1796]

Um Bedenken gegen eine verbindliche Konvention auszuräumen, erinnert Hupka noch einmal eindrücklich daran, dass man bereits in Den Haag die Erfahrung gemacht habe, „daß die selbstverständlichen Schwierigkeiten, sich über ein so großes Gesetz zu einigen, durch das allseitige Verständnis für die Wichtigkeit des Ziels und durch die im Übereinkommen konzedierten Vorbehalte glänzend überwunden worden ist" und dass auch schon damals führende Wechselrechtsexperten aller beteiligten Staaten die Haager Wechselordnung mit den unterschiedlichen Rechtssystemen und -traditionen „für sehr gut vereinbar hielten."[1797]

In einem abschließenden „Ausblick" verweist Hupka auf eine Bemerkung des Wirtschaftsausschusses: „Au surplus, il appartiendra à la Conférence d'adopter la méthode qu'elle estimera la plus expédiente pour aboutir à l'unification la plus étendue possible." Es sei dies „der einzige Satz, des Comité économique, den man den Konferenzteilnehmern zur Beachtung empfehlen, aber auch nicht dringend genug empfehlen kann." Man müsse, mahnt Hupka, „sich heute darüber klar sein, daß die bevorstehende Genfer Tagung auf lange Zeit hinaus über das Schicksal der Vereinheitlichungsbewegung auf dem Gebiete des Wechselrechtes entscheiden wird." Es sei offenkundig, dass „die Genfer Atmosphäre dem Haager Werk nicht günstig ist", weshalb sich diejenigen, „die von der fortdauernden Güte dieses Werkes überzeugt sind, [...] in Genf alle Anstrengungen machen müssen, um es zu retten." Dies bedeute insbesondere, dass sich die Delegierten „bei den Beratungen von vornherein frei halten bzw. frei machen müssen von jeder Einmischung der Instanz, die ohne rechtliche und sachliche Zuständigkeit diese Angelegenheit im Jahre 1921 an sich gezogen, und die seit dem Juli 1923 durch ihre von keinem fachmännischen Urteil beeinflußbaren Konklusionen und

1796 *Hupka*, Zeitschrift für ausländisches und internationales Privatrecht 1930, 235.
1797 *Hupka*, Zeitschrift für ausländisches und internationales Privatrecht 1930, 236.

Dispositionen das große und schöne Werk vom Haag nahe an den Abgrund gebracht hat."[1798]

Hupka verweist noch einmal auf die Expertenmeinungen des Jahres 1923, deren wichtigste Punkte – die Zugrundelegung der Haager Originaltexte und das Festhalten an einer verbindlichen Konvention, von dem im äußersten Falle nur gegenüber einzelnen Staaten abgegangen werden sollte – die Genfer Delegierten „als Richtschnur nehmen" sollen: „Wird in dieser Weise vorgegangen, dann ist kaum daran zu zweifeln, daß allen Widerständen zum Trotz aus der Genfer Konferenz doch, post tot discrimina rerum, die revidierte ‚*Haager Konvention über die Vereinheitlichung des Wechselrechts*' hervorgehen wird, welche der Ratifikation aller oder doch nahezu aller Staaten der kontinentalen Wechselrechtsgruppe gewiß sein kann."[1799]

2. *Zur Revision des Haager Wechselrechts*

Hupkas Text zur Revision des Haager Wechselrechts beginnt mit einer kurzen Zusammenfassung der Ereignisse, mit denen er sich in *Das Haager Wechselrechtsübereinkommen und der Völkerbund* eingehender befassen sollte. Er spricht sich eingangs auch in diesem Text ausdrücklich dafür aus, eine für sämtliche Vertragsstaaten verbindliche Konvention anstelle einer bloßen *loi modèle* anzustreben. Auch solle man „um des hohen Zieles willen trachten, selbst mit Opfern, zu einer möglichst vollständigen Ausgleichung der materiell-rechtlichen Normen des spezifischen Wechselrechtes zu gelangen, also zu dem *weitestgehenden Verzicht auf Vorbehalte*". Ausnahmen solle man bloß für „Verfahrensförmlichkeiten (z.B. beim Protest, beim Verlust des Wechsels u. dgl.) oder Fragen des sogenannten zivilen Wechselrechtes (z.B. Deckung, Bereicherung)" machen.[1800] Die dafür nötigen „Opfer wären nicht allzu groß", meinte Hupka, da die Materien, über die man in Den Haag keine Einigkeit erzielen habe können, „bei näherer Betrachtung doch recht nebensächlich" erschienen; demgegenüber stehe der „ungeheure Gewinn, den eine sachlich vollkommene Vereinheitlichung [...] für die Praxis bringen würde."[1801]

Darüber hinaus legt Hupka den Delegierten auch eine „weitestgehende Berücksichtigung" der Normen des angelsächsischen Rechts ans Herz. Zwar habe man die Hoffnung, Großbritannien und die USA in die Vereinheitlichung des internationalen Wechselrechts einbeziehen zu können, endgültig

---

1798 *Hupka*, Zeitschrift für ausländisches und internationales Privatrecht 1930, 237.

1799 *Hupka*, Zeitschrift für ausländisches und internationales Privatrecht 1930, 238 (Hervorhebung im Original).

1800 *Hupka*, Revision (1930) 3 (Hervorhebung im Original).

1801 *Hupka*, Revision (1930) 3 Fn 6.

aufgeben müssen; dennoch gebiete es „die hohe innere Autorität und die ungeheure praktische Bedeutung“ dieses Rechtskreises, dass man den Versuch unternehme, das kontinentaleuropäische Wechselrecht diesem so weit wie möglich anzugleichen.[1802]

Im letzten Teil seiner Einleitung betont Hupka, dass die Grundlage der Genfer Beratungen ungeachtet der gegenläufigen Bemühungen des Völkerbundes der Text der Haager Wechselordnung sein müsse, und dass „die *Genfer* Elaborate [...] lediglich als das behandelt werden, was sie in Wirklichkeit sind, als bloße *Änderungsvorschläge* zum Haager Wechselrecht“.[1803] Dementsprechend setzte sich Hupka auch dafür ein, den Namen der Haager Wechselordnung beizubehalten, da die Genfer Konferenz eine bloße Fortführung des Haager Werks sei und dies somit „sowohl der wahren Sachlage, wie der schuldigen Achtung vor dem Haager Werk, vor seinen Redaktoren und vor dem holländischen Namen“ entsprechen würde.[1804] Abschließend weist er die Delegierten nachdrücklich auf die oben erwähnten Gutachten Jittas und Kleins aus dem Jahre 1923 hin, „die unter allen im Rahmen des Völkerbundes bisher geleisteten Arbeiten die weitaus bedeutendsten sind“ und denen „endlich die gebührende Aufmerksamkeit zu Teil werden“ möge.[1805]

Im darauffolgenden Teil geht Hupka „kurz, aber entschieden und höchst belehrend“[1806] auf rund sechzig Artikel der Haager Wechselordnung ein, aus der nur einige Punkte hervorgehoben werden sollen. Besonders bemerkenswert ist, dass Hupka sich gleich eingangs gegen die im österreichischen und deutschen Recht verankerte obligatorische Wechselklausel ausspricht; diese sei weder im angelsächsischen noch im französischen Recht zwingend vorgesehen, und auch in den übrigen Ländern sei die Bevölkerung „so weit verkehrsmündig geworden“, dass man auf diese „ohne erhebliche Gefahren“ verzichten könne.[1807]

Im Sinne der zuvor geforderten Angleichung an das angloamerikanische Wechselrecht regt Hupka an, eine Reihe von Änderungen ins Auge zu fassen, darunter unter anderem die Zulassung des Inhaberwechsels (Art. 1 Nr. 6 Haager Wechselordnung),[1808] eine Reduktion der Nichtigkeitsgründe (Art. 2

1802 *Hupka*, Revision (1930) 3.

1803 *Hupka*, Revision (1930) 4; zustimmend *Heck*, Zeitschrift für ausländisches und internationales Privatrecht 1930, 419; *Quassowski*, Zeitschrift für ausländisches und internationales Privatrecht 1930, 776.

1804 *Hupka*, Revision (1930) 3.

1805 *Hupka*, Revision (1930) 4.

1806 *Heck*, Zeitschrift für ausländisches und internationales Privatrecht 1930, 419.

1807 *Hupka*, Revision (1930) 4–5; siehe dazu auch *Heck*, Zeitschrift für ausländisches und internationales Privatrecht 1930, 419.

1808 *Hupka*, Revision (1930) 5; siehe dazu *Hupka*, Wechselrecht (1934) 13–14.

Haager Wechselordnung),[1809] die Zulassung der Freizeichnungsklausel des Ausstellers („ohne Obligo") (Art. 9 Haager Wechselordnung),[1810] die Verlängerung der Frist für die Vorlegung zur Annahme auf ein Jahr (Art. 22 Haager Wechselordnung),[1811] die Ersetzung des Protests mangels Datierung – von Hupka als „ein unnötiger Formalismus" kritisiert – mit der Befugnis des Inhabers, das richtige Datum in das Akzept einzusetzen (Art. 24 Abs. 2 2. Satz Haager Wechselordnung),[1812] die Befugnis des Inhabers, ein Teilakzept ebenso wie eine Teilzahlung zurückzuweisen (Art. 25 Haager Wechselordnung),[1813] und die Erweiterung des Begriffes der höheren Gewalt auch auf individuelle Zufälle (Art. 53 Haager Wechselordnung).[1814] Darüber hinaus spricht sich Hupka für die unterschiedslose Anerkennung aller Zinswechsel (d.h. sowohl mit bestimmter als auch mit unbestimmter Verfallzeit) aus. Bei fehlender Angabe des Zinsfußes solle die Zinsenklausel nicht, wie von den Experten des Völkerbundes empfohlen, ungültig erklärt werden; vielmehr sei ein fester gesetzlicher Zinsfuß anzunehmen, da diese Regelung „– was gewiß ins Gewicht fällt – auch die Billigung der englischen Bankkreise gefunden hat."[1815]

1809 *Hupka*, Revision (1930) 6. *Hupka* schlug vor, dass fehlende Orts- und Zeitangaben nicht die Nichtigkeit des Wechsels begründen sollten; vielmehr empfahl er für letztere eine Ausfüllungsbefugnis des Inhabers, für erstere eine Reihe rechtlicher Präsumtionen (Wohnort des Bezogenen als Zahlungsort bei Fehlen desselben, Wohnort des Ausstellers zur Zeit der Ausstellung als präsumtiver Ausstellungsort). Art. 2 der Genfer Wechselordnung greift diesen Vorschlag auf; vgl. dazu auch *Hupka*, Wechselrecht (1934) 17.

1810 *Hupka*, Revision (1930) 8–9; siehe dazu auch im Detail *Hupka*, Wechselrecht (1934) 32–35; *Lenhoff*, Einführung (1933) 55. Nach Art. 9 der Genfer Wechselordnung gilt diese, wie auch bereits in Art. 9 der Haager Wechselordnung, als nicht geschrieben.

1811 *Hupka*, Revision (1930) 14; siehe dazu auch *Hupka*, Wechselrecht (1934) 63. Dieser Vorschlag wurde auf Antrag der britischen Delegation umgesetzt (Art. 22 Genfer Wechselordnung).

1812 *Hupka*, Revision (1930) 14; siehe dazu auch *Hupka*, Wechselrecht (1934) 68.

1813 *Hupka*, Revision (1930) 15; siehe dazu auch *Quassowski*, Zeitschrift für ausländisches und internationales Privatrecht 1930, 780; *Hupka*, Wechselrecht (1934) 68–69.

1814 *Hupka*, Revision (1930) 21; siehe dazu auch eingehend *Hupka*, Wechselrecht (1934) 158–162.

1815 *Hupka*, Revision (1930) 7–8. In Den Haag habe man einen gesetzlichen Zinsfuß von fünf Prozent vorgeschlagen; Hupka plädiert dafür, diesen im Hinblick auf die gegenwärtigen wirtschaftlichen Verhältnisse auf sechs Prozent zu erhöhen. Dieser Vorschlag wurde in Genf allerdings nicht umgesetzt; gem. Art. 5 Abs. 2 der Genfer Wechselordnung gilt ein Zinsvermerk ohne Angabe des Zinsfußes als nicht geschrieben; vgl. *Hupka*, Wechselrecht (1934) 20–21; *Quassowski*, Zeitschrift für ausländisches und internationales Privatrecht 1930, 776.

Bisweilen bemängelt Hupka die unscharfen Formulierungen des französischen Originaltextes: So regt er etwa an, den Ausdruck „mandat pur et simple“ in Art. 1 Abs. 2 durch „ordre (oder assignation) sans condition et sans réserve“ zu ersetzen, da zum Ersten hier kein Auftrag (*mandat*) im materiellrechtlichen Sinne vorliege und da zum Zweiten „pur et simple“ sowohl „unbedingt“ als auch „vorbehaltslos“ bedeuten könne;[1816] in der Regelung des Domizilwechsels (Art. 4 Haager Wechselordnung) regte Hupka an, das zweideutige Wort „lieu“ durch „localité“ oder „place“ zu ersetzen, um genauer zwischen „Ortschaft“ und „Geschäfts- oder Wohnstätte“ zu differenzieren;[1817] Art. 4 der Genfer Wechselordnung verwendet stattdessen „localité“. In Bezug auf Art. 15 der Genfer Wechselordnung, der den Schutz des gutgläubigen Erwerbers bei gefälschten Indossamenten behandelt, schlug Hupka vor, den Ausdruck „mauvaise foi“, „der an sich unbestimmt ist und übrigens in den verschiedenen Fällen seiner Anwendung einen verschiedenen Inhalt hat“, durch „connaisance“ und die konkrete Bezeichnung des dem Wechsel anhaftenden Mangels zu ersetzen.[1818] Bei der den Ehreneintritt betreffenden Regelung des Art. 54 der Haager Wechselordnung wies er darauf hin, dass „signataire quelconque“ nicht gleichbedeutend sei mit der Wendung „jeder Wechselverpflichtete“, die aber offenbar der Absicht des Gesetzes entspreche. Stattdessen empfahl Hupka die Formulierung „personne quelconque obligée en vertu de la lettre“,[1819] die sich auch tatsächlich in der Fassung des Art. 55 der Genfer Wechselordnung findet. Im Hinblick auf die sprachlichen Herausforderungen der Wechselordnung schlägt Hupka darüber hinaus vor, nach dem Muster der englischen und amerikanischen Wechselgesetze „an die Spitze der einheitlichen Wechselordnung einen *präliminären Interpretationsartikel* zu setzen, in welchem der technische Sinn gewisser im Gesetze ständig gebrauchter, an sich nicht eindeutiger Ausdrücke ein für allemal festgestellt wird“.[1820]

Besonders umfassend beschäftigt sich Hupka mit den Regelungen zu den Einreden (Art. 16 Haager Wechselordnung), zum Pfandindossament (Art. 18

1816 *Hupka*, Revision (1930) 5; siehe dazu auch *Hupka*, Wechselrecht (1934) 12 Fn 3. Der Änderungsvorschlag wurde im französischen Text des Art. 1 Abs. 2 der Genfer Wechselordnung nicht berücksichtigt; die englische Fassung spricht jedoch präziser von einer „unconditional order“.

1817 *Hupka*, Revision (1930) 6–7.

1818 *Hupka*, Revision (1930) 10; zustimmend *Quassowski*, Zeitschrift für ausländisches und internationales Privatrecht 1930, 778.

1819 *Hupka*, Revision (1930) 21.

1820 *Hupka*, Revision (1930) 6–7 (Hervorhebung im Original); zustimmend *Heck*, Zeitschrift für ausländisches und internationales Privatrecht 1930, 419.

Haager Wechselordnung) und dem Schutz des gutgläubigen Zahlers (Art. 39 Abs. 3 Haager Wechselordnung).[1821] In Art. 16 der Haager Wechselordnung hieß es zu den Einreden im Wechselverkehr: „Les personnes actionnées en vertu de la lettre de change ne peuvent pas opposer au porteur les exceptions fondées sur leurs rapports personnels avec le tireur ou avec les porteurs antérieurs, à moins que la transmission n'ait eu lieu à la suite d'une entente frauduleuse."[1822] Die Experten des Völkerbundes hatten dazu vorgeschlagen, die „entente frauduleuse" zwischen dem Erwerber und seinem Vormann durch bloße „mauvaise foi" des Erwerbers zu ersetzen, um den Wortlaut an den vorhergehenden Art. 15, der den Schutz des gutgläubigen Erwerbers eines Wechsels vom rechtlosen Inhaber regelt, anzugleichen. Hupka lehnte diese Änderung unter Verweis auf die großen Unterschiede zwischen den beiden geregelten Sachverhalten strikt ab: Es würde „bösgläubiger Wechselerwerb hier nicht, wie in Art. 15, den Erwerb von einem *rechtlosen* Inhaber in Kenntnis seiner *Rechtlosigkeit* bedeuten [...], sondern den Erwerb von einem *wechselberechtigten* Inhaber in Kenntnis von Einreden, die dem Wechselverpflichteten aus seinen *extrakambialen* Beziehungen gegen den Vormann zugestanden hatten". Darüber hinaus wäre es „für den Wechselverkehr unerträglich [...], wenn die bloße Kenntnis einer nicht aus dem Wechselverhältnisse stammenden Einrede – die den Wechselerwerber grundsätzlich nichts angehen sollte – genügen würde, um einen Wechselanspruch ungültig zu machen." Es müsse daher „unbedingt an dem reiflich erwogenen Standpunkte der Haager W[echsel]. O[rdnung]. festgehalten werden, daß nur eine Kollusion zum Zwecke der Schädigung des Verpflichteten diese Folge haben kann." Umgekehrt forderte Hupka darüber hinaus, dass „dem Wechselverpflichteten seine Einreden aus der Person des Vormannes unbedingt – also ohne Rücksicht auf Kenntnis oder Unkenntnis des Inhabers – zu erhalten, wenn das Papier dem Inhaber bloß zu treuen Handen indossiert worden ist (sogenanntes stilles Prokura- oder fiduziarisches Indossament)", da der Inhaber in diesem Fall kein schutzwürdiges Interesse an der „Einredefreiheit seines Erwerbs" habe. Der Satzteil „à moins que la transmission n'ait eu lieu à la suite d'une entente frauduleuse" wäre demnach durch die Wortfolge „ou qu'elle n'avait qu'un caractère fiduciaire" zu ergänzen. Dadurch wäre nicht nur „eine wichtige Streitfrage in sachgemäßer Weise entschieden", sondern auch eine weitere „Annäherung an das englische Recht erzielt".[1823]

1821 *Hupka*, Revision (1930) 12–13 und 18.

1822 Zitiert nach *Hupka*, Revision (1930) 10 Fn 27.

1823 *Hupka*, Revision (1930) 11 (Hervorhebungen im Original). Art. 17 der Genfer Wechselordnung ersetzt die fragliche Wortfolge durch eine Kompromisslösung: „à moins que le porteur, en acquérant la lettre, n'ait agi sciemment au détriment du débiteur." Siehe dazu eingehend *Quassowski*, Zeitschrift für

Ähnlich kritisch äußerte sich Hupka zu Art. 18 der Haager Wechselordnung. Dieser regelt das Pfandindossament wie folgt: „Lorsqu'un endossement contient la mention ‚valeur en garantie', ‚valeur en gage' ou tout autre mention impliquant un nantissement, le porteur peut exercer tous les droit dérivant de la lettre de change, mais un endossement fait par lui ne vaut que comme endossement à titre de procuration. Les obligés ne peuvent invoquer contre le porteur les exceptions fondées sur leurs rapports personnels avec l'endosseur, à moins que l'endossement n'ait eu lieu à la suite d'une entente frauduleuse."[1824] Hupka sah es als „*Grundfehler* der Haager Regelung", „daß sie den *Wechselverpflichteten* dem Pfandindossatar gegenüber die *Einreden aus der Person des Vormannes abschneidet*, also in *dieser* Richtung das Pfandindossament dem Eigentumsindossament gleichstellt (Art. 18, Abs. 2, mit Art. 16)." Dies aber widerspreche der *„rechtlichen Natur des Forderungspfandrechtes."* Ungeachtet seines eigenen Rechtes an der Forderung habe der Pfandberechtigte „dem Drittschuldner gegenüber nur die Position eines *verfügungsermächtigten Substituten des Forderungseigentümers*", sodass dem Verpflichteten gegen ihn sämtliche Einreden offenstehen, die er auch gegen den Forderungseigentümer hat. Von diesem „gemeinrechtlichen Standpunkt bei verpfändeten *Wechselforderungen* abzuweichen und hier einen *spezifisch skripturrechtlichen Typus eines „originären" Pfandrechtserwerbes* zu schaffen, wäre nur dann gerechtfertigt, wenn danach ein dringendes *Bedürfnis* bestünde. Ein solches besteht aber gewiß *nicht*."[1825]

Zwar billigt Hupka die Haager Regelung, wonach „dem Pfandindossatar dem Wechselverpflichteten gegenüber nur die Stellung eines Prokuraindossatars eingeräumt" wurde; er hebt jedoch hervor, dass ihm aber *„[a]ndererseits* [...] selbstverständlich *Dritten* gegenüber dieselbe *Verfügungsmacht über das Pfandobjekt* gewahrt werden" müsse, „die jeder andere Forderungspfandgläubiger hat", sodass er das Pfandrecht zusammen mit der Pfandforderung übertragen und bei Fälligkeit der Pfandforderung durch Verkauf des Pfandobjektes realisieren könne.[1826] Dennoch lehnt Hupka es ab, „dem *Übertragungsindossament des Pfandgläubigers* (nicht zu verwechseln mit

ausländisches und internationales Privatrecht 1930, 778–779; *Lenhoff*, Grundzüge des einheitlichen Genfer Wechselrechts, Juristische Blätter 1932, 389 (390); *Lenhoff*, Einführung (1933) 4–7; *Hupka*, Wechselrecht (1934) 51–52. *Hupkas* Vorschlag zur ausdrücklichen Ausnahme des fiduziarischen Indossaments wurde in Genf nicht aufgegriffen; siehe dazu *Hupka*, Wechselrecht (1934) 53–54. *Lenhoff* interpretiert die Regelung dennoch im Sinne von *Hupkas* Ergänzung; vgl. *Lenhoff*, Einführung (1933) 7.

1824 Zitiert nach *Hupka*, Revision (1930) 12 Fn 30.

1825 *Hupka*, Revision (1930) 12 (Hervorhebungen im Original).

1826 *Hupka*, Revision (1930) 12 (Hervorhebungen im Original).

dem Pfandindossament) die wechselrechtlichen Wirkungen eines *normalen* Indossaments" beizulegen. Dies schaffe nämlich „eine bedenkliche Rechtsunsicherheit für jeden *späteren* Erwerber [...], da ja *aus dem Papier nicht ersichtlich* ist, ob die gemeinrechtlichen *Voraussetzungen* für die Verfügungsbefugnis des Pfandgläubigers wirklich gegeben waren." Es gäbe daher keine andere Lösung, als „den Übertragungsindossamenten des Pfandindossatars nur die Wirkung einer gewöhnlichen Zession zuzuschreiben", obgleich eine solche Regelung die – durch das Pfandindossament ohnehin bereits beeinträchtigte – Zirkulationsfähigkeit des Wechsels weiter verringern würde.[1827]

Hupka gelangt auf Basis dieser Argumente zu folgendem Formulierungsvorschlag: „Un endossement contenant la mention ‚valeur en garantie', ‚valeur en gage' ou toute autre mention impliquant un nantissement vaut comme un endossement à titre de procuration, sans préjudice des droits du créancier gagiste de réaliser le gage à l'échéance de la créance et de transmettre son droit sur le gage à autrui. Toutefois, un endossement fait par lui dans un de ces buts ne produit que les effets d'une cession ordinaire."[1828] Nach „lebhaften Diskussionen" wurde in Genf allerdings die Haager Fassung beibehalten.[1829]

Zum Schutz des gutgläubigen Zahlers bestimmt die Haager Wechselordnung in Art. 39 Abs. 3: „Celui qui paie à l'échéance est valablement libéré, à moins qu'il n'y ait de sa part une fraude ou une faute lourde. Il est obligé de vérifier la régularité de la suite des endossements, mais non la signature des endosseurs."[1830] Hupka erachtet diese Regelung als „sachlich und redaktionell unbefriedigend." Zum einen sei die ununterbrochene Kette der Indossamente „*nicht* bloßer Gegenstand einer *Prüfungspflicht* des Wechselschuldners", sondern vielmehr „*unbedingte objektive Voraussetzung* für die Gültigkeit der Zahlung", was auch im Text des Gesetzes zum Ausdruck kommen müsse. Zum anderen bestehe eine „mit verkehrsmäßiger Sorgfalt zu erfüllende" Prüfungspflicht, ob der Überbringer mit der im letzten Indossament genannten Person identisch sei.[1831]

Hupka zufolge schade dem zahlenden Wechselschuldner bei der Durchführung dieser Identitätsprüfung bereits gewöhnliche Fahrlässigkeit; anderseits

---

1827 *Hupka*, Revision (1930) 13 (Hervorhebungen im Original); anderer Ansicht *Heck*, Zeitschrift für ausländisches und internationales Privatrecht 1930, 419.

1828 *Hupka*, Revision (1930) 13; ablehnend *Quassowski*, Zeitschrift für ausländisches und internationales Privatrecht 1930, 780.

1829 Kritisch dazu *Hupka*, Wechselrecht (1934) 54–57; siehe auch *Lenhoff*, Einführung (1933) 64–66; *Quassowski*, Zeitschrift für ausländisches und internationales Privatrecht 1930, 780.

1830 Zitiert nach *Hupka*, Revision (1930) 18 Fn 54.

1831 *Hupka*, Revision (1930) 18.

dürfe es ihm bei der Frage des rechtmäßigen Erwerbs des Präsentanten nicht einmal schaden, wenn er in grob fahrlässiger Unkenntnis (*faute lourde*) an diesen zahle. Hupka geht sogar noch einen Schritt weiter und argumentiert, dass selbst positive Kenntnis vom Mangel der Berechtigung des Präsentanten nichts an der schuldbefreienden Wirkung der Zahlung ändern dürfe: „Nur dann, wenn der Schuldner auch die Sicherheit hat, die mangelnde Wechselberechtigung des Inhabers *liquid beweisen* zu können, darf ihm zugemutet werden, die Zahlung zu verweigern; denn verweigert er sie, ohne diesen Beweis in Händen zu haben, dann riskiert er, im Wechselprozesse gegen den Inhaber [...] zu unterliegen und außer den Prozeßkosten auch die Verzugsfolgen tragen zu müssen." Es müsse daher in Art. 39 Abs. 3 bestimmt werden, dass „eine rechtmäßige Zahlung an den gehörig ausgewiesenen, aber nicht berechtigten Inhaber nur dann ungültig ist, wenn der Zahlende den Rechtsmangel nicht bloß kennt, sondern unmittelbar zu beweisen mag."[1832]

Der Aufsatz stellt einmal mehr Hupkas umfassende Kenntnisse auf dem Gebiet des Wechselrechts, sein Bewusstsein für die Erfordernisse der Praxis, sowie sein sprachliches Feingefühl und legistisches Geschick unter Beweis. Schlussendlich fanden freilich nicht alle seine Anregungen Eingang in die Genfer Wechselordnung; schon im Vorfeld der Konferenz betonte allerdings ein zeitgenössischer Rezensent, dass „die wertvollen und durchdachten Bemerkungen des Verfassers, deren Forderungen sich die österreichischen Wirtschaftsverbände zum Teil zu eigen gemacht haben, von jedem mit dem Gegenstand Befaßten eindringlich gewürdigt werden müssen."[1833]

C. Das einheitliche Wechselrecht der Genfer Verträge

In Österreich trat das neue Wechselgesetz am 1. Jänner 1934 in Kraft. Dieses übernahm in seinen ersten 78 Paragraphen die entsprechenden Artikel der Wechselordnung wörtlich; ab § 79 folgten Bestimmungen zu jenen Materien, die den Einzelstaaten zur Regelung überlassen worden waren (die Protesterhebung, die Bereicherung und das Abhandenkommen von Wechseln). In diesen Letzteren hatte sich das österreichische Gesetz an den einschlägigen deutschen Bestimmungen orientiert und damit die zwischen diesen Staaten bereits seit Mitte des neunzehnten Jahrhunderts herrschende Rechtsangleichung fortgeführt.[1834]

1832 *Hupka*, Revision (1930) 18 (Hervorhebung im Original); zustimmend *Heck*, Zeitschrift für ausländisches und internationales Privatrecht 1930, 419. Auch dieser Vorschlag wurde in Genf nicht aufgegriffen; siehe dazu *Quassowski*, Zeitschrift für ausländisches und internationales Privatrecht 1930, 782; *Hupka*, Wechselrecht (1934) 45–47.

1833 *Heck*, Zeitschrift für ausländisches und internationales Privatrecht 1930, 419.

1834 *Lenhoff*, Juristische Blätter 1932, 390.

Obwohl Hupkas große Monografie zum Wechselrecht der Genfer Verträge erst 1934 erschien, hatte er sich schon in den Jahrzehnten davor mit diesem Projekt auseinandergesetzt. Bereits 1915 hatte er die ersten Kapitel eines Kommentars zur Haager Wechselordnung fertiggestellt,[1835] „die Hupka als einen Meister des von ihm bearbeiteten Stoffes zeigen, der eine durchaus gediegene Arbeit liefert, überall anregend, die vorhandene Lehre in wesentlichen Punkten fördernd, so dass sich dieser Kommentar als ein zuverlässiger Berater in wechselrechtlichen Fragen darstellen wird."[1836]

1. *Zielsetzung und allgemeiner Überblick*

Durch die drei Genfer Abkommen war zwar der Grundstein für die Vereinheitlichung des Wechselrechts gelegt worden; es bestehe aber, warnte Hupka, „bei der Kompliziertheit des Rechtsstoffes und bei der Verschiedenheit der nationalen Grundsätze und Methoden der Rechtsfindung die hundertfältige Gefahr widersprechender Gerichtsentscheidungen." Angesichts dieser Problematik sollte das Hupkas Lehrer Josef Schey[1837] zugeeignete Werk „einen Beitrag leisten zur Schaffung des Fundaments für die einheitliche Auslegung der einheitlichen Texte und damit für den Aufbau und die Sicherung des einheitlichen Rechts." Dieses Ziel erreicht das Werk „durch eine systematische und umfassende Bearbeitung des Quellenmaterials, durch einen vollständigen Bericht über die Problemstellungen und Lösungsversuche auf den drei Wechselrechtskonferenzen".[1838] In der Virtuosität, die der Verfasser im Umgang mit dem umfangreichen, vielsprachigen Material an den Tag legt, liegt eine der großen Stärken des über dreihundert Seiten umfassenden Kommentars. Hupka bezieht nicht nur die Materialien der Genfer Konferenzen in seine Arbeit ein, sondern greift auch auf jene der Haager Wechselrechtskonferenzen und vorangehende internationale Bemühungen zur Vereinheitlichung des Wechselrechts zurück, um die historische Genese und Entwicklung einzelner Regelungen darzustellen. „Der Wert dieser Methode steht außer Zweifel", bemerkt Eugen Ulmer, Professor der Rechte an der Universität Heidelberg, in seiner Rezension. Angesichts der Gefahr, „daß durch verschiedenartige Auslegung in den einzelnen Ländern bedeutsame

1835 Dieser lag den Gutachtern offenbar als Manuskript vor, wurde aber nie publiziert.

1836 ÖStA, AVA, Unterricht, Allgemeine Reihe, Juridische Lehrkanzeln, Kart. 607, Handels- und Wechselrecht, Bericht der zur Erstattung von Vorschlägen für die Besetzung der Lehrkanzel für Handels- und Wechselrecht eingesetzten Kommission (Abschrift) vom 3. Juli 1915.

1837 Zu Schey siehe insbesondere Zweiter Teil, Kapitel V.B.

1838 *Hupka*, Wechselrecht (1934) V.

Abweichungen in der Handhabung eintreten“ komme „daher gerade einem Werk wie dem Hupkaschen in der Bekämpfung dieser Gefahr eine besondere Bedeutung zu.“[1839]

„Sekundärer Zweck“ von Hupkas Kommentar ist, der Intention des Verfassers gemäß, „die Kritik der sachlichen Konferenzergebnisse im besonderen Hinblick auf die periodische Revision zur Verbesserung und Vervollständigung des Vereinheitlichungswerkes.“[1840] Vor diesem Hintergrund behandelt Hupka die damals sehr kontrovers diskutierten Fragen der höheren Gewalt beim Rückgriffsrecht und der kollisionsrechtlichen Behandlung der Erklärungswirkungen in besonderem Detail, wobei auch hier die Konferenzmaterialien umfassende Berücksichtigung finden.[1841] Ulmer hebt hervor, dass Hupka bei Einzelfragen mitunter von der in Deutschland herrschenden Lehre abweicht, wobei ihm „des öfteren zugegeben werden [muss], daß er die Grundsätze des W[echsel].G[esetzes]. folgerichtiger durchdacht hat.“ Auch Hupkas Ansicht über den Einfluss der höheren Gewalt „wird man voll zustimmen können“.[1842]

2. *Der Begriff der ‚höheren Gewalt‘ im Wechselrecht*

Der Einfluss höherer Gewalt auf Bestand und Ausübung des Regressrechts wird in Art. 54 der Genfer Wechselordnung geregelt: „Keine hat im Haag zu so langen und lebhaften Debatten geführt wie die nach den rechtlichen Wirkungen zufälliger Ereignisse, welche die rechtzeitige Vornahme der für die Regreßausübung vorgeschriebenen Handlungen verhindern“, erinnert Hupka zu Beginn seiner Ausführungen. In weiterer Folge gibt er eine konzise Zusammenfassung der unterschiedlichen Rechtsanschauungen, die in Den Haag aufeinandertrafen: Das englische Recht sanktioniert die Nichterfüllung der Obliegenheiten des Inhabers nur dann mit dem Nachteil des Verlustes des Regressrechts, wenn dieser schuldhaft oder grob fahrlässig gehandelt hat; war es ihm aber bei „Aufmerksamkeit und Mühe, die ihm unter den Umständen vernünftiger- und billigerweise zugemutet werden kann (‚due diligence‘)“ nicht möglich, die vorgeschriebene Handlung rechtzeitig zu setzen, gilt er als „‚entschuldigt‘“. In diesem Fall muss die Handlung – wenn das Hindernis ein temporäres ist – nach dessen Wegfall unverzüglich nachgeholt

1839 *Ulmer*, [Rezension von] Josef Hupka, Das einheitliche Wechselrecht der Genfer Verträge, Zeitschrift für deutsches und internationales Privatrecht 1936, 415 (416).

1840 *Hupka*, Wechselrecht (1934) VI.

1841 Siehe dazu auch *Olechowski* in *Olechowski/Ehs/Staudigl-Ciechowicz* 386.

1842 *Ulmer*, Zeitschrift für deutsches und internationales Privatrecht 1936, 416.

werden; ist das Hindernis hingegen ein dauerhaftes, wird sie dem Inhaber erlassen.[1843]

Im Gegensatz dazu betrachteten die kontinentalen Wechselordnungen „die pünktliche Vorlegung und Protesterhebung nicht als Erfüllung subjektiver Pflichten, sondern als objektive *Bedingungen* der Regreßansprüche.“ An die Stelle der Verschuldensfrage tritt somit jene, „ob die Regreßbedingung nicht aus Billigkeitsgründen ausnahmsweise zu erlassen sei.“[1844] Bis zum Ende des neunzehnten Jahrhunderts waren einander die Länder, die der *vis maior* aufschiebende Wirkung für die Ausführung der Regreßhandlungen zuerkannten (Holland, Skandinavien, Frankreich, Belgien, Luxemburg und Italien), jenen gegenüber gestanden, die an der Unbeachtlichkeit der höheren Gewalt festhielten (Russland, Schweiz, Deutschland und Österreich). Schon die unterschiedliche Rechtsprechung infolge der französischen Kriegsmoratorien der Jahre 1870 und 1871 hatte bereits vor den Haager Wechselrechtskonferenzen den Wunsch nach Vereinheitlichung laut werden lassen.[1845]

Das Festhalten an der absoluten Unbeachtlichkeit zufälliger Ereignisse stand in Genf nicht mehr zur Debatte; heftig diskutiert wurde allerdings, ob der höheren Gewalt „suspendierende oder dispensierende Wirkung“ zukommen sollte, ob also durch zufällige Ereignisse temporär unmöglich gemachte Protesthandlungen innerhalb einer gesetzlich festgelegten Frist nachzuholen oder gänzlich erlassen sein sollten.[1846] Hupka gibt eine detaillierte Übersicht der bereits in Den Haag geführten Debatte, die in der Kompromisslösung des Art. 53 der Haager Wechselordnung mündete: „Steht der rechtzeitigen Vorlegung des Wechsels oder der rechtzeitigen Erhebung des Protestes ein unüberwindliches Hindernis entgegen (Fall höherer Gewalt), so werden die für diese Handlungen bestimmten Fristen verlängert. ... Fällt die höhere Gewalt weg, so muß der Inhaber den Wechsel unverzüglich zur Annahme oder zur Zahlung vorlegen und gegebenenfalls Protest erheben lassen. Dauert die höhere Gewalt länger als dreißig Tage nach Verfall, so kann Rückgriff genommen werden, ohne daß es der Vorlegung oder der Protesterhebung bedarf.“ In Genf entschied man sich schlussendlich für die Beibehaltung dieser Lösung.[1847]

Gemäß Art 54 Abs. 2 ist der Inhaber des Wechsels verpflichtet, die Verhinderung zur Vorlage bzw. der Protesterhebung seinem Vormann (nicht dem Austeller!) unverzüglich anzuzeigen und diesen Umstand unter Beisetzung

---

1843 *Hupka*, Wechselrecht (1934) 149; siehe zu dieser Thematik auch *Quassowski*, Zeitschrift für ausländisches und internationales Privatrecht 1930, 784–786.

1844 *Hupka*, Wechselrecht (1934) 149–150 (Hervorhebung im Original).

1845 *Hupka*, Wechselrecht (1934) 150.

1846 *Hupka*, Wechselrecht (1934) 151.

1847 Zitiert nach *Hupka*, Wechselrecht (1934) 153.

von Ort und Datum auf dem Wechsel selbst oder einem Anhang zu vermerken. Diese Anmerkung dient nicht nur der Information der Vor- und Nachmänner, sondern hat besondere Bedeutung für die Begrenzung der Wartefrist bei Sicht- und Nachsichtwechseln. Da bei diesen der Fälligkeitszeitpunkt in vielen Fällen nicht festgesetzt ist, müsste „dem Grundgedanken gemäß“ jener Tag gelten, an dem der Inhaber den Wechsel dem Bezogenen zur Zahlung oder Annahme vorlegen hätte können, sofern dies nicht durch den Eintritt höherer Gewalt verhindert worden wäre. Da dieser Zeitpunkt aber zumeist von subjektiven Erwägungen des Inhabers abhängig und daher nicht ohne Weiteres feststellbar ist, stellt die Wechselordnung auf den auf dem Wechsel vermerkten Termin der Notifikation des Vormannes ab, wobei sich diese Frist bei Nachsichtwechseln um die im Wechsel angegebene Nachsichtfrist verlängert (Art. 54 Abs. 5). Hupka begrüßt diese Lösung als Verbesserung gegenüber der diesbezüglich auf den Haager Konferenzen ausgearbeiteten Vorschläge.[1848]

Kritisch betrachtet Hupka die Entscheidung, individuelle Notstände aus der Regelung der Wirkung höherer Gewalt auszunehmen.[1849] Besonders Deutschland und Österreich hatten während der Verhandlungen den Standpunkt vertreten, dass Aussteller und Indossanten zwar für die Allgemeinheit oder zumindest größere Personengruppen betreffende Ereignisse höherer Gewalt nicht haftbar gemacht werden könnten, wohl aber für bloß subjektive Verhinderungsgründe, auch wenn diese unvorhersehbarer und abwendbarer Natur (Tod, plötzliche schwere Erkrankung u.ä.) seien. Demgegenüber beharrten Frankreich und die Vertreter des angloamerikanischen Rechtskreises darauf, dass zufällige Ereignisse, die eine Einzelperson träfen, genauso schwer wiegen müssten, wie jene, die eine größere Personengruppe beträfen. Die Vertreter Englands und der Vereinigten Staaten führten darüber hinaus auch aus, dass diese Regelung in ihren Ländern bereits seit Langem bestehe und sich in der Praxis bestens bewährt habe. Dennoch beschloss man in Genf schlussendlich den Ausschluss individueller Zufälle vom Begriff der höheren Gewalt. Als Konzession an die Befürworter der abgelehnten Lösung wurde der Text allerdings dahin gehend abgeändert, dass nur „*rein* persönliche Tatsachen“ von der Berücksichtigung ausgeschlossen wurden, sodass auch Ereignisse, die nicht die Allgemeinheit schlechthin sondern nur „eine gewisse Zahl von Personen“ betreffen, von der Regelung erfasst wurden.[1850]

1848 *Hupka*, Wechselrecht (1934) 156–157.

1849 Siehe dazu auch bereits *Hupka*, Revision (1930) 21.

1850 Zitiert nach *Hupka*, Wechselrecht (1934) 161–162 (Hervorhebung im Original); zur Debatte über dieses Thema siehe eingehend *Hupka*, Wechselrecht (1934) 159–161.

Hupka kritisiert die „ungerechte Härte“ dieser Lösung, zumal er Schwierigkeiten bei deren Anwendung durch die Rechtsprechung vorhersieht: „Die Gerichte werden also zu entscheiden haben, bei welcher Zahl von Personen, die durch einen gemeinsamen Unfall betroffen werden, die private Kalamität aufhört und die öffentliche beginnt!“[1851]

In einem eigenen Unterkapitel widmet sich Hupka der Debatte um die Miteinbeziehung staatlicher Moratorien in den Begriff der höheren Gewalt. Solche Moratorien, mittels derer ein Staat im Kriegs- oder sonstigen Krisenfall die Vorlegung und Protestierung von Wechseln für einen bestimmten Zeitraum verbieten konnte, hatten in den Jahren 1870/71 den Anstoß für die Debatte über diesen konkreten Fall der höheren Gewalt gegeben. Hupka sieht den Ausgang der in Den Haag geführten Diskussion über dieses Thema überaus kritisch: „so gewiß, […] gerade auf diesem Gebiet eine international einheitliche Regelung am dringendsten nottut, ebenso gewiß ist die in Genf beschlossene Einbeziehung der Moratorien in den Art. 53 der Haager Wechselordnung keine glückliche Lösung dieser Frage.“[1852]

Nachdem die Delegierten der Haager Konferenzen anfangs dazu tendiert hatten, Moratorien aufgrund deren politischer Komponente aus der Regelung des einschlägigen Art. 53 der Haager Wechselordnung auszuschließen, waren diese vom allgemeinen Wortlaut des Textes, der lediglich von einem „unüberwindlichen Hindernis (Fall höherer Gewalt)“ sprach – entgegen dem klaren Willen der Gesetzgeber – mit einbezogen. In Genf wurde dieser Widerspruch beseitigt; Voraussetzung für die Anwendbarkeit des Art. 54 ist eine „*gesetzliche Vorschrift irgendeines Staates oder* ein *anderer* Fall höherer Gewalt“.[1853] Diese Regelung führt allerdings zu einer Ungleichbehandlung in- und ausländischer Aussteller und Indossanten: Während Erstere für die gesamte Dauer des Moratoriums vor dem Zugriff durch den Inhaber geschützt sind, sieht die Regelung des Art. 54 für Letztere lediglich die allgemeine Schutzfrist von 30 Tagen vor. Zwar hatte man von anderen Vertragsstaaten erlassenen Moratorien aus der Anerkennungspflicht für bestimmte vom einheitlichen Wechselgesetz abweichende Landesgesetze ausgenommen und damit die theoretische Möglichkeit geschaffen, dass jeder Vertragsstaat auf seinem Gebiet die rechtliche Wirkung per Gesetz entziehen könnte; jedoch bemerkt Hupka richtig, dass es zu einer solchen „vollkommenen Abwehr eines fremden Moratoriums […] nur in äußersten und ganz eigentümlich liegenden Fällen kommen wird“. Als „[p]raktisch viel

1851 *Hupka*, Wechselrecht (1934) 162.

1852 *Hupka*, Wechselrecht (1934) 163.

1853 Zitiert nach *Hupka*, Wechselrecht (1934) 166 (Hervorhebung im Original); zur Debatte in Den Haag siehe *Hupka*, Wechselrecht (1934) 163–166.

wichtiger" erachtet er hingegen „die Möglichkeit einer Korrektur der aus der Anwendung des Art. 54 EWG. sich ergebenden einseitigen Benachteiligung der inländischen Verpflichteten eines durch ein ausländisches Moratorium betroffenen Wechsels."[1854]

Während dieser Notwendigkeit im Plenum der Genfer Konferenz nicht Rechnung getragen wurde, fand sie allerdings in die Erläuterungen des Redaktionskomitees Eingang. In diesen wird festgehalten, dass Art. 22 der Vorbehalte (Anhang II) zu dem Zweck beschlossen worden sei, „die Vertragsstaaten zu ermächtigen, die inländischen Regresse aus einem von einem ausländischen Moratorium betroffenen Wechsel durch besondere gesetzliche Verfügung über die im Art. 54 festgesetzte Höchstfrist von dreißig Tagen hinaus zu suspendieren".[1855] Hupka weist zu Recht darauf hin, dass eine solche Auslegung durch den Wortlaut des Art. 22 „bei ungezwungener Auslegung nicht herausgelesen werden" kann, billigt aber die Tatsache, dass „in Ermangelung einer anderen Handhabe für einen ausreichenden Schutz der nationalen Interessen bereits eine Reihe von Staaten sich die kühne Interpretation des Redaktionskomitees [...] zueigen und zunutze gemacht hat."[1856] Dementsprechend nahmen etwa Deutschland und Österreich in ihre Einführungsgesetze zum Einheitlichen Wechselgesetz Vorschriften auf, die die Regierung ermächtigten, „in Fällen, in denen die rechtzeitige Vornahme einer Handlung, die im Ausland zur Ausübung oder Erhaltung der Rechte aus einem Wechsel vorzunehmen ist, durch eine dort erlassene Vorschrift verhindert wird, zu verordnen, daß die Rechte ungeachtet der Versäumung bestehen bleiben, sofern die Handlung unverzüglich nach Wegfall des Hindernisses nachgeholt wird."[1857] Nur wenn man – „was mit Recht bezweifelt werden darf" – annehme, dass solche Verordnungsermächtigungen von Art. 22 gedeckt seien, biete das Einheitliche Wechselgesetz ausreichenden Schutz für durch ausländische Moratorien bedrohte nationale Interessen. „[V]om internationalen Standpunkt der Vereinheitlichung" findet Hupka „das Ergebnis der Genfer Beratungen aber in jedem Fall unbefriedigend. [...] Hier ist der nächsten Revisionskonferenz eine wichtige, wenn nicht die wichtigste Aufgabe gestellt."[1858]

1854 *Hupka*, Wechselrecht (1934) 168.
1855 *Hupka*, Wechselrecht (1934) 169.
1856 *Hupka*, Wechselrecht (1934) 170.
1857 *Hupka*, Wechselrecht (1934) 170.
1858 *Hupka*, Wechselrecht (1934) 170–171; siehe dazu auch *Wieland*, Das Wechselrecht im schweizerischen Entwurf eines revidierten Obligationenrechts und die Wechselrechts-Vereinheitlichung (1929) 209.

3. *Die Wirkungen der Wechselerklärungen*

Detaillierte Kritik übt Hupka auch an den in den Artt. 4, 5 und 7–9 des zweiten Genfer Abkommens über gewisse Grundsätze des Wechselprivatrechts getroffenen Regelungen betreffend die Wirkungen der Wechselerklärungen. Nachdem diese Materie in Den Haag nicht behandelt worden war, einigte man sich in Genf darauf, die kollisionsrechtliche Anknüpfung für alle Verpflichtungsakte aus dem Wechsel unabhängig voneinander zu regeln, wobei für die Hauptverpflichtung aus dem Wechsel der angegebene Zahlungsort, für Garantieerklärungen nach ausgedehnter Debatte die Maßgeblichkeit des Ortes der Unterschriftleistung festgelegt wurde.[1859] Hupka billigt diesen Beschluss grundsätzlich, weist aber darauf hin, dass der Schutz des Vertrauens in den Inhalt des Wechsels dazu führen müsse, dass bei Falschangaben der angegebene Ort einem gutgläubigen Inhaber gegenüber als wahr anzusehen sein müsse, da es einer expliziten Norm bedurft hätte, um dieses wechselrechtliche Prinzip zu durchbrechen.[1860]

Eine der wenigen Ausnahmen vom Prinzip der kollisionsrechtlichen Unabhängigkeit der Wechselerklärungen (Art. 4) betrifft Form und Fristen der Regresshandlungen, da es dem Wechselinhaber bzw. dem notifikationspflichtigen Indossatar nicht zugemutet werden kann, zur Vermeidung von Rechtsnachteilen die Rechtsvorschriften aller Länder, in denen der Wechsel ausgestellt, indossiert, oder mit Interzessions- und Interventionserklärungen versehen wurde, zu beachten (Artt. 7, 8). Hupka bedauert in diesem Zusammenhang, dass entgegen dem Antrag der jugoslawischen Delegation aber nur die Protestfristen, nicht auch jene für die übrigen zur Ausübung oder Wahrung der Rechte aus dem Wechsel notwendigen Handlungen, wie etwa Präsentation und Notifikation, den Gesetzen des Handlungsortes zu unterwerfen, keine Folge gegeben wurde. Diese sind nach Hupkas Meinung gemäß dem in Art. 4 kodifizierten Unabhängigkeitsprinzip nach dem Recht des Ortes, an dem die haftungsbegründende Wechselhandlung gesetzt wurde, zu beurteilen.[1861] „Für die einheitliche kollisionsrechtliche Behandlung auch dieser Fristen spricht die gleiche Rücksicht auf den Inhaber, den man nicht der Gefahr aussetzen sollte, den Regreß gegen einzelne

---

1859 *Hupka*, Wechselrecht (1934) 251–253.

1860 *Hupka*, Wechselrecht (1934) 254 unter Berufung auf *Raiser*, Die Wirkungen der Wechselerklärungen im internationalen Privatrecht (1931) 57–58; anderer Ansicht *Staub/Stranz*, Kommentar zum Wechselgesetz[13] (1934) Anm. 28 zu Art. 93 Deutsches Wechselgesetz.

1861 *Hupka*, Wechselrecht (1934) 256; anderer Ansicht *Kessler*, Kommentar zum Wechselgesetz (1933) 80; für die Gleichstellung lediglich der Notifikationsfrist mit der Protestfrist *Raiser*, Wirkungen der Wechselerklärungen (1931) 80.

Vormänner dadurch einzubüßen, daß nach deren Verpflichtungsstatut die Vorlegung zu spät erfolgt ist, und ebenso die Rücksicht auf jeden zur Notifikation Verpflichteten, dem man nicht zumuten sollte, sich über die ausländischen Anzeigefristen zu unterrichten: kurz, die Rücksicht auf den *Gläubiger*, dessen Diligenzpflichten nicht durch das Kollisionsrecht unbillig erschwert werden sollen."[1862]

Kritisch äußert sich Hupka auch darüber, dass die Frage der „Notwendigkeit von Präsentation, Protest und Notifikation" in Genf „nicht einmal gestreift worden" war, „obwohl eine internationale Konferenz, die das Wagnis unternahm, überstaatliche Kollisionsregeln für die Wirkungen der Wechselerklärungen aufzustellen, wohl auch sie hätte erörtern sollen."[1863] Mangels einer besonderen Bestimmung fiele auch die Frage, ob in Fällen höherer Gewalt diese Obliegenheiten sofort oder nach einer Wartefrist zu erlassen seien, unter Art. 4 Abs. 2 und seien daher für jeden Regressschuldner gesondert zu beurteilen.[1864] Darüber hinaus hält Hupka es für „ganz unmöglich, daß die Bestimmung der Zahlungsmodalitäten und die Berechnung des Verfallstages und des Zahlungstages pro regressu einem anderen Statut überlassen sein sollten als dem in diesen Beziehungen für die Hauptschuld maßgebenden Statut des Zahlungsortes", da hier „das Interesse des Wechselinhabers, in diesen Beziehungen durch eine einzige Norm nach *allen* Seiten gesichert zu sein [...] den Ausschlag geben" müsse.[1865]

Im Gegensatz dazu spricht sich Hupka dafür aus, die Bestimmung des Art. 5 betreffend die Regressfristen in Übereinstimmung mit dem Antrag der italienischen Delegation auf „zeitliche Schranken" jeder Art auszudehnen und diese ebenfalls nach dem Statut des „Ortes der *Grundwechselerklärung*" zu beurteilen, da der italienische Antrag angenommen worden war und diese Auslegung somit der Absicht der Konferenz entspräche.[1866]

1862 *Hupka*, Wechselrecht (1934) 255–256 (Hervorhebung im Original); siehe auch *Quassowski*, Zeitschrift für ausländisches und internationales Privatrecht 1930, 790.

1863 *Hupka*, Wechselrecht (1934) 256–257.

1864 *Hupka*, Wechselrecht (1934) 257; anderer Ansicht *Kessler*, Wechselgesetz (1933) 151 und 157.

1865 *Hupka*, Wechselrecht (1934) 257–258 (Hervorhebung im Original); siehe dazu auch *Morawitz*, Das internationale Wechselrecht. Eine systematische Untersuchung der auf dem Gebiet des Wechselrechts auftretenden kollisionsrechtlichen Fragen (1991) 101.

1866 *Hupka*, Wechselrecht (1934) 259–260; siehe dazu auch *Raiser*, Wirkungen der Wechselerklärungen (1931) 67–70; *Staub/Stranz*, Wechselgesetz[13] (1934) Anm. 2 und 3 zu Art. 94 deutsches Wechselgesetz; anderer Ansicht *Quassowski/Albrecht*, Wechselgesetz (1934) Anm. 2 zu Art. 94 deutsches Wechselgesetz.

Darüber hinaus weist Hupka auf die Bedeutung dieser Norm für die Verjährung hin: Da Art. 5 ausschließlich die Verjährungs*frist* regelt, fallen die Hemmung und Unterbrechung der Verjährung unter die allgemeine Bestimmung des Art. 4 Abs. 2, sodass hierfür für jeden Verpflichteten aus dem Wechsel das jeweilige Ortsrecht seiner Wechselerklärung maßgeblich wäre. Allerdings bestimmt Vorbehaltsartikel 17 des Ersten Genfer Abkommens, dass es den Gerichten jedes Mitgliedsstaates freisteht, Hemmung und Unterbrechung der Verjährung nach der lex fori zu beurteilen. Dies gilt nicht nur für die Regressschuldner, sondern auch für den Aussteller des Wechsels, „dessen Verpflichtungsstatut nach Art. 4 Abs. 1 das Recht des Zahlungsortes ist." Art. 4 könne daher unter den Vertragsstaaten keine Anwendung finden; seine Anwendbarkeit beschränke sich auf Wechselbeziehungen mit Drittstaaten. „Die Genfer Verhandlungsberichte lassen nicht erkennen, daß man sich dieser sonderbaren Doppelregelung bewußt geworden ist", kritisiert Hupka.[1867] Eine ähnliche „Doppelregelung" ergebe sich auch aus Vorbehaltsartikel 17 Abs. 2 2. Satz des ersten Genfer Abkommens und Art. 5 des kollisionsrechtlichen Abkommens: Während Ersterer den Vertragsstaaten freistellt, den in Art. 70 Abs. 3 bestimmten Ausgangspunkt für den Remboursregress „nur bedingungsweise anzuerkennen", bestimmt Art. 5 des kollisionsrechtlichen Abkommens, dass für die „détermination des délais" – worunter auch die Bestimmung des Fristbeginns zu subsumieren sei – das Recht des Ausstellungsortes maßgeblich ist.[1868]

Unter Bezugnahme auf Raiser merkt Hupka an, dass „ein wirkliches Bedürfnis" nach der Abweichung vom Unabhängigkeitsprinzip in der Gestalt des Art. 5 nicht bestehe, zumal sich aus dieser Bestimmung nicht nur – „ihrem Zweck entsprechend – Abkürzungen, sondern nach Lage des Falles ganz zweckwidrig Verlängerungen der Indossantenhaftung" ergeben könnten.[1869]

Kritisch sieht Hupka auch, dass die in Den Haag begonnenen Bemühungen um eine materiell einheitliche Regelung des Abhandenkommens (Verlust, Vernichtung, Entwendung) des Wechsels in Genf nicht weiterverfolgt wurden. Er begrüßt zwar grundsätzlich, dass mit Art. 9 des kollisionsrechtlichen Abkommens „endlich" ein „einheitliches Statut" für diese Problemstellung gefunden wurde, bemängelt aber die unscharfe Textierung, die nur vom „Verlust" oder „Diebstahl" des Wechsels (nicht aber dessen Vernichtung) und den „zu ergreifenden Maßnahmen" (nicht aber von daraus

---

1867 *Hupka*, Wechselrecht (1934) 260.

1868 *Hupka*, Wechselrecht (1934) 261.

1869 *Hupka*, Wechselrecht (1934) 261; siehe dazu auch *Raiser*, Wirkungen der Wechselerklärungen (1931) 70–71.

resultierenden Restitutionsansprüchen) spricht. Hupka kritisiert zu Recht, dass diese Ergänzungen nur in den Konferenzbericht aufgenommen wurden, anstatt die „sehr einfachen Korrekturen" im Text selbst vorzunehmen.[1870]

Das kollisionsrechtliche Abkommen in Art. 4 behandelt nur die Verpflichtungswirkung der Wechselakte (Ausstellung des eigenen Wechsels, Annahme und Ehrenannahme des gezogenen Wechsels, Wechselbürgschaft). Demgegenüber betont Hupka, dass bei den Begebungsakten (Indossament, Trassierung im Falle eines bereits vorhandenen Akzepts oder Avals) neben der Garantiewirkung die Verfügungswirkung stehe: „die Rechtsstellung des Empfängers als neuer Wechselgläubiger aus den schon vorhandenen Skripturen oder als Pfandberechtigter oder als bloßer Vollmachtsträger für die Ausübung der Wechselrechte des Indossanten." Daraus ergebe sich für das Kollisionsrecht „die heikle Frage, ob die Verfügungswirkung eines Begebungsaktes gegenüber jedem einzelnen Schuldner nach *dessen Verpflichtungs*statut (Recht des Zahlungs- oder des Verpflichtungsortes) zu beurteilen ist, oder ob ein einheitliches *Begebungs*statut die Rechtsstellung des neuen Inhabers *gegenüber allen Verpflichteten* gleichmäßig bestimmen soll."[1871] Besondere praktische Bedeutung erlange diese Frage bei der Handhabung des Blankoindossaments, der Regelung der Nachindossamente, und der Einredenbeschränkung beim Normalindossament, die in den einzelnen Vertragsstaaten höchst unterschiedlich behandelt würden. Hupka gibt einen kurzen Überblick über die herrschende internationale Rechtsprechung und den Meinungsstand zu dieser Thematik und schließt mit der Feststellung, dass „[a]uf dem Boden des Genfer Abkommens [...] bei dem Fehlen einer ausdrücklichen Bestimmung die Durchbrechung des in Art. 4 festgelegten Unabhängigkeitsprinzips zugunsten einer einheitlichen Übertragungswirkung jedes Begebungsaktes nicht angenommen werden [kann], mag sie auch im Interesse der Sicherheit des internationalen Wechselverkehrs wünschenswert sein."[1872]

Abschließend kommt Hupka noch kurz auf die kollisionsrechtliche Behandlung der „Umlaufsfähigkeit des Wechsels", insbesondere die Regelung betreffend die Wirksamkeit der Rektaklausel, die in den Gesetzen der Vertragsstaaten unterschiedlich geregelt wird, zu sprechen: Während eine solche Klausel in manchen Rechtsordnungen die Weiterbegebung des Wechsels mit skripturrechtlichen Wirkungen ausschließt, hat sie in anderen

1870 *Hupka*, Wechselrecht (1934) 262.

1871 *Hupka*, Wechselrecht (1934) 263–264 (Hervorhebung im Original).

1872 *Hupka*, Wechselrecht (1934) 265; siehe dazu auch *Staub/Stranz*, Wechselgesetz[13] (1934) Anm. 23 zu Art. 93 deutsches Wechselgesetz; zustimmend *Morawitz*, Das internationale Wechselrecht (1991) 118; anderer Ansicht *Raiser*, Wirkungen der Wechselerklärungen (1931) 111; *Kessler*, Wechselgesetz (1933) 150 und 152.

lediglich die Beschränkung der Haftung des Ausstellers zur Folge oder wird als nicht geschrieben angesehen.[1873] Nach einem kurzen Überblick über den herrschenden Meinungsstreit – zur Diskussion stand, diese im Sinne des Unabhängigkeitsprinzips jedem Schuldner gegenüber nach dessen Statut zu beurteilen, sie jeweils allen Schuldnern eines jeden Indossatars gegenüber einheitlich nach dessen Erklärungsstatut zu beurteilen, oder sie allen Betroffenen gegenüber einheitlich nach dem Statut des Grundwechsels zu entscheiden – schließt sich Hupka de lege ferenda der letztgenannten Ansicht an. Es entspräche nämlich „gewiß der Natur des Wechsels am besten, seine regelmäßige und für den Verkehr wichtigste Eigenschaft, die Zirkulationsfähigkeit, für alle von ihm getragenen Forderungen einheitlich nach dem Statut der Grunderklärung zu beurteilen", da „in keiner Richtung [...] die separatistische Behandlung der einzelnen Verpflichtungen oder der einzelnen Übertragungsakte weniger am Platz [sei] als in der Frage der Negotiabilität."[1874] Nach der Genfer Wechselrechtskonvention müsse diese Frage dennoch mangels einer expliziten Ausnahme gemäß Art. 4 Abs. 2 nach den einzelnen Verpflichtungsstatuten entschieden werden.[1875]

Eine zeitgenössische Rezension lobt *Das einheitliche Wechselrecht der Genfer Verträge* als „ein Werk von einheitlichem Guß: die dogmatische Sauberkeit und die bei aller erstrebten Vollständigkeit doch stets gewahrte Strenge in der Gedankenführung zwingen den Leser in seinen Bann."[1876] Hupkas Monografie – vom Rezensenten „ohne Übertreibung als die klassische Darstellung des einheitlichen Wechselrechts" gepriesen – sollte sich international als Standardwerk etablieren[1877] und ist in den großen Bibliotheken fast aller europäischen Länder vertreten. Über Jahrzehnte griff die wechselrechtliche Fachliteratur – so etwa Ernst Jacobis 1944 fertiggestellte Monografie zum *Wechsel- und Scheckrecht*[1878], Martin Stranz' *Kommentar zum [deutschen] Wechselgesetz* von 1952,[1879] Gustav Stanzls *Lehrbuch zum Wechsel-, Scheck- und sonstigem Wertpapierrecht* von 1957,[1880] Hans Kapfers *Handkommentar zum [österreichischen] Wechselgesetz* aus dem

1873 Im Detail dazu *Hupka*, Wechselrecht (1934) 265–266.

1874 *Hupka*, Wechselrecht (1934) 266.

1875 *Hupka*, Wechselrecht (1934) 267; siehe auch *Staub/Stranz*, Wechselgesetz[13] (1934) Anm. 16 zu Art. 93 deutsches Wechselgesetz; anderer Ansicht *Raiser*, Wirkungen der Wechselerklärungen (1931) 111.

1876 *Ulmer*, Zeitschrift für deutsches und internationales Privatrecht 1936, 416.

1877 *Meissel* in FS Kranjc 305.

1878 *Jacobi*, Wechsel- und Scheckrecht unter Berücksichtigung des ausländischen Rechts (1956 [1955]). Das Werk wurde posthum 1955 erstmals veröffentlicht.

1879 *Stranz*, Das Wechselgesetz[14] (1952).

1880 *Stanzl*, Wechsel-, Scheck- und sonstiges Wertpapierrecht (1957).

Jahr 1969,[1881] Gabriele Morawitz' 1991 erschienene Abhandlung zu den kollisionsrechtlichen Fragen des internationalen Wechselrechts,[1882] Werner Hausers *Lehrbuch zum österreichischen Wechsel- und Scheckrecht* in der 2. Auflage von 1999,[1883] Wolfgang Hefermehls und Adolf Baumbachs *Kurzkommentar zum [Deutschen] Wechselgesetz und Scheckgesetz* in der Auflage von 2000[1884] – auf Hupkas Darstellung zurück. Selbst Carsten Schütz' *Die UNCITRAL-Konvention über Internationale Gezogene Wechsel und Internationale Eigen-Wechsel* (1992)[1885] bezieht sich in der Erläuterung jener Bestimmungen, die aus den Genfer Konventionen übernommen wurden, vielfach auf Hupka. Darüber hinaus beriefen sich sowohl der österreichische Oberste Gerichtshof als auch der deutsche Bundesgerichtshof in wechselrechtlichen Fragen bis Ende des zwanzigsten Jahrhunderts auf Hupkas letztes großes Werk.[1886]

V. Akademische Einflüsse und Lehrer

Josef Hupkas akademische Einflüsse lückenlos zu rekonstruieren, ist – mangels persönlicher Aufzeichnungen – ein kaum zu bewerkstelligendes Unterfangen. Einen Hinweis geben hier nur die Widmungen in Hupkas Werken; über diese hinaus ist es lediglich möglich, einige begründete Vermutungen anzustellen.

Sicherlich profitierte Hupka sowohl vom juristischen Umfeld seines Vaters als auch von den Beziehungen, die er zu Studienkollegen und Lehrenden knüpfte. Ideale Rahmenbedingungen für fruchtbaren Austausch und Vernetzung bot zweifellos auch die Wiener Juristische Gesellschaft, in deren Rahmen Hupka kurz nach seiner Rückkehr nach Wien seinen ersten wissenschaftlichen Vortrag über Stellvertretung und Vollmacht hielt.[1887] Neben Hupka gehörten dieser Vereinigung namhafte Juristen wie etwa Sigmund Adler, Robert Bartsch, Edmund Bernatzik, Karl Czyhlarz, Armin Ehrenzweig, Wenzel Gleispach, Carl Samuel Grünhut, Rudolf Herrnritt, Karl Gottfried

1881 *Kapfer*, Handkommentar zum Wechselgesetz (1969).

1882 *Morawitz*, Das internationale Wechselrecht (1991).

1883 *Hauser*, Österreichisches Wechsel- und Scheckrecht[2] (1999).

1884 *Hefermehl/Baumbach*, Wechselgesetz und Scheckgesetz mit Nebengesetzen und einer Einführung in das Wertpapierrecht (2000).

1885 *Schütz*, Die UNCITRAL-Konvention über Internationale Gezogene Wechsel und Internationale Eigen-Wechsel (1992).

1886 Siehe zuletzt OGH 11.2.1988, 8 Ob 2/88; BGH 11.4.1988, II ZR 272/87, BGHZ 104, 145–151. In Entscheidungsanmerkungen findet man *Hupkas* Namen bis heute, vgl. *Walch*, OGH 28.10.2013, 8 Ob 101/13 f, Notariatszeitung 2014, 98 (100).

1887 Siehe dazu Zweiter Teil, Kapitel I.

Hugelmann, Max Hussarek, Paul Jörs, Heinrich Klang, Franz Klein, Heinrich Lammasch, Karl Menger, Hans Nawiasky, Julius Ofner, Leopold Pfaff, Oskar Pisko, Josef Redlich, Josef Schey, Ernst Schwind, Hans Sperl, Karl Stooß, Friedrich Tezner, Hans Voltelini und Moriz Wellspacher an.[1888] In Summe mögen all diese Persönlichkeiten einen nicht geringen Anteil an Hupkas akademischem Werdegang gehabt und ihm wichtige Impulse für sein wissenschaftliches Werk geliefert haben; welche Rolle jedem einzelnen von ihnen aber zukam, lässt sich auf der Basis des vorhandenen Quellenmaterials nicht mehr sagen.

In diesem Kapitel sollen daher lediglich drei große Rechtswissenschaftler herausgegriffen werden, deren Einfluss auf seine akademische Entwicklung Hupka selbst – in Nachrufen und Widmungen seiner Werke – betonte: sein erster Lehrer Ludwig Mitteis, der Hupka für das römische Recht „entdeckt" hatte und unter dessen Ägide er in Leipzig seine Habilitationsschrift verfasste; Josef Schey, dem Hupka als seinem „verehrten Lehrer" sein letztes großes Werk widmete; und Carl Samuel Grünhut, „der Altmeister des österreichischen Handels- und Wechselrechtes",[1889] auf dessen Lehrstuhl Hupka 1915 nachfolgte.[1890]

A. Ludwig Mitteis (1859–1921)

Der 1859 in Laibach geborene Mitteis studierte in Wien und Leipzig Rechtswissenschaften; 1884 habilitierte er sich in Wien für das Fach römisches Recht. Er entstammte der Schule des großen Romanisten Adolf Exner, in dessen „Pandektenstube" er seine Liebe zum römischen Recht entdeckt hatte. Exner selbst war ein Schüler Joseph Ungers, welcher wiederum in der Mitte des neunzehnten Jahrhunderts die Lehren der Historischen Schule in Österreich etabliert hatte.[1891] Von 1887 bis 1895 lehrte Mitteis – zunächst als Extraordinarius, ab 1891 als Ordinarius – an der Universität Prag, bevor er 1895 als Nachfolger Exners an die Universität Wien zurückkehrte. 1899 wechselte er von dort an die Universität Leipzig, wo er 1921 verstarb.

In seiner Forschung war Mitteis zunächst stark von der Pandektistik beeinflusst, die „das römische Recht als dogmatischen Unterbau zum geltenden Recht, als Denkschule der Jurisprudenz schlechthin," betrieb.[1892] Mitteis war

1888 *Ogris*, 100 Jahre Wiener Juristische Gesellschaft (1867 bis 1967), in *Olechowski* (Hrsg), Elemente europäischer Rechtskultur. Rechtshistorische Aufsätze aus den Jahren 1961–2003 (2003) 429 (433).

1889 *Pisko*, Karl S. Grünhut †, Juristische Blätter 1929, 401.

1890 Siehe Erster Teil, Kapitel II.A.

1891 *Zimmermann*, „In der Schule von Ludwig Mitteis". Ernst Rabels rechtshistorische Ursprünge, Rabels Zeitschrift 2001, 1 (3).

1892 *Selb*, Mitteis, Ludwig, in Neue Deutsche Biographie XVII (1994) 576.

aber auch einer der ersten, der sich in seiner Forschung von dieser Auffassung löste und den Schritt zu einer rechtsgeschichtlichen Betrachtungsweise des römischen Rechts tat. Von bleibender Bedeutung für die gegenwärtige romanistische Forschung sind auf diesem Gebiet vor allem seine Arbeiten zur engen Verflechtung römischer, griechischer und orientalischer Rechtstraditionen, allen voran sein bahnbrechendes Werk *Reichsrecht und Volksrecht* (1891), und seine Forschungen auf dem Gebiet der juristischen Papyrologie, die in der 1912 gemeinsam mit Ulrich Wilkens herausgegebenen zweibändigen *Grundzüge und Chrestomathie der Papyruskunde* mündeten. Daneben galt sein Interesse auch der Interpolationenforschung; so geht etwa der *Index Interpolationum* für die Digesten auf seine Anregung zurück.[1893] Von 1901 bis 1921 war Mitteis Herausgeber der Romanistischen Abteilung der Zeitschrift der Savigny-Stiftung für Rechtsgeschichte.[1894]

Es ist nicht schwer, Mitteis' Einfluss auf Hupkas Frühwerk zu erkennen; besonders die – Mitteis gewidmete – Monografie zur Vollmacht zeigt in Aufbau und Methode deutliche Ähnlichkeiten mit Mitteis' Habilitationsschrift, *Die Lehre von der Stellvertretung nach römischem Recht mit Berücksichtigung des österreichischen Rechts* (1885). Aber auch Hupkas späte romanistische Publikation, *Der dissensus in causa und die moderne Interpolationenforschung* von 1930, kann in ihrem Festhalten an der Lehre von der abstrakten Tradition[1895] als letzte Verneigung vor seinem ersten Lehrer gesehen werden, der Hupkas Liebe zum römischen Recht geweckt und gefördert hatte.

Nicht zu vergessen ist allerdings, dass Mitteis keineswegs nur als Rechtshistoriker tätig war. Besondere Beachtung fand zu seinen Lebzeiten seine Kommentierung des österreichischen Urheberrechts; darüber hinaus nahm er in umfassenden Artikeln zum Regierungsentwurf einer österreichischen Zivilgesetznovelle und zu den Reformen im österreichischen Eherecht Stellung – Werke in denen, wie sein Schüler Brassloff hervorhebt, Mitteis „sich überall als Mann des gesunden Fortschrittes, der die Zeichen der Zeit sehr richtig zu deuten versteht, erwiesen“ habe.[1896] Wie für seinen Lehrer Adolf Exner stand für Mitteis „im Vordergrund die lebendige Beobachtung der Vorgänge und der Rechtsinstitute und die Durchführung der praktischen Konsequenzen, um derentwillen der Jurist konstruieren darf.“[1897] In einem

---

1893 *Brassloff*, Ludwig Mitteis, Neue Freie Presse vom 2. Jänner 1922, 2; *Selb* in Neue Deutsche Biographie, 576–577; *Meissel* in FS Kranjc 301.

1894 *Partsch*, Ludwig Mitteis. 1859–1921. Zeitschrift der Savigny-Stiftung für Rechtsgeschichte: Romanistische Abteilung 1922, XXIX.

1895 *Partsch*, Zeitschrift der Savigny-Stiftung für Rechtsgeschichte 1922, XX.

1896 *Brassloff*, Neue Freie Presse vom 2. Jänner 1922, 2.

1897 *Partsch*, Zeitschrift der Savigny-Stiftung für Rechtsgeschichte 1922, X.

von einem weiteren bedeutenden Mitteis-Schüler, Josef Partsch,[1898] verfassten Nachruf heißt es zu Mitteis: „Ihm waren die historischen Studien am römischen Recht und die moderne Gesetzesauslegung keine getrennten Welten, und den Unterschied zwischen dem Dogmatiker und dem Historiker hat er nie für sich gelten lassen";[1899] dieselbe Herangehensweise zeichnet auch Hupkas Frühwerk, insbesondere *Die Vollmacht*, aus.

Es waren aber nicht nur Mitteis' zivilrechtliche Interessen und methodische Ansätze, die Hupka, der sich ja früh vom römischen Recht ab und dem geltenden (Handels-)Recht zuwandte, in nicht unerheblichem Maße beeinflussten. Ludwig Mitteis gilt nicht nur als einer „der bedeutendsten und einflussreichsten Romanisten um die Jahrhundertwende",[1900] sondern auch als hervorragender Lehrer – „ein Meister in allen Formen und für alle Stufen des akademischen Unterrichtes".[1901] Hupkas enzyklopädische Kenntnisse der römischen Quellen, die er in seinen Monografien zum Stellvertretungsrecht ebenso wie in seinem späten römischrechtlichen Aufsatz unter Beweis stellte, verdankte er unzweifelhaft Mitteis' Unterrichtsweise: „Wie er selbst mit unendlichem Fleiß die ganze Welt der antiken Quellen zu übersehen versuchte, verlangte er die Beherrschung der gesamten Quellenwelt und der Literatur vom Anfänger."[1902]

Insbesondere in seinem Seminar bemühte sich Mitteis um „die möglichst intensive Förderung eines kleineren Kreises von jungen Leuten, die den Beruf zum Forscher und juristischen Schriftsteller in sich fühlten", wobei „das weitgefaßte Seminarprogramm [...] jedem Talente die ihm angemessene Entfaltung seiner Gaben ermöglichte" und „eine große Zahl von Studierenden und jungen Doktoren" anzog. Mitteis gehörte damit „zu jenen hervorragenden Gelehrten, welche im wahren Sinne des Wortes Schule gemacht haben."[1903] An der Wiener Fakultät ist unter den Schülern Mitteis' neben Hupka vor allem der Romanist Stephan Brassloff zu nennen, welcher auch einen umfassenden Nachruf auf seinen früheren Lehrer verfasste;[1904] berühmte

---

1898 Zu Partsch siehe u.a. *Zimmermann*, Rabels Zeitschrift 2001, 19–20.

1899 *Partsch*, Zeitschrift der Savigny-Stiftung für Rechtsgeschichte 1922, XI.

1900 *Zimmermann*, Rabels Zeitschrift 2001, 3.

1901 *Brassloff*, Neue Freie Presse vom 2. Jänner 1922, 2.

1902 *Partsch*, Zeitschrift der Savigny-Stiftung für Rechtsgeschichte 1922, XX.

1903 *Brassloff*, Neue Freie Presse vom 2. Jänner 1922, 2; siehe auch *Partsch*, Zeitschrift der Savigny-Stiftung für Rechtsgeschichte 1922, XVIII und XX.

1904 *Brassloff*, Neue Freie Presse vom 2. Jänner 1922, 2; *Partsch*, Zeitschrift der Savigny-Stiftung für Rechtsgeschichte 1922, XVIII. Hupka selbst verfasste zwar keinen Nachruf auf seinen früheren Lehrer, unterstützte aber dessen ersten Biografen Leopold Wenger mit „zahlreiche[n] Notizen zu Lebenslauf und Bücherverzeichnis"; vgl. *Wenger*, Ludwig Mitteis und sein Werk (1923) 67 En. 1.

Mitteis-Schüler waren unter anderem auch Ernst Rabel, Leopold Wenger und Paul Koschaker.[1905]

B. Josef Schey (1853–1938)

Während Hupka Mitteis vor allem die Förderung seiner romanistischen und zivilistisch-dogmatischen Interessen verdankte, war es Josef Schey, der ihm auf dem Gebiet des geltenden Zivilrechtes ein Vorbild war. Josef Schey (bis 1918 Freiherr von Koromla) wurde 1853 in Wien geboren, wo er nach dem Besuch des Akademischen Gymnasiums Rechtswissenschaften studierte. 1875 promovierte er zum Doktor der Rechtswissenschaften; bereits 1877 erhielt er aufgrund seiner Habilitationsschrift *Zur Geschichte der actio Pauliana und des interdictum fraudatorium* die venia legendi für römisches Recht und lehrte von da an als Privatdozent und später außerordentlicher Professor an der Universität Wien. 1885 folgte er einem Ruf als ordentlicher Professor für römisches Recht an die Universität Graz, wo er 1893 auch die Lehrkanzel für Zivilrecht übernahm. 1897 kehrte Schey an die Universität Wien zurück. Er emeritierte 1925, blieb aber bis zu Ende seines achtzigsten Lebensjahres 1933 als Honorarprofessor tätig. Schey starb 1938 im Alter von fünfundachtzig Jahren in Wien.[1906]

Als Schüler Joseph Ungers trat Schey für einen vom römischen Recht losgelösten Zugang zum geltenden Zivilrecht ein, der sich in seinem Hauptwerk, der dreibändigen Monografie *Die Obligationsverhältnisse des österreichischen allgemeinen Privatrechts* (1890–1907), widerspiegelt. „Die unschätzbare Bedeutung des römischen Rechtes für das juristische Denken hat Schey klar erkannt", heißt es einer Adresse anlässlich seines achtzigsten Geburtstages, „die romanistische Schule war ihm keine Fessel; sie war ihm Hilfe für die Schärfe und Genauigkeit seiner Abgrenzungen und Unterscheidungen, für die Klarheit seiner Beweisführungen."[1907] Es ist dies ein Satz, der in derselben Form auch auf Hupkas Schriften zutrifft. Hierin zeigt sich auch deutlich der Einfluss Ungers, des Schwagers Josef Scheys, der ausdrücklich davor gewarnt hatte „das römische Recht in der vollen Reinheit und Consequenz seiner Grundsätze [...] in die [heutige] Praxis [...] oder durch gezwungene Auslegung etwa gar in die neuen Gesetzbücher [zu] übertragen", also quasi „zurück[zu]romanisieren".[1908] Es ist dies eine Warnung,

1905 *Zimmermann*, Rabels Zeitschrift 2001, 3.

1906 *Berger*, Schey, Josef Freiherr von, in Neue Deutsche Biographie XXII (2005) 719; *Staudigl-Ciechowicz* in *Olechowski/Ehs/Staudigl-Ciechowicz* 346–347.

1907 *Walker*, Zum Geleite! Juristische Blätter 1933, 89; siehe dazu auch *Staudigl-Ciechowicz* in *Olechowski/Ehs/Staudigl-Ciechowicz* 348–349.

1908 *Unger*, Über die wissenschaftliche Behandlung des österreichischen Privatrechts (1853), 21; siehe dazu auch eingehend *Meissel* in *Haferkamp/Repgen* 24–25.

die Hupka insbesondere in seinem Erstlingswerk beherzigen sollte, indem er „entschieden dagegen protestiert“, dass – wie in der bisherigen Doktrin geschehen – Grundsätze des römischen Rechts auf die moderne Stellvertretungslehre übertragen wurden.[1909]

Über Unger schrieb Franz-Stefan Meissel, dass dieser „nicht entsprechend der Legalordnung Paragraph auf Paragraph exegetisch kommentiert, sondern einen ‚systematischen‘ Zugang verfolgt und dabei die aus einer Vielzahl von Rechtsregeln konstituierten ‚Rechtsinstitute‘ erforscht“;[1910] dieselbe Zugangsweise zeigt sich auch in Scheys (und in weiterer Folge auch Hupkas) zivilrechtlichen Schriften.

Scheys Hauptaugenmerk galt darüber hinaus stets dem Zusammenhang zwischen rechtswissenschaftlicher Theorie und wissenschaftlicher Praxis: „Wenn es richtig ist, daß die Rechtsverhältnisse nur die rechtlich geregelten Lebensverhältnisse sind, und daß diese durch die ‚Bedürfnisse und Interessen des menschlichen Lebens‘ ihre mannigfaltige Gestalt erhalten, so kann nur die Verschiedenheit und Verwandtschaft dieser lebendigen Interessen die Grundlage auch für das System der Rechtsverhältnisse bilden. Auf dem Gebiete des Vermögensrechts handelt es sich dabei um wirtschaftliche, im Bereiche des Obligationenrechts speziell um die Zwecke des wirtschaftlichen Verkehres. Die wirtschaftlichen Zwecke, ‚causae‘ in *diesem* Sinne also, sind es, welche, soweit sie im Leben als Typen immer wiederkehren, rechtlich normiert werden und das einzelne Rechtsinstitut individualisieren. Nach ihnen hat sich daher die juristische Systematik zu richten.“[1911] Die Grundzüge dieser Auffassung werden bereits in Hupkas Erstlingswerk zur Vollmacht spürbar; im Lauf der Jahre wird sie immer mehr zum strukturellen Prinzip seiner rechtswissenschaftlichen Schriften.

Bekanntheit verschafften Schey neben seinen Arbeiten zum österreichischen Zivilrecht vor allem die von ihm herausgegebene „Manz’sche Ausgabe“ des ABGB (1889, zweite Auflage 1930) und seine gemeinsam mit Ludwig Pfaff edierte *Sammlung von Civilrechtlichen Entscheidungen des k.k. Obersten Gerichtshofes* (1892–1919). Als Mitglied der Novellierungskommission des Allgemeinen Bürgerlichen Gesetzbuches nahm er in den Bereichen Obligations- und Pfandrecht maßgeblichen Einfluss auf die Novellierung der §§ 859–937 ABGB. Seit 1907 gehörte Schey dem Herrenhaus als

---

1909 *Hupka*, Vollmacht (1900) 27; siehe dazu auch Zweiter Teil, Kapitel I.A. Zu Hupkas Herangehensweise an das römische Recht siehe insbesondere Zweiter Teil, Kapitel II.

1910 *Meissel* in *Haferkamp/Repgen* 23.

1911 *Schey*, Die Obligationsverhältnisse des österreichischen allgemeinen Privatrechts I[1] (1890) 6–7 (Hervorhebung im Original); siehe auch *Walker*, Juristische Blätter 1933, 89; *Staudigl-Ciechowicz* in *Olechowski/Ehs/Staudigl-Ciechowicz* 350.

Mitglied auf Lebenszeit an. Er setzte sich dort energisch gegen eine Gesamtrevision des Allgemeinen Bürgerlichen Gesetzbuches nach dem Vorbild des Deutschen BGB ein; als Generalreferent der Kommission zur Erneuerung des ABGB arbeitete er einen Gesetzesentwurf aus, der mit geringfügigen Änderungen in den drei Teilnovellen der Jahre 1914, 1915 und 1916 umgesetzt wurde.[1912]

Nach Ende des Ersten Weltkrieges fungierte Schey als österreichischer Schiedsrichter an den aufgrund des Staatsvertrags von St. Germain errichteten gemischten Schiedsgerichtshöfen in Paris und London. Darüber hinaus vertrat er auf Bitte der österreichischen Regierung die Interessen Österreichs gegen die Ansprüche Belgiens auf den Rubens'schen Ildefonsoaltar und den Schatz des Goldenen Vließes; auch an der Vorbereitung der Abwehr tschechoslowakischer Ansprüche auf österreichische Kulturgüter war er maßgeblich beteiligt.[1913] Mit Hupka verband Schey nicht nur der wache Blick für die wirtschaftliche Komponente juristischen Schaffens, sondern auch die Liebe zu Kunst und Musik.[1914] Zu seinen Schülern zählen Hans Sperl, Moriz Wellspacher, Karl Wolff und Wilhelm Schlesinger.[1915]

C. Carl Samuel Grünhut (1844–1929)

Als dritte prägende Persönlichkeit ist Hupkas Vorgänger Carl Samuel Grünhut zu nennen, der als erster und jahrzehntelang einziger Ordinarius für Handels- und Wechselrecht an der Universität Wien das Fach und dessen Lehre in kaum zu überschätzendem Maße geformt hatte: „Wenn die Wiener Juristenfakultät diesem Toten den Zoll der Verehrung und Dankbarkeit entrichtet, so ist das nicht bloß ein Akt offizieller Pietät, es ist zugleich eine persönliche Kundgebung ihrer Mitglieder: Eine Familie von drei Generationen grüßt in Trauer ihren heimgegangenen Patriarchen", begann Hupka seine Gedenkrede am Grabe seines Vorgängers.[1916] In seinem Nachruf zeichnet Hupka ein einfühlsames Bild eines großen Gelehrten, der trotz all seinen Errungenschaften von „Bescheidenheit" und „warmem Wohlwollen gegen jedermann" gekennzeichnet war. Grünhuts – wie auch Hupkas – „besondere Liebe galt der Musik", berichtet sein Nachfolger. „Er war ein Mann von

---

1912 *Berger* in *Neue Deutsche Biographie* 719–720; *Walker*, Juristische Blätter 1933, 89–90; *Staudigl-Ciechowicz* in *Olechowski/Ehs/Staudigl-Ciechowicz* 346–347; im Detail v.a. *Gschnitzer*, Josef Schey †, Juristische Blätter 1938, 69.

1913 *Berger* in *Neue Deutsche Biographie* 719–720; *Walker*, Juristische Blätter 1933, 90; *Staudigl-Ciechowicz* in *Olechowski/Ehs/Staudigl-Ciechowicz* 350.

1914 *Walker*, Juristische Blätter 1933, 90.

1915 *Staudigl-Ciechowicz* in *Olechowski/Ehs/Staudigl-Ciechowicz* 350.

1916 *Hupka*, Karl Samuel Grünhut. Worte des Gedenkens, gesprochen an seinem Grabe im Namen der Wiener Rechtsfakultät (1929) 817.

mildem, aber unbedingt aufrechtem Charakter: bei aller Friedfertigkeit hat er doch niemals in wesentlichen Dingen und in Dingen, die seinem Gefühl heilig waren, ein [sic] Kompromiß gekannt."[1917]

Grünhut wurde 1844 in St. Georgen (Sv. Jur) in der heutigen Slowakei geboren. Von 1862 bis 1866 studierte er in Wien Rechtswissenschaften; wie Schey war auch Grünhut ein Schüler Ungers. 1869 habilitierte er sich mit der (1871 publizierten) *Lehre von der Wechselbegebung nach Verfall.* 1872 wurde Grünhut außerordentlicher, 1874 ordentlicher Professor für Handels-und Wechselrecht. Im selben Jahr begründete er auch die – nach ihm hauptsächlich als „Grünhuts Zeitschrift" bekannte – Zeitschrift für das Privat- und Öffentliche Recht der Gegenwart, die er bis 1916 herausgab. Grünhut starb am 1929 in Wien.[1918]

Als Lehrer war Grünhut ähnlich charismatisch wie Mitteis; seinen „akademischen Vorträgen" bescheinigt Hupka „eine Anziehungskraft und Wirkung, wie sie nur wenigen Lehrern beschieden ist, eine Anziehungskraft und Wirkung, von der kein Geringerer als Franz Klein einmal gesagt hat, daß man sie unwillkürlich vergleichen müsse mit dem Einflusse der alten römischen Juristen und der großen Rechtslehrer des Mittelalters an den Universitäten Italiens."[1919] Seine wichtigsten Wiener Schüler waren Josef Hupka und Oskar Pisko.[1920]

Ähnlich wie Hupka war Grünhut „von Anfang an bestrebt, den Zusammenhang Oesterreichs und Deutschlands auf dem Gebiete des Rechts und der Rechtswissenschaft immer inniger zu gestalten". So ist es auch nicht verwunderlich, dass es Grünhut war, der als Vorsitzender der zuständigen Kommission des Herrenhauses – dem er seit 1897 angehörte[1921] – Hupkas stark an das deutsche Recht angelehnten Gegenvorschlag eines Gesetzes über den Versicherungsvertrag zur Grundlage des österreichischen Versicherungsvertragsgesetzes machte.[1922] Darüber hinaus nahm Grünhut auch auf das österreichische Aktienregulativ (1899) und das Gesetz über Gesellschaften mit beschränkter Haftung (1906) maßgeblichen Einfluss.[1923]

1917 *Hupka*, Grünhut (1929) 820.

1918 *Hupka*, Grünhut (1929) 818–819; *Pisko*, Juristische Blätter 1929, 401; *Demelius*, Grünhut, Carl Samuel, in Neue Deutsche Biographie VII (1966) 199; *Olechowski* in *Olechowski/Ehs/Staudigl-Ciechowicz* 382.

1919 *Hupka*, Grünhut (1929) 818.

1920 *Strauß*, Hofrat Professor Dr. Karl Grünhut. Zu seinem achtzigsten Geburtstage, Neue Freie Presse vom 5. August 1924, 3.

1921 *Hupka*, Grünhut (1929) 818; *Demelius* in Neue Deutsche Biographie VII 199; *Olechowski* in *Olechowski/Ehs/ Staudigl-Ciechowicz* 382.

1922 Siehe dazu Zweiter Teil, Kapitel III.C.1.

1923 *Hupka*, Grünhut (1929) 819; *Demelius* in Neue Deutsche Biographie VII 199.

Neben Arbeiten auf den Gebieten des Aktien-, Bank-, Börsen-, und Kommissionsrechts widmete sich Grünhut hauptsächlich dem Wechselrecht. Besonders hervorzuheben ist hier seine umfangreiche, zwei Bände umfassende Darstellung des Wechselrechts in *Bindings systematischem Handbuch* (1897) sowie sein drei Jahre später erschienenes *Lehrbuch des Wechselrechtes.*[1924] „Es war der Geist seiner Methode, jener einzigartigen Methode, die in einer vollkommenen Verschmelzung der juristischen und der ökonomischen Betrachtungsweise bestand und die ebenso weit entfernt war von dem blutleeren und unfruchtbaren Rationalismus der alten Begriffsjurisprudenz wie von dem prinzipienlosen und prinzipienfeindlichen Materialismus anderer späterer Richtungen", die Hupka in seiner Grabrede als die bemerkenswerteste Errungenschaft des Verstorbenen hervorhob. Es war wohl nicht zuletzt der Einfluss Grünhuts, welcher „die [...] Befreiung des Wechselrechts von der römischen Dogmatik begrüßte",[1925] der Hupkas Abkehr von der spätpandektistischen Prägung seines Frühwerkes vorantrieb. Ebenso war es wohl neben Schey auch Grünhut, der Hupkas scharfen Blick für die wirtschaftlichen Rahmenbedingungen rechtlicher Vorgänge, den er schon in der *Vollmacht* unter Beweis gestellt hatte, weiter schulte.

Schon immer hatten Hupkas Interessen über den engen Bereich der Rechtswissenschaften hinausgereicht. Während seiner Studienzeit in Wien und Leipzig hatte er neben den juristischen auch Lehrveranstaltungen aus Geschichte und Philosophie besucht; seine Arbeiten zum Vollmacht-, Versicherungs- und Wechselrecht zeugen hinaus – ganz im Sinne Grünhuts und Scheys – von seinem Verständnis für wirtschaftliche Zusammenhänge und klarem Blick für die Bedürfnisse der Praxis.

VI. Zur Anatomie des Vergessens

Dieses Buch setzt es sich zum Ziel, dem Vergessen entgegenzuwirken; dabei muss es sich aber auch die Frage nach dem Grund des Vergessens stellen. Dass ein Rechtsdogmatiker, der sich zeitlebens aktuellen und aktuellsten Fragestellungen gewidmet hat, im Laufe der Zeit aus dem Blickpunkt der rechtsdogmatischen Forschung gerät, wenn die von ihm behandelten Fragen an Aktualität verlieren, ist an und für sich nicht weiter verwunderlich, aus der Sicht mancher vielleicht nicht einmal bedauernswert. Das ausgehende neunzehnte und frühe zwanzigste Jahrhundert – genau jene Zeit also, in der Josef Hupka lebte, lehrte und forschte – ist jene Epoche, in der sich die deutschsprachige Rechtswissenschaft endgültig in rechtshistorische und

1924 *Hupka*, Grünhut (1929) 818–819; *Pisko*, Juristische Blätter 1929, 401; *Demelius* in Neue Deutsche Biographie VII 199.

1925 *Demelius* in Neue Deutsche Biographie VII 199.

rechtsdogmatiche Fächer spaltete: Das Inkrafttreten des deutschen Bürgerlichen Gesetzbuches hatte die Beschäftigung mit den römischen Quellen, den immerwährenden Blick in die Vergangenheit, weitgehend obsolet gemacht; wer nun noch zurückblickte, tat es vornehmlich aus historischem Interesse, weitgehend aber ohne den Anspruch, aus den Forschungsergebnissen Erkenntnisse für die rechtsdogmatischen Probleme der Gegenwart herleiten zu können oder zu müssen.[1926] Die wichtigste Aufgabe der Rechtsdogmatik wird es somit, sich mit aktuellen Problemen auseinanderzusetzen und diese auf der Basis des geltenden Rechts möglichst befriedigenden Lösungen zuzuführen; sind diese Lösungen einmal gefunden, können die urspünglichen Probleme ebenso wie jene, die sie gelöst haben, getrost dem Vergessen anheim gegeben werden: Für die Praxis ist es vor allem wichtig zu wissen, was die herrschende Lehre ist; in viel geringerem Ausmaß freilich aber, wer diese begründet hat.

Diese Tendenz zeigt sich in der Forschung ebenso wie in der Schwerpunktsetzung der juristischen Ausbildung, wie sie bis zum heutigen Tag besteht: Mit Ausnahme einiger, vornehmlich rechtsgeschichtlicher Lehrveranstaltungen liegt der didaktische Fokus im Studium nur in geringem Maße darauf, rechtliche Meinungen unter Rückgriff auf deren historische Entwicklung zu be- oder ergründen. So lernen angehende Juristinnen und Juristen schnell, auf etablierte Standardwerke zu vertrauen, ohne die darin vertretenen Lehrmeinungen zu ihren Ausgangspunkten zurückzuverfolgen. Freilich schließt das den kritischen Umgang mit der „herrschenden Lehre" nicht aus; weit weniger wichtig ist im Studium aber die Frage, wer diese Lehre formuliert oder ihr dazu verholfen hat, sich als die herrschende zu etablieren.

Dazu kommt das an und für sich begrüßenswerte Bestreben jeder Autorin und jedes Autors, bevorzugt die aktuelle und aktuellste Literatur zum jeweils behandelten Forschungsgegenstand heranzuziehen. Wo auf etablierte Lehrmeinungen Bezug genommen wird, werden etablierte Autoritäten zitiert. Dass Gustav Stanzl in seiner Kommentierung der §§ 1002–1040 ABGB in den 1950ern umfassend auf Hupka Bezug nahm, führte daher keineswegs zu einer Wiederentdeckung von dessen Schriften zur Stellvertretung: Vielmehr beruft man sich dort, wo man früher Hupka zitiert hätte, nun ganz selbstverständlich auf Stanzl in Klang^2.

Mit derselben Selbstverständlichkeit (und oft auch unleugbarer Berechtigung) nimmt man gemeinhin an, dass ein Rechtsgebiet, zu welchem lange nichts publiziert wurde, notwendigerweise nach neuerlicher

---

1926 Siehe dazu eingehend *Zimmermann*, Roman law, contemporary law, European law (2001) 40–46; *Honsell*, Historische Argumente im Zivilrecht (1982) 26–27 und 60–67 (insbesondere 64–65).

wissenschaftlicher Bearbeitung verlangt: So rechtfertigt Rudolf Welser im Vorwort seiner Monografie zur Haftung des Vertreters ohne Vertretungsmacht die Befassung mit diesem Thema schlechthin damit, dass „das die einzige größere deutsche Arbeit zum Thema, das Buch Hupkas, vor nahezu siebzig Jahren erschienen ist."[1927] Nebeneffekt dieser Vorgangsweise ist aber, dass inhaltlich durchaus aktuelle ältere AutorInnen bisweilen unverdient in Vergessenheit geraten: Schon 1930 merkt Lindenbaum mit Blick auf das Versicherungsrecht kritisch an, dass die „Auffassungen [...] insbesondere von *Hupka* [...] nach Jahrzehnten als neue Erkenntnis in die Diskussion gebracht" werden.[1928]

Zum Teil ergibt sich der Grund des Vergessens auch ganz konkret aus Josef Hupkas Forschungsschwerpunkten. Wie auch in seinen Zeitunsartikeln hatte Hupka mit seinen wissenschaftlichen Publikationen stets dort Stellung bezogen, wo er unmittelbaren juristischen Handlungsbedarf erkannte. Dies zeigt sich bereits in seinen frühen Monografien zu Stellvertretung und Vollmacht, die sich eingehend und sehr gezielt mit den rechtswissenschaftlichen Fragestellungen und Kontroversen des ausgehenden neunzehnten Jahrhunderts beschäftigen. Mit seinen Schriften gelang es Hupka zwar, einen klaren Standpunkt in der damals herrschenden Diskussion zu beziehen und wichtige Impulse für die Entwicklung der deutschen und österreichischen Doktrin und Praxis zu liefern. Gleichwohl darf aber nicht vergessen werden, dass sich sein zivilrechtliches Oeuvre lediglich auf einen sehr eng umrissenen Bereich beschränkt, welcher die Forschung heute weitaus weniger beschäftigt, als dies noch vor hundert Jahren der Fall war.

Dieselbe Problematik zeigt sich auch im Fall von Hupkas *Gegenentwurf eines Gesetzes über den Versicherungsvertrag*: Nachdem Grünhut die darin vorgebrachten Vorschläge weitgehend übernommen hatte, war das eigentliche Ziel der Publikation erreicht. Wohl kann das Werk als eine Art „inoffizieller Motivenbericht" zur Versicherungsordnung 1915 und zum Versicherungsvertragsgesetz 1917 gelesen werden; Albert Ehrenzweigs umfassende Kommentare zu den neu erlassenen Regelungen machten eine solche Lesart allerdings bald überflüssig. Dass Ehrenzweig bereits im Vorfeld Hupkas Gegenvorschlag sehr kritisch gegenübergestanden war und nur spärlich auf diesen verwies, mag mit dazu geführt haben, dass Hupkas Beitrag zu diesen Gesetzeswerken lange unterschätzt wurde.[1929]

1927 *Welser*, Vertretung ohne Vollmacht. Zugleich ein Beitrag zur Lehre von der culpa in contrahendo (1970) 3. Zur Kritik *Welsers* an *Hupka* siehe Zweiter Teil, Kapitel I.C.2.b.

1928 *Lindenbaum*, Ein Vierteljahrhundert der Bedarfstheorie der Versicherung, Zeitschrift für Nationalökonomie 1930, 75 (94).

1929 Siehe dazu im Detail Zweiter Teil, Kapitel III.C.

Allein auf dem Gebiet des Wechselrechts war Hupkas Interesse an tagesaktuellen Themen dazu angetan, ihm einen bleibenden Ruf zu sichern; wie gezeigt, gelten seine Aufsätze und sein Kommentar zum *Wechselrecht der Genfer Verträge* nach wie vor als Standardwerke. Gerade dieses Rechtsgebiet hat aber im Vergleich zu dem Stellenwert, der ihm in der ersten Hälfte des zwanzigsten Jahrhunderts zukam, sowohl in der Forschung als auch in der Praxis viel von seiner ursprünglichen Bedeutung verloren.

Bemerkenswerter ist, dass nicht nur die rechtsdogmatische, sondern auch die rechtsgeschichtliche Forschung Josef Hupka lange Zeit weitgehend aus den Augen verlor. Auch hier sind die Gründe vielfältig. Blickt man auf historische Darstellungen der einzelnen Themenkreise, mit denen sich Hupka auseinandergesetzt hatte, so findet man seinen Namen im Versicherungsrecht einzig und allein in Werner Ogris' umfassender Darstellung der Geschichte dieses Rechtsgebiets, deren breiter Fokus aber keine eingehende Auseinandersetzung mit Hupkas Rolle erlaubt. Auf dem Gebiete des Wechselrechts war Hupkas eigener Beitrag zu sehr der eines Kommentators und Historikers, als dass er als Akteur Erwähnung verdient hätte; lediglich seine detaillierte Darstellung der Rolle des Völkerbundes findet bis heute in der rechtshistorischen Literatur Beachtung.[1930] Auf dem Gebiet des Stellvertretungsrechts schließlich ist es Hupkas Schicksal, sein Werk ein klein wenig zu spät veröffentlicht zu haben: Die meisten rechtshistorischen Darstellungen dieser Materie schließen mit dem Inkrafttreten des deutschen Bürgerlichen Gesetzbuches;[1931] Hupkas erste Monografie erschien nur wenige Monate danach.

Keineswegs vergessen werden darf darüber hinaus aber, dass neben den hier skizzierten, gleichsam mehr oder weniger „natürlichen", Vorgängen des wissenschaftlichen Vergessens, wie es auch vielen seiner akademischen Kollegen widerfuhr, Josef Hupka zusätzlich ein Schicksal traf, dass das Vergessen in kaum ermesslichem Ausmaß begünstigte: das bewusste Verdrängen „jüdischer"[1932] Autoren aus dem wissenschaftlichen Diskurs des Dritten Reichs.

1930 Siehe dazu Zweiter Teil, Kapitel IV.B.1.

1931 Vgl. etwa *Everding*, Die dogmengeschichtliche Entwicklung der Stellvertretung im 19. Jahrhundert (1951); *Dietz*, die Entwicklung des Rechts der unmittelbaren Stellvertretung bei obligatorischen Rechtsgeschäften in der deutschen Rechtswissenschaft des 19. Jahrhunderts (1957); *Bauer*, Die Entwicklung des Rechtsinstitut der freien gewillkürten Stellvertretung seit dem Abschluß der Rezeption in Deutschland bis zur Kodifikation des BGB (1963); *Müller*, Die Entwicklung der direkten Stellvertretung und des Vertrages zu Gunsten Dritter (1969)

1932 Das Wort „jüdisch" ist hier bewusst in Anführungszeichen gesetzt, um deutlich zu machen, dass es sich hierbei um eine auf höchst fragwürdigen Kriterien basierende Fremdzuschreibung seitens der nationalsozialistischen Machthaber

„Geradezu unverantwortlich wäre es, einen jüdischen Autor als Kronzeugen oder als eine Art Autorität auf einem Gebiet anzuführen. Ein jüdischer Autor hat für uns keine Autorität, auch keine rein wissenschaftliche Autorität. Ein jüdischer Autor ist für uns, wenn er überhaupt zitiert wird, ein jüdischer Autor," hieß es 1936 im Schlusswort der „Tagung über das Judentum in der Deutschen Rechtswissenschaft". Schon in der Eröffnungsrede der Veranstaltung hatte der „Reichsrechtsführer" Hans Frank Richtlinien für den Umgang mit Autoren formuliert, die als Juden im Sinne der Nürnberger Rassegesetze anzusehen waren:

> *Erstens*: Für alle Zukunft ist es unmöglich, daß Juden im Namen des deutschen Volkes auftreten können.
> *Zweitens*: Die deutsche Rechtswissenschaft ist deutschen Männern vorbehalten, wobei des Wort „deutsch" im Sinne der Rassengesetzgebung des Dritten Reiches allein auszulegen ist.
> *Drittens*: Für die Neuauflage deutsch geschriebener Rechtswerke jüdischer Autoren besteht keinerlei Bedürfnis mehr. Alle deutschen Verleger wollen derartige Neuauflagen unverzüglich Einhalt tun.
> *Viertens*: Aus sämtlichen öffentlichen oder den Studienzwecken dienenden Bibliotheken sind die Werke jüdischer Autoren soweit irgendwie möglich zu beseitigen. Diese Werke sind aus den Leitgebieten der deutschen Rechtswissenschaft auszureihen und in die Abteilungen der Büchereien, die das Wirken der Juden und des jüdischen Volkes aufzeigen, zu überführen. Mit deutscher Rechtswissenschaft haben die Werke jüdischer Autoren nicht das geringste zu tun. Solche Werke sind lediglich Meinungsäußerungen fremdvölkischer Rechtsbetrachter zu deutschen Rechtsideen und zur deutschen Rechtsverwirklichung. Deutsche Rechtswissenschaftler haben künftig von Zitaten jüdischer Autoren nur noch insoweit Gebrauch zu machen, als diese Zitate zum Hinweis auf eine typisch jüdische Mentalität unerläßlich notwendig sind. Unmöglich ist aber, daß deutsche Lehrmeinungen künftig auch nur irgendwie auf Lehrmeinungen, die von jüdischen Autoren vertreten werden, aufgebaut werden.[1933]

Mit diesen Richtlinien – deren Befolgung die Tagungsteilnehmer im Anschluss an Franks Rede feierlich gelobten – war das Schicksal jüdischer rechtswissenschaftlicher Literatur in Deutschland endgültig besiegelt.[1934]

Die systematische Verdrängung von Autoren jüdischer Herkunft aus dem deutschen rechtswissenschaftlichen Diskurs hatte aber freilich schon früher begonnen: Bereits in den Jahren zuvor hatte es eine Reihe von Aktionen gegeben, die dazu dienten, als „nicht-arisch" verpönte Rechtswissenschaftler

---

handelt, die nicht notwendigerweise mit der ethnischen und/oder religiösen Identität der Betroffenen im Einklang stand und auf diese auch keinerlei Bezug nahm.

1933 Bericht über die Tagung „Das Judentum in der Rechtswissenschaft" vom 3. und 4. Oktober 1936, zitiert in *Göppinger*, Juristen² (1990) 154.

1934 *Göppinger*, Juristen² (1990) 162.

und deren Werke aus der Wissenschaftslandschaft des Dritten Reiches zu eliminieren: Schon knapp nach der Machtergreifung der Nationalsozialisten war Frank zum Reichskommissar zum Zwecke der „Gleichschaltung der Justiz in den Ländern und für die Erneuerung der Rechtsordnung“ ernannt worden. In den darauffolgenden Monaten sollten rasante Bemühungen einsetzen, „jüdische“ Juristen und Wissenschaftler aus dem Bereich der deutschen Rechtswissenschaft und -praxis zu verbannen.[1935]

Diese Maßnahmen hatten auch über die Grenzen Deutschlands hinaus Einfluss auf die Publikationsmöglichkeiten und Rezeption von Wissenschaftlern, die als Juden im Sinne der Nürnberger Rassegesetze galten. Das Reichskulturkammergesetz vom 22. September 1933 (RGBl. I, 661) hatte durch die Schaffung einer „Reichsschriftumskammer“ erste Maßnahmen implementiert, um „jüdische“ Schriftsteller, Verleger und Buchhändler kenntlich zu machen und gezielt zu diskriminieren. Ein weiterer Schritt war das Schriftleitergesetz vom 4. Oktober 1933 (RGBl. I, 713), welches vorsah, dass die Schriftleiter von Zeitungen und „politischen“ Zeitschriften arischer Abstammung sein mussten. Da das Wort „politisch“ in diesem Zusammenhang extrem weit ausgelegt wurde, fielen auch rechtswissenschaftliche Beiträge, die die Rechtsentwicklung oder das Rechtsleben im Allgemeinen zum Thema hatten, darunter; somit waren fast alle juristischen Zeitschriften Deutschlands von dieser Regelung betroffen.[1936]

Im Frühjahr 1934 wurde die Begutachtung rechtswissenschaftlicher Literatur im Hinblick auf ihre „weltanschauliche und politische Unbedenklichkeit“ angeordnet, wozu eine „Prüfungskommission zum Schutze des NS-Schrifttums“ ins Leben gerufen wurde. Diese diente der „Abwehr“ „unerwünschten und schädlichen Schrifttums“; darüber hinaus erteilte sie auch einen sogenannten „Unbedenklichkeitsvermerk“.[1937] Ein Jahr später folgte das „Amt für Rechtsschrifttum im Reichsrechtsamt der NSDAP“, dem die „‚parteiamtliche Überwachung‘ und Begutachtung der rechts- und staatswissenschaftlichen Literatur bezüglich seiner [sic] ‚politischen und sachlichen Unbedenklichkeit‘“ oblag und das somit praktisch die gesamte Produktion juristischer Literatur in Deutschland kontrollierte.[1938] Ab April 1935 durften Werke, die von der „Prüfungskommission zum Schutze des NS-Schrifttums“ beanstandet worden waren, nicht mehr im Buchhandel vertrieben werden; sie wurden von der Gestapo beschlagnahmt.[1939] Zusätzlich wurde auf

1935 Siehe dazu im Detail *Göppinger*, Juristen[2] (1990) 112–142.
1936 *Göppinger*, Juristen[2] (1990) 141–142.
1937 *Göppinger*, Juristen[2] (1990) 143.
1938 *Göppinger*, Juristen[2] (1990) 143–144.
1939 *Göppinger*, Juristen[2] (1990) 145.

Bibliotheken und Hochschullehrer Druck ausgeübt, „unerwünschte“ Literatur aus dem deutschsprachigen Ausland in ihrer Tätigkeit nicht zu berücksichtigen.[1940] Auch von nichtoffizieller Seite erschienen immer wieder Listen „nichtarischer“, d.h. zu meidender, Autoren.[1941]

In den Arbeiten der nächsten Juristengeneration ist dieser Geist deutlich spürbar: So widmet Rudolf Hundt in seiner im Frühjahr 1933 eingereichten Dissertation zur „fiktiven Vollmacht“ Hupka als Urheber der „heute im Schrifttum herrschende[n] Lehre“ ein eigenes Kapitel;[1942] dagegen bezeichnet Paul Bergenthal 1937 in seiner Dissertation zu Vollmacht und Auftrag Hupka explizit als „Nichtarier“ und erwähnt ihn nur noch, um sich von seiner Anschauung zu distanzieren – dabei erscheint ihm Hupka aber immerhin noch als wichtig genug, dass er ihn als einzigen „jüdischen“ Schriftsteller in seine Arbeit miteinbezieht.[1943] Mit dem Fall des Dritten Reiches fiel formell auch das Verbot; indirekt wirkte es aber mancherorts durchaus noch nach: So berücksichtigt etwa Wolfram Müller-Freienfels in seiner 1955 erschienenen Abhandlung zur Vertretung beim Rechtsgeschäft, die auf seiner 1943 verfassten Habilitationsschrift beruht, Hupkas Schriften überhaupt nicht, obwohl er sich mit den Werken zahlreicher „arischer“ Zeitgenossen Hupkas auseinandersetzt.

Insbesondere Hupkas Frühwerk, das sich ja vornehmlich dem geltenden deutschen Recht widmet, war von dieser Regelung betroffen. Aber auch spätere Monografien – allen voran sein monumentales Werk zum internationalen Wechselrecht – fielen in Deutschland der nationalsozialistischen (Selbst-)Zensur zum Opfer. Auch hatte Hupka bis zu diesem Zeitpunkt vornehmlich in deutschen Zeitschriften publiziert, sodass ihm nach der Machtergreifung Hitlers in Deutschland fast gänzlich das Forum für seine wissenschaftlichen Texte genommen war: die *Deutsche Juristen-Zeitung* war bereits 1933 „arisiert“ worden,[1944] ebenso die *Zeitschrift für das gesamte Handelsrecht und Konkursrecht*[1945] und Ernst Rabels *Zeitschrift für ausländisches und internationales Privatrecht*. Allein die Zeitschrift der *Savigny-Zeitschrift für Rechtsgeschichte* widersetzte sich dem nationalsozialistischen Zitierverbot jüdischer Autoren;[1946] allerdings war diese Publikation im

1940 *Göppinger*, Juristen² (1990) 146–147.
1941 *Göppinger*, Juristen² (1990) 147–152.
1942 *Hundt*, Die fiktive Vollmacht 1933, 29–30.
1943 *Bergenthal*, Vollmacht und Auftrag im allgemeinen Landrecht für die preußischen Staaten, im Code civil und im allgemeinen deutschen Handelsgesetzbuch (1937) 11.
1944 *Göppinger*, Juristen² (1990) 375–376.
1945 *Göppinger*, Juristen² (1990) 380.
1946 *Göppinger*, Juristen² (1990) 383–384; siehe dazu auch *Finkenauer/Hermann*, Die Romanistische Abteilung der Savigny-Zeitschrift im Nationalsozialismus.

Hinblick auf Hupkas wissenschaftliche Hauptinteressen für seine Publikationstätigkeit von untergeordneter Bedeutung.

Ab 1938 erstreckten sich diese Maßnahmen auch auf in Österreich verlegte Publikationen, was u.a. zur Einstellung der *Juristischen Blätter* führte; an ihre Stelle trat die Zeitschrift *Deutsches Recht in Österreich*, herausgegeben vom Landesführer des Nationalsozialistischen Rechtswahrerbundes Franz Hueber.[1947] Dazu kam, dass das deutsche Wissenschaftsministerium auch informelle, aber wohl schwer zu ignorierende, Anregungen an Hochschullehrer gab, verpönte „jüdische" Publikationen durch eine neuerliche Aufarbeitung derselben Rechtsgebiete durch „deutsche" Autoren zu ersetzen.[1948]

Hupka, der zu den führenden Experten auf den Gebieten des Vollmachts-, Versicherungs- und Wechselrechts gegolten hatte,[1949] war somit für eine Periode von in Österreich zumindest sieben (1938–45), in Deutschland sogar zwölf Jahren (1933–45), weitestgehend aus dem wissenschaftlichen Diskurs zu diesen Themen verdrängt worden.[1950] Da jüdische Autoren nicht mehr als anerkannte Autoritäten auf ihren Fachgebieten galten, stand die nationalsozialistische Wissenschaftsethik auch einer neuerlichen Erarbeitung und Publikation ihrer Thesen durch „arische" Verfasser nicht entgegen, die wiederum von anderen „arischen" Wissenschaftlern zitiert wurden, sodass sich diese – zum Teil aus wissenschaftlicher Sicht durchaus berechtigt – als Standardwerke etablieren konnten. Wer einmal von der wissenschaftlichen Bühne verschwunden ist, hat wenig Chance, den Weg dorthin wiederzufinden, wenn keine Möglichkeit mehr besteht, durch neu erschienene Werke die Aufmerksamkeit des akademischen Publikums wiederzugewinnen.

Gerade an der Wiener Fakultät waren es zudem nicht nur ideologische, sondern wohl auch persönliche Gründe, die Hupkas relative Unbekanntheit in der Nachkriegszeit bedingten. Sein energisches Auftreten gegen die

---

Zeitung der Savigny-Stiftung für Rechtsgeschichte: Romanistische Abteilung 2017, 1.

1947 *Göppinger*, Juristen² (1990) 391.

1948 Ein Beispiel dafür findet sich in *Göppinger*, Juristen² (1990) 146–147.

1949 Siehe dazu die zeitgenössischen Einschätzungen seiner Werke in den betreffenden Unterkapiteln.

1950 Als Beispiel mögen Hupkas versicherungsrechtliche Schriften dienen: Während sich der deutsche Versicherungswissenschaftler Walter Schmidt-Rimpler 1930 noch eingehend mit Hupkas Definition des Versicherungsvertrages auseinandersetzt, erwähnt er ihn in einer 1939 erschienen Schrift zur selben Thematik nicht mehr; vgl. *Schmidt-Rimpler* in FS Heymann; *Schmidt-Rimpler*, Versicherungswirtschaft und Versicherungsrecht. Veröffentlichungen des Berliner Hochschulinstitutes für Versicherungswissenschaft 1939.

politischen Missstände an der Universität hatte ihm schon vor dem Krieg wenige Freunde in universitären Kreisen beschert. Seine wenigen jüdischen Kollegen waren geflohen, gestorben oder ermordet worden; auch scheint Hupka mit keinem von ihnen in engem persönlichen Kontakt gestanden zu sein. Das weite außeruniversitäre Netzwerk innerhalb des jüdischen Großbürgertums, das er vor dem Krieg aufgebaut hatte und das vielleicht auch die Erinnerung an seine akademische Reputation am Leben erhalten hätte können, war durch die Nationalsozialisten auseinandergerissen worden. Dazu kommt, dass Hupka – im Gegensatz zu Mitteis oder Grünhut – keine Schule begründet und keine direkten Nachfolger herangezogen hatte; unter den politischen Rahmenbedingungen, die nach 1918 an der Universität herrschten, wäre dies einem Wissenschaftler jüdischer Abstammung wohl auch kaum möglich gewesen.

Es ist eine in der Forschung mittlerweile allgemein anerkannte Tatsache, dass die Österreichischen Universitäten durchwegs „glimpflich entnazifiziert" wurden;[1951] die Seilschaften, gegen die Hupka in den Jahren vor dem Zweiten Weltkrieg angekämpft hatte, blieben also zumindest in Ansätzen – und oft weit darüber hinaus – bestehen. Unter denen, die im Nachkriegsösterreich bedeutende Posten bekleideten, gab es somit kaum jemanden, der sich persönlich für Hupka eingesetzt hätte; viele Funktionäre und Persönlichkeiten des universitären Lebens standen ihm auf weltanschaulicher, wenn vielleicht auch nicht immer auf wissenschaftlicher, Ebene diametral gegenüber.

An Bedeutung nicht zu unterschätzen ist auch hier der Umstand, dass Hupka den Zweiten Weltkrieg nicht überlebt hatte: Im Gegensatz zu vielen seiner früheren Kollegen konnte er am Wiederaufbau der österreichischen Wissenschaftslandschaft nach dem Zweiten Weltkrieg keinen Anteil mehr nehmen. Unter diesen Umständen sinkt offenbar die Hemmschwelle, schonungslos gegen die Lehrmeinungen eines bisweilen ungemütlichen Kollegen vorzugehen. Eine 1947 (im Jahr der offiziellen Todeserklärung Hupkas[1952]) an der Wiener rechtswissenschaftlichen Fakultät verfasste Dissertation gibt

---

1951 *Pfefferle/Pfefferle*, Glimpflich entnazifiziert (2014). Siehe dazu z.B. *Reiter-Zatloukal*, Juristenausbildung in Österreich unter dem NS-Regime. Kontinuitäten und Brüche am Beispiel der Wiener Juristenfakultät, in *Meissel/ Olechowski/ Reiter-Zatloukal/Schima* (Hrsg), Vertriebenes Recht – Vertreibendes Recht. Zur Geschichte der Wiener Rechts- und Staatswissenschaftlichen Fakultät zwischen 1938 und 1945 (2012), 9 (31–32); *Taschwer* in *Fritz/Rossolinski-Liebe/Starek* 241–242; *Erker*, Die Rückkehr der „Ehemaligen". Berufliche Reintegration von früheren Nationalsozialisten im akademischen Milieu in Wien nach 1945 und 1955, zeitgeschichte 2017, 175.

1952 Amtsblatt zur Wiener Zeitung vom 11. Oktober 1947, 5.

Indizien für die Stimmung, die in den unmittelbaren Nachkriegsjahren dort geherrscht haben dürfte. Die Schrift wendet sich mit polemischem Nachdruck, aber kaum überzeugenden Argumenten, gegen Hupkas Vollmachtslehre; dass dieser insbesondere in Bezug auf das österreichische Recht nicht zu folgen sei, wird als selbstverständliche und kaum erörterungsbedürftige Tatsache dargestellt.[1953] Interessant ist, dass die Betreuer der Arbeit keineswegs überzeugte Nationalsozialisten waren, sondern vielmehr zu jenen als „politisch tragbar" klassifizierten Lehrenden gehörten, die 1945 unbehelligt im Amt verblieben waren: Karl Wolff war zwar in den späten 1920ern mit antisemitischen Äußerungen an die Öffentlichkeit getreten, später aber von den Nationalsozialisten als „Halbjude" seines Lehrstuhles enthoben worden;[1954] Hans Planitz hatte seinen Lehrstuhl 1941 unter dem nationalsozialistischen Regime erhalten, galt aber als politisch weitgehend neutral.[1955]

Wichtigster Proponent der Ansicht, dass Hupkas Forschung für den österreichischen Kontext wenig abzugewinnen sei, war mit Hupkas Lehrstuhlnachfolger Heinrich Demelius allerdings ein Wissenschaftler, dem man keineswegs dasselbe Maß an politischer Unbedenklichkeit attestieren kann; vielmehr mag Demelius' Karriere als besonders eindrucksvolles Beispiel für die Oberflächlichkeit, mit der die Entnazifizierung der Wiener Universität nach 1945 erfolgte, gelten.[1956] Gerade dieser war es, der einen – offenbar mündlich vorgetragenen – Nekrolog auf Josef Hupka und einen Nachruf verfasste, der 1946 in den *Juristischen Blättern* erschien.[1957] Diese Texte stellten die einzige offizielle Würdigung Hupkas seitens der Universität anlässlich seines Todes dar. Auf jeweils knapp eineinhalb Seiten wird darin Hupkas Reputation als Wissenschaftler zu Grabe getragen: Der unpublizierte Nekrolog beginnt mit einem kurzen und nicht völlig akkuraten Überblick über Hupkas Karriere an der Universität Wien; daran schließt sich ein Ausdruck

---

1953 *Dressel*, Die offene Vollmacht des ABGB (1947) 29–43.

1954 https://www.uibk.ac.at/universitaet/profil/geschichte/verfolgt-vertrieben-ermordet/1683823.html (abgerufen am 21. März 2020).

1955 *Pfefferle/Pfefferle*, Glimpflich entnazifiziert (2014) 208; *Becker*, Hans Planitz (1882–1954): Die Erforschung der Geschichte des deutschen Privat- und Vollstreckungsrechts und der Rechtsgeschichte der mittelalterlichen Stadt, in *Augsberg/Funke* (Hrsg), Kölner Juristen im 20. Jahrhundert (2013) 75 (87–88).

1956 *Leitner*, Das Zivilrecht an der Universität Wien, in *Meissel/Olechowski/Reiter-Zatloukal/Schima*, Vertriebenes Recht – Vertreibendes Recht: zur Geschichte der Wiener Rechts- und Staatswissenschaftlichen Fakultät zwischen 1938 und 1945 (2012) 261 (280); *Staudigl-Ciechowicz*, Privatrecht, in *Olechowski/Ehs/Staudigl-Ciechowicz* (Hrsg), Die Wiener Rechts- und Staatswissenschaftliche Fakultät 1918–1938 (2014) 343 (357); *Taschwer* in *Koll* 483–484; siehe dazu auch Erster Teil, Kapitel II.H.

1957 *Demelius*, Josef Hupka, Juristische Blätter 1946, 118.

des Bedauerns, dass ihn „noch in voller Schaffenskraft, eine unmenschliche Idee vom Lehramt stieß“ – eine Formulierung, die die rhetorische Brillanz des ehemaligen Nationalsozialisten Demelius eindrucksvoll zur Schau stellt: Nicht Menschen seien für die Gräuel der NS-Zeit verantwortlich; die Schuld liege allein bei einer abstrakten „Idee“, die man freilich nicht zur Rechenschaft ziehen kann. Auch der Rest der Rede ist voll subtiler rhetorischer Kunstgriffe, die das sehr zurückhaltende Lob, das Demelius seinem Vorgänger zollt, noch weiter abschwächen.

Demelius hebt Hupkas Habilitationsschrift zwar als „durch Umfang und Inhalt eindrucksvoll“ hervor, stellt gleich darauf aber deren Anwendbarkeit auf die einschlägigen Vorschriften des ABGB in Abrede und verweist auf die diesbezüglichen Ausführungen seines Lehrers Moriz Wellspacher. Lediglich für das „Reichsrecht [sic!]“ billigt er Hupkas Werken ein gewisses Maß an Bedeutung zu.[1958] Nahezu atemberaubend ist das rhetorische Geschick, mit dem Demelius durch den sicherlich nicht unbeabsichtigt gewählten Begriff eine unerwartete und höchst geschmacklose Gegenstellung von „uns“ und „den anderen“ konstruiert: So steht bei Demelius Österreich und die österreichische Rechtswissenschaft auf der einen Seite, der ermordete Jude Hupka und das besiegte Deutsche Reich als das gleichermaßen Fremde, Abzulehnende, auf der anderen.[1959]

Hupkas Entwurf zum Gesetz über den Versicherungsvertrag habe, fährt Demelius fort, „da und dort“ die endgültige Fassung des Gesetzes beeinflusst. Sein Aufsatz zur Interpolationenforschung zeuge vom „streitbaren Geist“ des Verfassers; zwischen diesem und den vorhergehenden Schriften läge ein „langes Schweigen“. Danach habe „[e]rst die Haager Wechselrechtskonferenz […] den Professor für Handelsrecht wieder auf den Plan“ gerufen. Nach „Aufsätzen, die der Mitarbeit dienen wollen“ (das ungeschriebene „aber nicht konnten“ liest man unschwer zwischen den Zeilen heraus) folge Hupkas Monografie zum Haager Wechselrecht, der selbst Demelius seine Anerkennung nicht versagen kann: „Es ist eine Höchstleistung, mit der Hupkas wissenschaftliches Wirken zu Ende geht.“ Eine genauere Würdigung dieser „Höchstleistung“ lässt Demelius freilich nicht folgen.

1958 Es sollte dies nicht die einzige Gelegenheit bleiben, zu der Demelius zu Ungunsten seines Vorgängers auf die Unterschiede zwischen Hupkas und Wellspachers Vollmachtslehre hinwies; vgl. z.B. *Demelius*, M. Wellspachers Vollmachtslehre: zur 30. Wiederkehr seines Todestages (21.2.1923), Archiv für die civilistische Praxis 1954, 1 (8–9); *Demelius*, Josef Hupka, Juristische Blätter 1946, 118; siehe dazu auch Zweiter Teil, Kapitel I.A.2.c.

1959 Ich danke meinem Gutachter Univ.Prof. Dr. Dr.h.c. Paul Oberhammer für diesen Denkanstoß.

Am Ende des Textes wird Hupkas „Interesse für Kunst“ in einem knappen Satz gestreift. „Schülern und jüngeren Kollegen hat er gern hilfreiche Hand geboten und Wohlwollen gezeigt,“ schließt Demelius: „In ihrem Gedenken und in seinem Werk wird er weiterleben.“[1960] Dass Demelius – der an der Universität Wien studiert und wie die meisten Wiener Juristen seiner Zeit bei Hupka Handelsrecht gehört und das Rigorosum abgelegt hatte[1961] – selbst sich nicht zu Hupkas Schülern zählte, hatte sein distanziert-kritischer Nekrolog mehr als deutlich gemacht.

Dieselbe Haltung zeigt sich auch im publizierten Nachruf: Aus der *Vollmacht* greift Demelius heraus, dass er Hupkas Ausführungen über den Schutz des gutgläubigen Dritten – entgegen der damals wie heute herrschenden Lehre – für das österreichische Recht nicht gelten lassen möchte[1962] und schließt mit der Anmerkung, dass man darüber hinaus „in einem Punkte […] einen Mangel an Konstruktion entdecken“ könne.[1963]

In weiterer Folge stellt Demelius zunächst die Frage in den Raum, ob das Privatversicherungsrecht überhaupt zum Handelsrecht gehöre. Hupka habe es „jedenfalls in sein Tätigkeitsgebiet einbezogen“ und sei „bemüht gewesen“, auf den Entwurf des österreichischen Entwurf eines Gesetzes über den Versicherungsvertrag „bessernd einzuwirken.“ Seinen Einfluss auf das Versicherungsvertragsgesetz „im einzelnen nachzuweisen“ führe „zu weit“, zumal dieses zum Zeitpunkt der Veröffentlichung des Nachrufs nicht mehr in Geltung war.[1964] Demelius beschränkt sich daher darauf, anzumerken, dass die genaue Berücksichtigung der Stellung des Versicherungsagenten „ohne Zweifel ein Verdienst H.s“ war, um gleich darauf hinzuweisen, dass Hupka für eine der betreffenden Bestimmungen, § 52 Abs. 2 des Hupka'schen Gegenentwurfes, auf eine Monografie Carl Herrmanns zur rechtlichen Verantwortlichkeit des Versicherers für seine Agenten zurückgreifen habe können und dass die „unmittelbare Anregung“ für Hupkas Vorschlag

---

1960 UAW, *Demelius* n.d., Nachruf auf Josef Hupka, n.pag. Literaturinteressierte seien in diesem Zusammenhang auf einige Zeilen des englischen Satirikers *Alexander Pope* (1688–1744) verwiesen: „Damn with faint praise, assent with civil leer / and without sneering, teach the rest to sneer. / Willing to wound, and yet afraid to strike / just hint a fault, and hesitate dislike.“ (aus „Epistle to Dr. Arbuthnot“, Prologue to the Satires).

1961 UAW, Jur. Rigorosenprotokolle, J.13.28, Rigorosenprotokoll Heinrich Demelius 1519/1916; ÖStA, AdR, Unterricht, PA 20/08 und 15/05, Personalakt Heinrich Demelius, Brief des Ministers für innere und kulturelle Angelegenheiten an das Rektorat der Universität Wien vom 15. März 1939 (Abschrift).

1962 Siehe dazu Zweiter Teil, Kapitel I.A.2.b.

1963 *Demelius*, Juristische Blätter 1946, 118.

1964 *Demelius*, Juristische Blätter 1946, 118.

auf einen Aufsatz Armin Ehrenzweigs[1965] zurückzuführen sei.[1966] Unerwähnt bleibt allerdings, dass sich dies auch ganz problemlos anhand der Fußnoten in Hupkas Buch belegen lässt.[1967]

Hupkas Monografie zum Wechselrecht – die, wie auch hier betont wird, „nach langem Schweigen" erschienen sei – widmet Demelius einen knappen abschließenden Absatz. Mit ihr sei Hupka „am Nachmittag des Lebens [...] in die Gefilde internationaler Rechtsgestaltung" eingetreten und habe „so auf ein im Schoße der Zukunft liegendes Weltrecht hingewiesen."[1968] Damit endet der Nachruf; persönliche Bemerkungen zum Verstorbenen fehlen ebenso wie eine Skizze seiner akademischen Karriere oder die Erwähnung seiner übrigen Werke.

Es blieb dieser Nachruf für mehr als ein halbes Jahrhundert die einzige öffentliche Würdigung Josef Hupkas seitens der Fakultät. Erst 2008 erinnerte Franz-Stefan Meissel in seiner Antrittsvorlesung an Hupka.[1969] 2014 widmete Thomas Olechowski Hupka ein Kapitel in einem Band zur Geschichte der Wiener Rechtswissenschaftlichen Fakultät.[1970] Im Jahr darauf fand Hupka bei einer von Meissel und Olechowski kuratierten Ausstellung unter dem Titel „Bedrohte Intelligenz" Beachtung; im selben Jahr benannte die Wiener Rechtswissenschaftliche Fakultät unter Dekan Paul Oberhammer ein Sitzungszimmer am Juridicum nach Josef Hupka.[1971] 2019 veröffentlichte Meissel die bislang detaillierteste Darstellung von Hupkas Leben und wissenschaftlichem Oeuvre.[1972] Eine umfassende Auseinandersetzung mit Hupkas vielfältigem akademischem Werk fehlte aber bis heute; Ziel des hier gebotenen Überblicks über Hupkas Forschung war es, diese Lücke zu füllen.

1965 *Ehrenzweig*, Der Irrtum bei entgeltlichen Verträgen, Zeitschrift für das Privat- und Öffentliche Recht der Gegenwart 1908, 613 (627–633).

1966 *Demelius*, Juristische Blätter 1946, 119.

1967 Vgl. *Hupka*, Gegenentwurf eines Gesetzes über den Versicherungsvertrag (1908) 71 Fn 1 und 74 Fn 1.

1968 *Demelius*, Juristische Blätter 1946, 119.

1969 *Meissel*, Erinnerungskultur, 3–4.

1970 *Olechowski* in *Olechowski/Ehs/Staudigl-Ciechowicz* 385–387.

1971 Siehe dazu auch *Taschwer* in *Koll* 488.

1972 *Meissel* in FS Kranjc 299–310.

Zusammenfassung

Als Sohn eines Advokaten in Wien geboren und in Znaim aufgewachsen studierte Josef Hupka von 1892 bis 1897 Rechtswissenschaften an der Universität Wien. Nur vier Jahre nach Erlangung des Doktorgrades, im Alter von 26 Jahren, habilitierte er sich mit der in Leipzig unter Ludwig Mitteis verfassten Schrift *Die Vollmacht: eine civilistische Untersuchung unter besonderer Berücksichtigung des deutschen bürgerlichen Gesetzbuches* (1900) für römisches Recht, worunter zum damaligen Zeitpunkt auch das geltende Privatrecht römischrechtlichen Ursprungs zu verstehen war. Ein Jahr später wurde seine venia legendi auf das Handels- und Wechselrecht erweitert. 1908 wurde Josef Hupka außerordentlicher Professor für Handels- und Wechselrecht, 1915 folgte er Carl Samuel Grünhut auf dessen Lehrstuhl nach.

Josef Hupka lehrte und forschte bis 1938 an der Universität Wien. Nach der Machtergreifung durch die Nationalsozialisten wurde er zwangsweise in den Ruhestand versetzt; ein Jahr später wurde ihm der Ruhegenuss aberkannt. Gemeinsam mit seiner Frau Hermine gelang es Hupka in die Niederlande zu fliehen, nachdem er zuvor seinen Kindern Robert und Marie die Ausreise nach England ermöglicht hatte. Der Einmarsch der nationalsozialistischen Truppen durchkreuzte seine Pläne, von Holland aus in die USA zu gelangen. 1944 wurde das Ehepaar Hupka in das Sammellager Theresienstadt verbracht, wo Josef Hupka am 23. April einem Herzleiden erlag. Hermine Hupka wurde knapp ein halbes Jahr später in Ausschwitz ermordet.

Zu Lebzeiten galt Hupka als Wissenschaftler von internationalem Format. Seine Bekanntheit weit über akademische Kreise hinaus war neben seiner wissenschaftlichen Tätigkeit auch dem Umstand geschuldet, dass Hupka als „öffentlicher Intellektueller" zu einer Vielzahl von Themen in den Medien – vor allem der *Neuen Freien Presse* – Stellung bezog. In seiner politischen Ausrichtung war Hupka liberal, in gesellschaftlichen Fragen durchaus fortschrittlich eingestellt. So war er ein früher Befürworter des Frauenstudiums und trat im Rahmen der Bürgerlich-demokratischen Partei für die Gleichstellung von Frauen und Männern in allen gesellschaftlichen Bereichen ein. Ein in der spärlichen Literatur zu Hupka vielzitiertes Beispiel ist seine Unterstützung einer Petition für die Entkriminalisierung homosexueller Beziehungen zwischen Erwachsenen; darüber hinaus setzte er sich auch für die Abschaffung der Theaterzensur und die Reform des österreichischen Wahlrechts ein. Seine Leidenschaft für bildende Kunst belegt nicht nur Hupkas umfangreiche Kunstsammlung und Freundschaft zu namhaften Persönlichkeiten der Wiener Kunstszene, sondern auch sein öffentliches Eintreten gegen den „Ausverkauf" wertvoller Dubletten aus den Beständen der Grafiksammlung der Wiener Albertina, das in der Einsetzung einer Prüfungskommission und der Einstellung der Dublettenverkäufe mündete.

Im Laufe der Zeit war es aber vor allem das zunehmend antisemitische Klima im Österreich der Zwischenkriegszeit, das Hupka zu öffentlichen Stellungnahmen bewegte. So trat er als einziger Professor der Universität Wien öffentlich gegen die auf rassi(sti)schen Grundsätzen beruhende Studentenordnung des Rektors Wenzeslaus Gleispach ein, welche die Studierenden ihrer Abstammung nach in „Nationen" einteilte und die Hegemonie der rechtsradikal dominierten „Deutschen Studentenschaft" sicherte. Weniger publikumswirksam, aber ebenso mutig war Hupkas Eintreten für von den sogenannten „Hakenkreuzlern" verfolgte Studierende während der Studentenunruhen der späten 1920er und frühen 1930er.

Aber auch außerhalb der Universität trat Josef Hupka – der selbst aus einer jüdischen Familie stammte, aber als junger Mann zum katholischen Glauben konvertiert war – wiederholt gegen antisemitisch motiviertes Unrecht ein. Spektakulärstes Beispiel hierfür ist sein Engagement in der Halsmann-Affäre, einem der größten Justizskandale der ersten Republik. Philipp Halsmann, ein jüdischer Student aus Lettland, war 1928 beschuldigt worden, während eines Familienurlaubes in Tirol seinen Vater ermordet zu haben. In zwei Prozessen wurde Halsmann zunächst des Mordes, nach Aufhebung des Urteils und nochmaliger Verhandlung des Totschlages schuldig gesprochen und zu mehrjähriger Kerkerhaft verurteilt. Das Fehlen direkter Beweise, der Mangel jedweden Tatmotivs und die politisch zunehmend radikalisierte Atmosphäre, in welcher der Prozess stattfand, legen auch heute die Vermutung nahe, dass es sich um ein ideologisch motiviertes Fehlurteil handelte. Hupka, der von der Unschuld des jungen Mannes überzeugt war, nützte sein weites Netzwerk, um zunächst Philipp Halsmanns Begnadigung und Freilassung sicherzustellen und danach – wenn auch vergeblich – durch Publikationen und persönliche Interventionen im Justizministerium auf eine Wiederaufnahme des Prozesses hinzuwirken.

Josef Hupka war in den Kreisen des Wiener (jüdischen) Großbürgertums außerordentlich gut vernetzt. Zu seinen Freunden und Bekannten zählten namhafte Schriftsteller wie Felix Salten, Hermann Bahr, Jakob Wassermann und Arthur Schnitzler. Über seine Frau Hermine, einer Tochter des Komponisten Ignaz Brüll, stand er mit dem musikalischen Kreis um Johannes Brahms und Karl Goldmark in Kontakt. Mit dem Maler und Grafiker Ferdinand Schutzer und dem langjährigen Direktor der Albertina Josef Meder verband Hupka eine tiefe Freundschaft. Über familiäre Beziehungen stand er unter anderem mit Sigmund Freud in Verbindung; ein weiterer einflussreicher Bekannter war der Politiker und Tagebuchautor Josef Redlich.

Josef Hupkas breit gefächertes wissenschaftliches Oeuvre ist heute ebenso weitgehend in Vergessenheit geraten wie seine Interventionen zu Fragen des öffentlichen Lebens. Dies ist umso erstaunlicher, als die österreichische Lehre und Doktrin auch heute noch in beachtenswertem Umfang auf seine Erkenntnisse zurückgreift. Im Vollmachtrecht gehen insbesondere die Auffassung der Bevollmächtigung als abstraktes (d.h. vom Grundverhältnis zwischen Machtgeber und Bevollmächtigtem unabhängiges), einseitiges Rechtsgeschäft, das Abstellen auf den Zweck der Formvorschrift bei der Entscheidung über die – im ABGB nicht explizit geregelte – Formgebundenheit der Vollmacht, die Möglichkeit der Vollmachterklärung sowohl an den Bevollmächtigten als auch an einen Dritten oder die Öffentlichkeit, und auch heute noch diskutierte Ansätze zum Einfluss interner Auftragsbeschränkungen auf den Umfang der Vollmacht.

Josef Hupkas Erkenntnisse zur (Un)zulässigkeit des Selbstkontrahierens und der Doppelvertretung wurden für das österreichische Recht u.a. von Gustav Stanzl in seiner Bearbeitung der §§ 1002 ff. im Klang-Kommentar zum ABGB und auf diesem Wege auch in der Rechtsprechung des OGH rezipiert und gelten immer noch als herrschende Lehre. Im Bereich der Haftung des Vertreters ohne Vertretungsmacht lieferte Hupkas Monografie wichtige Impulse für die später von Rudolf Welser entwickelte Haftungslehre auf Basis der *culpa in contrahendo*.

Hupkas Monografien zum Stellvertretungsrecht wurden von den zeitgenössischen Rezensenten ausgesprochen wohlwollend aufgenommen. Die beiden Werke beeindrucken durch seine solide Sachkenntnis, die sich neben dem geltenden deutschen und österreichischen Recht auch auf eine Vielzahl weiterer europäischer Rechtsordnungen und das römische Recht erstreckt, seinen klaren Blick für die Bedürfnisse der Praxis, seine übersichtliche und anschauliche Darstellungsweise, und seinen zeitlos-eleganten Schreibstil.

Nicht minder beachtenswert sind Josef Hupkas Leistungen auf dem Gebiet des Versicherungsrechts: Bereits 1910 antizipierte er in einem Aufsatz zur Definition des Versicherungsvertrages die spätere Kritik an der damals herrschenden, maßgeblich von Alfred Manes geprägten, Bedarfstheorie der Versicherung und lieferte Impulse, die auch in heute gängigen Definitionen noch fortwirken. Nachdem 1907 eine Regierungsvorlage eines Gesetzes über den Versicherungsvertrag im Herrenhaus eingebracht worden war, publizierte Hupka eine detaillierte kritische Auseinandersetzung mit dem Vorschlag der Regierung, an die er einen komplett ausformulierten, auf den Vorbildern des schweizer und des deutschen Versicherungsvertragsgesetzes basierenden Gegenvorschlag anschloss. Aufgrund Hupkas Kritik wurde der ursprüngliche Entwurf radikal überarbeitet. Rund drei Viertel des – aufgrund der mehrfachen Auflösung des Nationalrats und als Folge des Ersten Weltkrieges – erst 1917 in Kraft getretenen Gesetzes gingen auf Hupkas Anregungen zurück, die an vielen Stellen wörtlich in den Gesetzestext übernommen wurden.

Auf dem Gebiet des Wechselrechts verdienen neben einer literarischen Kontroverse mit Julius Landesberger über die Einführung der sogenannten inakzeptablen Tratte mit Deckungsrecht vor allem zwei Aufsätze Beachtung, die Josef Hupka im Vorfeld der 1930 in Genf stattfindenden internationalen Wechselrechtskonferenz, welche die durch den Ersten Weltkrieg unterbrochene Arbeit der Haager Wechselrechtskonferenz wiederaufnehmen sollte, verfasste.

In seinem Beitrag *Zur Revision des Haager Wechselrechts*, den er in seiner Funktion als Wechselrechtsexperte für die österreichische Regierung verfasste, setzte er sich eingehend mit den im Vorfeld veröffentlichten Entwürfen auseinander und gab kritische Anregungen zu deren Überarbeitung, die teilweise auch in Genf aufgegriffen wurden. Erwähnenswert ist hier einerseits sein Plädoyer für das Festhalten an einer verbindlichen Konvention anstelle einer von manchen Seiten geforderten bloßen *loi modèle*, andererseits auch sein Bestreben, eine möglichst weitreichende Übereinstimmung mit dem Wechselrecht des angloamerikanischen Rechtskreises zu erreichen.

Josef Hupkas zweiter wechselrechtlicher Aufsatz aus dieser Zeit, „Das Haager Wechselrechtsübereinkommen und der Völkerbund“, ist bis heute die ausführlichste und aufschlussreichste Darstellung der Rolle des Völkerbundes in der Erarbeitung der Genfer Wechselrechtskonventionen.

Seine letzte Monografie, *Das einheitliche Wechselrecht der Genfer Verträge*, ist ein systematischer Kommentar zu den drei Genfer wechselrechtskonventionen, der nicht nur die Genese der einzelnen Regelungen aufzeigt, sondern auch Impulse für deren Reform im Zuge der damals avisierten weiteren internationalen Wechselrechtskonferenzen gibt. Wie bereits in der Vollmacht beeindruckt in Hupkas wechselrechtlichen Schriften neben seiner umfassenden Fachkenntnis seine sichere Beherrschung mehrerer europäischer Sprachen, die ihm eine detaillierte Auseinandersetzung mit den Konferenzberichten und -materialien unter Einbeziehung rechtsvergleichender Betrachtungen ermöglicht.

Obwohl Josef Hupka als Schüler des Romanisten Ludwig Mitteis Zeit seines Lebens sein Interesse am römischen Recht beibehielt, lag sein Forschungsschwerpunkt schon bald auf dem geltenden Zivil- und Handelsrecht. Dennoch hinterließ er auch zwei substantielle Beiträge zu romanistischen Fragestellungen: ein ausgedehntes Kapitel zum Selbstkontrahieren im römischen Recht in der *Vollmacht*, und ein Aufsatz zu der in der Forschung vieldiskutierten Antinomie zwischen Julian (13 dig. D. 41.1.36) und Ulpian (7 disp. D. 12.1.18). Dieser lieferte nicht nur inhaltlich Ergebnisse, die für die Forschung noch bis heute relevant sind, sondern beeindruckt vor allem durch seine Kritik der damals populären textkritischen Methode.

Dass Josef Hupka dennoch weitgehend in Vergessenheit geriet, ist nicht zuletzt persönlichen und (universitäts-)politischen Umständen geschuldet. Ziel dieses Buches ist es, die dadurch entstandene Lücke in der rechtswissenschaftlichen Forschung und im kollektiven Gedächtnis der österreichischen Rechtswissenschaft zu schließen.

Bibliografie

Schriften von Josef Hupka

Hupka, Josef. Die Vollmacht. Eine civilistische Untersuchung mit besonderer Berücksichtigung des deutschen Bürgerlichen Gesetzbuches. Berlin: Duncker & Humblot, 1900.

Hupka, Josef. [Rezension von] Lehrbuch der Institutionen des römischen Rechtes. Von Dr. Carl Ritter v. Czyhlarz, k.k. Hofrat und Professor der Rechte an der Universität Wien. Juristische Blätter 30. Jg. Nr. 46 (17. November 1901), 546–547.

Hupka, Josef. Stellvertretung und Vollmacht nach deutschem bürgerlichen Recht. Allgemeine österreichische Gerichtszeitung 53. Jg. Nr. 10 (8. März 1902), 79–81; Nr. 11 (15. März 1902), 87–90.

Hupka, Josef. Die Haftung des Vertreters ohne Vertretungsmacht. Ein Beitrag zur Lehre von der Vertretung in Rechtsgeschäften. Berlin: Duncker & Humblot, 1903.

Hupka, Josef. Wie weit ist bei Versicherungsverträgen die Vertragsfreiheit hinsichtlich der Verwirkungsklausel durch zwingende Rechtssätze zugunsten des Versicherten einzuschränken? Zeitschrift für das Privat- und öffentliche Recht der Gegenwart, 32. Bd. (1905), 109–136.

Hupka, Josef. Die Verwirkungsklauseln der Versicherungsverträge vor dem deutschen Juristentage. Zeitschrift für die gesamte Versicherungswissenschaft V. Bd. Nr. 1 (1905), 123–137.

Hupka, Josef. Gegenentwurf eines Gesetzes über den Versicherungsvertrag. Leipzig et al.: Deuticke, 1908.

Hupka, Josef. Zur Revision des Gesetzesentwurfes über den Versicherungsvertrag. Juristische Blätter 38. Jg. Nr. 16 (18. April 1909), 181–185.

Hupka, Josef. Bemerkungen zum Gesetzesentwurf über den Versicherungsvertrag. Juristische Blätter 39. Jg. Nr. 12 (20. März 1910), 133–137.

Hupka, Josef. Der Begriff des Versicherungsvertrages. Goldschmidts Zeitschrift für das gesamte Handelsrecht und Konkursrecht, Bd. 76 (1910), 546–588.

Hupka, Josef. Die Zessionstratte. Neue Freie Presse vom 5. Juni 1913, 13–14.

Hupka, Josef. Die inakzeptable Tratte und das Recht auf Deckung. Eine Entgegnung. Neue Freie Presse vom 15. Juli 1913, 13–14.

Hupka, Josef. Die Wohnungsanforderungen durch die Gemeinde. Neues Wiener Tagblatt vom 28. November 1919, 5.

Hupka, Josef. Ein Kampf ums Recht. Neue Freie Presse vom 8. Februar 1922, 6.

Hupka, Josef. Die Vorauszahlungen für Gas- und Stromlieferung. Neue Freie Presse vom 12. Februar 1922, 10–11.

Hupka, Josef. Die Genussscheine der Donau-Dampf-Schiffahrts-Gesellschaft: Genussobligation und Geldentwertung. Österreichischer Volkswirt Nr. 32 (10. Mai 1924), 980–985 und Nr. 33 (17. Mai 1924), 1015–1019.

Hupka, Josef. Die „Abertina"-Frage. Separatabdruck aus Neue Freie Presse vom 9. und 10. Juni 1925. Wien: Oesterr. Journal-A.G., 1925.

Hupka, Josef. Reformversicherung. Juristische Blätter, 56. Jg. Nr. 3 (12. Februar 1927), 35–38.

Hupka, Josef. Karl Samuel Grünhut. Worte des Gedenkens, gesprochen an seinem Grabe im Namen der Wiener Rechtsfakultät. Separatabdruck aus Zentralblatt für die Juristische Praxis 47. Jg. H. 11 (1929), 817–820. Wien: Perles, 1929.

Hupka, Josef. Das Haager Wechselrechtsübereinkommen und der Völkerbund: ein Beitrag zu den „Documents préparatoires" der Dritten Internationalen Wechselrechtskonferenz, Genf 1930. Zeitschrift für ausländisches und internationales Privatrecht Bd. 4. H. 2 (1930), 205–38.

Hupka, Josef. Zur Revision des Haager Wechselrechts. Separatabdruck aus Mitteilungen des Verbandes Österreichischer Banken und Bankiers Bd. 11 Heft 11/12 (1929), 301–326. Wien: Verband österreichischer Banken und Bankiers, 1930.

Hupka, Josef. Die Studentenordnung der Universität Wien, Neue Freie Presse vom 23. April 1930, 1–2.

Hupka, Josef. La representación en los negocios jurídicos. Übers. Luis Sancho Seral. 1. Auflage. Madrid: Revista de Derecho Privado, 1930; 2. Auflage. Santiago: Ediciones Olejnik, 2018.

Hupka, Josef. Fiat Iustitia. Zur Ehrenrettung Philipp Halsmanns. Neue Freie Presse vom 29. November 1930, 3–4 und Neue Freie Presse vom 30. November 1930, 8–9.

Hupka, Josef. Neue Aktenstücke im Fall Halsmann, Neue Freie Presse vom 19. Juli 1931, 5.

Hupka, Josef. Die Nichtigkeit der Urteilsgrundlagen. In: Österreichisch Liga für Menschenrechte (Hrsg). Der Fall Philipp Halsmann. Schriften der Österreichischen Liga für Menschenrechte, Bd. 3. Wien: Gilhofer & Ranschburg, 1931, 93–134.

Hupka, Josef. Der dissensus in causa und die moderne Textkritik. Zeitschrift der Savigny-Stiftung für Rechtsgeschichte: Romanistische Abteilung, Bd. 52 Nr. 1 (1932), 1–30.

Hupka, Josef. Das einheitliche Wechselrecht der Genfer Verträge. Wien: Springer, 1934.

Monografien, Beiträge in Sammelbänden, Zeitschriften und Kommentaren sowie Zeitungsartikel mit bekanntem Autor

Adler, Karl. Bemerkungen zum österreichischen Versicherungsgesetzentwurf. Zeitschrift für das Privat- und Öffentliche Recht der Gegenwart 35 (1908), 641–666.

Adler, Karl. Weltwechselrecht. Zeitschrift für das Privat- und Öffentliche Recht der Gegenwart 37 (1910), 117–128.

Adler, Karl. Die inakzeptable Tratte mit Deckungsrecht. Neues Wiener Tagblatt vom 16. Juli 1913, 17 und Neues Wiener Tagblatt vom 18. Juli 1913, 15.

Aicher, Josef/Schumacher, Florian. Wertpapierrecht. In: Krejci, Heinz. Unternehmensrecht. 5. Auflage. Wien: Manz, 2013, 541–668.

Albrecht, Carl/Tentler, Paul. Das Recht der Agenten nach deutschem Handelsrecht. Ein Kommentar zu §§ 84 bis 92 HGB. Berlin: J. Guttentag, 1908.

Albrich, Thomas. Vom Antijudaismus zum Antisemitismus in Österreich. Von den Anfängen bis Ende der 1920er Jahre. In: Reiter-Zatloukal, Ilse/Enderle-Burcel, Gertrude (Hrsg). Antisemitismus in Österreich 1933–1938. Wien: Böhlau, 2018, 37–60.

Anton, Michael. Zivilrecht – Guter Glaube im internationalen Kunsthandel. Handbuch Kulturgüterschutz und Restitutionsrecht, Bd. 2. Berlin: De Gruyter, 2010.

Arnò, Carlo. Il contratto con sè medesimo (selbstcontrahiren). Archivio giuridico Bd. 56 (1896), 19–39.

Bader-Zaar, Brigitta. Die politische Partizipation der bürgerlich-liberalen Frauenbewegung in Österreich 1918–1934. Österreichische Zeitschrift für Geschichtswissenschaften Bd. 26 Nr. 2 (2015), 93–117.

Bauer, Christian/Göpfert, Rebekka. Die Ritchie Boys. Deutsche Emigranten beim US-Geheimdienst. 2. Auflage. Berlin: Makrobooks, 2016.

Bauer, Huberta. Die Entwicklung des Rechtsinstituts der freien gewillkürten Stellvertretung seit dem Abschluß der Rezeption in Deutschland bis zur Kodifikation des BGB. Unveröffentlichte Dissertation, Friedrich-Alexander-Universität zu Erlangen-Nürnberg, 1963.

Bechmann, August. Der Kauf nach gemeinem Recht. 2. Teil. Erlangen: Andreas Deichert, 1884.

Becker, Hans-Jürgen. Hans Planitz (1882–1954). Die Erforschung der Geschichte des deutschen Privat- und Vollstreckungsrechts und der Rechtsgeschichte der mittelalterlichen Stadt. In: Augsberg, Steffen/Funke, Andreas (Hrsg). Kölner Juristen im 20. Jahrhundert. Beiträge zu einer Ringvorlesung an der Universität zu Köln, Sommersemester 2010 und Wintersemester 2010/2011. Tübingen: Mohr Siebeck, 2013, 75–100.

Beinhorn, Hugo. Juden in Znaim. Gold, Hugo (Hrsg). Die Juden und Judengemeinden Mährens in Vergangenheit und Gegenwart. Brünn: n.n. 1929, 579–585. http://jab.wz.cz/znojmo/gesch.htm (abgerufen am 4. Februar 2020).

Bekker, Ernst Immanuel/Mitteis, Ludwig. Aufruf, betreffend die Herstellung eines Verzeichnisses der Interpolationsnachweise in den Digesten, Institutionen und dem Codex Iustinianeus. Zeitschrift der Savigny-Stiftung für Rechtsgeschichte: Romanistische Abteilung, Bd. 30 Nr. 1 (August 1909), V–XIX.

Beller, Steven. Was nicht im Baedecker steht. Juden und andere Österreicher im Wien der Zwischenkriegszeit. In: Stern, Frank/Eichinger, Barbara (Hrsg). Wien und die jüdische Erfahrung 1900–1938. Akkulturation – Antisemitismus – Zionismus. Wien et al.: Böhlau, 2009, 1–16.

Benedikt, Edmund. Noch einmal die Genußscheine der Donau-Dampfschiffahrt-Gesellschaft. Neues Wiener Tagblatt vom 11. Dezember 1923, 11.

Bergenthal, Paul. Vollmacht und Auftrag im allgemeinen Landrecht für die preußischen Staaten, im Code civil und im allgemeinen deutschen Handelsgesetzbuch. Quakenbrück: Trute, 1937.

Berger, Elisabeth. Schey, Josef Freiherr von. In: Neue Deutsche Biographie 22 (2005), 719–720 [Online-Version]; https://www.deutsche-biographie.de/pnd117225797.html#ndbcontent (abgerufen am 6. April 2020).

Berliner, Wilhelm. Über den Entwurf des Versicherungsvertragsgesetzes. Vortrag im Rahmen der Juristischen Gesellschaft am 20. Dezember 1911. Allgemeine Österreichische Gerichtszeitung Jg. 61, Nr. 52 (30. Dezember 1911), 413–416.

Beseler, Gerhard. Beiträge zur Kritik der römischen Rechtsquellen. 3. Heft. Tübingen: Mohr, 1920.

Beseler, Gerhard. Beiträge zur Kritik der römischen Rechtsquellen. 4. Heft. Tübingen: Mohr, 1920.

Beseler, Gerhard. Miscellanea. Zeitschrift der Savigny-Stiftung für Rechtsgeschichte: Romanistische Abteilung Bd. 45 Nr. 1 (August 1925), 188–265.

Bleuler, (Paul) Eugen. Meinungsäusserung. In: Gutmann, Wilhelm. Das Fakultätsgutachten im Fall Halsmann (Möglichkeit und Wahrscheinlichkeit): eine Kritik. Berlin: Drei Masken Verlag, 1931, 74–95.

Brämer, Hermann/Brämer, Karl. Das Versicherungswesen. Leipzig. C.L. Hirschfeld, 1894.

Brassloff, Stephan. Ludwig Mitteis. Neue Freie Presse vom 2. Jänner 1922, 2–3.

Brecher, Bernhard. [Rezension von] Dr. Josef Hupka. Zwingende Vorschriften hinsichtlich der Verwirkungsklauseln bei Versicherungsverträgen. Das

Recht. Volkstümliche Zeitschrift für österreichisches Recht. Bd. 1 Nr. 13 (1902), 203–205.

Brinz, Alois von. Lehrbuch der Pandekten. 1. Bd. 2. veränderte Auflage. Erlangen: Andreas Reichert, 1873.

Bruck, Ernst Robert. Reichsgesetz über den Versicherungsvertrag nebst dem zugehörigen Einführungsgesetz vom 30. Mai 1908. 6. Aufl. Berlin/Leipzig: De Gruyter, 1929.

Buchka, Hermann von. Die Lehre von der Stellvertretung bei Eingehung von Verträgen. Historisch und dogmatisch dargestellt. Rostock/Schwerin: Stiller, 1852.

Burtscher, Bernhard. Materielle Insichgeschäfte im Zivil- und Gesellschaftsrecht. Österreichisches Bank Archiv 12/2019, 901–911.

Canstein, Raban von. Vollmacht und Auftrag mit Stellvertretungsbefugniss unter besonderer Berücksichtigung des a. d. Handelsgesetzbuches. Zeitschrift für das Privat- und Öffentliche Recht der Gegenwart, Bd. 3 (1876), 670–694.

Castán Tobeñas, José. Derecho civil español, común y foral. Bd. 1. 15. Auflage. Madrid: Reus 2007.

Coing, Helmut/Wilhelm, Walter (Hrsg). Wissenschaft und Kodifikation des Privatrechts im 19. Jahrhundert. 2. Bd. Die rechtliche Verselbständigung der Austauschverhältnisse vor dem Hintergrund der wirtschaftlichen Entwicklung und Doktrin. Frankfurt am Main: Vittorio Klostermann, 1977.

Curtius, Friedrich. Die Stellvertretung bei Eingehung von Verträgen. Archiv für die civilistische Praxis Bd. LVIII (1875), 69–107.

Degen, Horst/Schotten, Christoph. Velbert. Geschichte Dreier Städte. Köln: Bachem, 2009.

Degener, Herrmann A.L. Wer ist's? 9. Aufl. Berlin: Herrmann Degener, 1928.

Dekkers, C.A./van Kasbergen, J.M. Oranje marechaussee. „Zonder vrees en zonder blaam“. Marechaussee tijdens de Tweete Wereldoorlog. Naarden: Lunet, 1987.

Demelius, Heinrich. Grünhut, Carl Samuel. In: Neue Deutsche Biographie 7 (1966), 199 [Online-Version]; https://www.deutsche-biographie.de/pnd116888814.html#ndbcontent (abgerufen am 6. April 2020).

Demelius, Heinrich. M. Wellspachers Vollmachtslehre: zur 30. Wiederkehr seines Todestages (21.2.1923). Archiv für die civilistische Praxis 153 (1954), 1–40.

Demelius, Heinrich. Josef Hupka. Juristische Blätter 63. Jg., Heft 6 (9. März 1946), 118–119.

Diener, Karl Das Memorandum der deutschen Studentenschaft. Reichspost vom 10. Dezember 1922, 1.

Dietz, Otmar. Die Entwicklung des Rechts der unmittelbaren Stellvertretung bei obligatorischen Rechtsgeschäften in der deutschen Rechtswissenschaft des 19. Jahrhunderts. Unveröffentlichte Dissertation, Julius-Maximilians-Universität zu Würzburg, 1957.

Dörner, Heinrich. Einleitung. In: Honsell, Heinrich (Hrsg). Berliner Kommentar zum Versicherungsvertragsgesetz. Kommentar zum deutschen und österreichischen VVG. Bd. 3. Berlin et al.: Springer, 1999, 1–33.

Dörner, Heinrich. §§ 164–181. In: Schulze, Rainer/Dörner, Heinrich/Ebert, Ina et al. (Hrsg). Bürgerliches Gesetzbuch. 10. Auflage. Baden-Baden: Nomos, 2019.

Doerner, Ruth. Die Abstraktheit der Vollmacht. Zur mangelnden Begründbarkeit eines bürgerlichrechtlichen Lehrsatzes. Schriften zum bürgerlichen Recht, Band 487. Berlin: Duncker & Humblot, 2018.

Dossi, Barbara. Albertina. Sammlungsgeschichte und Meisterwerke. München/New York: Prestel, 1998.

Dreher, Meinrad. Die Versicherung als Rechtsprodukt. Die Privatversicherung und ihre rechtliche Gestaltung. Tübingen: J.C.B. Mohr, 1991.

Dressel, Herbert. Die offene Vollmacht des ABGB. Rechtswissenschaftliche Seminararbeit, Universität Wien, 1947.

Ebner, Daniela. Insichgeschäfte des GmbH-Geschäftsführers. Unveröffentlichte Dissertation, Universität Wien, 2014.

Eck, Ernst Wilhelm. [Rezension von Rümelin, Max, Das Selbstcontrahiren des Stellvertreters nach gemeinem Recht]. Zeitschrift für das gesamte Handelsrecht Bd. 39 (1891), 269–271.

Ehrenberg, Victor. Versicherungsrecht. 1. Bd. Leipzig: Duncker & Humblot, 1893.

Ehrenberg, Victor. Privatversicherungsrecht. Heidelberg: Springer, 1923.

Ehrenberg, Victor. Vertrag (Begriff.) In: Manes, Alfred (Hrsg). Versicherungslexikon. 2. Auflage. Berlin: E.S. Mittler & Sohn, 1924, 1377–1381.

Ehrenzweig, Albert. Die Regierungsvorlage eines Gesetzes über den Versicherungsvertrag und Prof. Hupkas Gegenentwurf. Allgemeine Österreichische Gerichtszeitung 60. Jg., Nr. 6 (6. Februar 1909), 41–42 und Nr. 7 (13. Februar 1909) 49–53.

Ehrenzweig, Albert. Die parlamentarische Revision des Gesetzes über den Versicherungsvertrag. Österreichische Versicherungszeitung 36. Jg. Nr. 19 (15. Mai 1909) 125–126; Nr. 20 (22. Mai 1909) 135–136; Nr. 21 (29. Mai 1909) 145–147; Nr. 22 (5. Juni 1909) 157–159; Nr. 24 (19. Juni 1909) 175–176; Nr. 26 (10. Juli 1909) 199–200; Nr. 28 (17. Juli 1909), 205–206.

Ehrenzweig, Albert. Der Gesetzesentwurf in parlamentarischer Behandlung. Allgemeine Österreichische Gerichtszeitung 60. Jg., Nr. 22 (29. Mai 1909), 169–172 und Nr. 23 (5. Juni 1909), 179–181.

Ehrenzweig, Albert. Bemerkungen zum Herrenhauskommissionsentwurfes des Versicherungsvertragsgesetzes. Allgemeine Österreichische Gerichtszeitung, 60. Jg., Nr. 35 (28. August 1909a), 273–278.

Ehrenzweig, Albert. Bemerkungen zum zweiten Herrenhauskommissionsentwurf des Versicherungsvertragsgesetzes. Juristische Blätter 39. Jg. Nr. 2 (9. Jänner 1910), 13–15.

Ehrenzweig, Albert. Streitfragen des künftigen Versicherungsvertragsrechtes. I. Die „Schätzungskommission". Juristische Blätter 39. Jg. Nr. 47 (20. November 1910), 553–554.

Ehrenzweig, Albert. Streitfragen des künftigen Versicherungsvertragsrechtes. II. Die Abschlagszahlung. Juristische Blätter 40. Jg. Nr. 5 (29. Jänner 1911), 49–51.

Ehrenzweig, Albert. Die Kaiserliche Verordnung vom 22. November 1915 RGBl. Nr. 343, betreffend die Einführung von Vorschriften über den Versicherungsvertrag und die Versicherungsordnung. Wien: Manz, 1916.

Ehrenzweig, Albert. Haftpflichtversicherung und Rettungsaufwand. Juristische Blätter, 52. Jg. Nr. 7 und 8 (1. April 1923), 49–52.

Ehrenzweig, Albert. Die Rechtsordnung der Vertragsversicherung. Wien: Manz, 1925.

Ehrenzweig, Albert. Reformversicherung. Österreichische Anwaltszeitung 3. Jg. Nr. 24 (16. Dezember 1926), 355–357.

Ehrenzweig, Albert. Die Rechtsordnung der Vertragsversicherung. Das Gesetz über den Versicherungsvertrag und das Versicherungsregulativ samt Nebenvorschriften. Wien: Manz, 1929.

Ehrenzweig, Albert. Versicherungsvertragsrecht. (Reichsrecht und österreichisches Recht, mit den tschechoslowakischen Besonderheiten). Wien/Leipzig: Manz, 1935.

Ehrenzweig, Albert. Deutsches (österreichisches) Versicherungsvertragsrecht. Wien: Springer, 1952.

Ehrenzweig, Albert. Die Rechtslehre des Versicherungsvertrages und die klassische Logik. Karlsruhe: Verlag „Versicherungswirtschaft", 1954.

Ehrenzweig, Armin. Der Irrtum bei entgeltlichen Verträgen. Zeitschrift für das Privat- und Öffentliche Recht der Gegenwart 35. Bd. (1908), 613–640.

Ehrenzweig, Armin. System des österreichischen allgemeinen Privatrechts. 1. Bd. 1. Hälfte. Wien: Manz, 1951.

Ehrhardt, Arnold. Justa causa traditionis. Eine Untersuchung über den Erwerb des Eigentums nach römischem Recht. Berlin: De Gruyter, 1930.

Ehs, Tamara. Frauenstudium und Rechtsakademie für Frauen. In: Olechowski, Thomas/Ehs, Tamara/Staudigl-Ciechowicz, Kamila (Hrsg). Die Wiener Rechts- und Staatswissenschaftliche Fakultät 1918–1938. Göttingen: V&R unipress, 2014, 159–172.

Ehs, Tamara. Gesellschaftswissenschaft für Frauen. In: Olechowski, Thomas/ Ehs, Tamara/ Staudigl-Ciechowicz, Kamila (Hrsg). Die Wiener Rechts- und Staatswissenschaftliche Fakultät 1918–1938. Göttingen: V&R unipress, 2014, 580–604.

Elwan, Omaia. Die Stellvertretung in dogmengeschichtlicher und rechtsvergleichender Sicht. 2 Bde. Unveröffentlichte Dissertation, Ruprecht-Karl-Universität Heidelberg, 1962.

Emanuel, Nicole. Philippe Halsman. A Personal Story. In Touch, the Newsletter of the American Friends of the Jewish Museum Hohenems Inc. vol. 9 no. 1 (Jänner 2008), 8–12.

Enzinger, Michael. § 18 In: Straube, Manfred/Ratka, Thomas/Rauter, Roman Alexander (Hrsg). Wiener Kommentar zum GmbH-Gesetz. (Stand 1.11.2018, rdb.at).

Erker, Linda. „Jetzt weiß ich ganz, was das ‚Dritte Reich' bedeutet – die Herrschaft schrankenloser, feiger Brutalität": Eine Momentaufnahme der Universität Wien im Oktober 1932. In: Dreidem, L./Hufschmied, R./Meisinger A. et al. (Hrsg), Bananen, Cola, Zeitgeschichte: Oliver Rathkolb und das lange 20. Jahrhundert. Wien: Böhlau, 2015, 177–90.

Erker, Linda/Huber, Andreas/Taschwer, Klaus. Von der „Pflegestätte nationalsozialistischer Opposition" zur „äußerst bedrohlichen Nebenregierung". Der Deutsche Klub vor und nach dem „Anschluss". zeitgeschichte 44. Jg. Heft 2 (2017), 78–97.

Erker, Linda. Die Rückkehr der „Ehemaligen". Berufliche Reintegration von früheren Nationalsozialisten im akademischen Milieu in Wien nach 1945 und 1955. zeitgeschichte 44. Jg. Heft 3 (2017), 175–192.

Erker, Linda. Studierende der Universität Wien und ihr Antisemitismus in der Zwischenkriegszeit. In: Reiter-Zatloukal, Ilse/Enderle-Burcel, Gertrude (Hrsg). Antisemitismus in Österreich 1933–1938. Wien: Böhlau, 2018, 785–806.

Erker. Linda. Die Universität Wien im Austrofaschismus: Zur politischen Vereinnahmung einer Hochschule – im Vergleich mit der Universität Madrid im Franco-Faschismus. Unveröffentlichte Dissertation, Universität Wien, 2018.

Erker, Linda/Taschwer, Klaus. „Eine wirklich befriedigende Lösung der Judenfrage!". Antisemitische Personalpolitik an der Universität Wien vor und nach 1933. In: Reiter-Zatloukal, Ilse/Enderle-Burcel, Gertrude (Hrsg). Antisemitismus in Österreich 1933–1938. Wien: Böhlau, 2018, 751–768.

Everding, Karl Friedrich. Die dogmengeschichtliche Entwicklung der Stellvertretung im 19. Jahrhundert. Unveröffentlichte Dissertation, Westfälische Landes-Universität Münster, 1951.

Fachini, Roman. Probleme der Versicherungsgesetzgebung. Assekuranz-Jahrbuch Bd. 30 (1908), 161–168.

Faßbender, Christian A. Innerbetriebliches Wissen und bankrechtliche Aufklärungspflichten. Schriftenreihe der Bankrechtlichen Vereinigung 10. Berlin: De Gruyter, 1998.

Feichtinger, Johannes. Wissenschaft zwischen den Kulturen. Österreichische Hochschullehrer in der Emigration 1933–1945. Frankfurt am Main: Campus, 2001.

Feichtinger, Johannes. Richard Meister. Ein dienstbarer Hochschulprofessor in vier Regimen. In: Ash, Mitchell G./Ehmer, Josef (Hrsg). Universität – Politik – Gesellschaft – Wirtschaft. Wien: V & R unipress, 2015, 169–176.

Feltl, Christian. § 49 In: Feltl, Christian (Hrsg). Unternehmensgesetzbuch. Wien: Manz, 2017. (Stand 7.6.2017, rdb.at).

Fenyves, Attila. Vor § 1. In: Fenyves, Attila/Schauer, Martin (Hrsg). VersVG. Kommentar. 1. Lfg. Wien: Verlag Österreich, 2014.

Finkenauer, Thomas/Herrmann, Andreas. Die Romanistische Abteilung der Savigny-Zeitschrift im Nationalsozialismus. Zeitung der Savigny-Stiftung für Rechtsgeschichte: Romanistische Abteilung Bd. 134 (2017), 1–48.

Flatau, Ernst. Ist die Vollmacht abstrakt oder kausal? Beiträge zur Erläuterung des deutschen Rechts 52. Jg. 6. Heft (1908), 753–805.

Flume, Werner. Allgemeiner Teil des Bürgerlichen Rechts. Bd. 2. Das Rechtsgeschäft. Berlin et al.: Springer, 1965.

Freud, Sigmund. Das Fakultätsgutachten im Fall Halsmann. Neue Freie Presse vom 14. Dezember 1930, 13.

Freudenthal, Edwin. Der Einfluß der Anfechtung des Gestionsvertrages auf die Vollmacht und die selbständige Anfechtung der letzteren. Greifswald: Abel, 1916.

Friedländer, Josef/Heller, Paul. Wechselgesetz: Wechselstempel, internationale Wechselabkommen. Wien: Manz, 1933.

Galtier, Brigitte. „La psychologie est une arme à double tranchant“: Sigmund Freud et l'expertise judiciaire. Droit et Cultures (Online) 60 (1. März 2011), https://journals.openedition.org/droitcultures/2335#text (abgerufen am 24. November 2019).

Gaugusch, Georg. Wer einmal war. Das jüdische Großbürgertum Wiens 1800–1938. Bd. 1. Wien: Amalthea, 2011.

Geller, Leo. Versicherungsordnung (Kais. Verordnung über den Versicherungsvertrag). Mit Einleitung und ausführlichen Erläuterungen aus den Materialien. Wien: Moritz Perles, 1916.

Geller, Leo. Gesetz über den Versicherungsvertrag nebst Versicherungsregulativ und Novellen. Mit ausführlichen Erläuterungen aus amtlichen Quellen und der Rechtsprechung. Wien: Alfred Hölder, 1918.

Gierke, Otto von. Der Entwurf eines bürgerlichen Gesetzbuchs und das deutsche Recht. Leipzig: Duncker & Humblot, 1889.

Gobbi, Ulisse. L'assicurazione in generale. Milano: Hoepli, 1898.

Göppinger, Horst. Juristen jüdischer Abstammung im „Dritten Reich“: Entrechtung und Verfolgung. 2., neu bearb. Aufl. München: C.H. Beck, 1990.

Goldner, Franz. Doppelvertretung und Selbstkontrahieren des gesetzlichen Vertreters nach österreichischem Recht. Juristische Blätter 59. Jg. Nr. 7 (29. März 1930), 145–147.

Grasl, Caterina Maria. The Halsmann Tragedy (1928/29) and the Vienna Law Faculty. University of Vienna Law Review Bd. 4 Nr. 2 (2020), 1–45.

Grubmann, Michael (Hrsg). Das Versicherungsvertragsgesetz. 6. Aufl. Wien: Manz, 2007.

Grünberg, Siegmund. Grundzüge des neuen Wechsel- und Scheckrechts einschließlich der Gesetzestexte. Wien: Springer, 1933.

Gschnitzer, Franz. Josef Schey †. Juristische Blätter 67. Jg. Nr. 4 (19. Februar 1938), 69–70.

Gutmann, Wilhelm. Das Fakultätsgutachten im Fall Halsmann (Möglichkeit und Wahrscheinlichkeit): eine Kritik. Berlin: Drei Masken Verlag, 1931.

Haider, Hans. Der Fall Philipp Halsmann. Vom Justizskandal zum Fernsehgeheimnis. Das Jüdische Echo 39 (1990), 75–81.

Haider, Hans. Österreichs Dreyfusaffäre: Der Fall Philipp Halsmann. In: Kainz, Julius (Hrsg). Ein Stück Österreich: 150 Jahre „Die Presse“. Wien: Holzhausen, 1998, 122–127.

Hamburger, Leo. Erbrechtliche Probleme im Versicherungsrecht. Allgemeine Österreichische Gerichtszeitung. 63. Jg., Nr. 4 (27. Jänner 1912), 41–45; Nr. 5 (3. Februar 1912), 49–57; Nr. 14 (6. April 1912).

Hamburger, Leo. Das Recht auf die Deckung bei der nicht-akzeptablen Tratte. Allgemeine Österreichische Gerichtszeitung 64. Jg. Nr. 38 und 39 (27. September 1913), 401–411; Nr. 41 (11. Oktober 1913), 430–436; Nr. 42 (18. Oktober 1913) 450–455; Nr. 44 (1. November 1913), 465–473.

Hamburger, Leo. Buchforderungseskompte und Zessionstratte. Österreichisches Zentralblatt für die juristische Praxis 49. Bd. (1931), 465–473.

Hanreich, Anna. Die Kamera des Grafikers. Ferdinand Schmutzer – Fotografien aus Wien um 1900. Wien: Preasens Verlag, 2017.

Happa, Katja. Viele falsche Hoffnungen: Judenverfolgung in den Niederlanden 1940–1944. Paderborn: Ferdinand Schöningh, 2017.

Hauenschild, Rudolf. Beiträge zum Versicherungsrecht. Ein Epilog zum XXVII. Deutschen Juristentag. In: Mayr, Max/Coumont, Eduard (Hrsg). Aus der österreichischen Advokatenpraxis. Festschrift für die Wiener Advokatengesellschaft „Union“ aus Anlaß ihres fünfundzwanzigjährigen Bestandes. Wien: Manz, 1905, 72–80.

Hauser, Werner. Österreichisches Wechsel- und Scheckrecht. 2. Aufl. Wien: Verlag Österreich, 1999.

Hausmaninger, Herbert/Gamauf, Richard. Casebook zum römischen Sachenrecht. 11. Auflage. Wien: Manz, 2012.

Hawlik, Johannes. Die politischen Parteien Deutschösterreichs bei der Wahl zur konstituierenden Nationalversammlung 1919. 2 Bde. Dissertation Universität Wien, 1971.

Heck, Karl. [Rezension von] Zur Revision des Haager Wechselrechts von Dr. Josef Hupka. Zeitschrift für ausländisches und internationales Privatrecht 4. Jg. Heft 2 (1930), 419.

Hefermehl, Wolfgang/Baumbach, Adolf. Wechselgesetz und Scheckgesetz mit Nebengesetzen und einer Einführung in das Wertpapierrecht. München: C.H. Beck, 2000.

Heger, Radoslav. Das Zusammenleben der deutschen, tschechischen und jüdischen Bevölkerung in der ersten Hälfte des zwanzigsten Jahrhunderts. Unveröffentlichte Magisterarbeit, Univ. Brünn, 2013. https://is.muni.cz/th/r6xe6/Kopie_-_magisterarbeit_def..pdf (abgerufen am 5. Februar 2020).

Heiß, Gernot/Mattl, Siegfried/Meissl, Sebastian/Saurer, Edith/Stuhlpfarrer, Karl (Hrsg). Willfährige Wissenschaft. Die Universität Wien 1938–1945. Wien: Verlag für Gesellschaftskritik, 1989.

Hellmann, Paul. Mijn groote verwachtingen. Herinneringen. Amsterdam: Atlas Contact, 2009.

Hellmann, Paul. Klein kwaad: het proces-Demjanjuk en de speurtocht naar het verraad van mijn vader. Amsterdam: Atlas Contact, 2011.

Hellmann, Paul. Irene, mijn grootmoeder: de neergang van een Weens-joodse familie. Amsterdam: Atlas Contact, 2015.

Hellwig, Konrad. [Rezension von] Hupka, Die Vollmacht. Zeitung für Deutsches Civilprozessrecht. Bd. 29 (1901), 520–535.

Hellwig, Konrad. Die Verträge auf Leistung an Dritte: Nach deutschem Reichsrecht unter besonderer Berücksichtigung des Handelsgesetzbuchs. Neudruck der Ausgabe 1899. Aalen: Scientia Verlag, 1968.

Herrschmann, Heinrich. Über psychiatrische und psychologische Sachverständigentätigkeit im Indizienprozeß. Versammlungs-Bericht. Österreichische Landesgruppe der IKV. Sitzung vom 12. Februar 1931. Monatsschrift für Kriminalpsychologie und Strafrechtsreform. Bd. 22 (1932), 351–362.

Hirschfeld, Ludwig. Was nicht im Baedecker steht: Wien. München: Piper, 1927.

Höflechner, Walter. Die Baumeister des künftigen Glücks. Fragment einer Geschichte des Hochschulwesens in Österreich vom Ausgang des 19. Jahrhunderts bis in das Jahr 1938. Graz: Akademische Druck- und Verlagsanstalt, 1988.

Hölzl, Franz Josef. Friedrich Carl von Savignys Lehre von der Stellvertretung. Ein Blick in seine juristische Werkstatt. Göttingen: Wallstein, 2002.

Hofinger, Niko. „(…) man spricht nicht gerne vom Prozess, es sind noch zu viele Fremde da." Die Halsmann-Affäre in Innsbruck 1928–1991.

In: Gehler, Michael/Sickinger Hubert (Hrsg). Politische Affären und Skandale in Österreich. Von Mayerling bis Waldheim. Wien: Kulturverlag, 1995, 194–221 (hier 1–35). https://www.academia.edu/22287960/_..._man_spricht_nicht_gerne_von_dem_Prozeß_es_sind_noch_zu_viele_Fremde_da._Die_Halsmann-Affäre_ in_Innsbruck_1928-1991 (abgerufen am 14. November 2019).

Honsell, Thomas. Historische Argumente im Zivilrecht. Ihr Gebrauch und ihre Wertschätzung im Wandel unseres Jahrhunderts. Ebelsbach: Verlag Rolf Gremer, 1982.

Huber, Andreas. Oskar Morgenstern, Prof. Dr. 650 plus – Geschichte der Universität Wien, 14. November 2019. https://geschichte.univie.ac.at/de/personen/oskar-morgenstern-prof-dr (abgerufen am 3. Jänner 2019).

Huber, Andreas. Antisemitische Schaltzentrale. Die Deutsche Gemeinschaft und Österreichs Hochschulen in der Ersten Republik. Version vom 23. Februar 2020. https://www.academia.edu/42048759/Antisemitische_Schaltzentrale._Die_Deutsche_Gemeinschaft_und_Österreichs_Hochschulen_in_der_Ersten_Republik?email_work_card=view-paper. (abgerufen am 31. März 2020).

Huber, Andreas/Erker, Linda/Taschwer, Klaus. Der Deutsche Klub. Wien: Czernin, 2020.

Hueber, Erich. Nachträgliche Genehmigung vollmachtlos geschlossener Geschäfte. Wien: Manz, 2018.

Hübner, Heinz. Allgemeiner Teil des Bürgerlichen Gesetzbuches. 2. Auflage. Berlin: De Gruyter, 1995.

Hulsse, Friedrich. Versicherung und Wirtschaft. Eine Untersuchung über den Begriff der Versicherung in der Volkswirtschaftslehre. Unveröffentlichte Dissertation, Friedrichs-Universität Halle, 1914.

Hundt, Rudolf. Die fiktive Vollmacht. Dissertation, Universität Rostock, 1933.

Isay, Hermann. Die Geschäftsführung nach dem Bürgerlichen Gesetzbuche für das Deutsche Reich. Jena: Fischer, 1900.

Jacobi, Ernst. Wechsel- und Scheckrecht unter Berücksichtigung des ausländischen Rechts. Unveränderter Nachdruck. Berlin: de Gruyter, 1956.

Jhering, Rudolph von. *Culpa in contrahendo* oder Schadenersatz bei nichtigen oder nicht zur Perfection gelangten Verträgen. Jahrbücher über die Dogmatik des heutigen römischen und deutschen Privatrechts. Bd. 4 (1861), 1–112.

Jhering, Rudolph von. Geist des römischen Rechts auf den verschiedenen Stufen seiner Entwicklung, Teil 3. Bd. 1. Leipzig: Breitkopf und Härtel, 1865.

Kaemmerer, Hans. Stellvertretung im Besitzerwerb nach römischem und gemeinem Recht. Dissertation, Universität Leipzig, 1907.

Kammel, Robert. Das neue Wechselrecht: ein Grundriß für Studierende und für die Praxis. Wien: Selbstverlag, 1934.

Kapfer, Hans. Handkommentar zum Wechselgesetz. Wien: Manz, 1969.

Karpfen, Fritz. Die Doublettenverkäufe der Albertina. Der Tag vom 29. April 1925, 5.

Karpfen, Fritz. Der Streit um die Albertina. Der Tag vom 6. November 1925, 4.

Karpfen, Fritz Der Streit um die Albertina. Der Tag vom 18. Dezember 1925, 4.

Kelsen, Hans. Der Buchforderungseskont und die inakzeptable deckungsberechtigte Tratte. Das Handelsmuseum Bd. 28 Nr. 24 (12. Juni 1913), 289–292.

Kessler, Friedrich. Kommentar zum Wechselgesetz. Mannheim: Deutsches Druck- und Verlagshaus, 1933.

Kiehnle, Arndt. Das Selbsteintrittsrecht des Kommissionärs (§ 400 HGB) und das Verbot des Selbstkontrahierens (§ 181 BGB). Archiv für die civilistische Praxis 212. Bd. 6. Heft (Dezember 2012), 875–919.

Kipp, Theodor. [Rezension von Josef Hupka, Die Vollmacht und Die Haftung des Vertreters ohne Vertretungsmacht]. Zeitschrift für das gesamte Handelsrecht Bd. 57 (1906), 214–217.

Kisch, Wilhelm. [Rezension von] Josef Hupka, Die Vollmacht. Juristisches Litteraturblatt Bd. XIV Nr. 5 (15. Mai 1902), 117–118.

Klang, Marcel. Die geistige Elite Österreichs, A-K, Band 1. Wien: Barth, 1936.

Klausinger, Hansjörg. Academic anti-semitism and the Austrian school: Vienna, 1918–1945. Department of Economics working paper Bd. 155. Wien: Dept. of Economics, 2013, 1–25. https://www.econbiz.de/Record/academic-anti-semitism-and-the-austrian-school-vienna-1918-1945-klausinger-hansjörg/10010361069 (abgerufen am 6. März 2020).

Klausinger, Hansjörg. Hans Mayer, Last Knight of the Austrian School, Vienna Branch. History of Political Economy Bd. 47 Nr. 2 (2015), 271–305.

Klausinger, Hansjörg. Antisemitismus und die Österreichische Schule der Nationalökonomie an der Universität Wien, 1918–1945. Zeitgeschichte 43. Jg. Nr. 3 (2016), 149–159.

Klinck, Sebastian. Stellvertretung im Besitzerwerb. Archiv für die civilistische Praxis Bd. 2005 Heft 3/4 (2005), 487–519.

Kniefacz, Katharina. Karl Luick, o. Univ.-Prof. Dr. phil. 650 plus – Geschichte der Universität Wien, 5. Juli 2019. https://geschichte.univie.ac.at/de/personen/karl-luick-o-univ-prof-dr-phil (abgerufen am 31. Dezember 2019).

Kniefacz, Katharina. Alexander Hold-Ferneck, o. Univ.-Prof. Dr. phil. 650 plus – Geschichte der Universität Wien, 6. Juli 2019. https://geschichte.univie.ac.at/de/personen/alexander-hold-ferneck-prof-dr (abgerufen am 1. Jänner 2020).

Kniefacz, Katharina. Rudolf Maresch, o. Univ.-Prof. Dr. phil. 650 plus – Geschichte der Universität Wien, 6. Juli 2019. https://geschichte.univie.ac.at/de/personen/rudolf-maresch-o-univ-prof-dr-med (abgerufen am 2. Jänner 2020).

Knütel, Rolf/Kupisch, Berthold/Seiler, Hans Hermann/Behrends, Okko. Corpus Iuris Civilis. Bd. IV. Digesten 21–27. Heidelberg: C.F. Müller, 2005.

Koch, Peter. Geschichte der Versicherungswissenschaft in Deutschland. Herausgegeben vom Deutschen Verein für Versicherungswissenschaft e.V. aus Anlaß seines 100jährigen Bestehens. Karlsruhe: VVW, 1998.

Kodek, Günther K. Unsere Bausteine sind die Menschen. Die Mitglieder der Wiener Freimaurerlogen (1869–1938). Wien: Löcker, 2009.

Körner, Erich. Präsident Dr. Adolf Vetter (1926–1934) und die Arbeit der Ö.L.f.M. in der Ersten Republik. Das Menschenrecht. Offizielles Organ der Österreichischen Liga für Menschenrechte 32. Jg. Nr. 1 (Februar 1977), 2–7.

Körner, Erich. „Mit gebundenen Händen, aber noch nicht sprachlos…" Die Ö.L.f.M. im „autoritärem Ständestaat" der Jahre 1934–1938. Das Menschenrecht. Offizielles Organ der Österreichischen Liga für Menschenrechte 32. Jg. Nr. 2 (Juni 1977a), 2–6.

Körrer, Karin. Die zwischen 1938 und 1945 verstorbenen Mitglieder des Lehrkörpers an der Universität Wien. Unveröffentlichte Dissertation, Universität Wien, 1981.

Kohler, Josef. Gesammelte Abhandlungen aus dem gemeinen und französischen Civilrecht, entnommen den Annalen der badischen Gerichte und der Zeitschrift für französisches Civilrecht und mit Zusätzen versehen. Mannheim: J. Bensheimer, 1883.

Koll, Johannes (Hrsg). „Säuberungen" an österreichischen Hochschulen 1934–1945: Voraussetzungen, Prozesse, Folgen. Wien: Böhlau Verlag, 2017.

Koll, Johannes. „Die Vernichtung der jüdischen Lehr- und Lerntätigkeit". Antisemitismus an den wissenschaftlichen Hochschulen in Wien bis zum „Anschluss" Österreichs. In: Reiter-Zatloukal, Ilse/Enderle-Burcel, Gertrude (Hrsg). Antisemitismus in Österreich 1933–1938. Wien: Böhlau, 2018, 823–850.

Konirsch, Alfred. XXVII. deutscher Juristentag (Fortsetzung). VI. Die Verwirkungsklausel bei Versicherungsverträgen. Juristische Blätter 33. Jg. Nr. 42 (16. Oktober 1904), 493–494.

Koziol, Helmut/Welser, Rudolf. Grundriß des bürgerlichen Rechts. Bd. 1: Allgemeiner Teil und Schuldrecht. Wien: Manz, 1970.

Krasa, S. Josef Meder. In: Österreichische Akademie der Wissenschaften (Hrsg). Österreichisches Bigrafisches Lexikon. Bd. 6 (Lfg. 27, 1974). Wien: Verlag der ÖAW, 1974, 183. https://www.biographien.ac.at/oebl/oebl_M/Meder_Josef_1857_1934.xml (abgerufen am 6. Juni 2020).

Krimmel, Otto. Zur internationalen Vereinheitlichung des Wechselrechts. Dissertation, Universität Leipzig, 1933.

Kübler, Bernhard. Griechische Tatbestände in den Werken der kasuistischen Literatur. Zeitschrift der Savigny-Stiftung für Rechtsgeschichte: Romanistische Abteilung, Bd. 29 Nr. 1 (August 1908), 183–226.

Laband, Paul. Die Stellvertretung bei dem Abschluß von Rechtsgeschäften nach dem Allgemeinen Deutschen Handelsgesetzbuch. In: Abhandlungen und Rezensionen (1861–1899) aus Zeitschrift für das gesamte Handelsrecht. Leipzig: Zentralarchiv der DDR, 1983, 183–242.

Laborenz, Martin. Solutio als causa. Die Frage des Abstraktionsprinzips im römischen Recht. Köln: Böhlau, 2014.

Ladenburg, Leopold. Die Vollmacht als Verkehrsmittel. Zeitschrift für das gesamte Handelsrecht Bd. XI (1868), 72–100.

Landesberger, Julius. Die inakzeptable Tratte und das Recht auf Deckung. Neue Freie Presse vom 19. Juni 1913, 14–15.

Landesberger, Julius. Die inakzeptable Tratte und das Recht auf Deckung. Neue Freie Presse vom 16. Juli 1913, 13.

Lange, Heinrich. Das kausale Element im Tatbestand der klassischen Eigentumstradition. Leipzig: Weicher, 1930.

Langer, Stephanie. Schrift, Bild und Stimme. Medien des Gutachtens im Fall Halsmann. In: Geisthövel, Alexa/Hess, Volker (Hrsg). Medizinisches Gutachten: Geschichte einer neuzeitlichen Praxis. Göttingen: Wallstein Verlag, 2017, 296–317.

Lehmann, Heinrich. Allgemeiner Teil des Bürgerlichen Gesetzbuches. Lehrbücher und Grundrisse der Rechtswissenschaft. Bd. 1. 14. Auflage. Berlin: De Gruyter, 1963.

Leiñena Mendizábal, Elena. Conflicto de intereses y comisión mercantil. Madrid: Reuss 2009.

Leitner, Max. Das Zivilrecht an der Universität Wien. In: Meissel, Franz-Stefan/Olechowski, Thomas/Reiter-Zatloukal, Ilse/Schina, Stefan (Hrsg). Vertriebenes Recht – Vertreibendes Recht: zur Geschichte der Wiener Rechts- und Staatswissenschaftlichen Fakultät zwischen 1938 und 1945, Wien: Manz 2012, 261–280.

Lenel, Otto. Quellenforschung in den Edictcommentaren. Zeitschrift der Savigny-Stiftung für Rechtsgeschichte: Romanistische Abteilung Bd. 3 Nr. 1 (August 1882), 104–120 und 177–197.

Lenel, Otto. Stellvertretung und Vollmacht. Jherings Jahrbücher für die Dogmatik des bürgerlichen Rechts, Bd. 36 = Neue Folge 24 (1896), 1–126.

Lenel, Otto. Interpolationenjagd. Zeitschrift der Savigny-Stiftung für Rechtsgeschichte: Romanistische Abteilung Bd. 45 Nr. 1 (August 1925), 17–38.

Lenhoff, Arthur. Grundzüge des einheitlichen Genfer Wechselrechts. Juristische Blätter 61. Jg. Nr. 18 (8. Oktober 1932), 389–392 und 61. Jg. Nr. XX (3. Dezember 1932), 490–494.

Lenhoff, Arthur. Einführung in das einheitliche Wechselrecht: mit einem Anhang, enthaltend die Gesetzestexte. Wien et al.: Springer, 1933.

Lennhoff, Eugen. The Last Five Hours of Austria. London: Cowan & Rich, 1938.

Lentze, Hans. Die Universitätsreform des Ministers Graf Leo Thun-Hohenstein. Sitzungsberichte der philosophisch-historischen Klasse Bd. 239/2 = Veröffentlichungen der Kommission für Philosophie Bd. 7. Wien: Verlag der ÖAW, 1962.

Leonhard, Rudolf. [Rezension von] Das *constitutum possessorium* im römischen und heutigen Rechte. Ein civilistischer Versuch von Dr. Isidor Harburger. Kritische Vierteljahresschrift für Gesetzgebung und Rechtswissenschaft, Bd. 4 Nr. 3 (1881), 311–345.

Leonhard, Rudolf. [Rezension von] Das Anwendungsgebiet der Vorschriften für die Rechtsgeschäfte. Ein Beitrag zur Lehre vom Rechtsgeschäft von Dr. Alfred Manigk, Privatdocent an der Universität Breslau. Zeitschrift für das Privat- und Öffentliche Recht der Gegenwart 29. Bd. (1902), 786–790.

Lepa, Rudolf. Die Lehre vom Selbsteintritte des Kommissionärs in Einkaufs- und Verkaufsverträge nach dem deutschen Handelsgesetzbuch. Stuttgart: Enke, 1883.

Lichtenberger-Fenz, Brigitte. Österreichs Universitäten und Hochschulen – Opfer oder Wegbereiter der nationalsozialistischen Gewaltherrschaft. In: Heiß, Gernot/Mattl, Siegfried/Meissl, Sebastian/Saurer, Edith/Stuhlpfarrer, Karl (Hrsg). Willfährige Wissenschaft. Die Universität Wien 1938–1945. Wien: Verlag für Gesellschaftskritik, 1989, 3–16.

Lichtenberger-Fenz, Brigitte. „… deutscher Abstammung und Muttersprache“: Österreichische Hochschulpolitik in der Ersten Republik. Wien, Graz: Geyer-Edition, 1990.

Lillie, Sophie. Was einmal war. Handbuch der enteigneten Kunstsammlungen Wiens. Wien: Czernin Verlags GmbH., 2003.

Lindenbaum, J. Ein Vierteljahrhundert der Bedarfstheorie der Versicherung. Zeitschrift für Nationalökonomie Bd. 2 Nr. 1 (Februar 1931), 75–99.

Lohsing, Ernst. [Besprechung von 3 Ob 340/30 vom 27. Mai 1930]. Juristische Blätter 59. Jg. Nr. 19 (11. Oktober 1930), 411–413.

Lohsse, Sebastian. Ius adcrescendi: die Anwachsung im römischen Vermächtnisrecht. Köln: Böhlau, 2008.

Löscher, Monika. „… unter Glas und Rahmen eine vergilbte Urkunde …“ Einige Erinnerungsstücke an Adolf von Sonnenthal im Theatermuseum. In: Blimlinger, Eva/Schödl, Heinz (Hrsg). … (k)ein Ende in Sicht. 20 Jahre

Kunstrückgabegesetz in Österreich. Schriftenreihe der Kommission für Provenienzforschung 8. Wien/Köln/Weimar: Böhlau, 2018, 323–336.

Lyon-Caen, Charles/Renault, Louis. Traité de Droit Commercial. 4. Bd. 4. Auflage. Paris : Librairie Générale de Droit & de Jurisprudence, 1907.

Macris, Themistokles. Die stillschweigende Vollmachtserteilung: ein Beitrag zu der Lehre von der Vollmachtserteilung. Marburg: Elwert, 1941.

Manes, Alfred. Versicherungswesen. Bd. 1. Leipzig: B.G. Teubner, 1905.

Manes, Alfred. Bücherbesprechungen. Zur Begriffsbestimmung der Versicherung. Zeitschrift für die gesamte Versicherungswissenschaft, Bd. 10 (1910), 801–803.

Manigk, Alfred. Das Anwendungsgebiet der Vorschriften für die Rechtsgeschäfte: ein Beitrag zur Lehre vom Rechtsgeschäft. Breslau: H. & M. Marcus, 1901.

Mansel, Heinz-Peter. §§ 164–181. In: Stürner, Rolf (Hrsg) Jauernig Bürgerliches Gesetzbuch. 17. Auflage. München: C.H. Beck, 2018.

Marbe, Karl. Der Strafprozeß gegen Philipp Halsmann: aktenmäßige Darstellung und kriminalpsychologische Würdigung. Leipzig: Hirschfeld, 1932.

Marcus, Maria L. Austria's Pre-War Brown vs. Board of Education. Fordham Urban Law Journal Bd. 32 Nr. 1 (2004), 101–178. https://ir.lawnet.fordham.edu/ulj/vol32/iss1/4 (abgerufen am 2. Februar 2020).

Mathiaschitz, Michael Alexander. „Handeln auf eigene Gefahr": Josef Unger und seine Konzeption einer verschuldensunabhängigen Haftung „pro utilitate communi". Unveröffentlichte Dissertation, Universität Wien, 2017.

Mattl, Siegfried. Felix Salten. Zionismus als literarisches Projekt. In: Stern, Frank/Eichinger, Barbara (Hrsg). Wien und die jüdische Erfahrung 1900–1938. Akkulturation – Antisemitismus – Zionismus. Wien et al.: Böhlau, 2009, 419–426.

Mayr, Robert von. Vindicatio utilis. Zeitschrift der Savigny-Stiftung für Rechtsgeschichte: Romanistische Abteilung, Bd. 26 Nr. 1 (August 1905), 83–124.

Mayr, Robert von. Zur Frage der Revision des österreichischen allgemeinen bürgerlichen Gesetzbuches. Allgemeine österreichische Gerichts-Zeitung 57. Jg. Nr. 17 (28. April 1906), 129–134.

Mayer-Maly, Theo. Rückblick. Zeitschrift der Savigny-Stiftung für Rechtsgeschichte: Romanistische Abteilung, Bd. 100 Nr. 1 (1. August 1983), 1–19.

Meissel, Franz-Stefan. Geschäftsführung ohne Auftrag. Zwischen Quasi-Kontrakt und aufgedrängter Bereicherung. Wien: Manz, 1993.

Meissel, Franz-Stefan. Julian und die Entdeckung des dinglichen Vertrages. In: Falk, Ulrich/ Luminati, Michele/Schmoeckel, Mathias (Hrsg). Fälle aus der Rechtsgeschichte. München: C.H. Beck, 2008, 62–76.

Meissel, Franz-Stefan. Römisches Recht und Erinnerungskultur – zum Gedenken an Stephan Brassloff (1875–1943). In: Vienna Law Inauguration Lectures: Antrittsvorlesungen der Rechtswissenschaftlichen Fakultät der Universität Wien. Bd. 1. Wien: Manz, 2008, 1–47.

Meissel, Franz-Stefan/Wedrac, Stefan. Strategien der Anpassung: Römisches Recht im Zeichen des Hakenkreuzes. In: Meissel, Franz-Stefan/Olechowski, Thomas/Reiter-Zatloukal, Ilse/Schina, Stefan (Hrsg). Vertriebenes Recht – Vertreibendes Recht: zur Geschichte der Wiener Rechts- und Staatswissenschaftlichen Fakultät zwischen 1938 und 1945, Wien: Manz 2012, 35–78.

Meissel, Franz-Stefan. Wahle und die Arbeit der Rückstellungskommissionen, in: Schuhmacher, Florian/Stockenhuber, Peter/Straube, Manfred/Torggler, Ulrich/Zib, Christian (Hrsg), Festschrift für Josef Aicher, Verlag Österreich, Wien 2012, 441–451.

Meissel, Franz-Stefan. Joseph Unger und das Römische Recht – Zu Stil und Methoden der österreichischen „Pandektistik". In: Haferkamp, Hans-Peter/Repgen, Tilman (Hrsg). Wie pandektitische war die Pandektistik? Symposion aus Anlass des 80. Geburtstags von Klaus Luig am 11. September 2015. Tübingen: Mohr Siebeck, 2015, 17–34.

Meissel, Franz-Stefan. § 1035–1040. In: Rummel, Peter/Lukas, Meinhard (Hrsg). Kommentar zum ABGB. 4. Auflage. Wien: Manz, 2017. (Stand 1.5.2017, rdb.at).

Meissel, Franz-Stefan. Josef Hupka (1875–1944): Rechtswissenschaftler, Dekan und Citoyen. In: Kambic, Marko/Skrubej, Katja (Hrsg). Odsev dejstev v pravu – Da mihi facta, dabo tibi ius. Liber amicorum Janez Kranjc. Ljubljana: Pravna fakulteta, 2019, 299–310.

Meissel, Franz-Stefan/Olechowski, Thomas/Gnant, Christoph. Untersuchungen zur Praxis der Verfahren vor den Rückstellungskommissionen. Veröffentlichungen der österreichischen Historikerkommission. Vermögensentzug während der NS-Zeit sowie Rückstellungen und Entschädigungen seit 1945 in Österreich, Bd. 4/2. Wien/München: Oldenbourg, 2004.

Meissels, Leo. [Rezension von] Das Selbstcontrahiren des Stellvertreters nach gemeinem Rechte. Zeitschrift für das Privat- und öffentliche Recht der Gegenwart, Bd. XVIII (1891), 520–530.

Meyer-Pritzl, Robert. Der Rechtshistoriker und Pionier der modernen Rechtsvergleichung Robert Partsch (1882–1925): Römisches Recht als Grundlage des europäischen Zivilrechts. Zeitschrift für europäisches Privatrecht 54. Jg., Nr. 6 (1999), 47–74.

Michaelis, Richard. Wechselrecht. Berlin et al.: De Gruyter, 1932.

Mitteis, Ludwig. Die Lehre von der Stellvertretung nach römischem Recht mit Berücksichtigung des österreichischen Rechts. Neudruck der Ausgabe Wien 1885. Aalen: Scientia Verlag, 1962.

Mitteis, Ludwig. Probedruck zur Interpolationen-Sammlung der Savigny-Zeitschrift. Zeitschrift der Savigny-Stiftung für Rechtsgeschichte: Romanistische Abteilung, Bd. 32 Nr. 1 (August 1911), VII–XXIV.

Mitteis, Ludwig. Zur Interpolationenforschung. Zeitschrift der Savigny-Stiftung für Rechtsgeschichte: Romanistische Abteilung, Bd. 33 Nr. 1 (August 1912), 180–211.

Mitteis, Ludwig. Rezension von Gerhard Beseler, Beiträge zur Kritik der römischen Rechtsquellen, viertes Heft. Zeitschrift der Savigny-Stiftung für Rechtsgeschichte: Romanistische Abteilung, Bd. 41 Nr. 1 (August 1920), 319–320.

Möller, Hans. Moderne Theorien zum Begriff der Versicherung und des Versicherungsvertrages. Zeitschrift für die gesamte Versicherungswissenschaft, Bd. 52 (1962), 269–289.

Möller, Hans. Versicherungsvertragsrecht. 3. Auflage. Wiesbaden: Betriebswirtschaftlicher Verlag Dr. Th. Gabler, 1977.

Mommsen, Friedrich. Erörterungen aus dem Obligationenrecht. 2. Heft. Braunschweig: C.A: Schwetschke und Sohn, 1879.

Morawitz, Gabriele. Das internationale Wechselrecht. Eine systematische Untersuchung der auf dem Gebiet des Wechselrechts auftretenden kollisionsrechtlichen Fragen. Tübingen: J.C.B. Mohr (Paul Siebeck), 1991.

Mücher, Paul. Die unwiderrufliche Vollmacht. Emsdetten: Lechte, 1933.

Mühlböck, A. Siegmund Strauß. In: Österreichisches Biografisches Lexikon 1815–1950, Bd. 13 (Lfg. 62, 2010), 383. https://www.biographien.ac.at/oebl_13/383.pdf (abgerufen am 22. Jänner 2020).

Müller, Rudolf. Das neue österreichische Wechselrecht. Wien: Steyrermühl-Verlag, 1934.

Müller, Ulrich. Die Entwicklung der direkten Stellvertretung und des Vertrages zu Gunsten Dritter. Ein dogmengeschichtlicher Beitrag zur Lehre von der unmittelbaren Drittberechtigung und Drittverpflichtung. Stuttgart et al.: W. Kohlhammer, 1969.

Müller-Freienfels, Wolfram. Die Vertretung beim Rechtsgeschäft. Tübingen: J.C.B. Mohr (Paul Siebeck), 1955.

Muskat, Eugen. Der Vertrag des Stellvertreters mit sich selbst. Zeitschrift für das gesamte Handelsrecht und Wirtschaftsrecht Bd. 33 (1887), 507–544.

Niedermeyer, Hans (Hrsg). Festschrift Fritz Schulz. 2. Bd. Weimar: Böhlau, 1951.

Nörr, Dieter. Mandatum und Verwandtes: Beiträge zum römischen und modernen Recht. Berlin: Springer, 1993.

Northey, Anthony. Kafkas Mischpoche. Berlin: Klaus Wagenbach, 1988.

Obst, Georg. Das Bankgeschäft. Bd. 1. 7. Auflage. Stuttgart: C.E. Poeschel, 1923.

Oertmann, Paul. Civilistische Rundschau, Archiv für Bürgerliches Recht, Bd. 20 (1902), 51–136, insb. 74–76.

Oertmann, Paul. Kommentar zum Bürgerlichen Gesetzbuch. Allgemeiner Teil. 3. Auflage. Köln: Heymann, 1927.

Ogris, Werner. Die Entwicklung des Versicherungsaufsichtsrechts und des Versicherungsvertragsrechts in Österreich von der Mitte des 19. Jahrhunderts bis zum Ende der Monarchie. In: Rohrbach, Wolfgang (Hrsg). Versicherungsgeschichte Österreichs, Bd. 2. Wien: A. Holzhausens Nachfolger, 1988, 1–152.

Ogris, Werner. Die Universitätsreform des Ministers Graf Leo Thun-Hohenstein. In: Olechowski, Thomas (Hrsg). Elemente europäischer Rechtskultur. Rechtshistorische Aufsätze aus den Jahren 1961–2003. Wien/Köln/Weimar: Böhlau, 2003, 333–344.

Ogris, Werner. 1884–1984. Einhundert Jahre Rechtswissenschaft im Hause am Ring. In: Olechowski, Thomas (Hrsg). Elemente europäischer Rechtskultur. Rechtshistorische Aufsätze aus den Jahren 1961–2003. Wien/Köln/Weimar: Böhlau, 2003, 401–428.

Ogris, Werner. 100 Jahre Wiener Juristische Gesellschaft (1867 bis 1967). In: Olechowski, Thomas (Hrsg). Elemente europäischer Rechtskultur. Rechtshistorische Aufsätze aus den Jahren 1961–2003. Wien/Köln/Weimar: Böhlau, 2003, 429–442.

Olechowski, Thomas. Handels- und Wechselrecht. In: Olechowski, Thomas/ Ehs, Tamara/ Staudigl-Ciechowicz, Kamila (Hrsg). Die Wiener Rechts- und Staatswissenschaftliche Fakultät, 1918–1938. Göttingen: V&R unipress, 2014, 380–396.

Otto, Carl Eduard/Schilling, Bruno/Sintenis, Carl Friedrich Ferdinand. Das Corpus Juris Civilis in's Deutsche übersetzt von einem Vereine Rechtsgelehrter. 4. Bd. Leipzig: Carl Focke, 1832.

Pakes, Brigitte. Beiträge zur Geschichte des Lehrkörpers der Juridischen Fakultät der Universität Wien zwischen 1918 und 1938. Unveröffentlichte Dissertation, Universität Wien, 1982.

Parkinson, Marie. Grandmother's Memoirs. Unveröffentlichtes Manuskript, 2007.

Partsch, Josef. Ludwig Mitteis. 1859–1921. Zeitschrift der Savigny-Stiftung für Rechtsgeschichte: Romanistische Abteilung. Bd. 43 Nr. 1 (August 1922), V–XXXI.

Pauley, Bruce. Eine Geschichte des österreichischen Antisemitismus. Von der Ausgrenzung zur Auslöschung. Wien: Kremayr & Scheriau, 1993.

Pavlíčková, Tereza. Die Entwicklung des Nationalitätenkonflikts in der Znaimer deutschen Presse 1848–1938. Unveröffentlichte Dissertation, Palacký-Univ. Olomouc, 2011. https://theses.cz/id/dnodx7/Dizertace-Pavlickova.pdf (abgerufen am 6. Februar 2020).

Pawlowski, Hans-Martin. Die gewillkürte Stellvertretung. Eine juristische Entdeckung der deutschen Rechtswissenschaft. JuristenZeitung, Bd. 52 Nr. 3 (2. Februar 1996), 125–132.

Peinsipp, Walther. Neues zum Fall Halsmann. Reichspost vom 3. Februar 1931, 8.

Perner, Stefan. §§ 1016–1019. In Kletečka, Andreas/Schauer, Martin (Hrsg). ABGB-ON (Stand 1.4.2016, rdb.at).

Pessler, Franz. Ein Bild des Prozesses. In: Österreichisch Liga für Menschenrechte (Hrsg). Der Fall Philipp Halsmann. Schriften der Österreichischen Liga für Menschenrechte, Bd. 3. Wien: Gilhofer & Ranschburg, 1931, 7–92.

Peters, Hans. Generelle und spezielle Aktionen. Zeitschrift der Savigny-Stiftung für Rechtsgeschichte: Romanistische Abteilung Bd. 32 Nr. 1 (August 1911), 179–307.

Petersen, Jens. Examinatorium Allgemeiner Teil des BGB und Handelsrecht. Berlin: De Gruyter, 2013.

Pfefferle, Hans/Pfefferle, Roman. Glimpflich entnazifiziert: die Professorenschaft der Universität Wien von 1944 in den Nachkriegsjahren. Schriften des Archivs der Universität Wien, Bd. 18. Göttingen: V&R unipress, 2014.

Pflüger, Heinrich H. Zwei Digestenstellen. In: Juristische Fakultät der Universität Bonn (Hrsg). Bonner Festgabe für Ernst Zitelmann. München/Leipzig: Duncker & Humblot, 1923, 41–47.

Pisko, Oskar. Karl S. Grünhut †. Juristische Blätter 58. Jg. Nr. 19 (12. Oktober 1929), 401.

Planck, Gottlieb. Bürgerliches Gesetzbuch nebst Einführungsgesetz. 1. Bd. 1. Auflage. Berlin: J. Guttentag, 1897.

Poelkow, Hans Ulrich. Widerruf der Vollmacht. Eisleben: Schneider, 1929.

Pollak, Rudolf. Die inakzeptable Tratte. Das Handelsmuseum Bd. 28 Nr. 18 (1. Mai 1913), 213–215.

Pollak, Rudolf. Über Aufwertung. Juristische Blätter 53. Jg. Nr. 23 und 24 (7. Dezember 1924), 214–227.

Pollack, Martin. Anklage Vatermord: der Fall Philipp Halsmann. Wien: Zsolnay, 2002.

Posch, Herbert/Ingrisch, Doris/Dressel, Gert. „Anschluß“ und Ausschluss 1938. Vertriebene und verbliebene Studierende an der Universität Wien. Wien/Berlin: Lit, 2008.

Puchta, Georg Friedrich. Vorlesungen über das heutige römische Recht. Bd. 1. Hrsg von Rudorff, Adolf August Friedrich. Leipzig: Bernhard Tauchnitz, 1847.

Quassowski, Leo. Die Genfer Abkommen über die Vereinheitlichung des Wechselrechts. Zeitschrift für ausländisches und internationales Privatrecht 4. Jg. H. 5 (1930), 770–792.

Quassowski, Leo/Albrecht, Erich. Wechselgesetz. Tübingen: Mohr, 1934.

Rabel, Ernst. Vertretungsmacht für obligatorische Rechtsgeschäfte. Zeitschrift für internationales und ausländisches Privatrecht. 3. Jg. (1929), 807–836.

Raiser, Ludwig. Die Wirkungen der Wechselerklärungen im internationalen Privatrecht. Beiträge zum ausländischen und internationalen Privatrecht, Bd. 4. Berlin: de Gruyter, 1931.

Rappaport, Jakob. [Rezension von] Die rechtliche Natur der Untervollmacht. Von Hans Fülster. Juristische Blätter 58. Jahrgang Nr. 8 (13. April 1929), 175.

Rathkolb, Oliver. Die Rechts- und Staatswissenschaftliche Fakultät der Universität Wien zwischen Antisemitismus, Deutschnationalismus und Nationalsozialismus. 1938, davor und danach. In: Heiß, Gernot/Mattl, Siegfried/Meissl, Sebastian/Saurer, Edith/Stuhlpfarrer, Karl (Hrsg). Willfährige Wissenschaft. Die Universität Wien 1938–1945. Wien: Verlag für Gesellschaftskritik, 1989, 197–232.

Rathkolb, Oliver. Überlegungen zum Exodus der „Jurisprudenz". In: Stadler, Friedrich (Hrsg). Emigration und Exil österreichischer Wissenschaft 1930–1940. 2. Bd. 1. Halbbd. Unveränderte Neuauflage. Münster: Lit 2004, 276–303.

Rathkolb, Oliver. Der lange Schatten des Antisemitismus. Kritische Auseinandersetzungen mit der Geschichte der Universität Wien im 19. und 20. Jahrhundert. Göttingen: V&R Unipress, 2013.

Reichel, Hans. Gutgläubigkeit beim Fahrniserwerb. Zeitschrift für das Privat- und Öffentliche Recht der Gegenwart 42. Bd. (1916), 173–262.

Reiter-Zatloukal, Ilse. Juristenausbildung in Österreich unter dem NS-Regime. Kontinuitäten und Brüche am Beispiel der Wiener Juristenfakultät. In: Meissel, Franz-Stefan/Olechowski, Thomas/Reiter-Zatloukal, Ilse/Schima, Stefan (Hrsg). Vertriebenes Recht – Vertreibendes Recht. Zur Geschichte der Wiener Rechts- und Staatswissenschaftlichen Fakultät zwischen 1938 und 1945. Wien: Manz, 2012, 9–33.

Reiter-Zatloukal, Ilse. Antisemitismus und Juristenstand. Wiener Rechts- und Staatswissenschaftliche Fakultät und Rechtspraxis vom ausgehenden 19. Jahrhundert bis zum „Anschluss" 1938. In: Rathkolb, Oliver. Der lange Schatten des Antisemitismus. Kritische Auseinandersetzungen mit der Geschichte der Universität Wien im 19. und 20. Jahrhundert. Göttingen: V&R Unipress, 2013, 183–205.

Reiter-Zatloukal, Ilse/Schölnberger Pia. „Rechtsverstand und juristisches Gewissen." 150 Jahre Wiener Juristische Gesellschaft. In: Jabloner,

Clemens (Hrsg) 150 Jahre Wiener Juristische Gesellschaft. Festschrift. Wien: Manz, 2017, 1–30.

Reiter-Zatloukal, Ilse. „Volksfremde Elemente im Anwaltsberuf". Antisemitismus und Advokatur 1918 bis 1938. In: Reiter-Zatloukal, Ilse/Enderle-Burcel, Gertrude (Hrsg). Antisemitismus in Österreich 1933–1938. Wien: Böhlau, 2018, 695–728.

Reuter, Stefan. Die Qualifikation der Haftung des falsus procurator im internationalen Privatrecht. Tübinger Rechtswissenschaftliche Abhandlungen. Tübingen: Mohr Siebeck, 2016.

Roesner, Ernst. Der Mord, seine Täter, Motive und Opfer nebst einer Bibliographie zum Problem des Mordes. Zeitschrift für die gesamte Strafrechtswissenschaft, Bd. 56 Nr. 1 (1937), 327–360.

Römer, Robert. Rechtsgeschäft des Stellvertreters mit sich selbst. Nach römischem und gemeinem deutschen Recht. Zeitschrift für das gesamte Handels- und Wirtschaftsrecht, Bd. XIX (1874), 67–97.

Ross, Martin H. The Philippe Halsmann Affair. Unveröffentlichtes Manuskript, 1973. http://digital.cjh.org:1801/view/action/nmets.do?DOCCHOICE=512416.xml&dvs=1581419429537~86&locale=en_US&search_terms=&adjacency=N&VIEWER_URL=/view/action/nmets.do?&DELIVERY_RULE_ID=2&divType=&usePid1=true&usePid2=true (abgerufen am 22. Oktober 2019).

Rubin, Daniel. § 1002. In: Kletečka, Andreas/Schauer, Martin (Hrsg). ABGB-ON$^{1.03}$ (Stand 1.3.2017, rdb.at).

Rudorff, Adolf Friedrich August. Das Recht der Vormundschaft aus den gemeinen in Deutschland geltenden Rechten entwickelt. 2. Bd. Berlin: Dümmler, 1833.

Rümelin, Max von. Das Selbstcontrahiren des Stellvertreters nach gemeinem Recht. Freiburg i.B.: J.C.B. Mohr (Paul Siebeck), 1888.

Ruzicka, Alois. Wiener Juristische Gesellschaft. Juristische Blätter 31. Jg. Nr. 5 (2. Februar 1902), 52–54.

Ruzicka, Ernst. Die zweite Phase des Falles Halsmann. Prof. Werkgartners Vortrag über Halsmann. Der Morgen vom 29. Dezember 1930, 7.

Ruzicka, Ernst. Max Halsmanns Ermordung: der Schlüssel zur Wahrheit. Wien et al.: Krystall-Verlag, 1930.

Säcker, Franz Jürgen et al. (Hrsg). Münchener Kommentar zum Bürgerlichen Gesetzbuch. 1. Bd. 7. Aufl. München: C.H. Beck, 2015.

Scharfmesser, Heinrich. Versicherungsrecht. Juristische Blätter, 49. Jg. Nr. 21 und 22 (4. Juli 1920), 161–164.

Schauer, Martin. Zur Formpflicht der Vollmacht bei der Schenkung. Notariatszeitung 1984, 185–189.

Schey, Josef von. Obligationsverhältnisse des österreichischen allgemeinen Privatrechts. 1. Bd. 1. Auflage. Wien: Manz, 1890.

Schey, Josef von. Obligationsverhältnisse des österreichischen allgemeinen Privatrechts. 1. Bd. 2. Auflage. Wien: Manz, 1907.

Schilken, Eberhard. §§ 164–181. In: J. von Staudingers Kommentar zum Bürgerlichen Gesetzbuch. (Stand: 25. Jänner 2020, juris.de).

Schlossmann, Siegmund. Die Lehre von der Stellvertretung, insbesondere bei obligatorischen Verträgen. Bd. 1: Kritik und wissenschaftliche Grundlegung. Leipzig: A. Deichert's Nachfolger (Georg Böhme), 1900.

Schmale, Wolfgang/Treiblmayr, Christopher. Human Rights Leagues and Civil Society (1898–ca. 1970s). Historische Mitteilungen Bd. 27 (2015), 186–208.

Schmetterer, Christoph. Am Weg von Czernowitz nach Wien gescheitert. Karl Friedrich Adler. Beiträge zur Rechtsgeschichte Österreichs 2014, 241–253; http://dx.doi.org/10.1553/BRGOE2014-2s241 (abgerufen am 29. Dezember 2019).

Schmidt-Rimpler, Walter. Über einige Grundbegriffe des Privatversicherungsrechts. In: Klausing, Friedrich/Nipperdey, Hans Carl/Nussbaum, Arthur (Hrsg). Beiträge zum Wirtschaftsrecht Nr. 62: Ernst Heymann zum 06.04.1930, Bd. II: Einzelfragen, Marburg 1930, 1211–1259.

Schmidt-Rimpler, Walter. Versicherungswirtschaft und Versicherungsrecht. Veröffentlichungen des Berliner Hochschulinstitutes für Versicherungswissenschaft, Heft 1 (1939), 67–101.

Schneider, Robert. [Rezension von] Hupka, Dr. J. Die Haftung des Vertreters ohne Vertretungsmacht. Centralblatt für Rechtswissenschaft XXIII. Bd. 5. Heft (1904), 141–142.

Schnitzer, Adolf. Handbuch des internationalen Handels-, Wechsel- und Checkrechts. Zürich et al.: Verlag für Recht und Gesellschaft, 1938.

Schölnberger, Pia. Josef Hupka. In: Kommission der österreichischen Provenienzforschung (Hrsg). Lexikon der Österreichischen Provenienzforschung. Stand 7. Jänner 2019. https://www.lexikon-provenienzforschung.org/hupka-josef-franz (abgerufen am 6. Juni 2020).

Schollmeyer, Friedrich. Das Recht der einzelnen Schuldverhältnisse im Bürgerlichen Gesetzbuche. 2. Auflage. Berlin: J. Guttentag, 1904.

Schubert, Werner. § 164–181. In: Säcker, Franz Jürgen/Rixecker, Roland/ Oetker, Hartmut/ Limperg, Bettina (Hrsg) Münchener Kommentar zum BGB. 8. Auflage. München: C.H. Beck, 2018.

Schütz, Carsten. Die UNCITRAL-Konvention über Internationale Gezogene Wechsel und Internationale Eigen-Wechsel vom 9. Dezember 1988. Berlin: De Gruyter, 1992.

Schug, Albert. Der Versicherungsgedanke und seine historischen Grundlagen. Göttingen: V&R unipress, 2011.

Schulz, Fritz. Scientia, Dolus und Error bei der Stellvertretung nach klassischem römischen Recht. Zeitschrift der Savigny-Stiftung für Rechtsgeschichte: Romanistische Abteilung, Bd. 33 Nr. 1 (1912), 37–80.

Schulz, Fritz. [Rezension ausgewählter Werke zum römischen Übereignungsgeschäft durch Tradition]. Zeitschrift der Savigny-Stiftung für Rechtsgeschichte: Romanistische Abteilung, Bd. 52 Nr. 1 (1932), 535–549.

Schwarz, Hermine. Ignaz Brüll und sein Freundeskreis. Wien: Rikola, 1922.

Schwind, Ernst. Bericht über das Studienjahr 1919/20. In: Die feierliche Inauguration des Rektors der Wiener Universität für das Studienjahr 1920/21 (1920). Wien: Selbstverlag der Universität Wien, 1920, 5–21.

Selb, Walter. Mitteis, Ludwig, in: Neue Deutsche Biographie 17 (1994), 576–577, https://www.deutsche-biographie.de/pnd118784293.html#ndbcontent (abgerufen am 18. April 2020).

Seipel, Ignaz. Die Kulturpolitik der Christlichsozialen. Reichspost vom 23. September 1920, 1–2.

Seliger, Maren/Ucakar, Karl. Wien. Politische Geschichte. Bd. 2: 1896–1934. Wien: Jugend und Volk, 1985.

Seligmann, Adalbert Franz. Feuilleton. Ferdinand Schmutzer zum Gedächtnis, Neue Freie Presse vom 18. September 1929, 1–3.

Seuffert, Lothar von. [Rezension von Josef Hupka, Die Vollmacht]. Deutsche Litteraturzeitung vom 6. April 1901, 881–882.

Sievers, Heinrich. [Rezension von Josef Hupka, Die Vollmacht]. Beiträge zur Erläuterung des deutschen Rechts 46. Jg., H. 2/3 (1901), 444–445.

Silverman, Lisa. Becoming Austrians. Jews and Culture Between the World Wars. Oxford et al.: Oxford University Press, 2012.

Simon, Thomas. Die Thun-Hohensteinische Universitätsreform und die „Geschichtliche Rechtswissenschaft“. Beiträge zur Rechtsgeschichte Österreichs 2017, 132–143.

Sokal, Max. Die inakzeptable Tratte. Das Handelsmuseum Bd. 28 Nr. 22 (29. Mai 1913), 265–267.

Sokal, Max. Die Kosten des Buchforderungseskomptes. Allgemeine Österreichische Gerichtszeitung 64. Jg. Nr. 45, 485–487.

Sonnenthal, Siegmund. Verkäufe und Ankäufe der „Albertina“. Neue Freie Presse vom 21. April 1925 (Abendblatt), 4–5.

Stanzl, Gustav. Zweiundzwanzigstes Hauptstück. In: Klang, Heinrich/Gschnitzer, Franz. Kommentar zum Allgemeinen bürgerlichen Gesetzbuch. 4. Bd., 1. Halbbd. 2. Auflage. Wien: Österreichische Staatsdruckerei, 1968, 765–936.

Stanzl, Gustav. Wechsel-, Scheck- und sonstiges Wertpapierrecht. Graz et al.: Böhlau, 1957.

Staub, Hermann. Kommentar zum Handelsgesetzbuch. 8. Auflage. Berlin: De Gruyter, 1906.

Staub, Hermann/Stranz, Martin. Kommentar zum Wechselgesetz. 13. Auflage. Berlin: De Gruyter, 1934.

Staudacher, Anna. L. Jüdisch-Protestantische Konvertiten in Wien. 2 Bde. Frankfurt am Main/Wien et al.: Lang, 2004.

Staudacher, Anna. L. „... meldet den Austritt aus dem mosaischen Glauben“: 18000 Austritte aus dem Judentum in Wien, 1868–1914: Namen – Quellen – Daten. Frankfurt am Main/Wien et al.: Lang, 2009.

Staudigl-Ciechowicz, Kamila. Organisationsrecht. In: Olechowski, Thomas/ Ehs, Tamara/ Staudigl-Ciechowicz, Kamila (Hrsg). Die Wiener Rechts- und Staatswissenschaftliche Fakultät, 1918–1938. Göttingen: V&R unipress, 2014, 39–48.

Staudigl-Ciechowicz, Kamila. Disziplinarrecht. In: Olechowski, Thomas/ Ehs, Tamara/Staudigl-Ciechowicz, Kamila (Hrsg). Die Wiener Rechts- und Staatswissenschaftliche Fakultät 1918–1938. Wien: V&R unipress, 2014, 79–102.

Staudigl-Ciechowicz, Kamila. Privatrecht. In: Olechowski, Thomas/Ehs, Tamara/Staudigl-Ciechowicz, Kamila (Hrsg). Die Wiener Rechts- und Staatswissenschaftliche Fakultät 1918–1938. Wien: V&R unipress, 2014, 343–380.

Staudigl-Ciechowicz, Kamila. Straf- und Strafprozessrecht. In: Olechowski, Thomas/Ehs, Tamara/Staudigl-Ciechowicz, Kamila (Hrsg). Die Wiener Rechts- und Staatswissenschaftliche Fakultät, 1918–1938. Göttingen: V&R unipress, 2014, 420–452.

Staudigl-Ciechowicz, Kamila. Zur Disziplinargerichtsbarkeit an der Universität Wien 1848–1938. Beiträge zur Rechtsgeschichte Österreichs 2016, 301–314.

Staudigl-Ciechowicz, Kamila. Das Dienst-, Habilitations- und Disziplinarrecht der Universität Wien 1848–1938. Wien: Vienna University Press, 2017.

Staudigl-Ciechowicz, Kamila. Zum rechtlichen Rahmen für die Personalpolitik an den österreichischen Universitäten im Austrofaschismus. In: Reiter-Zatloukal, Ilse/Enderle-Burcel, Gertrude (Hrsg). Antisemitismus in Österreich 1933–1938. Wien: Böhlau, 2018, 731–750.

Staudigl-Ciechowicz, Kamila/Olechowski, Thomas. Völkerrecht. In: Olechowski, Thomas/ Ehs, Tamara/Staudigl-Ciechowicz, Kamila (Hrsg). Die Wiener Rechts- und Staatswissenschaftliche Fakultät, 1918–1938. Göttingen: V&R unipress, 2014, 521–546.

Stern, Frank/Eichinger, Barbara (Hrsg). Wien und die jüdische Erfahrung 1900–1938. Akkulturation – Antisemitismus – Zionismus. Wien et al.: Böhlau, 2009.

Stillich, Osker. Geld- und Bankwesen: ein Lehr- und Lesebuch. 3. Auflage. Berlin: Curtius, 1914.

Stranz, Martin. Das Wechselgesetz. 14. Auflage. Berlin: de Gruyter, 1952.

Strasser, Rudolf. §§ 1002–1034. In: Rummel, Peter/Lukas, Meinhard (Hrsg). Kommentar zum ABGB. 3. Auflage. Wien: Manz, 2000. (Stand 1.1.2000, rdb.at).

Straube, Manfred/Gisch, Erwin/Berischa, Arlinda. Österreichisches Versicherungsvertragsrecht. Wien: Manz, 2017.

Strauß, Ludwig. Die Gesetzesvorlage über den Versicherungsvertrag, Neue Freie Presse vom 4. Jänner 1910, 11–12.

Strauß, Ludwig. Hofrat Professor Dr. Karl Grünhut. Zu seinem achtzigsten Geburtstage. Neue Freie Presse vom 5. August 1924, 3.

Strejcek, Gerhard. Franz Kafka und die Unfallversicherung: Grenzgänger des Rechts und der Weltliteratur. Wien: WUV, 2006.

Strobele, Guido. Das Wechselgesetz vom 18. August 1932, BGBl. Nr 290. Wien: Verlag der österreichischen Staatsdruckerei, 1933.

Ströher, D. Richard Pressburger, Österreichisches Biografisches Lexikon 1815–1950. 8. Bd. 38. Lfg. (1981) 268. https://www.biographien.ac.at/oebl/oebl_P/Pressburger_Richard_1862_1938.xml (abgerufen am 25. November 2019).

Strohal, Emil. (Hrsg). Planck's Kommentar zum Bürgerlichen Gesetzbuch nebst Einführungsgesetz. 1. Bd. Berlin: J. Guttentag, 1913.

Stubenrauch, Moriz von. Commentar zum österreichischen allgemeinen bürgerlichen Gesetzbuche. 2. Bd. 8. Aufl. Wien: Manz, 1903.

Swoboda, Ernst. Der Bevollmächtigungsvertrag und verwandte Erscheinungen. Österreichisches Zentralblatt für die juristische Praxis 49. Bd. (1931), 721–760 und 817–850.

Swoboda, Ernst. Bevollmächtigungsvertrag und Auftrag, Geschäftsführung ohne Auftrag, versio in rem. Wien/Leipzig: Moritz Perles, 1932.

Swoboda, Ernst. Von der Bevollmächtigung und anderen Arten der Geschäftsführung. In: Klang, Heinrich (Hrsg). Kommentar zum Allgemeinen Bürgerlichen Gesetzbuch. 2. Bd. 2. Halbbd. Wien: Verlag der Österreichischen Staatsdruckerei, 1934.

Tartaruga, Ubald [Ehrenfreund, Edmund Otto]. Führende Köpfe der Wiener juridischen Fakultät. Neues Wiener Journal vom 17. Mai 1928, 16–17.

Taschwer, Klaus. Irene und Paul Hellmann: Fast vergessene Förderer der Salzburger Festspiele. n.d. https://www.academia.edu/40348944/Irene_und_Paul_Hellmann_Fast_vergessene_Förderer_der_Salzburger_Festspiele (abgerufen am 22. Jänner 2020).

Taschwer, Klaus. Der verlorene Schlüssel des Otto Halpern. Der Standard vom 31. Oktober 2012. https://www.derstandard.at/story/1350259804295/der-verlorene-schluessel-des-otto-halpern (abgerufen am 2. Jänner 2020).

Taschwer, Klaus. „Ein seltsamer Körper war diese Universität im Krieg". Über die Alma Mater Rudolphina in den Jahren 1914 bis 1918 – und danach. In: Pfoser, Alfred/Weigl, Andreas (Hrsg). Im Epizentrum des Zusammenbruchs. Wien im Ersten Weltkrieg. Wien: Metroverlag 2013, 386–393.

Taschwer, Klaus. Hochburg des Antisemitismus: Der Niedergang der Universität Wien im 20. Jahrhundert. Wien: Czernin, 2015. [= Taschwer 2015]

Taschwer, Klaus. Nachrichten von der Kampfzone: Die Universität Wien im Spiegel und unter dem Einfluss der Tageszeitungen, 1920–1933. In: M. Grandner/T. König (Hrsg). Reichweiten und Außensichten: Die Universität Wien als Schnittstelle wissenschaftlicher Entwicklungen und gesellschaftlicher Umbrüche. Göttingen: Vienna University Press; V & R impress, 2015, 99–126. [= Taschwer 2015a]

Taschwer, Klaus. Geheimsache Bärenhöhle. In: Fritz, Regina/Rossolinski-Liebe, Grzegorz/ Starek, Jana (Hrsg). Alma Mater Antisemitica. Wien: new academic press, 2016, 221–242.

Taschwer, Klaus. Kämpfer gegen Antisemitismus und Opfer der Shoah. Leben und Sterben von Josef Hupka (1875–1944), Ordinarius für Handels- und Wechselrecht an der Universität Wien. In Koll, Johannes (Hrsg). „Säuberungen" an österreichischen Hochschulen 1934–1945. Wien et al.: Böhlau 2017, 459–489.

Taschwer, Klaus. „Die Pflicht, das Recht gegen nackte Willkür und Gewalt zu verteidigen": Zur Erinnerung an den Rechtswissenschaftler Josef Hupka (1875–1944), ein allzu lang vergessener Kämpfer gegen Antisemitismus und anderes Unrecht. Zwischenwelt 34. Jg. Heft 1–2 (Juni 2017), 63–70.

Taschwer, Klaus. Braun-schwarze Beziehungsgeflechte. Zur Bedeutung antisemitischer Netzwerke im akademischen Milieu der Zwischenkriegszeit und zu ihren Nachwirkungen nach 1938 und 1945. In: Reiter-Zatloukal, Ilse/Enderle-Burcel, Gertrude (Hrsg). Antisemitismus in Österreich 1933–1938. Wien: Böhlau, 2018, 769–784.

Thöl, Heinrich. Das Handelsrecht. 1. Bd. 6. Auflage. Leipzig: Fues, 1879.

Thöne, Meik. Die Vollmacht im internationalen Privatrecht. Zeitschrift für Internationales Handelsrecht Heft 4/2017, 141–145.

Titze, Heinrich. [Rezension von] Hupka, Josef, Dr. jur. Die Vollmacht. Centralblatt für Rechtswissenschaft XX Bd. 7. Heft (April 1901), 207–209.

Torggler, Ulrich § 18. In: Torggler, Ulrich (Hrsg). Kurzkommentar zum GmbHG. Wien: Manz, 2010–2016 (Stand 1.8.2014, rdb.at).

Treiblmayr, Christopher. „… mit dem heutigen Begriffe der Menschenrechte unvereinbar.“ Zum Engagement der Österreichischen Liga für Menschenrechte für Homosexuelle. Mitteilungen der Magnus-Hirschfeld-Gesellschaft Nr. 55/56 (Dezember 2016), 50–65.

Treiblmayr, Christopher. The Austrian League for Human Rights and its International Relations (1926–1938). In: Treiblmayr, Christopher/Schmale, Wolfgang (Hrsg). Human Rights Leagues in Europe (1898–2016). Stuttgart: Franz Steiner Verlag, 2017, 223–256.

Treiblmayr, Christopher/Schmale, Wolfgang. In: Treiblmayr, Christopher/Schmale, Wolfgang (Hrsg). Human Rights Leagues in Europe (1898–2016). Stuttgart: Franz Steiner Verlag, 2017,

Ulmer, Eugen. [Rezension von] Josef Hupka, Das einheitliche Wechselrecht der Genfer Verträge. Zeitschrift für deutsches und internationales Privatrecht, 10. Jahrgang (1936), 415–8.

Unger, Joseph. Die Verträge zu Gunsten Dritter. Separatabdruck aus den Jahrbüchern für die Dogmatik des heutigen römischen und deutschen Privatrechts Bd. X (1869). Jena: Mauke, 1869.

Ungewitter, Arthur. [Rezension von] Die Haftung des Vertreters ohne Vertretungsmacht. Ein Beitrag zur Lehre von der Vertretung in Rechtsgeschäften von Dr. Josef Hupka. Beiträge zur Erläuterung des deutschen Rechts 48. Jg., H. 1 (1904), 663–666.

Universitätsarchiv Innsbruck. Karl Wolff (1890–1963). https://www.uibk.ac.at/universitaet/profil/geschichte/verfolgt-vertrieben-ermordet/1683823.html, 1. September 2008. (abgerufen am 9. Mai 2020).

Vetricek, Andrea. Die Lehrer der rechts- und staatswissenschaftlichen Fakultät, die 1938 entlassen wurden. Dissertation, Universität Wien, 1980.

Vierhaus, Rudolf (Hrsg) Deutsche Biografische Enzyklopädie. Bd. 8 Poethen-Schlüter. 2. Aufl. München: K.G. Saur, 2007.

Vivante, Cesare. Il contratto di assicurazione. 3. Bd. Le assicurazioni sulla vita. Milano: Hoepli, 1887.

von Thur, Andreas. Zulässigkeit der unwiderruflichen Vollmacht. In: Festschrift Paul Laband gewidmet von der Rechts- und Staatswissenschaftlichen Fakultät der Kaiser-Wihelms-Universität Straßburg. Tübingen: Mohr, 1908, 43–96.

Wacke, Andreas. Selbstkontrahieren im römischen Vertretungsrecht. Dogmengeschichtliches zu § 181 BGB. In: Benöhr, Hans-Peter/Hackl, Karl/Knüttel, Rolf/Wacke, Andreas (Hrsg). Iuris Professio. Festgabe für Max Kaser zum 80. Geburtstag. Wien/Köln/Graz: Hermann Böhlaus Nachfolger, 1986, 289–317.

Wacke, Andreas. Tilgungsakte durch Insichgeschäft. Zeitschrift der Savigny-Stiftung für Rechtsgeschichte: Romanistische Abteilung, Bd. 103 Nr. 1 (August 1986), 223–247.

Wahle, Karl. Besprechung von OGH 2 Ob 1023/32 vom 1. Februar 1933. Die Rechtsprechung, 15. Jahrgang, Nr. 2 (Februar 1933), 25–26.

Wahle, Karl. Zurück zum österreichischen Versicherungsrecht! Österreichische Juristen-Zeitung 1946, 6, 44.

Walch, Mathias. Anmerkung zu OGH 28.10.2013, 8 Ob 101/13f. Notariatszeitung Bd. 26 Heft 3 (2014), 98–103.

Walker, Gustav. Zum Geleite! Juristische Blätter 62. Jg. Nr. 5/6 (18. März 1933; Josef Schey zum 80. Geburtstag gewidmet), 89–90.

Wassermann, Jakob. Offener Brief an den Präsident der Republik. Neue Freie Presse vom 27. Oktober 1929, 1–2.

Wehli, Albert. Zu der Genfer Wechselrechts-Konferenz am 13. Mai 1930. Allgemeine Österreichische Gerichtszeitung 81. Jg. Nr. 9 (1. Mai 1930), 129–131.

Weinstein, Deborah H. The Austrian Dreyfus Affair. Reform Judaism (Winter 2000). http://reformjudaismmag.net/1100dw.html (abgerufen am 23. Mai 2019).

Weinzierl, Erika. Wissenschaft und Nationalsozialismus, in: Friedrich Stadler (Hrsg), Vertriebene Vernunft II. Emigration und Exil österreichischer Wissenschaft. Teilband 1. Wien/München: Lit 1988, 51–62.

Weishut, Albert. Die inakzeptable Tratte und der Eskompte offener Buchforderungen. Neue Freie Presse vom 24. Mai 1913, 15 [= Weishut 1913].

Weishut, Albert. Die inakzeptable Tratte und der Eskompte offener Buchforderungen. Neue Freie Presse vom 28. Mai 1913, 15 [= Weishut 1913a].

Weiß, Georg Anton. Das neue Wechselrecht. 2 Bde. Wien: Frisch, 1934.

Weiss, Kenneth J. Bearing False Witness: Psychiatric Testimony in Austria, 1928–29. Journal of Psychiatry & Law 40 (Sommer 2012), 185–218.

Welser, Rudolf. Vertretung ohne Vollmacht. Zugleich ein Beitrag zur Lehre von der culpa in contrahendo. Wien: Manz, 1970.

Wellspacher, Moriz. Das Vertrauen auf äußere Tatbestände im Bürgerlichen Rechte. Wien: Manz, 1906.

Wendland, Ulrike. Biographisches Handbuch deutschsprachiger Kunsthistoriker im Exil. Leben und Werk der unter dem Nationalsozialismus verfolgten und vertriebenen Wissenschaftler. Teil 1: A-K. München: De Gruyter, 1999.

Wenger, Leopold. Ludwig Mitteis und sein Werk. Wien: Hölder–Pichler–Tempsky, 1923.

Wesenberg, Gerhard. Die Behandlung des Satzes Alteri stipulari nemo potest durch die Glossatoren. In: Festschrift Fritz Schulz, 2. Band. Weimar: Böhlau, 1951, 259–267.

Wiederin, Ewald. Jüdische Bevölkerung und verfassungsrechtliche Lage 1918 bis 1938. In: Reiter-Zatloukal, Ilse/Enderle-Burcel, Gertrude (Hrsg). Antisemitismus in Österreich 1933–1938. Wien: Böhlau, 2018, 97–110.

Wieland, Karl. Das Wechselrecht im schweizerischen Entwurf eines revidierten Obligationenrechts und die Wechselrechts-Vereinheitlichung. Zürich: Orel Füssli, 1929.

Wiesmann, Elmar. Die rechts- und staatswissenschaftliche Fakultät der Universität Wien im Nationalsozialismus. Diplomarbeit, Universität Wien, 2001.

Windscheid, Bernhard. Lehrbuch des Pandektenrechts. 1. Bd. 2. Auflage. Düsseldorf: Julius Buddeus, 1867.

Windscheid, Bernhard. Lehrbuch des Pandektenrechts. 2. Bd. 2. Auflage. Düsseldorf: Julius Buddeus, 1869.

Wininger, Salomon. Große Jüdische National-Biografie. 3. Bd. Harischon-Lazarus. Cernauti: Aria, 1928.

Winter, Paul. Zivilistische Rundschau [Rezension von Josef Hupka, Die Haftung des Vertreters ohne Vertretungsmacht]. Archiv für Bürgerliches Recht, Bd. 24 (1904), 340–369, insb. 349–350.

Wolf, Karl. Grundriß des Wechselrechts. Innsbruck: Wagner, 1934.

Zib, Christian. §§ 26–39 ZPO. In: Fasching, Hans W./Konecny, Andreas (Hrsg). Kommentar zu den Zivilprozessgesetzen. 3. Auflage. 2. Bd. 1. Halbbd. Wien: Manz, 2014. (Stand 1.9.2014, rdb.at)

Zimbler, Otto. [Rezension von August Egger, Mißbrauch der Vertretungsmacht]. Juristische Blätter 65. Jg. Nr. 7 (4. April 1936), 155.

Zimmermann, Ernst. Die Lehre von der stellvertretenden Negotiorum Gestio. Straßburg. R. Schulz und Comp., 1876.

Zimmermann, Reinhard. „In der Schule von Ludwig Mitteis". Ernst Rabels rechtshistorische Ursprünge. Rabels Zeitschrift, Bd. 65 (2001), 1–38.

Zimmermann, Reinhard. Roman law, contemporary law, European law: the civilian tradition today. Oxford et al.: Oxford University Press, 2001.

Zitelmann, Ernst. Die Rechtsgeschäfte im Entwurf eines Bürgerlichen Gesetzbuches für das Deutsche Reich. Berlin: J. Guttentag, 1890.

Zoitl, Helge. „Student kommt von Studieren!" Zur Geschichte der sozialdemokratischen Studentenbewegung in Wien. Wien/Zürich: Europaverlag, 1992.

Zuckerkandl, Berta. Österreich Intim. Erinnerungen 1892 bis 1942. Kindle Edition. Wien: Amalthea, 2013.

Zeitungsartikel mit unbekanntem Autor

Allgemeiner Tiroler Anzeiger

Der Vater vom eigenen Sohn erschlagen, Allgemeiner Tiroler Anzeiger vom 20. September 1928, 4.

Amtsblatt zur Wiener Zeitung

Aufgebote, Amtsblatt zur Wiener Zeitung vom 11. Oktober 1947, 5.

Arbeiterzeitung

Kein Kampf ums Recht, Arbeiterzeitung vom 10. Februar 1922, 1.

Die Vorauszahlung und die guten Sitten, Arbeiterzeitung vom 11. Februar 1922, 1–2.

Die Vorauszahlung und der Kampf ums Recht, Arbeiterzeitung vom 14. Februar 1922, 2.

Die abgeblitzten Radaustudenten, Arbeiterzeitung vom 12. November 1926, 5.

Ein Apell an den Strafrechtsausschuß, Arbeiterzeitung vom 16. Mai 1930, 2.

Hakenkreuzlerdrohungen gegen einen Dekan der Universität, Arbeiterzeitung vom 26. Juni 1932, 7.

Die Börse

Eine Versammlung der Besitzer der Donaudampfschiffahrts-Genußscheine, Die Börse vom 22. November 1923, 14.

Deutschösterreichische Tages-Zeitung

Jüdische Zensur an der Wiener Universität? Deutschösterreichische Tages-Zeitung vom 3. November 1926, 4.

Die kulturelle Bedeutung der heutigen Kundgebung der deutschen Studentenschaft, Deutschösterreichische Tages-Zeitung vom 6. November 1926, 4.

Rasse und Wissenschaft. Die fortschreitende Verjudung unserer Universität, Deutschösterreichische Tages-Zeitung vom 13. Oktober 1929, 5.

Wie man den nationalen Rektor verleumdet! Deutschösterreichische Tages-Zeitung vom 29. Juni 1932, 6.

Grazer Tagblatt

Große Judenkrawalle in Wien. An den Hochschulen und in der Judengasse, Grazer Tagblatt vom 31. Mai 1932, 2.

Illustrierte Kronen Zeitung

Kämpfe zwischen Nationalsozialisten und Sozialdemokraten an den Wiener Hochschulen, Illustrierte Kronen Zeitung vom 31. Mai 1932, 8.

Innsbrucker Nachrichten

27. deutscher Juristentag. Sektionssitzungen, Innsbrucker Nachrichten vom 13. September 1904, 4–5.

27. deutscher Juristentag. Schluß der zweiten Plenarversammlung, Innsbrucker Nachrichten vom 14. September 1904, 5.

Absturz oder Mord?, Innsbrucker Nachrichten vom 13. September 1928, 6.

Der geheimnisvolle Todesfall im Zillertal, Innsbrucker Nachrichten vom 14. September 1928, 5–6.

Kleine Volkszeitung

Unruhen an den Hochschulen, Kleine Volkszeitung vom 3. Februar 1931, 3.

Neue Freie Presse

Aus dem Gerichtssaale, Neue Freie Presse vom 19. November 1896 (Abendausgabe), 3.

Aus dem Gerichtssaale, Neue Freie Presse vom 20. November 1896, 7–8.

Aus dem Gerichtssaale, Neue Freie Presse vom 21. November 1896, 8.

Todesanzeige Ludwig Hupka, Neue Freie Presse vom 3. August 1898, 20.

Todesanzeige Sigmund Hupka, Neue Freie Presse vom 29. April 1899, 18.

Kleine Chronik. Verleihungen und Ernennungen, Neue Freie Presse vom 11. November 1903, 27.

Die Vertragsfreiheit bei Versicherungsverträgen, Neue Freie Presse vom 5. September 1904, 3–4.

Vereinsnachrichten. Gesellschaft für vervielfältigende Kunst, Neue Freie Presse vom 29. Mai 1906, 9–10.

Kleine Chronik. Professur für Handels- und Wechselrecht, Neue Freie Presse vom 21. September 1906 (Abendblatt), 1.

Protest der Wiener Universität gegen die Rede Luegers, Neue Freie Presse vom 26. November 1907, 2.

Unsere südlichen Verbündeten und wir, Neue Freie Presse vom 26. Juni 1910, 8.

Kleine Chronik. Die Übersiedlung der Universität, Neue Freie Presse vom 2. Oktober 1914, 7.

Die Oesterreichische waffenbrüderliche Vereinigung, Neue Freie Presse vom 10. Juni 1916, 8.

Das Salzburger Hochschulkompromiß. Eine Massenversammlung im Wiener Konzerthause, Neue Freie Presse vom 21. Mai 1917, 4–5.

Rechtsakademie für Frauen. Konstituierung des Komitees, Neue Freie Presse vom 18. November 1917, 11.

Bürgerlich-demokratische Partei, Neue Freie Presse vom 4. Dezember 1918, 2.

Der Ausgleich der Donau-Dampfschiffahrtsgesellschaft mit den Genußscheinbesitzern, Neue Freie Presse vom 25. Juli 1924, 10.

Der Vergleich über die Genußscheine der Donau-Dampfschiffahrtsgesellschaft, Neue Freie Presse vom 13. August 1924 (Abendausgabe), 3.

Die Dublettenverkäufe der „Albertina". Kontrolle der Direktion durch die Dubletten-Komission, Neue Freie Presse vom 25. Juni 1925, 3.

Eine Interpellation über die Verkäufe in der „Albertina", Neue Freie Presse vom 3. Juli 1925 (Abendausgabe), 3.

Vertrauenskundgebung des Juristischen Professorenkollegiums für Professor Hupka, Neue Freie Presse vom 12. November 1926, 9.

Sympathiekundgebung der freiheitlichen Studentenschaft für Professor Hupka, Neue Freie Presse vom 17. November 1926 (Abendausgabe), 3.

Gegen die gebundene Liste. Ein Aufruf zur Gründung eines Vereines „Wahlreform", Neue Freie Presse vom 23. Jänner 1928, 4.

Der Artikel des Professors Dr. Hupka über die Studentenordnung. Ein Dankschreiben der deutschdemokratischen Hochschülervereinigung, Neue Freie Presse vom 24. April 1930, 4.

Die Begnadigung Philipp Halsmanns, Neue Freie Presse vom 1. Oktober 1930, 8.

Die aufgehobene Studentenordnung der Universität Wien, Neue Freie Presse vom 24. Juni 1931, 2.

Kleine Chronik. Der akademische Boden, Neue Freie Presse vom 24. Juni 1931, 6–7.

Vor einer Wendung in der Halsmann-Affäre? Auf der Spur des Mörders, Neue Freie Presse vom 17. Juli 1931, 7.

Neue Prügeleien in Wien. Sperrung der Universität, Neue Freie Presse vom 31. Mai 1932, 4.

Neues Wiener Journal

Das Ergebnis der Untersuchung bei der Albertina, Neues Wiener Journal vom 2. Juni 1926, 5.

Die Schimpfplakate in der Aula der Wiener Universität. Disziplinaranzeige an den Rektor, Neues Wiener Journal vom 9. Jänner 1927, 4.

Neues Wiener Tagblatt

Theater, Kunst und Literatur. Zensurfreie Aufführungen, Neues Wiener Tagblatt vom 14. Jänner 1913, 12–13.

Der Weltfriedenskongreß in Wien. Eine vorbereitende Komiteesitzung, Neues Wiener Tagblatt vom 23. Mai 1914, 13–14.

Herrenhausmitglied Hofrat Dr. Grünhut, Neues Wiener Tagblatt vom 6. Juli 1915, 11.

Die Versammlung der Genußscheinbesitzer der Donau-Dampfschiffahrts-Gesellschaft, Neues Wiener Tagblatt vom 22. November 1923, 12.

Die Versammlung der Genußscheinbesitzer der Donau-Dampfschiffahrts-Gesellschaft, Neues Wiener Tagblatt vom 23. November 1923, 13.

Die Universität geschlossen. Neuerliche Studentenkrawalle an drei Wiener Hochschulen, Neues Wiener Journal vom 31. Mai 1932, 5.

Öffentliche Sicherheit

Aus den Entscheidungen des Verfassungsgerichtshofes, Öffentliche Sicherheit Nr. 6 (Juni 1928), 10.

Prager Tagblatt

Exzesse an der Wiener Universität. Um das Studentenrecht, Prager Tagblatt vom 24. Juni 1931, 1.

Reichspost

„Fremdländer"-Frage in der Wiener Universität, Reichspost vom 24. September 1920, 5.

Die Forderung nach staatlichen Richtpreisen. Eine Eingabe der Brotfabriken an die Regierung, Reichspost vom 10. Mai 1925, 14.

Unruhen an den Wiener Hochschulen, Reichspost vom 3. Februar 1931, 7.

Die Abstoßungen und Neuerwerbungen der „Albertina", Reichspost vom 2. Juni 1926, 7.

Salzburger Volksblatt

Eine wertvolle Mozartbüste für das städtische Museum Salzburg, Salzburger Volksblatt vom 17. April 1923, 3.

Salzburger Wacht

Hakenkreuzlerkrawalle an der Universität, Salzburger Wacht vom 21. Juni 1929, 2.

Der Tag

Die Genußscheine der Donau-Dampfschiffahrts-Gesellschaft, Der Tag vom 22. Mai 1924, 9.

Das Übereinkommen mit den Besitzern der Donau-Dampfschiff-Genußscheine, Der Tag vom 14. August 1924, 9.

Einerseits–anderseits oder der Bericht der Albertina-Überprüfungskommission, Tag vom 2. Juni 1926, 8.

Von der Universität, Der Tag vom 6. Juli 1926, 13.

Was sich deutschnationale Studenten herausnehmen, Der Tag vom 7. Oktober 1926, 6.

Vor neuen Krawallen auf der Universität, Der Tag vom 6. November 1926, 5.

Völkische Studentenkundgebung gegen Prof. Hupka, Der Tag vom 7. November 1926, 12.

Vertrauenskundgebung des Professorenkollegiums für Dekan Hupka, Der Tag vom 12. November 1926, 7.

„Juden hinaus!" – In fünf Minuten fünfzehn Studenten blutig geschlagen, Der Tag vom 24. Juni 1931, 3.

Wiener Morgenzeitung

Die Judenbilder in der Universität, Wiener Morgenzeitung vom 4. November 1926, 3.

Das „Selbstbestimmungsrecht" der Hakenkreuz-Studenten, Wiener Morgenzeitung vom 6. November 1926, 3.

Eine Vertrauenskundgebung des Juristischen Professorenkollegiums für Professor Hupka, Wiener Morgenzeitung vom 12. November 1926, 4.

Die akademische Schande, Wiener Morgenzeitung vom 22. Dezember 1926, 3.

Die Hakenkreuzler-Eingabe gegen den Dekan Hupka. Vom Senat abgelehnt, Wiener Morgenzeitung vom 24. Dezember 1926, 3.

(Von akademischer Seite), Eine Kulturschande an der Universität. Die antisemitischen Anschlagtafeln in der Aula, Neue Freie Presse vom 20. Dezember 1926, 6.

Wiener Sonn- und Montagszeitung

Nicht hetzen, sondern studieren! Entfernung der antisemitischen Anschlagtafeln aus der Wiener Universität, Wiener Sonn- und Montagszeitung vom 27. Dezember 1926, 5.

Wiener Zeitung

27. deutscher Juristentag, Wiener Zeitung vom 9. Juli 1904, 5.

Amtlicher Teil, Wiener Zeitung vom 16. Mai 1925, 1.

Die Vereinheitlichung des Wechsel- und Scheckrechtes, Wiener Zeitung vom 12. Februar 1930, 9.

Zusammenstöße an den Wiener Hochschulen, Wiener Zeitung vom 31. Mai 1932, 5.

Znaimer Wochenblatt

Verzeichniß der gesammelten und subscribierten patriotischen Gaben für die verwundeten und kranken Soldaten der Okkupationsarmee und für die Familien der einberufenen Reservisten, Znaimer Wochenblatt vom 14. September 1878, 14.

Verzeichniß der gesammelten und subscribierten patriotischen Gaben für die verwundeten und kranken Soldaten der Okkupationsarmee und für die Familien der einberufenen Reservisten, Znaimer Wochenblatt vom 12. Oktober 1878, 14.

Verein zur Errichtung und Erhaltung von Kindergärten und Kinderbewahranstalten in Znaim, Znaimer Wochenblatt vom 22. Jänner 1881, 4, 7–8.

Schwurgerichts-Verhandlung, Znaimer Wochenblatt vom 18. Februar 1882, 9.

Begrüßungs-Feier zu Ehren des k.k. Infanterie-Regimentes Nr. 99, Znaimer Wochenblatt vom 11. November 1882, 1–2.

Ein Antisemitenprozeß, Znaimer Wochenblatt vom 12. Juli 1884, 5–6.

Verzeichniß jener Spenden, welche Behufs Veranstaltung einer Christfeier für die unbemittelten Zöglinge der Verwahranstalten dem Vereine zugekommen sind, Znaimer Wochenblatt vom 13. Dezember 1884, 6.

Verstorbene, Znaimer Wochenblatt vom 27. Februar 1886, 12.

Verzeichniß jener Spenden, welche Behufs Veranstaltung einer Christfeier für die unbemittelten Zöglinge der Verwahranstalten dem Damen-Comité zugekommen sind, Znaimer Wochenblatt vom 20. November 1886, 10.

Isr. Cultusgemeinde Znaim, Znaimer Wochenblatt vom 8. Jänner 1887, 6.

Oeffentlicher Dank, Znaimer Wochenblatt vom 1. Jänner 1887, 10.

Schadenfeuer, Znaimer Wochenblatt vom 12. Februar 1887, 10–11.

Verzeichniß jener Spenden, welche Behufs Veranstaltung einer Christfeier für die unbemittelten Zöglinge der Verwahranstalten dem Damencomité zugekommen sind, Znaimer Wochenblatt vom 26. November 1887, 7.

Öffentlicher Dank, Znaimer Wochenblatt vom 28. April 1888, 10.

Mitglieder-Verzeichnis der Ortsgruppe Znaim des deutschen Schulvereines, Znaimer Wochenblatt vom 7. April 1888, 9.

Zweigverein Znaim des patriotischen Frauenhilfsvereines für Mähren, Znaimer Wochenblatt vom 16. Juni 1888, 8.

Fest-Kneipe, Znaimer Wochenblatt vom 16. Juni 1888, 8.

[Ankündigung eines Benefizkonzerts zugunsten des Roten Kreuzes], Znaimer Wochenblatt vom 16. März 1889, 8.

An das wohlthätige Znaim, Znaimer Wochenblatt vom 11. Mai 1889, 10.

Die „Vereinigten Christen" in Znaim, Znaimer Wochenblatt vom 22. Juni 1889, 4–5.

Jahreshauptversammlung des Znaimer deutschen Vereins für Stadt und Land, Znaimer Wochenblatt vom 22. Juni 1889, 5.

Mitglieder-Verzeichnis des Anpflanzungs- und Verschönerungsvereines, Znaimer Wochenblatt vom 22. März 1890, 9–10.

Israelitische Cultusgemeinde, Znaimer Wochenblatt vom 3. Jänner 1891, 5.

Israelitische Cultusgemeinde, Znaimer Wochenblatt vom 6. Jänner 1892, 4.

Ausweis über die bei dem Gemeinderathe für die durch die Elementar-Ereignisse am 4., 13. und 15. Juni l. J. im Znaimer Landbezirke betroffenen Hilfsbedürftigen eingelaufenen Spenden, Znaimer Wochenblatt vom 23. Juli 1892, 15–16.

Archivmaterial

Mährisches Landesarchiv (MLA):

MLA, AMZ, Abt. Volkszählung, Kart. Nr. 38, 57

MLA, Z/NG, Bücher Nr. 38–45

Österreichisches Staatsarchiv (ÖStA):

ÖStA, AdR, Akten der Vermögensverkehrsstelle

ÖStA, AdR, VVSt, VA 29785, Hermine Hupka

ÖStA, AdR, VVSt, VA 29786, Josef Hupka

ÖStA, AVA, Unterricht, Kleinbestände, Akten der Gesellschaft für vervielfältigende Kunst, Kart. 109–113

ÖStA, AVA, Unterricht, Allgemeine Reihe, 611.2 Professorenakt Josef Hupka

ÖStA, AVA, Unterricht, Allgemeine Reihe, 612.18 Professorenakt Oskar Morgenstern

ÖStA, AVA, Unterricht, Allgemeine Reihe, 614.24 Professorenakt Klaus Thiede

ÖStA, AdR, Unterricht, PA 20/08 und 15/05, Personalakt Heinrich Demelius

ÖStA, AVA, Unterricht, Allgemeine Reihe, Juridische Lehrkanzeln, Kart. 607, Handels- und Wechselrecht

ÖStA, AdR, Bundeskanzleramt, Korr. 2.451/1930

ÖStA, AdR, 01/PK, Akten der Präsidentschaftskanzlei

ÖStA, AVA, Justiz, Kart. 3402, Zl. 34417/1931 VI Akt Halsmann

Archiv der Universität Wien (UAW):

UAW, Jur. Nat. 240, Nationale der Juridischen Fakultät, Josef Hupka 1892

UAW, J.13.10 Jur. Rigorosenprotokolle, Rigorosenprotokoll Josef Hupka 199/1897

UAW, J.13.28 Jur. Rigorosenprotokolle, Rigorosenprotokoll Heinrich Demelius 1519/1916

UAW, M 32.3 Promotionsprotokolle für das Doktorat der Rechtswissenschaften Bd. 3, Promotionsprotokoll Josef Hupka 1425/1897

UAW, Sonderreihe Disziplinarakten, S 185.340 Disziplinarakt Stephan Brassloff

UAW, Sonderreihe Disziplinarakten, S 185.414 Disziplinarakt Josef Hupka

UAW, R 28.57–73 Sitzungsprotokolle des Akademischen Senats

UAW, R 57 Kurrentakten des Akademischen Senats

UAW, S. 304.537 Personalblatt Josef Hupka

UAW, S 305.113 Nachruf auf Josef Hupka, verfasst von Heinrich Demelius

Bundesdenkmalamt (BDA):

BDA, Rest. K. 37/1, Josef Hupka 1

Wiener Magistratsabteilung 10 (MA 10; jetzt MA 7) (Notizen MMag. Dr. Michael Wladika):

MA 10/187/39

MA 10/684/49

MA 10/1683/50

MA 10/132/50

Archiv der Universität Leipzig (AUL):

AUL, Hörerverzeichnisse der Semester Winter 1899/1900, Sommer 1900 und Winter 1900/01

Tiroler Landesarchiv (TLA):

TLA 6 Vr 1380/28 Gerichtsakten zum Fall Philipp Halsmann

TLA St3972/28 Akten der Staatsanwaltschaft Innsbruck zum Fall Philipp Halsmann

Archiv der Albertina Wien (AAW):

AAW, 1924 3-468/24

National Library of Israel (NLI):

NLI, Brief Josef Hupka an [Ernst Schönbauer] vom 26. Februar 1926

Privatbesitz:

Briefe Josef und Hermine Hupkas an verschiedene Adressatinnen und Adressaten

Tagebücher Hermine Hupkas

Gedicht mit handschriftlicher Widmung von Josef Meder für Josef Hupka

Korrespondenz betreffend die Hupka'sche Kunstsammlung

Memoiren Marie Parkinsons, unveröffentlichtes Manuskript (zitiert als *Grandmother's Memoirs*)

Gesetzblätter, Gesetzesmaterialien, Gerichtsentscheidungen

Österreichische Reichgesetzblätter (http://alex.onb.ac.at/cgi-content/alex-iv.pl)

Stenographische Protokolle des Abgeordnetenhauses (http://alex.onb.ac.at/spa.htm)

Stenographische Protokolle des Herrenhauses (http://alex.onb.ac.at/sph.htm)

Erkenntnisse des österreichischen Reichsgerichtes 1869–1918 (http://alex.onb.ac.at/rgr.htm)

Erkenntnisse des Obersten Gerichtshofes (ris.bk.gv.at/Jus)

Internetquellen ohne Autor

https://www.geschichtewiki.wien.gv.at/Kohlmessergasse_(1) (abgerufen am 22. Dezember 2019)

http://data.matricula-online.eu/en/oesterreich/wien/01-unsere-liebe-frau-zu-den-schotten/01-59/?pg=293 (abgerufen am 16. Mai 2019)

https://www.genteam.at/index.php?option=com_db53&id=301051&limitstart=0&n=hupka&v=elisabeth&view=detail&lang=en (Login erforderlich; abgerufen am 24. Jänner 2020)

https://www.genteam.at/index.php?option=com_db53&id=216871&limitstart=0&n=hatschek&v=arnold&view=detail&lang=en (Login erforderlich; abgerufen am 23. Jänner 2020)

http://www.architektenlexikon.at/de/210.htm (abgerufen am 21. Jänner 2020)

https://deu.archinform.net/arch/64436.htm (abgerufen am 24. Jänner 2020)

https://www.genteam.at/index.php?option=com_db53&id=301055&limitstart=0&n=hupka&v=marie&view=detail&lang=en (Login erforderlich; abgerufen am 24. Jänner 2020)

http://agso.uni-graz.at/marienthal/biografien/mautner_isidor.htm (abgerufen am 3. März 2020) https://schnitzler-tagebuch.acdh.oeaw.ac.at/ (abgerufen am 22. Jänner 2020)

https://www.atterwiki.at/index.php?title=Villen_in_Unterach (abgerufen am 24. Februar 2020)

https://www.holocaust.cz/en/database-of-victims/victim/150332-joseph-hupka/ (abgerufen am 19. März 2019)

https://www.holocaust.cz/en/database-of-victims/victim/150331-hermine-hupka-br-ll/ (abgerufen am 19. März 2019)

www.doew.at (abgerufen am 28. April 2019)

https://www.ub.uni-heidelberg.de/helios/ (abgerufen am 15. Februar 2020)

https://www.wienmuseum.at/fileadmin/user_upload/PDFs/Restitutionsbericht_2004.pdf (abgerufen am 7. Mai 2019)

https://www.sothebys.com/en/auctions/ecatalogue/2006/19th-century-european-paintings-including-german-austrian-and-central-european-paintings-and-the-scandinavian-sale-l06101/lot.14.html (abgerufen am 6. Juli 2019)

https://www.oeaw.ac.at/cmc/kds/parteien_overview.php?list=B%FCrgerlich-demokratische+Partei&dat=1 (abgerufen am 17. Jänner 2020)

https://www.albertina.at/forschung/zeichnung-druckgrafik/geschichte/ (abgerufen am 28. Mai 2019)

https://www.uibk.ac.at/universitaet/profil/geschichte/verfolgt-vertrieben-ermordet/1683823.html (abgerufen am 21. März 2020)

http://www.pratercottage.at/2017/06/20/der-legendaere-freimaurer-eugen-lennhoff-boecklinstrasse-53-1921-1934/ (abgerufen am 24. Jänner 2020)

https://homepage.univie.ac.at/werner.haas/1907/bk07-017.htm#22 (abgerufen am 6. Februar 2020)

https://www.biographien.ac.at/oebl/oebl_H/Hupka_Joseph_1875_1944.xml;internal&action=hilite.action&Parameter=Hupka* (abgerufen am 4. Februar 2020)

Abbildungsverzeichnis

Sämtliche Abbildungen entstammen dem privaten Archiv der Familie Parkinson. Ich bedanke mich an dieser Stelle vielmals für die großzügige Zustimmung zur Veröffentlichung.

Personenregister

Sachregister

Wiener Studien zu Geschichte, Recht und Gesellschaft
Viennese Studies in History, Law, and Society

Herausgegeben von Nikolaus Benke

Band/Vol. 1 Richard Gamauf: Ad statuam licet confugere. Untersuchungen zum Asylrecht im römischen Prinzipat. 1999.

Band/Vol. 2 Ilse Reiter: Ausgewiesen, abgeschoben. Eine Geschichte des Ausweisungsrechts in Österreich vom ausgehenden 18. bis ins 20. Jahrhundert. 2000.

Band/Vol. 3 Franz-Stefan Meissel: Societas. Struktur und Typenvielfalt des römischen Gesellschaftsvertrages. 2004.

Band/Vol. 4 Antike – Recht – Geschichte. Symposion zu Ehren von Peter E. Pieler. Herausgegeben von Nikolaus Benke und Franz-Stefan Meissel. 2009.

Band/Vol. 5 Loredana Cappelletti: Gli statuti di Banzi e Taranto nella *Magna Graecia* del I secolo a.C. 2011.

Band/Vol. 6 Lisa Isola: Venire contra factum proprium. Herkunft und Grundlagen eines sprichwörtlichen Rechtsprinzips. 2017.

Band/Vol. 7 Lisa Isola (Hrsg.): Klauselgestaltungen in Römischen Testamenten. Akten einer Internationalen Tagung zum Römischen Testamentsrecht (6.–7. November 2020, Wien/online). 2022.

Band/Vol. 8 Caterina Maria Grasl: Josef Hupka (1875–1944). Leben und Werk eines zu Unrecht vergessenen Rechtswissenschaftlers. 2022.

www.peterlang.com

www.ingramcontent.com/pod-product-compliance
Ingram Content Group UK Ltd.
Pitfield, Milton Keynes, MK11 3LW, UK
UKHW021857290926
8980IPUK00005B/881

9 783631 856390